Fascismo de esquerda

Jonah Goldberg

Fascismo de esquerda

tradução de
MARIA LÚCIA OLIVEIRA

3ª edição

EDITORA RECORD
RIO DE JANEIRO • SÃO PAULO
2022

CIP-BRASIL. CATALOGAÇÃO-NA-FONTE
SINDICATO NACIONAL DOS EDITORES DE LIVROS, RJ

G564f Goldberg, Jonah
3ª ed.   Fascismo de esquerda / Jonah Goldberg; tradução de Maria Lucia de
        Oliveira. – 3ª ed. – Rio de Janeiro: Record, 2022.

        Tradução de: Liberal fascism
        ISBN 978-85-01-08294-7

        1. Fascismo. 2. Liberalismo. 3. Política internacional – Século XX. I. Título.

                            CDD: 320.533
09-2290   CDU: 321.6

Título original em inglês:
LIBERAL FASCISM

Copyright © 2007 by Jonah Goldberg

Todos os direitos reservados. Proibida a reprodução, armazenamento ou
transmissão de partes deste livro através de quaisquer meios, sem prévia
autorização por escrito.
Proibida a venda desta edição em Portugal e resto da Europa.

Direitos exclusivos de publicação em língua portuguesa para o Brasil
adquiridos pela
EDITORA RECORD LTDA.
Rua Argentina 171 – 20921-380 Rio de Janeiro, RJ – Tel.: (21) 2585-2000
que se reserva a propriedade literária desta tradução

Impresso no Brasil

ISBN 978-85-01-08294-7

Seja um leitor preferencial Record.
Cadastre-se no site www.record.com.br e receba
informações sobre nossos lançamentos e nossas promoções.

Atendimento e venda direta ao leitor:
sac@record.com.br

Para Sidney Goldberg, *Hop Bird**

---

*A origem e o real significado da expressão *Hop Bird* (pássaro saltador) que Jonah Goldberg usa para dedicar este livro ao pai podem ser vistos no texto que leu na cerimônia de seu funeral, em http://article.nationalreview.com/?q=MGZkYjA3NmIzN2ZiNTE3ODE5NTgyMWY4YjIxMDEyZjY= (N. do T.)

SUMÁRIO

Introdução: Tudo o que você sabe sobre o fascismo está errado   9

1. Mussolini: o pai do fascismo   35
2. Adolf Hitler: um homem da esquerda   65
3. Woodrow Wilson e o nascimento do Fascismo Liberal   93
4. O *New Deal* Fascista de Franklin Roosevelt   139
5. A década de 1960: o fascismo vai às ruas   185
6. Do mito Kennedy ao sonho de Johnson: o Fascismo Liberal e o culto do Estado   227
7. Racismo Liberal: o fantasma eugênico na máquina fascista   273
8. A economia Fascista Liberal   319
9. Admirável Aldeia Nova: Hillary Clinton e o significado do Fascismo Liberal   355
10. A nova era: somos todos fascistas agora   401

Posfácio: A tentação do conservadorismo   437
Agradecimentos   455
Apêndice: A plataforma do partido nazista   457
Notas   461
Índice   519

INTRODUÇÃO

Tudo o que você sabe sobre o fascismo está errado

George Carlin:... e os pobres têm sido sistematicamente saqueados neste país. Os ricos ficaram mais ricos com este presidente criminoso, fascista, e seu governo. (Aplausos.) (Vivas.)
Bill Maher: OK, OK.
James Glassman: Você sabe, George... George, acho que você sabe... você sabe o que é fascismo?
Carlin: O fascismo, quando ele vier para a América...
Glassman: Você sabe o que são os nazistas?
Carlin: Quando o fascismo vier para a América, não será com camisas pardas e negras. Não será com coturnos. Será com tênis Nike e camisas Smiley, com aquelas carinhas amarelas sorridentes. Fascismo... a Alemanha perdeu a Segunda Guerra Mundial. O fascismo venceu. Acredite-me, amigo.
Maher: E, de fato, fascismo é quando corporações se tornam o governo.
Carlin: Isso![1]

Com exceção de alguns seminários acadêmicos, isso é o máximo de inteligência que se pode encontrar na América entre pessoas que discutem o fascismo. Esquerdistas furiosos bradam que todos aqueles à sua direita, particularmente os tubarões empresariais e os políticos que gostam deles, são fascistas. Enquanto isso, conservadores sitiados quedam sem palavras diante da sordidez da difamação.

Contrariando Bill Maher, fascismo *não* é "quando corporações se tornam o governo". Ironicamente, no entanto, a conclusão de George Carlin é correta, embora seu argumento não o seja. Se o fascismo vier para a América, ele de fato tomará a forma de "fascismo-Smiley" — fascismo *gentil*. Realmente, em muitos aspectos, o fascismo não apenas está aqui, mas tem estado durante quase um século. Pois o que chamamos de liberalismo — o edifício reformado do progressismo americano — é, de fato, um descendente e uma manifestação do fascismo. Isso não significa que seja a mesma coisa que nazismo. Nem que seja irmão gêmeo do fascismo italiano. Mas o progressismo foi um movimento irmão do fascismo, e o liberalismo de hoje é o filho do progressismo. Seria possível forçar a comparação e dizer que o liberalismo de hoje é o bem-intencionado sobrinho do fascismo europeu. Dificilmente seria ele idêntico a seus parentes mais feios, mas, ainda assim, exibe embaraçosos traços comuns de família que poucos admitirão reconhecer.

Não existe uma só palavra na língua inglesa mais livremente usada a torto e a direito por pessoas que não sabem seu significado do que "fascismo". Na realidade, quanto mais alguém usa a palavra "fascista" em sua linguagem cotidiana, menor a probabilidade de que saiba do que está falando.

É possível pensar que a exceção a essa regra seriam os especialistas em fascismo. Mas o que realmente distingue a comunidade de especialistas é sua honestidade. Nem mesmo os profissionais entendem, com exatidão, o que seja o fascismo. Incontáveis pesquisas acadêmicas começam com esse reconhecimento *pro forma*. "Tamanha é a quantidade de opiniões divergentes que cercam o termo", escreve Roger Griffin em sua introdução a *The nature of fascism* (*A natureza do fascismo*), "que é quase *de rigueur* iniciar as contribuições ao debate do fascismo com alguma observação desse tipo."

Os poucos especialistas que se aventuraram a dar suas próprias definições nos fornecem uma ligeira indicação de por que o consenso é tão enganoso. Griffin, uma das principais figuras contemporâneas nessa área, define fascismo como "um gênero de ideologia política cujo cerne mítico, em suas várias permutações, é uma forma palingenética de ultranacionalismo populista". Roger Eatwell afirma que a "essência" do fascismo é "uma forma de pensamento que prega a necessidade de renascimento social a fim de produzir *uma Terceira Via holística-nacional radical*". Emilio Gentile sugere "um movimento de massa que combina diferentes classes, mas é predominantemente das classes médias, que se vê como tendo uma missão de regeneração nacional, está em estado de guerra com seus adversários e busca o monopólio do poder usando terror, táticas parlamentares e acordos para criar um novo regime, destruindo a democracia".[2]

Embora essas sejam definições perfeitamente usáveis, sua maior virtude frente às demais é serem curtas o suficiente para que eu possa reproduzi-las aqui. Por exemplo, o cientista social Ernst Nolte, uma figura-chave na "polêmica dos historiadores" (*Historikerstreit*) na Alemanha durante a década de 1980, tem uma definição de seis pontos que chama de "o mínimo fascista". Nolte tenta definir o fascismo por aquilo a que ele se opõe — ou seja, o fascismo é tanto "antiliberalismo" quanto "anticonservadorismo". Outros constructos definicionais são ainda mais complicados, exigindo que evidências contrárias sejam tomadas como exceções que provam a regra.

Essa é uma versão acadêmica do princípio da incerteza de Heisenberg: quanto mais detalhadamente se estuda um tema, menos claramente definido ele se torna. O historiador R.A.H. Robinson escreveu há vinte anos: "Embora enormes quantidades de tempo de pesquisa e energia mental tenham sido investidas em seu estudo... o fascismo continua sendo o grande paradoxo para os que estudam o século XX." Enquanto isso, os autores do *Dictionnaire historique des fascismes et du nazisme* afirmam cabalmente: "Não existe nenhuma definição universalmente aceita do fenômeno fascista, nenhum consenso, por menor que seja, quanto à sua abrangência, às suas origens ideológicas ou às modalidades de ação que o caracterizam." Stanley G. Payne, considerado por muitos o mais importante dos especialistas atuais em fascismo, escreveu em 1995: "Ao final do século XX, *fascismo* permanece sendo, provavelmente, o mais vago dos termos políticos mais importantes." Existem até mesmo especialistas sérios que argumentam que o nazismo não era fascista, que fascismo simplesmente não existe, ou que se trata primariamente de uma religião secular (essa é minha própria perspectiva). "Em termos simples", escreve Gilbert Allardyce, "nós concordamos em usar a palavra sem havermos concordado quanto à definição."[3]

Ainda assim, embora os especialistas admitam que a natureza do fascismo seja vaga, complicada e aberta a interpretações amplamente divergentes, muitos liberais e esquerdistas modernos agem como se soubessem *exatamente* o que é o fascismo. Mais ainda: eles o veem em toda parte — exceto quando se olham no espelho. Na verdade, a esquerda brande o termo como uma clava para expulsar seus oponentes da praça como se fossem panfletistas sublevados. Afinal de contas, ninguém leva a sério um fascista. Você não tem nenhuma obrigação de ouvir os argumentos de um fascista nem de se preocupar com seus sentimentos ou direitos. É por isso que Al

Gore e muitos outros ambientalistas têm tanta facilidade em comparar os céticos a respeito do aquecimento global àqueles que negam a existência do Holocausto. Uma vez que tal associação se imponha, não há nenhuma razão para gastar saliva com gente assim.

Em resumo, "fascista" é uma palavra moderna para designar um "herege" e estigmatizar um indivíduo que merece ser excomungado do corpo político. A esquerda usa outras palavras — "racista", "sexista", "homófobo", "cristianista" — para propósitos semelhantes, mas essas têm significados menos elásticos. Fascismo, no entanto, é um jogo de cores de um prisma sempre oscilante. George Orwell observou essa tendência já em 1946 no famoso ensaio "Politics and the English language" ("A política e a língua inglesa"): "A palavra *fascismo* não tem nenhum significado agora, exceto no tanto em que designe 'algo não desejável'."[4]

Escritores de Hollywood usam as palavras "fascista", "camisas-pardas" e "nazista" como se significassem nada mais, nada menos, que "qualquer coisa de que os liberais não gostem". No programa *West Wing* da NBC, o apoio ao direito dos pais de escolherem a escola para seus filhos foi chamado de "fascista" (embora se possa argumentar que o direito dessa escolha seja, depois do direito de educar as crianças em casa, a mais não-fascista das políticas públicas já concebidas). Crash Davis, o personagem de Kevin Costner no filme *Sorte no amor*, explica ao jogador de beisebol que era seu protegido: "Pare de tentar eliminar todo mundo com esses lances impossíveis. Esse jeito de jogar é chato e, além disso, é fascista. Jogue algumas bolas rasteiras. Elas são mais democráticas." Um cozinheiro rude que aparece na série *Seinfeld* é chamado de "nazista da sopa".

O mundo real é apenas marginalmente menos absurdo. O deputado Charlie Rangel afirmou que o *Contrato com a América* apresentado pelo Partido Republicano em 1994 era mais extremado que o nazismo. "Hitler não chegou nem a falar a respeito de fazer essas coisas" (isso *é* tecnicamente correto, no sentido de que Hitler de fato não tentou estabelecer limites de duração para os cargos nos comitês e nem orçamento "base zero"). Em 2000, Bill Clinton chamou a plataforma do Partido Republicano no Texas de "panfleto fascista". O *New York Times* lidera uma longa lista de publicações prestigiosas sempre prontas a promover acadêmicos de renome que levantem a possibilidade de o Partido Republicano ser um partido fascista e de os conservadores cristãos serem os novos nazistas.[5]

Mais recentemente, Chris Hedges, repórter do *New York Times* e ganhador do prêmio Pulitzer, produziu um livro chamado *American fascists: the christian right and the war on America* (Fascistas americanos: a direita cristã e a guerra contra a América), que é apenas uma dentre as muitas polêmicas atuais que afirmam serem fascistas os cristãos conservadores ou fundamentalistas (Rick Perlstein escreveu um comentário bastante negativo sobre o livro no *New York Times*, mas, ainda assim, começa com a declaração: "É claro que há fascistas cristãos na América"). O reverendo Jesse Jackson tacha de fascista toda forma de oposição à sua agenda de base racial. Durante a recontagem dos votos na Flórida em 2000, ele declarou que os sobreviventes do Holocausto haviam sido atingidos "novamente" porque o sistema de voto na Flórida era muito complicado para alguns milhares de eleitores idosos. No *Larry King Live*, Jackson fez a declaração absurda de que "A Coalizão Cristã era uma grande força na Alemanha". E continuou: "Ela propiciou um fundamento adequado, científico, teológico para a tragédia na Alemanha. A Coalizão Cristã estava em grande evidência lá."[6]

Pergunte às pessoas medianas, razoavelmente educadas, o que lhes vem à mente quando ouvem a palavra "fascismo" e as respostas imediatas serão "ditadura", "genocídio", "antissemitismo", "racismo" e (é claro) "direitismo". Aprofunde-se um pouco mais — e desloque-se ligeiramente para a esquerda — e ouvirá um bocado de coisas sobre "eugenia", "darwinismo social", "capitalismo de Estado" ou o sinistro governo dos grandes interesses econômicos. Guerra, militarismo e nacionalismo também aparecerão muitas vezes. Alguns desses atributos tiveram, indiscutivelmente, um papel central no que poderíamos chamar de fascismo "clássico" — o Fascismo de Benito Mussolini e o Nazismo de Adolf Hitler. Outros — como o amplamente mal-entendido termo "darwinismo social" — têm pouquíssimo a ver com fascismo.[7] Mas poucas dessas coisas são exclusividades do fascismo, e quase nenhuma delas é especificamente direitista ou conservadora — pelo menos no sentido que essas palavras têm na América.

Para começar, temos que conseguir distinguir entre os sintomas e a doença. Consideremos o militarismo, que surgirá repetidamente no decorrer deste livro. O militarismo era, indiscutivelmente, um aspecto central do fascismo (e do comunismo) em inúmeros países. Mas sua relação com o fascismo é mais nuançada do que se poderia supor. Para alguns pensadores na Alemanha e nos Estados Unidos (tais como Teddy Roosevelt e Oliver Wendell

Holmes), a guerra era, verdadeiramente, uma fonte de importantes valores morais. Isso era o militarismo como uma filosofia social pura e simples. Mas, para um número muito maior de pessoas, o militarismo era um expediente pragmático: o melhor e o mais elevado meio de organizar a sociedade de formas produtivas. Inspirado por ideias como aquelas que aparecem no famoso ensaio de William James, "The moral equivalent of war" ("O equivalente moral da guerra"), o militarismo parecia oferecer um modelo prático e sensato para se alcançar fins desejáveis. Mussolini, que abertamente admirava James e o invocava, usou essa lógica em sua famosa "Batalha do Trigo" e em outras iniciativas sociais radicais. Tais ideias tinham um imenso número de seguidores nos Estados Unidos, onde muitos líderes progressistas defendiam o uso de "exércitos industriais" para criar a idealizada democracia dos trabalhadores. Mais tarde, o Corpo Civil de Conservação (Civilian Conservation Corps, ou CCC, na sigla em inglês) de Franklin Roosevelt — um programa social tão militarista quanto se possa imaginar — tomou carona nessas ideias, assim como o fez o Corpo da Paz (Peace Corps) de JFK.

Esse tropo dificilmente terá sido extirpado do liberalismo contemporâneo. Ouvimos falar todos os dias da "guerra contra o câncer", "guerra contra as drogas", "guerra contra a pobreza" e exortações para fazer desse ou daquele desafio social "o equivalente moral a uma guerra". Em todas as áreas, desde cuidados de saúde até controle de armas e aquecimento global, os liberais insistem em que precisamos "ir além da política" e "deixar as diferenças ideológicas para trás" a fim de "tratar das questões que interessam às pessoas". Os especialistas e os cientistas sabem o que fazer, dizem-nos; portanto, a época dos debates acabou. Essa, embora numa forma mais gentil e benigna, é a lógica do fascismo — que se exibia amplamente nas administrações de Woodrow Wilson, Franklin Roosevelt e, sim, mesmo na de John F. Kennedy.

Então, é claro, há o racismo. O racismo era, indiscutivelmente, um ponto central da ideologia nazista. Hoje, sentimo-nos perfeitamente confortáveis equiparando nazismo e racismo. E, em aspectos importantes, isso é absolutamente adequado. Mas por que não equiparar nazismo a, digamos, afrocentrismo? Muitos afrocentristas do passado, como Marcus Garvey, eram pró-fascistas ou se identificavam abertamente como fascistas. A Nação do Islã tem vínculos surpreendentes com o nazismo, e sua teologia é himmleriana. Os Panteras Negras — um grupo militarista de homens jovens dedicados à violência, ao separatismo e à superioridade racial — são tão essencialmente fascistas quanto os camisas-pardas de Hitler ou os esquadrões de ação de Mussolini. O escritor afrocentrista Leonard Jeffries (os negros são "povos do sol", e os brancos são "povos do gelo") poderia facilmente ser confundido com um teorista nazista.

Certos segmentos da esquerda afirmam que "sionismo é igual a racismo" e que os israelenses são equivalentes aos nazistas. Embora essas comparações sejam injustas e problemáticas, por que será que não estamos ouvindo denúncias semelhantes sobre grupos que vão desde o National Council of La Raza — ou seja, "Conselho Nacional da Raça" — até o grupo hispânico radical MEChA, cujo lema — *"Por La Raza todo, Fuera de La Raza nada"* — significa "Tudo pela Raça, nada fora da Raça"? Por que será que quando um homem branco despeja tais sentimentos, ele é "objetivamente" fascista, mas, quando um negro diz a mesma coisa, trata-se meramente da expressão de um multiculturalismo que está em voga?

A prioridade mais importante para os integrantes da esquerda não é oferecer alguma resposta a essas questões. Eles prefeririam manter a definição de fascismo dada por Orwell, "qualquer coisa não desejável", desse modo conseguindo ocultar de olhares inquisitivos suas próprias inclinações fascistas. No entanto, quando forçados a responder, a resposta é, usualmente, mais instintiva, visceral ou desdenhosamente irônica do que racional ou imbuída de princípios. Sua lógica parece ser que o multiculturalismo, o Corpo da Paz e semelhantes são coisas boas — coisas que os liberais aprovam —, e coisas boas *não podem* ser fascistas pela simples razão de que os liberais as aprovam. De fato, esse parece ser o argumento irredutível de inúmeros escritores que loquazmente usam a palavra "fascista" para descrever os "caras maus", baseando-se exclusivamente no critério de que os liberais acham que eles são maus. Fidel Castro, se poderia argumentar, é um fascista que segue a cartilha. Mas como a esquerda aprova sua resistência ao "imperialismo" dos Estados Unidos — e porque ele usa as palavras mágicas do marxismo —, ela afirma que não apenas é errado, mas objetivamente estúpido, chamá-lo de fascista. Enquanto isso, chamar Ronald Reagan, George W. Bush, Rudy Giuliani e outros conservadores de fascistas é simplesmente o que *fazem* as pessoas sofisticadas, que pensam certo.

O principal furo em tudo isso é que o fascismo propriamente entendido simplesmente não é um fenômeno da direita. Esse fato — uma inconveniente verdade, se alguma vez houve uma — é obscurecido em nossos dias pela igualmente equivocada crença de que fascismo e comunismo são opostos. Na realidade, eles estão intimamente relacionados e, historicamente, têm competido pelas mesmas bases, buscando dominar e controlar o mesmo espaço social. O fato de aparecerem como opostos polarizados é um truque da história intelectual e (mais interessante para o argumento que estou apresentando) o resultado de um esforço concentrado de propagada da parte dos "vermelhos" para fazer os "pardos" parecerem objetivamente maus e como o "outro" (ironicamente, a demonização do "outro" é considerada um traço definidor do fascismo). Mas, em termos de suas teorias e práticas, as diferenças são mínimas.

É difícil agora, à luz de seus maciços crimes e fracassos, lembrar que tanto o fascismo quanto o comunismo foram, em sua época, visões utópicas e portadoras de grandes esperanças. Mais ainda, o fascismo, assim como o comunismo, era um movimento internacional que atraiu seguidores em todas as sociedades ocidentais. Particularmente após a Primeira Guerra Mundial, mas tendo começado muito antes, um *momento* fascista surgiu das cinzas da velha ordem europeia. Ele reuniu os vários elementos que compunham a política e a cultura europeias: a ascensão do nacionalismo étnico, o Estado de bem-estar social de Bismarck e o colapso do cristianismo como fonte de ortodoxia social e política e de aspirações universais. Em lugar do cristianismo, oferecia uma nova religião do Estado divinizado e a nação como uma comunidade orgânica.

Esse movimento internacional teve muitas variantes e ramificações e ganhou diferentes nomes em vários países. Sua expressão em cada sociedade variou em função da cultura nacional. É por essa razão, entre outras, que é tão difícil defini-lo. Mas, na realidade, o fascismo internacional brotou das mesmas fontes intelectuais que geraram o progressismo americano. A rigor, o progressismo americano — a cruzada social moralista da qual os liberais modernos orgulhosamente se dizem descendentes — foi, em alguns aspectos, a principal fonte das ideias fascistas aplicadas na Europa por Mussolini e Hitler.

Os americanos gostam de pensar que são imunes ao fascismo, embora se sintam constantemente ameaçados por ele. "Não pode acontecer aqui" é o refrão comum. Mas o fascismo seguramente tem uma história neste país, e é disso que trata este livro. A tradição fascista americana está fortemente ligada ao esforço de "europeizar" a América e dar a ela um Estado "moderno" que possa ser dirigido e direcionado para fins utópicos. Esse fascismo americano parece — e é — muito diferente de suas variantes europeias porque foi moderado por muitos fatores especiais — tamanho geográfico, diversidade étnica, individualismo jeffersoniano, uma forte tradição liberal e assim por diante. Como resultado, o fascismo americano é mais suave, mais amistoso, mais "maternal" que seus correspondentes estrangeiros; é o que George Carlin chama de "fascismo da carinha sorridente". Um fascismo simpático. O melhor termo para descrevê-lo é "fascismo *liberal*". E esse fascismo liberal era, e continua sendo, fundamentalmente, um fascismo de esquerda.

Este livro apresentará uma história alternativa do liberalismo americano que não apenas revela suas raízes no fascismo clássico e os traços comuns que partilha com ele, mas também mostra como a projeção do rótulo "fascista" sobre a direita foi o resultado de um sofisticado golpe de mão. Na verdade, os conservadores são os mais autênticos liberais clássicos, enquanto muitos dos chamados liberais são fascistas "amistosos".

Mas não estou dizendo que todos os liberais sejam fascistas. Nem que acreditar na medicina socializada ou na proibição de fumar seja evidência de que você é um criptonazista. Basicamente, o que estou tentando fazer é desmontar a férrea suposição existente em nossa cultura política de que o conservadorismo americano é um derivado ou primo do fascismo. Em vez disso, como tentarei mostrar, grande parte das ideias e impulsos que informam o que chamamos de liberalismo chegou até nós por meio de uma tradição intelectual que conduziu diretamente ao fascismo. Essas ideias foram abraçadas pelo fascismo e, em aspectos importantes, permanecem fascistas.

No entanto, hoje não podemos reconhecer facilmente essas semelhanças e continuidades, e menos ainda falar sobre elas, porque todo esse campo de análise histórica foi posto à margem após o Holocausto. Antes da Segunda Guerra Mundial, o fascismo era amplamente visto como um movimento social progressista, com muitos adeptos liberais e esquerdistas na Europa e nos Estados Unidos; os horrores do Holocausto mudaram completamente nossa imagem do fascismo, que passou a ser visto como algo peculiarmente maligno e inevitavelmente ligado a nacionalismo extremista, paranoia e racismo genocida. Depois da guerra, os progressistas americanos que haviam louvado Mussolini e até olhado Hitler com simpatia nas décadas de 1920 e 1930 tiveram que se distanciar dos horrores do nazismo. Por conseguinte, intelectuais esquerdistas redefiniram o fascismo como "direitista" e projetaram seus próprios pecados sobre os conservadores, embora continuassem a tomar grandes empréstimos do pensamento fascista e pré-fascista.

Grande parte dessa história alternativa pode ser encontrada com bastante facilidade, se alguém tiver olhos para vê-la. O problema é que a narrativa liberal-progressista com a qual a maior parte de nós cresceu tende a pôr de lado esses fatos incongruentes e inconvenientes e a inventar razões para tomar como marginal aquilo que, de fato, é central.

Para iniciantes, o fato de que, na década de 1920, o fascismo e as ideias fascistas fossem muito populares na esquerda americana é uma simples constatação. "O fato de o fascismo cheirar mal para as narinas do *New Masses*", escreve John Patrick Diggins a respeito do lendário jornal da extrema-esquerda, "pode ter sido verdade depois de 1930. Para os radicais dos anos 1920, a lufada de ar que chegava da Itália não trazia nenhum fedor ideológico."[8] Havia uma razão para isso. Em muitos aspectos, os pais fundadores do liberalismo moderno, homens e mulheres que construíram as bases intelectuais do *New Deal* e do Estado de bem-estar social, pensavam que o fascismo parecia uma ideia bastante boa. Ou, para ser justo: muitos simplesmente pensavam (no espírito do pragmatismo de Dewey) que parecia um "experimento" que valia a pena fazer. Além disso, embora o odor do fascismo italiano tenha se tornado cada vez mais rançoso para as narinas tanto da esquerda quanto da direita americana (isso bem depois de 1930, deve-se notar), na maior parte dos casos essa repugnância não derivava de diferenças ideológicas profundas. Em vez disso, a esquerda americana basicamente escolheu outro time — o time vermelho — e, com isso, jurou fidelidade às diretivas dos programas comunistas a respeito do fascismo. Quanto à esquerda liberal não comunista, embora a *palavra* fascismo tenha ficado com uma reputação cada vez pior, muitas ideias e impulsos fascistas foram mantidos.

Foi por volta dessa época que Stalin concebeu a brilhante tática de simplesmente chamar de "fascistas" todas as ideias e movimentos inconvenientes. Socialistas e progressistas alinhados com Moscou eram chamados de socialistas ou progressistas, enquanto socialistas desleais ou que se opunham a Moscou eram chamados de fascistas. A teoria de Stalin sobre o fascismo social tornou até mesmo Franklin Roosevelt um fascista, segundo a opinião de comunistas leais em toda parte. E permitam-me recordar que

Leon Trotsky foi marcado para morrer por supostamente haver feito um complô para dar um "golpe fascista". Embora essa tática mais tarde tenha sido deplorada por muitos esquerdistas americanos, é surpreendente o número de idiotas úteis que se deixaram levar por ela na época e o longo tempo que durou sua meia-vida intelectual.

Antes do Holocausto e da doutrina do fascismo social elaborada por Stalin, os liberais podiam ser mais honestos a respeito de sua preferência pelo fascismo. Durante a era "pragmática" da década de 1920 e início da seguinte, havia uma multidão de intelectuais e jornalistas liberais ocidentais bastante impressionados com o "experimento" de Mussolini.[9] Não foram poucos os progressistas que também ficaram intrigados com o nazismo. W. E. B. DuBois, por exemplo, tinha sentimentos muito complexos e ambíguos a respeito da ascensão de Hitler e do infortúnio dos judeus, acreditando que o nacional-socialismo poderia ser o modelo para a organização econômica. A formação da ditadura nazista, escreveu ele, havia sido "absolutamente necessária para pôr em ordem o Estado". Aderindo estritamente à definição progressista de "democracia" como estatismo igualitário, DuBois fez um discurso no Harlem em 1937 declarando que, "em alguns aspectos, há mais democracia na Alemanha hoje que em anos passados".[10]

Durante anos, segmentos da chamada Velha Direita argumentaram que o *New Deal* de FDR era fascista e/ou influenciado por fascistas. Existe muita verdade nisso, como muitos historiadores importantes e liberais têm admitido a contragosto.[11] No entanto, dificilmente essa crítica de que o *New Deal* era fascista terá sido uma exclusividade da direita na década de 1930. Ao contrário, aqueles que faziam esse tipo de crítica, inclusive o herói democrata Al Smith e o republicano progressista Herbert Hoover, recebiam de volta a acusação de serem direitistas loucos e, eles sim, os verdadeiros fascistas. Norman Thomas, líder do Partido Socialista Americano, com frequência acusava o *New Deal* de ser fundamentalmente fascista. Somente comunistas leais a Moscou — ou os idiotas úteis que compunham a vassalagem de Stalin — poderiam dizer que Thomas era um direitista ou fascista. Mas foi precisamente isso o que fizeram.

Ainda mais revelador, os defensores de FDR admitiam abertamente sua admiração pelo fascismo. Rexford Guy Tugwell, um membro influente do *Brain Trust* de Roosevelt, disse a respeito do fascismo italiano: "É a mais limpa, mais organizada e mais eficiente peça de maquinaria social que já vi. Sinto inveja." "Estamos fazendo tentativas com a economia do fascismo sem termos tido que passar por toda a devastação social ou política", declarou George Soule, editor do *New Republic*, um entusiástico defensor do governo FDR.[12]

Mas toda essa discussão deixa de lado um ponto mais relevante e frequentemente descuidado. O *New Deal* emulou, *de fato*, um regime fascista; mas a Itália e a Alemanha eram modelos secundários, confirmações *a posteriori* de que os liberais estavam no caminho certo. A verdadeira inspiração para o *New Deal* foi o governo de Wilson durante a Primeira Guerra Mundial. Dificilmente isso pode ser considerado um segredo. FDR fez sua campanha prometendo recriar o socialismo de guerra dos anos Wilson; seu pessoal empenhou-se em atingir aquela meta e foi calorosamente aplaudido pelo *establishment* liberal da década de 1930. Inúmeros editorialistas, políticos e analistas especializados — inclusive o venerado Walter Lippmann — conclamaram o presidente Roosevelt a se tornar um "ditador" (o que não era um palavrão no início da década de 1930) e a lidar com a Depressão da mesma forma como Wilson e os progressistas haviam lutado na Primeira Guerra Mundial.

De fato, meu argumento é que, durante a Primeira Guerra Mundial, a América tornou-se um país fascista, embora temporariamente. A primeira aparição do moderno totalitarismo no mundo ocidental não foi na Itália nem na Alemanha, mas nos Estados Unidos da América. De que outra forma você descreveria um país que criou o primeiro Ministério da Propaganda no mundo moderno; onde milhares de prisioneiros políticos eram assediados, espancados, espionados e jogados na prisão simplesmente por expressarem opiniões privadas; onde o líder nacional acusava estrangeiros e imigrantes de injetarem um "veneno" traiçoeiro na corrente sanguínea americana; onde jornais e revistas eram fechados por criticarem o governo; onde quase cem mil agentes de propaganda do governo foram enviados para se misturar com o povo e mobilizar apoio para o regime e sua guerra; onde professores universitários impunham juramentos de lealdade a seus colegas; onde quase a quarta parte de um milhão de capangas recebeu autoridade legal para intimidar e espancar "desertores" e dissidentes; e onde destacados artistas e escritores dedicavam-se a fazer proselitismo para o governo?

A razão de tantos progressistas terem ficado intrigados com os "experimentos" de Mussolini e também de Lenin é simples: eles viram seu reflexo no espelho europeu. Em termos filosóficos, organizacionais e políticos, os progressistas estavam tão próximos dos fascistas autênticos, naturais da Europa, quanto qualquer movimento já produzido na América.[13] Militaristas, fanaticamente nacionalistas, imperialistas, racistas, profundamente envolvidos na promoção da eugenia darwiniana, enamorados do Estado de bem-estar social de Bismarck, estatistas além da medida moderna, os progressistas representavam o florescimento, em solo americano, de um movimento encontrado nos dois lados do Atlântico e uma profunda reorientação na direção do coletivismo hegeliano e darwiniano importado da Europa no final do século XIX.

Nesse sentido, tanto o governo de Wilson quanto o de Roosevelt eram descendentes, embora distantes, do primeiro movimento fascista: a Revolução Francesa.

Contando com o benefício da visão retrospectiva, é difícil entender por que alguém duvida da natureza fascista da Revolução Francesa. Poucos negam que ela tenha sido totalitária, terrorista, nacionalista, conspiratória e populista. Produziu os primeiros ditadores modernos, Robespierre e Napoleão, e baseava-se na premissa de que a nação precisava ser governada por uma *avant-garde* iluminada que serviria de voz autêntica, orgânica, da "vontade geral". A mentalidade jacobina paranoide transformou os revolucionários em pessoas mais selvagens e cruéis do que o rei que haviam substituído. Cerca de cinquenta mil acabaram morrendo sob o Terror, muitos em julgamentos políticos fictícios que Simon Schama descreve como "os estatutos constitutivos da justiça totalitária". Robespierre resumiu assim a lógica totalitária da revolução: "Existem apenas dois partidos na França: o povo e seus inimigos. Precisamos exterminar esses vilões miseráveis que estão eternamente conspirando contra os direitos do homem... Precisamos exterminar todos os nossos inimigos."[14]

Mas o que realmente fez da Revolução Francesa a primeira revolução fascista foi seu empenho em transformar a política numa religião. Nesse aspecto, os revolucionários inspiraram-se em Rousseau, cujo conceito de vontade geral divinizava *o povo* e transformava a *pessoa* numa consideração posterior, secundária. Em consequência disso, eles declararam guerra ao cristianismo, tentando expurgá-lo da sociedade e substituí-lo por uma fé "secular" cujos princípios eram sinônimos da agenda jacobina. Centenas de festivais com temas pagãos foram promovidos em todo o país celebrando Nação, Razão, Irmandade, Liberdade e outras abstrações semelhantes a fim de revestir o Estado e a vontade geral com uma aura de santidade. Como veremos adiante, os nazistas copiaram os jacobinos nos mínimos detalhes.

Já não é controvertido dizer que a Revolução Francesa foi desastrosa e cruel. Mas é profundamente controvertido dizer que foi fascista, porque a Revolução Francesa é a *fons et origo* da esquerda e da "tradição revolucionária". A direita americana e os liberais clássicos valorizam orgulhosamente a Revolução Americana, que foi essencialmente conservadora, mas estremecem diante dos horrores e desvarios do jacobinismo. Mas, se a Revolução Francesa era fascista, então seus herdeiros teriam de ser vistos como frutos dessa árvore envenenada e, por fim, o próprio fascismo seria *corretamente* posto no lugar que lhe cabe na história da esquerda. Mas, como isso causaria uma desordem sísmica na visão de mundo esquerdista, eles adotam a dissonância cognitiva e recorrem a um golpe de mão terminológico.

Ao mesmo tempo, deve-se notar que os especialistas têm tido tanta dificuldade em explicar o que é o fascismo porque os vários fascismos foram muito diferentes uns dos outros. Por exemplo, os nazistas eram antissemitas genocidas. Mas os fascistas italianos protegeram os judeus até o momento em que os nazistas ocuparam a Itália. Os fascistas lutaram ao lado do Eixo, mas os espanhóis ficaram fora da guerra (e também protegeram os judeus). Os nazistas odiavam o cristianismo, mas os italianos fizeram as pazes com a Igreja católica (embora Mussolini tivesse pelo cristianismo um desprezo apaixonado e sem limites), e membros da Legião do Arcanjo Miguel na Romênia vestiam-se como cruzados cristãos. Alguns fascistas defendiam o "capitalismo de Estado", enquanto outros, como os camisas-azuis do Kuomintang chinês, demandavam a tomada imediata dos meios de produção. Os nazistas eram oficialmente antibolchevistas, mas também havia dentro das fileiras nazistas um movimento a favor do "bolchevismo nacional".

A única coisa que une esses movimentos é o fato de que todos eram, à sua própria maneira, totalitários. Mas o que queremos dizer quando chamamos algo de "totalitário"? Sem dúvida, a palavra ganhou uma conotação compreensivelmente sinistra na última metade de século. Graças ao trabalho de Hannah Arendt, Zbigniew Brzezinski e outros, virou um termo genérico para designar regimes brutais, orwellianos, assassinos da alma. Mas não foi esse o uso original da palavra e nem era isso o que pretendia designar. O próprio Mussolini cunhou o termo para descrever uma sociedade na qual todos tinham seu lugar, onde todos recebiam cuidados, onde tudo estava dentro do Estado e nada fora dele: onde realmente nenhuma criança era deixada para trás.

Novamente, meu argumento é que o liberalismo americano é uma religião política totalitária, mas não necessariamente do tipo orwelliano. É gentil, não brutal. Embala, não abala. Mas é, indiscutivelmente, totalitária — ou "holística", se preferirem — no sentido de que o liberalismo não vê hoje nenhuma área da vida humana que não esteja investida de significância política, desde o que você come até o que você fuma e o que você diz. Sexo é política. Comida é política. Esportes, divertimento, seus motivos interiores e sua aparência externa, tudo tem relevância política para os fascistas liberais. Os liberais depositam sua fé em especialistas alçados à posição de sacerdotes que sabem o que é bom para nós, que planejam, exortam, molestam e censuram. Eles tentam usar a ciência para desacreditar noções tradicionais de religião e fé, mas falam a linguagem do pluralismo e da espiritualidade para defender crenças "não tradicionais". Tal como no fascismo clássico, os fascistas liberais falam de uma "Terceira Via" entre direita e esquerda para a qual confluem todas as coisas boas e onde todas as escolhas difíceis são "escolhas falsas".

A ideia de que não existem escolhas difíceis — ou seja, escolhas entre bens conflitivos — é religiosa e totalitária porque presume que todas as coisas boas são fundamentalmente compatíveis. A visão liberal conservadora ou clássica compreende que a vida é injusta, que o homem é falho e que a única sociedade perfeita, a única utopia real, espera por nós na próxima vida.

O fascismo liberal de esquerda difere do fascismo clássico em muitos aspectos. Não nego isso. Na verdade, esse é um ponto central de meu argumento. Os fascismos diferem uns dos outros porque crescem em solos diferentes. O que os une são seus impulsos emocionais ou instintivos, tais como a busca do "comunitário", a exortação para se ir "além" da política, uma fé na perfectibilidade do homem e na autoridade dos especialistas e uma obsessão com a estética da juventude, o culto da ação e a necessidade de um Estado todo-poderoso para coordenar a sociedade no plano nacional ou global. Acima de tudo, partilham a crença — que chamo de tentação totalitária — de que, com a dose certa de experimentação, nós podemos realizar o sonho utópico de "criar um mundo melhor".

Mas, tal como ocorre com tudo o mais na história, o tempo e o lugar contam, e as diferenças entre vários fascismos podem ser profundas. O nazismo foi o produto da cultura alemã, surgido num contexto alemão. O Holocausto não poderia ter ocorrido na Itália porque os italianos não são alemães. E, na América, onde a hostilidade ao *big government* é um traço nuclear do caráter nacional, a defesa do estatismo tem que ser feita em termos de "pragmatismo" e decência. Em outras palavras, nosso fascismo tem que ser gentil e para o nosso próprio bem.

O progressismo americano, do qual descende o liberalismo de hoje, foi um tipo de fascismo cristão (muitos o chamavam de "socialismo cristão"). Os liberais modernos têm dificuldade em apreender esse conceito porque estão acostumados a pensar os progressistas como aqueles que resolveram o problema do fornecimento de alimentos, conseguiram a jornada de oito horas e acabaram com o trabalho infantil. Mas os liberais frequentemente esquecem que os progressistas também eram imperialistas, tanto em sua própria terra quanto no exterior. Foram os autores da Lei Seca, das batidas policiais inconstitucionais comandadas por Palmer (Palmer Raids), da eugenia, de juramentos de lealdade e, em sua encarnação moderna, do que muitos chamam de "capitalismo de Estado".

Muitos liberais também perdem de vista a dimensão religiosa do progressismo porque tendem a ver religião e política progressistas como coisas diametralmente opostas; assim, embora os liberais que se lembram do movimento pelos direitos civis reconheçam que as igrejas tiveram um papel ativo na época, não veem isso num *continuum* que também abrange outras cruzadas progressistas de inspiração religiosa, como as a favor da abolição e da temperança. O fascismo liberal atual, em sua maior parte, evita falar do cristianismo, exceto para reduzir sua influência sempre que possível (embora uma versão direitista, frequentemente chamada de conservadorismo compassivo, tenha feito progressos no Partido Republicano). Mas, ainda que as evocações a Deus possam ter desaparecido, o espírito religioso cruzadista que impulsionava o progressismo continua tão forte quanto sempre foi. No entanto, em vez de falar em termos explicitamente religiosos, os liberais de hoje usam um vocabulário de "esperança" secularizado e constroem filosofias explicitamente espirituais, como a "política de significado" de Hillary Clinton.

Da mesma forma, desapareceu uma grande parcela do racismo odioso que permeava a eugenia progressista de Margaret Sanger e de outros. Mas os fascistas liberais ainda são racistas à sua própria maneira gentil, acreditando na inerente numinosidade dos negros, na permanência do pecado branco e, portanto, na eterna justificação da culpabilidade branca. Embora eu possa argumentar que isso é ruim e indesejável, nem sonharia dizer que os liberais de hoje têm atitudes raciais tão genocidas ou pervertidas como as dos nazistas. Ainda assim, deve-se notar que, na esquerda pós-moderna, as falas contêm termos que os nazistas poderiam entender. De fato, noções como "lógica branca" e a "permanência da raça" não apenas eram entendidas pelos nazistas, mas, em alguns casos, foram criadas por eles. A historiadora Anne Harrington observa que "as palavras-chave do vocabulário do pós-modernismo (desconstrucionismo, logocentrismo) de fato tiveram suas origens em panfletos anticiência produzidos por escritores nazistas e protofascistas como Ernst Krieck e Ludwig Klages". A primeira ocorrência da palavra *Dekonstrucktion* foi numa revista nazista de psiquiatria editada por um primo de Hermann Göring.[15] A forma como muitas figuras da esquerda falam sobre destruir o "branquismo" é mais do que superficialmente evocativa do esforço nacional-socialista de "desjudaizar" a sociedade alemã. De fato, é revelador que o homem que supervisionou a frente legal desse projeto, Carl Schmitt, tenha enorme popularidade entre acadêmicos esquerdistas. Liberais de prestígio não necessariamente concordam com esses intelectuais, mas os tratam com uma deferência e um respeito que muitas vezes constituem um endosso tácito.

Não é menos certo que os progressistas tenham feito muitas coisas que hoje chamaríamos objetivamente de fascistas e que os fascistas fizeram muitas coisas que hoje chamaríamos objetivamente de progressistas. Desemaranhar essa aparente contradição e mostrar por que não se trata, de fato, de uma contradição são os principais propósitos deste livro. Mas isso não significa que eu esteja chamando os liberais de nazistas.

Permitam-me frasear a questão assim: nenhuma pessoa séria pode negar que as ideias marxistas tiveram um profundo impacto sobre o que chamamos de liberalismo. Observar isso não significa chamar, digamos, Barack Obama de stalinista ou comunista. Pode-se avançar ainda mais e notar que muitos dos mais destacados liberais e esquerdistas do século XX diligentemente minimizaram os males e perigos representados pelo comunismo soviético; mas isso não necessariamente significa que seria justo acusá-los de haverem de fato *favorecido* os crimes genocidas de Stalin. É cruel chamar alguém de nazista porque isso sugere, de forma injusta, uma simpatia pelo Holocausto. Mas também não é menos inexato presumir que o fascismo fosse simplesmente a ideologia do genocídio judeu. Se for necessário um rótulo para aquilo, chame-o de hitlerismo, pois Hitler não seria Hitler sem o racismo genocida. E, embora Hitler fosse um fascista, fascismo não precisa ser sinônimo de hitlerismo.

Por exemplo, é esclarecedor notar que os judeus estavam super-representados no Partido Fascista italiano desde o início da década de 1920 até 1938. A Itália fascista não tinha nada parecido com um sistema de campos de morte. Nem um único judeu *de nenhuma nacionalidade,* em nenhum lugar do mundo sob o controle italiano, foi entregue à Alemanha até 1943, quando a Itália foi invadida pelos nazistas. Os judeus na Itália sobreviveram à guerra numa taxa mais elevada do que em qualquer outro lugar sob o domínio do Eixo, exceto na Dinamarca, e judeus em áreas da Europa controladas por italianos saíram-se quase tão bem quanto isso. Na verdade, Mussolini enviou tropas italianas em missões perigosas para salvar vidas judias. Francisco Franco, supostamente um ditador fascista do tipo mais puro, também se opôs à demanda de Hitler de entregar os judeus espanhóis, salvando dezenas de milhares de judeus do extermínio. Foi Franco quem assinou o documento revogando o Édito de Expulsão dos Judeus da Espanha, que datava de 1492. Enquanto isso, os supostamente "liberais" franceses e holandeses cooperavam com o programa de deportação nazista.

A esta altura, quero fazer algumas declarações sobre pontos que deveriam ser óbvios, mas que precisam ser feitas a fim de evitar qualquer possibilidade de eu ser mal interpretado ou de ter meu argumento distorcido por críticos hostis. Amo este país e tenho uma tremenda fé em sua bondade e decência; sob nenhuma circunstância eu posso imaginar um regime fascista como o dos nazistas chegando ao poder aqui, e muito menos um evento como o Holocausto. Isso se deve a que os americanos, todos os americanos — liberais, conservadores e independentes, negros, brancos, hispânicos e asiáticos — são moldados por uma cultura liberal, democrática e igualitária forte o bastante para resistir a quaisquer tentações totalitárias. Assim, realmente não penso que os liberais sejam maus, vilões ou sectários no sentido sugerido pelas típicas comparações com os nazistas. O artifício direitista de chamar Hillary Clinton de "Hitlery" não é menos imaturo que a incessante repetição de disparates como "Bushitler" que se ouve na esquerda. Os americanos que saudaram Mussolini nos anos 1920 não podem ser responsabilizados pelo que Hitler fez quase duas décadas mais tarde. E os liberais de hoje não são responsáveis pelas crenças de seus ancestrais intelectuais, embora devessem reconhecer sua existência.

Mas, ao mesmo tempo, os crimes de Hitler não apagam as semelhanças entre o progressismo — agora chamado de liberalismo — e as ideologias e atitudes que levaram Mussolini e Hitler ao poder.

Por exemplo, há muito se sabe que os nazistas tinham uma política econômica populista e estavam fortemente influenciados pelas mesmas ideias que motivaram os populistas americanos e ingleses. E, embora minimizado, com muita frequência, por historiadores liberais, o populismo americano do século XIX tinha um forte traço antissemita e conspiratório. Uma caricatura típica que saiu numa publicação populista exibia o mundo preso nos tentáculos de um polvo sentado sobre as Ilhas Britânicas. No polvo estava escrito "Rothschild". Um repórter da Associated Press observou, durante a convenção Populista de 1896, "o extraordinário ódio pela raça judaica" que se via ali.[16] O padre Charles Coughlin, conhecido como o Padre do Rádio, era um populista esquerdista, agitador e teorista da conspiração cujo antissemitismo era bem conhecido entre liberais do *establishment* defensores do demagogo pró-Roosevelt afirmando que ele estava "do lado dos anjos".

Hoje, teorias populistas da conspiração brotam de todos os lados na esquerda (e não se pode dizer que sejam desconhecidas na direita). Toda uma terça parte dos americanos acredita que é "muito provável", ou "de alguma forma provável", que o governo estivesse por trás dos ataques de 11 de Setembro ou que os tenha permitido. Uma paranoia específica sobre a influência do "*lobby* judeu" infectou significativos segmentos do *campus* e da esquerda europeia — para não mencionar o envenenante e verdadeiramente hitleriano populismo antissemita das "ruas" árabes sob regimes que a maior parte das pessoas reconheceria como fascistas. Meu argumento não é que a esquerda esteja abraçando o antissemitismo hitlerista. Ao contrário, está abraçando o populismo e sendo indulgente com antissemitas numa medida alarmante e perigosa. Além disso, vale a pena recordar que o sucesso do nazismo na Alemanha de Weimar deveu-se, parcialmente, à falta de disposição dos homens decentes para tomá-lo a sério.

Existem outras semelhanças entre as ideias fascistas alemãs e italianas e o moderno liberalismo americano. Por exemplo, o corporativismo que se encontra no cerne da economia liberal atual é visto como um bastião contra classes dominantes corporativas direitistas e vagamente fascistas. Ainda assim, as ideias econômicas de Bill e Hillary Clinton, John Kerry, Al Gore e Robert Reich têm profunda semelhança com as ideologias corporativas da "Terceira Via" que produziram a economia fascista nas décadas de 1920 e 1930. De fato, o "culto da carga" mantido pelo liberalismo contemporâneo em torno do *New Deal* é suficiente para colocar o liberalismo moderno na árvore genealógica do fascismo.

Ou considere-se, nos anos recentes, a proliferação de cruzadas *New Age* pela saúde, desde a guerra aos cigarros, passando pela obsessão com direitos dos animais, até a santificação dos alimentos orgânicos. Ninguém contesta que esses modismos sejam um produto da esquerda cultural e política. Mas poucos estão dispostos a enfrentar o fato de que já vimos esse tipo de coisa antes. Heinrich Himmler era um ativista de carteirinha que defendia os direitos dos animais e um promotor agressivo da "cura natural". Rudolf Hess, adjunto de Hitler, divulgava a homeopatia e ervas medicinais. Hitler e seus assessores dedicavam horas de seu tempo a discussões sobre a necessidade de transformar toda a nação em vegetariana para rebater a dieta pouco saudável promovida pelo capitalismo. Dachau abrigava o maior laboratório de pesquisa do mundo na área de medicina alternativa e orgânica e produzia seu próprio mel orgânico.

Em aspectos fundamentais, as campanhas nazistas contra o cigarro e a favor da saúde pública anteciparam-se às cruzadas atuais contra *junk food*, gorduras trans e coisas semelhantes. Um manual hitlerista para a juventude declarava que "a nutrição não é um assunto privado!" — mantra ecoado, em grande medida, pelo *establishment* da saúde pública atual. A obsessão dos nazistas pela comida orgânica e pela saúde pessoal encaixa-se perfeitamente em sua ideia mais ampla a respeito de como funciona o mundo. Muitos nazistas estavam convencidos de que o cristianismo, ao sustentar que os homens foram concebidos para conquistar a natureza e não para viver em harmonia com ela, e o capitalismo, ao afastar os homens de seu estado natural, conspiravam para debilitar a saúde alemã. Num livro de nutrição amplamente divulgado, Hugo Kleine culpava "os interesses especiais do capitalismo" (e "as meias-mulheres judias masculinizadas") pelo declínio da qualidade dos alimentos alemães, que contribuía, por sua vez, para o aumento do câncer (outra obsessão nazista). A comida orgânica estava inevitavelmente ligada ao que os nazistas então descreviam — como descreve a esquerda hoje — como questões de "justiça social".[17]

Seria você automaticamente um fascista por se preocupar com saúde, nutrição e o meio ambiente? Obviamente, não. O que é fascista é a noção de que, numa comunidade nacional orgânica, o indivíduo não tem nenhum direito de *não* ser saudável; e de que o Estado, portanto, tem a obrigação de nos forçar a ser saudáveis para o nosso próprio bem. Na medida em que esses modernos movimentos pela saúde buscam assumir o controle do Estado para implementar suas agendas, eles flertam com o fascismo clássico. Até no campo cultural, o ambientalismo autoriza um tipo de intimidação e intrusão que, se fosse fraseada em termos da moralidade tradicional, os liberais imediatamente denunciariam como fascista.

Enquanto escrevo este livro, um legislador de Nova York quer banir o uso de iPods por pessoas que estejam atravessando uma rua.[18] Em muitos pontos do país, é ilegal fumar no próprio carro, ou mesmo em espaços abertos, se houver alguma possibilidade de outros seres humanos estarem por perto. Ouvimos com muita frequência que os conservadores querem "invadir nossos quartos", mas quando este livro estava indo para a gráfica, o Greenpeace e outros grupos lançavam uma grande campanha para "educar" as pessoas sobre como podem fazer sexo ambientalmente correto. O Greenpeace tem toda uma lista de estratégias para "fazer sexo para o bem do planeta".[19] Alguém pode achar que os ambientalistas não têm nenhum desejo de traduzir em leis essas sugestões voluntárias, mas não tenho essa mesma confiança quando considero o que já resultou de campanhas similares no passado. A liberdade de expressão também está sob assalto implacável justamente onde ela é mais importante — em torno de eleições — e sendo santificada onde menos importa, em torno de espetáculos de *strip-tease* e em sites terroristas na internet.

Em *Democracia na América*, Alexis de Tocqueville alertou: "Não se deve esquecer que é especialmente perigoso escravizar os homens nos pequenos detalhes da vida. De minha parte, eu estaria inclinado a pensar que a liberdade é menos necessária nas grandes coisas do que nas pequenas."[20] Este país parece haver invertido a hierarquia de Tocqueville. Temos todos que perder nossas liberdades nas pequenas coisas para que um punhado de pessoas possa desfrutar suas liberdades integralmente.

Durante gerações, nossa imagem de um futuro distópico tem sido basicamente a que Orwell pintou em *1984*. Esse era um pesadelo fundamentalmente "masculino" sobre a brutalidade fascista. Mas com o fim da União Soviética e o esvanecimento da memória sobre as grandes ditaduras fascistas e comunistas do século XX, a visão de pesadelo de *1984* está lentamente se dissipando. Em seu lugar, o *Admirável Mundo Novo* de Aldous Huxley vem surgindo como um livro mais profético. À medida que desvendamos o genoma humano e comandamos a habilidade de fazer as pessoas felizes com divertimentos televisados e drogas psicoativas, a política é, cada vez mais, um veículo para entregar alegrias pré-empacotadas. O sistema político americano costumava encorajar a busca da felicidade. Agora, um número cada vez maior de nós prefere suspender a busca e deixar que a felicidade nos seja entregue em mãos. Embora, durante gerações, esse tenha sido um tema de ensaios obrigatórios em nossos cursos de inglês, continuamos longe de responder à pergunta: o que, exatamente, havia de tão ruim assim no Admirável Mundo Novo?

Simplesmente isto: era ouro falso. A ideia de que podemos criar um céu na terra recorrendo à farmacologia e à neurociência é tão utópica quanto a esperança marxista de que podíamos criar um mundo perfeito reorganizando os meios de produção. A história do totalitarismo é a história da busca de transcender a condição humana e criar uma sociedade onde nossos mais profundos significados e destinos sejam realizados simplesmente pelo fato de vivermos nela. Isso não pode ser feito, e mesmo que haja, como frequentemente é o caso do fascismo liberal, um grande cuidado para se agir de modo bondoso e decente, ainda assim o resultado será um tipo de tirania benigna onde algumas pessoas vão impor suas ideias de bem e felicidade a outras que talvez não as partilhem.

A introdução de um termo inovador como "fascismo liberal" obviamente requer uma explicação. Muitos críticos sem dúvida o verão como um oximoro crasso. No entanto, o fato é que eu não sou o primeiro a usar o termo. Essa honra cabe a H.G. Wells, uma das maiores influências sobre a mente progressista no século XX (e, como acabou acontecendo, a inspiração para o *Admirável Mundo Novo* de Huxley). Wells tampouco cunhou a frase como uma acusação, mas como uma medalha de honra. Os progressistas devem tornar-se "fascistas liberais" e "nazistas esclarecidos", disse ele aos Jovens Liberais de Oxford num discurso em julho de 1932.[21]

Wells era uma voz de prestígio no que chamo de *momento fascista*, quando muitos membros da elite ocidental estavam ansiosos para substituir Igreja e Coroa por réguas de cálculo e exércitos industriais. Ao longo de toda a sua obra, ele defendeu a ideia de que homens especiais — identificados como cientistas, sacerdotes, guerreiros ou "samurais" — têm que impor o progresso sobre as massas a fim de criar uma "Nova República" ou uma "democracia mundial". Somente por meio do progressismo — qualquer que fosse seu nome — a humanidade poderia alcançar o reino de Deus. Isso significa dizer, simplesmente, que Wells estava possuído pela tentação totalitária. "Nunca consegui escapar inteiramente de sua lógica inexorável", declarou.[22]

O fascismo, como o progressismo e o comunismo, é expansionista porque não vê nenhum limite natural às suas ambições. Para variantes violentas, como o chamado islamo-fascismo, isso é de uma obviedade transparente. Mas também o progressismo imagina uma "Nova Ordem Mundial". A Primeira Guerra Mundial era uma "cruzada" para redimir o mundo todo, de acordo com Woodrow Wilson. Nem seu secretário de Estado pacifista, William Jennings Bryan, conseguiu abalar sua visão de uma ordem mundial cristã que seria ainda mais perfeita depois do banimento global das bebidas alcoólicas.

Uma objeção a tudo isso poderia ser: "E daí? É interessante aprender, de forma contraintuitiva, que um bando de liberais e progressistas mortos pensava de tal modo ou de outro, mas o que isso tem a ver com os liberais de hoje?" Duas respostas me vêm à mente. A primeira, reconheço, não é propriamente uma resposta. Os conservadores na América têm que carregar sua história intelectual — real e suposta — como se fossem aquele personagem do poema de Coleridge, *A balada do velho marinheiro*, obrigado a levar em volta do pescoço o albatroz que havia matado. As fileiras da elite liberal de jornalistas e especialistas estão engrossadas com intrépidos escrevinhadores que apontam a existência de "histórias ocultas" e "ecos perturbadores" no armário da história conservadora. Conexões com direitistas mortos, não importa que sejam tênues e obscuras, são exibidas como prova de que os conservadores de hoje estão dando continuidade a um projeto nefasto. Assim sendo, por que seria tão trivial assinalar que o armário liberal tem seus próprios esqueletos, particularmente quando esses esqueletos são os arquitetos do moderno Estado de bem-estar social?

Isso conduz à segunda resposta. O liberalismo, diferentemente do conservadorismo, não tem um interesse operacional em sua própria história intelectual. Mas isso não significa que deva menos a ela. O liberalismo está apoiado sobre os ombros de seus próprios gigantes, mas pensa ter os pés firmemente plantados no chão. Traçando-se uma linha contínua que ligue suas suposições e aspirações, chegaremos à Era Progressista, fato ilustrado pela tendência liberal de usar a palavra "progressista" sempre que se fala de suas convicções nucleares e das instituições que geraram suas ideias (a revista *Progressista*, o *Instituto de Políticas Progressistas*, o *Centro para o Progresso Americano* e assim por diante). Estou simplesmente lutando no campo de batalha escolhido pelo liberalismo. São os liberais que têm repetido insistentemente que o conservadorismo tem conexões com o fascismo. São eles que afirmam que a economia de livre mercado é fascista e que, portanto, suas próprias teorias econômicas devem ser vistas como as mais virtuosas, muito embora a verdade seja quase que totalmente o inverso disso.

O liberalismo de hoje não busca conquistar o mundo pela força das armas. Não é um projeto nacionalista e genocida. Ao contrário, é uma ideologia de boas intenções. Mas nós todos sabemos aonde até mesmo a melhor das intenções nos pode levar. Não escrevi um livro sobre como todos os liberais são nazistas ou fascistas. Em vez disso, tentei escrever um livro alertando para o fato de que mesmo os melhores de nós somos suscetíveis à tentação totalitária.

Isso inclui alguns pretensos conservadores. O conservadorismo compassivo, em muitos aspectos, é uma forma de progressismo, um descendente do socialismo cristão. Grande parte da retórica de George W. Bush a respeito de não deixar nenhuma criança para trás e de "quando alguém sofre, o governo tem de agir" evidencia uma visão do Estado que é, de fato, totalitária em suas aspirações, e não particularmente conservadora no sentido americano. Novamente, é um totalitarismo gentil, sem dúvida motivado por sincero amor cristão (e, felizmente, atenuado por uma implementação precária); mas também o amor pode ser sufocante. Na realidade, a fúria que a vitória de Bush provocou em muitos de seus críticos é ilustrativa. As intenções de Bush são decentes, mas aqueles que não partilham sua visão as acham opressivas. O mesmo funciona no sentido contrário. Os liberais concordam com as intenções de Hillary Clinton; eles apenas afirmam que qualquer um que as considere opressivas é um fascista.

Finalmente, já que precisamos ter uma definição operacional de fascismo, aqui está a minha: fascismo é uma religião de Estado. Ele presume a unidade orgânica do corpo político e almeja um líder nacional afinado com a vontade do povo. É *totalitário* no sentido de que vê tudo como político e sustenta que qualquer ação do Estado é justificada quando se trata de alcançar o bem comum. Ele assume responsabilidade por todos os aspectos da vida, inclusive nossa saúde e nosso bem-estar, e busca impor uniformidade de pensamento e ação, seja pela força ou por meio de regulamentações e pressão social. Tudo, inclusive a economia e a religião, tem de estar alinhado com seus objetivos. Qualquer identidade rival é parte do "problema" e, portanto, definida como o inimigo. Argumentarei que o liberalismo americano contemporâneo incorpora todos esses aspectos do fascismo.

• • •

Antes de concluir, alguns comentários para facilitar a leitura.

Tentei distinguir claramente entre as instâncias em que estou falando do liberalismo, tal como usamos a palavra hoje, e as em que falo do liberalismo clássico, que significa, de certo modo, exatamente o seu oposto.

Fascismo é um tópico muito amplo discutido em milhares de livros que cobrem temas relevantes. Tentei ser justo com a literatura acadêmica, embora este não seja um livro acadêmico. Na realidade, como a literatura está tão carregada de controvérsias, não apenas não há uma definição aceita de fascismo, como nem mesmo existe consenso sobre se havia um parentesco entre o fascismo italiano e o nazismo. Tentei manter-me afastado de tais debates sempre que possível. Mas minha própria opinião é que, a despeito de profundas diferenças doutrinárias entre o fascismo italiano e o alemão, eles representam fenômenos sociológicos afins.

Também tentei manter-me afastado dos inúmeros outros "fascismos" existentes em todo o mundo. Os críticos podem alegar que isso me beneficia, no sentido de que esse ou aquele fascismo eram claramente direitistas, ou conservadores, ou não progressistas. Lidarei com essas críticas caso a caso, à medida que surjam. Mas também devo observar que, se essa prática me beneficia, também me prejudica em igual medida. Por exemplo, ao excluir a *União Britânica de Fascistas* (British Union of Fascists) de Oswald Mosley, privei-me de um maravilhoso suprimento de retórica e argumentos esquerdistas pró-fascistas.

Tentei não atravancar o livro com citações, mas incluí um número bastante razoável de notas explanatórias — ou discursivas. Os leitores que tenham curiosidade a respeito de outras fontes e de leituras complementares devem consultar o site do livro na internet — www.liberal-fascism.com — e também podem postar comentários ou indagações. Farei o que puder para engajar o maior número possível de correspondentes de boa-fé.

1

Mussolini:
o pai do fascismo

Você é o máximo!
Você é o Grande Houdini!
Você é o máximo!
Você é Mussolini!

— Versão anterior da música de
Cole Porter "You're the top"[1]

SE ALGUÉM SE GUIASSE somente pelo que lê no *New York Times* ou no *New York Review of Books*, ou pelo que aprendeu com Hollywood, seria perdoado por pensar que Benito Mussolini chegou ao poder mais ou menos na mesma época que Adolf Hitler — ou até um pouco mais tarde — e que o fascismo italiano era meramente uma versão tardia, aguada, do nazismo. A Alemanha aprovou suas odiosas políticas raciais — as Leis de Nuremberg — em 1935, e a Itália de Mussolini a seguiu em 1938. Os judeus alemães foram levados para campos de concentração em 1942, e os judeus na Itália foram levados para campos de concentração em 1943. São poucos os escritores que mencionam casualmente, entre parênteses, que, até a Itália aprovar suas leis raciais, na realidade havia judeus trabalhando no governo italiano e no Partido Fascista. E, de tempos em tempos, pode-se encontrar uma concordância com a exatidão histórica quando alguém indica que os judeus só foram aprisionados *depois* que os nazistas invadiram o norte da Itália e criaram um governo títere em Saló. Mas, em geral, tais fatos inconvenientes são postos de lado o mais rapidamente possível. O mais provável é que nossa compreensão dessas questões venha de filmes de sucesso como *A vida é bela*,[2] que pode ser resumido assim: o fascismo chegou à Itália e, poucos meses depois, chegaram os nazistas, que amontoaram os judeus em vagões e os levaram embora. Quanto a Mussolini, era um ditador bombástico, com aparência ridícula, mas altamente eficiente, que fez com que os trens passassem a andar no horário.

Tudo isso significa passar o filme de trás para frente. À época em que a Itália relutantemente aprovou suas vergonhosas leis raciais — que foram postas em prática com um grau de barbaridade nem de longe parecido com o exibido pelos nazistas —, já haviam transcorrido mais de três quartas partes do reinado do fascismo italiano. Dezesseis anos se passaram entre a Marcha sobre Roma e a aprovação das leis raciais italianas. Começar com os judeus quando se fala de Mussolini é o mesmo que começar pelo confinamento dos japoneses ao falar de FDR: boa parte da história é deixada para trás. Durante toda a década de 1920 e na maior parte da seguinte, fascismo significou algo muito diferente de Auschwitz e Nuremberg. Antes de Hitler, de fato, nunca ocorrera a ninguém que o fascismo tivesse alguma coisa a ver com antissemitismo. A rigor, Mussolini era apoiado não apenas pelo principal rabi de Roma, mas por uma parte substancial da comunidade judaica italiana (e da comunidade judaica mundial também). Além disso, os judeus estavam super-representados no movimento fascista italiano desde a sua fundação, em 1919, até serem expulsos, em 1938.

Questões raciais de fato ajudaram a mudar o rumo da opinião pública americana a respeito do fascismo. Mas isso não tinha nada a ver com os judeus. Quando Mussolini invadiu a Etiópia, os americanos finalmente começaram a se voltar contra ele. Em 1934, a canção de sucesso de Cole Porter "You're the top" não provocou nem ao menos uma palavra de controvérsia a respeito do verso: "Você é Mussolini!" Quando Mussolini invadiu aquele pobre, mas nobre, reino africano no ano seguinte, isso danificou sua imagem irremediavelmente, e os americanos decidiram que já tinham visto o bastante. Aquela era a primeira guerra de conquista empreendida por uma nação europeia ocidental depois de mais de uma década, e os americanos ficaram claramente insatisfeitos, especialmente os liberais e os negros. Ainda assim, foi um processo lento. O *Chicago Tribune* inicialmente apoiou a invasão, bem como repórteres como Herbert Matthews. Outros afirmaram que seria hipocrisia condená-la. O *New Republic* — que estava no auge de sua fase pró-soviética — acreditava que seria "ingênuo" responsabilizar Mussolini quando o verdadeiro culpado era o capitalismo internacional. E não foram poucos os americanos preeminentes que continuaram a apoiá-lo, embora discretamente.

O poeta Wallace Stevens, por exemplo, continuou pró-fascista. "Eu sou pró-Mussolini, pessoalmente", escreveu a um amigo. "Os italianos", explicou, "têm tanto direito de tomar a Etiópia dos crioulos quanto tinham os crioulos de tomá-la das jiboias constritoras."[3] Mas, com o tempo, principalmente devido à sua subsequente aliança com Hitler, a imagem de Mussolini ficou cada vez mais desgastada.

Isso não significa dizer que ele não tenha levado vantagens.

Em 1923, o jornalista Isaac F. Marcosson escreveu no *New York Times*, em tom de admiração, que "Mussolini é o Roosevelt latino que primeiro age e só depois procura saber se é legal. Ele tem sido de grande ajuda para a Itália".[4] A Legião Americana, que, durante quase toda a sua história, tem se destacado por ser uma grande e generosa instituição, foi fundada no mesmo ano em que Mussolini tomou o poder, e, em seus primeiros tempos, buscou inspiração no movimento fascista italiano. "Não se esqueçam", declarou naquele ano o comandante nacional da Legião, "de que os membros do Partido Fascista são para a Itália o que a Legião Americana é para os Estados Unidos."[5]

Em 1926, o humorista americano Will Rogers visitou a Itália e entrevistou Mussolini. Ele disse ao *New York Times* que Mussolini era "um tipo de carcamano". "Eu estou muito entusiasmado com essa figura." Rogers, a quem o *National Press Club* havia informalmente apelidado de "embaixador itinerante dos Estados Unidos", escreveu a reportagem para o *Saturday Evening Post*. Ele concluiu: "O governo ditatorial é a melhor forma de governo que existe: quer dizer, desde que você tenha o ditador certo."[6] Em 1927, o editor do *Literary Digest* fez uma pesquisa perguntando: "Existe escassez de grandes homens?" Dentre os grandes homens apontados para refutar a pergunta, o mais votado foi Benito Mussolini — seguido de Lenin, Edison, Marconi e Orville Wright (um dos inventores do avião), com Henry Ford e George Bernard Shaw empatados em sexto lugar. Em 1928, o *Saturday Evening Post* glorificou ainda mais Mussolini, publicando uma autobiografia do Duce em oito capítulos. A série recebeu um acabamento especial e virou um livro que entrou para a história como um dos maiores adiantamentos já pagos a um editor americano.

E por que não haveria o americano médio de pensar que Mussolini era um grande homem? Winston Churchill o havia chamado de o maior legislador vivo do mundo. Sigmund Freud enviou a Mussolini uma cópia de um livro que escrevera junto com Albert Einstein, com a dedicatória "Para Benito Mussolini, de um velho que saúda o Governante, o Herói da Cultura". Os titãs da ópera, Giacomo Puccini e Arturo Toscanini, estavam entre os primeiros acólitos fascistas de Mussolini. Toscanini foi um dos primeiros membros do círculo do Partido Fascista de Milão, que conferia a seus integrantes uma aura de autoridade e precedência semelhante à dos membros do Partido Nazista nos tempos do *Putsch* da Cervejaria. Toscanini foi candidato ao parlamento italiano numa chapa fascista em 1919 e só foi repudiar o fascismo 12 anos depois.[7]

Mussolini era um herói especial dos *muckrakers* — aqueles jornalistas liberais progressistas dedicados a denunciar corrupções e escândalos e a defender os interesses do homem comum. Quando Ida Tarbell, a famosa repórter cujo trabalho ajudou a derrubar a Standard Oil, foi enviada à Itália em 1926 pela revista *McCall's* para escrever uma série sobre a nação fascista, o Departamento de Estado dos Estados Unidos temeu que aquela "radical bastante vermelha" pudesse escrever apenas "violentos artigos anti-Mussolini". Tais receios eram infundados. Ida foi cortejada pelo homem que ela chamou de "um déspota com covinhas" e louvou sua atitude progressista com relação aos trabalhadores. Igualmente atraído ficou Lincoln Steffens, outro famoso *muckraker*, que talvez seja vagamente lembrado nos dias de hoje como o homem que retornou da União Soviética declarando: "Estive no futuro, e funciona." Pouco depois daquela declaração, ele fez outra a respeito de Mussolini: Deus havia "criado Mussolini a partir de uma costela da Itália". Conforme veremos, Steffens não via nenhuma contradição entre seu gosto pelo fascismo e sua admiração pela União Soviética. Até Samuel McClure, o fundador do *McClure's Magazine*, o lar de tantos *muckrakers* famosos, apoiou o fascismo depois de visitar a Itália. Ele o saudou como "um grande passo adiante e o primeiro novo ideal de governo desde a fundação da República americana".[8]

Enquanto isso, quase todos os jovens intelectuais e artistas italianos mais famosos e admirados eram fascistas ou simpatizantes (a mais notável exceção foi o crítico literário Benedetto Croce). Giovanni Papini, o "pragmático mágico" tão admirado por William James, estava profundamente envolvido nos vários movimentos intelectuais que criaram o fascismo. Seu *A história de Cristo* — um *tour de force* turbulento, quase histérico, relatando sua aceitação do cristianismo — causou sensação nos Estados Unidos no início da década de

1920. Giuseppe Prezzolini, frequente colaborador do *New Republic* que um dia haveria de se tornar um respeitado professor na Universidade de Colúmbia, foi um dos primeiros arquitetos literários e ideológicos do fascismo. F. T. Marinetti, o fundador do movimento Futurista — que na América era visto como um companheiro artístico do Cubismo e do Expressionismo —, foi instrumental para fazer do fascismo italiano o primeiro "movimento jovem" bem-sucedido do mundo. O *establishment* educacional americano estava profundamente interessado nos avanços da Itália sob o notável "mestre-escola" Benito Mussolini — que, de fato, havia sido professor.

Talvez nenhuma instituição de elite na América tenha se acomodado ao fascismo tanto quanto a Universidade de Colúmbia. Em 1926, ela criou a Casa Italiana, um centro de estudos da cultura italiana e cenário para palestras de acadêmicos italianos preeminentes. Era a "genuína casa do fascismo na América" e uma "escola para os ideólogos fascistas que despontavam", de acordo com John Patrick Diggins. O próprio Mussolini havia contribuído com alguns móveis barrocos para a Casa Italiana e enviado ao presidente da universidade, Nicholas Murray Butler, uma foto autografada agradecendo sua "grande e valiosa contribuição" para a promoção do entendimento entre a Itália fascista e os Estados Unidos.[9] Butler, pessoalmente, não era um defensor do fascismo para a América, mas acreditava que estava de acordo com os melhores interesses do povo italiano e que havia sido um sucesso muito real que merecia ser estudado. Essa distinção sutil — o fascismo é bom para os italianos, mas talvez não o seja para a América — era feita por uma grande variedade de destacados intelectuais liberais, posição muito parecida com a de alguns liberais que defendem o "experimento" comunista de Fidel Castro.

Enquanto os acadêmicos discutiam os melhores pontos do Estado corporativo de Mussolini, na América o interesse do *establishment* por ele ultrapassava, em grande medida, o demonstrado por qualquer outra figura internacional da década de 1920. De 1925 a 1928, apareceram mais de cem artigos sobre Mussolini nas publicações americanas, e apenas 15 sobre Stalin.[10] Durante mais de uma década, Anne O'Hare McCormick, a correspondente estrangeira do *New York Times*, pintou um quadro cintilante de Mussolini diante do qual a bajulação de Stalin pelo *Times* tempos depois parecia *quase* uma crítica. O *New York Tribune* estava preocupado em responder à questão: Mussolini era Garibaldi ou César? Enquanto isso, James

A. Farrell, presidente da U.S. Steel, chamava o ditador italiano de "o maior homem vivo" do mundo.

Os magnatas de Hollywood, observando os óbvios talentos teatrais de Mussolini, esperavam fazer dele uma estrela da tela grande. Ele apareceu em *A cidade eterna* (1923), estrelando Lionel Barrymore. O filme relata as batalhas entre comunistas e fascistas pelo controle da Itália, e — *mirabile dictu* — Hollywood fica do lado dos fascistas. "Seu desempenho na tela", declarou um comentarista, "confere peso à teoria de que é exatamente este o seu lugar."[11] Em 1933, a Columbia Pictures lançou um "documentário" chamado *Mussolini fala* — supervisionado pelo próprio *Duce*. Lowell Thomas — o lendário jornalista americano que deu fama a Lawrence da Arábia — trabalhou no filme e fez comentários entusiásticos ao longo de todo ele. Mussolini era apresentado como um heroico homem forte e salvador nacional. Na passagem em que a tensão vai aumentando à medida que se aproxima a hora de um discurso de Mussolini em Nápoles, Thomas declara, quase sem fôlego: "Este é o momento supremo. Sua postura é a de um César moderno!" O filme foi lançado para uma enorme audiência no RKO Palace em Nova York. A Columbia pôs um anúncio na revista *Variety* declarando, em letras garrafais, que o filme era um grande sucesso porque "apela a todos os AMERICANOS DE SANGUE VERMELHO" e "pode ser a RESPOSTA A TODAS AS NECESSIDADES DA AMÉRICA".

O fascismo certamente tinha seus críticos nas décadas de 1920 e 1930. Ernest Hemingway era cético a respeito de Mussolini desde o começo. Henry Miller não gostava do programa fascista, mas admirava a determinação e a força de Mussolini. Alguns da chamada Velha Direita, como o libertário Albert J. Nock, viam o fascismo simplesmente como outro tipo de estatismo. Os membros da nativista Ku Klux Klan — ironicamente muitas vezes chamados de "fascistas americanos" pelos liberais — tendiam a desprezar Mussolini e seus seguidores americanos (basicamente porque eram imigrantes). É interessante notar que a extrema esquerda não teve quase nada a dizer a respeito do fascismo italiano durante a maior parte de sua primeira década. Enquanto os liberais estavam divididos em várias facções instáveis, a esquerda americana basicamente ignorou o fascismo até a Grande Depressão. Quando finalmente começou a atacar Mussolini com determinação — em grande parte obedecendo a ordens de Moscou —, jogou-o na mesma categoria de Franklin Roosevelt, do socialista Norman Thomas e do progressista Robert La Follette.[12]

Nos capítulos seguintes, faremos uma revisão de como liberais e esquerdistas americanos viam o fascismo. Mas, antes disso, parece que vale a pena perguntar: como isso foi possível? Considerando-se tudo o que nos foi ensinado sobre os males do fascismo, como explicar que, durante mais de uma década, este país tenha sido, em aspectos significativos, pró-fascista? Mais problemático ainda, e levando-se em conta que a maioria dos liberais e dos esquerdistas acreditava que foram postos neste mundo para se opor ao fascismo a cada respiração, como explicar que muitos liberais americanos, se não a maior parte deles, admirassem Mussolini e seu projeto, ou simplesmente não dessem muita importância a ele?

A resposta reside no fato de que o fascismo nasceu de um "momento fascista" da civilização ocidental, quando uma coalizão de intelectuais com denominações variadas — progressistas, comunistas, socialistas, e assim por diante — acreditou que a era da democracia liberal estava chegando ao fim. Estava na hora de o homem deixar de lado os anacronismos — lei natural, religião tradicional, liberdade constitucional, capitalismo e coisas assim — e assumir a responsabilidade de refazer o mundo à sua própria imagem. Havia muito que Deus estava morto, e já passava da hora de o homem assumir Seu lugar. Mussolini, um intelectual socialista durante toda a vida, era um guerreiro nessa cruzada, e seu fascismo, uma doutrina que ele criou a partir do mesmo material intelectual que Lenin e Trotsky usaram para criar as suas, foi um grande salto na direção da era da "experimentação" que varreria para longe todos os velhos dogmas e inauguraria uma nova época. Isso era, em todos os aspectos significativos, um projeto da esquerda tal como entendemos o termo hoje, e assim era compreendido por Mussolini e também por seus admiradores e detratores. Com frequência, ele declarava que o século XIX havia sido o século do liberalismo e que o século XX seria "o século do fascismo". Somente examinando sua vida e seu legado é que podemos ver em que medida estava certo — e o quanto à esquerda se encontrava.

• • •

Benito Amilcare Andrea Mussolini recebeu seu nome em homenagem a três heróis revolucionários. Benito — um nome espanhol, diferente de seu equivalente italiano, Benedetto — foi inspirado por Benito Juárez, o revolucionário mexicano que virou presidente e que não apenas derrubou o imperador Maximiliano, mas o mandou executar. Os outros dois nomes foram inspirados por hoje esquecidos heróis do anarquismo-socialismo, Amilcare Cipriani e Andrea Costa.

O pai de Mussolini, Alessandro, era um ferreiro e um socialista ardente com inclinação anarquista. Foi membro da Primeira Internacional, ao lado de Marx e Engels, e serviu no conselho socialista local. "O coração e a mente de Alessandro estavam sempre cheios e pulsantes de teorias socialistas", registrou Mussolini. "Suas intensas simpatias misturavam-se a doutrinas e causas socialistas. Ele as discutia à noite com os amigos, e seus olhos enchiam-se de luz."[13] Em outras noites, o pai de Mussolini lia para ele passagens de O capital. Quando as pessoas da aldeia traziam seus cavalos para ferrar na oficina de Alessandro, parte do pagamento era ouvir o ferreiro despejar suas teorias socialistas. Mussolini era um congênito agitador das massas. Aos 10 anos, o jovem Benito liderou um protesto contra sua escola por servir comida de má qualidade. No curso secundário, designava-se socialista, e aos 18 anos, quando trabalhava como professor substituto, tornou-se secretário de uma organização socialista e começou sua carreira como jornalista esquerdista.

Não há dúvida de que Mussolini herdou o ódio de seu pai pela religião tradicional, especialmente pela Igreja católica. (Seu irmão Arnaldo recebeu o nome em homenagem a Arnaldo da Brescia, um monge medieval executado em 1155 que era venerado como herói local por ter se rebelado contra a riqueza e os abusos da Igreja.) Quando Mussolini tinha 10 anos, os padres de sua escola tinham de arrastá-lo para a missa aos chutes e berros. Mais tarde, como estudante ativista na Suíça, granjeou fama por regularmente ofender devotos cristãos. Ele gostava, particularmente, de ridicularizar Jesus, descrevendo-o como um "judeu ignorante" e afirmando que, em comparação com Buda, era um pigmeu. Um de seus truques prediletos era desafiar Deus publicamente para que o fulminasse com a morte — se Ele existisse. Retornando à Itália como um emergente jornalista socialista, repetidamente acusava os padres de torpeza moral, denunciava a Igreja das mais variadas maneiras e chegou mesmo a escrever um romance popular com cenas de violência sexual chamado *Claudia Particella, a amante do cardeal*, recheado de insinuações sexuais.

O desprezo nietzschiano de Mussolini pela "moralidade escrava" do cristianismo era tão apaixonado que ele tomou providências para expulsar os cristãos de todos os postos que ocupavam no socialismo italiano. Em 1910, por exemplo, num congresso socialista em Forli, ele apresentou e defendeu uma resolução segundo a qual a fé católica — ou qualquer outra denominação monoteísta — era incompatível com o socialismo, estabelecendo que qualquer socialista que praticasse uma religião ou mesmo a tolerasse em seus filhos deveria ser expulso do partido. Mussolini exigia que os membros do partido renunciassem ao casamento religioso, ao batismo e a todos os outros rituais cristãos. Em 1913, escreveu outro livro contra a Igreja chamado *Jan Hus, o honesto*, contando a vida de Jan Hus, o herege nacionalista tcheco. Pode-se dizer que ali estavam as sementes do futuro fascismo de Mussolini.

O segundo grande tema na vida de Mussolini foi sexo. Aos 17 anos, em 1900, no mesmo ano em que se afiliou ao Partido Socialista, perdeu a virgindade com uma prostituta mais velha "que vertia gordura de porco por todas as partes de seu corpo". Ela cobrou cinquenta centavos. Aos 18 anos, teve um caso com uma mulher cujo marido estava ausente, no serviço militar. Disse ele: "Eu a acostumei ao meu amor exclusivo e tirânico: ela me obedecia cegamente e me deixava dispor dela da forma que eu quisesse." Gabando-se de ter tido 169 amantes ao longo de sua carreira sexual, Mussolini também era, pelos padrões contemporâneos, um tipo de estuprador.[14]

De fato, ele foi um dos primeiros símbolos sexuais modernos, preparando o caminho para a deificação sexual de Che Guevara. A celebração propagandística do regime italiano em torno de sua "masculinidade" tem rendido mil seminários acadêmicos. Inúmeros intelectuais celebraram Mussolini como o representante ideal da nova era. Prezzolini escreveu sobre ele: "Este homem é um *homem*, e destaca-se ainda mais num mundo de meias figuras e consciências tão descartáveis como gomas-elásticas usadas." Leda Rafanelli, uma intelectual anarquista (que mais tarde dormiu com Mussolini), escreveu depois de ouvi-lo falar pela primeira vez: "Benito Mussolini... é o socialista dos tempos heroicos. Ele sente, ele ainda acredita, com um entusiasmo cheio de virilidade e força. Ele é um Homem."[15]

Mussolini cultivava a impressão de ser casado com todas as mulheres italianas. O investimento se provou rentável quando a Itália sofreu sanções por causa da invasão da Etiópia e Mussolini pediu aos italianos que doassem ouro para o Estado. Milhões enviaram suas alianças de casamento, 250 mil mulheres somente em Roma. Tampouco eram imunes a seu charme as senhoras da alta sociedade. Clementine Churchill havia ficado bastante seduzida por aqueles "belos olhos castanho-dourados, penetrantes" quando o encontrou em 1926. Ela ficou encantada quando ganhou dele uma foto autografada como lembrança. Lady Ivy Chamberlain, por sua vez, guardava sua braçadeira do Partido Fascista como recordação.

Em 1902, quando flertava com as esposas de outros homens, devia dinheiro, enfurecia as autoridades locais e estava se aproximando da idade de alistamento, Mussolini achou que seria sábio fugir da Itália para a Suíça, que era, na época, a Casablanca europeia para radicais socialistas e agitadores. Ele tinha duas liras na carteira quando chegou, e, conforme escreveu a um amigo, o único metal que soava em seu bolso era um medalhão com a efígie de Karl Marx. Lá ele se misturou com a previsível multidão de bolchevistas, socialistas e anarquistas, inclusive intelectuais como Angelica Balabanoff, filha de aristocratas ucranianos e velha colega de Lenin. Mussolini e Angelica foram amigos durante duas décadas, até que ela se tornou a secretária do Comintern e ele virou um apóstata socialista, ou seja, um fascista.

Discute-se até hoje se Mussolini e Lenin de fato se encontraram alguma vez. No entanto, sabemos que se admiravam mutuamente. Mais tarde, Lenin diria que Mussolini era o único verdadeiro revolucionário na Itália, e, de acordo com a primeira biógrafa de Mussolini, Margherita Sarfatti (judia e amante do *Duce*), Lenin também disse uma vez: "Mussolini? É uma grande pena que o tenhamos perdido! Ele é um homem forte que teria levado nosso partido à vitória."[16]

Na Suíça, Mussolini trabalhou rapidamente para ganhar legitimidade intelectual. Escrevendo panfletos socialistas sempre que podia, o futuro *Duce* se encharcou com o jargão da esquerda europeia internacional. Escreveu o primeiro de seus muitos livros enquanto ainda na Suíça, *O homem e a divindade*, no qual se lançava contra a Igreja e cantava louvores ao ateísmo, declarando que a religião era uma forma de loucura. O prazer dos suíços com o jovem radical não era muito maior que o dos italianos antes. Ele ia preso regularmente e, com frequência, foi exilado por várias autoridades cantonais por causa das desordens em que se metia. Em 1904, foi oficialmente declarado um "inimigo da sociedade". Em determinado momento, perguntou-se se deveria trabalhar em Madagascar, conseguir um emprego num jornal socialista em Nova York ou juntar-se a outros exilados socialistas no céu esquerdista que era Vermont (e que cumpre basicamente a mesma função hoje).

Embora Mussolini viesse a se tornar um líder de guerra bastante inepto, ele não era o estúpido desajeitado que muitos historiadores e intelectuais anglo-americanos têm pintado. Para começar, era um leitor espantosamente ávido (mais até que o jovem Adolf Hitler, que também tinha algo de bibliófilo). Sua fluência em teoria socialista era, se não lendária, certamente impressionante para qualquer pessoa que o conhecesse. Sabemos por seus biógrafos e por seus próprios escritos que ele lia Marx, Engels, Schopenhauer, Kant, Nietzsche, Sorel e outros. De 1902 a 1914, Mussolini escreveu incontáveis artigos, tanto examinando quanto traduzindo a literatura socialista e filosófica da França, Alemanha e Itália. Era famoso pela habilidade de falar, em grande profundidade, sobre temas obscuros e sem recorrer a anotações. De fato, único entre os principais líderes da Europa nas décadas de 1930 e 1940, ele podia falar, ler e escrever de maneira inteligente em diversos idiomas. Franklin Roosevelt e Adolf Hitler eram, sem dúvida, os melhores políticos e comandantes em chefe, principalmente por causa de seus lendários instintos aguçados. Mas, pelos padrões aplicados hoje em dia pelos intelectuais liberais, Mussolini era o mais arguto dos três.[17]

Quando Mussolini voltou para a Itália, depois de passar algum tempo na Áustria, sua reputação de radical aumentou lenta e sistematicamente até 1911. Tornou-se o editor do *La lotta di classe* (*A luta de classe*), que serviu de megafone para a ala extremista do Partido Socialista italiano. "A bandeira nacional é para nós um trapo a ser fincado num monte de esterco", declarou. Mussolini opunha-se abertamente à guerra empreendida pelo governo contra a Turquia pelo controle da Líbia, e num discurso em Forli ele conclamou o povo italiano a declarar uma greve geral, bloquear as ruas e explodir os trens. "Sua eloquência naquele dia lembrava a de Marat", escreveu o líder socialista Pietro Nenni.[18] Tal eloquência não o salvou de oito acusações por comportamento sedicioso. Mas, durante o julgamento, explorou sabiamente o tempo de que dispunha para falar — de maneira muito semelhante ao que fez Hitler — fazendo um discurso no qual se apresentava como um mártir patriota lutando contra as classes dominantes.

Mussolini foi condenado a um ano de prisão, reduzido a cinco meses depois de uma apelação. Emergiu da prisão como uma estrela socialista. No banquete de boas-vindas, um destacado socialista, Olindo Vernocchi, declarou: "A partir de hoje, Benito, você é não apenas o representante dos socialistas da Romanha, mas o *Duce* de todos os socialistas revolucionários na Itália."[19] Foi essa a primeira vez em que foi chamado de "*Il Duce*" (o líder), tornando-se o *Duce* do socialismo antes de ser o *Duce* do fascismo.

Usando seu recém-descoberto status, Mussolini participou do Congresso Socialista de 1912, numa época em que o partido nacional estava profundamente dividido entre moderados favoráveis à reforma incremental e radicais que apoiavam medidas mais violentas. Juntando sua sorte à dos radicais, Mussolini acusou de heresia dois importantes moderados. Seu pecado? Haviam congratulado o rei, que sobrevivera a uma tentativa de assassinato por um anarquista. Mussolini não podia tolerar tais fraquezas. Além disso, perguntou: "O que há de especial em um rei, exceto, por definição, ser um cidadão inútil?" Mussolini juntou-se à liderança formal do partido e, quatro meses depois, assumiu a posição de editor de um jornal nacional, *Avanti!*, um dos mais ambiciosos postos em todo o universo radical europeu. Lenin, monitorando a distância o progresso de Mussolini, registrou sua aprovação no *Pravda*.

Tivesse morrido em 1914, há pouca dúvida de que os teoristas marxistas estariam invocando Mussolini como um mártir heroico da luta proletária, um dos mais importantes socialistas radicais da Europa e membro do que era, pode-se argumentar, o mais radical partido socialista fora da Rússia. Sob sua supervisão, o *Avanti!* tornou-se quase um credo para toda uma geração de intelectuais socialistas, inclusive Antonio Gramsci. Também lançou um jornal teórico, *Utopia*, assim chamado em homenagem a Thomas More, que ele considerava o primeiro socialista. O *Utopia* claramente refletia a influência do sindicalismo de Georges Sorel sobre o pensamento de Mussolini.[20]

O impacto de Sorel sobre Mussolini é fundamental para se compreender o fascismo, porque, sem o sindicalismo, o fascismo seria impossível. Atualmente, a teoria sindicalista é algo difícil de ser penetrado. Não é exatamente socialismo e não é exatamente fascismo. Joshua Muravchik a chama de "uma variante mal definida do socialismo, que enfatizava a ação direta violenta e era simultaneamente elitista e antiestatista". Essencialmente, os sindicalistas acreditavam no governo por sindicatos revolucionários. O nome deriva da palavra francesa *syndicat*, enquanto a palavra italiana *fascio*, de origem latina, significa "feixe" (alusão ao feixe de varas amarradas em torno de um machado e usado pelos lictores romanos) e era usualmente empregada como sinônimo de sindicato. O sindicalismo inspirou a teoria corporativista ao argumentar que a sociedade poderia ser dividida por setores profissionais da economia, uma ideia que influenciou profundamente o *New Deal* tanto de FDR quanto de Hitler. Mas a maior contribuição de Sorel à esquerda — e a Mussolini em particular — foi outra: seu conceito de "mitos", que ele definia como "combinações artificiais inventadas para dar a aparência de realidade a esperanças que inspiram os homens em sua atividade corrente". Para Sorel, a Segunda Vinda de Cristo era um mito essencial porque sua mensagem subjacente — Jesus está chegando, mostre-se ocupado — era fundamental para organizar os homens conforme se desejasse.[21]

Para sindicalistas daquela época e, em última instância, para revolucionários esquerdistas de todos os matizes, o mito de Sorel sobre a greve geral era o equivalente à Segunda Vinda. De acordo com esse mito, se todos os trabalhadores declarassem uma greve geral, isso esmagaria o capitalismo e faria dos proletários — e não dos humildes — os herdeiros da Terra. O fato de uma greve geral ter ou não esse resultado não importava, de acordo com Sorel. O que contava era mobilizar as massas para que compreendessem seu poder sobre as classes dominantes capitalistas. Como disse Mussolini numa entrevista em 1932: "É a fé que move montanhas, não a razão. A razão é uma ferramenta, mas nunca pode ser a força motriz da multidão." Esse tipo de pensamento tem sido lugar-comum na esquerda desde então. Pense em Al Sharpton, que concorreu à indicação democrata nas eleições presidenciais de 2004, quando supostamente confrontado pelo fato de que o "assalto" à jovem negra Tawana Brawley, em 1987, havia sido uma impostura. "Não importa", conta-se que ele disse. "Estamos criando um movimento."[22]

Mais impressionante ainda foi como Sorel aplicou a ideia de mito ao próprio marxismo. Novamente, ele sustentava que a profecia marxista não precisava se cumprir. As pessoas apenas precisavam *pensar* que ela se cumpriria. Mesmo na virada do século XX, estava ficando óbvio que o marxismo, como ciência social, não fazia tanto sentido assim. De acordo com Sorel, *O capital* de Marx tinha pouco mérito quando tomado literalmente. Mas, perguntava ele, e se a falta de sentido de Marx fosse, de fato, intencional? Se você considerar "esse *texto apocalíptico*... como um produto do espírito, como uma imagem criada com o propósito de moldar a consciência, ele... é uma boa ilustração do princípio no qual Marx acreditava que deveria basear suas regras para a ação socialista do proletariado".[23] Em outras palavras, Marx deveria ser lido como um profeta, não como um cê-dê-efe obcecado pelo estudo da política. Desse modo, as massas absorveriam o marxismo sem questionamentos, como um dogma religioso.

Sorel foi profundamente influenciado pelo pragmatismo de William James, que lançou a noção de que tudo de que alguém precisa é "vontade de crer". James tinha a esperança benévola de abrir espaço para a religião numa florescente era da ciência, argumentando que qualquer religião que funcionasse para o crente seria não meramente válida, mas "verdadeira". Sorel era um irracionalista que levou esse tipo de pensamento à sua conclusão lógica: qualquer ideia que possa ser imposta com sucesso — com violência, se necessário — torna-se verdadeira e boa. Casando a vontade de crer de James com a vontade de poder de Nietzsche, Sorel redesenhou a política revolucionária esquerdista, que passou de um socialismo científico a um movimento religioso revolucionário que acreditava na utilidade do *mito* do socialismo científico. Revolucionários esclarecidos agiriam como se o marxismo fosse um credo a fim de trazer as massas para sob seu controle em nome do bem maior. Hoje, poderíamos dar outro nome a tais aspectos desse impulso: "mentir para fazer justiça".

Por certo, uma mentira não poderia se tornar "verdadeira", ou seja, ter sucesso, a menos que houvesse bons mentirosos. É aqui que entra outra das importantes contribuições de Sorel: a necessidade de uma "elite revolucionária" para impor sua vontade sobre as massas. Nesse aspecto, como muitos já observaram, Mussolini e Lenin partilhavam quase a mesma perspectiva. Um ponto central dessa perspectiva comum era a convicção soreliana de que um pequeno quadro de intelectuais radicais profissionais — preparados para rejeitar acordos, política parlamentar e qualquer outra coisa que lembrasse uma reforma incremental — era indispensável em qualquer luta revolucionária bem-sucedida. Essa *avant-garde* moldaria a "consciência revolucionária" fomentando a violência e debilitando as instituições liberais. "Precisamos criar uma minoria proletária suficientemente numerosa, suficientemente bem informada, suficientemente audaciosa para substituir, no momento oportuno, a minoria burguesa." Mussolini canalizou Lenin exatamente no mesmo diapasão: "As massas simplesmente seguirão e se submeterão."[24]

FASCISMO JACOBINO

Se Mussolini estava de pé sobre os ombros de Sorel, então, num aspecto importante, Sorel estava sobre os de Rousseau e Robespierre. Um breve exame das origens intelectuais do pensamento fascista revela suas raízes no nacionalismo romântico do século XVIII e na filosofia de Jean-Jacques Rousseau, que merece ser apropriadamente chamado de o pai do fascismo moderno.

Historiadores vêm debatendo há séculos o significado da Revolução Francesa. Em muitos aspectos, suas visões conflitivas a respeito daquele evento incorporam a diferença fundamental entre liberais e conservadores (veja Wordsworth e Burke, por exemplo). Mesmo nossa distinção moderna entre "esquerda" e "direita" deriva da forma como estavam arrumados os assentos na assembleia revolucionária.

No entanto, a despeito do que tenha sido, uma coisa é clara: a Revolução Francesa foi a primeira revolução totalitária, a mãe do totalitarismo moderno e o modelo espiritual que inspirou três revoluções: a fascista italiana, a nazista alemã e a comunista russa. Sendo um levante nacionalista-populista, foi liderada por uma vanguarda intelectual determinada a substituir o cristianismo por uma religião política que glorificava "o povo", ungia a vanguarda revolucionária como seus sacerdotes e reduzia os direitos dos indivíduos. Como expressou Robespierre, "O povo sempre vale mais que os indivíduos... O povo é sublime, mas os indivíduos são fracos" — ou, de qualquer modo, prescindíveis.[25]

As ideias de Robespierre derivavam de seu detalhado estudo de Rousseau, cuja teoria da vontade geral constitui a base intelectual de todos os totalitarismos modernos. Segundo Rousseau, os indivíduos que vivem de acordo com a vontade geral são "livres" e "virtuosos", enquanto aqueles que a desafiam são criminosos, estúpidos ou hereges. Esses inimigos do bem comum têm que ser forçados a se curvar à vontade geral. Ele usou termos orwellianos para descrever essa coerção sancionada pelo Estado como o ato de "forçar os homens a serem livres". Foi Rousseau quem originalmente santificou a soberana vontade das massas, ao mesmo tempo que dispensava os mecanismos da democracia por serem corruptores e profanos. Tais mecanismos — votar em eleições, instituições representativas, e assim por diante — "praticamente não são necessários onde o governo é bem-intencionado", escreveu Rousseau de maneira reveladora. "Pois os governantes bem sabem que a vontade geral está sempre do lado mais favorável ao interesse público, ou seja, do mais justo e imparcial; de modo que basta agir com justeza para se saber seguindo a vontade geral."[26]

Os proselitistas do fascismo e do comunismo na Europa e na América do século XX assumiam como verdade axiomática que esses regimes prometiam ser mais democráticos do que a própria democracia. "O movimento" representava o *Volk*, o povo, a nação autêntica e sua missão providencial na história, enquanto a democracia parlamentar era corrupta, inautêntica, não natural.[27] Mas a relevância da vontade geral vai além de uma mera racionalização da legitimidade por meio da retórica populista. A ideia de uma vontade geral criou uma verdadeira religião secular a partir das tonalidades místicas do nacionalismo, uma religião na qual "o povo", com efeito, adorava a si próprio.[28] Assim como indivíduos não poderiam ser "livres" exceto como parte do grupo, suas existências careciam de significado e propósito exceto em relação ao coletivo.

Além disso, seguia-se daí que, se o povo era o novo Deus, não havia nenhum espaço para Deus propriamente dito. Em *O contrato social*, Rousseau nos diz que, por causa da distinção feita pelo cristianismo entre Deus e César, "os homens nunca conseguiram saber se deveriam obedecer ao governante civil ou ao sacerdote". O que ele propunha, em vez disso, era uma sociedade na qual religião e política estivessem perfeitamente combinadas. Lealdade ao Estado e lealdade ao divino deveriam ser vistas como uma só coisa.

O filósofo e teólogo Johann Gottfried von Herder, a quem se atribui, de forma um tanto injusta, o estabelecimento das bases intelectuais do nazismo, tomou os argumentos políticos de Rousseau e os transformou em argumentos culturais. A vontade geral era própria de cada nação, de acordo com Herder, devido à peculiaridade histórica e espiritual de determinado *Volk*. Essa ênfase romântica levou vários intelectuais e artistas a defender a especificidade ou superioridade de raças, nações e culturas. Mas é com Rousseau, com sua divinização da comunidade sob a direção do mais poderoso Estado nunca antes proposto na filosofia política, que os totalitarismos do século XX tinham o maior débito. A comunidade de Rousseau não é definida por etnia, geografia nem costume. Em vez disso, o que a mantém unida é a vontade geral, expressa nos dogmas do que ele chamava de "uma religião civil" e feita cumprir pelo todo-poderoso Estado-Deus. Aqueles que desafiam o espírito coletivo da comunidade vivem fora do Estado e não têm nenhum direito às suas proteções. A rigor, o Estado não só está desobrigado de defender indivíduos ou subgrupos antissociais, mas também está obrigado a se desfazer deles.[29]

Os revolucionários franceses puseram esses preceitos em prática. Por exemplo, Rousseau havia sugerido que a Polônia instituísse feriados e símbolos nacionalistas para criar uma nova fé secular. Portanto, os jacobinos — que quase haviam relegado Rousseau ao esquecimento — imediatamente trataram de lançar uma grande nova religião totalitária. Robespierre argumentou que somente um "instinto religioso" poderia defender a revolução do ácido do ceticismo. Mas os revolucionários também sabiam que, antes que tal fé pudesse ser anexada ao Estado, teriam de exterminar todos os traços de um "enganoso" cristianismo. E então embarcaram numa campanha avassaladora para destronar o cristianismo. Substituíram dias santos venerados, transformando-os em celebrações pagãs nacionalistas. A catedral de Notre Dame foi rebatizada de "templo da razão". Centenas de festivais com temas pagãos foram realizados em todo o país celebrando abstrações como Razão, Nação e Irmandade.

A Itália de Mussolini, por sua vez, arremedou essa estratégia. Os membros do Partido Fascista faziam desfiles e realizavam elaborados rituais pagãos a fim de convencer as massas, e o mundo, de que "o fascismo é uma religião" (como Mussolini frequentemente declarava). "Duas religiões estão hoje disputando... o domínio do mundo — a negra e a vermelha", escreveria Mussolini em 1919. "Nós nos declaramos os hereges." Em 1920, ele explicou: "Trabalhamos com entusiasmo para... dar aos italianos um 'conceito religioso da nação'... a fim de lançar os alicerces da grandeza italiana. A noção religiosa de Italianismo... deve tornar-se o impulso e a direção fundamentais de nossas vidas."[30]

Por certo, a Itália enfrentava um desafio especial, no sentido de que a capital da nação também incluía a capital mundial da Igreja católica. Assim, a batalha entre a religião secular e a religião tradicional perdeu nitidez devido às disputas locais pelo poder e às características únicas da cultura italiana (a Alemanha não tinha tal desvantagem, conforme veremos). A Igreja católica compreendeu o que Mussolini pretendia. Em sua encíclica *Non abbiamo bisogno*, de 1931, o Vaticano acusou o Partido Fascista de "estatolatria" e denunciou seus esforços para "monopolizar completamente os jovens, desde seus mais tenros anos até se tornarem homens e mulheres adultos, em benefício exclusivo de um partido e um regime baseados numa ideologia que claramente se converteu numa verdadeira e real adoração pagã do Estado".[31]

A ideia de se ter padres e líderes representando o espírito ou a vontade geral do povo é moderna na medida em que destrona a religião tradicional. Mas o impulso de conferir autoridade religiosa a certos tipos de pessoas ou a determinados governantes é muito antigo, e pode até mesmo ser intrínseco à natureza humana. A declaração (provavelmente ficcional) de Luís XIV *"L'état, c'est moi"* resume a ideia de que governante e Estado eram um só. O feito dos revolucionários foi preservar essa doutrina e, ao mesmo templo, mudar a fonte de legitimidade, transferindo-a de Deus ao povo, à nação ou simplesmente à ideia de progresso. Napoleão, o general revolucionário, tomou o controle da França simplesmente com um decreto desse tipo. Ele era um ditador secular comprometido com levar adiante a liberação revolucionária dos povos da Europa. Suas vitórias contra o Império austro-húngaro conduziram as nações cativas dos Habsburgo a louvá-lo como "o grande libertador". Ele repeliu a autoridade da Igreja católica, coroando a si próprio Imperador do Sacro Império Romano e ordenando a suas tropas que usassem as catedrais para estabular os cavalos. As tropas de Napoleão carregavam com elas o bacilo rousseauniano do nacionalismo divinizado.

Isso põe por terra tanto o glorioso mito da esquerda quanto a acusação central da direita de que a Revolução Francesa foi a fonte da qual brotou o racionalismo. Na realidade, não foi nada disso. A Revolução foi uma revolta espiritual romântica, uma tentativa de substituir o Deus cristão por um Deus jacobino. Invocações à Razão eram apelos disfarçados a um novo e personalizado Deus da Revolução. Robespierre desprezava o ateísmo e os ateus como sinais da decadência moral da monarquia, acreditando, em vez disso, num "Ser Eterno que intimamente afeta os destinos das nações e que, a meu ver, parece cuidar da Revolução Francesa de uma forma muito especial".[32]

Para que a Revolução tivesse sucesso, Robespierre teve de forçar o povo a reconhecer esse Deus que falava por intermédio dele e da vontade geral.

Somente dessa forma pôde Robespierre tornar realidade o sonho que mais tarde iria igualmente mesmerizar nazistas, comunistas e progressistas: a criação de "Novos Homens". "Estou convencido", declarou numa afirmação típica, "da necessidade de promover uma completa regeneração e, se assim me posso expressar, de criar um novo povo." (Para isso, ele forçou a aprovação de uma lei exigindo que as crianças fossem tiradas dos pais e doutrinadas em internatos.) Os sacerdotes-da-ação dedicados à Revolução, escreveu Tocqueville, "tinham uma fé fanática em sua vocação de transformar o sistema social de ponta a ponta e regenerar toda a raça humana". Ele reconheceu mais tarde que a Revolução Francesa havia se tornado um "revivalismo religioso" e que a ideologia que dela jorrava era "uma espécie de religião" que, "assim como o Islã, inundou o mundo inteiro com apóstolos, militantes e mártires".[33]

O fascismo também deve outros aspectos seus à Revolução Francesa. Robespierre compreendia, assim como Sorel e seus herdeiros, que a violência era um elemento central de coesão para manter as massas comprometidas com os ideais da Revolução: "Se a fonte do governo popular em tempo de paz é a virtude, as fontes do governo popular na revolução são, ao mesmo tempo, virtude e terror: virtude, sem a qual o terror é fatal; terror, sem o qual a virtude é impotente. O terror nada mais é que a justiça, pontual, severa, inflexível; é, portanto, uma emanação da virtude; não tanto um princípio especial, mas uma consequência do princípio geral da democracia aplicado às mais urgentes necessidades de nosso país."[34]

"Pela primeira vez na história", escreve a historiadora Marisa Linton, "o terror havia se tornado uma política oficial de governo com o propósito declarado de se usar a violência a fim de alcançar um objetivo político mais elevado." Parece que os bolcheviques — autoproclamados descendentes da Revolução Francesa — não se deram conta da ironia ao definir o fascismo, em vez de seu próprio sistema, como "uma ditadura abertamente terrorista".[35]

A utilidade do terror era multifacetada, mas entre seus principais benefícios estava sua tendência de manter um permanente sentimento de crise. A crise é rotineiramente identificada como um mecanismo central do fascismo porque cria um curto-circuito no debate e na deliberação democrática. Daí que todos os movimentos fascistas despendam considerável energia para prolongar um estado de emergência agudizado. Por todo o Ocidente, esse foi o mais glorioso benefício da Primeira Guerra Mundial.

GUERRA: PARA QUE SERVE?

Relata-se que tanto Mussolini quanto Lenin tiveram exatamente a mesma reação ao receber a notícia da guerra: "A Internacional Socialista está morta." E estavam certos. Por toda a Europa (e, mais tarde, na América), os socialistas e outros partidos de esquerda votaram pela guerra, virando as costas às doutrinas de solidariedade internacional e ao dogma de que aquela era uma guerra do capitalismo e do imperialismo. Após um período de dois meses seguindo, como que automaticamente, essa linha do partido, Mussolini começou a se mover na direção do que era chamado de "o campo intervencionista". Em outubro de 1914, escreveu um editorial no *Avanti!* explicando sua nova postura pró-guerra em termos que misturavam marxismo, pragmatismo e aventureirismo. Um partido "que deseja viver na história e, na medida em que lhe for permitido, fazer história, não pode se submeter, a menos que deseje cometer suicídio, a uma linha que depende de um dogma inquestionável ou de uma lei eterna, separada da necessidade férrea [de mudança]". Ele citou a advertência de Marx de que "quem quer que desenvolva um programa rígido para o futuro é um reacionário". Apegar-se à letra do partido, declarou, destruiria seu espírito.[36]

David Ramsay Steele sugeriu que a virada de Mussolini a favor da guerra "foi tão escandalosa quanto se, cinquenta anos mais tarde, Che Guevara tivesse anunciado sua partida para o Vietnã a fim de ajudar a defender o Sul contra a agressão comunista norte-vietnamita".[37] É um ponto interessante, mas obscurece o fato de que os socialistas em toda a Europa e América estavam promovendo a causa da guerra basicamente porque era essa a direção que as massas queriam seguir. O exemplo mais chocante veio quando os socialistas no Parlamento alemão votaram a favor da concessão de créditos para financiar a guerra. Mesmo nos Estados Unidos, a vasta maioria dos socialistas e progressistas apoiava a intervenção americana com uma sede de sangue que causaria embaraço a seus herdeiros hoje — se os herdeiros de fato se empenhassem em aprender a história de seu próprio movimento.

Este é um ponto vital porque, embora muito certamente seja verdade que a Primeira Guerra Mundial deu à luz o fascismo, ela também deu à luz a propaganda antifascista. Desde o momento em que Mussolini se declarou a favor da guerra, os socialistas italianos o esconjuraram pela heresia. "*Chi paga?*" tornou-se a questão central da campanha anti-Mussolini feita em surdina. "Quem o está pagando?" Ele foi acusado de receber dinheiro dos fabricantes de armas, e dizia-se, em surdina, que estava na folha de pagamento da França. Não há nenhuma evidência disso. Desde o começo, o fascismo era chamado de direitista não porque necessariamente *fosse* direitista, mas porque a esquerda comunista achava que essa era a melhor forma de punir apostasias (e, mesmo se fosse direitista em algum sentido doutrinal esquecido havia muito tempo, o fascismo era, ainda assim, *socialismo* de direita). Sempre foi assim. Afinal, se o apoio à guerra tornava alguém objetivamente direitista, então *Mother* Jones, que começou como organizadora sindical do final do século XIX, também seria uma direitista radical, apesar de obviamente esquerdista. Essa deveria ser uma dinâmica familiar hoje em dia, quando, em muitos círculos, o apoio à guerra no Iraque é tudo o que se requer para alguém ser considerado um "direitista".

De tempos em tempos, Mussolini reconhecia que o fascismo era percebido como um movimento da "direita", mas nunca deixou de esclarecer que a fonte de sua inspiração pessoal e seu lar espiritual era a esquerda socialista. "Vocês me odeiam hoje porque ainda me amam", disse ele aos socialistas italianos. "O que quer que aconteça, vocês não me perderão. Doze anos de minha vida no partido têm de ser garantia suficiente de minha fé socialista. O socialismo está no meu sangue." Mussolini deixou sua posição como editor do *Avanti!*, mas nunca conseguiu abandonar seu amor pela causa. "Vocês pensam que podem me expulsar, mas descobrirão que eu voltarei. Sou e permanecerei um socialista, e minhas convicções nunca mudarão. Elas estão gravadas em meus próprios ossos."[38]

Ainda assim, Mussolini foi forçado a deixar a organização do partido. Ele se juntou a um grupo de radicais pró-guerra chamado *Fascio Autonomo d'Azione Rivoluzionaria* e rapidamente tornou-se seu líder. Novamente, não havia se deslocado para a direita. Seus argumentos para entrar na guerra foram inteiramente apresentados no contexto da esquerda e espelhavam, em não pequena medida, os argumentos liberais e esquerdistas de intervencionistas americanos como Woodrow Wilson, John Dewey e Walter Lippmann. A guerra, insistiam ele e seus seguidores apóstatas, era contra os alemães reacionários e o Império austro-húngaro, uma guerra para liberar povos estrangeiros do jugo do imperialismo e avançar a causa da revolução socialista na Itália, verdadeira "nação proletária".

Mussolini fundou um novo jornal, *Il Popolo d'Italia*. O próprio nome — *O Povo da Itália* — é instrutivo porque ilustra uma mudança sutil no pensamento de Mussolini e constitui a primeira distinção-chave entre socialismo e fascismo. O socialismo baseava-se na ideia marxista de que os "trabalhadores", como uma classe, eram mais unidos por seus interesses comuns do que por qualquer outro critério. No slogan "Trabalhadores do mundo, uni-vos!" estava implícita a ideia de que classe era mais importante que raça, nacionalidade, religião, língua, cultura ou qualquer outro "ópio" das massas. Havia se tornado claro para Mussolini que, não apenas isso obviamente não era o caso, como também fazia pouco sentido fingir o contrário. Se Sorel havia ensinado que o marxismo era uma série de mitos úteis, e não um fato científico, por que não utilizar mitos mais úteis se eles estão disponíveis? "Eu vi que o internacionalismo estava desmoronando", admitiu mais tarde Mussolini. Era "absolutamente estúpido" acreditar que a consciência de classe pudesse algum dia se sobrepor ao chamado da nação e da cultura.[39] "O sentimento de nacionalidade existe e não pode ser negado." O que se chamava então de socialismo era, na realidade, apenas um *tipo* de socialismo: socialismo internacional. Mussolini estava interessado em criar um novo socialismo dentro de um único Estado, um *socialismo nacional*, que tinha o benefício adicional de ser alcançável. O velho Partido Socialista estava barrando seus esforços, e então foi "necessário", escreveu Mussolini em *Il Popolo*, "assassinar o Partido a fim de salvar o socialismo". Num outro número, ele implorou: "Proletários, venham às ruas e praças e gritem conosco: 'Abaixo a política mercantil corrupta da burguesia italiana'... Vida longa à guerra de liberação dos povos!"[40]

Em 1915, Mussolini foi convocado para o serviço militar. Ele lutou bem e foi atingido por estilhaços numa perna. A guerra tendeu a acelerar suas reflexões. Os soldados haviam lutado como italianos, não como "trabalhadores". Os sacrifícios que fizeram não foram pela luta de classes, mas pela luta italiana. E começou a formular a ideia — conhecida como *trincheirocracia* — de que os veteranos mereciam governar o país porque haviam feito mais sacrifícios e tinham a disciplina necessária para melhorar a difícil situação da Itália (ecos de sua convicção podem ser encontrados no epíteto atual de *"chicken hawk"*). O "socialismo das trincheiras" parecia muito mais plausível que o socialismo do chão de fábrica, pois Mussolini o havia visto concretamente. Em 23 de março de 1919, ele e um punhado de outros fundaram o *Fasci di Combattimento* em Milão, pretendendo formar uma frente popular de esquerdistas favoráveis à guerra, integrada por grupos de socialistas veteranos, futuristas, anarquistas, nacionalistas e intelectuais sindicalistas. Eis alguns destaques do programa:

- Redução da idade mínima para votar (18 anos), da idade mínima para ser eleito (25 anos) e sufrágio universal, inclusive para mulheres.
- "Abolição do Senado e criação de um conselho técnico nacional responsável pelo trabalho intelectual e manual, pela indústria, pelo comércio e pela cultura."
- Fim do serviço militar obrigatório.
- Repúdio dos títulos de nobreza.
- "Uma política externa que vise expandir a vontade e o poder italianos, em oposição a todos os imperialismos estrangeiros."
- A imediata aprovação de uma lei do Estado sancionando a jornada diária de oito horas *reais* para todos os trabalhadores.
- Um salário mínimo.
- A criação de várias entidades de governo dirigidas por representantes dos trabalhadores.
- Reforma do sistema de aposentadoria e pensões e estabelecimento de limites de idade para trabalhos perigosos.
- Forçar os donos de terras a cultivar suas propriedades ou tê-las expropriadas e dadas a veteranos e cooperativas de agricultores.
- A obrigação do Estado de criar escolas "rigidamente seculares" para elevar "as condições morais e culturais do proletariado".
- "Um imposto fortemente progressivo sobre o capital que corresponderia a uma *expropriação parcial*, num só momento, de toda riqueza."
- "A tomada de todos os bens que pertencem a congregações religiosas e a abolição de receitas episcopais."
- A "revisão" de todos os contratos militares e o "sequestro de 85% de todos os lucros da guerra".
- A nacionalização de todas as indústrias de armas e explosivos.[41]

Coisa de direitistas, claro! Aqueles secularistas antielitistas que queriam abolir o mercado de ações, acabar com o trabalho infantil, promover a saúde pública, confiscar riquezas, acabar com o alistamento, todos direitistas!

Em novembro, os fascistas recém-nomeados e explicitamente esquerdistas apresentaram diversos candidatos nas eleições nacionais. Foram fragorosamente derrotados nas mãos dos socialistas. A maior parte dos historiadores afirma que foi isso o que levou Mussolini a se mover para a "direita". Segundo Robert O. Paxton, Mussolini compreendeu que "não havia nenhum espaço na política italiana para um partido que era ao mesmo tempo nacionalista e esquerdista".[42]

Isso, a meu ver, distorce o quadro. Mussolini não deslocou o fascismo da esquerda para a direita; ele o passou de socialista a populista. Um fenômeno incômodo, o populismo nunca havia sido visto como tendo uma orientação conservadora ou direitista, e é somente porque tantos estavam determinados a rotular o fascismo de direitista que o populismo sob Mussolini foi redefinido como de direita. Afinal de contas, a noção de que o poder político está e deve estar investido no povo era uma posição liberal clássica. O populismo era uma versão mais radical dessa posição. Continua sendo uma ideologia que defende "o poder para o povo", mas é cético a respeito da máquina parlamentar do liberalismo convencional (i.e., o equilíbrio dos três poderes constitucionais). Nos Estados Unidos, os populistas — sempre uma força à esquerda no século XIX e início do século XX — defendiam reformas como eleições diretas de senadores e a nacionalização de indústrias e bancos. Democracia direta e nacionalização eram dois dos principais pontos da agenda fascista. Mussolini também deixou de chamar *Il Popolo d'Italia* de um "diário socialista" e passou a chamá-lo de um "diário dos produtores".

Em toda parte, uma ênfase nos "produtores" tem sido a marca registrada da economia e da política populistas. A distinção-chave para o "produtivismo", como muitos o chamavam, era entre aqueles que criavam riqueza com suas próprias mãos e aqueles que meramente lucravam com ela. William Jennings Bryan, por exemplo, era especialista em distinguir o "povo" bom e decente e "os ociosos possuidores de capital ocioso". Os populistas buscavam expandir o escopo do governo a fim de esmagar os "realistas econômicos" e ajudar o "cidadão comum". Essa era, em resumo, a abordagem de Mussolini (muito semelhante à de ícones esquerdistas atuais, como Hugo Chávez na Venezuela). Os slogans fascistas incluíam: "A terra para quem a trabalha!" e "A todos os camponeses, todos os frutos de seu trabalho sagrado!". Mussolini ainda utilizava uma teoria marxista requentada quando lhe convinha — como faziam muitos populistas — para explicar sua nova preferência pelo pequeno proprietário de terras. A Itália ainda era uma "nação proletária", explicava, e, por isso, precisava se desenvolver economicamente antes de alcançar o socialismo, mesmo que isso significasse fazer uma concessão pragmática às conveniências capitalistas, sob a forma de comércio. Em 1921, Lenin fizera um ajuste idêntico durante sua Nova Política Econômica, na qual os camponeses foram encorajados a produzir mais alimentos excedentes para vender.

Nada disso significa dizer que Mussolini fosse profundamente consistente como ideólogo ou teorista político. Sendo um pragmático, estava constantemente disposto a cuspir dogmas, teorias e alianças sempre que fosse conveniente. Nos anos imediatamente após a formação do *Fasci di Combattimento*, os principais temas de governo de Mussolini eram conveniências e oportunismo. Tratava-se, afinal, da era da "experimentação". FDR mais tarde pregaria um evangelho similar, sustentando que não tinha nenhuma outra agenda fixa além da de pôr a América para trabalhar e lançar um programa de "experimentação arrojada". "Nós não carecemos de confiança no futuro", declarou ele. "As pessoas... não falharam. Em sua necessidade, elas... pediram disciplina e direção sob uma liderança. Elas fizeram de mim o atual instrumento de suas vontades. É esse o espírito com que eu digo sim." Da mesma forma, Mussolini escreveu em maio de 1920 que o *Fasci di Combattimento* "não se sente amarrado a nenhuma forma doutrinária em particular". E de maneira muito parecida com o que faria Roosevelt mais tarde, Mussolini pediu ao povo italiano que confiasse nele agora e só se preocupasse com um programa real mais adiante. Pouco antes de se tornar primeiro-ministro, sua famosa resposta aos que queriam saber coisas mais específicas era: "Os democratas de *Il Mondo* querem saber nosso programa? É partir os ossos dos democratas de *Il Mondo*. E, quanto mais cedo, melhor."[43]

De 1919 a 1922, quando Mussolini liderou a Marcha sobre Roma e tornou-se primeiro-ministro, seus primeiros objetivos eram poder e combate. Que ninguém se engane: muitos fascistas eram rachadores de crânios, quebradores de pernas e capangas que serviam a qualquer propósito, particularmente os que trabalhavam na OVRA (*Organizacione per la Vigilanza e la Repressione del Antifascismo*), a polícia secreta do Estado fascista modelada segundo a polícia secreta de Lenin (daí seu apelido "Cheha"). As baixas na "guerra civil" iniciada pelos fascistas giram por volta de duas mil, sendo que 35% dos mortos eram esquerdistas confirmados e 15% eram fascistas. Isso pode soar como muito ou como pouco, dependendo da perspectiva que se assuma, mas vale a pena ter em mente que o número de italianos que morreram durante esse período em guerras tradicionais da máfia foi maior que isso. Também vale notar que muitos fascistas eram, de fato, figuras influentes, homens respeitáveis que ganharam não apenas a cooperação da polícia, mas a simpatia tanto de juízes quanto do homem comum. Numa disputa nacional entre duas grandes facções, o povo italiano — trabalhadores, camponeses, pequenos empresários, profissionais, bem como os bem de vida e os ricos — escolheu os fascistas, e não os confessos socialistas internacionais e comunistas.

O estilo de Mussolini era notavelmente parecido com o de Yasser Arafat (embora Arafat fosse, indubitavelmente, mais sanguinário). Seu jogo político consistia em afirmar que buscava acordos e alianças pacíficos e que se esforçava para conter os elementos mais violentos dentro de seu movimento. Dizia que suas mãos estavam amarradas quando esquadrões de camisas-negras (assim chamados porque as forças especiais italianas usavam blusas pretas de gola rulê, que logo se tornaram moda entre os fascistas) quebravam os ossos de seus oponentes. Novamente como Lenin — e Arafat —, Mussolini praticava a filosofia do "quanto pior, melhor". Celebrava a violência cometida por socialistas porque isso lhe dava a oportunidade de cometer mais violência em troca. Um brigão que havia participado de incontáveis embates de punhos e facas, Mussolini via a violência física como uma consequência redentora e natural do combate intelectual (nesse aspecto, ele se parecia um bocado com Teddy Roosevelt). Não há nenhuma necessidade de defender Mussolini contra a acusação de que fosse um praticante da violência política organizada, como tentaram fazer alguns de seus biógrafos mais amistosos. O mais fácil é concordar tanto com defensores quanto com críticos. Sim, os socialistas e comunistas que ele estava combatendo eram, com frequência, tão maus quanto os fascistas. E, em outras ocasiões, os fascistas eram muito piores. No final dos acertos, no entanto, o fato saliente era que, numa nação destroçada pelo caos econômico e social e pelo amargor político que resultara do Tratado de Versalhes, a mensagem e as táticas de Mussolini triunfaram. Além disso, seu sucesso tinha menos a ver com ideologia e violência que com apelos emocionais populistas. Mussolini prometia restaurar duas coisas que estavam em falta: orgulho e ordem.

Os acontecimentos que precipitaram sua ascensão são controvertidos, por razões que não vale a pena esmiuçar aqui. Basta dizer que a Marcha sobre Roma não foi um evento espontâneo, revolucionário, mas uma encenação política teatral destinada a promover um mito soreliano. A violência entre fascistas e outros partidos esquerdistas alcançou um crescendo no verão de 1922, quando comunistas e socialistas convocaram uma greve geral para protestar contra a recusa do governo de esmagar os fascistas. Mussolini declarou que, se o governo não impedisse a greve, seus fascistas o fariam. Não esperou a resposta — e nem contava com ela. Quando os "vermelhos" iniciaram sua greve em 31 de julho, os *squadristi* de Mussolini — formados principalmente de antigos e bem treinados ex-combatentes — acabaram com ela em um dia. Dirigiram os bondes, mantiveram o trânsito fluindo e, o que ficou famoso, "fizeram os trens andar no horário".

As táticas de Mussolini para furar a greve tiveram um efeito profundo sobre o público italiano. Numa época em que os intelectuais em todo o mundo mostravam-se cada vez mais cínicos a respeito da democracia parlamentar e das políticas liberais, a eficiência militar de Mussolini pareceu transcender a política partidária. Assim como muitos hoje dizem que precisamos "ir além dos rótulos" a fim de ter as coisas feitas, Mussolini era visto como alguém que se movia para além das "desgastadas categorias de esquerda e direita". Assim também — como ocorre com certos liberais modernos —, ele prometia o que chamava de "Terceira Via", que não era nem esquerda nem direita. Ele simplesmente queria que as coisas fossem feitas. Com grande apoio do público, planejou furar outro tipo de greve — o impasse parlamentar que havia paralisado o governo e, portanto, o "progresso". Ameaçou que ele e seus camisas-negras marchariam sobre Roma e assumiriam as rédeas do Estado. Por trás da cena, o rei Vittorio Emanuele já havia pedido que ele formasse um novo governo. Mas *Il Duce* marchou assim mesmo, reeditando a marcha de Júlio César sobre Roma e dando ao novo governo fascista um "mito revolucionário" útil que ele exploraria magistralmente nos anos vindouros. Mussolini tornou-se primeiro-ministro, e assim nasceu a Itália fascista.

Como governou Mussolini? Muito simples: governou como quis. Tornou-se um ditador, menos brutal que a maior parte dos outros, mais brutal que alguns. Mas era também muito popular. Em 1924, houve eleições razoavelmente limpas, e os fascistas tiveram uma vitória esmagadora. Entre suas realizações na década de 1920 constam a introdução do voto feminino (que o *New York Times* saudou como um aceno à pressão das feministas americanas), uma concordata com o Vaticano e a revitalização da economia italiana. A solução do longo cisma entre a Itália e o papa foi uma vitória monumental em termos da política doméstica italiana. Mussolini obteve sucesso onde muitos outros haviam falhado.

Nos próximos capítulos, veremos muitas das questões ideológicas e das políticas que giravam em torno do fascismo italiano. Mas há alguns pontos que vale a pena explicitar aqui. Primeiro, Mussolini saiu-se bem quando se lançou como o líder do futuro. De fato, ele foi levado ao poder, em parte, por um movimento artístico chamado Futurismo. Durante toda a década de 1920, embora implementasse algumas políticas que desagradavam aos intelectuais ocidentais — leis anti-imprensa, por exemplo —, seu *método* de governo era visto como essencialmente *moderno*. Numa época em que muitos jovens intelectuais estavam rejeitando o "dogma" do liberalismo clássico, Mussolini parecia um líder na linha de frente do movimento de rejeição às velhas maneiras de pensar. Afinal, aquela era a alvorada do "século fascista". Não era uma coincidência que o fascismo fosse o primeiro movimento jovem politicamente bem-sucedido, pretensamente moderno e amplamente reconhecido como tal. "A Itália de ontem não pode ser reconhecida na Itália de hoje", declarou Mussolini em 1926. "A nação inteira tem vinte anos de idade e, por isso, tem a coragem, o espírito, a intrepidez."[44] Nenhum líder no mundo estava mais associado ao culto da tecnologia, particularmente da aviação, do que Mussolini na década de 1920. Na seguinte, líderes mundiais tentaram se encaixar no molde de estadista "moderno" criado por ele.

Parte da reputação de Mussolini como um novo tipo de líder derivava do fato de que abraçava ideias "modernas", entre elas o pragmatismo americano. Ele afirmou em muitas entrevistas que William James era um dos três ou quatro filósofos que mais o haviam influenciado. Certamente dizia isso para impressionar as audiências americanas. Mas Mussolini realmente era um admirador de James (e do Sorel influenciado por James). Ele acreditava que o pragmatismo justificava e explicava sua filosofia de governo, e governou de uma maneira pragmática. Ele era, de fato, o "Profeta da era pragmática na política", como foi chamado num artigo da revista *Political Science Quarterly* de 1926.[45]

Mesmo que, em alguns momentos, tenha adotado, digamos, políticas de livre mercado, como fez, em certa medida, no início da década de 1920, isso não fez dele um capitalista. Mussolini nunca concedeu ao Estado a autoridade absoluta para ditar o curso da economia. No início da década de 1930, achou necessário começar a pôr a ideologia fascista no papel. Antes disso, era algo muito mais casuístico. Mas quando tratou de escrevê-la, a doutrina econômica fascista podia ser facilmente reconhecida como apenas mais uma campanha esquerdista para nacionalizar a indústria — ou regulá-la a ponto de não haver mais nenhuma distinção entre as duas medidas. Essas políticas enquadravam-se na rubrica do que hoje se conhece como corporativismo, e não apenas eram admiradas na América àquela época, como também são imitadas hoje em dia, numa medida assombrosa, por pessoas que não se dão conta de que o estão fazendo.

O pragmatismo é a única filosofia que tem como corolário uma palavra de uso cotidiano cuja conotação é amplamente positiva. Quando chamamos um líder de pragmático, usualmente estamos querendo dizer que ele é realista, prático e, acima de tudo, não ideológico. Mas esse uso convencional da palavra obscurece algumas distinções importantes. *Grosso modo*, o pragmatismo é uma forma de relativismo que sustenta que qualquer crença útil é, por consequência, necessariamente verdadeira. Inversamente, qualquer verdade inconveniente ou não útil é necessariamente não verdadeira. A verdade útil de Mussolini era o conceito de uma sociedade "totalitária" — palavra inventada por ele — definida por seu famoso lema: "Tudo no Estado, nada fora do Estado, nada contra o Estado." A consequência prática dessa ideia era que tudo seria "legítimo" se promovesse os fins do Estado. É verdade que a militarização da sociedade era parte importante do assalto do fascismo contra o Estado liberal, como afirmam muitos antifascistas. Mas aquilo era um meio, não um fim. A obstinação radical de Mussolini de fazer do Estado um objeto de fervor religioso nascera na Revolução Francesa, e Mussolini, herdeiro dos jacobinos, buscou reacender aquele fogo. Nenhum projeto poderia ser menos conservador e menos direitista.

Dessa e de diversas outras formas, Mussolini permaneceu um socialista até seu último suspiro, como ele previra. Seu reinado terminou em 1943, quando se tornou pouco mais que um cabeça de proa para o regime nazista instalado em Saló, onde ele pateticamente tramara seu retorno. Passava os dias emitindo declarações, denunciando a burguesia, prometendo nacionalizar todos os empreendimentos com mais de cem empregados e implementando uma constituição escrita por Nicola Bombacci, um comunista e velho amigo de Lenin. Ele escolheu um jornalista socialista para registrar seu capítulo final como *Il Duce*, de acordo com quem Mussolini declarou: "Eu lego a República aos republicanos, não aos monarquistas, e o trabalho de reforma social aos socialistas, não às classes médias." Em abril de 1945, Mussolini fugiu para salvar sua vida — de volta à Suíça, ironicamente — com uma coluna de soldados alemães (ia disfarçado de um deles), junto com seus ajudantes, sua amante e o acólito Bombacci. Foram capturados por um bando de guerrilheiros comunistas que, na manhã seguinte, receberam ordem de executá-los. Diz-se que a amante de Mussolini lançou-se à frente dele. Bombacci meramente gritou "Vida longa a Mussolini! Vida longa ao socialismo!"[46]

2

Adolf Hitler:
um homem da esquerda

TERÁ SIDO FASCISTA a Alemanha de Hitler? Muitos dos principais especialistas em fascismo e nazismo — Eugen Weber, A. James Gregor, Renzo de Felice, George Mosse e outros — responderam mais ou menos *não*. Por vários motivos que têm a ver com diferentes interpretações de fascismo, esses acadêmicos concluíram que o fascismo italiano e o nazismo, embora superficialmente similares e historicamente interligados, eram, de fato, fenômenos muito diferentes. Em última instância, é provável que seja muito difícil separar totalmente o nazismo e o fascismo italiano. Em outras palavras, o nazismo não era Fascista com *F* maiúsculo, mas fascista com *f* minúsculo. Mas o fato de que tal discussão exista entre especialistas de alto nível deve sugerir o profundo grau de incompreensão desses dois fenômenos na mente popular, e isso explicaria por que uma rejeição automática do conceito de *fascismo liberal* pode estar equivocada.

As palavras "fascista" e "fascismo" praticamente não aparecem em *Mein Kampf*. Numa obra de mais de setecentas páginas, apenas dois parágrafos mencionam uma ou outra delas. Mas o leitor tem uma boa ideia do que Hitler achava do experimento italiano e do que a Alemanha havia aprendido com a Itália. "O surgimento de uma nova e grande ideia foi o segredo do sucesso da Revolução Francesa. A Revolução Russa deve seu triunfo a uma ideia. E foi somente uma ideia o que capacitou o fascismo a triunfantemente submeter toda uma nação a um processo de renovação total."[1]

Essa passagem é reveladora. Hitler reconhece que o fascismo foi inventado por Mussolini. Pode ter sido depois reinventado, reinterpretado, revisto ou ampliado, mas sua autoria — e, em menor medida, sua novidade — nunca foi posta em dúvida. Tampouco houve muitos que duvidassem, durante os primeiros 15 anos, aproximadamente, de que fosse um movimento ou método essencialmente *italiano*.

Assim também, o nacional-socialismo veio antes de Hitler. Ele existia em diferentes formas em muitos países.[2] As distinções ideológicas entre fascismo e nacional-socialismo não são importantes no momento. O que importa é que Hitler não pegou do fascismo italiano a *ideia* do nazismo, e, no início, Mussolini não reivindicava nenhum parentesco com o nazismo. Chegou mesmo a se recusar a enviar sua foto autografada para Hitler quando os nazistas pediram uma à embaixada italiana. Não obstante, nenhum ideólogo nazista alguma vez afirmou seriamente que o nazismo fosse um desdobramento do fascismo italiano. E, durante os primeiros dias do nazismo, teoristas fascistas e teoristas nazistas discutiam com frequência e discordavam abertamente. De fato, foi Mussolini quem ameaçou uma confrontação militar com Hitler para salvar a Áustria fascista de uma invasão nazista em 1934.

Não é segredo que, pessoalmente, Mussolini não gostasse de Hitler. Quando se encontraram pela primeira vez, Mussolini relatou que "Hitler recitou para mim, de cor, seu *Mein Kampf*, aquele tijolo que nunca consegui ler". *Der Führer*, de acordo com Mussolini, "era um gramofone com apenas sete músicas; quando terminava a última, começava a tocar tudo de novo". Mas dificilmente suas diferenças seriam apenas pessoais. Os ideólogos fascistas italianos fizeram um grande esforço para se distanciar das estirpes racistas e antissemitas do nazismo. Até "ultrafascistas extremistas" como Roberto Farinacci e Giovanni Preziosi (que era, pessoalmente, um antissemita irracional e mais tarde se tornou um bajulador nazista) escreveram que o nazismo, com sua ênfase no racismo paroquial e exclusivista, "era ofensivo à consciência da humanidade". Em maio de 1934, Mussolini provavelmente escreveu — e seguramente aprovou — um artigo em *Gerarchia* ridicularizando o nazismo como "100% racismo. Contra tudo e contra todos: ontem contra a civilização cristã, hoje contra a civilização latina e amanhã, quem sabe, contra a civilização do mundo inteiro". Para começar, Mussolini duvidava de que os alemães fossem uma única raça e argumentava que eram uma mestiçagem de seis diferentes povos. (Ele também argumentava que 7% dos bávaros eram débeis mentais.) Em setembro daquele ano, Mussolini ainda se referia a seu "soberano desprezo" pelas políticas racistas da Alemanha. "Trinta séculos de história nos permitem olhar com suprema comiseração certas doutrinas sustentadas para além dos Alpes pelos descendentes de povos que não sabiam escrever e não podiam apresentar documentos que registrassem suas próprias vidas numa época em que Roma possuía César, Virgílio e Augusto."[3] Enquanto isso, os ideólogos nazistas ridicularizavam os italianos por praticarem "um fascismo *kosher*".

O que Hitler absorveu do fascismo italiano — e, conforme indicado acima, das Revoluções Francesa e Russa — foi a importância de se ter uma ideia capaz de levantar as massas. O conteúdo particular da ideia era decididamente secundário. A utilidade última de ideias não é sua verdade intrínseca, mas o grau em que tornam possível uma ação desejada — no caso de Hitler, a destruição de seus inimigos, a obtenção da glória e o triunfo de sua raça. É importante manter isso em mente porque a coerência ideológica de Hitler deixava bastante a desejar. Seu oportunismo, pragmatismo e megalomania frequentemente superavam qualquer desejo que pudesse ter de formular uma abordagem ideológica dogmática.

Hermann Rauschning, um nazista dos primeiros tempos que rompeu com Hitler, resumiu esse ponto ao dar ao movimento de Hitler um apelido que ficou famoso: "A Revolução do Niilismo". De acordo com Rauschning, Hitler era um puro oportunista desprovido de lealdade a homens ou ideias — a menos que se chame de ideia o ódio pelos judeus — e disposto a quebrar juramentos, liquidar pessoas e dizer ou fazer qualquer coisa para conseguir poder e mantê-lo. "Este movimento é totalmente sem ideais e carece até mesmo do arremedo de um programa. Seu compromisso é inteiramente com a ação... Os líderes escolhem a ação de uma forma fria, calculista e astuta. Para os nacional-socialistas, não havia e não há nenhum objetivo que não possam adotar ou abandonar de um momento para outro, sendo seu único critério o fortalecimento do movimento." Rauschning exagerou o ponto, mas é perfeitamente verdade que a ideologia nazista não pode ser resumida num programa ou numa plataforma. Pode ser mais bem compreendida como um vórtice destrutivo de preconceitos, paixões, ódios, emoções, ressentimentos, tendenciosidades, esperanças e atitudes que, quando combinados, mais frequentemente se assemelham a uma cruzada religiosa mascarada de ideologia política.[4]

Contrariamente a suas incessantes afirmações em *Mein Kampf*, Hitler não tinha nenhuma grande ideia fundacional ou sistema ideológico. Seu gênio está na compreensão de que as pessoas querem acorrer ao chamamento de ideias e símbolos. E, assim, seu sucesso residia nas técnicas, tecnologias e ícones que caracterizaram o século XX — marketing, propaganda, rádio, aviões, TV (a transmissão das Olimpíadas de Berlim), cinema (pensem em Leni Riefenstahl) e, acima de tudo, oratória em gigantescos ralis cuidadosamente encenados. Muitas e muitas vezes em *Mein Kampf*, Hitler deixa clara a crença em que sua maior dádiva ao partido não eram suas ideias, mas sua habilidade oratória. Inversamente, parece que suas mais pertinentes críticas a outros tinham a ver com o fato de alguém não ser um bom orador. Isso era mais do que simples vaidade da parte de Hitler. Na década de 1930, tanto na Alemanha quanto na América, a habilidade de arrebatar as massas recorrendo à oratória era, com frequência, a chave para o poder. "Sem os alto-falantes", observou Hitler certa vez, "nunca teríamos conquistado a Alemanha."[5] Notem o uso da palavra "conquistado".

No entanto, dizer que Hitler tinha uma visão pragmática da ideologia não significa dizer que ele não usasse a ideologia. Hitler tinha muitas ideologias. De fato, era um vendedor ambulante de ideologias. Poucos "grandes homens" dedicaram-se mais que ele a adotar, triangular e combinar diferentes posturas ideológicas para diferentes audiências. Esse era o homem, afinal de contas, que havia feito campanhas como um ardente antibolchevista quando assinou um tratado com Stalin e convencido tanto Neville Chamberlain quanto os pacifistas ocidentais de ser um promotor da paz ao mesmo tempo que se mantinha (abertamente) ocupado armando-se para a guerra.[6]

Ainda assim, as quatro "ideias" significativas intrinsecamente valorizadas por Hitler eram, indubitavelmente, a concentração do poder nele mesmo, o ódio — e medo — dos judeus, a fé na superioridade racial do *Volk* alemão e, em última instância, a guerra para demonstrar e garantir as outras três.

A concepção popular de que Hitler era um homem da direita está enraizada num rico complexo de suposições e ideias equivocadas a respeito do que constitui esquerda e direita, termos que ficam cada vez mais escorregadios quanto mais se tenta defini-los. Voltaremos a esse problema ao longo de todo o livro, mas precisamos tratar dele aqui pelo menos no que se refere a Hitler e ao nazismo.

A história convencional da ascensão de Hitler ao poder é mais ou menos a seguinte: Hitler e os nazistas exploraram o ressentimento popular diante da derrota da Alemanha na Primeira Guerra Mundial, percebida como ilegítima (a "punhalada nas costas" dada por comunistas, judeus e políticos fracos), e da "paz" injusta imposta em Versalhes. Conspirando com capitalistas e industriais ansiosos por derrotar a ameaça vermelha (incluindo, em algumas das versões mais passionais, a família Bush), os nazistas produziram um golpe reacionário explorando sentimentos patrióticos e mobilizando os elementos "conservadores" — frequentemente traduzidos como racistas e religiosos — da sociedade alemã. Uma vez no poder, os nazistas estabeleceram o "capitalismo de Estado" como uma recompensa aos industriais, que lucraram mais ainda com a determinação nazista para exterminar os judeus.

Obviamente, há um bocado de verdade aqui. Mas não toda ela. Como bem sabemos, as mentiras mais eficazes são aquelas enfeitadas com as mais reais verdades. Durante décadas, a esquerda tem tendenciosamente selecionado certos fatos para criar uma caricatura do que foi o Terceiro Reich. As caricaturas realmente têm uma semelhança com o caricaturado, mas exageram certos aspectos para alcançar o resultado desejado. No caso do Terceiro Reich, o efeito desejado era fazer do nazismo o oposto total do comunismo. Assim, por exemplo, os papéis dos industriais e dos conservadores foram grosseiramente exagerados, enquanto os amplos e substanciais aspectos esquerdistas e socialistas do nazismo eram reduzidos à condição de trivialidades, como obsessões de excêntricos e de apologistas de Hitler.

Considere-se o clássico de William Shirer, *A ascensão e queda do Terceiro Reich*, que tanto contribuiu para estabelecer a história "oficial" dos nazistas. Shirer escreve sobre o desafio enfrentado por Hitler quando os radicais dentro de seu próprio partido, liderados por Ernst Röhm, fundador da SA, quiseram fazer uma "Segunda Revolução" que purgaria os elementos tradicionais no exército alemão, a aristocracia, os capitalistas e outros. "Os nazistas haviam destruído a esquerda", escreve Shirer, "mas a direita permaneceu: os grandes empreendimentos e finanças, a aristocracia, os *junkers* senhores de terras e os generais prussianos, que mantinham um férreo controle sobre o exército."[7]

De certo modo, essa é uma versão perfeitamente correta dos eventos. Os nazistas haviam de fato "destruído a esquerda", e "a direita" permanecera. Mas, pergunte-se: como é que normalmente falamos sobre essas coisas? Por exemplo, a direita na América uma vez foi identificada como os chamados "republicanos do Country Club". Na década de 1950, começando com a fundação da *National Review*, uma nova casta de pretensos conservadores e libertários lentamente começou a assumir o controle do Partido Republicano. De certa perspectiva, se poderia dizer que o movimento conservador "destruiu" a Velha Direita na América. Mas uma maneira mais exata e típica de descrever esses eventos seria dizer que a Nova Direita *substituiu* a velha, incorporando muitos de seus membros ao longo do processo. De fato, é exatamente por isso que nos referimos à *ascensão* da Nova Direita na década de 1970 e início da seguinte. Igualmente, quando uma nova geração de esquerdistas impôs-se na década de 1960 por meio de organizações como a Estudantes para uma Sociedade Democrática (*Students for a Democratic Society*, ou SDS, na sigla em inglês), chamamos esses ativistas de Nova Esquerda porque haviam posto de lado a Velha Esquerda formada por seus superiores — que eram, em muitos casos, seus pais biológicos. No tempo devido, a Nova Esquerda e a Nova Direita assumiram o controle de seus respectivos partidos — os democratas em 1972, os republicanos em 1980 —, e hoje são simplesmente a esquerda e a direita. Da mesma forma, os nazistas de fato assumiram o controle da esquerda alemã, e não simplesmente a destruíram.

Nos anos recentes, os historiadores têm revisitado uma questão já tida como encerrada: quem apoiou os nazistas? Tendenciosidades ideológicas haviam exigido que as "classes dominantes" e a "burguesia" fossem apresentadas como os vilões e que as classes inferiores — o "proletariado" e os desempregados — fossem vistas como apoiando os comunistas e/ou os social-democratas liberais. Afinal de contas, se a esquerda é a voz do povo, dos desprovidos de poder e dos explorados, seria terrivelmente inconveniente que esses segmentos da sociedade apoiassem os fascistas e os direitistas — particularmente quando a teoria marxista *exige* que os oprimidos tenham uma orientação esquerdista.

Em grande medida, isso já foi descartado. Embora exista um amplo debate em torno de qual a parcela das classes trabalhadoras e inferiores que apoiou os nazistas, agora já está bastante bem estabelecido que a base nazista era constituída por porções muito significativas de ambas. O nazismo e o fascismo eram dois movimentos *populares* que contavam com o apoio de todos os estratos da sociedade. Enquanto isso, a discussão sobre a presença de industriais e de outros tubarões empresariais que puxavam os cordões de Hitler por detrás da cena também ficou restrita ao terreno dos marxistas mais velhos, que lembram com nostalgia os paradigmas perdidos. É verdade que Hitler acabou recebendo apoio da indústria alemã, mas esse veio tarde e, de modo geral, tendeu a vir depois de seus sucessos, em vez de ser a base deles. Mas a noção, bem plantada no evangelho marxista, de que o fascismo ou o nazismo eram os braços armados da reação capitalista caiu junto com o Muro de Berlim. (Na realidade, a própria noção de que corporações são inerentemente direitistas é, em si, um vestígio ideológico de tempos anteriores, conforme discutirei adiante num capítulo sobre economia.)

Na Alemanha, a aristocracia e a elite dos negócios foram, de modo geral, repelidas por Hitler e pelos nazistas. Mas quando Hitler demonstrou que não sairia de cena, essas mesmas elites decidiram que seria sábio pôr algum dinheiro de lado para apostar nos arrivistas. Isso pode ser representível, mas tais decisões não foram orientadas por nada semelhante a uma aliança ideológica entre capitalismo e nazismo. As corporações na Alemanha, como suas contrapartes de hoje, tendiam a ser oportunistas, não ideológicas.

Os nazistas subiram ao poder explorando uma retórica anticapitalista na qual indiscutivelmente acreditavam. Mesmo se Hitler fosse o total niilista pintado por muitos, é impossível negar a sinceridade dos seguidores nazistas, que se viam empreendendo um assalto revolucionário contra as forças do capitalismo. Além disso, o nazismo também enfatizava muitos dos temas de outras Novas Esquerdas em outros lugares e épocas: a primazia da raça, a rejeição do racionalismo, uma ênfase no orgânico e holístico — que incluía ambientalismo, alimentos saudáveis e exercícios — e, mais que tudo, a necessidade de "transcender" noções de classe.

Por esses motivos, Hitler merece ser firmemente posto na esquerda porque, antes de mais nada, e acima de tudo, ele era um revolucionário. Falando em termos amplos, a esquerda é o partido da mudança, a direita é o partido do *status quo*. Nesse aspecto, Hitler não era em nenhum sentido, de nenhum modo, de nenhum jeito, de nenhuma forma um homem da direita. Ele tinha absoluta certeza de ser um revolucionário, e havia poucas coisas nas quais acreditasse tanto quanto nisso. Seus seguidores concordavam. Ainda assim, durante mais de uma geração, chamar Hitler de revolucionário tem sido um tipo de heresia, particularmente para historiadores marxistas e alemães, já que, para a esquerda, a revolução é sempre boa — o inevitável movimento para adiante da roda da história de Hegel. Mesmo que suas táticas sangrentas sejam (às vezes) de se lamentar, os revolucionários movem a história para adiante. (Para os conservadores, ao contrário, as revoluções são quase sempre ruins — a menos, como no caso dos Estados Unidos, que se esteja tentando *conservar* as vitórias e o legado de uma revolução anterior.)

É fácil ver por que razão a esquerda marxista resistiria à ideia de que Hitler era um revolucionário. Porque, se isso fosse verdade, ou Hitler seria uma força do bem, ou então revoluções poderiam ser ruins. E, ainda assim, como se pode argumentar que Hitler não era um revolucionário nos moldes esquerdistas? Hitler desprezava a burguesia, os tradicionalistas, aristocratas, monarquistas e todos aqueles que acreditavam na ordem estabelecida. No início de sua carreira, "ele se sentiu repelido pelos valores tradicionalistas da burguesia alemã", escreve John Lukacs em O *Hitler da história*. A peça *Der König*, do escritor nazista Hanns Johst, centra-se num revolucionário heroico que encontra um fim trágico porque foi traído por reacionários e pela burguesia. O protagonista tira a própria vida, em vez de abandonar seus princípios revolucionários. Em 1923, quando Hitler conheceu Johst (a quem mais tarde nomeou poeta laureado do Terceiro Reich), disse-lhe que havia assistido à peça *17 vezes* e que suspeitava que sua própria vida pudesse terminar daquela forma.[8]

Como notou David Schoenbaum, Hitler via a burguesia quase da mesma forma que Lenin. "Não nos enganemos", declarou Hitler. "Nossa burguesia já é incapaz de qualquer esforço humano nobre." Vários anos depois de estar firmemente no poder, ele explicou: "Naquela época, não defendemos a Alemanha contra o bolchevismo porque não tínhamos a intenção de fazer nada semelhante a conservar um mundo burguês nem chegar ao ponto de querer revigorá-lo. Se o comunismo tivesse realmente pretendido somente certa purificação, eliminando alguns elementos podres de entre as fileiras de nossos chamados 'dez mil superiores', ou nossos igualmente inúteis filisteus, teríamos podido ficar calmamente sentados durante algum tempo, apenas olhando."[9]

Uma definição semelhante de direita é que ela não é simplesmente a favor de preservar o *status quo*, mas é afirmativamente *reacionária*, buscando restaurar a velha ordem. Essa perspectiva obviamente deixa muito a desejar, já que a maior parte dos libertários é considerada de direita, e poucos chamariam tais ativistas de reacionários. Como veremos, há um sentido no qual Hitler era um reacionário, na medida em que estava tentando derrubar toda a milenar ordem judaico-cristã para restaurar o paganismo da antiguidade — uma missão partilhada por alguns da esquerda hoje, mas por ninguém da direita.

"Reacionário" é uma daquelas palavras contrabandeadas dos *talking points* marxistas que agora aceitamos acriticamente. No jargão marxista e no dos progressistas do início do século XX, reacionários eram aqueles que queriam retornar à monarquia ou, digamos, ao liberalismo de Manchester do século XIX. Eles queriam restaurar a autoridade de Deus, a coroa, o patriotismo ou o mercado — não Wotan e Valhalla. É por essa razão que Hitler se via numa batalha existencial com as forças da reação. "Não temos nenhuma vontade de ressuscitar os mortos do velho Reich que foram arruinados por seus próprios erros monumentais, mas de construir um novo Estado", escreveu ele em *Mein Kampf*. E em outro texto: "Ou os jovens alemães um dia criarão um novo Estado fundado sobre a ideia racial ou serão os últimos a testemunhar a completa destruição e morte do mundo burguês."[10]

Tal radicalismo — ter sucesso, ou destruir tudo! — explica por que Hitler, o antibolchevista, frequentemente falava com admiração relutante de Stalin e dos comunistas — mas nunca teve nada além de desrespeito pelos "reacionários" que queriam meramente "fazer o relógio andar ao contrário" para voltar ao século XIX. De fato, ele considerava que a maior realização dos social-democratas alemães havia sido a destruição da monarquia em 1918.

Considere o simbolismo de Horst Wessel, o mais famoso mártir do partido, cuja história foi transformada no hino da luta nazista, tocado junto com "Deutschland über Alles" em todos os eventos oficiais. A letra da "Canção de Horst Wessel" refere-se a "camaradas" nazistas atingidos pelos tiros da "Frente Vermelha e dos *reacionários*".

Se deixarmos de lado, por um momento, a questão de se o hitlerismo era um fenômeno da direita, o indiscutível é que Hitler não era, de forma alguma, um *conservador* — um ponto sempre enfatizado por especialistas cuidadosos com as palavras que usam. Certamente, sugerir que Hitler fosse um conservador em qualquer sentido relacionado com o conservadorismo americano é coisa de lunático. Os conservadores americanos buscam preservar tanto os valores tradicionais quanto o credo clássico liberal consagrado na Constituição. O conservadorismo americano combina duas linhagens distintas, mas superpostas, a libertária e a tradicionalista, enquanto Hitler tinha desprezo por ambas.

A ASCENSÃO DO NACIONAL-SOCIALISMO

A percepção de Hitler e do nazismo como direitistas baseia-se em algo que vai mais além de um argumento historiográfico ou da animosidade de Hitler contra os tradicionalistas. A esquerda também tem usado o racismo de Hitler, seu suposto status de capitalista e seu ódio ao bolchevismo para colar o rótulo de conservador não apenas nele e no nazismo, mas também no fascismo de um modo geral. A melhor maneira de examinarmos os méritos — ou deméritos — desses pontos é revisitando brevemente a história da ascensão de Hitler. Obviamente, a história pessoal de Hitler tem sido tão completamente dissecada pelos historiadores e por Hollywood que não faz sentido repeti-la toda aqui. Mas alguns fatos e temas essenciais merecem mais atenção do que usualmente recebem.

Hitler nasceu na Áustria, bem na fronteira com a Baviera. Assim como ocorreu com muitos dos primeiros nazistas, sua juventude foi marcada por certo nível de inveja dos "verdadeiros" alemães nascidos logo ali do outro lado. (Muitos daqueles nazistas eram homens de origem humilde e do interior decididos a "provar" sua "germanidade" sendo mais "germânicos" que qualquer outro.) Essa atitude levou naturalmente ao antissemitismo. Quem melhor havia para odiar do que os judeus, particularmente aqueles germanizados e muito bem assimilados? Quem eram eles para fingir que eram alemães? Ainda assim, não se sabe quando e por que Hitler se tornou um antissemita. Ele próprio afirmava que, quando criança, não odiava os judeus; no entanto, contemporâneos seus na juventude lembravam-se dele como antissemita desde sempre. A única razão para Hitler ter relutado em admitir que sempre odiara os judeus seria porque, fazendo isso, estaria enfraquecendo seu argumento de que deduzira a malignidade dos judeus depois de um estudo cuidadoso e de uma observação madura.

Isso introduz uma das mais significativas diferenças entre ele e Mussolini. Durante a maior parte de sua carreira, Mussolini considerou o antissemitismo uma distração estúpida e, mais tarde, um agrado necessário a seu ditatorial patrão alemão. Os judeus podiam ser bons socialistas ou fascistas se pensassem e se comportassem como bons socialistas ou fascistas. Devido ao fato de que Hitler pensava explicitamente em termos do que hoje chamaríamos de uma política de identidade, os judeus eram irremediavelmente judeus, mesmo se falassem muito bem o alemão. Sua lealdade, tal como a de todos os praticantes da política de identidade, era dirigida à gaiola de ferro da identidade imutável.

Em *Mein Kampf*, Hitler declara que é um nacionalista, mas não um patriota, uma distinção que contém sérias implicações. Patriotas reverenciam as ideias, instituições e tradições de determinado país e de seu governo. As palavras de ordem para os nacionalistas são "sangue", "solo", "raça", "*Volk*" e assim por diante. Como um nacionalista revolucionário, Hitler acreditava que todo o edifício burguês da cultura alemã moderna havia sido esvaziado pela corrupção política e espiritual. Como consequência, ele acreditava que a Alemanha precisava redescobrir sua autenticidade pré-cristã. Este era o desdobramento lógico da política de identidade: a ideia de que a experiência de alguém que busca significado pessoal em concepções raciais de autenticidade poderia ser aplicada a toda a comunidade.

Foi esse quadro mental que fez do pangermanismo algo tão atraente para o jovem Hitler. O pangermanismo assumiu muitas formas, mas, na Áustria, a paixão fundamental que o animava era uma antipatia decididamente não conservadora pelo pluralismo liberal, multiétnico, do Império austro-húngaro, que aceitava judeus, tchecos e o resto da ralé não teutônica como cidadãos iguais. Alguns "nacionalistas" pangermânicos queriam se separar inteiramente do Império. Outros simplesmente acreditavam que os alemães deveriam ser tratados como os primeiros entre iguais.

Com toda certeza, o complexo de inferioridade nacionalista do jovem Hitler tinha de competir com toda uma multidão de outros ressentimentos que revoluteavam em sua psique. De fato, nenhuma outra psique na história humana tem sido tão completamente revolvida por aqueles que buscam várias patologias explicativas, e poucos sujeitos têm oferecido um veio tão rico. "A busca por Hitler", escreve Ron Rosenbaum em *Explaining Hitler* (*Para entender Hitler*), "tem permitido apreender não uma única, coerente e consensual imagem de Hitler, mas muitos Hítleres diferentes, Hítleres que competiam uns com os outros, incorporações conflitivas de visões competitivas." Psicólogos e historiadores têm argumentado que a personalidade de Hitler derivava do fato (ou dos fatos) de que ele havia sido maltratado pelo pai, tinha uma história de incesto na família, era sadomasoquista, coprófago, homossexual ou era parcialmente judeu (ou temia que fosse). Essas teorias variam em termos de plausibilidade. Mas o certo é que a megalomania de Hitler era o produto de uma rica combinação de doenças e impulsos psicológicos. Tomada como um todo, aponta para um homem que sentia merecer muitas compensações por tudo o que passara ou pelo que era, e cujo egocentrismo não conhecia limites. "Tenho de alcançar a imortalidade", confessou certa vez, "mesmo que toda a nação alemã pereça no processo."[11]

Hitler sofria de um enorme complexo de inferioridade intelectual. Durante toda a vida, esteve sempre aquém de seu potencial e viveu eternamente amargurado com as notas baixas que tirava na escola. Talvez o mais importante fosse o fato de guardar ressentimentos do pai pelas inúmeras ofensas percebidas. Alois Hitler — nascido Alois Schicklgruber — foi um funcionário do serviço público austríaco, o que significa dizer que trabalhou para o Império contra os "interesses alemães". Alois não queria que Adolf fosse um artista, mas um funcionário público como ele. Alois também pode ter sido parcialmente judeu, uma possibilidade que fez da história racial de Hitler, quando se tornou ditador, um segredo de Estado.

Hitler desafiou o pai mudando-se para Viena na esperança de cursar a Academia de Belas Artes, mas seu pedido de admissão foi rejeitado. Na segunda tentativa, seus desenhos eram tão ruins que ele nem ao menos teve o direito de apresentar novo pedido. Graças, parcialmente, a algum dinheiro que havia herdado de uma tia, ele lentamente cavou uma vida profissional como artista comercial (nunca foi um pintor de paredes, como afirmavam seus inimigos). Ele basicamente copiava pinturas e desenhos antigos e vendia a comerciantes como fundos para molduras, marcadores de lugar à mesa e cartões-postais. Lendo constantemente — principalmente mitologia alemã e pseudo-história —, Hitler ignorava a vida social de Viena, puritanamente se recusando a beber, fumar ou dançar (a seu ver, as mulheres eram pouco mais que terríveis portadoras de sífilis). Em um de seus poucos momentos de subestimação, ele escreveu em *Mein Kampf*: "Acredito que aqueles que me conheceram naquela época me tomavam por um excêntrico."

Hitler foi apresentado ao nacional-socialismo quando estava em Viena. Na virada do século XIX, Viena era o centro do universo para aqueles em busca de mais informações sobre o fetichismo ariano, os poderes místicos da suástica hindu e as complexidades da teoria do gelo cósmico. Hitler nadava nessas águas boêmias, muitas vezes passando noites acordado escrevendo peças sobre bravos pagãos bávaros em luta para expulsar padres cristãos invasores que tentavam impor crenças estranhas à civilização teutônica. Também passava dias caminhando a esmo pelas áreas mais pobres da cidade, apenas para voltar para casa e trabalhar em grandiosos planos urbanísticos que incluíam melhores habitações para a classe trabalhadora. De fato, ele vituperava contra a riqueza ilegítima dos aristocratas da cidade e defendia a necessidade de justiça social.

Acima de tudo, Hitler mergulhou no florescente campo do antissemitismo "científico". "Certa vez, quando passava pelo centro da cidade", escreveu em *Mein Kampf*, "subitamente encontrei um fenômeno num longo cafetã usando trancinhas negras. Meu primeiro pensamento foi: será isso um judeu? Eles certamente não tinham essa aparência em Linz. Olhei o homem furtiva e cautelosamente; porém, quanto mais eu fitava o estranho semblante e o examinava traço por traço, mais a questão ganhava corpo em meu cérebro: será isso um alemão?" Hitler, o pesquisador acadêmico, continua: "Tal como sempre foi meu hábito com experiências desse tipo, busquei os livros para me ajudarem a remover as dúvidas. Pela primeira vez em minha vida, comprei alguns panfletos antissemitas por alguns centavos."

Após cuidadoso estudo do assunto, ele concluiu em *Mein Kampf*: "Eu já não podia mais duvidar de que a questão não era que houvesse alemães que praticavam uma religião diferente qualquer, mas sim que se tratava de um povo inteiramente diferente. Pois, tão logo comecei a investigar o assunto e a observar os judeus, Viena se me revelou sob uma luz diferente. Onde quer que eu fosse, via judeus, e, quanto mais os observava, mais notável e claramente eles se distinguiam como um povo diferente dos outros cidadãos."

O principal intelectual em Viena que propagandeava a "teutomania" — a "descoberta" neorromântica do excepcionalismo alemão, muito semelhante a algumas formas de afrocentrismo hoje — era Georg Ritter von Schönerer, a quem Hitler seguia de perto e a quem mais tarde chamou de "profundo pensador". Bêbado, briguento e um perfeito grosseirão antissemita e anticatólico, von Schönerer era como um produto da *KulturKampf* de Bismarck.

Insistia em que os católicos se convertessem ao luteranismo alemão, sugerindo que os pais rejeitassem nomes cristãos em favor de outros puramente "teutônicos" para seus filhos, e conclamava a um banimento de casamentos inter-raciais a fim de impedir que os eslavos e judeus danificassem o estoque genético. E, se os alemães não pudessem se unificar numa mesma terra natal alemã, racialmente pura, o mínimo que se poderia fazer era adotar uma política de preferências raciais e ações afirmativas a favor dos alemães.

Mas, naqueles dias, o verdadeiro herói de Hitler era o próprio burgomestre de Viena, dr. Karl Lueger. Chefe do Partido Social Cristão, Lueger era um magistral político-demagogo, um tipo de Huey Long vienense que defendia — usualmente com diatribes explosivas, suadas — uma mistura de "socialismo municipal", populismo e antissemitismo. Suas infamantes convocações para boicotes aos judeus e seus avisos aos judeus vienenses para que se comportassem direito, ou terminariam como seus correligionários na Rússia, foram notícias em jornais de todo o mundo. De fato, o imperador havia embargado em duas ocasiões a eleição de Lueger, reconhecendo que ele só poderia representar dores de cabeça para aqueles a favor do *status quo*.

Em 1913, Hitler herdou o restante dos bens de seu pai e mudou-se para Munique, realizando seu sonho de viver numa "verdadeira" cidade alemã e escapando do serviço militar para os Habsburgo. Aqueles foram alguns de seus dias mais felizes. Passava grande parte do tempo estudando arquitetura e mergulhando cada vez mais fundo em teorias arianas pseudo-históricas e no antissemitismo (particularmente os escritos de Houston Stewart Chamberlain). Também retomou seu estudo do marxismo, que simultaneamente o fascinava e lhe causava repulsa. Ele apreciava as ideias marxistas, mas acabou por se convencer totalmente de que Marx era o arquiteto de um complô judeu. Quando eclodiu a Primeira Guerra Mundial, Hitler imediatamente solicitou ao rei Ludwig III da Baviera permissão para servir no exército bávaro; após vencer alguns obstáculos criados pelas autoridades austríacas, isso lhe foi concedido. Ele serviu honradamente durante a guerra. Foi promovido a cabo e recebeu a Cruz de Ferro.

Como inúmeros outros já observaram, a Primeira Guerra Mundial pariu todos os horrores do século XX. Uma multidão de fadas malignas foi deixada à solta no mundo ocidental, sacudindo velhos dogmas como religião, democracia, capitalismo, monarquia e o papel da humanidade no mundo. A guerra alimentou um ódio disseminado, a suspeita e a paranoia com relação às elites e às instituições estabelecidas. Para beligerantes dos dois lados, o planejamento econômico emprestou credibilidade política e intelectual ao socialismo de guerra dirigido pelo Estado. E, é claro, levou à entronização de revolucionários em toda a Europa: Lenin na Rússia, Mussolini na Itália e Hitler na Alemanha.

Não é de surpreender que a experiência de Hitler durante a guerra tenha sido muito semelhante à de Mussolini. Hitler testemunhou homens de alta e baixa estirpe lutando lado a lado nas trincheiras. Esses homens experimentaram a corrupção e a duplicidade — real e percebida — de seu próprio governo.

O ódio de Hitler pelos comunistas também foi reavivado e fortalecido durante a guerra, graças, em grande parte, à agitação antibelicista na frente alemã. Civis alemães morriam de fome junto com as tropas; usavam serralha para fazer pão e comiam seus animais de estimação. Os gatos eram chamados de "coelhos do telhado". Os vermelhos alemães se alimentavam com esse sofrimento, organizando greves contra o governo e demandando a paz com os soviéticos e o estabelecimento do socialismo alemão. Hitler, que, como se veria, não tinha nenhum problema com o socialismo alemão, viu a mobilização comunista antibelicista como traição dupla: não apenas traía as tropas na frente de batalha, mas era feita em obediência às ordens de um poder estrangeiro. Enfurecido com os quinta-colunistas, ele bradou: "Em nome de que o exército está lutando, se a própria pátria já não espera vitória? Para quem os imensos sacrifícios e privações? Espera-se que o soldado lute pela vitória, mas sua terra natal entra em greve contra ele!"[12]

Quando os alemães se renderam, Hitler e inúmeros outros soldados fizeram um protesto famoso, dizendo que haviam sido "apunhalados pelas costas" por um governo democrático corrupto — os "criminosos de novembro" — que já não representavam as autênticas necessidades ou aspirações da nação alemã. Hitler estava se recuperando num hospital, atingido por uma cegueira temporária, quando chegaram notícias do armistício. Para ele, foi um evento transformador, um momento de revelação religiosa e um chamado divino. "Durante aquelas noites, meu ódio cresceu, ódio pelos responsáveis por este crime vil e covarde", escreveu ele. Em sua mente, os perpetradores eram uma coalizão variada de capitalistas, comunistas e covardes, todos eles possíveis frentes de ameaça judia. O ódio de Hitler pelo comunismo não estava baseado — como afirmaram os próprios comunistas — numa rejeição das políticas socialistas ou das noções de igualitarismo, progresso ou solidariedade social. De forma inexplicável, era um ódio profundamente ligado a uma percepção de traição da honra alemã e a um antissemitismo patológico. Foi isso que deslanchou a carreira política de Hitler.

Após se recuperar dos ferimentos, o cabo Hitler encontrou um posto em Munique. Seu trabalho era monitorar organizações que promoviam o que o exército considerava "ideias perigosas": pacifismo, socialismo, comunismo e assim por diante. Em setembro de 1919, recebeu ordens para participar de uma reunião de um dos incontáveis novos "partidos dos trabalhadores", o que, na época, geralmente significava alguma espécie de socialismo ou comunismo.

O jovem Hitler apareceu numa reunião do Partido dos Trabalhadores Alemães, pronto a deixá-lo de lado como apenas mais um grupo esquerdista marginal. Mas um dos oradores era Gottfried Feder, com cuja fala Hitler já havia ficado impressionado em outra ocasião. O título da palestra de Feder naquela noite era: "Como e por que meios o capitalismo deve ser eliminado?" Um ideólogo populista, Feder tentara obter as graças dos revolucionários socialistas que durante breve tempo haviam transformado Munique numa comuna do tipo soviético em 1919. Semelhante a todos os populistas, Feder era obcecado pela distinção entre capital financeiro "explorador" e "produtivo". Hitler imediatamente reconheceu o potencial das ideias de Feder, que teriam apelo para o "cidadão comum" tanto da cidade grande quanto do interior. Compreendeu que, tal como na América, o crescente poder dos grandes bancos, corporações e lojas de departamento havia produzido uma sensação de impotência entre trabalhadores manuais, pequenos proprietários rurais e pequenos comerciantes. Embora as propostas econômicas de Feder fossem pouco mais que uma algaravia (como é quase sempre o caso na economia populista), eram perfeitas para um partido que procurava explorar o ressentimento contra as elites nacionais e, particularmente, as judias. Raramente um dia se passava sem que Feder chamasse os judeus de "parasitas".

Embora Hitler ficasse impressionado com a fala de Feder, ele relembra em *Mein Kampf* que não se interessou pelo Partido dos Trabalhadores Alemães, considerando-o apenas mais um daqueles grupos que "brotam do solo apenas para desaparecer silenciosamente depois de algum tempo". Mas gastou alguns instantes para arrasar um participante que ousara sugerir que a Baviera se separasse da Alemanha e se unisse à Áustria — um comentário que conseguiu horrorizar um pangermânico como Hitler. A fala de Hitler impressionou de tal forma alguns dos oficiais presentes que um deles, um tipo com ar submisso chamado Anton Drexler, o parou na saída e entregou uma cópia de um panfleto do partido.

Às cinco horas da manhã do dia seguinte, Hitler estava deitado em seu catre no quartel olhando os camundongos comerem os farelos de pão que usualmente deixava para eles. Sem conseguir dormir, pegou o panfleto e o leu do começo ao fim. Escrito pelo próprio Drexler e intitulado "Meu despertar político", o folheto autobiográfico revelou a Hitler que havia outros que pensavam como ele, que sua história não era tão única e que havia uma ideologia já pronta e disponível para ser adotada e explorada por ele.

Mesmo que o nazismo, o populismo, o antissemitismo e o socialismo não marxista de Hitler tenham levado mais tempo para germinar, o ponto relevante é que o que veio a ser conhecido como hitlerismo ou nazismo já era uma corrente significativa na Alemanha e em outras partes da Europa Central (particularmente na Tchecoslováquia). Hitler daria a essas paixões incipientes um nome e um foco, mas as matérias-primas já estavam lá. Diferentemente do fascismo de Mussolini, que era basicamente uma criação de seu próprio intelecto, a ideologia de Hitler chegou a ele praticamente pré-montada. O fascismo de Mussolini, além disso, não desempenhou nenhum papel discernível na formação da ideologia nazista inicial nem na visão política embrionária de Hitler. O que Hitler mais tarde confessaria admirar em Mussolini era o sucesso do *Duce*, suas táticas, sua exploração soreliana do mito político, sua *capacidade de vender o que quer que fosse*. Essas ideias e esses movimentos estavam turbilhonando na Europa e na Alemanha. As massas realmente não precisavam de nenhuma doutrina nova. Precisavam era de alguém que as pusesse em *ação*. "Ação" era a palavra de ordem em todo o mundo ocidental. A ação fazia as coisas acontecerem. Foi isso que Hitler compreendeu quando leu aquele panfleto em seu catre no início do amanhecer: seu tempo havia chegado. Ele se tornaria o maior vendedor do nacional-socialismo, não seu criador.

Enquanto Hitler ainda estava considerando se entraria ou não no Partido dos Trabalhadores Alemães, recebeu uma carteira de associado pelo correio. Havia sido recrutado! Foi-lhe dado o número 555. Desnecessário dizer que não levou muito tempo para que assumisse o comando do espetáculo. Resultou que esse misantropo antissocial, autodidata, era um perfeito homem de partido. Tinha todas as qualidades necessárias a um partido revolucionário sectarista: oratória, propaganda, um faro para a intriga e um infalível instinto para a demagogia populista. Quando Hitler se inscreveu no partido, todo o tesouro da organização era uma cigarreira onde estavam guardados menos de vinte marcos. Quando ele se encontrava no auge do sucesso pessoal, o partido controlava a maior parte da Europa e estava preparado para governar o mundo.

Em 1920, o Partido Nazista lançou sua "inalterável" e "eterna" plataforma, escrita por Hitler e Anton Drexler e dedicada ao todo abrangente princípio de que "o bem comum deve vir antes do autointeresse". Além dos apelos familiares — "a Alemanha para os alemães" — e das denúncias do Tratado de Versalhes, a coisa mais notável a respeito da plataforma era seu apelo decisivo à economia socialista e populista. Isso incluía a provisão de sustento para os cidadãos, a abolição da renda de juros, o confisco total dos lucros de guerra, a nacionalização dos trustes, a divisão de lucros com os trabalhadores, a expansão das aposentadorias por idade, a comunalização das lojas de departamento, a execução de "usurários" de qualquer raça e a proibição legal do trabalho infantil. (A plataforma completa encontra-se no Apêndice.)

Então, presume-se que devamos ver como objetiva e obviamente direitista um partido que defenda a educação universal, a garantia de emprego, maiores benefícios para os idosos, desapropriação de terras sem indenização, nacionalização da indústria, abolição de empréstimos regidos pelo mercado — também chamados de "escravidão por juros" —, expansão dos serviços de saúde e abolição do trabalho infantil, certo?

O que os nazistas buscavam era uma forma de comunitarismo anticapitalista, antiliberal e anticonservador sintetizado no conceito de *Volksgemeinschaft*, ou "comunidade do povo". O objetivo era transcender diferenças de classe, mas somente dentro dos confins da comunidade. "Nosso empenho", explicou Hitler, "é nos afastarmos do externo, do superficial; estamos empenhados em esquecer origem social, classe, profissão, riqueza, educação, capital e tudo o mais que separa os homens, a fim de alcançar aquilo que os mantém unidos."[13] Repetidamente, a propaganda, a legislação e a literatura nazistas insistiam em que nenhuma das categorias "conservadoras" ou "burguesas" deveria impedir qualquer alemão de realizar seu potencial no novo

Reich. De maneira ironicamente perversa, a entonação nazista foi frequentemente afinada pelo mesmo diapasão dos sentimentos liberais expressos, por exemplo, no lema do Fundo Universitário Negro — "a mente é muito valiosa para ser desperdiçada" — ou no sonho de Martin Luther King de um mundo em que seus filhos fossem julgados "não pela cor de sua pele, mas pelo conteúdo de seu caráter". O esforço nazista para transcender classes soa descabido no contexto americano porque, para nós, o problema era outro: aqui, raça sempre foi uma barreira mais intransponível que classe. Mas, na Alemanha, classe sempre foi a linha divisória crucial, e o antissemitismo nazista forneceu um dos muitos conceitos unificadores em torno dos quais todos os "verdadeiros" alemães, ricos e pobres, poderiam se juntar. O divisor tectônico entre os nacional-socialistas e os comunistas de forma alguma era de natureza econômica — embora houvesse diferenças doutrinárias —, mas girava em torno da questão do nacionalismo. Para Hitler, a convicção mais ofensiva de Marx era a ideia de que os "trabalhadores não têm pátria".

Pode ser que os nazistas não se tenham chamado de esquerdistas, mas isso é quase irrelevante. Em primeiro lugar, a esquerda hoje — e ontem — constantemente ridiculariza rótulos ideológicos, repetindo que palavras como "liberal" e "esquerda" realmente não significam nada. Quantas vezes ouvimos algum esquerdista preeminente insistir em dizer que ele realmente é um "progressista" ou que ela "não acredita em rótulos"? Em segundo lugar, o "espaço social" que os nazistas estavam lutando para controlar *ficava à esquerda*. Não apenas a análise convencional tipificada por Shirer, mas também a maior parte das análises marxistas, todas reconhecem que os nazistas buscaram "destruir a esquerda" antes de se voltarem contra a direita tradicionalista. A razão para isso era que os nazistas podiam derrotar mais facilmente os oponentes da esquerda porque esses apelavam às mesmas bases sociais, usavam a mesma linguagem e pensavam com as mesmas categorias. Fenômeno semelhante estava acontecendo durante a década de 1960 quando a Nova Esquerda nos Estados Unidos — e em toda a Europa — atacava o centro liberal e, ao mesmo tempo, ignorava a direita tradicionalista. Nas universidades americanas, por exemplo, professores conservadores muitas vezes eram deixados em paz, enquanto os acadêmicos liberais eram implacavelmente hostilizados.

O objetivo último dos nazistas era transcender tanto esquerda quanto direita e promover uma Terceira Via que rompesse com as duas categorias.

Mas, no mundo real, os nazistas assumiram o controle do país dividindo, conquistando e, então, substituindo a esquerda.

Este é o fato monumental relacionado com a ascensão dos nazistas ao poder e que tem sido lentamente apagado de nossas memórias coletivas: os nazistas fizeram campanha como *socialistas*. Sim, eles também eram nacionalistas, o que, no contexto da década de 1930, era considerado uma posição direitista, mas isso numa época em que o "internacionalismo" da União Soviética definia *todos* os nacionalismos como de direita. Seguramente, aprendemos com a parada de horrores em oferta no século XX que o nacionalismo não é inerentemente de direita — a menos que estejamos preparados para chamar Stalin, Castro, Arafat, Chávez, Guevara, Pol Pot e, ao longo da mesma linha, Woodrow Wilson, Franklin Roosevelt e John F. Kennedy de direitistas. O próprio Stalin governou como um nacionalista, invocando a "Mãe Rússia" e apelidando a Segunda Guerra Mundial de "a grande guerra patriótica". À altura de 1943, ele havia mesmo substituído o velho hino comunista ("A Internacional") por um que era totalmente russo. Mais ainda, historicamente o nacionalismo era um fenômeno da esquerda liberal. A Revolução Francesa foi uma revolução nacionalista, mas também era vista como esquerda liberal por romper com a Igreja católica e dar poderes ao povo. O romantismo alemão, como defendido por Gottfried Herder e outros, era visto tanto como nacionalista quanto como liberal. O movimento nacional-socialista era parte dessa tradição revolucionária.

Mas mesmo que o nazismo socialista fosse de direita em algum sentido indefinido, mas fundamental, isso apenas significaria que o nazismo era um *socialismo* de direita. E socialistas de direita continuam sendo socialistas. Quase todos os revolucionários bolcheviques que Stalin executou foram acusados não de ser conservadores ou monarquistas, mas direitistas — ou seja, socialistas direitistas. Qualquer desvio da linha soviética era prova automática de direitismo. Desde então, nós, no Ocidente, temos macaqueado o uso soviético de tais termos sem questionar a bagagem de propaganda que trazem junto. O ideólogo nazista — e rival de Hitler — Gregor Strasser disse muito sucintamente: "Nós somos socialistas. Somos inimigos, inimigos mortais, do sistema econômico capitalista de hoje, com sua exploração dos economicamente fracos, seu sistema salarial injusto, sua maneira imoral de julgar o valor de seres humanos em termos de riqueza e dinheiro, em vez de por sua responsabilidade e seu desempenho, e estamos determinados a destruir esse sistema aconteça o que acontecer!"[14]

Hitler é tão direto quanto isso em *Mein Kampf*. Ele dedica todo um capítulo à deliberada exploração que os nazistas fizeram das ideias, da retórica e das imagens socialistas e comunistas e relata como esse marketing confundiu tanto liberais quanto comunistas. O exemplo mais básico é o uso nazista da cor vermelha, que estava firmemente associada a bolchevismo e socialismo. "Escolhemos o vermelho para nossos cartazes após uma especial e cuidadosa deliberação... de modo a chamar a atenção deles e tentá-los a vir aos nossos encontros... para que tivéssemos uma oportunidade de conversar." A bandeira nazista — uma suástica negra dentro de um disco branco num fundo vermelho — era explicitamente destinada a atrair comunistas. "No *vermelho* nós vemos a ideia social do movimento, no *branco* a ideia nacionalista e na *suástica* a missão de lutar pela vitória do homem ariano."[15]

Os nazistas tomaram emprestadas seções inteiras do manual de estratégia dos comunistas. Membros do partido — homens e mulheres — eram chamados de camaradas. Hitler recorda como seus apelos aos "proletários com consciência de classe" que queriam se lançar contra a "agitação monarquista, reacionária, com a força dos punhos do proletariado" tiveram sucesso em atrair inúmeros comunistas para as reuniões nazistas.[16] Às vezes, os comunistas chegavam com ordens de arrasar o lugar. Mas os vermelhos com frequência se recusavam a obedecer ao comando porque haviam sido ganhos pela causa dos nacional-socialistas. Em suma, a batalha entre os nazistas e os comunistas era um caso de dois cães lutando pelo mesmo osso.

A política nazista de uma nação única apelava, por sua própria definição, a pessoas de todos os tipos. Professores, estudantes e funcionários públicos davam um apoio desproporcional à causa nazista. Mas é importante se ter uma ideia do tipo de gente que constituía os seguidores do nazismo, os jovens, frequentemente agressivos e violentos, que verdadeiramente acreditavam no que faziam, lutando nas ruas e se dedicando à revolução. Patrick Leigh Fermor, um jovem britânico que viajava pela Alemanha logo depois de Hitler subir ao poder, encontrou alguns desses homens num bar de trabalhadores no Reno, ainda usando seus macacões do turno da noite. Um de seus novos companheiros de bar convidou Patrick para passar a noite em sua casa. Quando subia a escada do sótão para dormir numa cama de hóspedes, ele deu com "um santuário dedicado ao culto hitleriano":

> As paredes estavam cobertas com bandeiras, fotos, pôsteres, slogans e emblemas. O uniforme da SA, muito bem passado, estava pendurado num cabide... Quando eu disse que ali devia ser muito claustrofóbico, com todas aquelas coisas nas paredes, ele riu, sentou-se na cama e disse: "Homem! Você devia ter visto isso no ano passado! Teria morrido de rir! Estava coberto de bandeiras vermelhas, estrelas, martelos, foices, fotos de Lenin e Stalin e Trabalhadores do mundo, uni-vos!... Então, de repente, quando Hitler chegou ao poder, compreendi que tudo não passava de disparates e mentiras. Entendi que Adolf era meu homem. Tudo assim, de repente!" Estalou os dedos no ar. "E aqui estou eu"... E muita gente fez o mesmo naquela época? "Milhões! Eu lhe digo, fiquei espantado com a facilidade com que todos mudaram de lado!"[17]

Mesmo depois de Hitler tomar o poder e tornar-se mais receptivo aos apelos dos homens de negócio — as demandas de sua máquina de guerra exigiam não menos que isso —, a propaganda do partido ainda era contínua e sistematicamente voltada para os trabalhadores. Hitler sempre enfatizava (e flagrantemente exagerava) sua condição de "ex-operário". Com frequência, aparecia em mangas de camisa e conversava informalmente com operários alemães: "Na juventude, fui um trabalhador como vocês, lentamente abrindo caminho com o esforço, com o estudo e, acho que posso dizer também, com a fome." Como pretenso *Volkskanzler*, ou "chanceler do povo", ele sabia tocar todas as notas da escala populista. Um de seus primeiros atos oficiais foi a recusa de um doutorado honorário. Um catecismo nazista perguntava: "Que profissões teve Adolf Hitler?" A resposta esperada era: "Adolf Hitler era um trabalhador da construção civil, um artista e um estudante." Em 1939, quando a nova Chancelaria foi construída, Hitler saudou primeiro os operários da construção e deu aos pedreiros retratos seus e cestas de frutas. Prometeu "carros do povo" para todos os trabalhadores. Não conseguiu entregá-los a tempo, mas acabaram se tornando os Volkswagens que todos conhecemos hoje. Os nazistas eram brilhantes quando argumentavam a favor da política de uma nação única na qual um camponês e um homem de negócios tinham o mesmo valor. Nos ralis nazistas, os organizadores nunca permitiam que um aristocrata falasse a menos que estivesse acompanhado de um camponês humilde vindo do mato.[18]

O que distinguia o nazismo de outras marcas de socialismo e comunismo não era tanto o fato de incluir um maior número de aspectos da direita política (embora houvesse alguns). O que distinguia o nazismo era que ele declaradamente incluía uma visão de mundo que hoje associamos quase unicamente à esquerda política: a política de identidade. Era isso que distinguia o nazismo do comunismo doutrinário, e parece difícil argumentar que o casamento de duas visões esquerdistas possa, de alguma forma, produzir uma progênie direitista. Se o mundo funcionasse assim, teríamos que chamar de direitistas organizações nacional-socialistas como a Organização para a Libertação da Palestina e o Partido Comunista Cubano.

Podemos ter uma boa ideia das inclinações dos primeiros membros do Partido Nazista analisando uma série de ensaios escritos para um concurso realizado por Theodore Abel, um sociólogo americano impressionantemente perspicaz. Em 1934, ele pôs um anúncio no jornal do Partido Nazista pedindo que "velhos combatentes" submetessem ensaios explicando por que haviam se associado. Ele restringiu o convite aos "velhos combatentes" porque um grande número de oportunistas havia se juntado ao partido após a ascensão de Hitler. Os ensaios foram agregados no fascinante livro *Why Hitler came to power* (*Por que Hitler chegou ao poder*). Um dos ensaístas, um operário que trabalhava nas minas, explicou que ficava "intrigado com a negação da raça e da nação implícita no marxismo. Embora eu estivesse interessado na melhoria da sorte dos trabalhadores, rejeitei o marxismo incondicionalmente. Muitas vezes, eu me perguntava por que o socialismo precisava estar amarrado ao internacionalismo — por que ele não poderia funcionar tão bem, ou até melhor, combinado com o nacionalismo". Um operário ferroviário concordou: "Eu estremecia com o pensamento de ver a Alemanha nas garras do bolchevismo. O slogan 'Trabalhadores do mundo, uni-vos!' não fazia nenhum sentido para mim. Ao mesmo tempo, no entanto, o nacional-socialismo, com sua promessa de uma comunidade... na qual toda luta de classe fosse eliminada, me atraía profundamente." Um terceiro trabalhador escreveu que havia abraçado a causa nazista por sua "vontade inabalável de abolir a luta de classes, o tratamento condescendente aos considerados de casta inferior e os ódios partidários. O movimento trouxe a verdadeira mensagem do socialismo aos trabalhadores alemães".[19]

Uma das grandes ironias da história é que, quanto mais semelhantes forem dois grupos, maior a possibilidade de se odiarem. Deus parece ter um prazer especial em contradizer o clichê de que a maior "compreensão" entre dois grupos ou sociedades gerará a paz. Israelenses e palestinos, gregos e turcos, indianos e paquistaneses compreendem uns aos outros muito bem e, ainda assim, provavelmente se veriam como exceção a esse princípio genérico liberal. Acadêmicos que têm visões de mundo e rendas quase idênticas e quase os mesmos interesses são notoriamente capazes de se desprezarem mutuamente — mesmo quando escrevem artigos eruditos sobre como um maior entendimento produz harmonia social. Assim aconteceu com os comunistas e nazistas entre as duas guerras mundiais.

A noção de que comunismo e nazismo estão em polos opostos deriva da verdade mais profunda de serem, de fato, espíritos aparentados. Ou, como escreveu Richard Pipes, "o bolchevismo e o fascismo eram heresias do socialismo".[20] Ambas as ideologias são reacionárias no sentido de que tentam recriar impulsos tribais. Comunistas defendem classe, nazistas defendem raça, fascistas defendem a nação. Todas essas ideologias — podemos chamá-las de totalitárias por enquanto — atraem os mesmos *tipos* de pessoas.

O ódio de Hitler ao comunismo tem sido explorado de modo oportunista para indicar distância ideológica, mas, de fato, indicava exatamente o oposto. Hoje, essa manobra acabou se transformando em sabedoria convencional. Mas o que Hitler mais odiava no marxismo e no comunismo quase nada tinha a ver com aqueles aspectos do comunismo que consideraríamos relevantes, como a doutrina econômica ou a necessidade de destruir os capitalistas e a burguesia. Nessas áreas, Hitler estava em quase total acordo com socialistas e comunistas. Seu ódio derivava de sua convicção paranoica de que as pessoas que se apresentavam como comunistas estavam de fato engajadas numa conspiração judia. Ele diz isso repetidas vezes em *Mein Kampf*. Estudava os nomes de comunistas e socialistas e, se soassem judeus, era só o que ele precisava saber. Era tudo um negócio fraudulento, um subterfúgio para destruir a Alemanha. Somente ideias "autenticamente" alemãs vindas de alemães autênticos podiam merecer confiança. E quando aqueles alemães, como Feder ou Strasser, propunham ideias socialistas saídas diretamente do manual de estratégia marxista, ele praticamente não tinha nenhuma objeção a fazer. Como quer que seja, Hitler nunca se preocupou muito com economia. Sempre a considerou "secundária". O que lhe importava era a política de identidade alemã.

Permitam-me antecipar uma objeção. O argumento é mais ou menos assim: comunismo e fascismo são opostos; portanto, como o fascismo é fundamentalmente antissemita, o comunismo não pode ser. Outra versão simples inverte a equação: o fascismo (ou o nazismo) tinha tudo a ver com o antissemitismo, mas não o comunismo; portanto, eles não são semelhantes. Outras versões jogam com a palavra "direitista": antissemitismo é direitista; nazistas eram antissemitas; portanto, o nazismo era direitista. Pode-se passar o dia todo fazendo esses jogos de palavras.

Sim, os nazistas eram antissemitas de primeira grandeza, mas o antissemitismo de forma alguma é um fenômeno da direita. Também se reconhece amplamente, por exemplo, que Stalin era um antissemita e que a União Soviética era, com efeito, oficialmente antissemita (embora muito menos genocida que a Alemanha nazista *no que se referia aos judeus*). O próprio Karl Marx, a despeito de sua herança judia, tinha um ódio fervoroso pelos judeus, bradando em suas cartas contra "judeus sujos" e denunciando seus inimigos com expressões como "um judeu do tipo crioulo". Talvez mais revelador ainda, os comunistas alemães frequentemente recorriam a apelos nacionalistas quando lhes parecia útil fazê-lo. Leo Schlageter, o jovem nazista executado pelos franceses em 1923 e subsequentemente transformado em mártir da causa nacionalista alemã, também foi transformado em celebridade pelos comunistas. O ideólogo comunista Karl Radek fez um discurso para o Comintern celebrando Schlageter como exatamente o tipo de homem de que os comunistas precisavam. A radical comunista (e meio-judia) Ruth Fischer tentou ganhar o proletariado alemão com alguma verbosidade antissemita marxista: "Quem quer que grite contra os capitalistas judeus já é um guerreiro da classe, mesmo que não o saiba... Derrubem os judeus capitalistas a chutes, pendurem-nos nos postes, sapateiem sobre eles." Mais tarde, Ruth ocupou um alto posto no governo comunista da Alemanha Oriental.[21]

No início da década de 1920, notar as semelhanças entre o fascismo italiano e o bolchevismo russo não era nada particularmente controvertido. Tampouco era insultuoso para comunistas ou fascistas. A Itália de Mussolini esteve entre os primeiros países a reconhecer a Rússia de Lenin. E, como já vimos, as semelhanças entre os dois homens dificilmente poderiam ser consideradas superficiais. Radek notou, já em 1923, que "o fascismo é socialismo de classe média, e não podemos persuadir as classes médias a abandoná-lo até que possamos provar a elas que ele apenas torna ainda piores suas condições".²²

Mas a maior parte dos teoristas comunistas rejeitava ou ignorava a compreensão bastante exata do fascismo exibida por Radek. A versão de Leon Trotsky era muito mais influente. De acordo com Trotsky, o fascismo era o último suspiro do capitalismo profetizado nas escrituras marxistas havia muito tempo. Milhões de comunistas e viajantes amigos na Europa e na América acreditavam sinceramente que o fascismo era uma desforra capitalista contra as forças da verdade e da luz. Como escreveu Michael Gold, do *New Masses*, em resposta ao apoio do poeta Ezra Pound ao fascismo: "Quando um queijo apodrece, vira limburgo e algumas pessoas gostam, com cheiro e tudo. Quando o Estado capitalista começa a decair, vira fascista."²³

Muitos comunistas provavelmente não compraram a alegação trotskista de que socialistas comprometidos como Norman Thomas em nada diferiam de Adolf Hitler, mas logo receberam ordens para agir como se assim acreditassem. Em 1928, por ordem de Stalin, a Terceira Internacional apresentou a doutrina do "fascismo social", que afirmava não haver realmente nenhuma diferença entre um social-democrata e um fascista ou nazista. O fascismo era "uma organização combativa da burguesia, uma organização baseada no apoio ativo da social-democracia, [que] é a ala moderada do fascismo". De acordo com a teoria do fascismo social, um liberal-democrata e um nazista "não se contradizem", mas, nas palavras de Stalin, "se completam. Não são antípodas, mas gêmeos".²⁴ A estratégia por trás da doutrina do fascismo social era tão horrivelmente equivocada quanto a teoria por trás dela. A ideia era que o centro não se sustentaria nas democracias ocidentais e que, num conflito entre fascistas e comunistas, os comunistas ganhariam. Esse foi um dos motivos por que comunistas e nazistas tendiam a votar juntos no Reichstag — além de compartilharem a mesma visão a respeito da maior parte das questões. Os comunistas alemães estavam operando a partir do lema fornecido por Moscou "*Nach Hitler, kommen wir*" ("Depois de Hitler, assumimos nós"). Ou "Primeiro Pardo, depois Vermelho".

A doutrina do fascismo social teve duas consequências diretamente relevantes para nossa discussão. A primeira é que, a partir daquele momento, e para sempre, qualquer um que fosse contra a extrema esquerda seria visto como estando coligado com a extrema direita fascista. Durante décadas, mesmo depois do lançamento da Frente Popular, se alguém fosse contra a União Soviética, tornava-se alvo da acusação de ser um fascista. Mesmo Leon Trotsky, o cofundador do Estado soviético, foi chamado de "agente nazista" e líder de um fracassado "golpe fascista" no momento em que Stalin decidiu se livrar dele. Na verdade, acusações de direitismo, fascismo e nazismo foram levantadas contra incontáveis vítimas das purgas de Stalin. Em determinado momento, a esquerda internacional simplesmente reservou para si o direito absoluto de declarar ser nazista ou fascista quem quer que ela desejasse deslegitimar, sem apelo à razão ou a fatos. No tempo apropriado, quando nazismo passou a ser sinônimo de "essência do mal", isso se tornou uma clava incrivelmente útil, ainda brandida até os dias de hoje.

A segunda consequência da doutrina do fascismo social foi que ela causou a vitória de Hitler.

3

Woodrow Wilson e o nascimento do Fascismo Liberal

"NÃO PODE ACONTECER aqui."
Qualquer discussão do fascismo americano tem de lidar com esse que é o mais embolorado dos clichês políticos. Mais frequentemente usado pelos esquerdistas, também é empregado, tipicamente em tom sarcástico, como em "George Bush é um criptonazista racista, um sequaz das grandes corporações, que empreende guerras imperialistas contra o Terceiro Mundo para agradar a seus patrões encharcados de petróleo, mas — sim, é claro — 'isso *não pode* acontecer aqui'" (embora Joe Conason, de forma caracteristicamente desprovida de humor, tenha intitulado seu último livro de *It can happen here: authoritarian peril in the age of Bush* [Pode acontecer aqui: o perigo autoritário na era de Bush]).

A frase, obviamente, vem do romance propagandístico de Sinclair Lewis publicado em 1935. *Não pode acontecer aqui* conta a história de um golpe fascista na América e é considerado, consensualmente, um péssimo texto, com personagens caricatos, prosa vermelha e longas falas enlatadas que lembram o teatro soviético. Mas não foi visto assim na época da publicação. O *New Yorker*, por exemplo, o saudou como "um dos livros mais importantes produzidos neste país... É tão decisivo, tão apaixonado, tão honesto, tão vital que somente dogmáticos, cismáticos e reacionários se preocuparão em encontrar falhas nele".[1]

O herói do conto distópico é Doremus Jessup, o jornalista de Vermont que descreve a si mesmo como um "liberal indolente e, em certa medida, sentimental".[2] O vilão, senador Berzelius "Buzz" Windrip, é um fanfarrão carismático — cópia do senador Huey Long — que é eleito presidente em 1936. A trama é complicada, com facções fascistas organizando golpes contra um governo já fascista, mas a ideia central deve ser muito atraente para os liberais. Um bom liberal de Vermont (coisa muito diferente, no entanto, de um Howard Dean liberal de hoje), Jessup prepara uma insurreição subterrânea, perde, foge para o Canadá e está prestes a lançar um grande contra-ataque quando termina o livro.

O título deriva de uma previsão feita por Jessup pouco antes da fatídica eleição. Ele alerta um amigo de que a vitória de Windrip traria "uma verdadeira ditadura fascista".

"Bobagem! Bobagem!", responde o amigo. "Isso não poderia acontecer aqui na América, não é possível! Somos um país de homens livres... Simplesmente não pode acontecer aqui na América."

"Ao inferno com esse não pode", retruca Jessup. E logo se prova que ele tinha razão.

A frase e a fobia capturada por *Não pode acontecer aqui* têm estado conosco desde então. Mais recentemente, em *Complô contra a América*, Philip Roth ofereceu uma versão mais bem escrita de um cenário semelhante no qual Charles Lindbergh derrota Franklin Roosevelt em 1940. Mas o livro de Roth é apenas o último numa longa fila de livros e filmes sobre esse tema. Hollywood tem mostrado um gosto especial pela ideia de que precisamos estar eternamente vigilantes contra a besta fascista que nos espreita em alguns pântanos da direita política.

A ironia, é claro, é que isso *já* aconteceu aqui, e Sinclair Lewis praticamente o admite. Na mesma cena, Jessup solta uma tirada bombástica sobre como a América está pronta para um golpe fascista. Seu argumento baseia-se no que aconteceu durante a Primeira Guerra Mundial e imediatamente depois:

> Bom, não existe nenhum país no mundo que possa ficar mais histérico — sim, ou mais obsequioso! — do que a América... Recorde nossa histeria de guerra, quando passamos a chamar *sauerkraut* de "repolho da liberdade" e alguém chegou a propor que chamássemos o sarampo [German measles em inglês] de "sarampo da liberdade"? E a censura do tempo da guerra contra os jornais honestos? Tão ruim quanto na Rússia!... Recorde nossos receios dos verme-

lhos e nossos receios dos católicos... A Lei Seca — atirando em pessoas apenas porque elas *poderiam* estar transportando bebida — não, aquilo não podia acontecer na *América*! Então, onde, em toda a história, alguma vez houve um povo tão maduro para uma ditadura quanto o nosso?[3]

Lewis não mostrou entusiasmo suficiente ao apresentar seu argumento. O período do "repolho da liberdade", da censura em tempo de guerra e da propaganda não era um exemplo de como a América poderia um dia estar *madura* para o fascismo. Era um exemplo de como a América havia de fato *suportado* uma ditadura do tipo fascista. Se os eventos que transpiraram durante a Primeira Guerra Mundial e logo depois dela ocorressem hoje em qualquer nação ocidental, poucas pessoas informadas deixariam de reconhecê-los pelo que realmente eram. De fato, um grande número de pessoas educadas se convenceu de que a América sob George W. Bush já é quase uma "ditadura militar discretamente velada", nas palavras do escritor Andrew Sullivan. O repolho da liberdade, a brutalidade sancionada pelo Estado, o sufocamento da dissidência, os juramentos de lealdade e as listas de inimigos — todas essas coisas não apenas aconteceram na América, mas aconteceram nas mãos de liberais. Pretensos progressistas — bem como a maioria dos socialistas americanos — estavam na linha de frente da pressão para se criar um verdadeiro Estado totalitário. Eles aplaudiam todos os atos de repressão e questionavam o patriotismo, a inteligência e a decência de todos os pacifistas e dos dissidentes classicamente liberais.

O fascismo, em sua essência, é a ideia de que todos os cantos mais recônditos da sociedade devem funcionar juntos, em união espiritual e em direção às mesmas metas, supervisionados pelo Estado. "Tudo no Estado, nada fora do Estado", assim o definiu Mussolini. Ele cunhou a palavra "totalitário" para descrever não uma sociedade tirânica, mas uma sociedade benévola na qual todos são atendidos e contribuem igualmente. Era um conceito orgânico no qual todas as classes, todos os indivíduos, eram parte de um todo maior. A militarização da sociedade e da política era considerada simplesmente o melhor meio disponível para se alcançar esse fim. Chame-o como quiser — progressismo, fascismo, comunismo ou totalitarismo —, o primeiro verdadeiro empreendimento desse tipo foi implantado não na Rússia nem na Itália ou na Alemanha, mas nos Estados Unidos, e Woodrow Wilson foi o primeiro ditador fascista do século XX.

À primeira vista, essa afirmação pode parecer indignante, mas consideremos a evidência. Mais dissidentes foram presos ou encarcerados em alguns anos do governo de Wilson do que sob Mussolini durante toda a década de 1920. Pode-se argumentar, razoavelmente, que as violências que Wilson cometeu contra as liberdades civis em seus últimos três anos no cargo foram iguais às cometidas por Mussolini em seus primeiros 12 anos, ou até maiores. Wilson criou um Ministério da Propaganda melhor e mais eficaz do que jamais foi o de Mussolini. Na década de 1920, os críticos de Mussolini enfaticamente o denunciaram, e com razão, por usar seus semioficiais fascistas para intimidar a oposição e acossar a imprensa. Mas, apenas alguns anos antes, Wilson havia soltado sobre o povo americano literalmente centenas de milhares de capangas portando insígnias e também perseguira a imprensa com uma campanha brutal que teria causado inveja a Mussolini.

Wilson não agia sozinho. Tal como Mussolini e Hitler, ele tinha um movimento ideológico ativista à sua disposição. Na Itália, eram chamados de fascistas. Na Alemanha, eram chamados de nacional-socialistas. Na América, nós os chamávamos de progressistas.

Os progressistas eram os reais darwinistas sociais, conforme entendemos o termo hoje — embora eles o reservassem para seus inimigos (ver Capítulo 7). Eles acreditavam em eugenia. Eram imperialistas. Estavam convencidos de que o Estado poderia, utilizando-se de planejamento e pressão, criar uma raça pura, uma sociedade de novos homens. Eram aberta e orgulhosamente hostis ao individualismo. A religião era uma ferramenta política, enquanto a política era a verdadeira religião. Os progressistas viam o sistema tradicional de equilíbrio entre os três poderes constitucionais como um ultrapassado impedimento ao progresso, pois achavam que tais instituições já superadas eram uma barreira as suas próprias ambições. O apego dogmático a constituições, práticas democráticas e leis antiquadas era inimigo do progresso tanto para os fascistas quanto para os progressistas. Na verdade, fascistas e progressistas partilhavam os mesmos heróis intelectuais e citavam os mesmos filósofos.

Atualmente, os liberais se lembram dos progressistas como idealistas simplórios que resolveram o problema de suprimento de alimentos e faziam agitação em prol de um Estado de bem-estar social mais generoso e por melhores condições de trabalho. Ótimo, os progressistas fizeram isso. Mas os nazistas e os fascistas italianos fizeram o mesmo. E o fizeram pelos mesmos motivos e por lealdade aos mesmos princípios, basicamente.

Historicamente, o fascismo é o produto da democracia enlouquecida. Na América, escolhemos não discutir a loucura que nossa República teve de suportar nas mãos de Wilson — muito embora vivamos as consequências disso até hoje. Como a família que finge que o pai nunca bebeu demais e que a mãe nunca teve uma crise nervosa, seguimos em frente como se fosse tudo um sonho ruim do qual realmente não nos lembramos, mesmo que carreguemos até hoje a carga daquela disfunção. As motivações para essa amnésia seletiva são, em partes iguais, vergonha, preguiça e ideologia. Numa sociedade em que Joe McCarthy precisa ser o maior demônio da história americana, não seria conveniente mencionar que o George Washington do liberalismo moderno era um inquisidor muito pior e que os outros pais fundadores do liberalismo americano eram jingoístas e belicistas muito mais cruéis do que alguma vez o foram os conservadores modernos.

O IDEALISMO DO CULTO DO PODER

Thomas Woodrow Wilson nasceu em 1856, e sua primeira lembrança era de ouvir a terrível notícia de que Abraham Lincoln havia sido eleito presidente e a guerra era inevitável. Os Wilson eram transplantes vindos do norte, de Ohio. Viviam na Geórgia e na Carolina do Sul, mas rapidamente se ajustaram ao jeito de ser sulista. Joseph Wilson, um ministro presbiteriano, servia como capelão das tropas confederadas e ofereceu sua igreja para ser usada como hospital militar. O jovem Woodrow era um garoto franzino com uma terrível dislexia; sua educação foi feita quase toda em casa, e só aprendeu a ler aos 10 anos de idade. Mesmo depois disso, o estudo quase sempre lhe exigia uma intensa concentração. Ter feito carreira como um preeminente acadêmico, para não mencionar o fato de ter conseguido ser presidente dos Estados Unidos, é um testemunho de sua extraordinária paciência, força de vontade e ambição. Mas tudo isso teve um custo terrível. Praticamente não teve nenhum amigo íntimo durante a maior parte de sua vida adulta e sofria terríveis problemas de estômago, inclusive uma constipação persistente, náusea e azia.

Não há como negar que grande parte do atrativo de Wilson, tanto então como agora, deriva do fato de que ele foi o primeiro Ph.D. a ocupar o Salão Oval. É claro que a Casa Branca estava acostumada a grandes mentes e grandes acadêmicos. Mas Wilson foi o primeiro profissional acadêmico numa época em que a profissionalização das ciências sociais era considerada uma pedra angular do progresso humano. Ele era tanto um praticante quanto um sacerdote do culto da competência — a noção de que a sociedade humana era apenas outra faceta do mundo natural que podia ser controlada pela aplicação do método científico. Um ex-presidente da Associação Americana de Ciência Política, credita-se ao próprio Wilson haver iniciado o estudo acadêmico da administração pública, um nome sofisticado para se referir a como modernizar e profissionalizar o Estado de acordo com inclinações e preferências pessoais.

Wilson começou sua carreira acadêmica na Faculdade Davidson, mas não suportou a saudade de casa e desistiu ao final do primeiro ano. Em 1875, após mais um ano de estudos em casa com o pai, tentou novamente. Dessa vez, matriculou-se na Faculdade de Nova Jersey, que mais tarde se tornou Princeton, para estudar política e história. Wilson gostava de seu novo ambiente, em parte por causa do grande número de presbiterianos sulistas, e ali ele deu o melhor de si. Criou a Sociedade Liberal de Debates, foi o editor do jornal da escola e secretário da liga de futebol. Não é de surpreender que o jovem Wilson tenha desenvolvido um gosto pela política à medida que ganhava autoconfiança e aprendia a apreciar o som de sua própria voz.

Após se graduar em Princeton, matriculou-se na Universidade da Virgínia para estudar Direito, na esperança de um dia entrar na política. Mais uma vez, foi atacado pela saudade de casa e por uma dificuldade crônica de fazer amigos. Abandonou a universidade no dia de Natal de seu primeiro ano, argumentando que estava gripado, e nunca mais voltou. Terminou os estudos em casa. Após ser aprovado pela Ordem dos Advogados da Geórgia, passou um curto tempo como advogado, mas descobriu que não tinha queda para o assunto e concluiu que aquele seria um caminho muito árduo para entrar na política. Frustrado em seu desejo de se tornar um estadista, Wilson matriculou-se na recém-criada Universidade de Johns Hopkins, onde obteve seu Ph.D. Depois de se formar, passou por vários postos de professor enquanto trabalhava em seus escritos acadêmicos, especificamente seu muito aclamado tomo de oitocentas páginas *O Estado*. Wilson acabou voltando para a instituição onde havia conhecido alguma felicidade social, a Universidade de Princeton, da qual foi presidente.

A escolha de Wilson de entrar numa carreira acadêmica não deve ser vista como uma alternativa à carreira política. Em vez disso, era um caminho alternativo para a carreira que sempre desejara. O Sábio de Nova Jersey nunca foi um estadista relutante. Não muito depois de terminar *O Estado,* Wilson começou a se movimentar para além da estreita literatura acadêmica, passando a escrever comentários mais populares, geralmente destinados a melhorar seu perfil político. Um de seus temas regulares mais destacados era a defesa do imperialismo progressista como meio de subjugar e, assim, elevar raças inferiores. Ele aplaudiu a anexação de Porto Rico e das Filipinas — "são crianças e nós somos homens no que se refere a essas questões profundas de governo e justiça" — e denunciava regularmente o que chamava de "lágrimas e soluços anti-imperialistas que vinham de Boston".[4] Um sinal do cuidado com que cultivava seu perfil político é o fato de, quatro anos antes de ele "relutantemente" aceitar a "não solicitada" indicação para o governo de Nova Jersey, o *Harper's Weekly* haver começado a publicar o slogan "Para presidente — Woodrow Wilson" na capa de *todas as edições*.

De fato, desde seus primeiros dias na faculdade, o Wilson humilde, que recebera uma educação doméstica, sentia-se profundamente atraído pelo poder político. E, como é tão comum entre os intelectuais, deixou que o culto do poder contaminasse sua análise.

A famosa observação de Lorde Acton de que "o poder tende a corromper, e o poder absoluto corrompe absolutamente" tem sido sempre mal compreendida. Acton não estava argumentando que o poder leva líderes poderosos a se tornarem corruptos (embora fosse provável que ele acreditasse nisso também). Em vez disso, ele estava observando que os historiadores tendem a perdoar os poderosos por transgressões que jamais desculpariam nos fracos. Wilson é culpado das duas coisas: não apenas bajulava grandes homens, mas, quando alcançou o poder real, ele próprio foi corrompido. Repetidamente, suas simpatias iam para o lado dos grandes homens que haviam rompido as restrições tradicionais aos poderes que detinham. Dois de seus maiores heróis eram o chanceler prussiano Otto von Bismarck e Abraham Lincoln. Pode parecer estranho que, acreditando tão fervorosamente ser a concessão do direito de voto aos negros "a base de todos os males neste país", Wilson pudesse celebrar Lincoln. Mas o que o atraía no Grande Emancipador era a habilidade exibida por Lincoln de impor sua vontade a todo o país. Lincoln era um centralizador, um modernizador que usou seu poder para forjar uma nova nação, unida. Em outras palavras, Wilson admirava os meios de Lincoln — a suspensão do *habeas corpus*, o alistamento militar e as campanhas dos republicanos radicais depois da guerra — muito mais do que gostava de seus fins. "Se há algum traço que se destaca acima dos demais em tudo que se lê sobre Wilson", escreveu o historiador Walter McDougall, "é isto: ele amava o poder, o ambicionava e, em certo sentido, o glorificava."[5]

A fascinação de Wilson pelo poder é o tema central de toda a sua carreira. Dela derivava o modo como ele compreendia a teologia e a política, bem como a maneira como combinava as duas. O poder era um instrumento de Deus na terra e, portanto, tinha de ser sempre reverenciado. Em *Governo congressual* ele admitiu: "Não consigo imaginar o poder como uma coisa negativa, e não positiva." Tal amor pelo poder pode ser encontrado em muitos sistemas e homens fora da órbita do fascismo, mas poucas ideologias ou estéticas estão mais diretamente preocupadas com a glória do poder, da vontade, da força e da ação. Algo disso era exibido na arte e na arquitetura fascistas, que se comprazia com a potência da forma física e com o inconquistável poderio da nação: força na unidade, o triunfo da vontade, a supremacia do destino sobre a decadência e a indecisão. O fascismo doutrinário, assim como o comunismo, vendia-se como uma força irrefreável de inevitabilidade divina ou histórica. Aqueles que se pusessem em seu caminho — a burguesia, os "inaptos", os "gananciosos", os "individualistas", o traidor, o *kulak*, o judeu — podiam ser demonizados como o "outro" porque, afinal, eram não meramente prescindíveis, não meramente relutantes em se juntar ao coletivo, mas estavam, por sua simples existência, bloqueando a vontade de poder que conferia à multidão, e à *avant-garde* que afirmava falar por ela, sua razão de ser. "O ponto em que esta época difere das imediatamente precedentes é que lhe falta uma *intelligentsia* liberal", escreveu George Orwell. "O culto da intimidação, sob vários disfarces, tornou-se uma religião universal."[6] Para alguns, como era o caso de Wilson, Deus emitira uma autorização divina para a prática da intimidação. Para outros, a licença para a crueldade organizada viera de forças históricas mais impessoais. Mas o impulso era o mesmo.

Mais tarde, quando presidente, Wilson argumentaria que ele era a mão direita de Deus, e que se pôr contra ele era frustrar a vontade divina. Alguns pensaram que isso era simplesmente uma prova de como o poder estava corrompendo Wilson, mas a verdade é que essa havia sido sua perspectiva desde o início. Ele sempre ficou do lado do poder, acreditando que o poder era acrescentado a quem quer que verdadeiramente estivesse do lado de Deus. Quando ainda na faculdade, Wilson se convencera de que o Congresso estava destinado a exercer a maior parcela de poder no sistema americano, e então promoveu a ideia de dar ao Congresso o controle irrestrito da governança. Durante seu último ano na faculdade, no primeiro artigo que publicou, chegou a argumentar que a América deveria adotar um sistema parlamentar, no qual há menos limites à vontade dos governantes. Wilson era um debatedor de primeira ordem, e é revelador o fato de acreditar que os melhores debatedores deveriam receber maior poder.

Wilson escreveu seu trabalho mais famoso e original, *Governo congressual*, aos 29 anos, quando era um estudante de pós-graduação em Johns Hopkins. Começava argumentando que a América deveria passar para um sistema parlamentar centralizado, mas o trabalho evoluiu para uma abrangente acusação da fragmentação e imprecisão do poder no sistema político americano. Wilson abandonou totalmente sua fé no governo congressual quando testemunhou o sucesso de Teddy Roosevelt em transformar o Salão Oval num *bully pulpit*, termo criado pelo próprio Roosevelt para descrever a fantástica plataforma que a Presidência lhe conferia e da qual podia falar e ser ouvido a respeito de qualquer tema. O antigo defensor do poder do Congresso tornou-se um irrestrito defensor da Presidência imperial. "O presidente", escreveu ele em *O governo constitucional nos Estados Unidos*, de 1908, "tem liberdade, tanto na lei quanto na consciência, de ser um homem tão grande quanto lhe seja possível. Sua capacidade estabelecerá o limite; e, se o Congresso for subjugado por ele, não será por nenhuma culpa dos que fizeram a Constituição..., mas somente porque o presidente tem a nação a respaldá-lo, e o Congresso, não."[7]

A visão que Wilson tinha da política pode ser resumida em uma palavra: "estatolatria" (o mesmo pecado do qual o Vaticano acusaria Mussolini). Wilson acreditava que o Estado era uma expressão natural, orgânica e espiritual do próprio povo. Desde o início, pensava que governo e povo deveriam ter um vínculo orgânico que refletisse o "verdadeiro espírito" do povo, ou o que os alemães chamavam de *Volksgeist*. "O governo não é uma máquina, mas uma coisa viva", escreveu em *Governo congressual*. "Inscreve-se não sob a teoria [newtoniana] do universo, mas sob a teoria [darwiniana] da vida orgânica." Dessa perspectiva, a crescente expansão do poder do Estado era inteiramente natural. Wilson, junto com a vasta maioria dos intelectuais progressistas, acreditava que o aumento do poder do Estado correspondia a um inevitável processo evolutivo. A "experimentação" governamental, a palavra de ordem dos liberais pragmáticos desde Dewey e Wilson até FDR, era o equivalente social da adaptação evolutiva. A democracia constitucional, tal como entendida pelos fundadores, era uma fase momentânea dessa progressão. Agora era a hora de o Estado ascender ao platô seguinte. "O governo", escreveu Wilson, aprovadoramente, em *O Estado*, "agora faz o que quer que a experiência permita ou que os tempos demandem."[8] Ele foi o primeiro presidente a falar depreciativamente da Constituição.

Wilson reforçava tais atitudes atacando a própria ideia de direitos naturais e individuais. Se o Estado original, autêntico, era uma família ditatorial, argumentava ele no espírito de Darwin, qual a base histórica de se acreditar em direitos individuais? "Sem dúvida", escreveu, ignorando a Declaração da Independência, "um monte de absurdos tem sido dito sobre os direitos inalienáveis do indivíduo, e muita coisa que não passa de vagos sentimentos e especulações prazerosas tem sido apresentada como princípio fundamental." Se uma lei não podia ser executada, não era uma lei real, de acordo com Wilson, e "direitos abstratos" eram irritantemente difíceis de executar. A sua, é claro, era meramente uma das vozes no coro de progressistas da época. "Precisamos demandar que o indivíduo esteja disposto a perder o sentido de realização pessoal e que se contente em realizar sua atividade somente em conexão com a atividade dos muitos", declarou a ativista social progressista Jane Addams. "Agora, os homens estão livres", explicou, em 1896, Walter Rauschenbusch, um preeminente teólogo progressista do movimento do Evangelho Social, "mas, com frequência, é a liberdade de grãos de areia que um redemoinho levanta em nuvens e depois deixa cair formando um montinho, mas nem a nuvem nem o monte de areia têm nenhuma coerência." O remédio era óbvio: "Novas formas de associação têm que ser criadas. Nossa vida competitiva desorganizada deve dar lugar a uma vida cooperativa orgânica." Em outra parte, Rauschenbusch expressa-se de maneira mais simples: "Individualismo significa tirania."[9] Em certo sentido, o absurdo moralmente invertido que deu fama a Herbert Marcuse na década de 1960 — "liberdade opressiva", "tolerância repressiva", "violência defensiva" — foi lançado pelas décadas progressistas que o antecederam. A frase "O trabalho o torna livre", que ganhou fama com os nazistas, já havia sido divulgada por progressistas que acreditavam que o coletivismo era a nova "liberdade".

A América está hoje imersa em um pânico moral obsceno diante do papel dos cristãos na vida pública. Existe uma profunda ironia no fato de que tais objeções irrompam mais ruidosamente de pretensos "progressistas", quando os verdadeiros progressistas estavam dedicados, da maneira mais fundamental, à cristianização da vida americana. O progressismo, como sugerido pelo título do livro de Washington Gladden, era "cristianismo aplicado". O Evangelho Social sustentava que o Estado era o braço direito de Deus e o meio pelo qual toda a nação e todo o mundo seriam redimidos. Mas, enquanto o cristianismo estava sendo transformado numa verdadeira religião do Estado, seus elementos transcendentes e teológicos foram corrompidos.

Essas duas visões — organicismo darwiniano e messianismo cristão — parecem contraditórias hoje porque estão em lados diferentes da guerra da cultura. Mas, na Era Progressista, eram perfeitamente complementares. E Wilson era a materialização dessa síntese. O sabor totalitário de tal visão de mundo deveria ser óbvio. Diferentemente do liberalismo clássico, que via o governo como um mal necessário, ou simplesmente um contrato social benigno, mas voluntário, no qual homens livres poderiam entrar por sua própria vontade, a crença em que toda a sociedade era um todo orgânico não deixava nenhum espaço aos que não quisessem se comportar de acordo, para não mencionar os que não desejassem "evoluir". Sua casa, seus pensamentos privados, tudo era parte de um corpo político orgânico que o Estado estava encarregado de resgatar.

Por essa razão, uma falange de reformadores progressistas viu a família como a linha de frente na guerra para transformar homens em órgãos sociais submissos. Com frequência, a resposta era retirar as crianças de casa o mais rapidamente possível. Um arquipélago de agências, comissões e birôs emergiu da noite para o dia para tomar o lugar das influências antiorgânicas, contraevolutivas da família. O lar já não podia mais ser visto como uma ilha, separado do resto da sociedade e soberano. John Dewey ajudou a criar jardins de infância na América justamente para esse propósito — para moldar as maçãs antes que caíssem da árvore — enquanto na outra ponta do processo educacional ficavam reformadores como Wilson, que resumiu perfeitamente a atitude progressista quando, como presidente de Princeton, disse a uma audiência que "nosso problema não é meramente ajudar os estudantes a se ajustarem à vida no mundo..., [mas] torná-los tão diferentes de seus pais quanto nos seja possível".[10]

Se a era da democracia parlamentar estava chegando ao fim — como declaravam tanto progressistas quanto fascistas — e vinha raiando o dia do Estado redentor orgânico, então a Constituição teria que evoluir ou ser jogada no monte de lixo da história. Os escritos de Wilson transbordam demandas de que fossem derrubadas as barreiras "artificiais" estabelecidas em nosso "antiquado" sistema de equilíbrio de poderes do século XVIII. Ele ridicularizava os "sentimentos de 4 de julho" daqueles que ainda invocavam os pais fundadores como fonte de orientação constitucional. Acreditava que o sistema governamental de equilíbrio entre os poderes havia se "provado danoso justamente na medida em que esses poderes conseguiram estabelecer-se como realidades".[11] De fato, a tinta da caneta de Wilson regularmente exala o odor do que hoje chamamos de Constituição viva. Ao longo da campanha de 1912, Wilson explicou que "constituições políticas vivas têm que ser darwinianas na estrutura e na prática. A sociedade é um organismo vivo e precisa obedecer às leis da Vida..., ela tem que se desenvolver". Daí, "tudo o que pedem ou desejam os progressistas é permissão — numa era em que 'desenvolvimento' e 'evolução' são as palavras da ciência — para interpretar a Constituição de acordo com o princípio darwiniano".[12] Como já vimos, essa interpretação leva a um sistema no qual a Constituição significa o que quer que os intérpretes reinantes de "evolução" digam que signifique.

Era necessária uma forma mais autêntica de liderança: um grande homem que pudesse servir tanto de expressão natural da vontade do povo quanto de guia e mestre, controlando os impulsos coletivos mais sombrios. O líder precisa ser como um cérebro que, ao mesmo tempo, regula o corpo e dele depende para sua proteção. Para isso, as massas tinham de ser subservientes à vontade do líder. Em seu não intencionalmente assustador ensaio de 1890, *Leaders of men* (*Líderes de homens*), Wilson explicou que o "verdadeiro líder" usa as massas como sua "ferramenta". Ele não deve se utilizar de sutilezas e nuances, como fazem os literatos. Em vez disso, deve falar para provocar as paixões populares, não seus intelectos. Em suma, ele precisa ser um habilidoso demagogo.

"Somente uma concepção concreta grosseira, muito densa, pode causar alguma impressão nas mentes das massas", escreveu Wilson. "Elas têm que receber ideias muito claramente organizadas, e estão muito mais prontas para lidar com uma meia verdade que possam compreender imediatamente do que com uma verdade inteira que tenha muitos lados a serem vistos de uma só vez. O líder competente de homens dá pouca importância aos aspectos internos agradáveis do caráter de outras pessoas, mas dá muita importância — toda — aos usos externos que pode dar a eles... Ele fornece o poder; os outros entram somente com os materiais sobre os quais aquele poder opera... É o poder que dita, domina; os materiais cedem. Os homens são como argila nas mãos de um líder consumado."[13] Um cínico poderia concordar que há muito de verdade na interpretação de Wilson, mas ele ao menos reconheceria seu próprio cinismo. Wilson acreditava ser um idealista.

Muitos acreditavam, inclusive Wilson, que haviam encontrado justamente essa figura em Teddy Roosevelt. Mais que um líder popular, ele era o ídolo escolhido de um verdadeiro culto da liderança. William Allen White, o famoso escritor progressista, recordou, em 1934, que havia sido "um jovem protagonista arrogante da lei divina da plutocracia" até que Roosevelt "fez em pedaços os alicerces de meus ideais políticos. Ao vê-los ruir de uma hora para outra, politicamente, eu pus seu jugo em meu pescoço e me tornei um de seus homens".[14] Roosevelt foi o primeiro a traduzir *"L'état, c'ést moi"* no jargão americano, frequentemente afirmando que a soberania da nação era indistinguível de seu próprio augusto personagem. Como presidente, ele regularmente excedia os limites de seus poderes tradicionais e legais, fazendo primeiro sua vontade e esperando (ou não) que as cortes e as legislaturas o acompanhassem.

Isso mostra, em resumo, a diferença básica entre Wilson e Teddy Roosevelt, rivais amargos e os dois únicos orgulhosamente progressistas presidentes da Era Progressista. Eram homens muito diferentes com ideias muito semelhantes. Roosevelt era um grande ator no palco do mundo; Wilson se via mais como um diretor. Roosevelt era o *"bull-moose"** (nome que deu a si mesmo) que se atirava sobre qualquer problema; Wilson era o "mestre-escola", que primeiro desenhava um plano para a lição. Um queria liderar uma irmandade, o outro, um seminário acadêmico. Mas se os papéis desempenhados eram diferentes, a moral da história era a mesma. Enquanto

---

*O *bull-moose*, ou alce, era o símbolo do Partido Progressista criado em 1912 para lançar a candidatura de Theodore Roosevelt, e também designava seus integrantes ou partidários. (N. da T.)

Wilson escrevia tratados explicando por que os americanos deviam abandonar sua "devoção cega" à Constituição, Teddy fazia misérias com o documento, agindo como bem queria e produzindo discursos belicosos sobre como os tribunais haviam se posicionado contra os "direitos populares" e estavam "defasados" com relação às novas realidades. De fato, William Howard Taft — o ilustre, embora derrotado, sucessor de Roosevelt na Casa Branca — poderia não ter se candidatado à reeleição, assim negando a Roosevelt a indicação pelo Partido Republicano, se não tivesse se convencido de que a "impaciência de Roosevelt com a lentidão da lei" fazia dele alguém "que não se diferenciava de Napoleão".[15]

Havia muitas linhas divisórias cortando o campo do progressismo. De um lado, aqueles como John Dewey e Jane Addams, mais socialistas e acadêmicos em sua abordagem da política e das políticas. Do outro, os nacionalistas, que apelavam mais diretamente ao patriotismo e ao militarismo. Wilson e Roosevelt mais ou menos representavam os dois lados. De maneira muito parecida com os nacional-socialistas, que com frequência se dividem em dois campos enfatizando seja o nacionalismo seja o socialismo, alguns progressistas se concentravam nas reformas sociais enquanto outros estavam mais preocupados com a "grandeza" americana.

Pode-se também dizer que Roosevelt refletia o lado masculino do progressismo — o partido do papai — enquanto Wilson representava o lado materno do movimento. Roosevelt certamente trombeteava as "virtudes masculinas" em todas as oportunidades. Ele queria uma elite dirigente recrutada de uma (metafórica) classe guerreira que abraçasse a "vida extenuante", uma meritocracia de vigor dedicada a derrotar a decadência da "vida mansa". A elite dirigente de Wilson seria recrutada das fileiras de "desinteressados" tecnocratas, burocratas e assistentes sociais que entendiam as causas básicas da decadência social.

Poucos progressistas viam isso como valores opostos. O nacionalismo militante e a reforma progressista não eram coisas mutuamente exclusivas, mas complementares (existia uma complementaridade semelhante entre os diferentes ramos dos eugenistas progressistas, como veremos). Considere-se, por exemplo, o senador Albert J. Beveridge, o progressista mais importante no Senado americano durante a primeira década do século XX. Quando Upton Sinclair expôs em *A selva* os horrores da indústria de processamento de carne, foi Beveridge quem liderou a luta pela reforma, patrocinando a Lei de Inspeção de Carnes (*Meat Inspection Act*) de 1906. Ele encabeçou as lutas contra o trabalho infantil e a favor da jornada de oito horas. Foi talvez o principal aliado de Teddy Roosevelt no Senado durante a rebelião progressista contra a ala "conservadora" do Partido Republicano. Ele era o terror dos interesses especiais, dos magnatas das ferrovias e dos trusts e amigo de todos os reformadores, conservacionistas e modernos. E era, da maneira mais total, um imperialista sanguinário. "A oposição nos diz que não se haverá de governar um povo sem seu consentimento. Eu respondo que a regra da liberdade, segundo a qual todos os governos justos derivam sua autoridade do consentimento dos governados, aplica-se apenas àqueles capazes de autogoverno."[16] De fato, os progressistas no Congresso apoiaram ativamente, ou acompanharam, quase todas as principais incursões militares dos governos Roosevelt e Taft. Com Wilson, eram decididamente mais falcões do que a Casa Branca. Durante todo o tempo, coube aos *conservadores* no Congresso lutar contra gastos para coisas como a "grande Marinha", a pedra angular do projeto imperial. De fato, deve-se compreender que o imperialismo era tão essencial ao progressismo quanto os esforços para normalizar o fornecimento de alimentos ou transformar as fábricas em lugares seguros.[17]

A eleição de 1912 acabou sendo um referendo nacional sobre o tipo de progressismo que a América queria ou, pelo menos, sobre o tipo de progressismo que ela conseguiria obter. O acossado ocupante do cargo, William Howard Taft, nunca havia desejado ser presidente. Seu sonho verdadeiro — que mais tarde realizou — era a presidência da Suprema Corte. Taft estava sendo sincero ao dizer que era o conservador na disputa. Ele era um *liberal conservador* — entre os últimos de uma linhagem em extinção. Acreditava que o liberalismo clássico — ou sua bastante mundana versão dele — precisava ser defendido contra ideólogos que interpretariam as leis conforme desejos pessoais.

Hoje, as questões da campanha de 1912 nos parecem estreitas e distantes. Wilson defendia a "Nova Liberdade", que incluía o que ele chamou de a "segunda luta pela emancipação" — desta vez, contra os trusts e as grandes corporações. Roosevelt fez uma campanha sobre o "Novo Nacionalismo" — que tinha uma visão diferente a respeito das corporações. Teddy, o famoso caça-trustes, havia se entregado ao que era "grande" e agora acreditava que o Estado deveria usar os trusts para seus próprios objetivos, em vez de se envolver numa infindável e inútil batalha para quebrá-los. "O esforço para proibir todos os cartéis basicamente fracassou", explicou ele. "A saída está não na tentativa de impedir tais combinações, mas em controlá-las completamente, no interesse do bem-estar público." O "Novo Nacionalismo" de Teddy era uma mistura meio a meio de nacionalismo e socialismo. "O Novo Nacionalismo", declarou Roosevelt, "acertadamente afirma que todo homem detentor de propriedade deve submetê-la ao direito geral da comunidade de regular seu uso em qualquer nível que possa ser exigido pelo bem-estar público." Esse tipo de retórica provocou receios entre os liberais clássicos (novamente, chamados, cada vez mais, de conservadores) de que Teddy não hesitaria em passar por cima das liberdades americanas. "Onde terminará tudo isso?", perguntou o editor liberal do *World* de Nova York a respeito da corrida para centralizar o poder do governo. "Em despotismo? Cesarismo?"[18]

Um dito famoso — ou alegadamente famoso — de Huey Long é que, se o fascismo alguma vez chegasse à América, seria chamado de "americanismo". É interessante, então, que tenha sido esse o nome dado por Teddy Roosevelt à sua nova ideologia. Nem todos estavam cegos a essa perturbadora faceta da personalidade de Roosevelt. A América "com a qual sonhou Roosevelt sempre foi um tipo de Prússia inchada, truculenta para fora e regimentada para dentro", declarou H. L. Mencken. Zombando de Roosevelt como um "Nietzsche de Tammany" que havia se convertido à "religião dos militaristas", Mencken o criticou severamente por enfatizar "a obrigação do cidadão para com o Estado, minimizando, ao mesmo tempo, a obrigação do Estado para com o cidadão".[19]

Nesse contexto, Wilson era percebido como, de certa forma, o candidato mais conservador — porque, novamente, estava mais próximo do liberalismo *laissez-faire* do século XIX. Ele prometeu que iria limitar a habilidade do governo de centralizar o poder, empurrando a indústria para partilhar a mesma cama com o Estado. Num famoso discurso de campanha no Clube da Imprensa de Nova York, ele proclamou: "A história da liberdade é a história da limitação do poder do governo." É difícil levar muito a sério sua retórica pró-liberdade. Apenas duas semanas depois desse discurso, Wilson retornou à antipatia progressiva que sentia pelo individualismo: "Embora sejamos seguidores de Jefferson, existe um princípio jeffersoniano que já não se sustenta na política prática da América. Todos sabem que foi

Jefferson quem disse que o melhor governo é aquele que governa o menos possível... *Mas aquele tempo já passou. A América não é agora, e não poderá ser no futuro, um lugar para empreendimentos individuais irrestritos.*"[20]

Dado que Wilson terminou governando, em grande medida, como um Novo Nacionalista, as distinções mais sutis entre sua plataforma e a de Roosevelt não têm muita importância para nossos propósitos. Em 1912, a América teria mesmo que ter tido um presidente progressista, qualquer que fosse o vencedor. E, embora aqueles de nós cujo coração bate por Teddy possam pensar que as coisas teriam sido muito diferentes se ele tivesse vencido, provavelmente estamos nos iludindo.

COMO ACONTECEU AQUI

Hoje, a suposição mais generalizada é de que a ascensão do fascismo na Europa seguiu um veio totalmente independente — um veio que, devido às numerosas diferenças nacionais e culturais entre a América e a Europa, *não poderia acontecer aqui*. Mas isso não faz o menor sentido. O progressismo e, mais tarde, o fascismo eram movimentos internacionais — e, em suas origens, expressões de grandes esperanças — que, embora assumindo diferentes formas em países diversos, bebiam das mesmas fontes intelectuais. Muitas das ideias e dos pensadores que os fascistas e nazistas admiravam tinham tanta influência aqui quanto na Itália e na Alemanha, e vice-versa. Por exemplo, Henry George, o guru populista radical da reforma americana, era mais reverenciado na Europa que na América. Suas ideias deram forma às teorias econômicas do *völkisch* nas quais inicialmente se baseou o Partido Nazista. Entre os socialistas britânicos, seu *Progress and poverty* (*Progresso e pobreza*) fazia sensação. Quando o genro de Marx veio à América fazer proselitismo do socialismo científico, ficou tão apaixonado por George que voltou à Europa pregando o evangelho do populismo americano.

Desde a década de 1890 até a Primeira Guerra Mundial, era entendimento corrente que os progressistas na América estavam empenhados na mesma luta que os vários movimentos socialistas e "neoliberais" da Europa.[21] William Allen White, o famoso progressista de Kansas, declarou em 1911: "Somos partes uns dos outros nos Estados Unidos e na Europa. Algo estava atuando como um amálgama, criando um todo social e econômico com variações políticas locais. Era Stubbs no Kansas, Jaurès em Paris, os social-democratas [ou seja, os socialistas] na Alemanha, os socialistas na Bélgica, e eu diria que também todo o povo na Holanda, todos lutando por uma causa comum." Quando Jane Addams secundou a indicação de Teddy Roosevelt na convenção do Partido Progressista em 1912, ela declarou: "O novo partido tornou-se o expoente americano de um movimento de âmbito mundial a favor de condições sociais mais justas, um movimento que, nos Estados Unidos, na rabeira de outras grandes nações, tem levado um tempo injustificadamente lento para se materializar em ação política."[22]

Em última instância, no entanto, a América era o aprendiz de feiticeiro de um mestre europeu. Os escritores e ativistas americanos bebiam das fontes intelectuais europeias como homens mortos de sede. "Nietzsche está no ar", declarou um resenhista no *New York Times* em 1910. "Qualquer um que leia obras especulativas certamente se deparará com o nome de Nietzsche, mais cedo ou mais tarde." De fato, prosseguiu, "grande parte do pragmatismo do prof. William James tem uma auspiciosa semelhança com as doutrinas de Nietzsche". Observando que Roosevelt já estava lendo livros alemães e "tomando emprestado" da filosofia de Nietzsche, Mencken (ele próprio um estudioso sério, embora imperfeito, de Nietzsche) concluiu: "Theodore engoliu Friedrich tal como um camponês engole Peruna — garrafa, rolha, rótulo e depoimentos."[23] William James, o destacado filósofo da América, também tinha os olhos voltados para a banda sul do continente. Como já vimos antes, James era um estudante próximo dos pragmatistas italianos que, laboriosamente, estavam lançando as bases para o fascismo de Mussolini, e o *Duce* frequentemente reconheceria sua dívida a James e ao pragmatismo americano.

Mas nenhuma nação influenciou o pensamento americano tão profundamente quanto a Alemanha. W. E. B. Du Bois, Charles Beard, Walter Weyl, Richard Ely, Nicholas Murray Butler e inúmeros outros fundadores do liberalismo americano moderno estavam entre os nove mil americanos que estudaram em universidades alemãs durante o século XIX. Quando foi fundada a Associação Econômica Americana (American Economic Association), cinco dos seis principais membros haviam estudado na Alemanha. Pelo menos vinte de seus primeiros 26 presidentes também. Em 1906, um professor de Yale fez uma listagem com os 116 mais importantes economistas e cientistas sociais na América; mais da metade havia estudado na Alemanha pelo menos durante um ano. Pelo próprio testemunho deles, esses intelectuais sentiram-se "liberados" pela experiência de estudar num ambiente intelectual que partia da suposição de que especialistas poderiam moldar a sociedade como se fosse argila.[24]

Nenhum estadista europeu ocupava maior espaço nas mentes e corações dos progressistas americanos do que Otto von Bismarck. Inconveniente como possa ser para aqueles a quem foi ensinada "a continuidade entre Bismarck e Hitler", escreve Eric Goldman, a Alemanha de Bismarck foi "um catalizador do pensamento progressista americano". O "socialismo de cima para baixo" de Bismarck, que produziu a jornada de trabalho de oito horas, cuidados de saúde, seguro social e coisas semelhantes, era o padrão-ouro para as políticas sociais esclarecidas. "Dê ao trabalhador o direito de trabalhar enquanto tiver saúde; garanta a ele cuidados quando estiver doente; assegure-lhe o sustento quando ficar velho" foi uma de suas frases lendárias perante o Reichstag em 1862. Bismarck foi a figura que deu origem à "Terceira Via", triangulando com as duas pontas do espectro ideológico. "Um governo nunca pode vacilar depois de escolher seu curso. Não pode olhar para a esquerda nem para a direita, mas tem que seguir em frente", declarou ele. Em 1912, a plataforma do Partido Progressista de Teddy Roosevelt conspicuamente tomava emprestado do modelo prussiano. Vinte e cinco anos antes, o cientista político Woodrow Wilson escrevera que o Estado de bem-estar social de Bismarck era um "sistema admirável... o mais estudado e o mais próximo da perfeição" em todo o mundo.[25]

Na verdade, poucas figuras ilustram tão bem quanto Wilson a influência estrangeira, particularmente a alemã, sobre o progressismo. A fé de Wilson em que a sociedade poderia ser dobrada à vontade de planejadores sociais foi formada em Johns Hopkins, a primeira universidade americana fundada nos moldes alemães. Praticamente todos os professores de Wilson haviam estudado na Alemanha — assim como quase todos dos 53 membros do corpo docente. Mas seu professor mais prestigioso e influente foi Richard Ely, o "deão da economia americana" que, em sua época, era mais vital para o progressismo do que Milton Friedman ou Friedrich Hayek têm sido para o conservadorismo moderno. A despeito de sua aberta hostilidade à propriedade privada e de sua preferência pelo que hoje seria chamado de políticas macarthistas, Ely não era um socialista de cima para baixo como Bismarck. Em vez disso, ele ensinava a seus estudantes como imaginar um socialismo do espírito que substituiria o *laissez-faire* a partir de dentro do coração dos homens. Ely acabou se mudando para a Universidade de Wisconsin, onde ajudou a fundar o "modelo Wisconsin" — um sistema ainda admirado por intelectuais esquerdistas, segundo o qual os professores universitários ajudariam a dirigir o Estado. Ely também serviu como mentor de Teddy Roosevelt, que disse dele: "Ely primeiro me introduziu ao radicalismo na economia e depois me curou de meu radicalismo."[26]

Wilson reverenciava Bismarck tanto quanto o faziam Teddy Roosevelt ou qualquer dos outros progressistas. Na faculdade, ele escreveu um ensaio deferencial no qual se derramava em louvores a esse "gênio impressionante" que unia a "força moral de Cromwell e a argúcia política de Richelieu; o amplo intelecto de Burke... e a habilidade diplomática de Talleyrand, sem sua frieza". Wilson prossegue evocando a "percepção aguda, a clareza de julgamento e a rapidez de decisão" do Chanceler de Ferro e conclui, melancolicamente: "A Prússia não encontrará outro Bismarck tão cedo."[27]

A motivação de Bismarck era impedir o surgimento de demandas por mais democracia, e para isso ele pretendia dar às pessoas, antecipadamente, o tipo de coisas que elas poderiam pedir nas urnas. Seu socialismo de cima para baixo foi um golpe de mestre maquiavélico porque tornou a classe média dependente do Estado. Com isso, a classe média aprendeu a lição de que um governo esclarecido não era o *produto* da democracia, mas uma *alternativa* a ela. Pouco mais de uma geração depois, essa lógica provou-se desastrosa. Mas era precisamente ela o que mais apelava aos progressistas. Como disse Wilson, a essência do progressismo era que o indivíduo "casava seus interesses com o Estado".[28]

O pensador mais influente nessa linha — e outro grande admirador de Bismarck — foi o homem que serviu de ponte intelectual entre Roosevelt e Wilson: Herbert Croly, o autor de *The promise of American life* (*A promessa da vida americana*), editor fundador do *New Republic* e o guru por trás do Novo Nacionalismo de Roosevelt.

Depois da eleição de Taft para a presidência, em 1908, Roosevelt tentou manter distância de seu protegido, primeiro participando de um famoso safári africano, seguido por uma viagem de atualização pela Europa. Em algum momento, começou a ler uma cópia de *A promessa da vida americana* que seu amigo, o juiz Learned Hand, lhe havia mandado. O livro foi uma revelação. "Não sei quando foi que li um livro do qual tenha me beneficiado tanto", escreveu a Croly. "Tudo o que eu gostaria era de ter mais competência para dar conselhos a meus compatriotas de uma forma prática, de acordo com os princípios que você apresenta."[29] Na época, muitos creditaram ao livro de Croly a decisão de Roosevelt de se candidatar novamente à Presidência; mais provavelmente, o livro forneceu um fundamento intelectual vendável para seu retorno à política.

Mesmo que a contribuição de Croly ao liberalismo americano tivesse começado e acabado com *A promessa da vida americana*, ele se situaria entre as vozes mais importantes na história intelectual do país. Quando o livro apareceu, em 1909, Felix Frankfurter o saudou como "a mais poderosa contribuição ao pensamento progressista".[30] O livro foi louvado por dezenas de críticos. Mais que qualquer outro escritor, Croly recebeu o crédito de dar uma voz coerente ao movimento progressista e, por extensão, ao moderno liberalismo. Ele tem sido celebrado desde então pelos liberais, embora a maior parte deles provavelmente nunca tenha lido esse tomo longo, bizarro, frequentemente entediante e tortuoso. Na realidade, o fato de ser um livro tão mal escrito pode ser o sinal de que seu apelo se baseava em algo mais importante que sua prosa: ele deu forma a uma ideia cujo tempo havia chegado.

Croly era um homem quieto que crescera no meio de pais barulhentos. Sua mãe foi uma das primeiras mulheres americanas a ter uma coluna sindicalizada e era uma "feminista" devotada. Seu pai era um jornalista e editor de sucesso cujos amigos o apelidaram de "O Grande Propositor". Sua casa era algo como uma "ilha europeia em Nova York", de acordo com um historiador.[31] A coisa mais interessante sobre o Croly pai — se por "interessante" entendermos realmente maluco — era sua obsessão por Auguste Comte, um filósofo francês meio místico cuja principal reivindicação à fama foi haver cunhado a palavra "sociologia". Comte argumentava que a humanidade progrediria em três estágios e que, no estágio final, toda ela se livraria do cristianismo e o substituiria por uma nova "religião da humanidade", que casaria fervor religioso, ciência e razão — e chegaria a transformar em "santos" figuras como Shakespeare, Dante e Frederico, o Grande.[32] Comte acreditava que a era da industrialização de massa e da tecnocracia conseguiria, de uma vez por todas, desconectar a mente humana do reino metafísico, introduzindo um tempo no qual gerentes pragmáticos melhorariam a sorte de todos com base numa moralidade feita pelos homens. Sagrou-se sumo sacerdote daquela fé ateísta, secular, que chamou de positivismo. Croly pai transformou sua casa em Greenwich Village num templo positivista onde realizava cerimônias religiosas para convidados selecionados, aos quais tentava converter. Em 1869, o jovem Herbert tornou-se o primeiro e, provavelmente, o último americano a ser batizado na religião de Comte.

Croly frequentou a Universidade de Harvard, embora, devido a problemas familiares e pessoais, se ausentasse por longos períodos. Enquanto estava lá, foi um estudante ligado a William James, Josiah Royce e George Santayana. Com James ele aprendeu a pensar pragmaticamente. Graças a Royce, converteu-se do positivismo ao cristianismo progressista. Santayana o persuadiu da necessidade de uma "regeneração nacional" e de uma nova "aristocracia socialista". O produto de todas essas influências foi um jovem brilhante, capaz de notável obstinação e que, ao mesmo tempo, nunca perdia seu zelo místico. Ele era também um fascista. Ou, pelo menos, um representante de uma visão de mundo pré-fascista que iria parecer presciente apenas poucos anos depois.

Quando lemos sobre Herbert Croly, frequentemente encontramos frases como "Croly não era nenhum fascista, mas...". Ainda assim, poucos se esforçam para explicar *por que* ele não era um fascista. A maior parte parece pensar que é simplesmente autoevidente que o fundador do *New Republic* não poderia ter sido um discípulo de Mussolini. A realidade, no entanto, é que quase todos os itens que compõem uma lista padrão das características fascistas podem ser encontrados em *A promessa da vida americana*. A necessidade de mobilizar a sociedade como um exército? Sim! Um chamado ao renascimento espiritual? Sim! Necessidade de "grandes" líderes revolucionários? Sim! Recurso a "mitos" nacionais manufaturados e unificadores? Sim! Desprezo pela democracia parlamentar? Sim! Socialismo não marxista? Sim! Nacionalismo? Sim! Um chamado espiritual à expansão militar? Sim! A necessidade de transformar a política numa religião? Hostilidade ao individualismo? Sim! Sim! Sim! Parafraseando Whittaker Chambers: de quase qualquer página de *A promessa da vida americana* pode-se ouvir uma voz, informada por uma dolorosa necessidade, ordenando: "Direto ao fascismo!"

Croly era um declarado nacionalista que ansiava por um "reformador nacional... disfarçado de São Miguel, armado com uma espada flamejante e asas abertas para voar" que redimisse uma América decadente. Esse "imitador de Cristo" secular traria o fim do individualismo "salve-se-quem-puder", exatamente da mesma forma como o verdadeiro Jesus fechara o capítulo do Antigo Testamento na história humana. "Um indivíduo", escreveu Croly, soando muito semelhante a Wilson, "não tem nenhum significado separado da sociedade na qual sua individualidade foi formada." Ecoando tanto Wilson quanto Teddy Roosevelt, ele argumentava que a "vida nacional" deveria ser como uma "escola", e que uma boa escolarização frequentemente demanda "severas medidas coercitivas".[33]

As ideias de Croly ganharam a atenção de Willard Straight, um banqueiro investidor do J. P. Morgan e diplomata, e de sua esposa Dorothy, membro da família Whitney. Os Straight eram filantropos e reformadores de destaque e viram nas ideias de Croly um mapa para a transformação da América em uma "democracia progressista" (o título de outro dos livros de Croly). Concordaram em financiar Croly em seu esforço para começar o *New Republic*, um jornal cuja missão era "explorar, desenvolver e aplicar as ideias que haviam sido anunciadas por Teddy Roosevelt quando era o líder do Partido Progressista".[34] Juntaram-se a Croly, como editores, os autodenominados socialista-nacionalistas Walter Weyl e o futuro comentarista extraordinário Walter Lippmann.

Tal como Roosevelt, Croly e seus colegas esperavam que houvesse muitas outras guerras, pois a guerra era a parteira do progresso. De fato, Croly acreditava que a maior importância da Guerra Hispano-Americana, em 1898, estava no fato de haver dado origem ao progressismo. Na Europa, as guerras obrigariam a uma maior unificação nacional, enquanto na Ásia elas eram necessárias para a expansão imperial e para as nações poderosas poderem descarregar um pouco de suas tensões. Croly construiu essa visão de mundo a partir do que considerava uma necessidade vital. Industrialização, cataclismo econômico, "desintegração" social, decadência materialista e culto do dinheiro estavam fazendo a América em pedaços, ou assim acreditava ele — bem como a vasta maioria dos progressistas. O remédio para o "individualismo caótico de nossa organização política e econômica" era a "regeneração" liderada por um herói-santo que pudesse derrubar as exauridas doutrinas da democracia liberal a favor de uma nação heroica e restaurada. As semelhanças com a teoria fascista convencional deveriam ser óbvias.[35]

Alguém poderia defender Croly observando que tais ideias estavam simplesmente "no ar" no final do século XIX, um conjunto comum de respostas a uma atmosfera comum de mudança social, econômica e política. E, de fato, *isso é parte de meu argumento*. Havia, é claro, diferenças significativas entre fascismo e progressismo, mas essas são atribuíveis, principalmente, às diferenças culturais entre Europa e América, e entre culturas nacionais em geral. (Quando Mussolini convidou o líder da Falange Espanhola — os fascistas espanhóis — para o primeiro congresso fascista, ele recusou cabalmente. A Falange, insistiu Franco, não era fascista, era espanhola!)

Fascismo foi nome dado a determinada forma de "experimentação" na década de 1920. Esses experimentos eram parte das grandes aspirações utópicas do "movimento mundial" do qual falou Jane Addams na convenção do Partido Progressista. Havia um despertar religioso em andamento no Ocidente à medida que progressistas de todos os matizes viam o homem tomando as rédeas da história das mãos de Deus. A ciência — ou o que eles acreditavam ser ciência — era a nova escritura sagrada, e só era possível realizar a ciência por meio de "experimentos". E, igualmente importante, somente cientistas sabem como conduzir adequadamente um experimento. "Quem serão os profetas e timoneiros da Boa Sociedade?", perguntou Herbert Croly em 1925. Ele observou que, durante uma geração, liberais progressistas haviam acreditado que um "futuro melhor resultaria das atividades beneficentes de engenheiros sociais especialistas que poriam a serviço de ideais sociais todos os recursos técnicos que a pesquisa pudesse descobrir e a criatividade pudesse conceber". Cinco anos antes, Croly observara no *New Republic* que os praticantes do "método científico" precisariam se unir aos "ideologistas" de Cristo a fim de "planejar e realizar uma transformação redentora" da sociedade para que os homens pudessem "ser redimidos da escolha entre capitalismo irredimido e salvação revolucionária".[36]

Para melhor compreender o espírito daquele momento fascista, precisamos examinar como os progressistas viam dois outros grandes "experimentos" da época, o fascismo italiano e o bolchevismo russo. Já mencionamos algo a respeito no Capítulo 1, mas vale a pena repetir: os liberais frequentemente viam os dois projetos como esforços associados. Lincoln Steffens referia-se ao método "russo-italiano" como se as duas coisas constituíssem um único empreendimento. De tempos em tempos, o *New Republic* em particular mostrava-se decididamente otimista a respeito dos *dois* experimentos. Alguns pareciam mais excitados com o esforço italiano. Charles Beard, por exemplo, escreveu sobre os esforços de Mussolini:

> Isso está longe da congelada ditadura do czarismo russo; é mais parecido com o sistema de equilíbrio de poderes americano; e poderá resultar numa nova direção democrática... Sem a menor dúvida, um admirável experimento está sendo feito aqui, um experimento em reconciliar individualismo e socialismo, política e tecnologia. Seria um equívoco permitir que sentimentos provocados pela contemplação de feitos brutais e declarações extravagantes que têm acompanhado o processo fascista (bem como todas as outras mudanças históricas de porte grandioso) obscurecessem as potencialidades e lições da aventura — não, não da aventura, mas do destino, que cavalga sem sela nem rédeas por toda aquela histórica península que faz a ponte entre o mundo da antiguidade e nosso mundo moderno.[37]

Tal entusiasmo não era nada em comparação com a forma como os progressistas saudaram o "experimento" na União Soviética. Na realidade, muitos dos esquerdistas remanescentes que haviam intencionalmente obstruído as decisões sobre a entrada americana na guerra passaram a apoiá-la com entusiasmo quando souberam da Revolução Bolchevista. Subitamente, a retórica revolucionária de Wilson parecia ser confirmada pelas forças da história (de fato, o próprio Wilson viu a derrubada do czar pelo governo de Kerensky como o último obstáculo à entrada dos Estados Unidos na guerra, uma vez que ele já não estaria se aliando a um regime despótico). Um batalhão de jornalistas cruzadistas foi a Moscou para cobrir a revolução e convencer os liberais americanos de que a história estava em marcha na Rússia.

John Reed comandou a carga com seu *Dez dias que abalaram o mundo*. Reed era um intransigente admirador dos bolcheviques. Ele facilmente punha de lado as reclamações sobre o Terror Vermelho e o assassinato em massa de revolucionários socialistas não bolchevistas: "Não dou a mínima para seu passado. Estou interessado apenas no que essa gangue traiçoeira tem feito durante os últimos três anos. Ao paredão com eles! Eu costumo dizer que aprendi uma palavra tremendamente expressiva: *'raztrellyat'* [sic] (execute a tiros)." O intelectual público progressista E. A. Ross — que aparecerá mais tarde em nossa história — adotou a mesma abordagem e argumentou que os bolcheviques haviam matado relativamente poucos membros da oposição, de modo que não era nada assim tão importante.[38] Reed e Ross pelo menos reconheceram que os bolcheviques haviam matado pessoas. Muitos liberais a favor dos bolcheviques simplesmente se recusaram a reconhecer que o Terror Vermelho até mesmo tivesse acontecido. Esse foi o começo de quase um século de mentiras deliberadas e idiotices úteis entre a esquerda americana.

Quando os bolcheviques derrubaram o governo de Kerensky, a recusa de Wilson em reconhecê-los — e sua subsequente intervenção na Sibéria e em Murmansk — foi denunciada como uma "punhalada de Wilson nas costas da Rússia" porque a maior parte dos liberais via os bolcheviques como um movimento progressista popular. Um jornalista inglês escrevendo no *New Republic* declarou que os bolcheviques "são a favor do racionalismo, de um sistema inteligente de cultura, educação, de um ideal ativo de cooperação e de serviço social contra a superstição, a ineficiência, o analfabetismo e a obediência passiva". Como notou o historiador Eugene Lyons, esses cruzados "escreviam como profetas inspirados de uma revolução engajada... Estavam deslumbrados com a visão de coisas por vir".[39]

Sem dúvida, nem todos os observadores com inclinações esquerdistas foram enganados pelos bolcheviques. Sabe-se muito bem que Bertrand Russell viu o que estava por trás daquilo, bem como o socialista americano Charles E. Russell. Mas a maior parte dos progressistas acreditou que os bolcheviques haviam descoberto a passagem para sair do mundo velho e que deveríamos seguir seus passos. Quando a guerra terminou e o progressismo ficou desacreditado perante o povo americano, os intelectuais passaram a ver, cada vez mais, a União Soviética e a Itália fascista como exemplares da nova senda que a América havia insensatamente abandonado após seu brilhante experimento com o socialismo de guerra.

Quase toda a elite liberal, inclusive grande parte do *Brain Trust* de FDR, havia ido em peregrinação a Moscou para fazer anotações admiradas sobre o experimento soviético. Sua linguagem era tanto religiosamente profética quanto arrogantemente científica. Stuart Chase relatou, após visitar a Rússia em 1927, que, diferentemente da América, onde "acionistas esfomeados" estavam tomando as decisões econômicas, na União Soviética o Estado provedor assumira o comando, "respaldado por montanhas de estatísticas" e heroicamente auxiliado por membros do Partido Comunista que não precisavam de "nenhum incentivo adicional além do zelo ardente, que inflamava o peito de todo bom comunista, para criar um novo céu e uma nova terra".[40]

Naquele mesmo ano, dois dos principais economistas do *New Deal*, Rexford Guy Tugwell e Paul Douglas, declararam-se assombrados com o "experimento" soviético. "Há uma vida nova começando ali", escreveu Tugwell em seu relato. Lillian Wald visitou as "escolas experimentais" russas e relatou que as ideias de John Dewey estavam sendo implementadas "em não menos de 150% delas". Na verdade, todo o país era, para os liberais, uma gigantesca "Escola Laboratório". O próprio Dewey visitou a União Soviética e ficou muito impressionado. Jane Addams declarou que o esforço bolchevique era "o maior experimento social na história". Sidney Hillman, John L. Lewis e a maior parte dos outros líderes do movimento operário americano faziam louvores efusivos ao "pragmatismo soviético", ao "experimento" de Stalin e ao "heroísmo" dos bolcheviques.[41]

W. E. B. DuBois estava atônito. "Estou escrevendo isso da Rússia", relatou a seus leitores em *Crisis*. "Estou sentado na Praça da Revolução... Encontro-me atônito e maravilhado com a revelação desta Rússia que chegou até mim. Posso estar parcialmente enganado e mal informado. Mas se o que tenho visto com meus olhos e escutado com meus ouvidos na Rússia for bolchevismo, eu sou um bolchevique."[42]

Du Bois oferece uma boa ilustração de como fascismo e comunismo apelavam aos mesmos impulsos e às mesmas aspirações progressistas. Como muitos outros progressistas, ele havia estudado na Alemanha na década de 1890 e guardado uma preferência pelo modelo prussiano. Tendo sido um antissemita no início da carreira — em 1924, suas revistas começaram a exibir uma suástica na capa, a despeito das reclamações de judeus progressistas —, em 1935 DuBois pediu uma bolsa a uma organização com vínculos conhecidos com os nazistas, dirigida por um conhecido inimigo dos judeus que havia jantado com Joseph Goebbels. Ele verdadeiramente acreditava que os nazistas tinham uma porção de grandes ideias e que a América tinha muito a aprender com o experimento alemão com o nacional-socialismo (embora, mais tarde, DuBois tenha denunciado o antissemitismo nazista).

O mesmo se passou com outros ícones liberais pró-soviéticos. Recordemos como, um ano antes de Lincoln Steffens anunciar que havia visto o futuro na União Soviética, ele dissera basicamente a mesma coisa a respeito da Itália fascista. O heroico sucesso do fascismo, de acordo com Steffens, fazia a democracia ocidental — gerida por "pessoas medíocres com propósitos medíocres" — parecer patética, em termos comparativos. Para Steffens e inúmeros outros liberais, Mussolini, Lenin e Stalin estavam todos fazendo a mesma coisa: transformando sociedades corruptas, superadas. Tugwell louvava Lenin como um pragmático que estava meramente realizando um "experimento". O mesmo era verdade com relação a Mussolini, explicou.

Durante toda a década de 1920, o *New Republic* defendeu tanto o fascismo quanto o comunismo com base nos mesmos argumentos. Como, escreveu um leitor, podia a revista pensar que a brutalidade de Mussolini era uma "coisa boa"? Croly respondeu que não era, "não mais do que foi uma 'coisa boa' para os Estados Unidos, digamos, cimentar a União empreendendo uma guerra civil que resultou no extermínio da escravidão. Mas, às vezes, uma nação resvala para uma situação difícil da qual só pode ser resgatada com a adoção de um remédio violento".[43]

Charles Beard resumiu bem a fascinação. A hostilidade do *Duce* à democracia não era nada assim tão importante, explicou. Afinal de contas, os "pais da República americana, notadamente Hamilton, Madison e John Adams, eram tão copiosos e veementes [em sua oposição à democracia] quanto qualquer fascista poderia desejar". O estilo ditatorial de Mussolini era, também, perfeitamente consistente com o "evangelho americano da ação, ação, ação". Mas o que realmente capturava a imaginação de Beard era o sistema econômico inerente ao fascismo, ou seja, o corporativismo. De acordo com Beard, Mussolini havia tido sucesso em "produzir, pela força do Estado, a mais compacta e unificada organização de capitalistas e trabalhadores em dois campos, algo que o mundo jamais vira".[44]

O conceito-chave para racionalizar o utopismo progressista era "experimentação", justificada em termos de autenticidade nietzschiana, evolução darwiniana e historicismo hegeliano, e explicada no jargão do pragmatismo de William James. O conhecimento científico avançava por ensaio e erro. A evolução humana avançava por ensaio e erro. A história, de acordo com Hegel, progredia por meio da interação entre tese e antítese. Esses experimentos eram o mesmo processo numa vasta escala. Assim, que importância tinha se Mussolini rachasse crânios ou Lenin enfileirasse no paredão dissidentes socialistas? Os progressistas acreditavam estar participando de um processo de ascensão a uma forma mais moderna, mais "evoluída" de organizar a sociedade, repleta de máquinas modernas, medicina moderna, política moderna. De uma maneira claramente americana, Wilson era um pioneiro desse movimento tanto quanto Mussolini. Um devotado hegeliano — chegou mesmo a invocar Hegel numa carta de amor à esposa —, ele acreditava que a história era um processo científico em desdobramento. O darwinismo era o complemento perfeito de tal pensamento porque parecia confirmar que as "leis" da história estavam refletidas em nossas condições naturais. "Até os dias de hoje", escreveu Wilson enquanto ainda era um cientista político, "quando quer que discutamos a estrutura ou o desenvolvimento de uma coisa... consciente ou inconscientemente seguimos o sr. Darwin."[45]

Na eleição em 1912, Wilson teve uma vitória esmagadora no colégio eleitoral, mas com apenas 42% do voto popular. Ele imediatamente deu início à conversão do Partido Democrata em um partido progressista que, por sua vez, passou a ser uma máquina para a transformação da América. Em janeiro de 1913, jurou "escolher progressistas, e somente progressistas" para seu governo. "Ninguém", declarou em seu discurso de posse, "pode confundir o propósito para o qual a Nação agora busca usar o Partido Democrata... Eu convoco todos os homens honestos, todos os patriotas, todos os homens de visão avançada, para se juntarem a mim. Não os decepcionarei, basta que me aconselhem e me apoiem!" Mas, em outro momento, alertou: "Se você não é um progressista... é melhor se cuidar."[46]

Considerando-se que Wilson não contava com os tipos de mandatos ou com as emergências nacionais desfrutados por outros presidentes liberais, seu considerável sucesso legislativo deve ser atribuído, em grande medida, a uma intensa disciplina partidária. Num gesto sem precedentes, ele manteve o Congresso em sessão contínua durante um ano e meio, algo que nem mesmo Lincoln havia feito durante a Guerra Civil. Soando em tudo como um seguidor de Croly, ele se converteu quase completamente ao Novo Nacionalismo que recentemente havia denunciado, afirmando não querer nenhum "antagonismo entre a comunidade de negócios e o governo".[47] Em termos da política doméstica, Wilson conseguiu ganhar o apoio de progressistas em todos os partidos. Mas não conseguiu ganhar os seguidores de Roosevelt quando se tratou da política externa. A despeito de incursões imperialistas por todas as Américas, ele era considerado brando demais. O senador Albert Beveridge, que havia liderado os progressistas em seus maiores sucessos legislativos no Senado, denunciou Wilson por se recusar a enviar tropas em defesa de interesses americanos na China ou a instalar um homem forte no México. Cada vez mais, o núcleo do Partido Progressista tornava-se quase inteiramente devotado à "prontidão" — modo sintético de se referir à grande escalada militar e à assertividade imperial.

A eclosão da guerra na Europa em 1914 desviou Wilson e o país das preocupações internas. Também se provou uma bênção para a economia americana, interrompendo o fluxo de trabalho imigrante barato e aumentando a demanda por exportações americanas — algo a ter em mente da próxima vez que alguém lhe disser que a era de Wilson prova que políticas progressistas e prosperidade andam de mãos dadas.

A despeito das promessas de Wilson de que nos manteria de fora, a América entrou na guerra em 1917. Retrospectivamente, essa foi, provavelmente, uma intervenção equivocada, embora inevitável. Mas a reclamação de que a guerra não servia aos interesses da América deixa de perceber o ponto central. Wilson *gabava-se* justamente disso o tempo todo. "Não existe um único elemento egoísta, até onde eu consiga ver, na causa pela qual estamos lutando", declarou ele. Wilson era um humilde servidor do Senhor e, portanto, o egoísmo não poderia estar presente.[48]

Mesmo para progressistas ostensivamente seculares, a guerra servia como um chamado divino às armas. Estavam desesperados para pôr as mãos nas alavancas do poder e usar a guerra para redesenhar a sociedade. A capital estava tão cheia de pretensos engenheiros sociais durante a guerra que, como observou um escritor, "o Cosmos Club era pouco melhor que uma reunião do corpo docente de todas as universidades".[49] Homens de negócio progressistas estavam igualmente ansiosos, optando por trabalhar para o presidente quase de graça — daí a expressão *dollar-a-year men* (homens que trabalhavam por apenas um dólar por ano). Obviamente, eles eram recompensados de outras maneiras, como veremos.

O ESTADO POLICIAL FASCISTA DE WILSON

Hoje em dia, associamos fascismo a militarismo sem muita reflexão. Mas deve ser lembrado que o fascismo era militarista porque, no início do século XX, o militarismo era "progressista". Considerando-se o que havia disponível no cenário intelectual, tanto tecnocratas quanto poetas viam os militares como o melhor modelo para organizar e mobilizar a sociedade. A "Batalha do Trigo" de Mussolini e campanhas semelhantes foram propagandeadas dos dois lados do Atlântico como a aplicação iluminada da doutrina de James sobre "o equivalente moral da guerra". Havia uma profunda ironia no objetivo americano de entrar na guerra para esmagar o "militarismo prussiano", pois o que inspirara tantos dos "chefes de torcida" americanos a favor da guerra, em primeiro lugar, havia sido justamente o militarismo prussiano. A ideia da guerra como fonte de valores morais fora lançada por intelectuais alemães no final do século XIX e início do seguinte, e eles tiveram enorme influência sobre a mente dos americanos. Quando a América entrou na guerra de 1917, intelectuais progressistas, versados nas mesmas doutrinas e filosofias que eram populares no continente europeu, saltaram sobre a oportunidade de refazer a sociedade por meio da disciplina da espada.

É verdade que alguns progressistas pensavam que, em termos de méritos, a Primeira Guerra Mundial não estava muito bem assessorada, e alguns deles — Robert La Follette, por exemplo — eram decididamente contra (embora La Follette não fosse nenhum pacifista, já havendo apoiado aventuras militares progressistas). Mas a maior parte apoiava a guerra entusiástica e até fanaticamente (isso também vale para um grande número de socialistas americanos). E até os ambivalentes quanto à guerra na Europa estavam estonteados com o que John Dewey chamou de possibilidades sociais da guerra. Dewey era o filósofo residente do *New Republic* durante a fase preparatória da guerra e ridicularizava os pretensos pacifistas que não sabiam reconhecer o imenso ímpeto para a reorganização propiciado por esta guerra.

Um grupo que de fato reconhecia as possibilidades sociais da guerra era o das primeiras feministas, que, nas palavras de Harriot Stanton Blatch, "esperavam que dela surgissem, como um habitual — e feliz — acompanhamento, novas oportunidades econômicas para as mulheres". Richard Ely, um fervoroso crente nos exércitos industriais, era também um zeloso crente no alistamento militar: "O efeito moral de tirar os garotos das esquinas e dos bares e treiná-los é excelente, e os efeitos econômicos são igualmente benéficos." Wilson claramente via as coisas da mesma forma. "Sou um defensor da paz, começou ele numa declaração típica, mas há algumas coisas esplêndidas que chegam a uma nação pela via da disciplina da guerra." Hitler não poderia ter dito melhor. Como disse ele a Joseph Goebbels: "A guerra... tornou possível para nós a solução de uma série de problemas que nunca poderiam ter sido resolvidos em tempos normais."[50]

Não devemos esquecer como as demandas pela guerra alimentaram os argumentos a favor do socialismo. Dewey estava animado com a ideia de que a guerra poderia forçar os americanos "a abrir mão de grande parte de nossa liberdade econômica... Teremos que deixar de lado nosso individualismo jovial e dançar de acordo com a música". Se a guerra corresse bem, ela poderia restringir "a tradição individualista" e convencer os americanos da "supremacia da necessidade pública sobre as posses privadas". Outro progressista expressou isso mais sucintamente: "O *laissez-faire* está morto. Vida longa ao controle social!"[51]

O *New Republic* de Croly fazia uma incansável pressão a favor da guerra. No primeiríssimo número, escrito por Croly, os editores expressavam suas esperanças de que a guerra "deveria trazer com ela uma organização política e econômica mais adequada para cumprir seu papel em nosso próprio país". Dois anos mais tarde, Croly novamente expressou a esperança de que a entrada da América na guerra proveria "o tônico para uma séria aventura moral". Uma semana antes de a América entrar na guerra, Walter Lippmann (que viria a escrever grande parte dos *Quatorze Pontos* de Wilson) prometeu que as hostilidades produziriam uma "transmutação de valores mais radical que qualquer outra coisa na história do intelecto". Isso era uma evocação transparente ao chamado nietzschiano para derrubar toda a moralidade tradicional. Não por coincidência, Lippmann era um *protégé* de William James, e seu chamado para se usar a guerra como meio de esmagar a velha ordem ilustra o grau de semelhança entre as conclusões dos pragmáticos nietzschianos e americanos e, frequentemente, entre seus princípios. De fato, Lippmann estava fazendo soar a trombeta pragmática quando declarou que nossa compreensão de ideias como democracia, liberdade e igualdade teria que ser repensada a partir de suas bases "tão destemidamente quanto o foram os dogmas religiosos no século XIX".[52]

Enquanto isso, editores e jornalistas socialistas — inclusive muitos do *Masses*, o mais audacioso dos jornais radicais que Wilson tentou banir — corriam para conseguir um cheque de pagamento do ministro da Propaganda de Wilson. Artistas como Charles Dana Gibson, James Montgomery Flagg e Joseph Pennell e escritores como Booth Tarkington, Samuel Hopkins Adams e Ernest Poole tornaram-se "chefes de torcida" de um regime faminto de guerra. Músicos, comediantes, escultores, ministros religiosos — e, é claro, a indústria cinematográfica — foram todos alegremente alistados na causa, ansiosos por usar o "uniforme invisível da guerra". Isadora Duncan, uma pioneira *avant-garde* do que hoje seria chamado de liberação sexual, apresentava-se como sapateadora em desfiles patrióticos no Metropolitan Opera House. A imagem mais duradoura e mais icônica da época é o pôster de James Montgomery Flagg "*I Want You*", com Tio Sam apontando o dedo indicador do Estado-feito-carne aos cidadãos não comprometidos.

Quase único entre os progressistas, o brilhante, bizarro, desfigurado gênio Randolph Bourne pareceu entender exatamente o que estava acontecendo. A guerra revelou uma geração de jovens intelectuais treinados na filosofia pragmática e mal equipados para impedir que os meios se transformassem em fins. A "peculiar compatibilidade entre a guerra e esses homens" simplesmente foi misturada à massa do bolo, lamentou Bourne. E concluiu: "É como se eles e a guerra tivessem estado esperando um pelo outro."[53]

Wilson, o grande centralizador e suposto futuro líder de homens, movimentou-se da noite para o dia para conferir poder àqueles supostos engenheiros sociais, criando uma grande variedade de câmaras, comissões e comitês de guerra. Supervisionando tudo aquilo estava a Câmara das Indústrias de Guerra (*War Industries Board*, ou WIB, na sigla em inglês), chefiada por Bernard Baruch, que fustigou, bajulou e seduziu a indústria americana e a atraiu para os braços amorosos do Estado muito antes de Mussolini ou Hitler haverem concebido suas doutrinas corporativas. Os progressistas que dirigiam a Câmara não tinham nenhuma ilusão a respeito do que pretendiam. "Era uma ditadura industrial sem paralelo — uma ditadura por força da necessidade e do consentimento comum que, passo a passo, finalmente abrangeu toda a nação e a uniu num todo coordenado e móvel", declarou Grosvenor Clarkson, um membro da WIB que mais tarde escreveu a história da Câmara.[54]

Mais importante do que socializar a indústria era nacionalizar as pessoas para o esforço de guerra. "Ai do homem ou grupo de homens que tentar se colocar em nosso caminho", ameaçou Wilson em junho de 1917. Retornando à sua crença em que "líderes de homens" precisam manipular as paixões das massas, ele aprovou e supervisionou um dos primeiros esforços de propaganda verdadeiramente orwellianos na história ocidental. Ele próprio deu o tom quando defendeu o primeiro alistamento militar desde a Guerra Civil. "Não é, de forma alguma, o recrutamento do recalcitrante; trata-se, mais que tudo, de uma seleção entre os membros de uma nação que se voluntariou em massa."[55]

Uma semana depois de começada a guerra, Walter Lippmann — inquestionavelmente ansioso para dar início ao trabalho de deslanchar uma transmutação de valores — enviou um memorando a Wilson implorando que ele começasse um esforço de propaganda arrebatador. Mais tarde, disse acreditar que a maior parte dos cidadãos era gente "mentalmente infantil ou bárbara" e que, portanto, precisava ser dirigida por especialistas como ele próprio. A liberdade individual, embora agradável, precisava estar subordinada, entre outras coisas, à "ordem".[56]

Wilson designou o jornalista progressista George Creel para chefiar o Comitê de Informações Públicas (Committee on Public Information, ou CPI, na sigla em inglês). Ele foi o primeiro a chefiar um Ministério da Propaganda no Ocidente moderno. Creel era um antigo *muckraking* liberal. Quando ocupava o cargo de comissário de polícia em Denver, chegara ao extremo de proibir seus policiais de usar cassetetes ou armas. Ele assumiu imediatamente o portfólio da propaganda, determinado a inflamar o público americano e transformá-lo em "uma massa candente" sob a bandeira do *"americanismo cem por cento"*. "Era uma luta pela *mente* dos homens, pela 'conquista de suas convicções', e a linha de batalha passava por dentro de todas as casas em todos os países", recordou Creel. O medo era uma ferramenta vital, argumentava ele, "um importante elemento a ser inculcado na população civil. É difícil unir um povo dirigindo-se apenas ao nível ético mais elevado. Possivelmente, a luta por um ideal precisa estar combinada com pensamentos de autopreservação".[57]

Inúmeros outros intelectuais esquerdistas e liberais emprestaram seus talentos e suas energias ao esforço de propaganda. Edward Bernays, que receberia o crédito de haver criado o campo das relações públicas, deu seus primeiros passos profissionais trabalhando no Comitê Creel, aprendendo a arte da "manipulação consciente e inteligente dos hábitos e juízos organizados das massas". O CPI imprimiu milhões de pôsteres, botões, panfletos e coisas parecidas em 11 idiomas além do inglês. O comitê acabou tendo mais de vinte subdivisões e escritórios na América e em volta do mundo. A Divisão de Notícias sozinha produziu mais de cem mil notícias. Foram impressos quase cem panfletos diferentes com uma circulação estimada de 75 milhões. Um pôster típico sobre os "Títulos da Liberdade" avisava: "Eu sou a Opinião Pública. Todos os homens me temem!... Se você tem o dinheiro para comprar e não compra, farei disso aqui uma Terra de Ninguém para você!" Um pôster do CPI perguntava: "Você já encontrou o kaiserita? ... Você pode encontrá-lo em saguões de hotéis, vagões para fumantes, clubes, escritórios, até nas casas... Ele é um disseminador de escândalos do tipo mais perigoso. Ele repete todos os rumores e críticas que ouve sobre a participação de nosso país na guerra. Ele soa muito plausível... Pessoas como ele... por meio de sua vaidade, curiosidade ou *traição*, estão ajudando os propagandistas alemães a lançar as sementes do descontentamento."[58]

Uma das maiores ideias de Creel — um tipo de "marketing viral" precoce — foi a criação de um exército de quase cem mil oradores voluntários chamados "Four Minute Men" [Homens Quatro Minutos]. Cada um era equipado e treinado pelo CPI para fazer discursos de propaganda com duração de quatro minutos em reuniões públicas, restaurantes, cinemas — qualquer lugar onde houvesse pessoas reunidas — para defender a guerra e alertar que o "próprio futuro da democracia" estava em jogo. Somente em 1917-18, foram feitos 7.555.190 discursos em 5.200 comunidades. Essas falas celebravam Wilson como um líder super-humano e pintavam os alemães como hunos sub-humanos. Invariavelmente, os horrores dos crimes de guerra alemães aumentavam à medida que os Homens Quatro Minutos realizavam seu trabalho. O CPI produziu uma série de filmes de propaganda com títulos como *O Kaiser, A besta de Berlim* e *O vira-lata prussiano*. As escolas, obviamente, foram inundadas com propaganda nacionalista. As escolas secundárias e faculdades rapidamente acrescentaram "cursos sobre guerra" em seus currículos. E sempre, e por toda parte, os progressistas questionavam o patriotismo de qualquer um que não agisse de modo "100% americano".

Outro nomeado por Wilson, o *muckraker* socialista Arthur Bullard — que havia escrito para o jornal radical *Masses* e era um conhecido de Lenin —, também estava convencido de que o Estado tinha que incitar o povo a um fervor patriótico caso a América quisesse alcançar a "transmutação" pela qual ansiavam os progressistas. Em 1917, ele publicou *Mobilising America* (*Para mobilizar a América*), no qual argumentava que o Estado precisa "eletrizar a opinião pública" porque "a eficácia de nossa luta armada dependerá do ardor com que nos lançarmos a ela". Qualquer cidadão que não pusesse as necessidades do Estado acima das suas era meramente um "peso morto". As ideias de Bullard eram assustadoramente semelhantes às doutrinas sorelianas da "mentira vital". "Verdade e mentira são termos arbitrários... Existem verdades mortas e mentiras vitais... A força de uma ideia reside em seu valor inspiracional. Importa muito pouco que seja verdadeira ou falsa."[59]

O advogado radical e suposto libertário civil Clarence Darrow é hoje um herói da esquerda por causa da defesa que fez da teoria da evolução em 1925, durante o julgamento de John T. Scopes (o julgamento Scopes "Monkey", como é conhecido), um professor de ciências do Tennessee condenado (e depois absolvido) por ensinar a evolução a alunos do segundo grau. Darrow tanto fazia frequentes discursos a favor do CPI quanto defendeu os esforços de censura feitos pelo governo. "Quando ouço um homem aconselhando o povo americano a estabelecer os termos da paz", escreveu Darrow num livro lançado com apoio do governo, "eu sei que está trabalhando para a Alemanha." Num discurso no Madison Square Garden, ele disse que Wilson teria sido um traidor se não desafiasse a Alemanha, e acrescentou: "Qualquer homem que se recuse a apoiar o presidente nesta crise é pior que um traidor." A opinião legal especializada de Darrow — e os liberais modernos poderão se surpreender quando souberem disso — era que, uma vez decidido pelo Congresso que os Estados Unidos entrariam na guerra, o direito de questionar aquela decisão havia se evaporado totalmente (um padrão interessante, dada a tendência muito comum de se afirmar não haver precedentes para a forma como o governo Bush se comportou em sua comparativamente tépida crítica ao dissenso). Uma vez dada a partida, os cidadãos perdem o direito de discutir a questão, seja pública ou privadamente: "A aquiescência dos cidadãos torna-se um dever."[60] (É irônico que a União Americana pelas Liberdades Civis [American Civil Liberties Union, ou ACLU, na sigla em inglês] tenha ganhado fama apoiando Darrow no julgamento de Scopes.)

O racionamento e a fixação de preços da "ditadura econômica" exigiram que os americanos fizessem grandes sacrifícios, incluindo os vários dias sem carne e sem trigo que eram comuns a todas as economias de guerra dos países industrializados na primeira metade do século XX. Mas as táticas usadas para impor esses sacrifícios fizeram avançar dramaticamente a ciência da propaganda totalitária. Os americanos sofreram uma inundação de voluntários patriotas que batiam às suas portas para que assinassem uma petição ou fizessem um juramento não apenas de serem patriotas, mas de se absterem desse ou daquele "luxo". Herbert Hoover, o chefe nacional da Agência de Alimentação (Food Administration), ganhou reputação como um funcionário público empenhado em fazer os americanos apertarem os cintos, despachando mais de meio milhão de especialistas em bater às portas somente para alcançar seus fins. Ninguém pode questionar seu gosto pela tarefa. "A sopa", reclamou, "é uma das piores peças de extravagância que temos neste país."[61]

As crianças eram uma preocupação especial do governo, como sempre é o caso em sistemas totalitários. Pedia-se que assinassem um cartão assumindo um compromisso, "O Juramento de um Pequeno Americano":

À mesa, não deixarei nem uma migalha no prato
À tarde nada comerei e pelo jantar esperarei.
Prometo que me empenharei
Da maneira mais honesta possível
Para ajudar minha América
De todo o meu leal coração.

Para os mais novinhos, que não podiam assinar o cartão-promessa e muito menos ler, os planejadores progressistas da guerra ofereciam uma cantiga infantil com os versos reescritos:

Menininho Azul, venha tocar sua corneta!
A cozinheira está usando trigo onde tem que usar milho
E uma fome terrível castigará nosso país
Se as cozinheiras e as donas de casa continuarem dormindo!
Vá acordá-las! Vá acordá-las! Depende de você agora!
Seja um americano leal, Menininho Azul![62]

Mesmo enquanto produzia uma propaganda incessante, o governo continuava silenciando o dissenso. A Lei de Sedição promulgada por Wilson proibia "falar, imprimir, escrever ou publicar qualquer linguagem desleal, profana, caluniosa ou abusiva sobre o governo dos Estados Unidos ou os militares". O diretor-geral dos Correios, Albert Sidney Burleson, recebeu autorização para negar privilégios postais a qualquer publicação que ele quisesse — o que significava fechá-la. Pelo menos 75 periódicos foram proibidos. Publicações estrangeiras só podiam entrar no país depois que seu conteúdo fosse traduzido e aprovado por censores. Jornalistas também enfrentaram a ameaça muito real de serem presos ou terem cortado seu suprimento de papel de imprensa pela Câmara das Indústrias de Guerra.

Artigos "inaceitáveis" incluíam qualquer discussão — não importava se fossem inofensivas ou patrióticas — que denegrisse o alistamento. "Existe um limite", declarou Burleson. Esse limite é excedido, explicou, quando uma publicação "começa a dizer que este governo errou ao entrar na guerra, que está nela por razões erradas, ou qualquer coisa que impugne os motivos do governo para entrar na guerra. Elas não podem dizer que este governo é uma ferramenta de Wall Street ou dos fabricantes de munições... Não pode haver nenhuma campanha contra o recrutamento e a Lei de Alistamento".[63]

O mais famoso episódio de censura veio com a implacável campanha do governo contra a *Masses*, a revista literária radical editada por Max Eastman. O diretor-geral dos Correios revogou o direito da revista de ser distribuída por correio, apelando à Lei de Espionagem. Especificamente, o governo acusou a revista de tentar prejudicar o recrutamento militar. Entre os conteúdos "ilegais" estavam uma caricatura afirmando que aquela era uma guerra para "tornar o mundo seguro para o capitalismo" e um editorial de Eastman louvando a coragem dos que resistiam ao alistamento. Seis editores foram julgados em Nova York, mas conseguiram "vencer" em julgamentos empatados (mais tarde, jurados e advogados comentaram que, se algum deles fosse alemão ou judeu, certamente teria sido considerado culpado).

É claro que o "efeito desencorajador" sobre a imprensa em geral foi muito mais eficaz do que os fechamentos. Muitas das revistas fechadas tinham um público muito pequeno. Mas a ameaça de serem postos fora de serviço fez maravilhas para alertar a mente de outros editores. Se o poder do exemplo não fosse suficientemente forte, os editores recebiam uma carta ameaçadora. Se aquilo não funcionasse, poderiam perder seus privilégios postais "temporariamente". Mais de quatrocentas publicações haviam tido privilégios negados até maio de 1918. O *Nation* havia sido suprimido por criticar Samuel Gompers. A revista *Public* fora atingida por sugerir que a guerra deveria ser paga com impostos em vez de empréstimos, e o *Freeman's Journal and Catholic Register* sofrera sanções por reeditar a opinião de Thomas Jefferson de que a Irlanda deveria ser uma república. Mesmo o belicista *New Republic* não estava seguro. Por duas vezes foi alertado de que seria banido das correspondências se continuasse a publicar anúncios do Birô Nacional pelas Liberdades Civis (National Civil Liberties Bureau) pedindo doações e voluntários.

E então veio a inevitável repressão progressista contra as liberdades civis dos indivíduos. Os liberais de hoje tendem a reclamar do período McCarthy como se fosse o mais escuro da história americana após a escravidão. É verdade: sob o macarthismo, alguns escritores de Hollywood que haviam apoiado Stalin e mentido sobre isso perderam seus empregos na década de 1950. Outros foram injustamente intimidados. Mas nada do que aconteceu sob o reinado enlouquecido de Joe McCarthy remotamente se compara ao que Wilson e seus companheiros progressistas impuseram à América. Sob a Lei de Espionagem de junho de 1917 e a Lei de Sedição de maio de 1918, *qualquer* crítica ao governo, mesmo em sua própria casa, poderia lhe render uma sentença de prisão (uma lei que Oliver Wendell Holmes manteve durante anos depois da guerra, argumentando que falas desse tipo poderiam ser proibidas se representassem um "perigo claro e presente"). Em Wisconsin, um funcionário do estado pegou dois anos e meio por criticar uma campanha de levantamento de fundos da Cruz Vermelha. Um produtor de Hollywood recebeu uma condenação de dez anos de cadeia porque fez um filme mostrando tropas inglesas cometendo atrocidades *durante a Revolução Americana*. Um homem foi levado a julgamento por haver explicado em sua própria casa por que ele não queria comprar os Títulos da Liberdade.[64]

Nenhum Estado policial merece o nome se não tiver um amplo suprimento de policiais. O Departamento de Justiça prendeu dezenas de milhares sem justa causa. O governo Wilson emitiu uma orientação para procuradores e chefes de polícia americanos dizendo: "Nenhum inimigo alemão neste país que, até o momento, não esteve implicado em complôs contra os interesses dos Estados Unidos precisa ter qualquer receio de ações do Departamento de Justiça, desde que observe o seguinte aviso: Obedeça à lei; mantenha a boca fechada."[65] Esta linguagem direta e grossa poderia ser perdoável, não fosse pela definição assustadoramente ampla daquilo que o governo entendia como um "inimigo alemão".

O Departamento de Justiça criou seus próprios *fascisti* quase oficiais, conhecidos como a Liga Protetora Americana (American Protective League, ou APL, na sigla em inglês). Eles receberam braçadeiras — em muitas delas escrito "Serviço Secreto" — e foram encarregados de ficar de olho em seus vizinhos, colegas de trabalho e amigos. Usados como espiões privados por promotores fanáticos em milhares de casos, recebiam amplos recursos governamentais. A APL tinha uma divisão de inteligência na qual os integrantes faziam um juramento de não revelar que eram parte da polícia secreta. Integrantes da APL liam a correspondência dos vizinhos e ouviam seus telefonemas com aprovação do governo. Em Rockford, Illinois, o exército pediu à APL para extrair confissões de soldados negros acusados de terem assaltado mulheres brancas. A Patrulha Vigilante Americana (American Vigilante Patrol) da APL reprimia a "oratória sediciosa das ruas". Uma de suas mais importantes funções era espancar "desertores" que evitavam o alistamento. Na cidade de Nova York, em setembro de 1918, a APL deslanchou seu maior ataque contra desertores, detendo cinquenta mil homens. Mais tarde, provou-se que dois terços eram totalmente inocentes. Ainda assim, o Departamento de Justiça aprovou a ação. O procurador-geral adjunto notou, com grande satisfação, que a América nunca tinha sido policiada com tanta eficácia. Em 1917, a APL tinha ramificações em quase seiscentas cidades e vilas, e o número de associados era de quase cem mil. No ano seguinte, havia ultrapassado os 250 mil.[66]

Uma das poucas coisas desse período que os leigos ainda retêm na memória é um vago sentimento de que aconteceu algo ruim chamado *Batidas de Palmer* — aquela série de batidas policiais inconstitucionais, aprovadas por Wilson, contra grupos e indivíduos "subversivos". O que em geral se ignora é que essas batidas eram imensamente populares, sobretudo perante a base de classe média do Partido Democrata. O procurador-geral A. Mitchell Palmer era um progressista esperto que derrotou a máquina republicana na Pensilvânia depois de criar um forte vínculo com os trabalhadores. Seu plano era cavalgar a onda de popularidade das batidas para chegar ao Salão Oval, e talvez tivesse conseguido se não sofresse um ataque do coração que o tirou de campo.

Também é necessário observar que a Legião Americana nasceu em 1919 sob circunstâncias nada auspiciosas, durante a histeria da Primeira Guerra Mundial. Embora seja hoje uma organização admirável com uma história da qual se orgulha, não se pode ignorar o fato de que foi fundada como uma organização essencialmente fascista. Em 1923, o comandante nacional da Legião declarou: "Se alguma vez for necessário, a Legião Americana estará de prontidão para proteger as instituições e os ideais de nosso país tal como os fascistas fizeram com os destruidores que ameaçavam a Itália."[67] Mais tarde, FDR tentaria usar a Legião como uma nova Liga Protetora Americana para espionar dissidentes internos e hostilizar potenciais agentes estrangeiros.

Durante o *americanismo cem por cento* de Wilson, o vigilantismo era frequentemente encorajado e raramente dissuadido. E como poderia ser de outro modo, dadas as próprias advertências de Wilson sobre o inimigo interno? Em 1915, na terceira mensagem anual ao Congresso, ele declarou que "a mais grave ameaça contra nossa paz e segurança nacionais tem brotado dentro de nossas próprias fronteiras. Há cidadãos dos Estados Unidos, e eu ruborizo ao admiti-lo, que nasceram sob outras bandeiras... que têm derramado o veneno da deslealdade dentro das próprias artérias de nossa vida nacional; que estão buscando trazer o desprezo à autoridade e ao bom nome de nosso governo, destruir nossas indústrias onde quer que considerem ser eficaz para seus propósitos vingativos, e degradar nossa política em proveito de intrigas estrangeiras". Quatro anos depois, o presidente ainda estava convencido de que talvez a maior ameaça à América viesse de americanos "com hifens": "Nunca é demais repetir — qualquer homem que carregue um hífen leva consigo uma adaga e está pronto a mergulhá-la nos órgãos vitais desta República quando quer que se apresente o momento. Se, nesta grande disputa, eu puder pôr as mãos em qualquer homem com um hífen, saberei que terei agarrado um inimigo da República."[68]

Era essa a América que Woodrow Wilson e seus aliados buscavam. E conseguiram o que queriam. Em 1919, num desfile em Victory Loan, um homem se recusou a ficar de pé durante o hino nacional. Quando *The Star-Spangled Banner* terminou, um marinheiro enfurecido atirou três vezes nas costas do "desleal". Quando o homem caiu, relatou o *Washington Post*, "a multidão explodiu em vivas e palmas". Outro homem que se recusou a ficar de pé para o hino nacional durante um jogo de beisebol foi espancado pelos torcedores nas arquibancadas. Em fevereiro de 1919, um júri em Hammond, Indiana, levou dois minutos para absolver um homem que havia assassinado um imigrante que gritara "Ao inferno com os Estados Unidos". Em 1920, um vendedor de uma loja de roupas em Waterbury, Connecticut, recebeu uma sentença de seis meses de prisão por se referir a Lenin como "um dos líderes mais inteligentes" do mundo. A sra. Rose Pastor Stokes foi detida, julgada e presa por dizer a um grupo de mulheres: "Eu sou a favor do povo, e o governo é a favor dos especuladores." O progressista republicano antibelicista Robert La Follette passou um ano lutando contra a tentativa de o expelirem do Senado: foi acusado de deslealdade por haver feito um discurso perante a Liga Não-Partidária opondo-se à guerra. O *Providence Journal* estampava uma nota de destaque — todos os dias — alertando os leitores de que qualquer alemão ou austríaco, "a menos que conhecido durante anos de associação, deve ser tratado como um espião". A Ordem dos Advogados de Illinois determinou que advogados de defesa de pessoas que resistiam ao alistamento eram não apenas "pouco profissionais", mas "impatrióticos".[69]

Autores alemães foram expurgados de bibliotecas, famílias de origem alemã foram hostilizadas e ridicularizadas, *sauerkraut* tornou-se "repolho da liberdade" e — como Sinclair Lewis recordou, meio em tom de brincadeira — houve quem considerasse renomear *german measles* de "sarampo da liberdade". Socialistas e outros esquerdistas que agitavam durante a guerra foram agredidos brutalmente. Turbas no Arizona abarrotaram vagões de gado com sindicalistas radicais e os deixaram no deserto sem comida nem água. Em Oklahoma, oponentes da guerra foram pichados e cobertos de penas, e um líder aleijado dos Trabalhadores Industriais do Mundo foi pendurado nas vigas de um pontilhão. Na Universidade de Colúmbia, o presidente Nicholas Murray Butler demitiu três professores que haviam criticado a guerra, com a justificativa de que "o que costumava ser um erro de obstinados, agora é sedição. O que alguma vez foi loucura, agora é traição". Richard Ely, louvado na Universidade de Wisconsin, organizou os professores e outros para esmagar a dissidência interna recorrendo à Legião da Lealdade de Wisconsin. Qualquer um que expressasse "opiniões que nos prejudiquem durante este terrível conflito", explicou, deve levar uma "demissão", quando não um "tiro".* O primeiro de sua lista era Robert La Follette, a quem Ely tentou de todos os modos expulsar da política de Wisconsin sob a acusação de ser um "traidor" que "tem dado mais ajuda ao *kaiser* do que uma tropa de 250 mil homens".[70]

É difícil obter números exatos, mas foi estimado que cerca de 175 mil americanos foram presos porque não conseguiram demonstrar seu patriotismo de uma maneira ou de outra. Todos eles foram punidos, muitos enviados à prisão. Na maior parte dos casos, os progressistas olharam o que haviam criado e disseram: "Isto é bom." A "grande guerra europeia... está derrubando o individualismo e construindo o coletivismo", celebrou o banqueiro progressista George Perkins, sócio de J. P. Morgan. Grosvenor Clarkson disse

---

*No original, há aqui um jogo de palavras: "deve ser *fired* (que significa tanto "demitido" quanto "levar um tiro"), quando não *shot*" ("levar um tiro"). (*N. da T.*)

coisas semelhantes. O esforço de guerra "é uma história da conversão de cem milhões de pessoas combativamente individualistas num vasto esforço de cooperação no qual o bem de cada unidade foi sacrificado pelo bem do todo". A arregimentação da sociedade, acreditava o assistente social Felix Adler, estava nos deixando cada vez mais próximos de criarmos o "homem perfeito... um tipo mais honrado, mais belo e mais virtuoso que qualquer outro... que já terá existido". O *Washington Post* era mais modesto. "A despeito de excessos como linchamentos", dizia um editorial, "existe um saudável e benéfico despertar no interior do país."[71]

Talvez seja necessário acrescentar alguns aspectos contextuais aqui. Mais ou menos no exato momento em que John Dewey, Herbert Croly, Walter Lippmann e tantos outros falavam efusivamente sobre o "tônico moral" que a guerra proveria e sobre como aquela era a mais elevada e a melhor causa a ser abraçada por todas as pessoas dedicadas aos valores liberais, progressistas, Benito Mussolini defendia argumentos praticamente idênticos na Itália. Mussolini havia sido o cérebro do Partido Socialista italiano. Foi influenciado por muitos dos mesmos pensadores que influenciaram os progressistas americanos — Marx, Nietzsche, Hegel, James e outros — e queria que a Itália lutasse do lado Aliado, ou seja, do que acabou sendo o lado *americano*. E, ainda assim, o apoio de Mussolini à guerra imediatamente o tornou, a ele e a seu movimento fascista, "objetivamente" direitista, de acordo com a propaganda comunista.

Então isso significa que os editores do *New Republic*, os progressistas no governo Wilson, John Dewey e a vasta maioria dos pretensos socialistas americanos ficaram todos subitamente direitistas? É claro que não. Foi somente na Itália — sede do mais radical partido socialista na Europa, depois da Rússia — que o apoio à guerra automaticamente transformou esquerdistas em direitistas. Na Alemanha, os socialistas no Reichstag votaram a favor da guerra. Na Inglaterra, os socialistas votaram a favor da guerra. Na América, os socialistas e progressistas votaram a favor da guerra. Isso não fez deles uns direitistas; isso os tornou esquerdistas chocantemente sedentos de sangue e jingoístas. Esse é apenas um atributo dos progressistas que tem sido totalmente apagado da história popular. "Talvez eu me opusesse à guerra tanto quanto qualquer outro na nação", declarou não menos que *Mother* Jones, uma defensora do socialismo "americanista", "mas nós entramos numa luta, e estou entre aqueles que pretendem se livrar desses tipos, e temos que expulsar o *kaiser*... o que aceita suborno, o ladrão, o assassino." Dificilmente ela terá sido a única. Charles E. Russell, um socialista a favor da guerra, declarou que seus antigos colegas deveriam ser "expulsos do país". Outro afirmou que socialistas antibelicistas deveriam ser "fuzilados imediatamente, sem nem uma hora de atraso".[72]

Na versão liberal da história da América, existem apenas dois perpetradores de delitos oficiais: os conservadores e "a América" como um todo. Os progressistas, ou liberais modernos, nunca são vistos como dogmáticos nem tiranos, mas os conservadores frequentemente o são. Por exemplo, praticamente ninguém ouvirá dizer que as Batidas de Palmer, a Lei Seca ou a eugenia americana foram fenômenos totalmente progressistas. Esses são pecados pelos quais a própria América precisa se penitenciar. Enquanto isso, os reais ou supostos delitos "conservadores" — o macarthismo, digamos — são sempre culpa exclusiva dos conservadores e um sinal das políticas que eles voltariam a implementar caso recebessem o poder. O único equívoco culpável que cometem os liberais é deixar de lutar "com empenho suficiente" para defender seus princípios. Os liberais nunca são responsáveis por delitos históricos, porque não sentem nenhuma compulsão de defender a inerente bondade da América. Os conservadores, enquanto isso, não apenas assumem a culpa por eventos que não provocaram e contra os quais frequentemente se empenharam intensamente, mas se veem defendendo delitos liberais a fim de defender a própria América.

O socialismo de guerra de Wilson foi um projeto inteiramente progressista e continuou a ser um ideal liberal até muito tempo depois da guerra. Ainda hoje, os liberais instintiva e automaticamente veem a guerra como uma desculpa para expandir o controle governamental sobre vastos segmentos da economia. Se é para acreditar que o fascismo "clássico" é, antes e acima de tudo, a elevação de valores marciais e a militarização do governo e da sociedade sob a bandeira do nacionalismo, fica muito difícil compreender por que razão a Era Progressista não foi também a Era Fascista.

De fato, é muito difícil deixar de perceber que os progressistas se encaixavam nos critérios objetivos que definem um movimento fascista, tal como convencionados por tantos especialistas no tema. O progressismo era, em grande medida, um movimento de classe média que se opunha tanto ao capitalismo desenfreado acima dela quanto ao radicalismo marxista da base. Os progressistas esperavam encontrar uma via mediana entre os dois, o que os fascistas chamavam de "Terceira Via" ou o que Richard Ely, mentor tanto de

Wilson quanto de Roosevelt, chamou de a "média de ouro" entre o individualismo *laissez-faire* e o socialismo marxista. Em todos eles, o maior desejo era impor uma ordem moral unificante, totalitária, que regulasse o indivíduo em casa e na rua. Os progressistas também partilhavam com os fascistas e nazistas um candente desejo de transcender diferenças de classe dentro da comunidade nacional e criar uma nova ordem. George Creel declarou esse objetivo sucintamente: "Nenhuma linha divisória entre ricos e pobres, e nenhuma distinção de classes para engendrar invejas mesquinhas."[73]

Era essa, precisamente, a missão social e o apelo do fascismo e do nazismo. Em discurso após discurso, Hitler deixava claro que sua meta era que não houvesse nenhuma linha divisória entre ricos e pobres. "Que diferença em comparação com certo país", declarou, referindo-se à Espanha destroçada pela guerra. "Lá existe classe contra classe, irmão contra irmão. Escolhemos o outro caminho: em vez de os dilacerar, nós os aproximamos uns dos outros." Robert Ley, o líder da Frente de Trabalhadores Alemães dos nazistas, declarou peremptoriamente: "Nós somos o primeiro país na Europa a superar a luta de classes." Não vem ao caso saber se a retórica correspondeu à realidade; o apelo de tal meta era profundo, e sincera a intenção. Um jovem e ambicioso advogado alemão que quis estudar no exterior foi persuadido por seus amigos a ficar no país para não perder toda aquela excitação. "O partido [nazista] pretendia mudar todo o conceito de relações trabalhistas, baseando-se no princípio de codeterminação e de responsabilidades partilhadas entre gerência e trabalhadores. Eu sabia que era utópico, mas acreditava nele com todo o meu coração... As palavras de Hitler, prometendo um socialismo protetor, mas disciplinado, caíram em ouvidos muito receptivos."[74]

Com toda certeza, o preço da concretização de tais sonhos utópicos teria de ser a perda da liberdade pessoal. Mas tanto progressistas quanto fascistas estavam felizes em pagá-lo. "O individualismo", declarou Lyman Abbott, editor do *Outlook*, "é a característica do simples barbarismo, não da civilização republicana."[75] Hoje, a concepção progressista do papel do indivíduo na sociedade, nos termos de Wilson e Croly, soaria, e certamente soa a qualquer um que seja justo e tenha verdadeira sensibilidade liberal, como pelo menos perturbadora e, em certa medida, fascista. Os dois, assim como a vasta maioria dos progressistas, não teriam nenhuma objeção de princípios à concepção nazista da *Volksgemeinschaft* — "comunidade do povo", ou comunidade nacional

— ou ao slogan nazista de situar "o bem comum acima do bem privado". Tanto progressistas quanto fascistas recorriam explicitamente ao darwinismo, ao hegelianismo e ao pragmatismo para justificar suas visões de mundo. De fato, talvez a maior ironia seja que, de acordo com a maior parte dos critérios que usamos para situar pessoas e políticas no espectro ideológico americano — bases sociais, demografia, políticas econômicas, provisões para políticas sociais —, Adolf Hitler estava, inquestionavelmente, à *esquerda* de Wilson.

Esse é o elefante no canto da sala que a esquerda americana nunca conseguiu admitir, explicar ou compreender. Sua inabilidade para lidar abertamente com esse fato, combinada ou não com sua recusa em fazê-lo, distorceu nossa compreensão de nossa política, de nossa história e de nós mesmos. Os liberais continuam dizendo que "isso não pode acontecer aqui" com uma piscadela esperta ou um sorriso irônico, de modo a insinuar que a direita está constantemente tramando esquemas fascistas. Enquanto isso, escondido diante de todos, está este óbvio fato: isso *já* aconteceu aqui, e pode muito bem acontecer de novo. Para ver a ameaça, no entanto, você precisa olhar por sobre seu ombro esquerdo, não por sobre o direito.

4
O *New Deal* Fascista de Franklin Roosevelt

A NAÇÃO FOI ENVOLVIDA numa febre de guerra fomentada pelo governo, embora não houvesse guerra nenhuma. Forças governamentais induziram grevistas sindicalizados a provocar um tumulto. Dezesseis trabalhadores foram mortos, alguns baleados pelas costas. Um jovem correspondente relatou: "Eu compreendi, com todas as células dos meus ossos e do meu sangue, o que era o fascismo." Um importante intelectual que havia se posto ao lado do governo declarou numa apresentação a estudantes: "A provação da guerra põe à mostra os magníficos recursos da juventude."[1]

O embaixador britânico telegrafou para Londres alertando seus superiores sobre a crescente histeria fomentada pelo novo líder da nação. "As lealdades famintas de um alvo e o culto do herói que estava represado no país encontraram nele uma saída e um símbolo." Visitando as áreas rurais, um assessor descreveu o crescente culto da personalidade: "Todas as casas que visitei — de trabalhadores nos moinhos ou de desempregados — tinham uma foto do presidente... Ele é, ao mesmo tempo, Deus e seu amigo íntimo; ele conhece todos pelo nome, conhece sua cidadezinha e seu moinho, suas vidinhas e seus problemas. E embora tudo o mais falhe, ele está ali, e não os abandonará."[2]

Ainda que a crise fosse de natureza econômica, o novo comandante nacional havia prometido obter o "poder de iniciar uma guerra contra a emergência, um poder tão grande quanto o que me seria dado se fôssemos de fato invadidos por um inimigo externo... Eu assumo, sem hesitar, a liderança deste grande exército de nosso povo dedicado ao ataque disciplinado a nossos problemas comuns".

Presumivelmente, alguns leitores já sabem que o país do qual estou falando é a América, e o líder é FDR. Os tumultos trabalhistas ocorreram em Chicago. O jovem repórter atônito era Eric Sevareid, um dos titãs do noticiário da CBS. O intelectual que entediava os estudantes de Dartmouth com seu longo discurso sobre as virtudes da guerra era Rexford Tugwell, um dos mais proeminentes integrantes do *Brain Trust* do *New Deal*. E, é claro, as últimas citações são do próprio Franklin Delano Roosevelt em seu discurso de posse.

Assim como o liberalismo, nos anos recentes, caiu num estado de confusão ideológica e intelectual, os liberais americanos têm se encolhido em posição fetal em torno do "legado" de Franklin D. Roosevelt. Teoristas legais liberais vêm transformando o *New Deal* numa segunda fundação da América. Jornalistas de destaque rebaixam-se a uma idolatria abjeta. De fato, às vezes parece que tudo que alguém precisa saber sobre os méritos de uma política é se o próprio Roosevelt a teria aprovado. Toma-se como inquestionável que os republicanos estão errados, chegando a ser considerados fascistas, quando querem "desmontar" as políticas de FDR.

Uma das mais patéticas ironias aqui é que um Hitler ou um Mussolini dos tempos modernos nunca teriam desmontado o *New Deal*. Ao contrário, eles teriam redobrado seus esforços. Isso não significa dizer que o *New Deal* fosse algo mau ou hitleriano. Mas o *New Deal* era um produto dos impulsos e das ideias de sua época. E é impossível separar tais ideias e impulsos do momento fascista pelo qual passava a civilização ocidental. De acordo com Harold Ickes, secretário do Interior de FDR e um dos mais importantes arquitetos do *New Deal*, o próprio Roosevelt reconhecera privadamente que "o que estávamos fazendo neste país eram algumas das coisas que estavam sendo feitas na Rússia e mesmo algumas que estavam sendo feitas sob Hitler na Alemanha. Mas nós as fazíamos de uma maneira arrumada". É difícil ver como a arrumação absolve uma política da acusação de fascismo ou totalitarismo. Posteriormente, as semelhanças tornaram-se tão transparentes que Ickes teve de alertar Roosevelt de que o público estava cada vez mais inclinado a "inconscientemente agrupar quatro nomes, Hitler, Stalin, Mussolini e Roosevelt".[3]

A noção de que FDR nutria tendências fascistas é muito mais controvertida hoje do que era na década de 1930, principalmente porque fascismo veio a significar nazismo, e nazismo simplesmente significa o mal. Dizer, por exemplo, que FDR tinha uma política fiscal hitleriana apenas confunde as pessoas. Mas o tom fascista do *New Deal* não só era discutido regularmente, como também era frequentemente citado como um ponto a favor de Roosevelt. Havia um enorme consenso, nos dois partidos, de que a Depressão requeria políticas ditatoriais e fascistas para derrotá-la. Walter Lippmann, servindo de embaixador da elite liberal da América, disse a FDR num encontro privado em Warm Springs: "A situação é crítica, Franklin. Você pode não ter nenhuma alternativa a não ser assumir poderes ditatoriais."[4] Eleanor Roosevelt também acreditava que um "ditador benevolente" poderia ser a única resposta para a América. E dificilmente os intelectuais liberais que giravam em torno do governo Roosevelt terão perdido de vista o fato de que o imensamente popular Benito Mussolini havia usado os mesmos métodos para pôr na linha os ingovernáveis italianos. Afinal de contas, o *New Republic* — o lar intelectual do *New Deal* — havia feito a cobertura dos acontecimentos na Itália em tom de fascinação e, frequentemente, de admiração.

De fato, o *New Deal* foi concebido no auge de um momento fascista mundial, um momento em que socialistas de muitos países estavam se tornando crescentemente nacionalistas e em que os nacionalistas não podiam abraçar nada que não fosse o socialismo. Franklin Roosevelt não era nenhum fascista, ou pelo menos não se concebia como tal. Mas muitas de suas ideias e políticas eram indistinguíveis do fascismo. E hoje nós vivemos com os frutos do fascismo, e os chamamos liberais. Da política econômica à política populista e à fé no duradouro poder dos *brain trusts* para planejar nosso futuro coletivo — seja em Harvard ou na Suprema Corte —, as suposições fascistas sobre o papel do Estado foram codificadas na mente americana, frequentemente com a concordância consensual dos dois partidos.

Essa não era a "visão" de FDR, pois ele não tinha nenhuma. Ele era o produto de uma época em que coletivismo, exortações patrióticas e uma rejeição pragmática da excessiva confiança em princípios simplesmente pareciam ser o "modo do futuro". Ele absorveu essas atitudes e ideias a partir de sua experiência durante a Era Progressista e com assessores que haviam feito o mesmo. Se Wilson era um totalitário intencional, Roosevelt tornou-se um totalitário por falta de alternativa — basicamente porque não tinha nenhuma ideia melhor a oferecer.

PROGRESSISTA DESDE O COMEÇO

Nascido em 1882, um ano antes de Mussolini, Franklin Delano Roosevelt dificilmente terá sido criado para ser um grande homem. A rigor, ele não foi criado para ser grande coisa em nada. Um garoto doce e gentil, foi afastado de tudo que se parecesse com o que hoje chamaríamos de uma infância normal. Quase sufocado pelas atenções de seus pais, James Roosevelt e Sara Delano, esperava-se dele que emulasse a vida aristocrática da família. O jovem FDR teve poucos amigos de sua própria idade. Filho único, foi educado basicamente em casa por preceptores suíços (lembremo-nos de que Wilson também havia sido instruído em casa). Em 1891, quando seus pais visitavam um spa na Alemanha de Bismarck, o jovem Franklin — "Franz" para os colegas — frequentou uma *Volksschule*, onde estudou leitura de mapas e topografia militar. Ele afirmava recordar essa experiência com muito orgulho, particularmente de seu estudo de mapas militares alemães.

A juventude de Roosevelt estabeleceu as bases de sua personalidade adulta. Quando Franklin tinha 8 anos, seu pai sofreu o primeiro de diversos ataques cardíacos. O garoto respondeu decidindo ocultar do pai sua tristeza e ansiedade. Aparentemente, foi aí que FDR começou a praticar o ocultamento de seus verdadeiros sentimentos por trás de um comportamento permanentemente alegre. Pelo resto de sua vida, e particularmente quando era presidente, tanto seus amigos quanto inimigos reclamariam de que nunca se podia ter certeza de que Roosevelt estava dizendo o que realmente pensava. Essa era uma maneira polida de dizer que eles nunca podiam saber se Roosevelt estava mentindo descaradamente. "Quando falo com ele, ele diz 'Certo! Certo! Certo!'", lamentava-se Huey Long. "Mas Joe Robinson (um inimigo político de Long) vai vê-lo no dia seguinte, e de novo ele diz 'Certo! Certo! Certo!' Talvez ele diga 'certo' a todo mundo."[5]

FDR deixou o ninho paterno em 1896 para estudar em Groton. A transição foi difícil. Criado falando alemão com a governanta de fala alemã e francês com preceptores de fala francesa, e falando inglês desdenhosamente em todas as outras circunstâncias, Roosevelt irritava os outros estudantes.

Finalmente, no entanto, sua determinação de se encaixar — tinha quase uma obsessão com a conformidade — o recompensou, e ele ascendeu em status social. Não era um estudante particularmente brilhante. Suas notas mais altas eram em pontualidade e arrumação. De fato, existe o consenso de que, intelectualmente, FDR aproximava-se de um peso leve. Ele raramente lia livros, e os que leu estavam longe de ser obras de vulto. O historiador Hugh Gallagher escreve que "ele tinha uma mente ativa e muitos interesses, mas não era profundo".[6]

FDR sofria dolorosamente com a inveja que sentia de seu primo Teddy Roosevelt. Quando Franklin se matriculou em Harvard, em 1904, começou a imitar os maneirismos dos *Bull Moose* — de modo bem semelhante ao de muitos *baby-boomers* liberais, como Bill Clinton e John Kerry, que emularam John F. Kennedy na juventude. O jovem Franklin carregava na pronúncia de *"deee-lighted"*, gritava *"bully!"* quando queria dizer "muito bem!" e usava réplicas do icônico pincenê de seu primo Teddy.

Foi também durante a faculdade que Roosevelt cortejou secretamente sua prima distante Eleanor. A muitos a combinação parecia bizarra, mas se provou uma poderosa simbiose política. Franklin, silencioso e insubstancial, parecia querer uma parceira que fornecesse atributos que ele não tinha. Eleanor oferecia convicção, estabilidade, empenho — e conexões extremamente valiosas. Ela era um lastro para a delicadeza do marido. A mãe de Franklin, que, até morrer, em 1941, exerceu um rígido controle sobre o filho (em parte mantendo-o com uma mesada estrita), opôs-se ao casamento. Mas acabou concordando em face da determinação de Franklin, e em 1905 os dois se casaram. Teddy, tio de Eleanor, levou-a ao altar.

Na época, FDR estava estudando Direito na Universidade de Colúmbia. Ele nunca recebeu o diploma, mas passou nos exames da Ordem e tornou-se um advogado bastante obscuro. Em 1910, foi convidado a se candidatar ao Senado do estado de Nova York pelo condado de Dutchess, essencialmente por causa de sua riqueza, seu nome e suas conexões. O líder do Partido Democrata local, Edward E. Perkins, consentiu em ter na chapa o que considerava ser um jovem almofadinha basicamente porque esperava que Roosevelt contribuísse para o caixa do partido e pagasse sua própria campanha. Quando FDR foi se encontrar com Perkins e outros figurões do partido, chegou vestindo roupas de montaria. Perkins não gostou do jovem aristocrata, mas aquiesceu, dizendo: "Você terá que tirar esses sapatos amarelos" e "vestir calças normais".[7] FDR aceitou entusiasticamente e ganhou a disputa. No entanto, tal como ocorrera em Groton e Harvard, não fez muitos amigos no legislativo estadual e era considerado uma inteligência de segunda classe. Seus colegas frequentemente debochavam dele, usando suas iniciais para chamá-lo de "Espanador [Feather Duster] Roosevelt".

Ainda assim, Roosevelt fez um serviço útil como senador estadual progressista e facilmente se reelegeu em 1912 graças à sua relação com Louis Howe, um brilhante especialista em dar um jeito nas coisas e proteger imagens públicas de políticos; aprendeu com ele a apelar a segmentos do eleitorado que, de outra forma, seriam hostis. Mas nunca terminou seu segundo mandato. Em vez disso, foi designado por Woodrow Wilson para servir como secretário-adjunto da Marinha. Franklin ficou maravilhado quando assumiu o mesmo cargo que o "tio Teddy" (tio por casamento) havia usado para deslanchar sua própria carreira política 15 anos antes.

Franklin Roosevelt fez o juramento em 17 de março de 1913, data de seu oitavo aniversário de casamento, aos 31 anos de idade. E imediatamente se dedicou a imitar Teddy. Seu chefe direto, patrono e mentor foi o afamado jornalista progressista Josephus Daniels. Tanto como secretário da Marinha quanto como jornalista, Daniels representava todas as bizarras contradições — da perspectiva atual — do movimento progressista. Ele era um racista de cabo a rabo cujos jornais na Carolina do Norte regularmente publicavam caricaturas e editoriais horrendamente ofensivos aos negros. Mas também era profundamente comprometido com inúmeras reformas progressistas, como educação pública, saúde pública e sufrágio feminino. Antigo aliado político de William Jennings Bryan, Daniels podia tocar notas tanto pacifistas quanto beligerantes, embora, uma vez entrincheirado no governo Wilson, tenha se tornado um obediente defensor da "prontidão", da expansão da Marinha e, em última instância, da guerra.

Daniels era constantemente surpreendido pela beligerância de seu jovem secretário-adjunto. FDR provou-se muito capaz e espantosamente *político*. "Meto o bedelho em tudo", gostava de dizer, "e não há nenhuma lei contra isso."[8] Ele saboreava particularmente o fato de que, quando o patrão estava fora, fosse ele o secretário titular. Amava a pompa marcial, jactando-se das 17 salvas de canhão que haviam sido dadas em sua honra e empenhando-se enormemente em desenhar uma bandeira militar para seu escritório. De fato, desde o primeiro dia, FDR foi um dos "Rapazes da

Grande Marinha" — e sentia-se constantemente frustrado com o que percebia como a lentidão de seu chefe na questão do rearmamento.

Desde seu início como secretário-adjunto, FDR formou uma poderosa aliança com clientelas profundamente comprometidas com o desenvolvimento de uma grande máquina de guerra naval, particularmente a Liga Naval, que muitos viam como pouco mais que um porta-voz dos interesses do aço e das finanças. Apenas um mês depois de nomeado, FDR fez um discurso a favor da Grande Marinha na convenção anual da Liga, e até abrigou um encontro de planejamento da Liga em seu próprio escritório. Durante os meses em que os Estados Unidos estiveram oficialmente neutros, FDR associou-se a Teddy Roosevelt, Henry Cabot Lodge e outros falcões republicanos que criticavam o governo Wilson. Chegou mesmo a vazar informações secretas da Marinha para os republicanos para que pudessem atacar o governo, e Daniels em particular, pela "falta de prontidão".[9] Nos dias de hoje, poderia ser chamado de membro da conspiração neoconservadora dentro do governo Wilson.

FDR testemunhou e aprovou todos os excessos da Primeira Guerra Mundial e, de tempos em tempos, também participou deles. Em parte alguma existem registros de que tenha desaprovado o ministro da Propaganda, George Creel, ou que tivesse qualquer dúvida significativa sobre a guerra no exterior ou no país. Ele ficou assistindo enquanto os acólitos de Creel promoviam ativamente o que apelidou de "culto de Wilson". Aprovou a opressão de dissidentes e calorosamente celebrou a passagem das leis de Sedição e Espionagem. Enviou uma carta congratulando um procurador distrital por haver ganhado uma causa contra quatro socialistas que distribuíam publicações antibelicistas. Em discursos, ele invectivava contra desertores que não queriam comprar Títulos da Liberdade ou se recusavam a dar pleno apoio à guerra.[10]

Depois da Grande Guerra, o país lentamente recuperou a sanidade. Mas muitos liberais permaneceram enamorados do socialismo de guerra, acreditando que ainda era necessário manter uma militarização da sociedade em tempo de paz. Daniels — em parte pelo desejo de amedrontar o país para que ratificasse o Tratado de Versalhes — alertou que a América poderia precisar "tornar-se uma super-Prússia". O governo — com Daniels e Roosevelt na linha de frente — empenhou-se agressivamente, mas sem sucesso, para que fosse aprovado um alistamento em tempo de paz. O governo também não conseguiu aprovar uma nova lei de sedição em tempo de paz como a que havia sido imposta à nação durante a guerra (em 1919-1920, o Congresso examinou cerca de setenta projetos sobre o tema). Logo que Wilson deixou o cargo, o governo soltou seus prisioneiros políticos, inclusive Eugene V. Debs, que foi perdoado pelo sucessor republicano de Wilson, Warren Harding. Ainda assim, a nação que entrara numa "guerra para tornar o mundo um lugar seguro para a democracia" emergia menos livre dentro de suas próprias fronteiras e menos segura no mundo. Não é de admirar que o lema da campanha de Harding tenha sido "Uma Volta à Normalidade".

Em 1920, os que apoiavam FDR tentaram orquestrar uma chapa presidencial democrata com o venerado progressista Herbert Hoover no topo e FDR como vice-presidente. Hoover estava aberto à ideia, mas o plano se desfez quando ele se juntou aos republicanos. Ainda assim, Roosevelt deu um jeito de ter seu nome incluído na chapa democrata como o companheiro de James M. Cox, de Ohio. FDR concorreu como um leal wilsoniano, embora Wilson — agora amargo e deformado, física e psicologicamente — lhe oferecesse um apoio que não chegava nem mesmo a ser cortês.

No entanto, outros wilsonianos estavam extasiados. De volta ao *New Republic*, Walter Lippmann, que havia trabalhado com Roosevelt no Comitê de Escala de Salários em 1917, enviou a ele uma nota de cumprimento, chamando sua indicação de "a melhor notícia nos últimos tempos". Mas a campanha estava condenada ao fracasso desde o início devido ao profundo ressentimento de muitos americanos com relação ao governo de Wilson e aos progressistas em geral.

Após uma derrota esmagadora nas urnas, FDR entregou-se ao trabalho. Então, em 1921, contraiu poliomielite. Passou grande parte da década seguinte batalhando para superar sua deficiência e planejando um retorno político.

FDR enfrentou duas crises existenciais que eram, na realidade, uma: como combater a doença e como permanecer politicamente viável. Ele lutou bravamente contra suas limitações, mais notavelmente no spa que comprou em Warm Springs. Isso o manteve distante das luzes da ribalta durante a maior parte do tempo. Mas compareceu à malfadada convenção nacional do Partido Democrata em 1924, quando cautelosamente caminhou com suas muletas até o palco para indicar Al Smith para presidente. Não fez nenhuma outra aparição pública até 1928, quando pronunciou um discurso em outra convenção para apoiar Smith. Num sentido perverso, Roosevelt teve sorte. Ao se manter fora da vista do público enquanto aparava arestas políticas por trás da cena, conseguiu permanecer incólume, ocupando seu tempo com outras coisas num momento em que os serviços de um partido progressista eram abençoadamente não desejados.

Embora não fosse nenhum intelectual, FDR possuía certa genialidade para sentir a temperatura política de cada época. Ele sabia ler as pessoas muito bem e pescava fragmentos de informação por meio de amplas conversas com uma gama abrangente de intelectuais, ativistas, políticos e semelhantes. Os biógrafos contam que era uma esponja, absorvendo o *zeitgeist* sem quase nunca se preocupar com conclusões filosóficas mais amplas. Nas palavras do historiador Richard Hofstadter, ele "se contentava, em grande medida, em seguir a opinião pública". De muitas maneiras, Roosevelt se via como um popularizador de correntes intelectuais. Dizia generalidades que, de início, todo mundo achava agradáveis e que, após uma reflexão, revelavam-se sem sentido. Ele poderia ser — ou pelo menos soar como — jeffersoniano e hamiltoniano, internacionalista e isolacionista, isso e aquilo e também o contrário. Era como um "camaleão em cima de um tecido xadrez", queixava-se Herbert Hoover.[11]

Esse traço escorregadio de Roosevelt explicava-se por algo mais que simplesmente sua vontade de agradar às pessoas. Bastante tempo depois de estar na presidência, seu imperativo prioritário era superar diferenças, buscar o "caminho do meio". "Acredito que você concordará", escreveu a um amigo a respeito de determinado discurso, "que ele está à esquerda o bastante para impedir qualquer sugestão adicional de que eu esteja me inclinando para a direita."[12] Numa ocasião em que recebeu duas propostas de políticas totalmente opostas, ele simplesmente ordenou a seu auxiliar e diretor-geral dos Correios, James Farley, que encontrasse um modo de conciliá-las. Sua forma predileta de administração era lançar dois indivíduos ou departamentos um contra o outro, dando a ambos a mesma tarefa.

O problema com esse tipo de triangulação é que a pessoa acaba se movimentando para qualquer lugar que acredite ser o epicentro entre dois horizontes sempre cambiantes e difíceis de definir. Pior ainda, Roosevelt traduziu essa abordagem em termos de uma filosofia de governo que, de fato, correspondia à materialização de uma Terceira Via. Isso significava que nada era fixo. Nenhuma questão sobre o papel do governo ou de seus poderes era realmente resolvida. E é por essa razão que tanto conservadores quanto radicais sempre abrigaram sentimentos que iam da frustração ao desprezo por FDR. Para os radicais, FDR não tinha princípios fortes o bastante para se comprometer com uma mudança duradoura, enquanto para os conservadores ele não tinha princípios suficientes para manter sua posição. Ele plantava sua bandeira no topo de uma boia marinha, permanentemente oscilando com as correntezas. Infelizmente, as correntezas tendiam a empurrá-lo somente numa direção: o estatismo, pois aquela era a onda intelectual da época.

Hoje, muitos liberais subscrevem o mito de que o *New Deal* foi um empreendimento coerente, esclarecido e unificado, resumido na expressão praticamente desprovida de sentido "o legado de Roosevelt". Isso é besteira. "Ver esses programas como o resultado de um plano unificado", escreveu Raymond Moley, o braço direito de FDR durante a maior parte do *New Deal*, "era acreditar que o conjunto de cobras empalhadas, fotos de beisebol, flâmulas de escola, pares de tênis velhos, ferramentas de carpinteiro, livros de geometria e material de química no quarto de um garoto tivesse sido posto ali por um decorador de interiores." Quando perguntaram a Alvin Hansen, um influente assessor econômico do presidente — isso em 1940! — se "o princípio básico do *New Deal*" era "economicamente sólido", ele respondeu: "Eu realmente não sei qual é o princípio básico do *New Deal*."[13]

Isso indica o primeiro de muitos traços comuns entre o liberalismo do *New Deal*, o fascismo italiano e o nacional-socialismo alemão. Todos eles partilhavam muitos dos mesmos ancestrais históricos e intelectuais. Os intelectuais fascistas e nazistas perseguiam constantemente um "caminho do meio" ou uma "Terceira Via" entre capitalismo e socialismo. Mussolini ziguezagueava entre as duas direções, passando de livre comércio e impostos baixos a um aparato estatal totalitário. Mesmo antes de alcançar o poder, sua resposta convencional quando lhe pediam para resumir seu programa era que não tinha nenhum. "Nosso programa é governar", gostavam de dizer os fascistas.

Hitler mostrava ainda menos interesse pela teoria política ou econômica, fascista ou de qualquer outro tipo. Ele nunca leu o *Myth of the twentiethy century* (*O mito do século vinte*) de Alfred Rosenberg e nenhum dos muitos outros textos fascistas "clássicos". E é famosa a incapacidade de numerosos nazistas e fascistas de abrir caminho através da bíblia nazista que é o *Mein Kampf*.

O "caminho do meio" soa moderado e não radical. Seu apelo está em parecer não ideológico e aberto ao livre pensar. Mas, filosoficamente, a Terceira Via não é meramente a superação de diferenças; é uma fórmula utópica e autoritária. O aspecto utópico torna-se manifesto em seu antagonismo à ideia de que a política tem a ver com escolhas conflituosas. Os defensores da Terceira Via dizem que não existem escolhas falsas — "Eu me recuso a aceitar que X deve ser obtido à custa de Y." A Terceira Via sustenta que podemos ter capitalismo e socialismo, liberdade individual e unidade absoluta. Os movimentos fascistas são implicitamente utópicos porque eles — assim como os movimentos comunistas e os de cristãos heréticos — presumem que, apenas com a combinação correta de políticas, todas as contradições podem ser corrigidas. Este é um canto de sereia na política; a vida nunca pode ser tornada perfeita, porque o homem é imperfeito. É por isso que a Terceira Via é também autoritária. Ela presume que o homem certo — ou, no caso dos leninistas, o partido certo — pode resolver todas essas contradições por meio de meros atos da vontade. O demagogo populista assume o papel do progenitor que promete às massas infantilizadas tornar tudo "muito melhor", desde que elas confiem nele.

O "caminho do meio" de FDR tinha uma ressonância muito específica, aparentemente contraditória com suas suposições filosóficas. Assim como muitos comunistas estavam dispostos a observar, ele nasceu de uma tentativa bismarckiana de impedir um radicalismo maior. As elites, inclusive líderes empresariais, estavam, em sua maior parte, conciliadas com o fato de que algum tipo de "socialismo" acabaria sendo um traço permanente da economia política. A política do caminho do meio era algo cuidadosamente fabricado para apelar ao medo inteiramente justificado da classe média diante da ameaça vermelha. Hitler e Mussolini exploraram essa ansiedade em todos os momentos; de fato, essa foi, provavelmente, a chave do sucesso de ambos. O apelo fascista era o socialismo doméstico, socialismo ordeiro, socialismo com uma cara alemã ou italiana, em oposição ao detestável socialismo "estrangeiro" — tal como o *americanismo cem por cento* havia sido, em grande medida, a contraoferta da América progressista ao bolchevismo.

Repetidamente, os defensores do New Deal de FDR faziam a mesma ameaça: se o New Deal falhasse, o que viria em seguida seria muito mais radical. Conforme veremos, muitos dos integrantes da Velha Direita que se opunham a FDR eram, de fato, ex-progressistas convencidos de que o New Deal estava indo na direção do *tipo errado de socialismo*. Pode parecer implausível que a Terceira Via pudesse ser apresentada como um apelo tanto a utopistas quanto não utopistas, mas agendas políticas não precisam ser logicamente coerentes, basta que sejam popularmente sedutoras. E a sedução sempre tem sido a característica definidora da Terceira Via.

Os *New Deal*s alemão e americano podem ter sido meramente o que quer que Hitler e FDR achassem que poderiam fazer impunemente. Mas aqui reside um princípio comum: o Estado *deve* ter permissão para fazer qualquer coisa impunemente, desde que seja por "boas razões". Esse é um princípio comum tanto ao fascismo, nazismo e progressismo quanto ao que hoje chamamos de liberalismo. Ele representa o triunfo do pragmatismo na política, no sentido de não reconhecer limitações dogmáticas ao escopo do poder do governo. O líder e seus quadros ungidos são decisores situados acima e além de imperativos políticos ou democráticos. Eles invocam a "ciência" e as leis da economia com a mesma divina reverência com que sacerdotes do templo antigamente liam as entranhas de bodes, mas, como se tornaram cegos a seus próprios saltos de fé, não conseguem ver que princípios morais e valores não podem ser derivados da ciência. Moral e valores são determinados por sacerdotes, quer usem túnicas negras ou aventais brancos de laboratório.

UMA ERA "EXPERIMENTAL"

Desde a presidência de FDR — quando "liberalismo" substituiu "progressismo" como o rótulo predileto para as ideias políticas e o ativismo de centro-esquerda —, os liberais têm tido problema em expressar o que *é* o liberalismo, além da convicção de que o governo federal deve usar seu poder para fazer coisas agradáveis onde quer e quando quer que consiga. Herbert Croly o disse muito bem quando defendeu o *New Republic* contra as críticas de que o apoio qualificado da revista a Mussolini violava os princípios liberais que ela professava: "Se existem princípios liberais abstratos, não sabemos como formulá-los. Tampouco reconhecemos a autoridade de outros que os formularem. O liberalismo, tal como o entendemos, é uma atividade."[14] Em outras palavras, liberalismo é o que liberais *fazem* ou decidem que vale a pena fazer, ponto final. A fé sem ações é uma fé morta, de acordo com a Bíblia. Liberais pragmáticos internalizaram isso ao mesmo tempo que afirmavam não ter nenhuma fé. Isso estava no cerne do que o historiador alemão Peter Vogt chamou de "afinidade eletiva" entre os progressistas e o fascismo. Ou, como diz John Patrick Diggins: "O fascismo apelava, antes de tudo, ao ethos pragmático da experimentação."[15]

Como presidente, Roosevelt se jactava de não estar casado com nenhuma noção preconcebida. Ele media o valor de uma ideia pelos resultados produzidos. "Tome um método e teste-o" foi a famosa declaração que fez na Universidade de Oglethorpe em maio de 1932. "Se falhar, admita-o francamente e tente outro. Mas, acima de tudo, tente algo." A única política coerente que Roosevelt subscrevia era a "audaciosa, persistente experimentação". Os conservadores eram apresentados por FDR e seus aliados como oponentes de toda mudança, escravos egoístas do *status quo*. Mas a estase não é a posição conservadora americana. Em vez disso, os conservadores acreditam que a mudança pela mudança é loucura. É preciso perguntar: que tipo de mudança? A que preço? Mas para liberais e progressistas, tudo era prescindível, desde a tradição até o individualismo e as "ultrapassadas" concepções de liberdade. Tudo isso eram dogmas exauridos a serem queimados nos altares da nova era.

Quando FDR foi eleito presidente em 1932, três eventos eram vistos como experimentos admiráveis: a Revolução Bolchevique, a tomada do poder pelos fascistas na Itália e o "experimento" americano com o socialismo de guerra de Wilson. À altura de 1932, a admiração pelo "experimento social" na Rússia havia se tornado um componente decisivo do liberalismo americano — de modo muito semelhante à admiração recebida pelo socialismo prussiano de cima para baixo duas décadas antes. Simplesmente, a União Soviética era o futuro, e "funcionava".

Mescladas a esses encômios ao que Lincoln Steffens chamou de "o método russo-italiano" — querendo dizer que, de sua perspectiva, o bolchevismo e o fascismo não eram movimentos opostos, mas da mesma espécie —, surgiam intensas expressões de nostalgia a respeito daquele tão curto "experimento" americano com o socialismo de guerra de Woodrow Wilson. "Nós planejamos na guerra!" era o refrão onipresente dos progressistas ávidos por recriar o tipo de controle econômico e social que haviam exercido com Wilson. Os italianos e os russos estavam vencendo a América no jogo criado por ela própria, pois continuavam seus experimentos com o socialismo de guerra enquanto a América abreviara seu projeto, escolhendo, em vez disso, chafurdar na ressaca egoísta dos *Roaring Twenties*. Em 1927, Stuart Chase disse que seriam necessários cinco anos para saber se o "experimento corajoso e sem precedentes" da União Soviética estava "destinado a ser um marco para a direção econômica" de todo o mundo. Meia década mais tarde, ele concluiu que a evidência estava ali: a Rússia era o novo padrão-ouro na política econômica e social. Assim, perguntava em seu livro de 1932, *Um New Deal,* "por que só os russos podiam se divertir com refazer o mundo, e nós não?"[16]

O comentário de Chase é indicativo de um aspecto importante do quadro mental progressista. Qualquer pessoa que alguma vez tenha encontrado um estudante ativista, um jornalista *muckraking* ou um político reformista notará o importante papel que o tédio e a impaciência desempenham no impulso de "refazer o mundo". É fácil ver como o tédio — o puro, inexorável fastio com o *status quo* — serviu de oxigênio para alimentar o fogo do progressismo, pois o tédio é como palha para as chamas da perversidade.[17] De modo bem parecido com o romantismo que forneceu muitos dos elementos intelectuais do nazismo, a impaciência e a insatisfação dos progressistas durante a década de 1920 os levaram a ver o mundo como uma argila a ser esculpida pela vontade humana. Revoltados com o que percebiam como o abatimento espiritual da época, integrantes da *avant-garde* se convenceram de que o *status quo* poderia ser facilmente arrancado como uma cortina velha e, com a mesma facilidade, substituído por uma vibrante tapeçaria nova. Essa convicção com frequência ultrapassava sua própria lógica e ia dar em anarquismo e radicalismo, visões de mundo aparentadas segundo as quais qualquer coisa pode ser melhor do que está sendo agora.

Uma profunda aversão ao tédio e um consequente e indiscriminado amor pela novidade existentes entre as classes intelectuais traduziram-se numa iconoclastia rotinizada e num total desprezo por democracia, moralidade tradicional, massas e burguesia, e num amor pela "ação, ação, ação" que infesta a esquerda até os dias de hoje. (Em que proporção o radicalismo praticado pela esquerda contemporânea é movido pela brincadeira infantil que eles chamam de "ser subversivo"?) Muitos dos ditados de George Bernard Shaw parecem tiros no escuro contra o monstro do tédio — que só poderia ser conquistado por um super-homem nietzschiano. Em diferentes momentos, Shaw idolatrou Stalin, Hitler e Mussolini como os maiores líderes "progressistas" do mundo porque eles "faziam coisas", diferentemente dos líderes daqueles "cadáveres putrefatos" chamados democracias parlamentares. Em termos semelhantes, Gertrude Stein louvou Huey Long ao declarar que ele "não era tedioso".[18]

Ou considere H. G. Wells. Mais que qualquer outra figura, seu escapismo literário e sua fé na ciência salvadora do homem foram vistos como os principais antídotos para a doença do Ocidente. No verão de 1932, Wells fez um importante discurso na Universidade de Oxford para a organização dos Jovens Liberais ingleses, no qual ele convocava para o "renascimento da Fênix do liberalismo" sob a bandeira do "Fascismo Liberal".[19] O socialismo fabiano havia fracassado, explicou, porque não conseguira perceber a necessidade de um esforço verdadeiramente "revolucionário" para a transformação total da sociedade. Seus companheiros socialistas entenderam a necessidade do socialismo, mas eram simplesmente gentis demais para fazer algo a respeito. Sua defesa da "socialização gradual do gás, da água e do conselho escolar" era simplesmente muito maçante. Governos democráticos convencionais, por sua vez, eram decadentes, precários e estúpidos. Se os liberais quisessem ter sucesso onde os fabianos haviam falhado na década de 1930 — abolindo a propriedade privada, alcançando uma economia totalmente planificada, esmagando violentamente as forças da reação —, teriam que aprender aquela lição. Wells confessou haver passado uns trinta anos — desde o alvorecer da Era Progressista — reelaborando a ideia de um fascismo liberal. "Nunca consegui escapar totalmente de sua lógica implacável", explicou. "Vimos os *Fascisti* na Itália e várias imitações desajeitadas em outras partes, e vimos nascer o Partido Comunista na Rússia para reforçar essa ideia." E agora não esperaria mais. "Isto é um convite a um *Fascisti* liberal, a nazistas esclarecidos."

"E não permitam que eu os deixe com a mais mínima dúvida quanto ao escopo e à ambição do que estou lhes apresentando", continuou ele:

> Essas novas organizações não são meramente organizações para disseminar opiniões definidas... A época daquele tipo de amadorismo já passou — elas são organizações para *substituir* a indecisão negligente da [democracia]. O mundo está cansado da política parlamentar... O Partido Fascista, de fato, *é* a Itália agora. O Partido Comunista, de fato, *é* a Rússia. Obviamente, os fascistas do liberalismo precisam pôr em prática uma ambição paralela numa escala ainda mais vasta... Eles precisam começar como uma seita disciplinada, mas devem terminar como uma organização forte, como o sustentáculo de uma humanidade reconstituída.[20]

A ficção de Wells estava impregnada de seu louvor ao fascismo, algo que o leitor atento percebe facilmente. Em *The war in the air* (*A guerra no ar*), os navios aéreos alemães liquidam a "negra e sinistra população poliglota" de

Nova York. Em *The shape of things to come* (A forma das coisas que virão), veteranos de uma grande guerra mundial — quase todos aeronautas e técnicos —, em camisas negras e uniformes, lutam para impor um único governo mundial sobre as exaustas e indisciplinadas massas. No futuro distante imaginado por Wells, um historiador olha em retrospecto para o século XX e descobre que as raízes da nova e esclarecida "ditadura do ar" encontram-se no fascismo de Mussolini — "uma má coisa boa", como é chamada pelo historiador —, bem como no nazismo e no comunismo soviético. Em 1927, Wells não podia deixar de notar "o bom que há nesses fascistas. Há algo de bravo e bem-intencionado a respeito deles". À altura de 1941, ninguém menos que uma figura como George Orwell podia evitar a conclusão de que "grande parte do que Wells imaginou e trabalhou para que acontecesse está fisicamente lá, na Alemanha nazista".[21]

Wells era um fã ardoroso de FDR, e os dois com frequência se encontraram na Casa Branca, especialmente durante o ano de 1934. Wells declarou que Roosevelt era "o mais eficaz instrumento transmissor possível para a vinda da nova ordem mundial". Em 1935 e 1936, Wells voltou-se, por um breve período, para o tipo de fascismo mais excitante de Huey Long e do padre Coughlin. (Ele descreveu o ditador interiorano como "um Winston Churchill que nunca esteve em Harrow".)[22] Em 1939, no entanto, estava firmemente reinstalado no campo de Roosevelt, vendo o tipo de "governo pessoal" de FDR como indispensável. A visão de Wells captura bastante bem o sentimento de excitação que estava inculcado na esquerda ocidental na década de 1930. Não deveria ser surpresa ver uma *avant-garde* de pretensos super-homens saudando uma época na qual super-homens governariam o mundo. Sem dúvida, aqueles eram, no todo, tempos escuros e pessimistas. Mas o espírito de "quanto pior, melhor" servia para impulsionar liberais ávidos por refazer o mundo, terminar os tempos de viver à deriva e inaugurar a era da supremacia progressista.

ROUBANDO O TROVÃO FASCISTA

Herbert Hoover ganhou a disputa presidencial de 1928 devido, em não pequena medida, à força da cega paixão internacional por planejamento econômico e coletivização. Apesar de ser um milionário que crescera por esforço próprio, seu principal atrativo era sua experiência como engenheiro. Nas décadas de 1920 e 1930, todos acreditavam que a engenharia era a vocação mais elevada, e esperava-se que os engenheiros pudessem desmanchar montanhas políticas tal como moviam as verdadeiras.[23]

Ironicamente, Hoover não conseguiu atuar como o Grande Engenheiro porque deu às pessoas um excesso daquilo que elas queriam. Na verdade, muitos historiadores econômicos reconhecem que o *New Deal* era, em aspectos significativos, uma continuação acelerada das políticas de Hoover, e não uma quebra radical do padrão anterior. As linhas ficam ainda mais indistintas quando se nota que FDR assumiu o governo como alguém que sabia equilibrar o orçamento e cortar os gastos do governo. É claro que o *New Deal* foi um fracasso ainda maior no que se referia a curar a Grande Depressão — mas Roosevelt tinha um traço que faltava a Hoover: uma compreensão do momento fascista.

Assim como o progressismo constituiu um momento internacional distinto durante a segunda década do século XX, na década de 1930 o mundo ocidental também estava atravessando uma tempestade de sentimentos, ideias e tendências coletivistas. Na Suíça, Holanda, Bélgica e Finlândia, partidos quase fascistas receberam suas maiores votações. Até 1934, parecia possível que Oswald Mosley (que, como Mussolini, sempre se considerou um homem de esquerda), fundador da União Britânica de Fascistas, pudesse ocupar o número 10 da Downing Street. Enquanto isso, nos Estados Unidos, nacional-socialistas ou progressistas populistas como Huey Long e o padre Coughlin gozavam de enorme popularidade, e eles, mais que qualquer outro grupo, moveram para a esquerda o centro de gravidade político da América.

Aqui é um lugar tão bom quanto qualquer outro para enfrentar o duradouro mito de que Long e Coughlin eram conservadores. Todos os liberais esclarecidos cultivam o dogma pétreo de que o padre Charles Coughlin era um execrável direitista (Long é um caso mais complicado, mas, sempre que seu legado é apresentado em termos negativos, ele é caracterizado como direitista; quando aparece como amigo do povo, é um esquerdista). Repetidamente, Coughlin é chamado de "o padre direitista do rádio", descrito por ensaístas supostamente criteriosos como o avô ideológico de Rush Limbaugh, Pat Buchanan, Ann Coulter e de outros pretensos extremistas.[24] Mas Coughlin não era, em nenhum sentido significativo, um conservador, nem mesmo um direitista. Era um homem da esquerda em quase todos os aspectos relevantes.

Nascido em Hamilton, Ontário, em 1891, Coughlin foi ordenado padre em 1916. Ensinou em escolas católicas no Canadá durante sete anos e depois se mudou para Michigan. Acabou encontrando um lugar como pároco em Royal Oak, um subúrbio de Detroit. Em homenagem a Santa Terezinha, chamou a igreja de Santuário da Florzinha. Coughlin teve sua primeira experiência de publicidade quando atacou a Ku Klux Klan local, que na época estava hostilizando católicos, muitos deles imigrantes. Convenceu uma estação de rádio da cidade a deixá-lo fazer sermões no ar. Foi um sucesso quase desde o início.

De 1926 a 1929, Coughlin ateve-se quase inteiramente a temas religiosos, denúncias do Klan, sermões para crianças e diatribes contra a Lei Seca — falando para uma audiência que não ia muito além da área de Detroit. Seu grande salto veio com a queda da bolsa de valores, quando ele enveredou pela economia populista. Astutamente se aproveitou da ansiedade popular e do descontentamento econômico, e, como resultado, seus programas de rádio começaram a ser transmitidos por um número cada vez maior de estações. Em 1930, assinou um acordo com a CBS para produzir seis meses de sermões em 16 estações por todo o país em seu programa *A hora de ouro da florzinha*.

Quase instantaneamente, Coughlin se tornou o mais bem-sucedido comentarista político da nascente era da comunicação de massa. Com mais de quarenta milhões de ouvintes e recebendo, ao que se dizia, um milhão de cartas por semana, tornou-se uma das vozes mais poderosas na política americana.

Sua primeira vítima foi aquele ostensivo conservador, Herbert Hoover. Em outubro de 1931, num discurso inflamado contra a economia do *laissez-faire*, Coughlin declarou que os problemas da América não poderiam ser resolvidos enquanto ficássemos "esperando as coisas se ajustarem por elas mesmas e engolindo as irreais platitudes daquelas centenas de supostos líderes que têm se empenhado em nos garantir que o fundo já foi alcançado e que prosperidade, justiça e caridade estão nos esperando logo ali na esquina".[25] Seus vilões favoritos eram os "banqueiros internacionais" e os de sua laia. Choveram doações e cartas.

Em novembro, denunciando a crença de Hoover em que os programas de ajuda econômica eram um assunto local, Coughlin defendeu apaixonadamente o ativismo governamental de âmbito nacional. Ele se batia contra um governo federal que podia ajudar os famintos da Bélgica e até mesmo os porcos em Arkansas, mas que não alimentaria os americanos porque se opunha às políticas de bem-estar. Com a eleição presidencial despontando no horizonte, Coughlin lançou todo o seu peso para apoiar Franklin Delano Roosevelt. Os teocratas esquerdistas juravam que o *New Deal* era o "Acordo (*Deal*) de Cristo" e que a escolha que se apresentava aos americanos era "Roosevelt ou Ruína". Enquanto isso, ele escrevia a Roosevelt, o candidato democrata, cartas grotescamente sicofantas explicando que seria capaz de mudar suas próprias posições se a campanha assim o exigisse.

FDR não gostava muito de Coughlin, mas, como manda o figurino, tinha muito prazer em deixar que o padre acreditasse no contrário. Quando FDR venceu, graças, em parte, a uma estratégia bem-sucedida de buscar os votos dos católicos nas áreas urbanas, Coughlin concluiu que havia sido instrumental para a vitória. Quando FDR o convidou para a cerimônia de posse, Coughlin presumiu que o presidente eleito o via da mesma forma. Com o tempo, foi ficando cada vez mais convencido de que era um porta-voz oficial da Casa Branca, frequentemente criando sérias dores de cabeça para os assessores mesmo quando louvava o "presidente protestante que tem mais coragem do que 90% dos padres católicos do país". "O capitalismo está condenado e não vale a pena tentar salvá-lo", declarou Coughlin. Em outras ocasiões, defendeu o "capitalismo de Estado" — uma expressão rica em associações tanto fascistas quanto marxistas.[26]

De fato, o populismo econômico de Coughlin fornece uma útil ilustração de como categorias ideológicas da década de 1930 têm sido sistematicamente mal aplicadas desde então. Como mencionado antes, Richard Pipes descreveu o bolchevismo e o fascismo como heresias gêmeas do marxismo. Ambos buscavam impor algum tipo de socialismo, apagar diferenças de classe e repudiar os decadentes sistemas democrático-capitalistas do Ocidente. Em certo sentido, a descrição de Pipes não vai tão longe quanto deveria. Embora o fascismo e o bolchevismo certamente fossem heresias do marxismo, praticamente todas as visões *coletivistas* do final do século XIX e início do seguinte eram heresias do marxismo, no tanto em que o próprio marxismo era herege. Todos esses *ismos*, como argumentou o filósofo Eric Voegelin, partiam da premissa de que os homens poderiam criar utopias promovendo o rearranjo de forças econômicas e o uso da vontade política. O marxismo, ou, na realidade, o leninismo, era a mais influente e poderosa dessas heresias e acabou definindo a esquerda. Mas, assim como o leninismo era um tipo de marxismo aplicado, também o era o fascismo (bem como a tecnocracia, o socialismo fabiano, o corporativismo, o socialismo de guerra, a democracia social alemã, e assim por diante). O coletivismo era a "onda do futuro", de acordo com o título e o argumento de um livro de Anne Morrow Lindbergh, e seria conhecido por diferentes nomes em diferentes lugares. O momento fascista que deu origem ao "método russo-italiano" era, na realidade, um despertar religioso no qual o cristianismo deveria ser abandonado e substituído ou "atualizado" pela nova fé progressista na habilidade humana de produzir um mundo perfeito.[27]

Desde os primeiros momentos da Era Progressista até a década de 1930, o cenário intelectual e ideológico esteve cindido em dois campos contíguos. A luta entre esquerda e direita era, basicamente, entre *socialistas* esquerdistas e direitistas. Mas praticamente todos os campos endossavam alguma versão híbrida do marxismo, alguma bastardização do sonho rousseauniano de uma sociedade governada por uma vontade geral. Foi somente nos últimos anos da década de 1940, com o renascimento do liberalismo clássico liderado por Friedrich Hayek, que o coletivismo de todos os matizes foi mais uma vez combatido por uma direita que não partilhava dos pressupostos essenciais da esquerda. O agravante é que abscessos residuais como Coughlin ainda são considerados figuras da direita — por causa de seu antissemitismo, por sua oposição a FDR ou porque são simplesmente embaraçosos demais para a esquerda — muito embora, no que se refere às questões filosóficas e políticas fundamentais, Coughlin e similares fossem parte da coalizão liberal progressista.

O próprio Coughlin era um favorito entre os democratas de Capitol Hill, particularmente do bloco progressista — os liberais à esquerda de FDR que o pressionavam para fazer reformas cada vez mais agressivas. Em 1933, o governo estava sob considerável pressão para incluir Coughlin na delegação americana que participaria de uma importante conferência econômica em Londres. Dez senadores e 75 congressistas enviaram uma petição declarando que Coughlin tinha "a confiança de milhões de americanos". A vasta maioria dos signatários era democrata. Houve até um grande movimento entre progressistas para que FDR nomeasse Coughlin para dirigir a Secretaria do Tesouro.

Não era brincadeira. De fato, Coughlin talvez fosse o principal defensor americano do que havia se tornado uma iniciativa internacional na direção do nacionalismo econômico. Como herdeiro do movimento *Free Silver* do final do século XIX, era um populista esquerdista clássico. As forças mais "dignas" do liberalismo o acolheram de maneira muito semelhante ao que faz hoje o Partido Democrata ao acolher Michael Moore. Raymond Moley publicou em seu jornal um artigo de Coughlin sobre inflação. O secretário da Agricultura, Henry Wallace, colaborou com Coughlin num esforço de deslocar a política monetária do governo mais para a esquerda. Deve-se recordar que Wallace (chefe de Alger Hiss na Agricultura) prosseguiu sua carreira e veio a ser o penúltimo vice-presidente de Roosevelt, o principal "idiota útil" para os soviéticos nos Estados Unidos, editor do *New Republic* e o indicado pelo Partido Progressista para as eleições presidenciais de 1948. Em 1933, a Liga de Ação Política Independente (League for Independent Political Action), um grupo de intelectuais da extrema esquerda dirigido por John Dewey, convidou Coughlin para participar de seu seminário de verão. Quando William Aberhart, o *"premier* radical" de Alberta, Canadá, visitou Coughlin em Detroit em 1935 para discutir seu próprio programa econômico de esquerda, explicou que viera se aconselhar com "o maior especialista do continente".[28]

Coughlin estava mais que disposto a arregaçar as mangas para desempenhar o papel de cão de ataque do Partido Democrata. O democrata centrista Al Smith, o primeiro católico indicado por um partido importante para concorrer à Presidência, havia se tornado um inimigo cada vez mais feroz do *New Deal* e de FDR. Essa era justamente a provocação de que Coughlin precisava. Depois de mandar um telegrama a FDR avisando o que faria, Coughlin foi ao ar para esfolar vivo seu companheiro católico, chamando-o de um vendido, uma ferramenta de Wall Street.

Os liberais frequentemente discutiam entre si se a contribuição de Coughlin valia o preço de sua inquebrantável demagogia. Até quase o final de 1934, a resposta era, invariavelmente, sim. O principal de seus defensores era monsenhor John Ryan, o mais respeitado intelectual e teólogo católico liberal da América na época. Quando Coughlin, de forma injusta e cruel, reduziu Al Smith a frangalhos, muitos se perguntaram se seria hora de se afastarem do Padre do Rádio. Ryan interveio e declarou que o agitador estava "do lado dos anjos". Essa era a defesa liberal padrão do supostamente direitista Coughlin. Ele estava lutando a boa luta, e quem, então, haveria de se preocupar com seus excessos?

Numa audiência no Congresso sobre a política monetária de FDR, Coughlin fez uma peroração de duas horas que manteve todo o comitê transfixado. "Se o Congresso falhar em dar apoio ao presidente para seu programa monetário", trovejou ele, "eu predigo uma revolução neste país que fará a Revolução Francesa parecer coisa de criança!" "Eu sei tomar o pulso à Nação", declarou ainda. "E sei que o Congresso simplesmente dirá: Senhor presidente, nós o seguimos.'" "Deus está dirigindo o presidente Roosevelt", acrescentou. "Ele é a resposta a nossas preces." Em seus sermões, o líder da esquerda religiosa americana soava como se tivesse tomado de empréstimo os *talking points* de Mussolini: "Nosso governo ainda mantém um dos piores males do capitalismo decadente, ou seja, o princípio de que a produção só deve dar lucros aos proprietários, ao capitalista, e não aos trabalhadores."[29]

Assim sendo, como foi que Coughlin subitamente se tornou um direitista? Quando foi que se tornou *persona non grata* aos olhos dos intelectuais liberais? Quanto a isso, o registro histórico é abundantemente claro: os liberais começaram a chamar Coughlin de direitista quando ele se moveu ainda mais para a *esquerda*.

Isso não é tão contraditório como parece. Coughlin tornou-se um vilão no final de 1934 quase exclusivamente porque havia decidido que FDR não era tão radical como deveria. As políticas não totalmente nacional-socialistas de FDR acabaram com a paciência de Coughlin — assim como a relutância do presidente em transformar o padre em seu Rasputin pessoal. Ainda assim, Coughlin conseguiu qualificar seu apoio durante quase todo o ano, dizendo coisas como: "Mais que nunca, sou a favor de *um New Deal*." Finalmente, em 11 de novembro de 1934, ele anunciou que estava formando um novo "*lobby* do povo", a União Nacional pela Justiça Social (National Union for Social Justice, ou NUSJ, na sigla em inglês). A plataforma do novo *superlobby* tinha 16 princípios de justiça social. Entre seus artigos de fé estavam:

- que todos os cidadãos desejosos de trabalhar e capazes de trabalhar devem receber um salário anual justo e atualizado que lhes permitirá manter e educar suas famílias...
- creio na nacionalização das necessidades públicas que, por sua natureza, são importantes demais para serem mantidas sob o controle de indivíduos privados;

- creio na manutenção do direito de propriedade privada, embora controlada para o bem público;
- creio não apenas no direito do trabalhador de se organizar em sindicatos, mas também na obrigação do governo, que é apoiado por aquele trabalhador, de proteger essas organizações contra os interesses estabelecidos da riqueza e do intelecto;
- creio, caso ocorra uma guerra, e para a defesa de nossa nação e de suas liberdades, que, havendo uma convocação de homens, haja também uma convocação da riqueza;
- creio que a santidade dos direitos humanos tem preferência sobre a santidade dos direitos de propriedade. Creio que a principal preocupação do governo deve ser com os pobres, pois, tal como se pode ver, os ricos dispõem de amplos meios próprios para cuidar de si mesmos.[30]

No mês seguinte, Coughlin divulgou outros sete princípios para detalhar como a NUSJ combateria os horrores do capitalismo e do comércio moderno. Esses eram ainda mais explicitamente anticapitalistas. Assim, era "obrigação" do governo limitar os "lucros auferidos por qualquer indústria". Todos os trabalhadores teriam garantido o que chamaríamos hoje de um salário vitalício. O governo deveria garantir a produção de "alimentos, vestuário, moradia, medicamentos, livros e todas as conveniências modernas". "Esse princípio", explicou Coughlin corretamente, "é contrário à teoria do capitalismo."[31]

O programa derivava, em grande medida, das ideias predominantes entre a ala liberal da Igreja católica, o Partido do Trabalho Agrícola de Minnesota e o Partido Progressista de Wisconsin — e dos temas surrados do próprio Coughlin. Não nos deve surpreender que sua doutrina econômica fosse influenciada pelos mais variados ramos do populismo americano. Desde o início, as raízes ideológicas de Coughlin misturavam-se àquelas de muitos seguidores do *New Deal*, de progressistas e populistas. Em momento algum esteve ele associado ao liberalismo clássico ou a forças econômicas que normalmente vemos como de direita.

Isso nos leva de volta a uma das mais irritantes distorções encontradas no debate político americano. Na década de 1930, o que definia um "direitista" era quase exclusivamente sua oposição a Roosevelt e ao *New Deal*. O jornalista *muckraking* J. T. Flynn, por exemplo, é frequentemente rotulado de inspirador da Velha Direita pela única razão de ser um incansável crítico de FDR e um integrante do America First Committee* (de fato, ele era uma das vozes mais articuladas dentre as que condenavam o incipiente fascismo do *New Deal*). Mas Flynn não era nenhum liberal clássico. Havia sido um colunista com inclinações esquerdistas no *New Republic* durante quase toda a década de 1930 e denunciou Roosevelt por se desviar para o que ele considerava uma posição de direita. Quanto ao seu isolacionismo, ele se considerava um companheiro de viagem de Norman Thomas, chefe do Partido Socialista Americano, de Charles Beard e de John Dewey.

O senador Huey Long, o arquetípico fascista americano, também é frequentemente chamado de direitista por seus detratores — embora seu lugar na imaginação liberal seja mais complicado. Muitos democratas, inclusive Bill Clinton, ainda admiram Long e o invocam muito seletivamente. Long inspirou o *Não pode acontecer aqui* de Sinclair Lewis e também o muito superior *All the king's men* (*Todos os homens do rei*) de Robert Penn Warren, e sua personalidade exuberante provoca uma reação ambivalente entre liberais que admiram seu populismo econômico, mas desaprovam sua demagogia grosseira. Mas, deixando tudo isso de lado, o que não pode ser negado é que Long atacava o *New Deal* de uma perspectiva *esquerdista*. Seu plano *Partilhe a riqueza* era puro socialismo de *socialites*. Sua bem documentada oposição ao verdadeiro Partido Socialista era inteiramente cultural e pragmática, não ideológica. "Você poderia me dizer, por favor, que sentido faz concorrer numa chapa socialista na América hoje?", perguntou a um repórter do *Nation*. "Qual a utilidade de estar certo apenas para ser derrotado?" Enquanto isso, os seguidores de Norman Thomas regularmente imploravam a ele que mostrasse mais simpatia por Coughlin e Long. "Eu sou um socialista", escreveu um homem de Alabama a Thomas em 1935, "sou há 35 anos... [Long] está dizendo às pessoas as coisas que temos dito a elas durante toda uma geração. Elas o ouvem... mas pensavam que éramos loucos."[32]

O que torna tão fácil reconhecer Long como um fascista é seu desprezo pelas regras da democracia — "chegou a hora de todos os homens bons se elevarem acima dos princípios" — e sua fé absoluta em que ele era a autêntica voz do povo. Seu domínio sobre Louisiana certamente transcendia o

---

*O America First Committee foi criado em 4 de setembro de 1940 para lutar contra a participação dos Estados Unidos na Segunda Guerra Mundial. (*N. da T.*)

de um mero chefe político. Ele tinha uma autêntica conexão orgânica com seus eleitores, algo que parecia exceder qualquer coisa que os americanos tivessem visto até então. "Não existe nenhuma ditadura em Louisiana. Existe lá uma perfeita democracia, e, quando você tem uma perfeita democracia, é bem difícil distingui-la de uma ditadura."[33] Ironicamente, o que pode ter levado tantos liberais e socialistas a reconhecerem o fascismo nas políticas de Long foi o elitismo e cosmopolitismo que eles mesmos exibiam. Long não tinha nenhum uso para especialistas intelectuais nem para elites. Seu populismo era puro, não diluído; era do tipo que joga fora os dogmas e celebra a sabedoria da multidão acima de todas as coisas. Ele apelava ao narcisismo das massas declarando que, por meio de sua própria vontade de chegar ao poder, ele poderia transformar "todo homem num rei". A relação de Long com seu povo era mais próxima da relação de Hitler com o *Volk* do que qualquer uma que FDR pudesse ter manejado. Como tal, muitos liberais a viam como ameaçadora, e tinham razão.

Dentro da Casa Branca, Long e Coughlin eram considerados, ao lado de outros líderes e movimentos populistas e radicais — inclusive a campanha de Upton Sinclair para o governo da Califórnia em 1934 e o bizarro programa de aposentadoria do dr. Francis Townsend, que arrebatou o país na década de 1930 —, como perigosas ameaças ao controle e ao comando dos planejadores do *New Deal*.[34] Mas somente um pensamento dos mais medíocres e circulares — do tipo que diz que direita é igual a ruim, e ruim é igual a direita — rotularia tais radicais e coletivistas de qualquer outra coisa que não criaturas da esquerda.

Em 1935, Roosevelt estava tão preocupado com essas várias ameaças da esquerda que ordenou uma pesquisa secreta. Os resultados deixaram aterrorizados muitos de seus estrategistas, que concluíram que Long poderia custar a eleição a FDR se concorresse numa terceira chapa. De fato, ele confessou a auxiliares que esperava "roubar a cena de Long" adotando pelo menos alguns de seus temas.

Como FDR esperava roubar a cena de incipientes movimentos fascistas e coletivistas nos Estados Unidos? Com a previdência social, para começar. Embora exista um acalorado debate sobre a extensão da influência exercida pela pressão vinda de baixo, feita pelos nacional-socialistas — representados por Long, Coughlin e Townsend —, poucos negam que ela tenha contribuído para que os "Segundos Cem Dias" de Roosevelt tendessem para a esquerda. FDR, o homem da Terceira Via, macaqueou a tática bismarckiana de eliminar sua diferença com os radicais a fim de manter o poder. De fato, justamente quando a popularidade de Long estava se firmando, Roosevelt inesperadamente inseriu uma lei "espremam os ricos" em sua lista de propostas legislativas a serem obrigatoriamente aprovadas. Não se sabe como as coisas teriam progredido ao longo do tempo porque Long foi assassinado em setembro de 1935. Quanto a Coughlin, seus problemas aumentaram rapidamente à medida que ele se tornou, crescentemente, um radical econômico cada vez mais simpático ao verdadeiro, original e importado fascismo de Mussolini e Hitler. Seu antissemitismo — evidente mesmo quando Roosevelt e liberais do *New Deal* acolhiam com prazer seu apoio — também se tornou cada vez mais pronunciado. Durante a guerra, FDR ordenou ao Departamento de Justiça que espionasse Coughlin a fim de silenciá-lo.

Não se sabe quanto de apoio eleitoral Long, os seguidores de Coughlin e o resto teriam conseguido juntar se Long tivesse sobrevivido para desafiar Roosevelt nas urnas; isso continua a ser um tema de especulação acadêmica, mas, de alguma forma, é irrelevante para a questão maior. Esses esquerdistas populistas enquadraram o debate público. O fato de Coughlin acumular uma audiência de quarenta milhões numa nação de apenas 127 milhões e de ter tido sua maior audiência na época em que chamava o *New Deal* de "Acordo de Cristo" deveria nos dizer algo a respeito da natureza do apelo de FDR e também do de Coughlin. Mesmo os defensores do *New Deal* que desprezavam Long e Coughlin acreditavam que, se não os passassem para trás, "Huey Long e o padre Coughlin podem assumir o controle". Mais ainda: era mínima, e preciosa, a distância entre as ideias e motivações substantivas de fascistas das "ruas" ou "do interior", como Long e Coughlin, e as dos seletos intelectuais que compunham os quadros da administração Roosevelt.

RELEMBRANDO O HOMEM ESQUECIDO

É fácil exagerar o paralelismo cronológico dos mandatos de Hitler e Roosevelt. Mas não foi por mera coincidência que ambos chegaram ao poder em 1933. Embora fossem homens obviamente muito diferentes, eles compreenderam muitas coisas semelhantes a respeito da política numa era de massas. Ambos deviam suas eleições à percepção de que a política tradicional liberal se exaurira e foram os dois líderes mundiais mais bem-sucedidos em explorar as novas tecnologias políticas. Roosevelt ficou famoso pela maneira como utilizou o rádio — e os nazistas rapidamente copiaram a prática. FDR quebrou todas as tradições ao sair correndo na convenção nacional do Partido Democrata para aceitar sua indicação. A imagem daquele homem correndo — um homem de ação! —, em vez de ficar sentado esperando a notícia, foi eletrizante, tal como o brilhante uso de aviões feito por Hitler e perpetuado no filme *Triunfo da vontade*, de Leni Riefenstahl. Remova o texto dos cartazes de propaganda e de outros trabalhos visuais do *New Deal*, dos soviéticos e dos nazistas e será quase impossível dizer se os trabalhadores musculosos são o Novo Homem Soviético, o Novo Homem Nazista ou o Homem do *New Deal*. Max Lerner observou em 1934: "O mais duro golpe que as ditaduras infligiram à democracia foi o cumprimento que nos fizeram ao reproduzir (e aperfeiçoar) nossos mais preciosos meios de persuasão e nosso subjacente desprezo pela credulidade das massas."[35]

A maior semelhança entre FDR e Hitler era a bajulação que faziam do "homem esquecido". O sucesso do fascismo quase sempre depende da cooperação dos "perdedores" durante uma época de mudança econômica e tecnológica. As classes médias inferiores — pessoas que têm apenas o suficiente e temem perdê-lo — são as tropas de choque eleitorais do fascismo (Richard Hofstadter identificou essa "ansiedade com o status" como a fonte da natureza quase fascista do progressismo). Apelos populistas ao ressentimento contra os "tubarões", "banqueiros internacionais", "realistas econômicos" e assim por diante são a característica típica de demagogos fascistas. Hitler e Mussolini certamente eram mais demagogos do que FDR, mas Roosevelt compreendeu plenamente a "magia" de tais apelos. Não via nada errado em atribuir motivos maléficos aos que não o apoiavam, e certamente se comprazia com seu papel de tribuno bem-nascido falando em nome do "cidadão comum".

Obviamente, nem tudo era uma representação cínica. FDR realmente se preocupava com o homem comum, o trabalhador e tipos semelhantes. Mas Hitler também. Na verdade, existe um número crescente de trabalhos de especialistas mostrando que o "*New Deal* de Hitler" (expressão cunhada por David Schoenbaum) não apenas era semelhante ao de FDR, mas, de fato, foi mais generoso e mais bem-sucedido. Sob o comando de Hitler, a Alemanha prosperou, de acordo com os indicadores mais básicos. A taxa de natalidade cresceu 50% entre 1932 e 1936; os casamentos aumentaram e, em 1938, a Alemanha teve o mais alto índice da Europa. Os suicídios despencaram 80% entre 1932 e 1939. Um livro recente do historiador alemão Götz Aly chama Hitler de "ditador agradável" devido ao seu enorme sucesso em restaurar a confiança alemã.[36]

Quando Hitler se tornou chanceler, centrou toda a sua atenção, como um raio laser, na economia, acabando com o desemprego muito mais rapidamente do que FDR. Quando o *New York Times* perguntou se sua primeira prioridade eram empregos, Hitler ruidosamente respondeu: "Totalmente! Meu primeiro pensamento é para aqueles na Alemanha que estão em desespero, que há três anos estão em desespero... O que mais pode ter importância?" Hitler disse ser um grande admirador de Henry Ford, embora sem mencionar o virulento antissemitismo de Ford. O que mais o atraía era o fato de ele "produzir para as massas. Aquele carrinho dele contribuiu mais que qualquer outra coisa para destruir as diferenças de classes".[37]

Mussolini e Hitler também achavam que estavam fazendo coisas semelhantes às de FDR. Na verdade, eles celebraram o *New Deal* como um esforço afim. A imprensa alemã era particularmente pródiga em seus elogios a FDR. Em 1934, o *Völkischer Beobachter* — o jornal oficial do Partido Nazista — descreveu Roosevelt como um homem de "caráter irrepreensível, extremamente responsável e de vontade inquebrantável" e um "amistoso líder do povo, com uma profunda compreensão das necessidades sociais". O jornal enfatizou que Roosevelt, com seu *New Deal*, havia eliminado "o frenesi desenfreado da especulação no mercado" que caracterizara as décadas anteriores, adotando "traços do pensamento nacional-socialista em suas políticas econômicas e sociais". Após seu primeiro ano no cargo, Hitler enviou a FDR uma carta privada congratulando-o por "seus heroicos esforços no interesse do povo americano. A bem-sucedida batalha do presidente contra a miséria econômica está sendo seguida por todo o povo alemão com interesse e admiração". E ele disse ao embaixador americano, William Dodd, que estava "de acordo com o presidente quanto à ideia de que a virtude da obrigação, a prontidão para o sacrifício e a disciplina deveriam dominar todo o povo. Essas demandas morais que o presidente põe diante de todos os cidadãos dos Estados Unidos também são a quintessência da filosofia do Estado alemão, que encontra sua expressão no lema 'A Prosperidade Pública Transcende o Interesse do Indivíduo'".[38]

Mussolini foi ainda mais incisivo ao afirmar que o *New Deal* era um fenômeno fascista incipiente. Na resenha que fez de um livro de FDR, *Looking forward* (*Olhando adiante*), ele efetivamente disse: "Este homem é um dos nossos: O apelo à determinação e à sobriedade masculina dos jovens da nação com o qual Roosevelt aqui conclama seus leitores à batalha relembra as formas e os meios que o fascismo utilizou para despertar o povo italiano." Mussolini escreveu que FDR compreendera que a economia não poderia "ser deixada por sua própria conta", e destacou a natureza fascista da forma como o presidente americano havia posto em prática o que compreendera. "Sem dúvida, o estado de espírito que acompanha esta notável transformação é semelhante ao do fascismo", escreveu ele. (Mais tarde, escreveu um comentário sobre um livro de Henry Wallace no qual afirmou: "Para onde está indo a América? Este livro não deixa nenhuma dúvida de que está a caminho do corporativismo, o sistema econômico do século corrente.") O *Völkischer Beobachter* também observou que "muitas passagens do livro de FDR poderiam ter sido escritas por um nacional-socialista. De qualquer modo, pode-se presumir que o autor sente considerável afinidade com a filosofia do nacional-socialismo".[39]

Numa famosa entrevista a Emil Ludwig, Mussolini reiterou sua ideia de que "a América tem um ditador" em FDR. Num ensaio escrito para audiências americanas, ele se maravilhava com o modo como as forças da "renovação espiritual" haviam destruído a superada noção de que democracia e liberalismo eram "princípios imortais". "A própria América os está abandonando. Roosevelt está se movimentando, agindo e dando ordens a despeito das decisões ou dos desejos do Senado ou do Congresso. Já não existem intermediários entre ele e a nação. Já não existe um parlamento, mas um '*état majeur*'. Já não existem partidos, mas um partido único. Uma única vontade silencia vozes dissidentes. Isso não tem nada a ver com qualquer concepção demoliberal das coisas." Em 1933, integrantes do gabinete de imprensa de Mussolini reconheceram que essas afirmações estavam começando a causar danos a seu putativo companheiro de armas. E deram uma ordem: "Não deve ser enfatizado que a política de Roosevelt é fascista porque esses comentários são imediatamente transmitidos aos Estados Unidos e usados por seus oponentes para atacá-lo." Ainda assim, a mútua admiração permaneceu durante vários anos. FDR enviou a seu embaixador na Itália, Breckinridge Long, uma carta a respeito daquele "admirável cavalheiro italiano", dizendo que Mussolini "está realmente interessado no que estamos fazendo. Tenho muito interesse no que ele tem realizado e estou profundamente impressionado".[40]

Talvez Norman Thomas, um importante socialista americano, tenha sido quem melhor resumiu a questão: "Em que medida podemos esperar ter a economia do fascismo sem sua política?"[41]

Mas a semelhança mais ostensiva entre a Alemanha nazista, a América do *New Deal* e a Itália fascista não eram suas políticas econômicas. Era o quanto todas elas glorificavam a guerra.

OS *NEW DEALS* FASCISTAS

A essência do fascismo original, aos olhos da maior parte dos observadores, era sua imposição dos valores da guerra sobre a sociedade. Essa percepção — ou esse erro de percepção, dependendo de como se veja a questão — é tão fundamental para a compreensão popular do fascismo que eu devo voltar a ela diversas vezes neste livro. O principal apelo que tem a guerra para os planejadores sociais não é conquista nem morte, mas *mobilização*. Sociedades livres são desorganizadas. As pessoas fazem suas próprias coisas do jeito que podem ou querem, e isso pode ser totalmente inconveniente para alguém que esteja tentando planejar toda a economia em alguma sala de reuniões do Conselho. A guerra traz conformidade e unidade de propósitos. As regras usuais de comportamento são guardadas com naftalina. Consegue-se que as coisas sejam feitas: construir estradas, hospitais, casas. Instituições e populações de todo o país são chamadas a "fazer sua parte".

Muitos progressistas provavelmente teriam preferido um princípio organizador diferente, razão por que William James falou do *equivalente* moral da guerra. Ele queria todos os benefícios — as "possibilidades sociais" da guerra de Dewey — sem os custos. Daí que, em tempos mais recentes, a esquerda tenha olhado tudo, desde ambientalismo e aquecimento global até saúde pública e "diversidade", como equivalentes da guerra que permitem bajular o público e atraí-lo para uma unidade comandada por especialistas. Mas, naquela época, os progressistas simplesmente não conseguiram pensar em nada mais que pudesse fazer o mesmo milagre. "As virtudes marciais", nas famosas palavras de James, "devem ser o cimento duradouro" da sociedade americana:

"intrepidez, desprezo pela brandura, rendição dos interesses privados, obediência ao comando ainda devem continuar a ser a rocha sobre a qual os Estados são construídos."[42]

Na Itália, muitos dos primeiros fascistas eram veteranos que se cobriam de garbo paramilitar. O movimento artístico fascista chamado Futurismo glorificava a guerra em prosa, verso e pintura. Mussolini sentia verdadeira volúpia com uma batalha, tanto retórica quanto literalmente. "Somente a guerra faz surgir, em sua tensão máxima, todas as energias humanas e põe o selo da nobreza sobre os povos que têm a coragem de ir ao seu encontro", declarou ele, num espírito jamesiano, no verbete *fascismo* que escreveu para a *Enciclopédia italiana*. Enquanto isso, desde a origem do movimento, como Liga Alemã de Combate à Escravidão por Juros, os nazistas sempre foram uma organização paramilitar determinada a recuperar o *esprit de corps* da Grande Guerra, o socialismo das trincheiras.

Ainda assim, nem todos os fascistas que esmurravam a mesa pedindo a guerra estavam, realmente, desejando uma. Mussolini só foi iniciar a guerra no décimo sexto ano de seu reinado. A maior motivação para sua aventura na Etiópia foi a necessidade de revitalizar as debilitadas fortunas do fascismo. Tampouco Hitler começou sua escalada militar de uma hora para outra. De fato, enquanto solidificava seu poder, ele cultivava uma imagem de pacificador (imagem na qual muitos pacifistas ocidentais estavam dispostos a acreditar de boa-fé). Mas poucos discordam de que ele via a guerra como um meio tanto quanto um fim.

Com a eleição de Franklin Roosevelt, os progressistas que haviam buscado refazer a América por meio do socialismo de guerra estavam de volta ao poder. Embora professassem renegar os dogmas, estavam total e dogmaticamente convencidos de que a Primeira Guerra Mundial havia sido um "experimento" bem-sucedido. Pois então as experiências da União Soviética e da Itália fascista na década de 1920 não haviam provado que a América deixara cair a bola ao renunciar ao socialismo de guerra?

Durante a campanha, FDR prometeu usar sua experiência como um arquiteto da Grande Guerra para enfrentar a Depressão. Mesmo antes da indicação, ordenou aos auxiliares que preparassem uma análise sobre os poderes presidenciais durante a guerra. Pediu a Rexford Tugwell para descobrir se, para embargar unilateralmente a exportação de ouro, ele poderia usar a lei de 1917 que definia as relações com o inimigo (*Trading with the*

Enemy Act) e extraiu uma garantia de seu futuro procurador-geral de que, a despeito de argumentos contrários, o Departamento de Justiça diria que o presidente tinha autoridade para fazer o que quer que achasse necessário a esse respeito. O discurso de posse de Roosevelt ficou famoso por estar impregnado de metáforas marciais: "Eu assumo, sem hesitar, a liderança deste grande exército de nosso povo dedicado ao ataque disciplinado a nossos problemas comuns."

De acordo com um documento desencavado pelo colunista do *Newsweek* Jonathan Alter, a equipe de FDR preparou uma mensagem radiofônica à Legião Americana, a primeira a ser feita depois da posse, na qual FDR instruiria os veteranos a se tornarem seu "exército privado" "extraconstitucional" (palavras de Alter). "Como novo comandante em chefe sob o juramento ao qual vocês ainda estão obrigados", dizia o texto preparado por Roosevelt, "eu me reservo o direito de comandá-los em qualquer fase da situação que agora nos confronta."[43]

Embora Alter reconheça que essa era uma "fala de ditador — uma explícita tomada do poder" — e tenha mostrado que FDR ou seus apaniguados consideravam a possibilidade de criar "uma força improvisada de veteranos para impor o cumprimento de algum tipo de lei marcial", ele minimiza a importância de sua própria descoberta.[44] Deixa de fora o legado da Liga Protetora Americana, que FDR sem dúvida endossava. Deixa de mencionar que, durante algum tempo, a Legião Americana se viu como um "*fascisti* americano". E também deixa de fora o fato de que FDR — que não revelou nenhuma relutância quando se tratou de usar o FBI e outras agências para espionar críticos internos — supervisionou o uso da Legião Americana como o ramo quase oficial do FBI para monitorar cidadãos americanos.

No início do *New Deal*, quase todos os programas tinham suas raízes na política da guerra, na economia da guerra ou na estética da guerra que emergiu da Primeira Guerra Mundial. A Autoridade do Vale do Tennessee (Tennessee Valley Authority, ou TVA, na sigla em inglês), que imprimiu sua marca em todos os projetos de obras públicas do *New Deal*, tinha suas raízes num projeto de energia da Primeira Guerra Mundial. (Como explicou FDR quando formalmente pediu ao Congresso para criar aquela coisa, "Este empreendimento energético dos dias de guerra conduz, logicamente, ao planejamento nacional".) A Suprema Corte defendeu a constitucionalidade da TVA recorrendo, em parte, aos poderes de guerra do presidente.

Muitas das agências do *New Deal*, a famosa "sopa de letrinhas", eram, basicamente, continuações de várias câmaras e comitês estabelecidos 15 anos antes, durante a guerra. A Agência Nacional de Recuperação era explicitamente modelada segundo a Câmara das Indústrias de Guerra da Primeira Guerra Mundial. A Comissão de Valores Mobiliários era uma extensão do Comitê de Operações de Capital da Câmara de Reserva Federal. A Corporação Financeira para a Reconstrução era uma versão atualizada da Corporação Financeira para a Guerra. As iniciativas de FDR na área de habitação popular eram dirigidas pelo mesmo arquiteto responsável pelas políticas habitacionais durante a Primeira Guerra Mundial. Durante a guerra, as habitações populares haviam sido necessárias para abrigar os operários da guerra. Sob FDR, todo mundo se tornou, de fato, um operário da guerra.

Presumivelmente, não é necessário relembrar como tudo isso se assemelhava aos acontecimentos na Alemanha nazista. Mas vale a pena notar que, durante os dois primeiros anos dos *New Deals* americano e alemão, foi a América que buscou o militarismo e o rearmamento a uma velocidade vertiginosa, enquanto a Alemanha gastava relativamente pouco em armas (embora Hitler enfrentasse sérias limitações ao rearmamento). A Agência de Obras Públicas (Public Works Administration) pagou a compra dos porta-aviões *Yorktown* e *Enterprise*, bem como de quatro cruzadores, muitos navios de guerra menores e mais de cem aviões estacionados em cinquenta aeroportos do exército. Talvez uma razão para tantas pessoas acreditarem que o *New Deal* tenha acabado com a Depressão seja que a transição do *New Deal* para uma economia de guerra plenamente instalada tenha sido um processo sem descontinuidades.

Velhas mãos do período wilsoniano infestavam todos os níveis da burocracia de Roosevelt. Isso faz sentido, já que aquele era o primeiro governo democrata depois do de Wilson. Mesmo assim, os integrantes do *New Deal* não estavam buscando meros tipos recauchutados; eles queriam veteranos de guerra. Quando Holger Cahill inicialmente declinou o convite para chefiar o Projeto Artístico Federal, um colega explicou: "Um convite do governo para um trabalho como este é o equivalente a uma ordem. É como estar sendo alistado no serviço militar."[45]

As agências governamentais não apenas se organizaram segundo linhas militares, mas seu pessoal falava um jargão militar. Trabalho de campo era trabalho "nas trincheiras". Os quadros mais jovens eram chamados "subalternos". Novos programas federais mostravam "extremos de coragem". E assim por diante.

Talvez nenhum programa representasse melhor o novo perfil marcial do governo do que o CCC, Corpo Civil de Conservação (Civilian Conservation Corps). Sem dúvida o mais popular programa do *New Deal*, o CCC mobilizou cerca de dois milhões e meio de rapazes para o que só poderia ser chamado de um treinamento paramilitar. Eles trabalhavam como um "exército florestal", removendo troncos mortos e coisas parecidas. Os alistados se concentravam em estações de recrutamento do exército; usavam uniformes da Primeira Guerra Mundial; eram transportados pelo país em trens militares; respondiam a sargentos do exército; deviam ficar em posição de sentido, marchar em formação, empregar jargão militar — inclusive a obrigação de chamar os superiores de "senhor"; liam um jornal do CCC feito à imagem do *Stars and Stripes*; iam para a cama em tendas do exército ao ouvir o toque de recolher e acordavam com o toque de alvorada.

Depois que o CCC foi aprovado pelo Congresso, FDR relatou: "Obtivemos resultados bastante bons, acho que podem ser comparados à mobilização de 1917." O presidente da Câmara dos Representantes vangloriou-se pelo sucesso do CCC: "Eles também estão em treinamento militar e, quando saírem, estarão mais saudáveis, mais desenvolvidos mental e fisicamente e serão cidadãos mais úteis. E, se alguma vez tivermos que nos envolver em outra guerra, eles fornecerão um núcleo muito valioso para nosso exército."[46] Enquanto isso, os nazistas estavam criando acampamentos semelhantes por razões praticamente idênticas.

O principal motivo apresentado pelos planejadores sociais era tirar os homens jovens da força de trabalho convencional. As discussões públicas tendiam a enfatizar a necessidade de fortalecer as fibras físicas e morais de um novo exército embrionário. FDR disse que os acampamentos eram ideais para tirar os jovens "das esquinas". Hitler prometeu que os seus impediriam que a juventude ficasse "apodrecendo nas ruas, sem ajuda". As várias batalhas de Mussolini — a "Batalha do Trigo" e outras — eram defendidas com argumentos semelhantes.

Um segundo motivo era transcender as barreiras de classe, um aspecto do programa que ainda hoje apela aos liberais. O argumento, tanto então quanto agora, é que não existem instituições comuns que promovam um sentimento de verdadeira obrigação coletiva. Este é um ponto importante. Mas é interessante notar que os nazistas estavam muito mais convencidos de sua necessidade do que os seguidores do *New Deal*, e o usaram para justificar o programa de serviço obrigatório e toda a sua agenda interna.[47]

Um exemplo muito mais chocante da militarização da vida americana foi o que se viu com a criação da Agência Nacional de Recuperação (*National Recovery Administration*, ou NRA, na sigla em inglês), chefiada por Hugh "Calças de Ferro" Johnson, o Homem do Ano da *Times* em 1933. O general Johnson era um brigão truculento que ameaçava com "um soco no nariz" os americanos que não cooperassem com o *New Deal*. Tendo atuado como *liaison* da Câmara das Indústrias de Guerra e dirigido o primeiro alistamento militar durante a Primeira Guerra Mundial — que ele mais tarde chamou de o "grande treinamento prático" para o *New Deal* —, Johnson estava convencido de que a América necessitava de uma nova injeção do fervor e do medo que existiam durante a guerra. Poucas figuras públicas — incluindo-se aí Joseph McCarthy — eram mais inclinadas que ele a questionar o patriotismo de seus oponentes. Em todas as oportunidades, Johnson sustentava que não havia como distinguir entre a guerra contra a Depressão e uma batalha. "Isto é guerra — letal e mais ameaçadora que qualquer outra crise em nossa história", escreveu. Nenhuma esfera da vida estava fora da área coberta pelo novo serviço. "São as mulheres em suas casas — e não soldados em uniforme — que desta vez salvarão nosso país", anunciou. "Elas chegarão a extremos de coragem para nos dar uma vitória tão grande como a de Argonne. Esta é a hora zero para as donas de casa. Seu grito de batalha é 'Compre agora com a Águia Azul!'"[48]

A Águia Azul era o símbolo patriótico de obediência que todas as empresas deveriam pendurar à sua porta, ao lado do lema "Nós fazemos nossa parte", frase usada pelo governo da mesma forma que os alemães usavam "*Gemeinnutz geht vor Eigennutz.*" (O interesse comum vem antes do interesse individual.)[49]

Em grande medida já apagada da consciência popular, a águia indígena estilizada, segurando um feixe de raios com uma garra e uma roda dentada industrial com a outra, foi frequentemente comparada com a suástica ou com a águia do Reich tanto nos jornais americanos quanto nos alemães. Johnson exigiu que a obediência ao programa Águia Azul fosse monitorada por um exército de informantes quase oficiais, desde unionistas até escoteiros. Sua abordagem totalitária era inconfundível. "Quando cada dona de casa americana compreender que a Águia Azul estampada em tudo o que ela permitir entrar em sua casa é um símbolo de restauração da segurança, que Deus se compadeça do homem ou do grupo de homens que tentar brincar com este pássaro."[50]

É difícil exagerar a importância propagandística que FDR concedia à Águia Azul. "Na guerra, na penumbra dos ataques noturnos, os soldados usam uma insígnia brilhante nos ombros para terem a certeza de que camaradas não atirarão em camaradas", explicou o presidente. "De acordo com esse mesmo princípio, aqueles que cooperam com este programa devem conhecer uns aos outros à primeira vista." Num dos trinta programas de rádio que fez entre 1933 e 1934, chamados "Conversas ao pé da lareira", Roosevelt convocou para uma grande "ofensiva de verão contra o desemprego", no estilo de Mussolini. Hollywood fez sua parte. Num musical da Warner Brothers de 1933, *Footlight parade*, estrelando James Cagney, uma linha de coristas usa cartazes para compor uma imagem de Roosevelt, que então se transforma numa gigantesca Águia Azul. Will Rogers conduziu um *Quem é Quem* de estrelas em programas de rádio da Águia Azul e da NRA.

O recurso favorito de Johnson para promover a obediência à Águia Azul eram paradas militares e comícios no estilo Nuremberg. Em 12 de setembro de 1933, ele fez um longo discurso para uma audiência de dez mil pessoas no Madison Square Garden, jurando que 85% dos trabalhadores americanos já estavam sob a autoridade da Águia Azul. No dia seguinte, Nova York foi quase paralisada por um desfile da Águia Azul em honra ao *Dia da NRA do Presidente*. Todas as lojas que adotavam a Águia Azul receberam ordem de fechar as portas às 13 horas, e o governador declarou um meio feriado em toda a cidade. Sob a direção de um major-general do Exército dos Estados Unidos, a parada da Águia Azul marchou desde Washington Square até a Quinta Avenida e, de lá, até a Biblioteca Pública, onde desfilou diante do palanque em que estavam Johnson, os governadores dos três estados da área e Eleanor Roosevelt.

Aquela foi a maior parada na história de Nova York, eclipsando até mesmo a parada triunfal que celebrou a travessia do Atlântico por Charles

Lindbergh. Num estilo verdadeiramente corporativista, trabalhadores e gerentes marchavam lado a lado. O desfile do *Dia da NRA do Presidente* ostentava cinquenta mil trabalhadores de confecções, trinta mil empregados municipais, 17 mil trabalhadores do comércio, seis mil trabalhadores de cervejarias e uma trupe de artistas do *Music Hall* da *Radio City*. Quase 250 mil homens e mulheres desfilaram durante dez horas perante uma audiência de mais de um milhão de pessoas, com 49 aviões militares sobrevoando a multidão. Por causa de eventos como este, escreveu Arthur Schlesinger Jr., Johnson e Roosevelt alcançaram seu objetivo de "transformar uma agência governamental numa experiência religiosa".[51] Um integrante do Partido Trabalhista Independente inglês ficou horrorizado com tal desfile, dizendo que havia se sentido como se estivesse na Alemanha nazista.

A parada de Nova York não foi um incidente isolado. Espetáculos semelhantes ocorreram em todo o país, com os manifestantes usando os uniformes de suas respectivas ocupações. O time de futebol de Filadélfia, chamado Eagles, escolheu seu nome em homenagem à Águia Azul. Cem mil colegiais foram levados para marchar no Boston Common e forçados a fazer um juramento comandado pelo prefeito: "Como bom cidadão americano, prometo fazer minha parte pela NRA. Só comprarei em lojas onde voe a Águia Azul."[52] Em Atlantic City, as participantes de um concurso de beleza exibiam a Águia Azul estampada na coxa. Em São Francisco, oito mil colegiais foram orquestrados para formar uma enorme Águia Azul. Em Memphis, cinquenta mil cidadãos marcharam na parada de Natal, que terminou com um Papai Noel montado numa gigantesca Águia Azul.

Não é de surpreender que as vítimas da Águia Azul recebessem pouca simpatia da imprensa e menos proteção ainda do governo. Talvez o caso mais famoso tenha sido o de Jacob Maged, um tintureiro imigrante de 49 anos que passou três meses na prisão em 1934 por haver cobrado 35 centavos para passar um terno, quando a NRA insistia em que todos os americanos leais deveriam cobrar pelo menos quarenta centavos. Dado que uma das metas centrais no início do *New Deal* era criar escassez artificial para fazer subirem os preços, a Agência de Ajustes Agrícolas ordenou que seis milhões de porcos fossem abatidos. Safras abundantes eram deixadas a apodrecer. Muitos fazendeiros brancos foram pagos para não trabalhar suas terras (o que resultava em muitos meeiros negros terem que passar fome). Todas essas políticas eram impostas e fiscalizadas por um governo militarizado.

Nos centros urbanos, a má sorte dos negros era pouco melhor. Ao garantir novos poderes coletivos de barganha aos sindicatos, FDR deu a eles o poder de impedir a entrada dos negros na força de trabalho. E os sindicatos — que, com frequência, eram visceralmente racistas — fizeram exatamente isso. Daí que algumas pessoas na imprensa negra dissessem que a sigla NRA significava "Negro Run Around", "Negro Removal Act" e "Negroes Robbed Again." [Literalmente: Negro rodando à toa; Lei de remoção dos negros; Negros roubados novamente.] Num comício no Harlem, alguém escreveu seu protesto sob a figura de uma Águia Azul: "Este pássaro roubou o emprego de meu pai."[53] Enquanto isso, sob o olhar atento de Johnson, policiais derrubavam portas a machadadas para verificar se os alfaiates não estavam trabalhando à noite e — literalmente — arrastavam garotos jornaleiros das ruas porque eles não trabalhavam para grandes corporações.

Não deve surpreender que o general Johnson fosse um ardente discípulo do fascismo. Como chefe da NRA, ele distribuiu cópias do *The corporate State* (*O Estado corporativista*) de Raffaello Viglione — um panfleto assumidamente fascista escrito por um dos economistas favoritos de Mussolini. Ele chegou a dar um exemplar a Frances Perkins, que chefiava a Secretaria do Trabalho, implorando que fizesse cópias para o gabinete.

À altura de 1934, os métodos fascistas de Johnson e, mais importante, sua personalidade instável haviam provocado sua queda. E embora ele fosse, sem dúvida, o elemento mais implacavelmente fascista do governo Roosevelt e o mais pró-fascismo, suas ideias e seus métodos de forma alguma destoavam do usual à sua volta. Quando Alexander Sachs, um economista respeitado que havia crescido na Europa, foi convidado para fazer uma consultoria sobre a formação da NRA, ele alertou que ela só poderia ser administrada "por uma burocracia operando por *fiat*, e tal burocracia seria muito mais próxima do incipiente Estado fascista ou nazista do que de uma república liberal". Ninguém seguiu seu conselho, mas ele se juntou ao governo assim mesmo. No final de 1934, Rexford Tugwell visitou a Itália e achou familiar o projeto fascista. "Vejo a Itália fazendo muitas das coisas que a mim parecem necessárias... Mussolini certamente encontra o mesmo tipo de oposição que FDR. Mas tem a imprensa sob controle, de modo que ela não pode gritar mentiras contra ele diariamente." A Divisão de Pesquisa e Planejamento da NRA encomendou um estudo, *Capitalism and labor under fascism* (*Capitalismo e trabalho no fascismo*), que concluiu: "Os princípios fascistas são muito semelhantes aos que vêm se desenvolvendo na América, e por isso são de especial interesse no momento."

É irônico que, na década de 1930, estivesse longe de ser um absurdo chamar o *New Deal* ou FDR de fascistas. Ainda assim, durante as duas gerações após a Segunda Guerra Mundial, era simplesmente inaceitável associar o *New Deal* a qualquer tipo de fascismo. Esse tabu cultural e político distorceu a política americana de maneiras muito profundas. A fim de afirmar que o *New Deal* era o oposto do fascismo — e não um fenômeno da mesma natureza —, os intelectuais liberais tiveram que usar o movimento conservador moderno para criar um imenso espantalho (ou um testa de ferro). Isso foi surpreendentemente fácil. Dado que "direitista" já era definido como anti-Roosevelt, não foi preciso fazer muito esforço para fundir a direita americana com o nazismo e o fascismo. Assim, por exemplo, os liberais pintam o "isolacionismo" americano como uma tradição distintamente conservadora, embora a maior parte dos principais isolacionistas associados a causas como *America First* nas décadas de 1930 e 1940 fossem, de fato, liberais e progressistas, incluindo aí Joe Kennedy, John Dewey, Amos Pinchot, Charles Beard, J.T. Flynn e Norman Thomas.

O mito do fascismo de direita somente começou a se desfazer décadas mais tarde, graças a uma figura improvável: Ronald Wilson Reagan, um antigo democrata de Roosevelt. Tanto em 1976 quanto em 1980, Reagan se recusou a rever sua opinião de que os primeiros seguidores do *New Deal* tinham visto com bons olhos as políticas da Itália fascista. Em 1981, a controvérsia foi reacesa quando o então presidente Reagan manteve a posição. "Reagan ainda convicto de que houve alguns no *New Deal* que esposaram o fascismo", dizia a manchete de um artigo no *Washington Post*.[54] A recusa de Reagan de retirar sua alegação foi um divisor de águas importante, embora o tabu tenha permanecido quase intacto.

Mas, antes de mais nada, por que estava lá o tabu? Uma resposta é tanto óbvia quanto inteiramente compreensível: o Holocausto. Sendo uma marca típica da malignidade encontrada na história humana, o extermínio de judeus europeus colore tudo aquilo em que toca. Mas isso é terrivelmente inexato, no sentido de que vários outros regimes fascistas não merecem ser culpados pelo Holocausto, inclusive a Itália fascista. Em momento algum aqui eu sugiro que o *new-dealismo* tivesse afinidade com o hitlerismo, se formos definir hitlerismo somente em termos do Holocausto. Mas o fascismo já era fascismo *antes* do Holocausto. Cronologicamente e, em certo sentido, filosoficamente, o Holocausto foi o estertor do fascismo na Alemanha. Usar o último capítulo do fascismo alemão como escusa para os fascismos anteriores na Itália, na América e em outras partes é o mesmo que ler o livro errado de trás para frente. E dizer que o *New Deal* não tinha nada em comum com o fascismo porque os seguidores do *New Deal* dos últimos tempos se opunham ao Holocausto é dizer que não há nada que distinga ou caracterize o fascismo além do Holocausto — uma posição que nenhuma pessoa séria sustentaria.

De fato, parece impossível negar que o *New Deal* fosse objetivamente fascista. Sob o *New Deal*, capangas governamentais punham portas abaixo para impor políticas. Os agentes do FBI eram tratados como semideuses, mesmo quando espionavam dissidentes. Capitães de indústria escreviam as regras pelas quais eles seriam governados. FDR secretamente gravava suas conversas, usava o serviço postal para punir seus inimigos, mentiu repetidamente para conduzir os Estados Unidos à guerra e em diversas ocasiões solapou os poderes do Congresso de fazer a guerra. Em 1932, quando alertado por Frances Perkins de que muitas disposições do *New Deal* eram inconstitucionais, ele simplesmente encolheu os ombros e disse que lidaria com o assunto mais tarde (a solução que pretendia: encher a Suprema Corte com seus cupinchas). Em 1942, disse abertamente ao Congresso que, se não fizessem o que ele queria, ele o faria de qualquer modo. Ele questionava o patriotismo de qualquer um que se opusesse a seus programas econômicos, quanto mais à própria guerra. Criou o complexo industrial-militar que tantos da esquerda hoje denigrem como fascista.

Em 1936, Roosevelt disse ao Congresso: "Nós criamos novos instrumentos de poder público. Nas mãos de um governo do povo, esse poder é saudável e adequado. Mas nas mãos dos fantoches de uma autocracia econômica, tal poder poria sob grilhões as liberdades do povo."[55] Como observou Al Smith, o que essa afirmação realmente indica é que Roosevelt não se importava com um governo autoritário, desde que representantes do "povo" — ou seja, liberais — cuidassem do governo. Mas se qualquer pessoa de que "nós" desgostemos ganhar o controle do governo, ele virará uma tirania.

Esse tipo de justificativa enviesada nos conduz ao coração do fascismo liberal. O progressismo, liberalismo ou como quer que se queira chamá-lo tornou-se uma ideologia do poder. Desde que liberais estejam no comando, os princípios não importam. Isso também ilumina o real legado fascista da Primeira Guerra Mundial e do *New Deal*: a noção de que a ação governamental em nome de "coisas boas" sob a direção de "nossa gente" é sempre, e em toda parte, justificada. A dissidência vinda das pessoas certas é vista como a mais alta forma de patriotismo. A dissidência das pessoas erradas é uma perturbadora evidência de um fascismo incipiente. O antidogmatismo que tanto progressistas quanto fascistas herdaram do pragmatismo fez os motivos dos ativistas serem vistos como o único critério para julgar a legitimidade de uma ação. "Quero lhes garantir", disse Harry Hopkins, assessor de FDR, a uma audiência de ativistas do *New Deal* em Nova York, "que não temos medo de explorar qualquer coisa dentro da lei e que temos um advogado que declarará ser legal qualquer coisa que queiramos fazer."[56]

Hoje, particularmente com Bush, é precisamente essa a atitude que os liberais chamam de fascista. Mas aquele critério é muito limitado para apreender plenamente o que tornava fascista o *New Deal*. Transformamos o fascismo e o nazismo em caricaturas quando simplesmente dizemos que eram maléficos. A sedução do nazismo era seu apelo à comunidade, sua tentativa de restaurar, via um Estado todo-poderoso, um sentimento de pertencimento entre aqueles que se encontravam perdidos na sociedade moderna. Modernização, industrialização e secularização semearam dúvida e alienação entre as massas. Os nazistas prometeram fazer as pessoas sentirem que pertenciam a algo maior que elas mesmas. O espírito de "todos por um, um por todos" estava impregnado em todos os desfiles e paradas nazistas.

Era essa a filosofia pública fundamental partilhada por todo o *Brain Trust* de FDR, e eles herdaram o pacote completo de Herbert Croly e seus camaradas. "No cerne do *New Deal*", escreve William Schambra, "estava a ressurreição da ideia nacional, a renovação da visão de comunidade nacional. Roosevelt buscou agregar toda a América para rebater suas divisões, apelando à obrigação nacional, à disciplina e à irmandade; ele queria restaurar o sentimento de comunidade local no nível nacional." O próprio Roosevelt observou que "vimos estendendo à nossa vida nacional o velho princípio da comunidade local" em resposta às "mudanças drásticas" que ocorriam em muitos aspectos da vida americana.[57] O militarismo na América, assim como na Alemanha nazista e na Itália fascista, era um meio para isso, não um fim em si mesmo.

Desde então, este tem sido o empreendimento liberal: transformar uma república democrática numa enorme comunidade tribal, dar a todos os integrantes da sociedade, de Key West, na Flórida, até Fairbanks, no Alasca, aquele mesmo sentido de pertencimento — "estamos todos juntos nisso!" — que supostamente sentimos numa comunidade coesa. O anseio por comunidade é profundo, humano e decente. Mas esses anseios com frequência ficam mal utilizados quando canalizados pelo governo federal e impostos a toda uma nação diversificada e organizada sob forma republicana. Era esse o debate no cerne da Convenção Constitucional, e os progressistas buscaram resolvê-lo de uma vez por todas a seu favor. O governo não pode amar você, e qualquer política que opere com base numa suposição diferente está destinada ao fracasso. E, ainda assim, desde o *New Deal*, os liberais têm sido incapazes de se ver livres deste dogma fundamental de que o Estado pode ser o instrumento para implementar uma política de significado que transforme a nação inteira numa aldeia.

Devemos fechar esta discussão reiterando, mais uma vez, que, quaisquer que sejam as semelhanças entre os três *New Deals*, as diferenças entre a América, a Alemanha e a Itália são mais importantes. Os pecados de FDR estavam muitíssimo distantes dos de Hitler ou Mussolini. Algo disso se explica pelo homem. FDR acreditava na América e no modo de vida americano — ou, pelo menos, ele acreditava firmemente que acreditava nisso. Ele ainda se candidatou à eleição mais uma vez, embora violando a tradição de que presidentes só servem dois mandatos. Ele respeitava o sistema, embora tenha tentado de fato castrar a Suprema Corte. Não era um tirano, embora tenha prendido mais de cem mil pessoas em campos dos quais não podiam sair, com base na teoria de que não se podia confiar em sua raça. Existem bons argumentos a favor de todos os lados desses e de outros eventos. Mas uma coisa é clara: nunca se poderia esperar que o povo americano tolerasse a tirania durante muito tempo. Ao longo de sua história, este país tem feito o que quer que seja necessário em tempo de guerra para enfrentar a situação até o fim. Mas, em tempo de paz, o caráter americano não se inclina a buscar o Estado para obter significado e direção. Os liberais têm respondido a isso buscando, constantemente, novas crises, novos equivalentes morais da guerra.

Um antigo jornalista do *New Republic*, J. T. Flynn, talvez tenha sido o mais famoso *muckraker* anti-Roosevelt na década de 1930. Ele se opunha a

Roosevelt e estava convencido de que o *New Deal* era um empreendimento fascista. Profetizou que os proponentes do *New Deal* e seus sucessores se tornariam viciados em crises para manter o poder e implementar suas agendas e escreveu sobre o *New Deal*: "Nasceu numa crise, vive de crises e não pode sobreviver à era da crise. Pela própria lei de sua natureza, tem de criar para si mesmo novas crises, ano após ano, se quiser continuar existindo. Mussolini chegou ao poder na crise do pós-guerra e se tornou uma crise na vida italiana... A história de Hitler é a mesma. E nosso futuro está desenhado sobre o mesmo mapa, seguimos a mesma estrada turbulenta de uma crise permanente."[58]

Mas Flynn compreendeu que, embora a América pudesse estar seguindo uma estrada semelhante, a viagem não precisava ser tão acidentada. Ele predisse que o fascismo americano poderia se manifestar como "uma forma muito gentil, refinada e prazerosa de fascismo que de maneira alguma poderá ser chamada fascismo, pois será muito virtuoso e polido". Waldo Frank fez uma observação parecida em 1934:

A NRA é o começo do fascismo americano. Mas, diferentemente do que ocorre na Itália e na Alemanha, o mundo anglo-saxão tem tido um parlamentarismo democrático forte já há gerações; *é uma instituição tribal*. Portanto, um fascismo que se livre do parlamentarismo, e não que o aguce e explore, não deve ser esperado na América do Norte ou na Inglaterra. O fascismo pode ser tão gradual nos Estados Unidos que a maior parte dos eleitores não terá consciência de sua existência. Os verdadeiros líderes fascistas não serão os atuais imitadores do *Führer* alemão e do *condottieri* italiano, pavoneando-se em camisas prateadas. Eles serão cavalheiros judiciosos, de sobrecasaca negra; formados nas melhores universidades; discípulos de Nicholas Murray Butler e Walter Lippmann.[59]

Penso estar claro que, na medida em que existe alguma validade em meu argumento — de que o fascismo, sem ser assim chamado, continua presente na mente liberal —, essa análise é verdadeira. Nós estivemos no "caminho da servidão", ainda podemos estar nele, mas não *sentimos* que seja assim.

A pergunta é: Por quê? Por que o fascismo "gentil" aqui, e não do tipo mais desagradável? Minha própria resposta é: por causa do excepcionalismo americano. É a isso que Frank se refere quando diz que a democracia na

América é uma "instituição tribal". A cultura americana suplanta nossa moldura legal e constitucional. É nosso grande bastião contra o fascismo.

Werner Sombart fez uma pergunta famosa: "Por que não existe socialismo nos Estados Unidos?" Para historiadores e teoristas políticos, a resposta sempre tem sido: porque a América não tem nenhum passado feudal, não tem problemas de classe do tipo europeu. Essa, conforme argumenta Wolfgang Schivelbusch, também é, em grande medida, a resposta à questão: "Por que não existe fascismo nos Estados Unidos?" Mas isso só é verdade se estivermos nos referindo à opressão, crueldade e tirania do fascismo clássico. O nacionalismo e o fascismo só podem provocar o surgimento daqueles traços que já existam no código genético de uma sociedade. Na Alemanha, as partes mais escuras da alma alemã foram liberadas; na Itália, as inseguranças de uma estrela cadente da civilização ocidental. Na América, o fascismo nos atingiu no início do século americano, o que significava, entre outras coisas, que o quadro não chegava a ser tão negro. Não tínhamos ressentimentos amargos a cobrar, nem injustiças que pedissem vingança. Em vez disso, o fascismo na América era uma coisa mais ligada à esperança (embora devamos recordar que, no início, o fascismo teve sucesso na Itália e na Alemanha porque também oferecia esperança).

Isso não significa que não tenhamos tido momentos sombrios. Mas aqueles momentos não puderam ser mantidos. Os progressistas e liberais tiveram duas oportunidades de manter uma verdadeira crise de guerra fascista — durante a Primeira Guerra Mundial e, novamente, durante o *New Deal* e a Segunda Guerra Mundial. Mas não puderam sustentar a situação porque o sistema americano, o caráter americano e a experiência americana tornaram tais "experimentos" insustentáveis. Quanto ao fascismo refinado a que Flynn se referiu, trata-se de uma história diferente — uma que começa nos capítulos seguintes.

Embora a esquerda cultural há muito tempo identifique os primeiros traços do fascismo na suposta conformidade da década de 1950, o terceiro momento fascista nos Estados Unidos de fato começou na década de 1960. Ele diferia dramaticamente dos dois primeiros momentos — os que se seguiram à Era Progressista e ao *New Deal* — em grande parte devido ao fato de que veio depois da dura era coletivista na civilização ocidental. Mas, tal como nas eras anteriores, os anos de 1960 representaram um movimento internacional. Os estudantes iniciaram seus protestos radicais em todo o mundo: França, Indonésia, Tchecoslováquia, Polônia, Senegal, Coreia do Sul, México e Estados Unidos. Enquanto isso, atuando de dentro do *establishment*, uma nova coorte de ativistas liberais busca recriar as dinâmicas sociais e políticas da geração de seus pais para promover seus legados e realizar as promessas da Era Progressista. Essas duas frentes de assalto, uma vinda do topo e outra da base, acabaram assumindo os principais postos de comando no governo e na cultura. Os próximos dois capítulos examinarão uma de cada vez.

5

A década de 1960: o fascismo vai às ruas

Os pretensos revolucionários haviam se tornado cada vez mais insolentes em sua campanha para extrair concessões da universidade. Estudantes e professores tachados de traidores da raça recebiam ameaças de morte. Inimigos da nação racial eram brutalmente espancados por rondas de criminosos. Armas eram levadas para o *campus*, e os estudantes se vestiam com uniformes militares. Professores eram feitos reféns, marcados, intimidados e ameaçados quando quer que seus ensinamentos contradissessem a ortodoxia racial. Mas a administração da universidade, por uma mistura de covardia e simpatia pelos rebeldes, recusava-se a punir os revolucionários, mesmo quando seu presidente era maltratado por um capanga fascista diante de uma audiência formada pela comunidade do *campus*.

Os radicais e seus simpatizantes estudantes acreditavam-se revolucionários da esquerda — o oposto a fascistas, em suas mentes —, embora os estudantes tenham reagido com entusiasmo quando um de seus professores leu para eles os discursos de Benito Mussolini. Os acontecimentos chegaram ao clímax quando os jovens tomaram a união estudantil e a estação de rádio local. Armados com rifles e espingardas de caça, exigiram uma instituição educacional etnicamente pura cujos funcionários administrativos e da direção fossem integrantes de sua própria raça. No início, os professores e a administração ficaram compreensivelmente relutantes; mas, quando foi sugerido que os que se opusessem àquela agenda poderiam ser mortos, a maior parte dos "moderados" rapidamente mudou de direção e apoiou os militantes.

Numa manifestação de massa que lembrava as de Nuremberg, os professores renunciaram às suas maneiras reacionárias e juraram fidelidade à nova ordem revolucionária. Mais tarde, um professor recordou com que facilidade os "pomposos professores que pregavam a liberdade acadêmica puderam, com um pequeno empurrão, ser transformados em ursos amestrados".[1]

Finalmente, os bandidos fascistas conseguiram tudo o que queriam. As autoridades se submeteram às suas demandas. Os poucos que permaneceram na oposição silenciosamente deixaram a universidade e, em alguns casos, o país, quando já era claro que sua segurança não podia ser garantida.

Isso foi na Universidade de Berlim em 1932? Na de Milão em 1922? Bons palpites. Mas na realidade tudo isso aconteceu na Universidade de Cornell na primavera de 1969. Paramilitares dos Nacionalistas Negros, sob a bandeira da Sociedade Afro-Americana, assumiram o controle da universidade depois de empreender uma campanha de intimidação e violência cada vez mais agressiva.

A desculpa pública para a ocupação armada da União Estudantil de Cornell foi uma cruz queimada do lado de fora de um dormitório de negros. Mais tarde, descobriu-se que havia sido uma farsa coordenada pelos próprios radicais negros a fim de fornecer um pretexto para sua violência — e eclipsar as "repreensões" covardes e inócuas da administração a seis radicais negros que haviam quebrado as regras do *campus* e as leis estaduais. Essa tática no estilo "incêndio do Reichstag" funcionou perfeitamente, com os *squadristi* fascistas tomando de assalto o Straight Hall nas horas anteriores à aurora e acordando pais aturdidos que estavam hospedados ali para o Fim de Semana dos Pais. Aquelas almas estupefatas que haviam tido o azar de financiar as bolsas de estudo dos mesmos estudantes armados que agora os chamavam de "porcos" foram forçadas a saltar de uma plataforma de carga de um metro de altura para a chuva enregelante de Ithaca. "Isto é nazismo em sua pior forma", declarou uma mãe com um exagero sem fôlego, mas compreensível.[2] O presidente da universidade, James A. Perkins, teve de cancelar seu discurso matinal, sublimemente intitulado "A Estabilidade da Universidade".

Na mitologia popular, os anos 1960 foram um movimento utópico gentil que se opunha à guerra colonialista no Vietnã e buscava, dentro das fronteiras americanas, maior igualdade e harmonia social. E é verdade que a vasta maioria daqueles jovens atraídos pelo que chamavam de *movimento* eram idealistas deslumbrados que pensavam estar apressando a chegada da Era de Aquário. Ainda assim, em sua dimensão estritamente política, não há como negar que o núcleo ativista do movimento fosse pouco mais que um culto fascista da juventude. Com efeito, o "movimento" da década de 1960 pode ser considerado o terceiro grande momento fascista do século XX. Os radicais da Nova Esquerda podem ter falado sobre "poder para o povo" e "a voz autêntica de uma nova geração", mas, de fato, não eram a favor de uma coisa nem de outra. Eram um movimento *avant-garde* que buscava redefinir não apenas a política, mas a própria natureza humana.

Historicamente, o fascismo é, necessariamente, e por sua própria concepção, uma forma de movimento jovem, e todos os movimentos jovens têm em si mais que um simples vestígio de fascismo. A exaltação da paixão sobre a razão, da ação sobre a deliberação, é um impulso naturalmente jovem. Tratar os jovens como iguais, "privilegiando" suas opiniões precisamente porque lhes faltam experiência e conhecimento, é uma tendência inerentemente fascista porque em seu cerne reside o anseio de jogar fora as "velhas formas" e os "velhos dogmas" a favor daquilo que os nazistas chamavam de "idealismo da proeza". A política dos jovens — como o populismo, de modo geral — é a política da birra e do ataque de raiva. A indulgência da chamada "política da juventude" é uma das faces do tipo de covardia e insegurança que leva ao triunfo do barbarismo.

Embora não se discuta que o *sucesso* do nazismo estivesse profundamente ligado às privações resultantes da grande Depressão na Alemanha, isso não deveria levar ninguém a pensar que o próprio nazismo fosse um produto da pobreza. Mesmo antes da Primeira Guerra Mundial, a Alemanha estava passando por uma revolução dos jovens. A guerra meramente acelerou aquelas tendências, elevando tanto o nível de idealismo quanto o de alienação. Klaus Mann, o romancista secular judeu e homossexual, expressou muitas coisas de sua geração quando escreveu em 1927: "Somos uma geração unida, pode-se dizer, apenas pela perplexidade. Ainda assim, não encontramos a meta que poderia conseguir nos conduzir a um esforço comum, embora todos nós partilhemos a busca de tal meta."[3] Mann não enfatizou o ponto suficientemente. Embora os jovens alemães estivessem divididos a respeito do que deveria substituir a velha ordem, estavam unidos por coisas que iam além da mera perplexidade. Um tipo de política de identidade da juventude havia tomado conta de toda a Alemanha, inflamada pela noção de que a nova geração era diferente e melhor porque havia sido liberada da política dos velhos corruptos e covardes e estava determinada a criar uma nova ordem "autêntica".

A cultura da juventude alemã na década de 1920 e no início da seguinte estava cheia de rebelião, misticismo ambiental, idealismo e uma não pequena dose de paganismo, expressando atitudes que devem ser familiares a qualquer um que viveu os anos de 1960. "Os jovens viam a vida familiar como repressiva e falsa", escreve um historiador. Acreditavam que a sexualidade, no casamento e fora dele, estava "permeada pela hipocrisia", escreve outro. Eles também acreditavam que não se pode confiar em ninguém com mais de trinta anos e desprezavam a velha ordem materialista e todas as suas manifestações. Consideravam "a religião de seus pais, em grande medida, uma farsa, viam a política como presunçosa e trivial, a economia como inescrupulosa e enganadora, a educação estereotipada e sem vida, a arte como um lixo e sentimental, a literatura espúria e comercializada, o drama como coisa de mau gosto e mecânico". Nascido na classe média, o movimento jovem rejeitava, e até mesmo desprezava, o liberalismo classe média. "Sua meta", escreve John Toland, "era estabelecer uma cultura jovem combatendo a trindade burguesa escola, casa e igreja."[4]

Nos cafés, eles berravam contra a decadência da sociedade alemã em compassos que fazem lembrar Allen Ginsberg. Nos bosques, comungavam com a natureza, esperando receber "mensagens da floresta". Um *führer* — ou um "líder" aclamado popularmente — poderia ler passagens de Nietzsche ou do poeta Stevan George, que escreveu: "O povo e a suprema sabedoria anseiam pelo Homem! — Pela Proeza!... Talvez alguém que tenha estado sentado durante anos entre seus assassinos e tenha dormido em suas prisões se erga e *faça a proeza*!" "Esses jovens", escreve Toland, "transbordantes de misticismo e impelidos pelo idealismo, ansiavam por ação — qualquer tipo de ação."[5]

Mesmo antes de os nazistas tomarem o poder, radicais estudantes (vejam que não estou dizendo estudantes radicais, mas o contrário) estavam ávidos para desafiar o indigesto conservadorismo da educação superior alemã, que dava grande valor à liberdade acadêmica liberal clássica e à autoridade de acadêmicos e professores. Uma onda de pragmatismo nietzschiano (expressão de Julien Benda) havia varrido a Europa, trazendo com ela um vento que soprou para longe os dogmas embolorados da geração de seus pais e revelou um mundo novo a ser visto por olhos novos. Os nazistas diziam

A DÉCADA DE 1960: O FASCISMO VAI ÀS RUAS

aos jovens que seu entusiasmo não devia ser restringido pelo estudo acadêmico — em vez disso, deveria ser encorajado por meio da ação política. A tradição de valorizar o estudo por ele mesmo foi posta de lado em nome da "relevância". Não leiamos mais ciência judaica e abstrações estrangeiras, gritavam. Aprendamos sobre os alemães e sobre guerra e o que podemos fazer pela nação! Intuição — que os jovens têm em abundância — era mais importante que conhecimento e experiência, insistiam os radicais. A juventude adorava a maneira como Hitler denunciava os teoristas — os "cavaleiros da tinta", cuspia ele. O que se requeria, de acordo com Hitler, era "uma revolta contra a razão" propriamente dita, pois "o intelecto tem envenenado nosso povo!"[6] Hitler se regozijava por haver roubado o coração e a mente dos jovens, transformando universidades em incubadoras de ativismo para a Mãe Pátria.

O sucesso dos nazistas chegou com uma velocidade espantosa. Em 1927, durante uma época de prosperidade geral, 77% dos estudantes prussianos insistiram em que o "parágrafo ariano" — que impedia judeus de ter um emprego — fosse incorporado aos estatutos das universidades alemãs. Como uma meia medida, lutaram por quotas raciais que limitassem o número de estudantes racialmente inadequados. Em 1931, 60% de todos os estudantes universitários alemães na graduação apoiavam a Organização dos Estudantes Nazistas. Diversos estudos sobre a participação nazista descobriram que os estudantes geralmente superavam qualquer outro grupo em seu apoio ao nacional-socialismo.[7]

Um ponto fundamental que os nazistas se empenhavam em vender aos estudantes alemães era a ênfase na necessidade de maior participação estudantil no governo da universidade. Os nazistas acreditavam que a voz dos estudantes precisava ser ouvida e que a importância do "ativismo" tinha de ser reconhecida como uma parte essencial da educação superior. Antecipando um refrão comum entre os radicais estudantes americanos na década de 1960 — como Mark Rudd de Colúmbia, que declarou que o único papel legítimo da universidade era "a criação e expansão de um movimento revolucionário" —, os nazistas acreditavam que a universidade deveria ser, em primeiro lugar, uma incubadora para dar apoio e poder a revolucionários e, num segundo lugar distante, bem distante, uma fornecedora de abstrações.[8]

A tolerância dos nazistas pelas ideias dissidentes declinou, é claro, a partir do momento em que conseguiram o poder e consolidaram sua posição. Mas os temas permaneceram razoavelmente constantes. De fato, os nazistas cumpriram sua promessa de aumentar a participação dos estudantes na direção da universidade como parte de uma redefinição mais ampla da própria universidade. Walter Schultze, o diretor da Associação Nacional-Socialista de Conferencistas de Universidades, expôs a nova doutrina oficial durante o primeiro encontro da organização, quando explicou que a "liberdade acadêmica" deve ser redefinida de forma que tanto estudantes quanto professores possam trabalhar juntos e devotados à causa maior. "Nunca a ideia alemã de liberdade foi concebida com mais vida e vigor que em nossos dias... Em última instância, a liberdade é nada mais que o serviço responsável em benefício dos valores básicos de nosso ser como um *Volk*."[9]

Os professores que se desviavam da nova ortodoxia enfrentavam todas as táticas que vimos serem usadas pela esquerda nos *campi* durante os anos 1960. Suas salas de aula eram obstruídas com barricadas ou ocupadas, ameaças eram postas em sua correspondência, denúncias eram pregadas em quadros de aviso no *campus* e publicadas em jornais estudantis, professores eram vaiados. Quando os administradores tentavam bloquear ou punir essas travessuras, os estudantes organizavam protestos maciços que eles naturalmente ganhavam, forçando, com frequência, a demissão do administrador.

O que nunca é demais enfatizar é que os estudantes alemães estavam, acima de tudo, se rebelando contra o *conservadorismo* tanto da educação superior alemã quanto do "materialismo burguês" das gerações mais velhas. As igrejas também eram suspeitas por estarem tão intimamente associadas ao velho e corrupto regime da Primeira Guerra Mundial. Os estudantes queriam governar as universidades, algo que, para acadêmicos tradicionais, era o mesmo que loucos quererem dirigir o hospício. Enquanto isso, a maior parte dos professores progressistas, pelo menos aqueles que não eram judeus nem bolchevistas, permaneceu em seus postos, embora enfraquecidos. De fato, muitos desses acadêmicos — como Hans-Georg Gadamer — que, anos depois, se apresentariam como vítimas dos nazistas, explorando esse falso status, estavam bastante felizes em assumir um emprego melhor que havia sido tirado de um colega judeu. Martin Heidegger, o mais influente filósofo do século XX, aderiu à revolução nazista instantaneamente.

A ocupação de Cornell ecoou esses e outros temas fascistas. Radicais estudantes negros, convencidos de sua superioridade racial e da inerente corrupção do liberalismo, montaram uma permanente campanha de intimidação e violência justamente contra a instituição que garantia a eles o luxo de uma educação. O próprio presidente Perkins era a quintessência do educador progressista. Com diplomas de Swarthmore e Princeton, ele começou a vida como um integrante do *New Deal* na Agência de Administração de Preços (Office of Price Administration). Intelectualmente, Perkins era um produto da tradição progressista-pragmática de William James e John Dewey, rejeitando a ideia de que as universidades devessem se dedicar à busca de verdades eternas ou de questões duradouras. Ele ridicularizava a "castidade intelectual" do trabalho acadêmico tradicional e debochava de acadêmicos não pragmáticos — os modernos cavaleiros da caneta tinteiro — que passavam o tempo se devotando a "discussões estéreis sobre a escolástica medieval". Como tantos dos intelectuais do *New Deal*, Perkins era hostil à ideia de que o passado tivesse muito a dizer a respeito do presente. Para ele, a palavra de ordem era "relevância", que, na década de 1960, rapidamente levou a "*empowerment*" (um misto de concessão, extração e delegação de poderes).[10]

Perkins acreditava que as universidades deveriam ser laboratórios para a mudança social, espaços de treinamento para "especialistas" que cairiam de paraquedas sobre o mundo real e consertariam a sociedade, como haviam feito os progressistas dos tempos de Wilson e de FDR. Por essas razões — somadas a uma decidida falta de coragem —, Perkins prostrou-se diante dos capangas fascistas enquanto implacavelmente virava as costas àqueles cuja educação, ocupação e mesmo vida eram ameaçadas pelos radicais do *Black Power*. Os estudantes alemães insistiam em que lhes ensinassem "ciência alemã" e "lógica alemã". Os radicais negros queriam aprender "ciência negra" e "lógica negra" com professores negros. Exigiram uma escola à parte destinada a "criar as ferramentas necessárias para a formação de uma nação negra". Sustentavam essas demandas não com argumentos, mas com violência e com uma assertividade passional. "No passado, a tarefa de morrer ficou toda por conta do povo negro", gritava o líder dos radicais negros. "Agora chegou o tempo de os porcos morrerem." Perkins passivamente obedeceu após uma oposição apenas aparente. Afinal, explicou, "não há nada que eu alguma vez tenha dito ou alguma vez venha a dizer que esteja fixado para sempre ou que não possa ser modificado por novas circunstâncias". O primeiro curso oferecido no novo programa foi Ideologia Negra.[11]

Desde então, o que agora chamamos de política de identidade tornou-se a norma na academia. Departamentos inteiros são consagrados à exploração e celebração de diferenças de raça e gênero. Diversidade é agora um código para designar a natureza imutável da identidade racial. Essa ideia também remonta ao neorromantismo dos nazistas. O que uma vez foi característico do pensamento nazista, imposto à educação superior sob a mira de revólver, agora é o máximo da sofisticação intelectual. Andrew Hacker, então um jovem professor em Cornell e hoje talvez o mais destacado escritor liberal branco trabalhando com questões raciais, escreveu que universidades "historicamente brancas" são "brancas... em lógica e saber, em suas concepções de conhecimento e na conduta intelectual".[12]

Os leitores mais jovens provavelmente não sabem praticamente nada sobre a rebelião em Cornell, e um número ainda maior provavelmente tem grande dificuldade em conciliar esse espetáculo com a imagem da década de 1960 evocada pela cultura popular. Eles acreditam no mito soreliano dos anos 1960 como uma época em que os "caras bons" derrubaram um sistema corrupto, rebelaram-se contra seus pais "quadrados" e apressaram a chegada de uma era de esclarecimento e decência, agora sob a ameaça de conservadores opressivos que querem destruir seus ganhos utópicos. Os *baby-boomers* liberais embaçaram as lentes da memória com vaselina, pintando os supostos revolucionários como campeões da paz e do amor — amor *livre*, por falar nisso! Comunas, mãos dadas, marchas de braços dados pela paz e pela justiça, todos cantando *Kumbayá* em volta de fogueiras: são essas as imagens que a Nova Esquerda quer pôr diante de nossa memória coletiva. Alguns da esquerda ainda argumentam que os anos 1960 foram um período de política revolucionária, embora se digladiem a respeito da extensão dos fracassos e triunfos da revolução. Liberais mais importantes querem que nos lembremos de John F. Kennedy unindo a nação com seu apelo a "não pergunte o que seu país pode fazer por você — pergunte o que você pode fazer por seu país". Outros enfatizam os movimentos contra a guerra ou pelos direitos civis.

Falando como candidato presidencial em 2003, Howard Dean ofereceu a visão consensual quando disse ao *Washington Post* que a década de 1960 foi "uma época de grande esperança". "O Medicare foi criado. O programa para filhos de famílias pobres foi criado. A Lei dos Direitos Civis, a Lei dos Direitos Eleitorais, o primeiro juiz afro-americano [nomeado para] a Suprema Corte dos Estados Unidos. Sentíamos como se estivéssemos todos juntos numa mesma coisa, que todos nós tínhamos responsabilidade por este país... Que [escolas e comunidades fortes] eram uma responsabilidade de todos. Que, se uma pessoa fosse deixada para trás, então a América não era tão forte ou tão boa quanto poderia ou deveria ser. É este o tipo de país que eu quero de volta."[13]

Não há nenhuma razão para não acreditar no que fala Dean. De fato, diferentemente de muitos democratas liberais que foram produtos daquela época, Dean está admiravelmente disposto a admitir ter sido decisivamente moldado pela década — enquanto os Clinton e John Kerry, que foram muitíssimo mais influenciados pela política radical, insistem em fingir que os anos 1960 foram pouco mais que um filme projetado no fundo do palco. Num sentido, no entanto, pode-se dizer que Dean é o maior mentiroso. Pois quase tudo a respeito de sua diáfana descrição da década de 1960 está distorcido.

Em primeiro lugar, e acima de tudo, os jovens não eram uniformemente "progressistas". Pesquisas de opinião pública descobriram que os jovens americanos eram, com frequência, os mais favoráveis aos militares, enquanto pessoas com mais de cinquenta anos tinham a maior probabilidade de se opor à guerra. Numerosos estudos também mostram que filhos radicais não estavam se rebelando contra os valores de seus pais. A variável que, sozinha, permitia prever com mais exatidão se um estudante universitário se tornaria ou não um radical no *campus* era a ideologia de seus próprios pais. Pais com inclinações esquerdistas produziam filhos com inclinações esquerdistas que cresceram para ser revolucionários radicais. A mais significativa linha divisória entre os jovens era entre aqueles que frequentavam uma universidade e os que estavam fora dela. Mas mesmo entre os jovens no *campus*, as atitudes a respeito do Vietnã só foram se tornar negativas quase ao final da década de 1960, e, ainda assim, havia muito menos consenso do que sugerem os documentários da rede pública de TVs.

Além disso, os próprios radicais estudantes não eram exatamente os pacifistas antibelicistas que nostálgicos do tipo John Lennon poderiam pensar. Eles não estavam interessados em dar uma chance à paz quando a paz não era favorável à sua agenda. A organização Estudantes para uma Sociedade Democrática (Students for a Democratic Society, ou SDS, na sigla em inglês) não foi criada para se opor à guerra. De fato, seu líder, Tom Hayden, considerava que as ações iniciais contra a guerra eram uma distração de sua principal missão nas ruas. Mesmo depois de a Nova Esquerda passar a ser definida por sua postura contra a guerra, ela nunca foi pacifista, pelo menos em seus segmentos mais glorificados. Os Panteras Negras, que assassinaram policiais em emboscadas e tramaram explosões terroristas, eram reverenciados pelos radicais da Nova Esquerda — Hayden os chamava de nossos vietcongues. Os *Weathermen*, um desdobramento da SDS, conduziram uma campanha de terrorismo interno e pregavam o valor depurativo da violência. Os Veteranos do Vietnã contra a Guerra, o grupo do qual John Kerry era o porta-voz e líder, debateu internamente se deveria ou não assassinar políticos que apoiavam a guerra.[14] Gandhis é o que eles não eram.

Isso levanta um aspecto ainda mais fundamentalmente desonesto do mito sobre os anos 1960. Dean, falando por muitos, pinta a década como um tempo de grande unidade. "As pessoas da minha idade realmente sentiam assim."[15] Mas isso é um óbvio absurdo. "As pessoas" não sentiam assim. *As pessoas que Howard Dean conhecia* é que sentiam assim — ou, pelo menos, sua nostalgia as leva a pensar que sim. É bizarro como muitos se recordam dos anos 1960 como uma época de "unidade" e "esperança" quando era, na realidade, um tempo de desenfreado terrorismo interno, tumulto no *campus*, assassinatos e distúrbios. A nostalgia de sua própria juventude não pode explicar essa miopia, já que os liberais também anelam pela década de 1930 como um tempo em que "estávamos todos juntos numa mesma coisa". Isso também é uma distorção grosseira. Os Estados Unidos não estavam unificados nos anos 1930; estavam cindidos por perturbações políticas, por intensa violência trabalhista e pelo medo de que algum tipo de totalitarismo estivesse à espreita logo ali na esquina. Se somente a unidade fosse a questão, a esquerda suspiraria pela década de 1950, ou mesmo pela de 1920. Mas a esquerda não floresceu naquelas décadas, então qualquer unidade que possa ter sido desfrutada pelos americanos é considerada ilegítima.

Em outras palavras, não é pela unidade que a esquerda anseia, mas pela vitória; uma unidade em termos que não os seus (tal como a "sedada conformidade" dos anos 1950) é falsa e enganadora. Nas décadas de 1930 e

1960, a abordagem do tipo "frente popular" realmente garantiu poder à esquerda — e esse é o verdadeiro objeto da nostalgia liberal; nada mais, nada menos.

O MOMENTO FASCISTA DA NOVA ESQUERDA

A consagração da unidade como o mais alto valor social é um princípio essencial do fascismo e de todas as ideologias esquerdistas. Mussolini adotou o feixe de varas, ou fasces, como símbolo socialista para mostrar que seu movimento valorizava a unidade acima do debate e da discussão, coisas que considerava fetiches democráticos liberais. Aquele grito ritmado e rimado que hoje ouvimos em marchas de protesto — "O povo *unido* jamais será vencido!" — é um perfeito refrão fascista. Talvez seja verdade que "o povo unido jamais será vencido", mas isso não significa que o povo esteja certo (como Calvin Coolidge gostava de dizer, "Um, com a lei do seu lado, é uma maioria"). Tendemos a esquecer que a unidade é, no máximo, moralmente neutra e, com frequência, uma fonte de irracionalidade e pensamento grupal. Multidões enfurecidas têm unidade. A máfia é unificada. Bárbaros saqueadores inclinados a estupros e pilhagens são unificados. Enquanto isso, pessoas civilizadas têm desacordos, e democratas com *d* minúsculo têm discussões. O liberalismo clássico baseia-se nessa compreensão fundamental, razão pela qual o fascismo sempre foi antiliberal. O liberalismo rejeitava a ideia de que a unidade fosse mais valiosa que a individualidade. Para fascistas e outros esquerdistas, o sentido e a autenticidade encontram-se em empreendimentos coletivos — de classe, nação ou raça —, e o Estado está aí para cuidar que todas as pessoas sigam essa ideia, sem os estorvos do debate.

A primeira tarefa de qualquer reforma fascista é desacreditar a autoridade do passado, e essa era a prioridade mais elevada da Nova Esquerda. A Velha Esquerda era "sufocante, sob uma capa de palavras de ordem, eufemismos e jargões vazios", enquanto a missão da Nova Esquerda residia em "fazer as pessoas pensar". O que foi recebido como sabedoria, dogma e "linguagem ritualística", escreveu Tom Hayden em 1961 em sua *Letter to the New (Young) Left* (Carta à Nova [Jovem] Esquerda), seria descartado por um espírito revolucionário que "não se acomoda com as conclusões [e no qual] respostas são vistas como provisórias, a serem descartadas diante de uma nova evidência ou de condições mudadas". Hayden, como Mussolini, Woodrow Wilson e os integrantes do *New Deal*, depositou suas esperanças num pragmatismo que produziria uma Terceira Via entre os "movimentos autoritários tanto do comunismo quanto da direita interna". Hayden, é claro, também prometeu que seu novo movimento transcenderia rótulos e passaria à "ação".[16]

Havia uma revolta paralela em andamento na academia. Em 1966, numa conferência na Universidade de Johns Hopkins, o crítico literário francês Jacques Derrida introduziu a palavra "desconstrução" — um termo cunhado por ideólogos nazistas — na corrente sanguínea intelectual americana. A desconstrução — uma teoria literária que afirma que nenhum texto possui um significado único — pegou fogo na mente de acadêmicos e estudantes que esperavam ser liberados do peso morto da história e do conhecimento acumulado. Se todos os textos fossem interpretáveis de maneiras diferentes sem que possuíssem nenhum "verdadeiro" significado em seu cerne, então a coisa importante — a *única* coisa realmente importante — era o significado que o leitor *impusesse* ao texto. Em outras palavras, o significado é criado por meio do poder e da vontade. A interpretação correta é a defendida pelo intérprete que "vence" a luta de poder acadêmica. De acordo com Derrida e seus acólitos, a razão era uma ferramenta de opressão. Por baixo de toda decisão aparentemente racional estava a pura vontade de poder nietzschiana. Derrida esperava arrancar o véu do Iluminismo e revelar a tirania do "logocentrismo" (outra palavra com raízes fascistas).

Também isso era uma reedição do espírito pragmático que havia buscado liberar a sociedade da jaula de dogmas herdados. O pragmatismo inspirou Woodrow Wilson, Franklin Roosevelt e Benito Mussolini, bem como seus intelectuais da corte, a descartar o "cadáver putrefato" do liberalismo clássico e da democracia parlamentar a fim de conferir poder aos "homens de ação" para que resolvessem os problemas da sociedade por meio de uma experimentação ousada e do irrestrito poder do Estado. Como expressado por um reformador progressista: "Éramos todos seguidores de Dewey antes que tivéssemos lido Dewey."[17] Da mesma forma, muitos na academia eram desconstrucionistas antes de terem lido Derrida.

O crítico literário Paul de Man era um desses desconstrucionistas que ganhou fama inesperada. De Man, que encontrou Derrida pela primeira vez na conferência de 1966 em Johns Hopkins, tornou-se o mais importante campeão da desconstrução nos Estados Unidos e uma enorme influência sobre o próprio Derrida. De Man lecionou em Cornell na primeira metade dos anos 1960 e depois se mudou para Johns Hopkins e Yale. Os escritos de Derrida e de de Man serviram de autorização intelectual para a radicalização do corpo discente que, "falando a verdade ao poder", queria encontrar uma causa comum com os que marchavam nas ruas.[18] Em Cornell, nos anos que antecederam a ocupação da universidade, de Man defendeu a defenestração do "currículo central", argumentando que nada de valor seria perdido se a universidade desse as costas aos padrões tradicionais de uma educação liberal. Como poderia ser de outro jeito, se todos aqueles textos antigos eram, na realidade, sem sentido?

A contribuição de tais ideias para a implosão da universidade americana foi muito parecida com o modo como elas aceleraram a ocupação nazista das universidades alemãs. Liberais gentis foram forçados a escolher entre fazer seus trabalhos ou se porem ao lado dos radicais. Para os professores mais politizados, isso não era nenhuma escolha, pois já concordavam com os propósitos da revolução. Mas para indivíduos como Clinton Rossiter, um centrista liberal decente e um dos mais destacados escritores da América, a escolha foi destrutiva. Como professor em Cornell durante o levante, Rossiter de início lutou pelo ideal da liberdade acadêmica ao lado de outros acadêmicos ameaçados, mas acabou juntando sua sorte à dos fascistas negros. Apenas dois dias antes de tomar essa decisão, ele disse ao *New York Times*: "Se o barco afundar, afundarei com ele — desde que ele represente razão e ordem. Mas se for convertido em ameaças e medo, eu o abandonarei e arranjarei um emprego de vigia noturno numa padaria local." Belas palavras. Mas quando verdadeiramente forçado a escolher entre trabalhar numa padaria ou ceder às ameaças e intimidações, ele deu as costas a seus amigos e a seus princípios.[19]

O paralelo entre a reforma das universidades americanas nos anos 1960 e o que ocorreu na Alemanha nazista é ainda maior. A desconstrução é um descendente direto e assumido do tipo de existencialismo de Heidegger, que não apenas era receptivo ao nazismo, como também ajudou a promovê-lo. Heidegger foi o grande herdeiro do assalto de Nietzsche contra a verdade e a moralidade, que sustentava que nós fazemos nossa própria verdade e decidimos nossa própria moralidade. Tanto para Heidegger quanto para Nietzsche, bem e mal eram noções infantis. O que importa é vontade e escolha. O valor mais elevado era a *autoafirmação*. As escolhas valiam a pena somente se fossem escolhas autênticas que não se deixassem limitar pela moralidade convencional. Este era o *ethos* do nazismo que Heidegger abraçou de corpo e alma e ao qual nunca renunciou explicitamente, mesmo décadas depois de já se conhecer a extensão do Holocausto e de outros crimes nazistas. A crítica nazista à civilização ocidental era total. Em seu infamante discurso de posse como reitor, Heidegger disse estar esperando o tempo — cuja chegada estava sendo apressada pelos esforços de Hitler — "em que falhe a força espiritual do Ocidente e suas juntas se quebrem, quando a moribunda semelhança de cultura se recolha e arraste todas as forças em confusão e as deixe sufocar na loucura".[20]

Um dos temas acadêmicos mais controvertidos continua a ser se a desconstrução tem ou não um débito para com a *avant-garde* fascista, precisamente porque tal débito é tão óbvio e profundo. Paul de Man, por exemplo, foi um colaborador nazista na Bélgica e escreveu repulsivos artigos pró-nazistas e antissemitas para um jornal fascista durante a ocupação. Herbert Marcuse, um *protégé* de Heidegger, tornou-se o líder do *brain trust* acadêmico da Nova Esquerda. Ele atacou a sociedade ocidental impiedosamente, argumentando que a "tolerância liberal" estava "servindo à causa da opressão" — um argumento que ecoava, perfeitamente, o assalto fascista dos anos 1930. Frantz Fanon, que fazia pregações sobre o poder "redentor" da violência, era amplamente reconhecido como um herdeiro direto de Georges Sorel, o teorista pré-fascista admirado e emulado tanto por fascistas italianos quanto por bolchevistas. O pragmatista nietzschiano Michel Foucault — reverenciado pelos pós-modernistas e por teoristas feministas — estabeleceu como sua estrela guia a "soberana ousadia da desrazão".[21] O ódio que sentia Foucault pela razão do Iluminismo era tão profundo que ele celebrou a revolução iraniana de 1979 e a ditadura dos mulás precisamente por serem um assalto pré-moderno aos princípios iluministas. Carl Schmitt, um grotesco filósofo nazista, está entre os mais chiques intelectuais da esquerda atual. Seus escritos eram circulados como *samizdat*, ou literatura clandestina, por radicais da Nova Esquerda na Europa, inclusive Joschka Fischer, que passou os anos 1970 batendo em policiais nas ruas da Alemanha Ocidental e mais tarde se tornou ministro das Relações Exteriores e vice-chanceler no governo de Gerhard Schröder entre 1998 e 2005.

Durante mais de sessenta anos, os liberais têm insistido em que o bacilo do fascismo permanece semiadormecido na corrente sanguínea da direita política. E, ainda assim, com as notáveis e complicadas exceções de Leo Strauss e Allan Bloom, não se registra nenhum intelectual conservador americano de primeira linha entre os devotos de Nietzsche, ou nenhum que fosse um grande admirador de Heidegger. Todas as principais escolas de pensamento conservador derivam dos campeões do Iluminismo — John Locke, Adam Smith, Montesquieu, Burke — e nenhuma delas tem qualquer vínculo intelectual direto com o nazismo ou com Nietzsche, com o existencialismo, o niilismo e nem mesmo, em sua maior parte, com o pragmatismo.[22] Enquanto isso, as fileiras dos intelectuais da esquerda estão infestadas de ideias e pensadores diretamente derivados da tradição fascista. E, ainda assim, tudo que se requer é a palavra mágica "marxista" para absolver a maior parte deles de qualquer afinidade com essas correntes. Os restantes livram-se da enrascada simplesmente atacando a moralidade burguesa e os valores americanos — *muito embora tais ataques sejam, em si mesmos, pouco melhores que uma reprise de argumentos fascistas.*

Num seminário, pode haver importantes distinções a serem feitas entre, digamos, a "ousadia da desrazão" de Foucault, o logocentrismo tirânico de Derrida e a "revolta contra a razão" de Hitler. Mas tais distinções raramente conseguem ir além das vetustas paredes de uma universidade — e são particularmente desprovidas de sentido para um movimento que acredita que a ação é mais importante que as ideias. Desconstrução, existencialismo, pós-modernismo, pragmatismo, relativismo: todas essas ideias tinham o mesmo propósito de erodir as cadeias de ferro da tradição, dissolver as bases concretas da verdade e bombardear os abrigos onde os defensores do *ancien régime* ainda lutavam e perseveravam. Essas eram ideologias do "movimento". O finado Richard Rorty admitiu exatamente isso, fundindo Nietzsche e Heidegger com James e Dewey em um mesmo projeto grandioso.

Poucos usaram o jargão do "movimento" com mais frequência que os fascistas e pré-fascistas. Hitler usa a expressão "o Movimento" mais de duzentas vezes em *Mein Kampf*. Uma revista do Partido Nazista chamava-se *Die Bewegung* (*O Movimento*). A palavra "movimento" é, em si, instrutiva. Movimento, diferentemente de progresso, não implica uma destinação fixa. Em vez disso, toma como dado que *qualquer* mudança é melhor que a não mudança. Como notaram Allan Bloom e outros, a paixão central do fascismo era a *autoafirmação*. Os nazistas podem ter se esforçado para produzir um Reich utópico que durasse mil anos, mas seus primeiros instintos eram radicais: Destrua o que existe. Ponha tudo abaixo. Erradique *"das System"* — outro termo partilhado pela Nova Esquerda e pelos fascistas. "Eu tenho um conceito *bárbaro* de socialismo", disse uma vez o jovem Mussolini. "Eu o entendo como o maior ato de negação e destruição... Avante, vocês, novos bárbaros!... Como todos os bárbaros, vocês são os precursores de uma nova civilização."[23] Os instintos de Hitler eram ainda mais destrutivos. Mesmo antes de ordenar o cerco de Paris e declarar sua política de terra queimada no solo alemão, sua agenda era destroçar tudo o que a burguesia havia criado, destruir os reacionários, criar uma nova arte e uma nova arquitetura, nova cultura, nova religião e, mais que tudo, novos alemães. Esse projeto só poderia começar sobre as cinzas de *das System*. E, se ele não pudesse criar, se contentaria com destruir. Em que medida, exatamente, isso difere do ethos do *"Burn, baby, burn!"** do final da década de 1960?

O CULTO DA AÇÃO

Cinco meses depois da ocupação de Cornell, os *Weathermen* se reuniram no Lincoln Park em Chicago. Armados com bastões de beisebol, capacetes e, nas palavras do historiador Jim Miller, "com aparentemente inesgotáveis reservas de arrogância e autoaversão", eles se prepararam para "romper suas inibições burguesas e 'destroçar esta cidade de porcos' numa 'ação nacional' que chamavam de 'Os Dias da Ira'". Como os camisas-pardas e os *squadristi* fascistas, quebraram janelas, destruíram propriedades e aterrorizaram a burguesia. Já haviam revelado seu aspecto sanguinário no ano anterior durante a convenção nacional do Partido Democrata de 1968, onde, afirmavam, sua violência havia causado "mais dano à classe dominante... que qualquer manifestação pacífica de massa já vista por este país".[24]

O desejo de destruir é uma excrescência natural do culto da ação. Afinal, se alguém está totalmente comprometido com a mudança revolucioná-

---

*Expressão usada durante os distúrbios e incêndios de Los Angeles (Watts Riots) em 1965, quando foram mortas mais de trinta pessoas. (N. da T.)

ria, qualquer limite com o qual se defronte — os tribunais, a polícia, a lei — deve ser convertido, cooptado ou destruído. Todos os fascistas são integrantes do culto da ação. O apelo do fascismo era que ele faria as coisas acontecerem. Faça os trens andarem no horário, ponha as pessoas para trabalhar, ponha a nação em movimento: esses são sentimentos intrínsecos à estrutura de todo movimento fascista. A melhor expressão para definir o estado mental fascista é: "Chega de conversa, mais ação!" Feche os livros, saia da biblioteca, comece a se movimentar. Faça alguma coisa, aja! Que tipo de ação? Ação direta! Ação social! Ação de massa! Ação revolucionária! Ação, ação, ação!

Os comunistas também amavam a ação. Isso não é surpresa, considerando-se os laços de família existentes entre comunismo e fascismo. Mas os fascistas dão ainda mais valor à ação. O comunismo tinha um manual de estratégia. O fascismo em ação era como um time de beisebol que faz uso de táticas agressivas de controle do tempo e de gritos para comandar seus jogadores em campo. Sem dúvida, o fascismo tinha seus teoristas, mas, nas ruas, preocupava-se mais com a vitória que com a doutrina. "De forma totalmente diferente dos 'ismos' clássicos", escreve Robert O. Paxton, "a veracidade do fascismo não depende da verdade de nenhuma das proposições apresentadas em seu nome. O fascismo é 'verdadeiro' no tanto em que ajude a cumprir o destino de um escolhido, seja um povo, uma raça ou um sangue." Ou, como disse o próprio Mussolini em seus *Postulados do programa fascista*, os fascistas "não se sentem presos a nenhuma forma doutrinal em particular".[25]

A palavra "ativista" entrou na língua inglesa na virada do século no contexto da ascensão do progressismo pragmático. Os intelectuais fascistas dos primeiros tempos imaginavam-se "filósofos ativistas". Mussolini, enquanto ainda era um socialista acreditado, escreveu em 1908: "As plebes, excessivamente cristianizadas e humanitárias, nunca compreenderão que um grau mais elevado de maldade é necessário para que o Super-homem possa avançar ... O Super-homem só conhece revolta. Tudo o que existe deve ser destruído." Isso representava um casamento precoce de leninismo e Nietzsche. Em vez do super-homem individual, a vanguarda da revolução seria a nova linhagem de super-homens. Os nazistas estavam inspirados por Nietzsche, mas também pelos românticos, para quem o espírito do ato é mais importante que a ideia por trás dele. Isso era o "Culto da Proeza" dos nazistas. Os fascistas franceses chegaram a chamar seu movimento de *Action Française*, pondo ação no mesmo nível de nação. Mussolini definiu tanto o socialismo quanto o fascismo como "movimento, luta e ação". Um de seus slogans prediletos era: "Viver não é calcular, mas agir!" Hitler debochava dos que acreditavam que argumentos e razão deveriam triunfar sobre o poder nu do povo. Quando quatro renomados economistas enviaram a Hitler uma carta contestando seus esquemas socialistas, ele respondeu: "Onde estão suas tropas de assalto? Vão para as ruas, vão para encontros populares e tentem levar a cabo seus pontos de vista. Então veremos quem está certo — nós ou vocês."[26]

O radicalismo dos anos 1960 estava imbuído de um espírito idêntico. Os primeiros intelectuais da Estudantes para uma Sociedade Democrática (SDS), concentrados no Instituto de Estudos Políticos (um *think-tank* hoje muito próximo da ala esquerda do Partido Democrata), eram adeptos do que chamavam de "pragmatismo existencial", uma mistura meio a meio de Jean-Paul Sartre e John Dewey. "Eu sou um niilista! Orgulho-me disso, orgulho-me!", gritou um delegado durante reunião da SDS de Princeton em 1967. "Táticas! Tarde demais... Quebremos o que pudermos. Vamos dar quantas respostas pudermos, acabar com eles."[27]

Mark Rudd, o presidente da SDS na Universidade de Colúmbia e líder da ocupação ocorrida em 1968, representava a ascendência do que os integrantes "moderados" da SDS chamavam de "fanáticos da ação" ou a "facção da ação". Sendo um tipo que encontrava prazer na violência, Rudd subscrevia a ideia soreliana de que a "ação direta" "elevaria a consciência" (uma frase que acabava de ser cunhada naquela época). Quando os "moderados" disseram a ele que o movimento precisava de mais organização e alcance, ele respondeu: "Organização é apenas um outro nome para andar devagar."[28] Mussolini, que dividia seus *squadristi* em "esquadrões de ação", certamente simpatizaria com isso.

Como o leitor pode recordar de nossa discussão anterior, George Sorel, o engenheiro francês transformado em intelectual, foi o lançador da ideia de que as massas precisam de mitos que as ponham em ação. Reconhecendo que o marxismo, como todas as ciências sociais, raramente teve sucesso na vida real, Sorel combinou a vontade de crer de William James com a vontade de poder de Nietzsche e as aplicou à psicologia das massas. Os revolucionários não precisavam entender a realidade do marxismo; precisavam acreditar no mito do marxismo (ou do nacionalismo, sindicalismo, fascismo e assim por diante). "Preocupar-se com as ciências sociais é uma coisa, e moldar consciências é outra", escreveu ele.[29] A paixão, não os fatos, era o combustível para a ação. "É a fé que move montanhas, não a razão", explicou Mussolini numa entrevista em 1932 (ecoando o Leaders of men [Líderes de homens] de Woodrow Wilson). "A razão é uma ferramenta, mas nunca pode ser a força que move a multidão."

Tal como demonstrado pelo incidente da queima da cruz em Cornell, essa preferência por despertar paixões à custa da verdade e da razão definia a agenda daqueles que lutavam nas trincheiras. A prática de "mentir para fazer justiça" — sempre aceitável na esquerda comunista — foi inculcada na Nova Esquerda americana com nova potência. A palavra de ordem no levante em Colúmbia era "a questão não é a questão". Isso não é de admirar, já que a "questão" real — construir um ginásio no Harlem vizinho — era uma trivialidade. Para a maior parte dos ativistas, o ponto não era a mentira. O ponto era paixão, mobilização, ação. Como declarou um integrante da SDS depois que ele e seus colegas tomaram um edifício e sequestraram um deão, "temos alguma coisa acontecendo aqui, e agora só nos falta descobrir do que se trata".[30]

CONSTRUINDO UMA POLÍTICA DE SIGNIFICADO

No início, o movimento da década de 1960 não era destrutivo. De fato, começou cheio de idealismo e esperanças elevadas. A Declaração de Port Huron, o documento definidor da Nova Esquerda, era, apesar de toda a sua verborragia, uma declaração bem-intencionada de otimismo democrático e admirável honestidade. Os autores — dentre os quais se destacava Tom Hayden — reconheciam que eram, de fato, radicais burgueses "criados com pelo menos um modesto conforto". Movidos por um sentimento de alienação diante do modo de vida americano, os jovens radicais ansiavam por um sentimento de unidade e pertencimento, uma redescoberta de significado pessoal por meio de esforços políticos coletivos. A vida parecia desequilibrada. "É muito difícil hoje dar um significado humano à confusão de fatos que nos cercam", declaravam os autores. Seu propósito era criar um sistema político que restaurasse "o sentido humano" (o que quer que seja isso). "A meta do homem e da sociedade", insistiam, "deveria ser a independência humana: uma preocupação não com uma imagem de popularidade, mas com encontrar um significado na vida que seja pessoalmente autêntico." Esse anseio de autoafirmação deveria ser traduzido numa política que pudesse liberar o "potencial irrealizado de autocultivo, autodireção, autocompreensão e criatividade".[31]

Naquela época, os ativistas jovens encontraram um ouvido receptivo no liberalismo predominante, que cada vez mais pregava "serviço ao país", "sacrifício" e "ação". John F. Kennedy — o mais jovem presidente eleito, que substituiu o mais velho presidente eleito — simultaneamente alimentou essa atmosfera e apelou a ela em todas as oportunidades. "Deixem que se espalhe a notícia", declarou ele em seu discurso de posse, com um tom quase autoritário, "que a tocha foi passada para uma nova geração de americanos, nascidos neste século, temperados pela guerra, disciplinados por uma dura e amarga paz." Aquele seu dito mais famoso, "Não pergunte o que seu país pode fazer por você, pergunte o que você pode fazer por seu país", achou eco na busca de uma geração sem esperanças que buscava a redenção coletiva na paz, tal como seus pais a haviam encontrado na guerra.

Uma corrente subconsciente permeava toda a sociedade, uma busca por comunidade e por uma liderança galvanizante. Como observou Tom Hayden em março de 1962: "Três de cada quatro estudantes acreditam que 'a nação precisa de um líder forte e temerário em quem possamos ter fé'." O movimento jovem embrionário esperava que Kennedy se provasse esse líder. O Corpo da Paz e, mais tarde, o Voluntários a Serviço da América (VISTA, na sigla em inglês) recrutaram voluntários na mesma fonte que abastecia o ativismo jovem. A Universidade da Califórnia em Berkeley — onde ocorreu a primeira revolta estudantil nos anos 1960 — era "a mais importante fonte de voluntários para o Corpo da Paz no início da década de 1960". Quando a União dos Estudantes pela Paz (Student Peace Union, ou SPU, na sigla em inglês) protestou em frente à Casa Branca em fevereiro de 1962, Kennedy ordenou que a cozinha mandasse café para os piqueteiros, enquanto a SPU orgulhosamente distribuía cópias de um artigo do *New York Times* segundo o qual o presidente os estava "ouvindo".[32]

E então havia a busca da comunidade. Os Bebês de Fraldas Vermelhas dos anos 1960 herdaram de seus pais o mesmo impulso para criar uma nova comunidade organizada em torno de aspirações políticas. De acordo com Todd Gitlin, ex-presidente da SDS: "Havia o desejo de 'unir as partes fragmentadas da história pessoal', como constava da Declaração de Port Huron, para transcender a multiplicidade e confusão de papéis que se tornaram normais numa sociedade racionalizada: as cisões entre trabalho e família, entre público e privado, entre a razão estratégica baseada no cálculo e a emoção expressiva, espontânea." Gitlin continua: "Pelo menos para alguns de nós, o círculo evocava uma fantasia mais primitiva de fusão com uma mãe simbólica, todo-abrangente: o movimento, a própria comunidade amada, onde poderíamos conseguir, nas palavras do psicólogo Kenneth Keniston, de Yale, 'aquele clima de calor, comunhão, aceitação, dependência e intimidade que existiam na infância'." Mark Rudd também relembrou as glórias das "comunas" criadas em Colúmbia: "Para muitos, era a primeira experiência comunal de suas vidas — algo totalmente distinto do tradicional estilo de vida de Morningside Heights [em Colúmbia], onde os indivíduos se isolam em seus quartos ou apartamentos. Um irmão comentou comigo: 'As comunas são um barato melhor que maconha.'"[33]

A missão original da SDS não era radical, era humanitária: ampliar o conceito de comunidade. O primeiro projeto significativo iniciado pelo grupo foi o Projeto de Pesquisa e Ação Econômica, em 1963. Os integrantes da SDS partiram como cavaleiros da távola redonda em busca do graal da autorrealização, mudando-se para guetos nas áreas mais pobres da cidade num esforço real de politizar os pobres, os oprimidos e a subclasse de criminosos. É revelador que a mais irresistível palavra de ordem tanto para liberais quanto para esquerdistas nos anos 1960 fosse "comunidade": "ação comunitária", "chegar à comunidade", "comunidades de respeito mútuo".

Como observou Alan Brinkley, a maior parte dos protestos e conflagrações dos anos 1960 tinha suas raízes num desejo de preservar ou criar comunidades. A questão ostensiva que deu início à ocupação da Universidade de Colúmbia em 1968 foi a intrusão do *campus* na *comunidade* negra. Quando a administração atendeu aos Nacionalistas Negros, isso foi feito em nome de dar as boas-vindas aos negros que entravam na *comunidade* de Cornell, e os Nacionalistas Negros pegaram em armas porque sentiram que a assimilação à *comunidade* de Cornell, ou à comunidade branca em geral, significava uma negação de sua própria comunidade — ou seja, "genocídio cultural".

O levante em Berkeley foi deflagrado, em grande medida, pela expansão da escola sobre um parque minúsculo que, no final do dia, era apenas um local onde os *hippies* ficavam à toa e se sentiam confortáveis em sua própria pequena comunidade. Os *hippies* podem se chamar de não conformistas, mas, como compreende qualquer um que tenha passado algum tempo com eles, prezam a conformidade acima de todas as coisas. As roupas e o cabelo são formas de se encaixar, de expressar valores partilhados. Sinais de paz podem simbolizar algo bem diferente da suástica, mas ambos são um tipo de insígnia instantaneamente reconhecível tanto por amigos quanto pelos inimigos. A despeito disso, os que protestavam em Berkeley sentiram que seu mundo, sua comunidade popular, estava sendo destruída por uma instituição impessoal, fria, na forma de uma universidade e, talvez, da própria modernidade. "Vocês nos empurraram até aqui, o final de sua civilização; nos empurraram até o mar", gritou um dos líderes do levante de People's Park. "Depois vocês nos empurraram para uma área quadrada chamada People's Park. Era a última coisa que tínhamos a defender, esse quadrado de sanidade em meio a toda a loucura de vocês... Estamos agora desabrigados em seu mundo civilizado. Nós nos tornamos os grandes ciganos americanos, com apenas nossa mitologia como cultura."[34] Esse é exatamente o tipo de diatribe que alguém poderia ter ouvido de um berlinense boêmio na década de 1920.

Ninguém discordaria da afirmação de que o nazismo era uma ideologia maléfica desde seu primeiro lampejo. Mas isso não significa que todos os que aderiram ao nazismo estivessem motivados por intenções maléficas. Os alemães não decidiram coletivamente ser os vilões de Hollywood por toda a eternidade. Para milhões de alemães, os nazistas pareciam oferecer a esperança de comunidade, e sentido, e autenticidade. Como escreveu Walter Laqueur no *Commentary* após o levante em Cornell:

> A maior parte das crenças básicas e mesmo a aparência externa dos movimentos jovens mundiais de hoje podem ser vistas como remontando à Europa do período imediatamente antes e depois da Primeira Guerra Mundial. Os *Neue Schar* alemães de 1919 foram os *hippies* originais: cabelos longos, sandálias, sem banho, eles condenavam a civilização urbana, liam Hermann Hesse e filosofia indiana, praticavam o amor livre e distribuíam em seus encontros milhares de margaridas e crisântemos. Eles dançavam, cantavam ao som do violão e assistiam a palestras sobre a "Revolução da Alma". O *happening* moderno nasceu em 1910 em Trieste, Parma, Milão e em outras cidades italianas onde os futuristas organizavam encontros para recitar seus poemas, ler seus manifestos e exibir suas pinturas ultramodernas. No futuro, ninguém acima de trinta anos, exigiam eles, deveria ser ativo na política...

A DÉCADA DE 1960: O FASCISMO VAI ÀS RUAS

Para o historiador de ideias, os números antigos das revistas dos movimentos jovens, amarelados pela idade, são uma leitura fascinante... É, de fato, estranho e inquietante constatar como, a despeito de todas as diferenças históricas, o movimento alemão antecipou tantas das questões que agitam o movimento americano atual, bem como suas modas literárias.[35]

Voltemos ao exemplo de Horst Wessel, o mais famoso "líder da juventude" do início do movimento nazista, "martirizado" em sua batalha contra a "Frente Vermelha e os reacionários" e imortalizado na *Horst Wessel Lied* (*Canção de Horst Wessel*). Wessel encaixa-se no ideal dos anos 1960 de um líder jovem "das ruas" lutando por justiça social. Filho de um pastor luterano, rebelou-se contra sua criação de classe média abandonando o curso de Direito aos 21 anos e alistando-se nas tropas de choque nazistas. Mudou-se para um bairro operário miserável e, com seus camaradas, participava de sangrentas batalhas de rua contra os comunistas. Mas Wessel também ganhou uma reputação de proselitista idealista e sensível da "revolução vinda das bases", que introduziriam uma comunidade racial unida onde seriam transcendidas as diferenças de classe. Ele agia conforme falava, vivendo entre criminosos e o proletariado batalhador:

> Quem quer que esteja convencido de que a Alemanha de hoje não merece ser a guardiã dos portões da verdadeira cultura alemã deve abandonar o teatro... os salões... os estúdios... as casas de seus pais... a literatura... as salas de concerto. Deve ir para as ruas, deve realmente ir até o povo... em suas moradias cheias de desespero e miséria, de criminalidade... onde a SA está protegendo a cultura alemã... Toda briga numa cervejaria é um passo adiante para a cultura alemã; a cabeça de todo SA golpeada pelos comunistas é outra vitória para o povo, para o Reich, para a casa da cultura alemã.[36]

Um poeta amador, Wessel escreveu um pequeno tributo à causa, *Die Fahne hoch* (*Levante a bandeira ao alto*), que prometia: "O dia nasce para a liberdade e o pão" e "A escravidão só durará um pouco mais". Por volta da mesma época, ele se apaixonou por Erna Jaenicke, uma prostituta que conheceu quando ela estava sendo espancada por cafetões num bar da vizinhança. Os dois logo se mudaram para uma hospedaria decadente, sob os protestos de sua mãe. Existe alguma evidência de que Wessel foi ficando cada vez mais desencantado com os nazistas, percebendo que os comunistas partilhavam muitas das mesmas aspirações. Ele certamente se tornou menos ativo nas fileiras dos camisas-pardas. Mas não se pode saber se teria rompido com eles, pois morreu nas mãos dos comunistas em 1930.

E, na verdade, isso era tudo o que importava para Joseph Goebbels, que transformou a morte de Wessel num golpe de propaganda. Da noite para o dia, Wessel foi transfigurado num mártir da causa nazista, um mito religioso soreliano destinado à idealista e perplexa juventude dos anos entre as guerras. Goebbels o descreveu como um "Cristo socialista" e desencadeou uma incessante torrente de hagiografia sobre o trabalho de Wessel com os pobres. Quando começou a Segunda Guerra Mundial, os locais de sua vida e morte em Berlim haviam sido transformados em estações da paixão, e santuários haviam sido erguidos no local em que nascera em Viena e em todas as suas várias moradias em Berlim. Seu pequeno poema foi musicado e tornou-se o hino oficial nazista.

No filme alemão *Hans Westmar: um entre muitos*, o jovem protagonista, baseado em Wessel, olha para fora da janela de sua fraternidade e declara a seus privilegiados camaradas: "A verdadeira batalha está lá fora, não aqui conosco. O inimigo está marchando... Eu lhes digo, a Alemanha inteira será ganha lá, na rua. E é lá que precisamos estar — com nossa gente. Não podemos mais viver em nossas torres de marfim. Devemos juntar nossas mãos na batalha com os trabalhadores. Não pode mais haver classes. Também somos trabalhadores, trabalhadores da mente, e nosso lugar agora é perto daqueles que trabalham com as mãos."[37]

Mesmo se o propagandeado Wessel fosse uma completa invenção — embora não fosse —, a versão mitologizada ilustra a verdade mais interessante e importante. A Alemanha estava cheia de milhões de homens jovens receptivos ao reluzente ideal que Wessel representava. É claro que o virulento antissemitismo dos nazistas torna difícil ver isso (e impossível perdoar), mas o sonho de uma Alemanha unificada, sem classes, estava no fundo do coração de muitos que se juntaram ao nazismo; e, se reduzido apenas a isso, não foi, de forma alguma, um sonho maléfico.

Mas, assim como a linha entre o "bom" e o mau totalitarismo é facilmente cruzada, sonhos podem rapidamente se transformar em pesadelos. De fato, alguns sonhos, dada sua natureza, *têm*, em algum momento, que virar pesadelos. E para os Horst Wessels da Nova Esquerda americana, qualquer que fosse o admirável idealismo que pudessem ter tido, esse havia rápida e inevitavelmente degenerado em ações criminosas fascistas.

A mais famosa dessas figuras era Tom Hayden. Filho de pais de classe média do subúrbio de Oak Park em Detroit (perto da paróquia do padre Coughlin) e o principal autor da Declaração de Port Huron, Hayden desempenhou um papel admirável no início da luta pelos direitos civis no Sul. Ele certamente se acreditava um jovem democrata, mas as sementes de uma inclinação totalitária estavam evidentes desde seus primeiros dias na Universidade de Michigan. Num discurso feito na União dos Estudantes em 1962 — que se tornou um manifesto intitulado *Ação social estudantil* —, Hayden declarou que a juventude tem de arrancar o controle da sociedade das mãos dos mais velhos. Para isso, as universidades precisavam se tornar incubadoras de "ação social" revolucionária. Richard Flacks, um jovem acadêmico que se juntou a Hayden na nova cruzada junto com sua esposa, Mickey, ficou atônito. Foi para casa e disse a ela (uma ativista num grupo chamado *Women Strike for Peace* (*Mulheres pela Paz*): "Mickey, acabo de ver o próximo Lenin!"[38]

Por volta do final da década, Hayden havia de fato se tornado um explícito defensor da violência criminosa "leninista", glorificando o crime como rebelião política e apoiando abertamente Mao, Ho Chi Min e, é claro, os sanguinários Panteras Negras. Ele ajudou a escrever o "Programa de Liberação de Berkeley". Entre os destaques: "destrua a universidade, a menos que ela sirva ao povo"; "todos os oprimidos que estão na prisão são prisioneiros políticos e devem ser libertados"; "crie um socialismo vibrante"; "os estudantes devem destruir a senil ditadura de professores adultos". Suas ações voltadas para "fortalecer a comunidade" nas favelas de Newark precederam e, em parte, fomentaram os horrendos tumultos raciais que ocorreriam ali. "Eu havia ficado fascinado com a simplicidade e o poder do coquetel Molotov durante aqueles dias em Newark", escreve ele em sua autobiografia. Hayden esperava que, com o uso da violência, a Nova Esquerda pudesse criar "territórios liberados" nos guetos e enclaves no *campus*, usando-os depois para exportar a revolução para o resto dos Estados Unidos. Em 1967, num encontro de discussão com alguns dos principais intelectuais de Nova York, Hannah Arendt criticou Hayden por sua defesa da insurreição sangrenta. Ele respondeu asperamente: "Você pode me apresentar como um leproso, mas eu digo que é possível defender a ideia da violência no movimento pela paz." Durante a ocupação de Colúmbia, Hayden explicou que os protestos eram apenas o início do processo de "trazer a revolução para nosso país". Ecoando o canto de Che Guevara de "dois, três, muitos Vietnãs", Hayden pedia "duas, três, muitas Colúmbias".[39]

Um dos mais reveladores sintomas dos movimentos revolucionários de esquerda é sua tendência a obscurecer a diferença entre crime comum e rebelião política. Os camisas-pardas espancaram donos de lojas, extorquiram empresários e vandalizaram propriedades, racionalizando tudo isso em nome do "movimento". Ativistas esquerdistas ainda se referem aos tumultos de Los Angeles como um "levante" ou uma "rebelião". Uma obtusidade moral semelhante infestava o movimento nos anos 1960. "O futuro de nossa luta é o futuro do crime nas ruas", declarou Hayden. A única forma de "revolucionar a juventude", explicou, era ter "uma série de contundentes e perigosos conflitos, conflitos de vida e morte" nas ruas. Sem dúvida, Hayden estava inspirado pelos Panteras Negras (aos quais também inspirou), que regularmente emboscavam policiais nas ruas. Em 1968, nas demonstrações durante a convenção nacional do Partido Democrata em Chicago, seu co-organizador, Rennie Davis, implorou à multidão: "Não votem... juntem-se a nós nas ruas da América... Criem uma Frente de Libertação Nacional para a América." Hayden foi julgado por incitar a violência em Chicago. Em junho de 1969, pronunciou-se sobre a "necessidade de expandir nossa luta para incluir um ataque total aos tribunais".[40]

Hayden era um moderado, de acordo com Mark Rudd, o líder da chamada facção de ação da SDS. Rudd, que havia organizado a "rebelião" em Colúmbia, nasceu numa família judia de classe média em Nova Jersey, e seus pais dificilmente encorajavam seu comportamento. Quando telefonou ao pai para explicar que havia "tomado um prédio" do presidente da Universidade de Colúmbia, ouviu em resposta: "Então devolva a ele." Na época, o grito de guerra preferido de Rudd era "De pé contra a parede, filho da puta!", que usava indiscriminadamente para professores e administradores. "Talvez nada seja mais perturbador para nossos inimigos do que este slogan", disse ele. "Para eles, parecia demonstrar o quanto havíamos quebrado suas normas, o quanto havíamos mergulhado na brutalidade, no ódio e na obscenidade. Fantástico!" O termo, explicou, deixava claro que administradores, professores e policiais que se opunham aos radicais eram "nossos inimigos". "Soluções liberais, reestruturações, entendimentos parciais, concessões mútuas, não há mais permissão para nada disso. A essência da questão é que estamos determinados a fazer uma revolução social e política, nada menos que isso."[41]

Rudd acabou se juntando aos *Weathermen*, que, por deferência às terroristas no grupo, logo mudaram seu nome para *Weather Underground* (embora às vezes se chamassem pelo apelido "O Movimento Jovem Revolucionário"). Em 1970, o grupo declarou um "estado de guerra" contra os Estados Unidos da América e começou uma campanha de ataques terroristas. Rudd assumiu a posição de que a melhor maneira de fomentar a revolução era atingindo instalações militares, bancos e policiais. Uma das primeiras bombas tinha como alvo um baile para oficiais em Fort Dix, Nova Jersey (embora outra versão diga que a bomba, envolta em pregos, destinava-se a Colúmbia). De qualquer modo, os inexperientes fabricantes de bombas se explodiram numa casa de Greenwich Village, matando três integrantes do grupo e transformando os sobreviventes em fugitivos pelo resto da vida. A explosão foi um dos motivos por que Rudd entrou na clandestinidade. Ele não apareceu de novo durante vários anos e acabou se apresentando depois que violações técnicas das leis de escuta telefônica tornaram impossível levar adiante o processo federal contra ele. Hoje, é professor de matemática numa faculdade local em Albuquerque, Novo México. Rudd expressou remorso por suas violentas atividades juvenis, mas ainda é um apaixonado oponente da política externa americana (e israelense).

Muitos de nós esquecemos que a campanha de bombas do *Weather Underground* não foi uma questão de alguns incidentes isolados. De setembro de 1969 a maio de 1970, Rudd e seus correvolucionários na esquerda radical branca cometeram cerca de 250 ataques, ou quase uma explosão terrorista por dia (as estimativas governamentais mostram um número muito mais elevado). Durante o verão de 1970, houve vinte explosões por semana na Califórnia. As bombas marcavam o ritmo da sinfonia de violência, grande parte dela retórica, que deu o tom para a Nova Esquerda no final dos anos 1960 e início dos 1970. Rudd o capturou com perfeição: "É uma sensação maravilhosa bater num porco. Deve ser uma sensação realmente maravilhosa matar um porco ou explodir um edifício." "A verdadeira divisão não é entre pessoas que apoiam as explosões e as que são contra", explicou um integrante secreto de um "coletivo de bombas", mas "entre pessoas que *participarão* delas e pessoas que estão apegadas demais aos seus próprios privilégios e à sua própria segurança para assumir esses riscos".[42]

O auto-ódio burguês é encontrado na essência mesma do ódio da Nova Esquerda pelo liberalismo, em seu caso de amor com a violência e em sua disposição para avançar, de marreta em punho, contra a civilização ocidental. "Somos contra tudo o que é 'bom e decente' na América branquela", declarou um rebelde. "Nós queimaremos, e saquearemos, e destruiremos. Nós somos a incubação do pior pesadelo de sua mãe." Os *Weathermen* tornaram-se as tropas de choque da Nova Esquerda, horrorizando até mesmo aqueles que concordavam com sua causa. Convencidos de que todos os brancos nasceram maculados pelo pecado original do "privilégio de pele", as brigadas combatentes da Nova Esquerda internalizaram o pensamento racista como ódio por seu próprio branquismo. "Todos os bebês brancos são porcos", declarou um *Weatherman*. Numa ocasião, a poeta feminista Robin Morgan estava amamentando seu filho no escritório do jornal radical *Rat*. Uma *Weatherwoman* viu aquilo e disse: "Você não tem nenhum direito de ter esse porquinho macho." "Como pode dizer isso?", perguntou Robin. "O que você quer que eu faça?" "Jogue no lixo", foi a resposta.[43]

Bernardine Dohrn, uma amante do ácido que estudava Direito na Universidade de Chicago e virou revolucionária, refletia a disseminada fascinação da Nova Esquerda por Charles Manson, o *Übermensch hippie* e assassino em série. "Saquei! Primeiro eles mataram aqueles porcos, então jantaram na mesma sala e até enfiaram um garfo na barriga de uma das vítimas! Genial!" Em reconhecimento, sua célula dos *Weather Underground* adotou o gesto de três dedos em forma de garfo como saudação oficial.[44]

É claro que também havia uma grande quantidade de encenação entre os revolucionários. Abbie Hoffman, que, junto com Jerry Rubin, fundou os *yippies* (o Partido Internacional da Juventude), era filho de prósperos pais judeus de Worcester, Massachusetts. Produto de escolas privadas — onde era um criador de casos desde o começo, sem dúvida devido ao seu distúrbio bipolar —, Hoffman frequentou a Universidade de Brandeis, onde estudou com Herbert Marcuse, o icônico intelectual da Nova Esquerda. Hoffman comprou a ideia de Marcuse de que a América burguesa era "radicalmente maléfica" e que tinha de ser radicalmente mudada em consequência disso. Mas Hoffman tinha algo mais que Marcuse, Rudd, Hayden e o resto: ele podia ser legitimamente engraçado a respeito de sua missão (embora não tão engraçado quanto pensava ser). O seu era um fascismo divertido, um niilismo malicioso. Os títulos de seus livros já dão uma boa noção de sua abordagem: *Roube este livro*; *Foda-se o sistema*; *Revolução por capricho*. "Pessoalmente, eu sempre segurei minha flor com o punho cerrado", escreveu em sua autobiografia. Ele dominava a arte de chamar qualquer um de quem não gostasse ou a quem se opusesse de "fascista", apelidando Ronald Reagan de "o revólver fascista no Oeste". Hoffman, outro membro dos Sete de Chicago, foi um fugitivo da justiça durante a maior parte dos anos 1970, esquivando-se das acusações de ser traficante de cocaína.

Suas atitudes extravagantes pareciam-se menos com um eco dos nazistas — em geral, uns tipos sem humor — e mais com uma versão atualizada dos futuristas italianos, os auxiliares artísticos do fascismo.[45] Os futuristas eram atores, poetas, escritores e outros artistas determinados a levar às ruas e cafés da Itália todas as qualidades da juventude e revolução. Seu fascismo era teatralmente violento, comprazendo-se em causar choque e perturbação. Os futuristas adotaram o barato da velocidade e da tecnologia, enquanto os *yippies* glorificavam o barato das drogas. Mas, na realidade, ambos recorriam ao mesmo expediente. Hoffman e Rubin, por exemplo, propuseram um "Teatro da Desordem" durante a convenção em Chicago, que misturaria "maconha e política num movimento *grassleaves*".* Atualizando a doutrina de Sorel sobre mito e violência — e, sem dúvida, sem dar o devido crédito —, Hoffman partiu para criar um "vasto mito" de derramamento de sangue e choque. "Reduziremos Chicago a cinzas!" "Foderemos nas praias!" "Nós exigimos a Política do Êxtase!" Pode soar engraçado agora, mas o intento era forçar uma confrontação que derramasse sangue nas ruas. Em agosto, um jornal *underground yippie*, *Seeds*, anunciou que havia cancelado o pedido de permissão para realizar um festival de rock para a juventude. O editorial explicou: "O festival de Chicago pode virar um Festival de Sangue... Se você espera cinco dias de Festival de Vida, música e amor, não venha a Chicago."[46]

Para quem quisesse olhar para além de um monte de retórica sem sentido a respeito do marxismo, a natureza fascista de tudo isso era absolutamente óbvia. De fato, bastaria simplesmente acreditar nas palavras de inúmeros ra-

---

*Há aqui um jogo de palavras irreverente, associando *grassroots* (bases sociais populares ou, literalmente, raízes de grama) e *grassleaves* (folhas de maconha). (N. da T.)

dicais quando eles diziam estar "além da ideologia" e totalmente voltados para a ação. Uma das pistas mais óbvias era a obsessão da Nova Esquerda com "as ruas". Os radicais falavam incessantemente sobre "sair às ruas", sobre a necessidade de "teatros de rua", protestos de rua, ativismo de rua, até de "dançar na rua", como na letra de uma canção. Muitos dos melhores livros produzidos durante e sobre o período usam a palavra "rua" em seus títulos. Alguns exemplos são *No name in the street* (*Seu nome será esquecido*), de James Baldwin (cujo título foi tirado do Livro de Jó), *Democracy is in the streets* (*A democracia está nas ruas*), de Jim Miller, e *Fire in the streets* (*Fogo nas ruas*), de Milton Viorst.

Os fascistas sempre foram obcecados pela rua. Horst Wessel, o lutador de rua martirizado, capturou o espírito exato no poema que se tornou o hino nazista: "Desocupem as ruas para os batalhões pardos... Logo haverá bandeiras de Hitler ondulando sobre todas as ruas." Os futuristas consideravam a rua o único palco autêntico. "A enfurecida vassoura da loucura nos varreu de nós mesmos e nos levou por ruas tão turbulentas e profundas quanto os leitos de torrentes", declarou F. T. Marinetti, o fundador do movimento futurista. Os futuristas, de acordo com a famosa frase de Marinetti, glorificavam "as belas ideias que matam". "Para qualquer um que saiba perceber conexões históricas, as origens ideológicas do fascismo podem ser encontradas no Futurismo", escreveu Benedetto Croce em 1924, "na determinação de descer às ruas, de impor suas próprias opiniões, de fechar a boca dos que discordam, de não temer tumultos ou lutas, nesta avidez de romper com toda tradição, nesta exaltação da juventude que era característica do Futurismo."[47]

Frequentemente se exagera o ponto de que a violência era um elemento central do fascismo. A violência tem sido essencial a quase todos os movimentos revolucionários, exceto os poucos explicitamente não violentos. Mas a *avant-garde* fascista idealizava a violência como um fim, vendo-a como "redentora" e "transformadora". Mussolini falava sobre o poder e a importância da violência, mas cometeu muito menos dela do que se poderia esperar. Sim, seus capangas espancavam as pessoas e houve um punhado de assassinatos, mas, basicamente, Mussolini gostava da estética da violência, o som da retórica brutal, a poesia do derramamento de sangue revolucionário. "Pois as revoluções são insanas, violentas, idiotas, bestiais", explicou. "São como guerra. Põem fogo no Louvre e jogam na rua os corpos nus de princesas. Elas matam, saqueiam, destroem. São uma inundação bíblica feita pelo homem. Precisamente nisso consiste sua grande beleza."[48]

Aqui, novamente, as semelhanças com a Nova Esquerda são notáveis. A violência saturava sua fala política; a violência física meramente a pontuava. A violência, tanto para a Nova Esquerda quanto para os fascistas, operava em numerosos níveis simbólicos. Ela agudizava o sentimento de crise avidamente buscado pelos revolucionários para polarizar a sociedade. De fato, a polarização era um objetivo estratégico idêntico para a Nova Esquerda e os nazistas. A única maneira que tinham Hayden e outros de apressar sua revolução era forçando liberais importantes a tomar partido, na presunção de que a maior parte deles teria as mesmas simpatias pela esquerda. Era isso o que queriam dizer com "trazer a guerra para nosso país". (Um dos camaradas de Rudd morto na explosão em Greenwich Village, Ted Gold, argumentava que a única forma de radicalizar os liberais era "transformando Nova York em Saigon".[49]) Do mesmo modo, os nazistas presumiam que os alemães favoráveis às políticas econômicas socialistas, mas que rejeitavam a ideia de submissão a Moscou, acabariam ficando do lado dos socialistas *nacionais*, em vez de com os *internacionais*. Os comunistas alemães fizeram um jogo semelhante, acreditando que o nazismo aceleraria a marcha histórica em direção ao comunismo. Daí, novamente, o mantra socialista alemão: "Primeiro Pardo, depois Vermelho."

De forma um tanto paradoxal, o apoio à violência — mesmo à retórica violenta, como na preferência de Rudd por expletivos — ajudou os radicais a se diferenciarem dos liberais, vistos pela linha dura da esquerda como excessivamente preocupados com polidez, procedimentos e com a política convencional. Quando "moderados", durante a ocupação de Colúmbia, tentaram dissuadir um integrante do "comitê de defesa" no Math Hall (onde os estudantes mais radicais estavam entrincheirados), ele respondeu: "Seus putos liberais, vocês não compreendem o que está rolando. Trata-se de poder e desordem. Quanto mais sangue, melhor." Em 1965, na marcha ao Monumento de Washington para acabar com a guerra, Phil Ochs cantou sua depreciativa "Love me, I'm a liberal" ("Amem-me, sou um liberal").[50] Saul Alinsky (que mais tarde se tornou um dos mentores de Hillary Clinton), cujo *Regras para radicais* servia de bíblia para a Nova Esquerda, partilhou seu desprezo fascista pelos liberais, aos quais considerava corruptos falastrões burgueses: "Os liberais, em seus encontros, pronunciam palavras audaciosas; eles se pavoneiam, fazem trejeitos beligerantes e então produzem uma declaração em termos ambíguos 'que tem tremendas implicações, se lida nas entrelinhas'. Eles se sentam calma e friamente estudando a questão; avaliam os dois lados; ele se sentam e continuam sentados."[51]

Substitua a palavra "radical" por "fascista" em muitas das declarações de Alinsky e às vezes fica difícil dizer a diferença: "A sociedade tem bons motivos para temer o radical... Ele bate, ele fere, ele é perigoso. Os interesses conservadores sabem que, enquanto os liberais são mais adeptos de quebrar seus próprios pescoços com suas línguas, os radicais são mais adeptos de quebrar os pescoços dos conservadores." E: "O radical pode recorrer à espada, mas, quando o faz, não está tomado de ódio contra aqueles indivíduos a quem ataca. Ele odeia esses indivíduos não como pessoas, mas como símbolos que representam ideias ou interesses que ele acredita serem contrários ao bem-estar do povo." Em outras palavras, eles não são *pessoas*, mas *símbolos* desumanizados. "Mudança significa movimento", Alinsky nos diz. "Movimento significa fricção. Somente no vácuo sem fricção de um mundo abstrato não existente podem ocorrer o movimento ou a mudança sem aquela abrasiva fricção do conflito."[52]

A violência da Nova Esquerda também apoiava numerosos outros temas fascistas, desde o culto da desrazão, a luxúria da ação, a busca desenfreada da autenticidade — falar era barato — até uma sensação de vergonha a respeito das realizações marciais da geração mais velha. Assim como muitos jovens nazistas sentiam falta da Grande Guerra e estavam desesperados para provar o quanto valiam a seus pais e a eles mesmos, muitos na Nova Esquerda tinham "problemas" com a participação dos pais na Segunda Guerra Mundial (e, para muitos judeus, com o sofrimento de seus pais no Holocausto). Além disso, muitos radicais estavam desesperados para provar que não era por covardia que se recusavam a lutar no Vietnã.

Por último, a violência servia como uma homenagem aos verdadeiros radicais e revolucionários no próprio país e no exterior. A inveja que sentiam dos Panteras Negras é um tema recorrente na história do radicalismo da Nova Esquerda. Os negros eram a "coisa verdadeira", e os brancos estavam desesperados para ganhar sua aprovação e seu apoio. Intelectuais franceses e liberais do Upper West Side alcançaram novos ápices de sicofantismo em seu desejo de provar sua honestidade como radicais. Eles comemoraram quando atletas negros nas Olimpíadas de 1968 levantaram os punhos em desafio ao hino nacional americano, não se importando com o fato de que a imagem era inteiramente derivada da estética fascista (talvez não o soubessem). "O punho fechado", declarou um fascista italiano em 1920, "é a síntese de nossa teoria."[53] E quando George Foreman desfilou com uma bandeira americana nas mesmas Olimpíadas, a multidão de Norman Mailer o chamou de um Tio Tom.

Pode-se saber muito a respeito de um movimento a partir de seus heróis, e aqui, também, os registros revelam uma imagem muito pobre da Nova Esquerda. Com toda aquela tagarelice sobre "democracia participativa", é chocante ver que havia pouquíssimos democratas entre os heróis, mesmo para os "pacíficos" integrantes do movimento. Em Colúmbia, Berkeley e outros *campus* em toda a América, os ativistas estudantes colaram pôsteres de Che Guevara, Fidel Castro, Mao Tsé-tung e Ho Chi Min. Sob a liderança de Rudd, a SDS estabeleceu vínculos quase formais com o governo de Castro. Em Chicago e em outras partes, eles cantavam "Ho-Ho-Ho-Chi-Min!" O *Pequeno livro vermelho* com as máximas revolucionárias de Mao Tse-tung tornou-se um tremendo sucesso de livraria.

Em vez de chamar esses regimes de fascistas — coisa que eu firmemente acredito que fossem —, vamos meramente notar as semelhanças entre esses movimentos e regimes do Terceiro Mundo e os movimentos e regimes fascistas convencionais. Mao, Ho, Castro e até os Panteras Negras eram todos movimentos etnocêntricos de "libertação nacional". Foi exatamente *assim* que Mussolini e Hitler apresentaram suas causas. Hitler prometeu arrancar a Alemanha de sob o domínio de Versalhes e do "capitalismo financeiro internacional". Mussolini argumentava que a Itália era uma "nação proletária" que merecia, tal como a Alemanha, seu "momento ao sol". A Revolução Cultural de Mao, sua mistura de socialismo e costumes populares chineses, encaixa-se perfeitamente no tipo de comando fascista. O que é Castro, a não ser um ditador militar (note o constante uniforme) que poliu seu culto da liderança usando economia socialista, retórica nacionalista e um infindável populismo alimentado por grandes comícios no estilo Nuremberg?

O fato de que tenha se tornado chique exibir Che Guevara como se fosse a marca do dono impressa a ferro quente na carne é uma denúncia repugnante tanto da cultura de consumo americana quanto do liberalismo não-sei-denada (*know-nothing*),* que constitui o infame resíduo da Nova Esquerda dos anos 1960. Camisetas com Che estão em toda parte e no topo da lista de brindes revolucionários vendidos no mercado de massa — inclusive por uma marca popular de roupas infantis — e disponíveis em qualquer loja *bobo*** considerada chique. Eis o texto de uma propaganda dessa coisa, mostrada no guia de compras da revista *Time* na internet: "'*Viva la revolution!*' Agora, até o menor dos rebeldes pode se expressar nesses macacõezinhos para bebês. Este clássico ícone de Che Guevara também está disponível numa camiseta de mangas curtas para crianças ... Vida longa ao rebelde em todos nós... não existe nenhuma imagem icônica mais quente do que Che!"[54]

O sequaz argentino da revolução cubana era um assassino e um capanga. Escreveu apótemas classicamente fascistas em seus diários: "O ódio como um elemento da luta; ódio implacável pelo inimigo, que impele um ser humano para além de suas limitações naturais, transformando-o numa eficaz, violenta, seletiva máquina de matar a sangue-frio." Guevara escrevia melhor, mas foi essa mesma musa que ajudou a produzir *Mein Kampf*. Guevara deleitava-se em executar prisioneiros. Enquanto fomentava a revolução na Guatemala, escreveu à sua mãe, dizendo: "Foi tudo muito divertido, nada como bombas, discursos e outras distrações para quebrar a monotonia na qual eu estava vivendo." Seu lema era: "Na dúvida, mate-o", e ele matou muitíssimos. O escritor cubano-americano Humberto Fontova descreveu Guevara como "uma combinação de Beria e Himmler".[55] Guevara certamente matou mais dissidentes e amantes da democracia do que Mussolini, e a Itália de Mussolini sem dúvida era mais "livre" do que qualquer sociedade que Guevara, o "guerreiro da liberdade", estivesse buscando. Você vestiria em seu bebê um macacãozinho com a imagem de Mussolini? Deixaria sua filha beber de um copinho com a figura de Himmler?

Pode-se ter toda uma discussão jesuítica sobre os exatos rótulos políticos que esses homens mereciam, mas o fato é que o que tornava os movimentos

---

*Refere-se ao chamado *know-nothingism* — uma negação categórica do que se sabe, mas não se quer reconhecer, ou a aceitação de algo apenas por seu significado visível, sem quaisquer considerações. A expressão surgiu na década de 1850 durante os poucos anos de existência de um Partido Nativista inicialmente clandestino (de classe média protestante) que pretendia sustar a imigração de irlandeses católicos para os Estados Unidos. Inquiridos sobre suas atividades, os integrantes do partido respondiam "não sei de nada". Em sentido mais amplo, *know-nothing* significa simplesmente *ignorância*. (N. da T.)
**A palavra *bobo* é uma combinação de *bourgeois* e *bohemian*. (N. da T.)

"liberacionistas" tão populares eram precisamente aqueles atributos que Guevara, Castro, Mao e os demais partilhavam com os heróis do fascismo. E, se apagarmos os nomes Marx e Lenin de suas falas, o que permanece é o mesmo recheio de qualquer das diatribes que Mussolini fez de uma sacada (de fato, no que se refere a Mussolini, às vezes nem precisaríamos apagar Marx e Lenin). Todos eles eram *nacionalistas* comprometidos com o *nacional-socialismo* e prometendo promulgar uma democracia "mais verdadeira" e mais "orgânica", uma democracia que rejeitasse o "medíocre", "superficial" e "decadente" "simulacro de democracia" do Ocidente burguês. Figuras como o nacionalista congolês Patrice Lumumba viraram heróis exclusivamente por se oporem aos Estados Unidos e se dizerem representantes de uma causa revolucionária pura.[56] As Nações Unidas e as elites afiliadas adotaram a perspectiva racista de que, quando negros ou outros povos oprimidos matavam uns aos outros ou matavam brancos, isso era uma expressão legítima da vontade de poder do Terceiro Mundo. O pan-africanismo, o pan-arabismo, a via chinesa e o anticolonialismo eram, em geral, versões reformuladas do pangermanismo de Hitler e do esforço de Mussolini para ser o governante da "civilização latina" e "dos italianos em toda parte". Os povos do Terceiro Mundo também precisavam de *lebensraum*.

Sob as doutrinas de liberação negra, a violência "revolucionária" era sempre justificada, desde que se insistisse em que os cadáveres ensanguentados haviam sido, de alguma forma, cúmplices da opressão. Os brancos se tornaram os novos judeus. "Atirar num europeu é matar dois pássaros com uma pedrada, é destruir, ao mesmo tempo, um opressor e o homem que ele oprime", observou Jean-Paul Sartre no prefácio de um dos livros de Frantz Fanon. Todo esse chique derramamento de sangue foi propagandeado no ensaio *Negro Branco* de Norman Mailer, que fetichizou o crime negro como moderno, bacana e revolucionário. A Nova Esquerda não apenas comprou essa fala; ela a vendeu. Uma pesquisa constatou que 20% dos estudantes americanos se identificavam com Che Guevara — mais do que com Nixon (19%), Humphrey (16%) ou Wallace (7%).[57]

Loucura, crueldade e totalitarismo eram "*in*". Assassinos e criminosos eram heróis, enquanto defensores da norma da lei subitamente viravam "fascistas". Quase desde o início, esta lógica envenenou os primeiros triunfos do movimento pelos direitos civis. Em Cornell, a maior parte dos estudantes negros foi admitida com base no que hoje chamamos de ação afirmativa, com um histórico acadêmico inferior à media. Particularmente revelador é o fato de que muitos dos revolucionários portadores de armas tenham sido recrutados para as escolas precisamente porque se encaixavam no estereótipo maileriano do nobre "jovem do gueto", o autêntico negro, e, como tal, tiveram preferência sobre outros negros com melhores notas e melhores qualificações — porque negros mais qualificados eram "brancos" demais.[58]

Já no final da década, o movimento pelos direitos civis havia se tornado, para todos os fins e propósitos, um movimento do *Black Power*. E o *Black Power*, com seus punhos cerrados, sua mitologia afro-pagã, celebração da violência, ênfase no orgulho racial e aversão ao liberalismo era, indiscutivelmente, o mais autêntico fascismo nativo da América. O próprio Stokely Carmichael — que, em algum momento, foi o "primeiro-ministro" do Partido Panteras Negras — definiu o *Black Power* (termo criado por ele) como "um movimento que esmagará tudo o que a civilização ocidental criou".[59] Carmichael participava do sonho de Hitler de construir um Estado racial popular sobre as cinzas da velha ordem.

Na realidade, quando lemos a doutrinação racial ensinada às crianças na Alemanha nazista, é difícil ver a diferença entre o orgulho negro de Carmichael e o orgulho alemão de Hitler. "Qual o primeiro mandamento de todo nacional-socialista?", perguntava um catecismo nazista. "Amar a Alemanha acima de tudo e a seus camaradas éticos como a si mesmo!" As conexões entre o nacionalismo negro e o nazismo, o fascismo e outros grupos racistas supostamente direitistas não são meramente teóricas — nem recentes. Em 1922, Marcus Garvey, o fundador do movimento Volta à África, admitiu que sua ideologia estava em perfeita sintonia com a de Mussolini. "Nós fomos os primeiros fascistas", declarou. De fato, sua retórica estava, com frequência, em assustadora harmonia com o fascismo alemão: "Levante-se, Raça Poderosa, Realize sua Vontade", "A África para os Africanos... no País e no Exterior!", e assim por diante. Nos anos 1960, Elijah Muhammad, o líder da Nação do Islã, estabeleceu uma relação cordial com George Lincoln Rockwell, chefe do Partido Nazista Americano. Em 1962, Rockwell chegou a ser convidado para falar durante a convenção nacional da Nação do Islã, na qual louvou Elijah Muhammad como o Adolf Hitler negro. Em 28 de janeiro de 1961, Muhammad enviou Malcolm X a Atlanta para negociar um acordo com a Ku Klux Klan pelo qual o Klan apoiaria um Estado negro autônomo.[60]

Em termos mais gerais, o movimento *Black Power* viciou-se em violência, dando o tom para a esquerda branca. H. Rap Brown havia exortado seus seguidores: "Faça o que fez John Brown, pegue uma arma, saia e atire em seu inimigo." Malcolm X repetidamente encorajava os negros a empregar "qualquer meio necessário". James Forman, um líder do Comitê Coordenador Estudantil Não-violento (Student Nonviolent Coordinating Committee, ou SNCC, na sigla em inglês), declarou que, se ele fosse assassinado, queria como retaliação "dez fábricas de guerra destruídas... um governador sulista, dois prefeitos e quinhentos tiras racistas brancos mortos". Que bom que ele pertencia a um grupo assumidamente *não violento*! Benjamin Chavis, o futuro líder da Associação Nacional para a Promoção das Pessoas de Cor (National Association for the Advancement of Colored People, ou NAACP, na sigla em inglês), ganhou reconhecimento nacional pela primeira vez quando foi preso e condenado por integrar o *Wilmington Ten*, um grupo que supostamente conspirava para explodir uma mercearia e depois atirar nos policiais quando eles atendessem ao chamado.[61] E, sempre e em toda parte, havia os Panteras Negras, em seus trajes paramilitares e camisas negras exibindo postos e títulos fascistas ou militaristas (ministro da defesa, ministro da informação), roubando bancos, conclamando para a matança de "porcos" e "branquelos", preparando emboscadas contra policiais, sequestrando juízes e crianças e convocando para um Estado negro autônomo.

Enquanto isso, o que acontecia com a direita americana supostamente fascista? Quando a Nova Esquerda incansavelmente denunciava os pais fundadores como machos brancos racistas e até liberais consagrados ridicularizavam a ideia de que o texto da Constituição tivesse qualquer relevância para a sociedade moderna, os conservadores estavam lançando um amplo projeto para restaurar o lugar que cabia à Constituição na vida americana. Nenhum acadêmico ou intelectual conservador de prestígio celebrava temas ou ideias fascistas. Nenhum conservador de prestígio denegria o liberalismo clássico inerente ao sistema político dos Estados Unidos. Ao contrário, Barry Goldwater, Ronald Reagan, William F. Buckley Jr. e os conservadores que giravam em torno da *National Review* se dedicavam a restaurar a visão liberal clássica dos fundadores.

O que confundia e ainda confunde a esquerda a respeito do conservadorismo americano é que amar e apoiar o próprio país não necessariamente situa alguém no caminho que leva ao fascismo. Patriotismo não é a mesma coisa que nacionalismo extremo ou fascismo. Os nazistas mataram um grande número de alemães patriotas cujo amor à sua terra natal era intenso e profundo. Em certo sentido, uma das coisas consideradas mais ofensivas nos judeus era o fato de que fossem alemães patriotas. Foi na década de 1960 que a esquerda se convenceu de que há algo fascista a respeito de patriotismo e alguma coisa perversamente "patriótica" a respeito de denegrir a América. Como nunca antes, o antiamericanismo — outro nome dado ao ódio pela civilização ocidental — tornou-se o assunto de sofisticados e intelectuais. Os que queimavam bandeiras tornaram-se os mais verdadeiros "patriotas" porque a discordância — não apenas da política partidária, mas do próprio projeto americano — tornou-se a mais alta virtude. Em 2003, o professor de Colúmbia que esperava que a América enfrentasse "um milhão de Mogadishu" tornou-se um patriota aos olhos da esquerda. Mas americanos que se empenham em manter limites ao tamanho do governo — justamente isso! — são, de algum modo, fascistas insidiosos.

Ao ser testemunha de como a brutalidade e a destrutividade cruel e gratuita dos nazistas haviam alçado Hitler ao poder, o romancista Thomas Mann escreveu em seu diário que aquele era um novo tipo de revolução, "sem ideias de fundo, contra ideias, contra tudo que seja o mais nobre, o melhor e decente, contra a liberdade, a verdade e a justiça". A "escória comum" ganhara o dia, "acompanhada de ampla celebração pelas massas".[62] Nos anos 1960, liberais que haviam atravessado outro período de degradação semelhante da decência, como resultado da mesma podridão intelectual, começaram a se rebelar. Confrontados com uma ideologia que sempre tomava a América como o problema, e nunca a solução, escolheram fazer um contra-ataque. Esses patriotas, nos dois partidos, tornaram-se, em grande parte, aquele grupo de intelectuais conhecidos como neoconservadores. O nome lhes foi dado por esquerdistas, pensando que o prefixo "neo" evocaria associações com os neonazistas.

Mas, como o testemunho de neoconservadores não serve para nada em muitos cantos do pensamento liberal, vale a pena notar que, mesmo alguns titãs da esquerda ainda tinham a clareza de visão para compreender do que se tratava. Irving Louis Horowitz, um reverenciado intelectual esquerdista (ele foi o executor literário de C. Wright Mills) especializado em pensamento revolucionário, viu no radicalismo dos anos 1960 uma "tentativa fanática de impor uma nova ordem social sobre o mundo, em vez de aguardar o veredicto de fórmulas de criação de consenso entre indivíduos diferentes entre si, bem como as musas históricas". E ele via esse fanatismo tal como realmente era: "*O fascismo retorna aos Estados Unidos não como uma ideologia de direita, mas praticamente como uma ideologia quase esquerdista.*"[63]

Peter Berger, um judeu refugiado da Áustria, respeitado ativista em defesa da paz e sociólogo esquerdista (ele ajudou a popularizar a expressão "construção social da realidade"), percebia algo muito semelhante. Quando "observava os radicais [americanos] em ação, eu me lembrava, repetidas vezes, das tropas de choque que marchavam na Europa durante minha infância". Ele explorou uma longa lista de temas comuns ao radicalismo dos anos 1960 e ao fascismo europeu, concluindo que formavam "uma constelação notavelmente parecida com o cerne comum do fascismo italiano e alemão". Em 1974, A. James Gregor escreveu *The fascist persuasion in radical politics* (*A persuasão fascista na política radical*), que sintetizava e catalogava essas tendências com amplos detalhes e rigor intelectual. "No passado recente", observou ele, "radicais estudantes e a 'nova esquerda' legitimaram um estilo político que foi calculado para ser o mais útil possível a uma variedade americana do fascismo."

Mesmo alguns integrantes da SDS reconheciam que os elementos mais extremados haviam degenerado e resvalado para o fascismo. Um editorial do *Campaigner* (publicado pelo Comitê do Trabalho Regional de Nova York e Filadélfia da organização Estudantes para uma Sociedade Democrática) observou a respeito da facção da SDS que engendrou os *Weathermen*: "Existe quase total identidade entre os argumentos dos anarquistas (a respeito dos ataques em Colúmbia, por exemplo) e a polêmica de Mussolini em defesa da ação contra a teoria, contra programas."[64]

A teorização do "movimento jovem" desencadeada por *The greening of America* (*O renascer da América*), de Charles Reich — a acusação contra a razão, os apelos populistas para derrotar "o sistema", a virada de mesa para instalar uma nova comunidade, centrada no *Volk,* que substituiria o capitalismo por uma abordagem mais orgânica e totalitária —, foi demais para alguns esquerdistas que tinham clara compreensão das raízes históricas do fascismo. Os "indícios" fascistas, escreveu Stewart Alsop a respeito de *O renascer da América*, "são óbvios para qualquer um que tenha visto aquelas florestas de braços levantados em uníssono pela juventude revolucionária ou ouvido seus brados enquanto cantavam, inconscientes. O professor Reich certamente é um homem bom e gentil, sem nenhum osso fascista em seu corpo", continuou Alsop, "e a maior parte dos jovens liberados que ele venera também é boa e gentil. Mas, com toda a certeza, qualquer um que tenha uma percepção das realidades políticas pode sentir o cheiro do perigo que essas pessoas tolas, gentis, irracionais, em seu isolamento que as protege da realidade, estão trazendo a todos nós. O perigo começa com as universidades, mas não termina ali. É isso que torna o sentimentalismo tão assustador". Foi justamente o ícone socialista Michael Harrington quem declarou que a acusação radical de Reich à modernidade — ele chamou isso de "existencialismo de elite" — tinha muito em comum com as raízes românticas do nazismo.

Hoje, a versão dos anos 1960 apresentada pela esquerda liberal faz tanto sentido quanto faria se nos recordássemos de Hitler como o "homem da paz" descrito por Neville Chamberlain. Em suas paixões e buscas, a Nova Esquerda era pouco mais que uma atualização americanizada do que veio a ser chamado de Velha Direita europeia. Desde *Easy Rider* (*Sem destino*, 1969) até *JFK* (1991), Hollywood nos vem dizendo que, se pelo menos as forças da reação não tivessem matado seus Horst Wessels, poderíamos estar vivendo hoje num país melhor, mais justo e de mente mais aberta. E, se pelo menos pudéssemos reacender a esperança e a ambição daqueles primeiros radicais, "o que poderia ter sido" se transformaria em "o que ainda pode ser". Essa é, *de fato*, a mentira vital da esquerda. A civilização ocidental foi salva quando os bárbaros foram derrotados, pelo menos temporariamente, no início da década de 1970. Devemos não apenas ser gratos por nossa limitada vitória, mas estar vigilantes a fim de mantê-la para a posteridade.

Tal vigilância é impossível sem que se compreendam as bases sobre as quais se sustenta o liberalismo contemporâneo, e isso, por sua vez, requer um segundo exame dos anos 1960 — desta vez, de cima para baixo. Pois, enquanto os radicais nas ruas estavam demandando mais poder, os progressistas já no poder também estavam fazendo sua parte.

É compreensível que os anos 1960 sejam vistos como uma mudança abrupta ou um ponto de inflexão em nossa história porque, em muitos aspectos, as mudanças realmente foram súbitas (e, em alguns casos, para melhor). Mas também existe uma profunda continuidade subjacente aos eventos da década. Quando Kennedy disse que a tocha havia sido passada a uma nova geração, estava se referindo, em não pequena medida, a uma nova geração de progressistas. Aqueles homens (e aquelas poucas mulheres) estavam dedicados a continuar os projetos de Wilson e Roosevelt. Quando a tocha é passada, os corredores mudam, mas a corrida permanece a mesma. No capítulo que se segue, mostraremos que John F. Kennedy e Lyndon Baines Johnson representavam a continuação da busca liberal iniciada por Woodrow Wilson e seus companheiros progressistas — a busca da criação de um Estado todo cuidador, todo-poderoso, todo abrangente, um Estado que assuma responsabilidade por todos os resultados desejáveis e admita sua culpa por todos os reveses na marcha em direção à utopia. Um Estado que, por fim, substitua Deus.

6

Do mito Kennedy ao sonho de Johnson: o Fascismo Liberal e o culto do Estado

D URANTE GERAÇÕES, a principal linha divisória na política americana dizia respeito ao crescimento e poder do Estado. A narrativa convencional apresenta os conservadores tentando reduzir o tamanho do governo e os liberais tentando — com sucesso — ampliá-lo. Existe mais que uma pequena evidência para apoiar essa compreensão. No entanto, grande parte dela é incidental. Os liberais frequentemente buscam limitar a ação do governo quando se trata de fazer cumprir a lei (o caso *Miranda*, nos anos em que a Corte Suprema era presidida pelo juiz Earl Warren), em questões relacionadas à segurança nacional (oposição ao *Patriot Act* de outubro de 2001 e à vigilância interna no país) e naquela vasta e mal definida esfera rotulada de "regulamentação da moralidade". Embora proliferem desacordos sobre políticas específicas, praticamente todos os conservadores e a maior parte dos libertários defendem explicitamente a manutenção do papel tradicional do governo como um "Estado mínimo" (o *night-watchman state*). Muitos vão mais além, vendo o governo como um protetor da decência e das normais culturais.

Em suma, a discussão sobre o *tamanho* do governo é, com frequência, um substituto de discussões mais profundas sobre o *papel* do governo. Este capítulo buscará mostrar que, para alguns liberais, o Estado é, de fato, um substituto de Deus e uma forma de religião política como a imaginada por Rousseau e Robespierre, os pais do fascismo liberal.

Historicamente, para muitos liberais o papel do Estado tem sido menos uma questão de tamanho que de função. O progressismo partilhava com o fascismo uma profunda e permanente convicção de que, numa sociedade verdadeiramente moderna, o Estado deve assumir o lugar da religião. Para alguns, essa convicção nasceu da crença em que Deus estava morto. Como escreve Eugen Weber: "O líder fascista, agora que Deus está morto, não pode se conceber como o eleito de Deus. Ele acredita que é eleito, mas não entende bem qual o agente de sua eleição — presumivelmente, a história, ou obscuras forças históricas." Esse é o fascismo que leva ao *Führerprinzip* e a cultos de personalidade. Mas há um segundo tipo de fascismo que vê o Estado não como a substituição de Deus, mas como agente ou veículo de Deus. Em ambos os casos, no entanto, o Estado é a autoridade última, a fonte e o mantenedor de valores e o garantidor da nova ordem.

Já mencionamos a estatolatria como uma doutrina progressista; mais tarde, examinarei como essa visão de mundo se manifesta no que é usualmente chamado de guerra da cultura. O ponto em torno do qual gira essa história são os anos 1960, especificamente os governos de John F. Kennedy e Lyndon B. Johnson. Embora ele mesmo não fosse um liberal moderno, JFK foi transformado, depois de sua morte, num mártir da religião do governo. Isso se deveu, em parte, a manipulações do círculo Kennedy e, em parte, às (muito mais cínicas) maquinações de LBJ, que sequestrou o mito Kennedy e o atrelou a seus propósitos pessoais. Tais propósitos, consistentes com o impulso totalitário "positivo" do movimento progressista no qual Johnson havia começado sua carreira política, eram nominalmente seculares, mas, num nível mais profundo, e talvez inconsciente, eram fundamentalmente religiosos.

• • •

Em 22 de novembro de 1963, John F. Kennedy foi assassinado em Dallas, Texas. Imediatamente, Dallas foi batizada de "a cidade do ódio". Um jovem repórter de TV chamado Dan Rather ouviu um comentário de que alguns escolares em Dallas haviam batido palmas quando souberam da morte de Kennedy. O rumor não era verdadeiro, e a associada local da rede CBS recusou-se a contar a história. Então Rather driblou a rede e noticiou o caso assim mesmo.

Ele não era o único ansioso para apontar dedos acusatórios na direção da direita. Dentro de minutos, os assistentes de Kennedy culparam direitistas loucos e anônimos. Uma manchete declarou que o assassinato havia ocorrido "no fundo do coração odiento do Texas". Mas quando se tornou claro que um marxista louco havia inventado tudo, os defensores de Kennedy ficaram deprimidos. "Ele nem mesmo teve a satisfação de ser morto por causa dos direitos civis", lamentou-se Jackie com Bobby Kennedy quando recebeu dele a notícia. "É — tinha de ser algum estúpido comunistazinho."[1]

Ou talvez não, calcularam os fabricantes de mito dos Kennedy. Eles começaram a criar a fábula de que Kennedy havia morrido combatendo o "ódio" — um código convencionado, então e agora, para designar a direita política. A história transformou-se em lenda porque os liberais estavam desesperados para dar ao assassinato de Kennedy um significado mais exaltado e politicamente útil. Repetidamente, toda a elite liberal, liderada pelo *New York Times* — e até pelo papa! —, denunciou o "ódio" que havia tirado a vida de Kennedy. O juiz Earl Warren, da Suprema Corte, resumiu a sabedoria convencional — algo que ele estava sempre disposto a fazer — quando teorizou que o "clima de ódio" em Dallas — código para designar pesada atividade direitista e republicana — havia impelido Lee Harvey Oswald a matar o presidente.[2]

O fato de que Oswald fosse um comunista rapidamente deixou de ser uma inconveniência e virou prova de algo ainda mais sinistro. Como poderia, perguntaram os liberais, um marxista genuíno assassinar um titã liberal que defendia o progresso social? O fato de que Kennedy fosse um intenso anticomunista parecia não ser registrado, talvez porque os liberais tivessem se convencido, como consequência da era de McCarthy, de que a verdadeira ameaça à liberdade sempre tem que vir da direita. O marxismo de Oswald fez com que os liberais entrassem numa negação ainda mais profunda, única escolha de que dispunham — ou teriam que abandonar o antianticomunismo. E assim, ao longo da década de 1960, as teorias conspiratórias sofreram uma metástase, e o atirador marxista tornou-se um bode expiatório. "*Cui bono?*", perguntaram-se os Oliver Stones desde então até hoje. Resposta: o complexo militar-industrial, aliado às forças escuras da reação e da intolerância, é claro. Pouco importa que Oswald já tivesse tentado assassinar o ex-major-general e proeminente porta-voz direitista Edwin Walker ou que, como mais tarde relataria a Comissão Warren, "tivesse uma extrema aversão à direita".[3]

Em meio à névoa de negação, remorso e confusão que se formou em torno do assassinato de Kennedy, desenvolveu-se uma resposta estratégica informal que serviria ao propósito de uma florescente Nova Esquerda, bem como para aplacar a consciência dos liberais em geral: transforme Kennedy num mártir polivalente de causas que ele nunca assumiu e de políticas que ele nunca subscreveu.

De fato, ao longo dos anos 1960 e depois, cultivou-se a lenda de que, se pelo menos Kennedy tivesse vivido, nunca teríamos nos atolado no Vietnã. Essa é a presunção central do livro de Arthur Schlesinger, *Robert Kennedy and his times* (*Robert Kennedy e sua época*). Theodore Sorensen, Tip O'Neil e inúmeros outros liberais subscreveram essa visão. Uma peça popular na Broadway, *MacBird*, sugeria que Johnson havia assassinado JFK a fim de assumir o poder. Mas o próprio Robert F. Kennedy reconheceu, numa entrevista de história oral, que seu irmão nunca considerara seriamente a retirada do Vietnã e que estava comprometido com a vitória total. Kennedy era um anticomunista agressivo e um falcão da Guerra Fria. Fez campanha falando de um fictício "hiato de mísseis", ou seja, de uma suposta inferioridade americana com relação ao número de mísseis soviéticos, num esforço bastante bem-sucedido de passar para a direita de Richard Nixon no que se referia à política externa, tentou derrubar Castro na Baía dos Porcos, levou o mundo à beira de uma guerra nuclear durante a crise dos mísseis cubanos e nos envolveu profundamente no Vietnã. Meras três *horas* e meia antes de morrer, Kennedy estava se ufanando perante a Câmara de Comércio de Fort Worth de haver aumentado os gastos de defesa numa escala maciça, inclusive elevando em 600% os gastos com forças especiais de contrainsurgência no Vietnã do Sul. No mês de março daquele ano, Kennedy havia pedido ao Congresso que utilizasse cinquenta centavos de cada dólar federal para gastos com defesa.[4]

O mito Kennedy também se afasta marcadamente da realidade no que se refere à questão racial. A lenda lisonjeira é que Kennedy era um genuíno defensor dos direitos civis. Supostamente, se ele tivesse vivido, as agitações raciais dos anos 1960 poderiam ter sido evitadas. A verdade é muito mais prosaica. Sim, Kennedy pressionou para que fosse aprovada uma legislação sobre direitos civis, e merece crédito por isso. Mas dificilmente isso significa que estivesse rompendo com o passado. Nos supostamente reacionários anos 1950, os republicanos haviam carregado a maior parte do peso de atender à promessa americana de igualdade para os negros. Eisenhower conseguira aprovar duas medidas de direitos civis passando por cima de forte oposição dos democratas do Sul, especialmente do líder da maioria no Senado, Lyndon Johnson, que lutou pesadamente para diluir a legislação. Novamente, Kennedy estava do lado certo da história, mas seus esforços foram basicamente reativos. "Eu não perdia o sono me preocupando com os problemas dos negros", confessou.[5]

Há uma considerável ironia no fato de que, na primeira eleição para substituir Kennedy, Barry Goldwater tenha sido grosseiramente saudado como o "fascista" na disputa. O conservador de óculos e ternos fúnebres, que defendia o governo pequeno, estava tão longe de ser um fascista quanto pode estar alguém na política americana. Enquanto isso, os intelectuais que denunciavam Goldwater como um criptonazista deixaram de perceber que era John F. Kennedy quem estava promovendo temas e estética fascistas na política americana. FDR havia sido o primeiro presidente a usar tecnologia moderna para construir uma narrativa mitológica a respeito de si mesmo, mas foi Kennedy quem transformou aquela técnica numa arte. "Camelot", uma expressão nunca usada para descrever a Presidência de Kennedy quando ele estava vivo, tornou-se uma expressão genérica para designar todas as memórias etéreas e as aspirações não cumpridas durante os anos Kennedy. Em 1964, James Reston resumiu a recentemente inventada nostalgia liberal pelo deus grego que havia sido o presidente americano. "Ele era um presidente de livro de histórias, mais jovem e mais belo que os políticos mortais, distante até de seus amigos, gracioso, quase elegante, com a poesia na língua e uma jovem radiante a seu lado."[6]

Muitos elementos do mito Kennedy são tão óbvios agora quanto eram então. Ele era o mais jovem de todos os presidentes eleitos (Teddy Roosevelt havia sido o mais jovem a ocupar o cargo). Era o primeiro presidente nascido no século XX. Era um homem de ação — um genuíno herói de guerra. Era também um intelectual — autor de um sucesso de livraria sobre coragem política — que transformou o liberalismo em algo *cool* e glamouroso, mas, ao mesmo tempo, um pragmático que nunca permitiu que os intelectuais dos quais se cercava, vindos das melhores universidades do país, criassem obstáculos ao que ele considerasse o melhor curso de ação. Ele representava um anseio nacional por "renovação" e "renascimento", apelando ao idealismo americano e conclamando ao sacrifício coletivo.

Relembremos os temas centrais do culto da personalidade de Mussolini: juventude, ação, conhecimento especializado, vigor, glamour, serviço militar.

Mussolini apresentava-se como o líder de um movimento jovem, uma nova geração que chegara ao poder a partir do intelecto e da competência para romper com as velhas categorias de esquerda e direita. O arrebatador discurso de posse de JFK falava de "uma nova geração de americanos — nascidos neste século, temperados pela guerra, disciplinados por uma dura e amarga paz, orgulhosos de nossa herança antiga". Todo o movimento de Mussolini (como o de Hitler) foi construído em torno de gerações de italianos que haviam sido temperados pela Primeira Guerra Mundial e de seus ressentimentos contra a paz amarga de Versalhes. O governo fascista italiano, apelidado de um "regime de jovens", vendia-se como uma maravilha tecnocrática na qual Mussolini comandava pessoalmente muitos dos ministérios por meio da força de vontade e de um vigor indomável. Os propagandistas fascistas saturavam os meios de comunicação com imagens de Mussolini cortando madeira, esquiando, correndo sem camisa no meio da neve alpina. Além disso, a reputação de Mussolini como um intelectual e escritor era, de fato, bem merecida — diferentemente da de Kennedy.

A operação Kennedy esforçou-se tremendamente para enviar mensagens semelhantes. Não se imprimia um único artigo de jornal sobre o novo presidente que não contivesse referências a seu amor pela ação, sua juventude, seu vigor. Filmes sobre seus esforços viris pareciam estar em toda parte. Ele não podia ser um mulherengo tão óbvio quanto Mussolini, mas seu status cultivado de símbolo sexual era o produto de um cuidadoso cálculo político. Kennedy se candidatou explicitamente como um herói de guerra, e suas tropas políticas usualmente podiam ser reconhecidas por portarem a insígnia PT-109 (designação de seu navio patrulheiro durante a guerra). Os comerciais de sua campanha, apinhados de imagens do Kennedy guerreiro, alardeavam que este era um "tempo de grandeza". Kennedy, assim como Mussolini, prometia uma "restauração" nacional e uma "nova política" que transcenderia as velhas categorias de esquerda e direita. Ele insistia em que a aplicação mandatória de sua própria vontade e da de seus auxiliares tecnocratas seria mais eficaz para resolver os problemas da nação do que os meios democráticos tradicionais.

De fato, Kennedy era quase literalmente um super-herói. Existe um dado pouco conhecido, mas significativo: nenhum presidente apareceu mais vezes nas histórias em quadrinho do Super-homem do que JFK. Ele chegou a ser encarregado da identidade secreta do Super-homem e uma vez fingiu ser Clark Kent para impedir que fosse descoberta. Quando a Supermulher debutou como personagem, foi formalmente apresentada aos Kennedy (e, conforme seria natural, ele imediatamente ficou caído por ela). Num número especial dedicado a motivar os jovens americanos a se porem em boa forma física — tal como o astronauta "coronel Glenn" —, Kennedy envia o Super-homem numa missão para fechar o "hiato de músculos" (numa alusão ao seu "hiato de mísseis").[7]

Os autores de histórias em quadrinho não foram os únicos a fazer essa conexão. Em 1960, Norman Mailer escreveu uma volumosa matéria para o *Esquire* intitulada "O super-homem vem ao supermercado". Ostensivamente, tratava-se de um relatório para a convenção nacional do Partido Democrata em Los Angeles, mas o ensaio mais parecia uma monografia final para um seminário de Noam Chomsky. Ele nos dá uma ideia de como até intelectuais de destaque como Mailer entendiam que lhes estava sendo oferecido um mito — e de como estavam ansiosos por aceitá-lo.[8]

O mito Kennedy original não enfatizava as credenciais progressistas de Kennedy. Ted Sorensen recorda que JFK "nunca se identificou como um liberal; foi somente depois de sua morte que eles começaram a reivindicá-lo como um dos seus". Na verdade, a família Kennedy tinha sérios problemas com muitos pretensos progressistas (que, depois da Segunda Guerra Mundial, eram, essencialmente, comunistas requentados) por causa das íntimas ligações que tinha com aquele outro proeminente político irlandês-americano, Joe McCarthy. Depois de Roy Cohn, Bobby Kennedy era o ajudante mais valorizado por McCarthy. Jack Kennedy nunca denunciou seu colega senador, que também era um amigo querido de seu pai. Mas, na época, Kennedy era mais um nacionalista que um liberal. Enquanto estudava em Harvard, enviou ao isolacionista America First Committee uma contribuição de cem dólares com um bilhete no qual dizia: "O que vocês estão fazendo é vital."[9]

A Segunda Guerra Mundial mudou a perspectiva de JFK — como também a da maior parte dos isolacionistas. Também ampliou a fascinação de Kennedy pela "grandeza". Ele tinha grande admiração por Churchill e aprendera a dublar sua oratória ouvindo a coleção de discursos nos álbuns *I can hear it now*, narrados por Edward R. Murrow.[10] Anos mais tarde, sua equipe sabia que conseguiria a atenção de Kennedy se pudesse fazê-lo pensar que aquela grandeza estaria prestes a se concretizar. Toda a sua carreira política estava baseada na esperança e na aspiração de que ele seguiria FDR como um leão do século XX.

JFK reconhecidamente herdou essa ambição de seu pai, Joseph P. Kennedy, o chefão pró-nazistas do Partido Democrata que estava desesperado para pôr um filho na Casa Branca. Em 1946, Joe distribuiu cem mil cópias do artigo de John Hersey sobre as façanhas do PT-109 de JFK. Logo em seguida, todo um time de intelectuais foi posto para trabalhar, transformando JFK no próximo grande homem de ação. O primeiro livro de Kennedy, *Why England slept* (*Por que a Inglaterra dormiu*), uma versão ampliada de sua tese de graduação, foi um prato preparado por muitos *chefs*. O segundo, *Profiles in courage* (*Perfis de coragem*), sobre grandes homens que aderem a seus princípios a despeito de adversidades, foi essencialmente produzido por um comitê chefiado por Ted Sorensen e apenas ocasionalmente supervisionado pelo próprio Kennedy. É claro que Kennedy aceitou o Pulitzer sozinho.

Kennedy foi o primeiro político moderno a reconhecer e explorar a nova influência desfrutada pelos intelectuais na sociedade americana. Os antigos integrantes dos *Brain Trusters* eram economistas e engenheiros, homens preocupados com moldar terra e ferro. Os novos eram homens da imagem, historiadores e escritores — propagandistas no sentido mais benevolente do termo — preocupados com fazer girar mundos e imagens. Kennedy não era nenhum idiota, mas compreendeu que, na idade moderna, o estilo tende a sobrepujar a substância. (Um homem indiscutivelmente bonito e charmoso, ele obviamente se beneficiou com a disseminação da televisão.) E a máquina kennediana representava, acima de tudo, o triunfo do estilo na política americana.

A sorte política de Kennedy também derivava do fato de que ele parecia ter sob seu comando as rédeas da história. Mais uma vez, as forças do progressismo haviam sido reconduzidas ao poder depois de um período de paz e prosperidade. E, a despeito da riqueza e do lazer sem precedentes dos anos após a guerra — e, em grande medida, justamente por causa disso —, havia um desejo palpável entre os ambiciosos, os em ascensão social, os intelectuais e, acima de tudo, os ativistas do *establishment* progressista-liberal de "pôr a América para andar novamente". "Mais que qualquer coisa", escreveu o editor conservador Henry Luce em 1960, "o povo da América está pedindo um claro sentido de Propósito Nacional."[11]

Assim teve início o terceiro momento fascista na vida americana, que se desdobraria ao longo de toda a década de 1960 e de parte da seguinte tanto nas ruas e universidades — como visto no capítulo anterior — quanto nos saguões do governo. O que terminou como derramamento de sangue nas ruas começou, em muitos aspectos, como uma bem-intencionada "revolução de cima para baixo" deflagrada por herdeiros do legado Wilson-FDR, incapazes de conter os demônios que haviam liberado.

Talvez a melhor expressão desse clamor da elite por "mudança social", comum aos dois partidos, possa ser encontrada numa série de ensaios sobre "o propósito nacional" copublicado pelo *New York Times* e pela revista *Life*. Adlai Stevenson escreveu que os americanos precisavam transcender a "mística da privacidade" e dar as costas ao "templo do supermercado". Charles F. Darlington, um prestigioso executivo empresarial e ex-funcionário do Departamento de Estado, explicou que a América precisava recapturar o espírito coletivo de propósito nacional que havia desfrutado "durante partes do governo de Woodrow Wilson e dos dois mandatos de Roosevelt" (podemos imaginar quais partes). Acima de tudo, uma América renascida precisava deixar de se ver como uma nação de indivíduos. Mais uma vez, a "ação coletiva" era a cura. O chamado de Darlington para uma "menor ênfase no empreendimento privado" correspondia a uma revivescência do corporativismo e do socialismo de guerra dos governos Wilson e Roosevelt.[12]

Às vésperas da posse de JFK, em janeiro de 1960, um repórter da *Look*, usando dados de uma pesquisa especial do Instituto Gallup, descobriu que os americanos estavam de fato se sentindo muito bem: "Hoje, a maior parte dos americanos está relaxada, numa vida rotineira, confortavelmente satisfeita com seu modo de vida e tranquilamente otimista a respeito do futuro." O truque, então, era arrancar a atenção dos americanos de seus *TV dinners* e de seus carros rabo de peixe e fazê-los seguir o canto de sereia dos intelectuais. E isso significava que Kennedy precisava de uma crise que conseguisse plugar a mente pública a um novo mito soreliano. "Grandes crises produzem grandes homens", declarou Kennedy em *Perfis de coragem*, e toda a sua presidência seria dedicada à criação de crises proporcionais à grandeza a que ele ansiava alcançar.[13]

Um vasto séquito de cérebros e ativistas que recordavam com nostalgia a excitação do *New Deal* e da Segunda Guerra Mundial partilhava o desejo de sacudir a América e arrancá-la de sua complacência. Na década de 1950,

Arthur Schlesinger Jr. falou por todo o seu círculo de progressistas, jovens e velhos, quando lamentou os "descontentes ausentes" do povo americano.[14]

Kennedy, assim como FDR, acreditava ser um verdadeiro democrata, e seria injusto rotulá-lo de fascista. Mas sua obsessão por produzir crises a fim de arrebatar os sentimentos populares a seu favor demonstra os perigos da paixão pela estética fascista na política democrática. As memórias de Ted Sorensen contam 16 crises nos primeiros oito meses de Kennedy no cargo. Kennedy criou "equipes de crise" que podiam contornar a burocracia tradicional, o processo democrático e até a lei. David Halberstam escreve que Johnson herdou de Kennedy "homens com mentalidade de crise, que se compraziam com a grande crise internacional porque ela centrava a ação exatamente na Casa Branca — as reuniões, as decisões, as tensões, o poder, eram *eles* os autores de proposições de mudanças, *eles* eram os ativistas, e era para isso que haviam ido para Washington, para enfrentar esses desafios". Garry Wills e Henry Fairlie — dificilmente críticos direitistas — apelidaram a administração Kennedy de "governo guerrilha" pelas agressões que fazia ao sistema tradicional de governo e pelo desprezo demonstrado por ele. Numa entrevista em 1963, Otto Strasser, o nazista esquerdista que ajudou a fundar o movimento, disse ao acadêmico David Schoenbaum que a maneira como Kennedy abusava da autoridade e engendrava crises certamente o fazia parecer um fascista.[15]

Tudo a respeito da política de Kennedy transmitia um sentido de urgência. Ele fez campanha apelando a um "hiato de mísseis" que nunca existiu e governou num elevado estado de tensão com os soviéticos, que ele mesmo se empenhara em criar. Usava constantemente a linguagem de "perigo" e "sacrifício", "coragem" e "cruzada". Instalou a primeira "sala da situação" na Casa Branca. Seu primeiro discurso sobre o Estado da União, 11 dias depois da posse, foi um "discurso de guerra sem uma guerra". Kennedy alertava que a própria liberdade estava em sua "hora de máximo perigo". "Antes que termine meu mandato, teremos de testar novamente se uma nação organizada e governada como a nossa pode perdurar. De forma alguma o resultado é garantido."[16]

A presidência de Kennedy, encharcada de adrenalina, era deliberadamente contagiosa. Seu governo deslanchou uma campanha maciça para encorajar a construção de abrigos antirradioativos, com várias agências competindo para gastar centenas de milhões de dólares na conversão de escolas e hospitais em abrigos nucleares. Nós pensamos naqueles exercícios de correr para debaixo de uma mesa como ícones da década de 1950, mas foi com Kennedy que eles alcançaram o clima de paranoia tão comumente parodiado hoje. O governo distribuiu 55 milhões de cartõezinhos para serem guardados na carteira com instruções sobre o que fazer quando as bombas nucleares começassem a cair do céu. Se, como tão frequentemente afirma a Nova Esquerda, a mobilização da "juventude" nos anos 1960 foi apressada pela ansiedade de se viver sob a sombra de "a bomba", então podem agradecer isso a JFK.

Até as políticas de Kennedy não voltadas para a defesa eram vendidas como equivalentes morais da guerra. Ele justificava mais gastos com educação — como faria Johnson depois dele — com o argumento explícito de que precisávamos ser competitivos em relação aos soviéticos. Seus cortes nos impostos — destinados a neutralizar a pior queda da Bolsa desde a Depressão — foram implementados não para atuar sobre o lado da oferta na economia (como alguns conservadores estão habituados a insinuar), mas como uma forma de keynesianismo, justificada na linguagem da competição da Guerra Fria. De fato, Kennedy foi o primeiro presidente a explicitamente afirmar que a Casa Branca tinha um mandato para garantir o crescimento econômico — porque a América não podia ignorar a jactanciosa ameaça de Khrushchev de que a União Soviética em breve "enterraria" os Estados Unidos economicamente.[17] As ameaças que fazia à indústria do aço eram uma imitação de esforços semelhantes feitos por Truman durante a Guerra da Coreia, e aqueles, por sua vez, já eram uma manobra copiada dos manuais de estratégia de FDR e de Wilson. Da mesma forma, o Corpo da Paz e seus vários equivalentes internos eram ressurgimentos do marcial Corpo Civil de Conservação de FDR. Até a ideia mais ambiciosa de Kennedy, de pôr um homem na Lua, foi vendida ao público como uma resposta ao fato de que a União Soviética estava ultrapassando a América no campo da ciência.

Especificamente em resposta às medidas punitivas de Kennedy contra a indústria do aço, alguns observadores o acusaram de estar se transformando num homem forte. O *Wall Street Journal* e a Câmara de Comércio o compararam a um ditador. Ayn Rand explicitamente o chamou de fascista num discurso em 1962, "A nova fronteira fascista".

Não é nada prazeroso imputar a um herói e ícone americano o rótulo de fascista. E, se por fascista quisermos dizer mau, cruel e intolerante, então Kennedy não era nenhum fascista. Mas devemos perguntar: o que fazia seu governo ser tão popular? O que o tornou tão eficaz e lhe conferiu um apelo tão duradouro? Em quase todas as frentes, as respostas apontam exatamente aqueles elementos que se encaixam no manual de estratégia fascista: a criação de crises, apelos nacionalistas à unidade, a celebração de valores marciais, o obscurecimento das linhas que separam os setores público e privado, a utilização dos meios de comunicação de massa para cobrir de glamour o Estado e seus programas, invocações de um novo espírito "pós-partidário" que põe as decisões importantes nas mãos de especialistas e super-homens intelectuais e um culto da personalidade em torno do líder nacional.

Kennedy prometeu transcender a ideologia em nome do que mais tarde seria descrito como um pragmatismo *cool*. Semelhante aos pragmatistas que o antecederam, ele fugia de rótulos, acreditando encontrar-se além de direita e esquerda. Em vez disso, partilhava com Robert McNamara a confiança em que "todo problema podia ser resolvido" por meios tecnocráticos. Mais uma vez, a Terceira Via definia o que era sofisticação ideológica. Em seu discurso em Yale, em 1962, o presidente Kennedy explicou que "rótulos políticos e abordagens ideológicas são irrelevantes para a solução" dos desafios atuais. "A maior parte dos problemas... que enfrentamos agora são problemas técnicos, problemas administrativos", insistiu ele numa conferência de imprensa, em maio de 1962. Esses problemas "lidam com questões que estão agora para além da compreensão da maior parte dos homens" e devem, portanto, ser deixados por conta de especialistas que os resolverão sem submeter as pessoas a um debate democrático divisivo.[18]

Mais uma vez, a famosa declaração de Kennedy "E assim, meus companheiros americanos: não perguntem o que seu país pode fazer por você — perguntem o que você pode fazer por seu país" é vista hoje como um bom jogo de palavras patriótico. Os liberais, em particular, a veem como uma admirável convocação ao serviço. E ela é, de fato, as duas coisas. Mas o que frequentemente se perde de vista é o contexto político e a motivação política. Kennedy estava tentando recriar a unidade da Segunda Guerra Mundial da mesma forma que FDR havia tentado reviver a unidade da Primeira Guerra Mundial. Sua declaração de que devíamos pôr um homem na Lua não era o resultado de uma ampla visão prospectiva, nem mesmo de seu desejo de derrotar definitivamente os russos. Em vez disso, era sua melhor opção para encontrar um equivalente moral da guerra.

ELE MORREU PELO LIBERALISMO

Tudo isso desapareceu no buraco negro da memória depois do assassinato de Kennedy. Kennedy, o nacionalista da Terceira Via, foi substituído por Kennedy, o liberal combativo. O JFK de Camelot eclipsou o outro que havia tentado assassinar Patrice Lumumba e Fidel Castro.

O neto de Woodrow Wilson, o deão Francis Sayre, fez um discurso na Catedral Nacional de Washington em homenagem ao líder derrubado. "Nós assistimos a uma nova crucificação", disse ele aos dignitários presentes. "Todos nós", explicou, "temos nossa parte na trucidação de nosso presidente. Foram as pessoas *boas* que crucificaram nosso Senhor, e não meramente as que agiram como carrascos." O presidente da Suprema Corte, Earl Warren, declarou que o presidente tinha um vínculo orgânico e místico com o povo. Ele é "escolhido para incorporar os ideais de nosso povo, a fé que temos em nossas instituições e nossa crença na paternidade de Deus e na fraternidade do homem". Cinco dias depois da morte de Kennedy, o novo presidente, Lyndon Johnson, encerrou seu discurso durante uma sessão conjunta do Congresso pedindo que os americanos pusessem "um fim ao ensinamento e à pregação do ódio, do mal e da violência" e se afastassem dos "apóstolos da amargura e da intolerância".[19]

Mesmo depois de estar mais clara a natureza do assassinato, ainda perdurou a noção de que o "ódio" e o pecado coletivo americano haviam matado Kennedy. O bispo metodista de Washington, John Wesley Lord, declarou que a nação precisava "expiar a culpa" pela morte de Kennedy. Em vez de dar seu nome a monumentos, seria mais adequado que a nação "agradecesse a um mártir por sua morte e sacrifício" redobrando seu compromisso com a política liberal.[20]

A maior parte dos historiadores vê Kennedy e Johnson como representantes do último suspiro da política progressista tradicional, terminando a era que havia começado com Wilson, atravessado o *New Deal* e o *Fair Deal* até chegar à Nova Fronteira e à Grande Sociedade. Programaticamente, isso está basicamente correto (embora deixe de fora o muito liberal Nixon). Mas a Presidência de Kennedy representou algo mais profundo. Ela marcou a evolução final do progressismo, transformado numa religião plenamente desabrochada e num culto nacional do Estado.

Desde o começo, a presidência de Kennedy havia estabelecido uma conexão com um *leitmotif* nacionalista e religioso cada vez mais central para o liberalismo americano e cada vez mais em harmonia com os temas tanto do progressismo quanto do fascismo. Os "intelectuais da ação" de Kennedy ansiavam por ser super-homens, um clero gnóstico impregnado de um conhecimento especial que resolveria os problemas da sociedade. O discurso inaugural de JFK abriu a década com a declaração de que a América era o agente de Deus e detentora de poderes divinos: "Pois o homem traz em suas mãos mortais o poder de abolir todas as formas de pobreza humana e todas as formas de vida humana." Nessa fala, o sociólogo Robert Bellah encontrou prova de que a América já possuía uma religião civil, definida pela "obrigação, tanto coletiva quanto individual, de realizar a vontade de Deus na Terra". C. L. Sulzberger, do *New York Times*, escreveu que o discurso inaugural apelava a qualquer um que acreditasse em que "ainda existe espaço nesta Terra para o reino dos céus".[21]

John F. Kennedy representava a tradição do culto da personalidade própria do liberalismo americano. Ele queria ser um grande homem nos moldes de Wilson e Roosevelt. Estava mais preocupado com armas que com manteiga. Por outro lado, Lyndon Baines Johnson, um populista do Sul, servidor da máquina política local, nascido e crescido na tradição do *New Deal*, era todo manteiga. Johnson não podia ser nem um guerreiro nem um sacerdote. Se não podia ser o leão liberal que seu predecessor pretendera ser, poderia incorporar o aspecto maternal do progressismo como o pastor cuidadoso e protetor que supervisionava o rebanho. Ele transformaria o culto da personalidade de Kennedy num culto do governo. Para isso, LBJ, um político astuto e inteligente, fez um uso descarado do assassinato de JFK, convertendo-o justamente no tipo de crise nacional transformadora que sempre havia escapado ao próprio Kennedy. O legado de Johnson, o moderno Estado de bem-estar social, representa a fruição essencial de uma tradição estatista progressista que remonta a Woodrow Wilson.

Como temos visto, Wilson e os progressistas estabeleceram as bases intelectuais do Estado liberal divinizado. Os progressistas, devemos recordar, propunham o totalitarismo não porque esse fosse demandado pela guerra; eles propunham o totalitarismo e ficaram encantados porque a guerra o tornou possível. Mas a Primeira Guerra Mundial também provou ser o desmanchar-se do sonho progressista de um coletivismo americano. A mobilização total da guerra — e a estupidez da guerra, em primeiro lugar — reacendeu em seu rastro a tradicional resistência americana a tal tirania. Na década de 1920, os progressistas ficaram ressentidos porque, achavam eles, os americanos estavam desfrutando uma notável prosperidade, enquanto os russos e italianos ficavam com "todo o divertimento de refazer um mundo". A Grande Depressão veio na hora certa: pôs de novo os progressistas no banco do motorista. Como vimos, FDR não trouxe nenhuma ideia nova para o governo; ele meramente espanou as que havia absorvido enquanto integrava a administração Wilson. Mas deixou o Estado imensuravelmente fortalecido e ampliado. De fato, vale a pena recordar que o movimento conservador moderno teve origem no período após a guerra e tinha suas raízes num desejo instintivo de fazer o Estado retroceder a um tamanho manejável. Mas a Guerra Fria mudou tudo aquilo, forçando muitos conservadores a apoiar um grande Estado de segurança nacional a fim de derrotar o comunismo. Essa decisão tomada pelos falcões da política externa criou um cisma permanente na direita americana. Ainda assim, embora os conservadores da Guerra Fria acreditassem num governo limitado, seu apoio ao anticomunismo impediu qualquer tentativa concebível de efetivamente terem um governo desse molde.

A contribuição de Kennedy ao permanente Estado de bem-estar social foi, na maior parte dos casos, estilística, como já vimos. Mas seu "martírio" forneceu uma profunda crise *psicológica* que se provou útil para a promoção de objetivos e ideias liberais. Johnson o usou não apenas para sequestrar a agenda política nacional, mas para transformar o próprio progressismo numa religião política de massa plenamente desenvolvida. Pela primeira vez, o sonho progressista poderia ser buscado sem reservas durante um tempo de prosperidade e paz relativa. Já não mais dependendo da guerra ou de uma crise econômica, o progressismo finalmente conseguiu uma oportunidade perfeita para criar o tipo de sociedade que pregava havia muito. A angústia psicológica e a anomia que os progressistas acreditavam estar no cerne da sociedade capitalista poderiam ser curadas com a assistência do Estado. O momento de se criar uma política de significado por seus próprios méritos havia finalmente chegado.

Em seu primeiro discurso como presidente, Johnson assinalou sua intenção de erguer uma nova Igreja liberal sobre a rocha da memória de Kennedy. Aquela Igreja, aquela comunidade sacralizada, seria chamada de a Grande Sociedade.

O NASCIMENTO DO ESTADO-DEUS LIBERAL

Já discutimos, em certa extensão, as personalidades que conduziam o liberalismo americano. Agora, é preciso fazer o que pode parecer um desvio abrupto para examinarmos o culto do Estado propriamente dito no liberalismo americano. Sem essa necessária manobra histórica, é difícil ver o liberalismo moderno pelo que ele realmente é: uma religião de adoração ao Estado que teve JFK como Cristo sacrificial e LBJ como arquiteto paulino.

É difícil fixar uma data específica para o início da corrida progressista em direção à Grande Sociedade, mas um bom palpite poderia ser 1888, o ano em que o romance *Looking backward* (*Olhando retrospectivamente*), de Edward Bellamy, explodiu no cenário americano. Um dos mais influentes trabalhos de propaganda progressista de todos os tempos, o livro vendeu centenas de milhares de exemplares e foi saudado como a maior sensação do mercado editorial desde *A cabana do pai Tomás*. O narrador do livro, que nos fala desde o distante ano de 2000, vive numa sociedade utópica militarizada. Os trabalhadores pertencem a um unificado "exército industrial", e a economia é gerida por planejadores centrais todo-poderosos inspirados pelos sucessos do planejamento militar alemão. Os cidadãos são convocados para suas ocupações, pois "todo cidadão fisicamente capaz está destinado a trabalhar para a nação, seja com a mente ou com os músculos". O pregador, um dos personagens do livro, nos conta que a América finalmente criou o reino dos céus na Terra. De fato, todo mundo olha retrospectivamente para a "era do individualismo" com uma mistura de desprezo e perplexidade.[22]

O guarda-chuva, em particular, é lembrado como o símbolo da perturbadora obsessão do século XIX pelo individualismo. Na utopia de Bellamy, os guarda-chuvas foram substituídos por toldos retráteis, de modo que todo mundo fica igualmente protegido da chuva. "No século XIX", explica um personagem, "quando chovia, as pessoas de Boston abriam trezentos mil guarda-chuvas sobre o mesmo número de cabeças, e no século XX elas abrem um único guarda-chuva sobre todas as cabeças."[23]

A visão de Bellamy de uma utopia socialista militarizada, nacionalista, cativou a imaginação dos jovens progressistas em toda parte. Da noite para o dia, apareceram em todo o país "Clubes Nacionalistas" bellamyanos dedicados à "nacionalização da indústria e à promoção da irmandade da humanidade". O nacionalismo na América, como na maior parte da Europa, significava tanto nacionalismo quanto socialismo. Assim, Bellamy predisse que os estados que compunham os Estados Unidos teriam de ser abolidos porque "governos estaduais teriam interferido no controle e na disciplina do exército industrial".[24]

A religião era o elemento de aglutinação que mantinha unido esse socialismo nacional americano. Bellamy acreditava que seu tipo de nacionalismo socialista era a verdadeira aplicação dos ensinamentos de Jesus. Seu primo Francis Bellamy, autor do Juramento de Lealdade, era igualmente devoto. Um dos fundadores do Primeiro Clube Nacionalista de Boston e cofundador da Sociedade dos Socialistas Cristãos, Francis escreveu um sermão, *Jesus, o socialista*, que eletrizou as paróquias de todo o país. Numa expressão de seu "socialismo militar", o Juramento de Lealdade era acompanhado de uma saudação fascista ou "romana" à bandeira nas escolas públicas americanas. De fato, alguns afirmam que os nazistas tiraram daí a ideia de sua saudação.[25]

Para onde quer que se olhasse, o utopismo "científico", o nacionalismo, socialismo e cristianismo se misturavam uns aos outros. Considere a convenção do Partido Progressista de 1912. O *New York Times* a descreveu como uma "convenção de fanáticos", na qual discursos políticos eram pontuados com o canto de hinos e gritos de "Amém!". "Aquilo não tinha nada de uma convenção. Era uma assembleia de entusiastas religiosos", relatou o *Times*. "Foi este o tipo de convenção realizado por Peter, o Ermitão. Foi um acampamento metodista renovado com termos políticos." A "expressão em todos os rostos" na audiência, inclusive no de Jane Addams, que se levantou para indicar Teddy Roosevelt para sua quixotesca última candidatura à presidência, era "de entusiasmo fanático e religioso". Os delegados, que "acreditavam — óbvia e certamente acreditavam — estar engajados numa disputa com os Poderes das Trevas", cantavam "Nós seguiremos Jesus", mas com o nome Roosevelt substituindo o do agora ultrapassado salvador. Entre eles estavam representantes de todos os ramos do progressismo, inclusive figuras do Evangelho Social como Washington Gladden, alegremente trocando o velho salvador cristão pelo novo salvador "americanista". Roosevelt disse à audiência extática: "Nossa causa se baseia nos princípios eternos da retidão... Nós estamos firmes no Armagedom e lutamos pelo Senhor."[26]

O Evangelho Social americano e os movimentos de sociologia cristã essencialmente buscavam submeter o cristianismo à agenda social progressista. O senador Albert Beveridge, o republicano progressista de Indiana que presidiu à convenção de 1912, resumiu bastante bem a atitude progressista quando declarou: "Deus nos marcou como Seu povo escolhido, para então liderarmos a regeneração do mundo."[27]

Para nossos propósitos, a melhor explicação resumida do Evangelho Social é a oferecida por Walter Rauschenbusch, que era professor no Seminário Teológico de Rochester e um antigo pregador na Cozinha do Inferno, nas periferias de Nova York. Um clérigo magro, com um cavanhaque fino, tornou-se o líder informal do movimento quando publicou *Christianity and the social crisis* (*O cristianismo e a crise social*), em 1907. "A menos que a ordem social ideal possa prover os homens com comida, calor e conforto mais eficientemente que nossa atual ordem econômica", advertiu ele, "cairemos de volta no capitalismo... 'Deixem que seja Deus o Deus que respondeu com alimentos a preços baixos'", bramiu. Clérigos esquerdistas como Rauschenbusch estavam convencidos de que o Estado era o instrumento de Deus e o coletivismo era a nova ordem sancionada por Jesus.[28]

Clérigos progressistas como ele lançaram a base filosófica e teológica do estatismo, conseguindo o que a nova safra de cientistas sociais jamais poderia fazer. Do alto de púlpitos, em encontros políticos e na imprensa intelectual, eles defendiam uma total e completa reconceituação da escritura, propondo outra na qual a redenção só poderia ser alcançada coletivamente. Teólogos conservadores argumentavam que apenas o indivíduo poderia nascer de novo. Os cristãos progressistas afirmavam que os indivíduos já não importavam, e que somente o Estado poderia servir como intercessor divino. O pregador do Evangelho Social Batista argumentava que o Estado deve se tornar "o meio através do qual as pessoas deverão cooperar umas com as outras em sua busca do reino de Deus e de sua justiça".[29]

A inspiração para tais ideias veio de uma fonte improvável: a Prússia de Bismarck. O próprio Bismarck inspirou os progressistas americanos de infindáveis maneiras, algumas das quais já mencionamos. Em primeiro lugar, ele era um centralizador, um aglutinador, um Lincoln europeu que havia levado regiões e facções desencontradas para sob o jugo do Estado, ignorando as discordâncias. Em segundo, era o inovador do socialismo de cima para baixo, que lançou muitos dos programas do Estado de bem-estar social pelos quais ansiavam os progressistas: pensões, seguro-saúde, medidas de segurança para os trabalhadores, jornada de oito horas, e assim por diante. A eficiência de Bismarck em produzir programas sem a confusão de uma burocracia "excessiva" estabeleceu o precedente para a ideia de que "grandes homens", modernizadores e "homens de ação" podiam fazer o que os líderes de democracias decadentes e em decomposição não podiam.

Além disso, o socialismo de Bismarck, iniciado de cima, castrou o liberalismo clássico na Alemanha e ajudou a criar obstáculos a ele em todo o globo. Era exatamente esse o propósito. Bismarck queria impedir o aumento do radicalismo socialista ou democrático dando às pessoas o que elas queriam, sem que precisassem se expressar por meio do voto. Para isso, ele subornou os reformadores com inclinação esquerdista que não estavam particularmente preocupados com limitar o governo ou com o constitucionalismo liberal. Ao mesmo tempo, metodicamente marginalizou e, em muitos casos, esmagou os liberais clássicos ou a favor do Estado limitado (uma dinâmica semelhante à revelada nos Estados Unidos durante a Primeira Guerra Mundial).

Por essa razão, na Alemanha, tanto a esquerda quanto a direita se tornaram, com efeito, ideologias estatistas, e os dois lados lutaram para ver qual conseguiria impor sua visão à sociedade. O liberalismo, definido como uma ideologia da liberdade individual e do governo democrático, lentamente se atrofiou e morreu na Alemanha porque Bismarck negou a ele uma base popular. Em seu lugar, ficou o liberalismo estatista de Dewey e DuBois, Wilson e FDR, um liberalismo definido por direitos econômicos e pelo alívio da pobreza.

Então veio a *KulturKampf* — um tema a ser tratado extensamente num capítulo mais adiante. O ponto importante a respeito da *KulturKampf*, perdido em tantos dos comentários contemporâneos, é que se tratava de um fenômeno liberal. Os progressistas alemães declararam guerra ao catolicismo atrasado, acreditando que sua mistura de ciência e de uma forma de Evangelho Social nacionalista fosse a ideologia do futuro. Foi um modelo que os progressistas adaptaram ao solo americano.

Os padrinhos do Estado-Deus liberal foram o filósofo G. W .F. Hegel e o cientista Charles Darwin. Hegel havia afirmado que a história era um processo evolutivo contínuo, e o mecanismo que dirigia o processo era o Estado. O "Estado é a vida moral realizada, a que realmente existe... A ideia divina tal como ela existe na Terra", declarou Hegel em *A filosofia da história*. "Tudo de valor que o ser humano possui, toda realidade espiritual, ele o possui somente através do Estado."[30] O movimento do Estado ao longo do tempo era a "marcha de Deus na Terra". A teoria da evolução de Darwin parecia confirmar que o homem era parte de um organismo maior, governado e dirigido pelo Estado, assim como a mente guia o corpo. Para o clero "moderno", isso significava que a política era um chamado religioso; afinal, a política é nada menos que o esforço de definir a missão do Estado, e o Estado era a mão de Deus.

Praticamente todos os mais destacados intelectuais progressistas partilhavam essa compreensão "orgânica" e espiritual da política — talvez nenhum mais que Richard Ely. "Deus opera através do Estado para realizar Seus propósitos mais universalmente que através de qualquer outra instituição", declarou o fundador da Associação Econômica Americana e da chamada Escola Wisconsin do progressismo. O Estado, insistia ele, "é religioso em sua essência", e não existe nenhum aspecto da existência humana fora do escopo de sua autoridade. Um mentor de Wilson, e com grande influência sobre Teddy Roosevelt, Ely era um cristão pós-milenialista que definia o Estado como "uma força poderosa para promover o reino de Deus e estabelecer relações corretas".[31] Muitos dos colegas famosos de Ely na Universidade de Wisconsin viam sua defesa da reforma econômica, da eugenia, da guerra, do socialismo, da temperança e do resto da agenda progressista como partes de um esforço integrado de criar a "Nova Jerusalém".

Fazia pouco sentido falar a respeito dos progressistas como um grupo diferente dos sectários teocráticos que tentavam criar um novo Estado-Deus. A Associação Econômica Americana, cuja missão declarada era se dedicar a unir Igreja, Estado e ciência para garantir a redenção da América, servia tanto de motor intelectual da política social progressista quanto como um órgão *de facto* do movimento do Evangelho Social. Mais de sessenta clérigos — praticamente a metade dos registrados no grupo — se apresentavam como integrantes do movimento. Mais tarde, durante a Primeira Guerra Mundial, Ely era o mais fanático dos jingoístas, organizando juramentos de lealdade, lançando veementes acusações de traição e argumentando que os oponentes da guerra deveriam ser fuzilados.

Com Woodrow Wilson, é impossível separar o sacerdote do professor. Desde os primeiros ensaios com títulos como "Exército de Cristo" e "Progresso cristão" até seus últimos discursos como presidente, Wilson deixava claro que era um instrumento divino, e o Estado era a espada sagrada do cruzado de Deus. Ao mesmo tempo, insistia em que ele próprio representava o triunfo da ciência e da razão na política. Falando para a Associação Cristã de Moços, ele disse à audiência que os servidores públicos deveriam se guiar unicamente por uma pergunta: O que faria Cristo nesta situação? E prosseguiu explicando: "Existe uma grandiosa tarefa diante de nós, algo que nos une em um todo: fazer dos Estados Unidos uma poderosa Nação Cristã e cristianizar o mundo."[32]

A guerra veio apenas intensificar esses impulsos. "O passado e o presente estão unidos por um abraço mortal", declarou. Sua meta era a completa "destruição de *todos* os poderes arbitrários em qualquer parte... que possam perturbar a paz do mundo" e a "solução de *todas* as questões" com as quais se defrontava a humanidade. Wilson defendia "Força! O máximo de força! Força sem restrições nem limite! A honrada e triunfante Força que fará do que é certo a lei do mundo e lançará ao pó todo domínio egoísta". A América era "um instrumento nas mãos de Deus", declarou, enquanto seu ministro da Propaganda chamava a Primeira Guerra Mundial de uma guerra "para ganhar de volta o túmulo de Cristo".[33]

Wilson partilhava com outros líderes fascistas uma firme convicção de que sua conexão orgânica com "o povo" era absoluta e transcendia a mera mecânica da democracia. "Eu acredito tão sinceramente nessas coisas que tenho a certeza de que expresso a mente e a vontade do povo da América." Muitos europeus o reconheciam como um avatar do nascente Espírito Mundial socialista. Em 1919, um jovem socialista italiano afirmou que "o império de Wilson não tem fronteiras porque Ele [*sic*] não governa territórios. Em vez disso, Ele interpreta as necessidades, as esperanças, a fé do espírito humano, que não tem limites espaciais nem temporais".[34] O nome daquele jovem era Benito Mussolini.

É inquestionável que o governo de Wilson fez profundas intervenções no setor privado — e de formas sem precedentes. Ele deu início ao esforço, levado adiante por FDR, de transformar a economia num empreendimento "cooperativo", no qual trabalho, negócios e governo se sentavam em torno de uma mesa e discutiam até chegarem a uma conclusão por eles mesmos. Tal sistema — eles o chamavam de sindicalismo, corporativismo e fascismo na Europa — soa atraente no papel, mas inevitavelmente beneficia as pessoas dentro da sala, e poucas outras. Quando os *dollar-a-year men* de Wilson não estavam criando vantagens para suas respectivas indústrias, estavam submetendo mais segmentos do setor privado ao controle governamental. Os planejadores de Wilson estabeleceram os preços de quase todos os produtos, fixaram salários, confiscaram as estradas de ferro privadas, criaram uma vasta máquina para policiar crimes de pensamento e até tentaram ditar o cardápio de todas as refeições familiares.[35]

O socialismo de guerra de Wilson foi temporário, mas seu legado foi permanente. A Câmara das Indústrias de Guerra e os cartéis encerraram suas atividades depois da guerra, mas o precedente que estabeleceram se provaria atraente demais para que os progressistas os abandonassem. Embora a América saísse vencedora da Primeira Guerra Mundial, Wilson e os progressistas perderam *sua* guerra no próprio país. A profunda penetração do governo na sociedade civil parecia desculpável durante uma guerra, mas inaceitável durante a paz. Da mesma forma, o *boom* econômico artificial chegou ao fim. Além disso, o Tratado de Versalhes, que supostamente justificaria todas as imposições e sacrifícios, provou-se uma desapontadora profusão de hipocrisias e promessas falsas.

Mas a fé progressista resistiu. Intelectuais e ativistas liberais insistiram, durante a década de 1920, em que o socialismo de guerra de Wilson havia sido um esmagador sucesso e que suas falhas se deviam à falta de zelo. "Nós planejamos na guerra" tornou-se seu *slogan*. Que lástima! Eles não conseguiram convencer os caipiras nas cabines de votação. Como resultado, passaram a admirar cada vez mais a abordagem bismarckiana de um socialismo de cima para baixo. Também se voltaram para a Rússia e para a Itália, onde "homens de ação" estavam criando utopias com pás carregadeiras e réguas de cálculo. A ênfase marxista no socialismo científico e na engenharia social infectou o progressismo americano. E, como a ciência não é aberta ao debate democrático, uma arrogante inclinação para a literalidade assumiu o controle do progressismo.

Foi também por volta dessa época que, por meio de um hábil golpe de mão, o progressismo foi renomeado "liberalismo". No passado, liberalismo havia se referido à *liberdade* política e econômica conforme entendida por pensadores do Iluminismo como John Locke e Adam Smith. Para eles, o desiderato primordial era o máximo de liberdade individual sob a benigna proteção de um Estado minimalista. Os progressistas, liderados por Dewey, sutilmente mudaram o significado do termo, importando a visão prussiana de liberalismo como o alívio da pobreza material e educacional e o libertar-se de velhos dogmas e velhas crenças. Para os progressistas, liberdade já não significava estar livre da tirania, mas livre do desejo, livre para ser um cidadão "construtivo", desfrutando a "liberdade" rousseauniana e hegeliana de viver de acordo com o Estado e a vontade geral. Os liberais clássicos eram agora rotineiramente chamados de conservadores, enquanto devotos do controle social eram apelidados de liberais. Assim, em 1935, John Dewey escreveria em *Liberalism and social action* (*Liberalismo e ação social*) que um governo ativista em benefício dos economicamente desfavorecidos e a reconstrução social haviam "praticamente passado a definir o significado de fé liberal".[36]

Dada tal visão de mundo, não seria de surpreender que tantos liberais acreditassem que a União Soviética fosse o lugar mais livre do planeta. Numa série de artigos para o *New Republic*, Dewey saudou o grande "experimento" como a "libertação de um povo para tomar consciência de si mesmo como um poder determinante na configuração de seu destino último". A revolução soviética havia trazido "uma liberação dos poderes humanos numa escala tão sem precedentes que seu significado é incalculável não apenas para aquele país, mas para o mundo". Jane Addams também chamou os soviéticos de "o maior experimento social da história".[37] Libertados dos dogmas do passado e aderindo aos imperativos evolutivos, os pragmatistas acreditavam que até os Estados precisam "aprender fazendo" — mesmo que isso significasse, mais uma vez, que os novos jacobinos tivessem que desencadear o terror contra aqueles que não obedecessem à vontade geral.

Durante uma geração, os progressistas haviam reclamado que a América de fato carecia de um *Volksgeist*, uma vontade geral única que pudesse alimentar essa concepção de um Estado-Deus. Quando a Bolsa desabou em 1929, eles acreditaram que sua sorte estava de volta.

"[Os] Estados Unidos na década de 1920", escreve William Leuchtenburg, "quase não tinham nenhuma estrutura institucional à qual os europeus pudessem aplicar o termo 'o Estado'." Com exceção dos correios, a maior parte das pessoas tinha muito pouca interação com "o governo em Washington e quase não dependia dele".[38] O *New Deal* mudou tudo aquilo. Representou o último estágio de uma transformação do liberalismo americano. Com ela, o governo dos Estados Unidos tornou-se um "Estado" europeu, e o liberalismo, uma religião política.

Como política econômica, o *New Deal* foi um fracasso. No mínimo, ele provavelmente prolongou a Depressão. E, ainda assim, nos dizem constantemente que o *New Deal* continua a ser a maior realização interna dos Estados Unidos no século XX e um modelo que os liberais constantemente desejam emular, preservar e restaurar. Em 2007, Nancy Pelosi supostamente disse que três palavras provam que não faltam ideias aos democratas: "Franklin Delano Roosevelt."[39] Por que tamanha devoção? A resposta mais frequentemente oferecida é que o *New Deal* deu aos americanos "esperança" e "fé" numa "causa maior que eles mesmos". Esperança *de quê? Fé em quê?* Qual a "causa"? A resposta: o Estado-Deus ou, se preferirem, a Grande Sociedade — que é meramente aquela sociedade governada pelo Estado-Deus de acordo com a vontade geral.

Para o liberalismo americano, o *New Deal* correspondeu a um avanço religioso. Não apenas a fé no ideal liberal havia se tornado totalmente religiosa em sua natureza — irracional, dogmática, mitológica —, mas muitos liberais espertos reconheceram esse fato e o acolheram. Em 1934, Dewey havia definido a batalha pelo ideal liberal como uma "qualidade religiosa" em si e por si mesma. Thurman Arnold, um dos mais influentes intelectuais do *New Deal*, propôs que se ensinasse aos americanos uma nova "religião do governo" que finalmente liberaria o público de suas superstições a respeito do individualismo e de mercados livres.[40] Era como Robespierre havia insistido: o "instinto religioso" deve ser cultivado para proteger a revolução.

A apoteose das aspirações liberais sob FDR aconteceu não durante o *New Deal*, mas durante a Segunda Guerra Mundial. Em seu discurso de 1944 sobre o Estado da União, Roosevelt propôs o que chamou de um "segundo *Bill of Rights*". Mas a verdade era que se tratava de um *novo*, não apenas do segundo, virando o original de cabeça para baixo. "Homens necessitados não são homens livres", declarou ele. Portanto, o Estado tem que prover uma "nova base de segurança e prosperidade". Entre os novos direitos em oferta estavam "um emprego útil e remunerador", "uma casa decente", "assistência médica adequada e a oportunidade de conseguir uma boa saúde e desfrutá-la", "proteção adequada contra os medos econômicos da velhice, doença, acidente e desemprego" e "uma boa educação". Esse segundo *Bill of Rights* continua a ser o princípio orientador espiritual das aspirações liberais até os dias de hoje.[41]

EXPURGANDO OS DEMÔNIOS INTERIORES

A guerra contra Hitler foi um exemplo de bem *versus* mal tão prístino quanto outros que temos visto na história da guerra. Mas isso não significa que o conflito (e a mobilização do *New Deal*) tivesse somente efeitos salutares. As pessoas se acostumaram a seguir as exortações das elites — na imprensa, em instituições de destaque e no governo — sem muita reflexão ou ceticismo. Essas elites disseram ao público americano que a guerra e o planejamento estatal haviam "salvado" a civilização ocidental e que agora era função da América mantê-la a salvo.

O ambiente do pós-guerra assistiu à fusão de inúmeras linhagens progressistas em uma agenda coerente. Agora, o governo estava verdadeiramente nas mãos de especialistas. O consenso público era favorável às ambições liberais. O liberalismo clássico parecia permanentemente desacreditado. Até o sonho utópico de uma nova ordem mundial e, talvez, de um governo mundial previsto por Wilson, H. G. Wells e muitos outros recebeu novo alento com a criação das Nações Unidas. O problema para o liberalismo era que o novo inimigo no horizonte não vinha da direita, mas da esquerda. Para liberais do final da década de 1920 e início da seguinte, a União Soviética era como a Prússia de Bismarck para a geração anterior — um modelo a ser emulado. Durante os anos 1930, os soviéticos estavam na linha de frente lutando contra a ameaça fascista. Na década de 1940, os soviéticos eram nossos aliados, mas, depois da guerra, logo ficou claro que as intenções soviéticas não eram tão honradas e que era embaraçosamente difícil distinguir entre os métodos soviéticos e os métodos nazistas.

Existe uma noção moderna de que os liberais não desaprovavam o anticomunismo nem se opunham a ele; eles apenas se opuseram aos excessos macarthistas. O problema é que comunistas e liberais sempre fizeram concessões às táticas macarthistas quando quem estava sendo frito era um de seus inimigos. O Comitê de Atividades Antiamericanas (House Un-American Activities Committee, ou HUAC, na sigla em inglês), afinal, foi fundado por um democrata progressista, Samuel Dickstein, para investigar a atividade de simpatizantes da Alemanha. Durante a vagamente relembrada "obsessão pelos pardos" da década de 1940, todo mundo foi visado e hostilizado, desde verdadeiros defensores dos nazistas — o German-American Bund, por exemplo — até isolacionistas mal orientados. Tal como Wilson, FDR acreditava que qualquer dissensão interna era traição e insistia em que o Ministério da Justiça perseguisse seus oponentes. No auge da loucura, Walter Winchell divulgou os nomes de isolacionistas pelo rádio, chamando-os de "americanos desnecessários".[42] Neste período, comunistas americanos prontamente denunciavam "simpatizantes alemães" e entregavam listas de nomes.

Até que se poderia desculpar essas táticas como um mal necessário na luta contra o nazismo. Mas a mais patética hipocrisia é que os comunistas americanos *fizeram a mesma coisa contra outros comunistas americanos*. A Lei Smith, que tornou ilegal pertencer a uma organização que advogasse a derrubada dos Estados Unidos, era um sustentáculo do fascismo americano, de acordo com muitos esquerdistas. No entanto, os próprios comunistas americanos usaram essa lei para mandar prender trotskistas americanos durante a guerra.

Mas aquilo era um espetáculo secundário, muito afastado dos olhos do público. Depois da guerra, os liberais não podiam tolerar tais táticas quando voltadas contra suas próprias fileiras. Sua negação de que suas próprias ideias e história tivessem qualquer vínculo com o totalitarismo era tão completa que qualquer um que sugerisse o contrário tinha de ser destruído. Whittaker Chambers demonstrou isso quando certeiramente identificou Alger Hiss, um rebento do liberalismo americano, como um comunista. O *establishment* saiu em defesa de Hiss e, ao mesmo tempo, demonizou Chambers como um mentiroso, um psicopata, um fascista.[43]

Não era tão fácil assim descartar Joseph McCarthy, principalmente por ser um senador dos Estados Unidos. A despeito de seus defeitos e indesculpáveis excessos, ele foi direto ao ponto quando disse que grande parte do *establishment* liberal havia sido infestada de comunistas e simpatizantes. Por esse crime, também ele foi apontado como um fascista.

Pergunte hoje a um liberal *por que* McCarthy era um fascista, e a resposta que usualmente se recebe é que ele era um "intimidador" e um "mentiroso". Intimidadores e mentirosos são maus, mas não há nada inerentemente direitista a respeito deles. Você também ouvirá que o macarthismo representa uma distorção grotesca do patriotismo, que é jingoísmo e coisas assim. Essa é uma reclamação mais complicada, embora valha a pena lembrar que muita gente na esquerda pensa que quase toda exortação ao patriotismo é fascista. Ainda assim, é verdade que o macarthismo representava certo traço nacionalista feio do caráter americano. Mas, longe de ser de direita, esse sentimento era, de fato, um retrocesso à política populista esquerdista tradicional. Perseguição aos vermelhos, caça às bruxas, censura e similares eram uma tradição prestigiada entre progressistas e populistas em Wisconsin.

Hoje, poucos se lembram de que as raízes políticas de McCarthy estavam firmemente plantadas na Era Progressista. Ele era, afinal, um progressista populista daquele que se poderia considerar o mais progressista estado da União, Wisconsin, o mesmo de Richard Ely e Robert La Follette. Joe McCarthy era um produto de Wisconsin e de suas tradições. De fato, a principal razão para concorrer ao Senado como republicano era haver aprendido em sua primeira campanha para um cargo público — quando concorreu como democrata — que, com La Follette, Wisconsin basicamente se transformara num estado exclusivamente republicano. Em 1936, em sua candidatura para procurador distrital do condado de Shawano, McCarthy acusou o candidato presidencial republicano de ser uma "marionete" dos interesses empresariais direitistas e de tubarões como William Randolph Hearst. Quando finalmente desafiou La Follette na disputa por uma vaga no Senado, ele concorreu não como um genuíno direitista, mas como um populista mais afinado com as necessidades de Wisconsin.

Havia muitas coisas fascistas em McCarthy, inclusive sua visão conspiratória do mundo, a retórica paranoica, suas intimidações e seu oportunismo; mas essas tendências não vinham das tradições conservadora ou liberal clássica. Em vez disso, McCarthy e o macarthismo surgiram das tradições progressista e populista. A maior parte de seus seguidores era de classe média, muito frequentemente progressistas ou populistas em seus pressupostos sobre o papel do Estado e, em muitos aspectos, herdeiros do Coughlin dos primeiros tempos do *New Deal*. O mais bem-sucedido desses macarthistas era Pat McCarran, representante do Partido Democrata de Nevada no Senado durante quatro mandatos e autor da Lei de Segurança Nacional (Internal Security Act), que obrigava que organizações comunistas se registrassem com o procurador-geral, impedia que comunistas trabalhassem em indústrias relacionadas à defesa, proibia a imigração de comunistas e previa o confinamento de comunistas em caso de emergência nacional.

O ponto não é que McCarthy fosse simplesmente um progressista do grupo de La Follette. Os dois La Follettes eram homens honrados e sérios e, de muitas formas, estavam entre os mais corajosos políticos do século XX. Tampouco estou dizendo que McCarthy fosse apenas mais um liberal, embora ele continuasse a usar a palavra com conotações positivas durante muito tempo, até 1951. O que estou dizendo é que o significado de ser um liberal estava mudando muito rapidamente depois da Segunda Guerra Mundial. E, mais uma vez, os perdedores numa guerra civil liberal — a ala direita *da esquerda* — foram demonizados. O liberalismo estava, com efeito, se desfazendo de seus elementos não refinados, jogando fora as aparências de Evangelho Social e de toda aquela fala sobre Deus. Não havia o Holocausto provado que Deus estava morto? Cada vez mais, os velhos liberais se pareciam com o personagem de William Jennings Bryan em *Inherit the Wind* — supersticiosos, enraivecidos, retrógrados. Com a vantagem que nos dá a visão retrospectiva, podemos ver agora que os liberais teriam inventado o pragmatista *cool* John F. Kennedy se ele não tivesse existido. E, novamente, como temos visto, eles, em grande medida, de fato o inventaram.

No alvorecer da década de 1950, os liberais americanos precisavam de uma teoria de campo unificada que não apenas sustentasse seu impecável status de figuras olímpicas, mas também levasse em conta o Holocausto e os instigadores populistas que haviam ousado questionar a sabedoria, a autoridade e o patriotismo da elite liberal. Com a linguagem retrógrada e insatisfatória da religião cada vez mais vedada a eles, com seu próprio legado da eugenia desacreditado e com a incapacidade de grande parte da narrativa ortodoxa marxista de persuadir as massas, os liberais precisavam de algo que pudesse unir e reviver essa trindade. Encontraram na psicologia o elemento de aglutinação de que precisavam.

Um punhado de teoristas marxistas imensamente influentes, principalmente alemães da chamada Escola de Frankfurt (transplantada para a Universidade de Colúmbia no início da década de 1930), casou psicologia e marxismo para fornecer um novo vocabulário ao liberalismo. Esses teoristas — liderados por Theodor Adorno, Max Horkheimer, Erich Fromm e Herbert Marcuse — tentaram explicar por que o fascismo havia sido mais popular que o comunismo na maior parte da Europa. Tomando emprestado de Freud e Jung, a Escola de Frankfurt descrevia o nazismo e o fascismo como formas de psicose de massa. Isso era bastante plausível, mas sua análise também sustentava que, como o marxismo era objetivamente superior àquelas alternativas, as massas, a burguesia e qualquer um que discordasse dos marxistas tinha de estar, bastante literalmente, louco.

Adorno foi o principal autor de *The authoritarian personality* (*A personalidade autoritária*), publicado em 1950 e que teve como coautores três outros psicólogos da Universidade da Califórnia. O livro apresentava evidência de que pessoas com visões "conservadoras" tinham uma pontuação elevada na Escala F (*F* de "fascismo") e tinham, portanto, extrema necessidade de terapia. Herbert McClosky também diagnosticou os conservadores como um "tipo de personalidade" pré-fascista que abrangia, principalmente, "os desinformados, os com pouca educação e ... os menos inteligentes". (Lionel Trilling ganhou fama ao reduzir o conservadorismo a uma série de "gestos mentais irritantes que buscam semelhança com ideias".)[44] Para McClosky, Adorno e o *establishment* liberal em geral, o conservadorismo era, na melhor das hipóteses, a face humana da loucura do fascismo no estilo nazista.

É tentador dizer que esses teoristas meramente lançaram uma pátina de tagarelice psicológica pseudocientífica sobre os folhetos de propaganda da Terceira Internacional de Stalin. Mas a tática era mais sofisticada que isso. O argumento essencial era brilhante em sua simplicidade. A explicação marxista original do fascismo era que se tratava da reação da classe dominante capitalista diante da ameaça de ascensão das classes trabalhadoras. A Escola de Frankfurt habilmente psicologizou esse argumento. Em vez de representar homens brancos ricos e fantoches de classe média que se unem para proteger seus interesses econômicos, o fascismo passou a ser um mecanismo de defesa psicológica contra a mudança em geral. Homens que não sabem lidar com o "progresso" respondem violentamente porque têm "personalidades autoritárias". Assim, com efeito, qualquer um que discorde dos objetivos, do escopo e dos métodos do liberalismo está padecendo de uma deficiência mental, comumente conhecida como fascismo.

O historiador Richard Hofstadter, da Universidade de Colúmbia, foi o mais bem-sucedido divulgador da Escola de Frankfurt. Para ele, a história americana era um conto de liberais decapitando cabeças da hidra fascista em todos os capítulos. Seu trabalho transbordava a linguagem de *A personalidade autoritária*. Em "Revolta pseudoconservadora" — que mais tarde se tornou uma parte de *The paranoid style in american politics (O estilo paranoico na política americana)* —, Hofstadter usava palavras psicológicas assustadoras para descrever a ameaça criptofascista interior: "clínico", "desordem", "complexos", "apercepções temáticas". Como escreve Christopher Lasch: "*A personalidade autoritária* teve um tremendo impacto sobre Hofstadter e outros intelectuais liberais porque lhes mostrou como conduzir a crítica política com categorias psiquiátricas a fim de dar àquelas categorias o peso de crítica política. Esse procedimento os eximia do difícil trabalho de julgamento e argumentação. Em vez de discutir com os oponentes, eles simplesmente os descartavam com base em argumentos psiquiátricos."[45]

Não levou muito tempo para que essa teorização psicológica rompesse suas margens e se tornasse uma solução de uso generalizado para a "questão social", como diziam os progressistas. De fato, a psicologia moderna substituía perfeitamente o Evangelho Social, o militarismo, a "religião do governo" de Thurman Arnold, o "controle social" e até a eugenia. Assim como os progressistas haviam estado determinados a extirpar os biologicamente inadequados, eles agora dirigiam as mesmas energias contra os psicologicamente inadequados. Alguns psiquiatras liberais começaram até a descrever uma nova "religião da psiquiatria" que iria curar a sociedade de seus elementos "extremistas", tradicionais, retrógrados, *conservadores*. Adorno e seus colegas haviam estabelecido as bases para essa transição ao identificar a "família autoritária" como o lócus do mal no mundo moderno. Uma onda de teólogos liberais encontrou-se com os psiquiatras a meio caminho, argumentando que várias neuroses eram o produto da alienação social e que a religião tradicional deveria se reorientar a fim de curá-las. Psiquiatria — e "relevância" — tornaram-se os novos padrões para o clero em toda parte. Para Paul Tillich, a fonte da salvação seria uma redefinição e recombinação do secular e do sagrado, transformando a política, a psiquiatria e a religião em partes de uma mesma rede contínua.

Se privado de seu jargão, esse projeto seria uma quase completa reedição do padrão liberal. Os liberais amam o populismo, quando vem da esquerda. Mas quando os desejos populistas do povo se contrapõem à agenda da esquerda, subitamente palavras carregadas como "reação", "extremismo" e, é claro, "fascismo" são disparadas a torto e a direito. Bill Clinton deu a seu "esquema" para a América o título de *Putting people first* (*Pondo as pessoas em primeiro lugar*), mas quando o povo rejeitou sua agenda, fomos informados de que "homens brancos raivosos" (leia-se "personalidades autoritárias") eram uma ameaça à República. Da mesma forma, quando o povo apoiava os planejadores sociais do *New Deal*, dificilmente se encontraria qualquer mínima brecha entre progressismo e populismo. Mas quando o mesmo povo se cansou do socialismo vindo de cima, tornou-se "paranoide" e perigoso, suscetível de doenças da mente e de manipulações fascistas. Por essa razão, os planejadores sociais liberais sentiram-se ainda mais justificados em seus esforços para "consertar" as pessoas, reorientar suas disfuncionais vidas interiores e dar a elas "significado". Tudo isso fazia lembrar o famoso comentário sarcástico de Bertolt Brecht: "Não seria mais fácil... para o governo... dissolver o povo... e eleger um outro?"[46]

A GRANDE SOCIEDADE: A UTOPIA FASCISTA DE LBJ

De forma muito semelhante ao movimento nazista, o fascismo liberal de esquerda tinha duas faces: os radicais das ruas e os radicais do *establishment*. Na Alemanha, os dois grupos trabalhavam em conjunto para enfraquecer a resistência da classe média à agenda dos nazistas. No capítulo anterior, vimos como os fascistas liberais da Estudantes para uma Sociedade Democrática e dos Panteras Negras se rebelaram para aterrorizar a classe média americana. No restante deste capítulo — e no próximo —, explicaremos como os "radicais de terno e gravata" da década de 1960, pessoas como Hillary Clinton e seus amigos, usaram esse terror para expandir o poder e o escopo do Estado e, acima de tudo, para mudar a atitude pública com relação ao Estado como agente do progresso social e da proteção e compaixão universais.

Parece bizarro escolher Lyndon Johnson para salvador do liberalismo. Mas, novamente, ele não foi uma *escolha* de ninguém. A bala de um assassino ungiu-o para a tarefa. Ainda assim, não se pode dizer que não tivesse se preparado para ela.

Surpreendentemente, Johnson foi o único *New Dealer* completo que ocupou a Presidência, além do próprio FDR. De fato, em muitos aspectos, LBJ era o típico político inteiramente dedicado ao moderno Estado de bem-estar social, a personificação de tudo o que o *New Deal* representava. A despeito de sua personalidade espaçosa, ele era, na realidade, a personificação do sistema que havia ajudado a criar.

Desde o começo, FDR se encantou com LBJ. Johnson era fanaticamente leal a FDR. Como assessor no Congresso, mais de uma vez ameaçou demitir-se quando seu chefe considerou a possibilidade de votar contra Roosevelt. Em 1935, estava à frente da seção texana da Agência Nacional da Juventude (National Youth Administration), ganhando a atenção do futuro presidente da Câmara dos Representantes, Sam Rayburn, e destacando-se como uma estrela entre os jovens integrantes do *New Deal*. Em 1937, aos 28 anos de idade, foi eleito para representar o Décimo Distrito do Texas. Ele atraiu a atenção de FDR enquanto o presidente estava no Texas, onde se encontraram e passaram bastante tempo juntos. Quando FDR voltou a Washington, chamou seu ajudante Thomas Corcoran e informou: "Acabei de encontrar o jovem mais notável. Vou lhe dizer, eu realmente gosto desse rapaz, e você vai ajudá-lo com tudo o que puder." Nas palavras do próprio Johnson, FDR tornou-se seu "papai político". Mais que qualquer outro burocrata eleito, LBJ dominava a arte de fazer o *New Deal* funcionar. No final do primeiro ano, Johnson havia carreado uma quantidade assombrosa de benesses para suas clientelas. "Ele conseguiu mais projetos e mais dinheiro para seu distrito do que qualquer outro", recordou Corcoran. Ele foi "o melhor congressista de todos os tempos que um distrito já teve".[47]

No entanto, uma vez eleito, Johnson não alardeou seu apoio ao *New Deal*. Ele havia aprendido com a derrota do congressista texano Maury Maverick que receber louvores dos liberais da Costa Leste não era de grande ajuda no Texas. Quando soube que o *New Republic* ia publicar seu perfil, junto com o de outros influentes congressistas do *New Deal*, LBJ entrou em pânico. Telefonou a uma amiga na Organização Internacional do Trabalho e implorou: "Você tem que ter algum amigo no movimento trabalhista. Você poderia chamá-lo e pedir que me denunciasse? [Se] eles publicam isso... Aqui eu sou um liberal, vão me matar. Você precisa encontrar alguém que me denuncie!"[48]

Quando se tornou presidente por seus próprios méritos, já não tinha que manter segredo de seus verdadeiros sentimentos. Podia finalmente, e sem pudores, sair do armário e revelar-se um liberal. A morte de JFK, enquanto isso, era a perfeita crise *psicológica* para a nova fase do liberalismo. Woodrow Wilson usara a guerra para alcançar seus fins sociais. FDR havia usado a depressão econômica e a guerra. JFK usara a ameaça da guerra e da dominação soviética. O mecanismo de crise de Johnson chegou sob a forma de angústia espiritual e alienação. E ele explorou isso ao máximo.

Quando Johnson recolheu a bandeira caída do liberalismo, fez isso com a sucinta, quase bíblica expressão "continuemos". Mas continuar o quê? Certamente, não apenas algum feito de menino prodígio ou um jogo de handebol em Hyannis Port (o reduto de verão do clã dos Kennedy, onde JFK preparou sua campanha). Johnson estava encarregado de construir a igreja do liberalismo sobre a rocha da memória de Kennedy, só que precisava fazer isso usando as expressões psicológicas da moda, "significado" e "cura". Ele se lançou — ou se deixou lançar — como o São Paulo secular do Messias liberal tombado. A Grande Sociedade de LBJ seria a igreja construída sobre a "mensagem" imaginária de Camelot.

Em 22 de maio de 1964, Johnson ofereceu sua primeira descrição da Grande Sociedade: "A Grande Sociedade baseia-se na abundância e na liberdade para todos. Ela demanda o fim da pobreza e da injustiça social, e estamos totalmente comprometidos com isso agora. Mas é apenas o começo... A Grande Sociedade é um lugar onde toda criança pode encontrar o conhecimento que enriquecerá sua mente e ampliará seus talentos. É um lugar onde o lazer é uma oportunidade bem-vinda de construir e refletir, e não causa amedrontadora de tédio e inquietação. É um lugar onde a cidade do homem serve não apenas às necessidades do corpo e às demandas do comércio, mas ao desejo de beleza e à fome de comunidade."[49]

Era um projeto ambicioso, para dizer o mínimo. Na Grande Sociedade, todos os desejos seriam satisfeitos e todas as necessidades, atendidas. Nenhuma coisa boa viria à custa de outra coisa boa. O Estado promoveria, nutriria e garantiria todas as felicidades *legítimas*. Até o lazer seria maximizado, de modo que todos os cidadãos encontrariam "sentido" na vida. Johnson reconhecia que tal nirvana subsidiado não poderia se materializar da noite para o dia. Requereria a lealdade e o esforço obstinados de todos os cidadãos americanos e os talentos de uma nova leva de especialistas. "Não creio que tenhamos a resposta plena a todos esses problemas", admitiu ele. "Mas eu prometo isto: iremos reunir as melhores ideias e o mais amplo conhecimento que existam em todo o mundo para encontrar essas respostas para a América."[50] Johnson criou 15 comitês para responder à questão "O que é a Grande Sociedade?".

O renascimento da ambição liberal veio à luz ao mesmo tempo que os anticorpos antiestatistas intrínsecos à América estavam alcançando uma massa crítica. Em 1955, foi criada a *National Review*, dando um lar intelectual a uma heterodoxa coleção de pensadores que formariam o conservadorismo moderno. É revelador que, enquanto William F. Buckley sempre havia sido um liberal clássico e um tradicionalista católico, quase todos os intelectuais cofundadores da *National Review* eram ex-socialistas e ex-comunistas que haviam se desencantado com o deus caído.

Em 1964, o senador Barry Goldwater era o candidato da *National Review*, escolhido por ela, e não fruto de alguma concessão mútua. Goldwater era o primeiro candidato presidencial republicano desde Coolidge que quebrava as suposições centrais do progressismo, inclusive o "republicanismo do eu-também", como ele o descrevia. Como resultado, Goldwater foi demonizado como o candidato do "ódio" e do nascente fascismo. LBJ o acusou de "pregar o ódio" e consistentemente tentou ligá-lo a "grupos do ódio" terroristas como a Ku Klux Klan (cujas bases, é claro, eram tradicionalmente formadas por democratas). Num discurso para trabalhadores da indústria de aço em setembro de 1964, Johnson denunciou a filosofia da "fila da sopa" de Goldwater — como se o ideal do capitalismo de livre mercado fosse mandar os homens para asilos de pobre — e desdenhou do "preconceito, e intolerância, e ódio, e divisão" representados por aquele afável cidadão do Arizona.[51] Desnecessário dizer que isso era uma distorção grosseira. Goldwater era um defensor do governo limitado que punha fé na decência do povo americano, em vez de num time de burocratas em

Washington. Seu único equívoco, que ele mais tarde admitiu e pelo qual se desculpou, foi ter votado contra a Lei dos Direitos Civis.

Poucos liberais, naquela época e agora, discordariam da afirmação de que a Grande Sociedade tinha como premissas o amor e a unidade. "Faremos todas essas coisas porque amamos as pessoas, em vez de odiá-las... Pois vocês sabem que é preciso ter um homem que ame este país para construir uma casa, em vez de um demagogo enlouquecido e vociferante que queira derrubar a que existe. Cuidado com aqueles que temem e duvidam e com aqueles que deliram e dizem desvarios a respeito dos perigos do progresso", invectivava Johnson. Enquanto isso, o *establishment* fazia horas extras para insinuar que Goldwater era um arquiteto do "clima de ódio" que havia tirado a vida de Kennedy. Condizendo com o novo *zeitgeist* psicologizado, Goldwater foi denunciado, bastante literalmente, como um insano. Uma matéria paga no *New York Times* dizia que 1.189 psiquiatras o haviam diagnosticado como "psicologicamente inadequado" para ser presidente. O ataque foi então disseminado por meio de uma cobertura excessiva feita pela "imprensa livre". Daniel Schorr, agora um correspondente sênior da Rádio Pública Nacional e que na época era colega de Dan Rather, anunciou no *CBS Evening News*, sem nenhuma base factual, que as férias do candidato Goldwater na Alemanha eram "um golpe do senador para estabelecer vínculos" com elementos neonazistas.[52]

Goldwater perdeu fragorosamente. E, considerando-se o ego monumental de LBJ, bem como o orgulho desmedido de sua *clique* intelectual, não é de admirar que os resultados das eleições tenham sido saudados como um esmagador aval ao projeto da Grande Sociedade.

Novamente, Johnson era, em vários sentidos, uma perfeita encarnação das paixões e contradições do liberalismo. Seu primeiro emprego (bastante revelador) foi como professor primário durante a onda crescente da revolução deweyniana na educação. De fato, como alguns observaram durante os debates sobre a Grande Sociedade, as raízes do nome podiam ser encontradas no próprio Dewey. A expressão aparece repetidamente em seu *The public and its problems* (*O público e seus problemas*), de 1927.[53] No entanto, o crédito verdadeiro deveria ser dado, mais adequadamente, ao cofundador do socialismo fabiano, Graham Wallas, que, em 1914, publicara *The Great Society*, um livro familiar aos dois ajudantes de Johnson que reclamavam o crédito de haverem cunhado "a Grande Sociedade".

Um daqueles ajudantes era Richard Goodwin, um garoto de ouro do governo Kennedy (formou-se em Direito em Harvard como o primeiro da classe) que chamara a atenção de JFK por seu trabalho no Congresso quando investigava os escândalos dos programas de prêmios na televisão na década de 1950. LBJ herdara Goodwin como um redator de discursos. No verão de 1965, Goodwin ofereceu o que o *New York Times* chamou de "o mais sofisticado e revelador comentário, até hoje" sobre a questão "o que é a Grande Sociedade?". Sua resposta: É necessário que o Estado dê "significado" aos indivíduos e "torne o mundo um lugar mais desfrutável e, acima de tudo, mais enriquecedor para se viver". "A Grande Sociedade", explicou Goodwin, "preocupa-se não com a quantidade de nossos bens, mas com a qualidade de nossas vidas." Embora não dissesse isso diretamente, estava claro que a Grande Sociedade ofereceria o oposto do "ódio" que havia matado Kennedy: amor.[54]

Mas também haveria de ser um amor severo. Goodwin deixa claro que, se os cidadãos não quisessem encontrar significado por meio da ação do Estado ou medir a qualidade de suas vidas de acordo com uma régua de cálculo burocrática, tal relutância teria que ser superada. Mas não necessariamente via persuasão. Em vez disso, era tarefa do governo "incitá-los à ação ou ao apoio à ação". Aqui, novamente, o fantasma de Dewey estava empenhado no trabalho. Goodwin declarou que a Grande Sociedade precisava "garantir ao nosso povo o ambiente, as capacidades e as estruturas sociais que lhe darão uma chance significativa de buscar a felicidade individual". Isso diferia muito pouco da versão de Dewey da democracia dirigida pelo Estado. Dewey sustentava que "direitos naturais e liberdades naturais existem somente no reino da zoologia social mitológica" e que "o controle social organizado" por meio de uma "economia socializada" era o único meio de criar indivíduos "livres".[55]

O caráter religioso do liberalismo moderno sempre esteve logo abaixo da superfície. Na verdade, os anos 1960 devem ser vistos como mais um de uma série de "grandes despertares" na história americana — o disseminado anseio por um novo significado que deu início a um tumultuoso movimento social e político. A única diferença era que este despertar basicamente deixava Deus para trás. Paul Goodman, que publicou *Growing up absurd* (*Uma educação absurda*) em 1960, condenando a alienação e a opressão na sociedade e nas escolas americanas, ajudou a deslanchar a política da esperança na primeira parte da década. No entanto, acabou reconhecendo, na segunda metade, como seu diagnóstico original havia sido insuficiente: "Imaginei que os protestos estudantis de âmbito mundial tivessem a ver com mudar as instituições políticas e morais, e eu simpatizava com isso, mas vejo agora [em 1969] que tinham a ver com uma crise religiosa da magnitude da Reforma dos anos 1500, quando não apenas todas as instituições, mas todo o conhecimento, haviam sido corrompidos pela Prostituta da Babilônia."[56]

Essa imagem dos anos 1960 como um fenômeno essencialmente religioso tem ganhado uma boa dose de respeitabilidade nos anos recentes, e os estudiosos agora debatem os detalhes da trajetória. John Judis, um jornalista profundamente perspicaz, por exemplo, argumenta que a revolta dos anos 1960 teve duas fases, uma "política da esperança" pós-milênio seguida de uma "política do desespero" pré-milênio, sendo a última introduzida pela escalada da guerra, pelos tumultos raciais no país e pelos assassinatos de Robert Kennedy e Martin Luther King Jr. "Pós-milenialismo" e "pré-milenialismo" são termos teologicamente carregados por duas visões religiosas relacionadas. Os pós-milenialistas acreditam que o homem pode criar um reino de Deus na Terra. Os seguidores do Evangelho Social eram basicamente pós-milenialistas em suas aspirações; acreditavam que o Estado-Deus hegeliano era o reino dos céus aqui. Os pré-milenialistas acreditam que o mundo está chegando ao fim e não pode melhorar antes de piorar.[57]

O esquema cronológico de Judis tem seus méritos, mas, em última instância, faz mais sentido entender essas visões não como distintas *fases* do liberalismo, mas como linhagens em disputa dentro do próprio liberalismo. A esquerda tem tido, desde sempre, um traço apocalíptico. Lenin afirmava que "quanto pior, melhor". Os escritos de Georges Sorel não fazem nenhum sentido a menos que se compreenda que ele via a política como um empreendimento essencialmente religioso. A vanguarda revolucionária sempre tem demandado que a destruição venha antes da criação. Os futuristas, anarquistas, vorticistas, maoistas e várias outras *avant-gardes* modernistas e esquerdistas acreditavam que martelos eram, primeiro, para destroçar, e só depois para construir. Hitler, é claro, acreditava profundamente nos benefícios sociais da destruição (embora entendesse, como frequentemente explicava, que o poder real vinha não de destruir instituições, mas de corrompê-las).

Devemos notar também a lógica apocalíptica do progressismo em geral. Se a roda da história, o Estado, está nos levando adiante na direção do reino dos céus, então, a qualquer momento em que o "inimigo" assuma o poder, estaremos nos movendo numa direção metafisicamente errada. Isso fica mais transparente que nunca quando a grande mídia descreve as reformas socialistas como "um passo adiante" e as reformas ligadas ao livre mercado como "um retrocesso" ou "girar os ponteiros ao contrário". E, quando não progressistas estão no comando durante tempo demais, as demandas da esquerda para "derrubar e arrasar tudo" crescem em tom cada vez mais alto.

Em outras palavras, o fervor apocalíptico que Judis identifica no final dos anos 1960 tinha suas raízes não apenas na desilusão resultante do assassinato de Kennedy e nos fracassos do liberalismo da Grande Sociedade, mas também nos impulsos religiosos reprimidos inerentes ao progressismo de modo geral. Os reformistas pacientes tiveram sua chance; agora era hora de *"burn, baby, burn!"*.

Mas nem tudo nos anos 1960 era apenas "fogo nas ruas" — assim como a Revolução Francesa não foi apenas o Terror. O número de jacobinos empregados pelas complexas burocracias concebidas para "racionalizar" a economia era maior do que o dos empregados pela guilhotina. O espírito renascido da reforma marcava o ritmo no tambor para a "longa marcha através das instituições". A cruzada anticonsumismo de Ralph Nader foi lançada na década de 1960, assim como o moderno movimento ambientalista. O livro *A mística feminina* de Betty Friedan foi publicado em 1963.[58] As agitações de Stonewall, que deram origem ao movimento do orgulho gay, aconteceram no verão de 1969. Mais uma vez, a linha entre religião formal e política progressista foi ficando cada vez mais indistinta, até se tornar irreconhecível. Novamente, líderes religiosos nas igrejas "mais centrais" foram seduzidos pela política radical.[59] A revista dos jovens metodistas, *motive* (com *m* minúsculo mesmo), que foi uma das principais influências sobre a jovem Hillary Clinton, publicou um cartão de aniversário para Ho Chi Min em um de seus números e conselhos sobre como escapar do alistamento militar em outros. Todas essas cruzadas políticas estavam enraizadas num fervor moralizante e num anseio espiritual por algo mais que apenas pão. A maior parte dos radicais da Nova Esquerda explicou mais tarde que, na realidade, sua busca era uma busca espiritual, mais que política. De fato, é por isso que tantos deles desapareceram nas comunas e nos seminários EST* buscando "sentido", "autenticidade", "comunidade" e, acima de tudo, "eles mesmos". Para a geração da década de 1960, a "autorrealização" tornou-se a nova graça secular.[60]

Em 1965, Harvey Cox, um obscuro ministro batista e ex-capelão da Faculdade Oberlin, escreveu *The secular city* (*A cidade secular*), que o transformou num profeta da noite para o dia. Tendo vendido mais de um milhão de exemplares, o livro propunha um tipo de dessacralização do cristianismo a favor de uma nova transcendência a ser encontrada na "tecnópolis", que era "o lugar do controle humano, do planejamento racional, da organização burocrática". A religião e a espiritualidade modernas exigiam "a quebra de todos os mitos sobrenaturais e símbolos sagrados". Em vez deles, devemos espiritualizar a cultura material para aperfeiçoar o homem e a sociedade por meio da tecnologia e do planejamento social. Em *A cidade secular*, "a política substitui a metafísica como a linguagem da teologia". A adoração autêntica já não era feita ajoelhando-se numa igreja, mas "mantendo-se firme num piquete". O livro representou um importante ponto de apoio intelectual para a transição dos anos 1960 (embora devamos notar que Cox reviu grande parte de seu argumento vinte anos mais tarde).[61]

Uma evidência da natureza dividida do liberalismo pode ser encontrada na duradoura relação de amor e ódio entre liberais "esperançosos" e esquerdistas "apocalípticos". Ao longo dos anos 1960, liberais centristas fizeram concessões e escreveram apologias aos radicais à sua esquerda. E quando chegou a hora da confrontação — como ocorrera em Cornell —, eles capitularam perante os radicais. Ainda hoje, os liberais de maior prestígio estão muito mais inclinados a romantizar os "revolucionários" dos anos 1960, em parte porque muitos deles desempenharam aquele papel em sua juventude. Nos *campi* das faculdades de hoje, os administradores — frequentemente fósseis vivos da década de 1960 — aplaudem a dança Kabuki do protesto esquerdista como um ponto central da educação superior. O único momento em que se preocupam é quando o protesto vem da direita.

Mas o mais importante legado dos anos 1960 tem de ser a culpa liberal. Culpa de sua inabilidade de criar a Grande Sociedade. Culpa por deixar

---

*Os seminários EST (*Ehrard Seminars Training*, também significando *é* em latim) foram criados em outubro de 1971. Ao longo da década, deles participaram cerca de quinhentas mil pessoas em busca da autotransformação. (N. da T.)

"para trás" crianças, negros e o resto da Coalizão dos Oprimidos. A culpa está entre a mais religiosa das emoções e tem um jeito de rapidamente se transformar num complexo de Deus com talhe narcisista. Os liberais ficavam *orgulhosos* do quanto se sentiam culpados. Por quê? Porque isso confirmava a onipotência liberal. Kennedy e Johnson representavam a crença em que uma sociedade afluente esclarecida podia resolver todos os problemas, corrigir todos os erros. Normalmente, não nos sentimos culpados quando forças fora de nosso controle fazem coisas maléficas. Mas quando você tem o poder de controlar tudo, você sente culpa a respeito de tudo. Lyndon Johnson não apenas deu mais impulso à política de expectativa de Kennedy ao declarar "Nós podemos fazer tudo; somos o país mais rico do mundo", mas transformou quaisquer limitações, em qualquer lugar, em evidência de um compromisso precário, de racismo, insensibilidade ou simplesmente "ódio". Sentir-se culpado era um sinal da graça, pois provava que seu coração estava no lugar certo.

Os conservadores caíram numa armadilha. Se rejeitassem o conceito de um Estado onipotente, era prova de que odiavam aqueles a quem o governo buscava ajudar. E a única maneira de provar que não sentiam ódio por eles — quem quer que *eles* fossem — era apoiar a intervenção governamental (ou "ação afirmativa", nas palavras de Kennedy) em seu benefício. A ideia de um "bom conservador" era um oximoro. Por definição, o conservadorismo "nos impede de avançar" — deixa alguns "para trás" — quando todos nós sabemos que a solução para todos os problemas está logo ali na esquina.

O resultado foi uma clivagem no cenário político americano. De um lado, os radicais e desordeiros que faziam o que bem entendiam e saíam impunes (às vezes, até de assassinatos). De outro, os conservadores — odientos, doentes, pré-fascistas — que não mereciam nem o menor benefício da dúvida. Os liberais ficaram presos no meio, e a maior parte deles, quando forçada a escolher, ficou com os radicais ("eles são muito impacientes, mas, pelo menos, se preocupam!"). O fato de os radicais desprezarem os liberais por não irem suficientemente longe e suficientemente rápido apenas confirmava seu status moral na mente dos liberais assolados pela culpa.[62]

Nesse clima, era inevitável um surto de gastos liberais. Como aqueles membros da nobreza de tempos passados que compravam indulgências da

Igreja, os liberais do *establishment* buscaram expiar sua culpa fornecendo aos "oprimidos" o máximo possível de brindes. O medo, é claro, também desempenhava um papel importante. Não há dúvida de que liberais pragmáticos — embora compreensivelmente relutantes em admiti-lo publicamente — davam crédito e apoio à lógica bismarckiana de aplacar os radicais com reformas legislativas e generosidade governamental. Para outros, a ameaça muito real de radicalismo fornecia exatamente o tipo de "mecanismo de crise" que os liberais estão sempre buscando. O pânico que se espalhava por todo o liberalismo com relação à "crise racial" era frequentemente citado como uma justificativa para espanar e reativar todos os esquemas estatistas sentados nas prateleiras progressistas.

Desde o pagamento em dinheiro aos pobres até a construção de novas pontes e a renovação de comunidades, o desembolso era prodigioso, mesmo para os padrões do *New Deal*. O movimento dos direitos civis, que havia capturado as simpatias do público com a mensagem de Luther King sobre igualdade e cegueira para cores, rapidamente degenerou numa profusão de direitos racialmente carregados. George Wiley, presidente da Organização Nacional pelos Direitos de Bem-estar (National Welfare Rights Organization), insistia em que o bem-estar social era "um direito, não um privilégio". Alguns chegavam a argumentar que o bem-estar social era uma forma de indenização pela escravidão. Enquanto isso, qualquer oposição a tais programas era estigmatizada como evidência de intolerância.

Guerra contra a Pobreza, ação afirmativa, recuperação de comunidades e a vasta panóplia de subsídios que se encaixam na categoria de bem-estar social — auxílio a famílias com filhos drogados, bolsa-habitação, Medicare, benefícios para mulheres, bebês e crianças pequenas, vale-alimentação —, tudo isso foi produzido por um Estado administrativo maciçamente ampliado e numa escala jamais sonhada por FDR. Mas a maior parte da esquerda não estava satisfeita, em parte porque esses programas se provaram notavelmente ineficazes em criar a Grande Sociedade ou derrotar a pobreza. Embora o próprio FDR tivesse reconhecido que esses auxílios podiam ser um "narcótico... do espírito humano", nos anos 1960 tais preocupações eram, em grande medida, descartadas como lixo.[63] O *New Republic* afirmou que o programa antipobreza de Johnson era bom "para começar", mas insistiu em que "a única alternativa era uma ação federal realmente ampla, que produzisse melhoras na área do bem-estar social, além de pagamentos em dinheiro". Michael Harrington, cujo *The other America* (*A outra América*) estabeleceu as bases para a Guerra contra a Pobreza, liderou um grupo de 32 intelectuais esquerdistas, grandiosamente apelidados de Comitê Ad Hoc para a Tripla Revolução, que declarava que o Estado deveria prover "todos os indivíduos e todas as famílias com uma renda adequada, como uma questão de direito". O comitê lamentava que os americanos estivessem "todos tão confusos e amedrontados por um fantasma a que chamamos de 'Estado de bem-estar social', termo que é motivo de orgulho na maior parte do mundo".[64]

Os beneficiários não eram os únicos viciados no narcótico do "alívio"; os incentivadores também eram. Tal como uma pessoa determinada a encaixar uma peça quadrada num buraco redondo, os liberais do *establishment* continuavam insistindo em que, com apenas um pouco mais de dinheiro, apenas um pouco mais de esforço, seria possível produzir a euforia social da elusiva Grande Sociedade. Como argumenta Mickey Kaus em *The end of equality* (*O fim da igualdade*), a resposta liberal a todo revés podia ser resumida em uma palavra: "mais".[65] Quando parecia que o bem-estar social estava levando os pais a abandonarem suas famílias, os liberais responderam que os pagamentos deveriam ser estendidos às famílias em que o pai permanecesse em casa. Mas isso, por sua vez, encorajou os beneficiários a continuar desempregados ou virar desempregados. A resposta? Dê dinheiro também aos pais pobres empregados. Mas isso, por sua vez, criava um incentivo para as famílias se separarem no momento em que o pai saísse da pobreza, de modo a não perderem seus benefícios. Nesse ínterim, se você criticasse tudo isso, você era um fascista.

As não intencionadas, mas inevitáveis, consequências da utopia liberal se alastraram. A partir de 1964, o crime na América cresceu por volta de 20% por ano.[66] As decisões dos tribunais liberais, particularmente a decisão do caso *Miranda* pela Suprema Corte, fizeram com que as taxas de crimes resolvidos pela polícia despencassem nas grandes cidades. As medidas de bem-estar social tinham tendência a encorajar a separação de famílias, os nascimentos ilegítimos e outras patologias que haviam pretendido curar. A revolução original pelos direitos civis — baseada, em grande parte, numa concepção classicamente liberal de igualdade diante da lei — não conseguiu produzir o nível de integração que os liberais haviam esperado. Em 1964, Hubert Humphrey — "Sr. Liberal" — jurou perante o Senado que a

Lei dos Direitos Civis não podia, de forma alguma, resultar na introdução de quotas, e, se alguém pudesse provar o contrário, ele começaria a "comer as páginas uma por uma, porque isso não está lá". À altura de 1972, o Partido Democrata — sob o disfarce das "regras de McGovern" — adotou quotas fixas (para negros, mulheres e jovens) como seu princípio organizacional básico.[67] E não deveria ser nenhuma surpresa que um Partido Democrata decidido a fazer qualquer coisa para se tornar "parecido com a América" se comprometesse, por sua vez, a fazer a América parecida com o Partido Democrata. E, se você criticasse qualquer coisa *disso*, você também era um fascista.

De fato, mesmo quando a violência de rua tipicamente fascista explodiu nas cidades americanas, liberais brancos responderam deleitando-se com a própria culpa e responsabilizando a direita. Os tumultos que explodiram em Los Angeles em 1965 (os *Watts Riots*) foram o verdadeiro ponto de inflexão. Não apenas estava a *intelligentsia* liberal coletiva determinada a culpar a América branca — "o sistema" — pela violência, mas a própria violência se tornou uma "rebelião" moralmente admirável. Johnson comentou que tal comportamento deveria ser esperado quando "as pessoas sentem que não conseguem uma parcela justa". Hubert Humphrey disse que, se tivesse nascido pobre, poderia ter participado dos tumultos também. Toda uma "ideologia do tumulto" se desdobrou e, nas palavras do historiador urbano Fred Siegel, tornou-se uma nova forma de "barganha coletiva". Destrua seu bairro e o governo comprará um melhor para você.[68]

A extensão da negação liberal mostrou-se em toda a sua medida quando Daniel Patrick Moynihan, então um assessor de Richard Nixon, defendeu uma política de "negligência benigna" com relação às questões sociais. Moynihan havia confidenciado a Nixon que "se fala muito" sobre a questão da raça. "Podemos precisar de um período em que o progresso negro continue e a retórica racial vá se diluindo."[69] Para isso, Moynihan exortou o presidente a evitar confrontações com extremistas negros e, em vez disso, investir suas energias em uma abordagem agressiva à questão da política social com um enfoque de classe. A isso, editorialistas liberais, ativistas e acadêmicos responderam horrorizados, chamando o memorando de "vergonhoso", "indignante" e "cruel". A reação foi instrutiva. Os liberais haviam assimilado tão completamente as premissas do Estado-Deus, que sugerir que o Estado pudesse, e muito menos *devesse*, voltar as costas ao povo escolhido — pois quem poderia ser mais ungido que as pobres vítimas negras da escravidão e da segregação? — era o mesmo que dizer que Deus havia deixado de ser Deus. Quando se trata do Estado, a negligência não pode ser benigna, apenas maligna. Pois o Estado é amor.

Em termos mais práticos, havia uma ironia no fato de que, no processo de transformação, o liberalismo americano havia caído na lógica préfascista do Estado de bem-estar social bismarckiano. Bismarck lançara o conceito de liberalismo sem liberdade. Em troca de uma generosa distribuição de bugigangas pelo Estado todo-poderoso, Bismarck subornou as forças da revolução democrática. Uma reforma sem democracia conferiu poder ao Estado burocrático e, ao mesmo tempo, manteve o público satisfeito. Aqui, os negros, em particular, casaram seus interesses com os do Estado e com seus representantes virtuosos, o Partido Democrata. Negros e democratas trocam serviço por serviço, e esta relação é tão profunda que muitos intelectuais negros liberais consideram que a oposição ao Partido Democrata é, bastante literalmente, uma forma de racismo. Os liberais também entraram numa barganha bismarckiana com os tribunais. Diante de crescentes desapontamentos na arena democrática, os liberais fizeram as pazes com juízes ativistas adeptos do liberalismo de cima para baixo. O liberalismo atual depende, quase inteiramente, de juízes "esclarecidos" que usam a Constituição viva de Wilson para desafiar a vontade popular em nome do progresso.

A raiz de tudo isso pode ser encontrada no assassinato de Kennedy, quando um comunista perturbado martirizou um ícone progressista. Em 1983, no vigésimo aniversário do assassinato, Gary Hart disse ao *Esquire*: "Se você juntasse todos nós [políticos democratas] e perguntasse 'Por que vocês entraram na política?', nove entre dez diriam 'John Kennedy'."[70] Em 1988, Michael Dukakis estava convencido (e com um grau de certeza absurdo) de que ele era a reencarnação de Kennedy, chegando mesmo a escolher Lloyd Bentsen para seu companheiro de chapa a fim de recriar a "magia" do eixo Boston-Austin. Em 1992, o ponto mais alto da campanha de Clinton foi o filme — no estilo Leni Riefensthal — de um jovem Bill Clinton apertando as mãos do presidente Kennedy. John Kerry imitava o sotaque de Kennedy na escola, usava as iniciais JFK e tentou modelar sua carreira segundo a de Kennedy. Em 2004, Howard Dean e John Edwards também afirmaram ser os verdadeiros herdeiros do manto de Kennedy. E assim também o fizeram candidatos anteriores, inclusive Bob Kerrey, Gary Hart e, é claro, Ted e Robert Kennedy. Em 2007, Hillary Clinton disse que ela era a JFK na disputa.

Uma verdadeira indicação do grau em que o mito Kennedy se entranhou nas fibras da vida americana pode ser vista na maneira como os americanos reagiram à morte de seu filho John F. Kennedy Jr. em 1999. "John-John", a forma afetuosa e condescendente como era chamado, era, pelo que todos dizem, um homem bom e decente. Ele era, sem dúvida, muito bonito, e era o filho de um presidente amado. No entanto, tirando isso, sua carreira e suas contribuições foram, no máximo, insossas. Fez o exame para a Ordem dos Advogados três vezes. Era um promotor obscuro. Criou uma revista meio infantilizada, *George*, que intencionalmente obscurecia as distinções entre o pessoal e o político, entre substância e celebridade, o trivial e o importante. E, ainda assim, quando John Junior morreu num trágico acidente de avião, sua morte foi recebida em termos abjetamente religiosos por uma classe política inteiramente convencida de que o Filho, assim como o Pai, havia sido imbuído do Fantasma Sagrado dos Kennedy. O historiador Douglas Brinkley escreveu no *New York Times* que JFK Jr. era o "redentor fotogênico" de sua geração. Uma abundante cobertura representava o mais jovem dos Kennedy como um "salvador nacional" que havia sido perdido. Bernard Kalb resumiu o tom da cobertura: JFK Jr. estava sendo representado como "um tipo de messias secular que, se tivesse vivido, teria resgatado a civilização de todos os seus terríveis problemas".[71]

Hoje, negar o status de JFK como o mártir do que poderia ter sido é negar a própria esperança de liberalismo. Durante mais de uma geração, a política liberal na América tem tido como premissa a política de um fantasma. O Jack Kennedy do qual se lembram os liberais *nunca existiu*. Mas o mito Kennedy representa não um homem, mas um momento — um momento em que os liberais esperavam criar o reino dos céus na Terra. Os tempos não eram tão propícios como dele se lembram os liberais — afinal, foi apenas a morte de Kennedy, não sua vida, que verdadeiramente agregou imensas quantidades de americanos em torno do "kennedismo". Mas não é esse o ponto. O que importa é que as pessoas *acreditam* no mito e, portanto, o buscam obstinadamente. Os liberais acreditavam que, por "um breve e radioso momento", eles poderiam produzir seu reino dos céus, seu Camelot. Desde então, têm ansiado por recriar aquele momento. Olhado de fora, o mito parece ser pouco mais que o culto do poder. Mas, de dentro, é evangelho. Enquanto isso, é revelador que os democratas desejem preservar a substância da Grande Sociedade ao mesmo tempo que mantêm a mitologia de Camelot. Todo democrata diz que quer *ser* JFK, ao mesmo tempo insistindo em que ele *fará* mais ou menos o que fez LBJ. Nenhum democrata sonharia dizer que quer emular Lyndon Johnson, porque o mito é o que mais importa.

7

O Racismo Liberal:
o fantasma eugênico na máquina fascista

A QUESTÃO SOBRE A QUAL os liberais modernos se consideram mais completamente esclarecidos é a da raça. E não há nenhum outro tópico contencioso a respeito do qual sejam mais rápidos em afirmar, repetidamente, que a discordância da ortodoxia liberal é sinal de um fascismo insidioso. Em praticamente todos os grandes debates racialmente carregados ocorridos nos últimos quarenta anos, pelo menos alguns liberais farisaicos invocaram os registros do Holocausto para alertar, sombriamente, que, se oponentes de preferências raciais de um tipo ou de outro conseguirem o que querem, poderemos simplesmente embarcar numa rampa escorregadia que nos conduzirá à Alemanha nazista.

Os liberais brancos aprenderam esse truque com os liberais negros. Figuras negras dos direitos civis adoram jogar com o baralho nazista. Quando Newt Gingrich tentou se aproximar dos democratas liberais convidando-os a ocupar postos na área social, o deputado de Nova York, Major Owens, ficou furioso: "Essas pessoas são as que estão praticando o genocídio com um sorriso; são piores que Hitler", disse ele. "Gingrich sorri... e diz que vão ser nossos amigos. Vamos ter genocídio com coquetel." O presidente da Associação Nacional para a Promoção das Pessoas de Cor (NAACP), Julian Bond, supostamente é um moderado nas políticas raciais, mas também tem uma queda pelas analogias nazistas. "A ideia que eles têm de direitos iguais é ter a bandeira americana e a suástica confederada ondulando lado a lado", declarou recentemente. Harry Belafonte caluniou os negros conservadores — Condoleezza Rice, Colin Powell e outros — no governo Bush, rosnando que

Hitler também "tinha uma porção de judeus em altos cargos da hierarquia do Terceiro Reich" (deve-se notar que isso não é verdade). Jesse Jackson nunca encontrou um *reductio ad Hitlerum* do qual não gostasse. Ao longo de sua carreira, inúmeras vezes ele comparou os republicanos a nazistas genocidas, condenando as raízes hitlerianas da direita religiosa e indo até denúncias das "táticas nazistas" de George W. Bush.[1]

A direita americana é constantemente instada a assumir os capítulos mais negros da história do país: os acordos com segregacionistas, os excessos macarthistas, o isolacionismo antes da Segunda Guerra Mundial, e assim por diante. Raramente se menciona o lado liberal dessas histórias, nas quais o Partido Democrata abrigou leis e práticas segregacionistas (conhecidas como "Jim Crow")* durante um século; nas quais o liberalismo americano era pelo menos tão isolacionista quanto o conservadorismo americano; nas quais a histeria anticomunista progressista, com seu *Red Scare*, fazia o macarthismo parecer um debate na União Estudantil de Oxford; nas quais sucessivos presidentes democratas ordenaram coisas como a detenção de sino-americanos, a disseminada vigilância doméstica de inimigos políticos e o uso (justificado) de horrendas armas contra o Japão; e nas quais comunistas leais a Moscou "dedo-duravam" trotskistas heréticos.[2]

Talvez o mais incriminador de tudo seja a paixão liberal pela eugenia, cuja existência simplesmente foi apagada. No estilo dos editores das antigas enciclopédias soviéticas que enviavam instruções periódicas sobre as páginas a serem rasgadas, o liberalismo americano tem repetidamente censurado e reescrito sua própria história de modo a fazer com que os "caras maus" sejam sempre conservadores e os bons moços sejam sempre liberais. Esse revisionismo desempenha um papel em nossos debates atuais sobre a bioética: os liberais ainda têm um ponto fraco no que se refere a certos tipos de eugenia, mas são tão cegos à atração que a eugenia exerce sobre eles quanto à que exerceu no passado.

Na verdade, eles têm pontos cegos a respeito de seus pontos cegos. Ignorando sua própria história e apenas vagamente conscientes da natureza

---

Jim Crow era um personagem de um musical estreado no sul dos Estados Unidos em 1829. Um ator branco pintava a cara de preto para fazer o *Jim Crow*. Considera-se que a maneira caricatural e degradante com que foi apresentado o negro naquele espetáculo popular preparou o caminho para a aceitação das "leis Jim Crow", como eram chamadas as leis segregacionistas que vigoraram entre 1876 e 1965 nos Estados Unidos. Em termos mais amplos, *Jim Crow* hoje é sinônimo de segregacionismo. (N. da T.)

da eugenia nazista, eles trabalham com o pressuposto de que eugenia é algo ruim buscado apenas por pessoas ruins. Como o "liberal" que quer banir anúncios políticos negativos e discursos de ódio no *campus*, mas acredita ser um firme oponente da censura, o liberal moderno alimenta uma atração por ideias eugênicas, mas nunca lhe ocorre que o que ele quer fazer possa ser chamado de eugenia.

Enquanto isso, nos debates atuais, tipicamente se presume que os conservadores nunca querem dizer o que estão dizendo. A oposição dos conservadores a preferências raciais pode ser defendida com uma retórica elevada a respeito da "igualdade cega a cores", mas, sob a superfície, garantem os liberais, tal retórica elevada constitui, de fato, um apelo "em código" ao racismo dos brancos sulistas e um desejo de "rodar ao contrário os ponteiros do relógio" do progresso racial.

A controvérsia em torno do livro The bell curve (A curva normal) de Charles Murray é o mais notável exemplo desse fenômeno nos últimos vinte anos. Logo que foi publicado, praticamente todas as vozes progressistas no país denunciaram Murray como um "darwinista social" inclinado a promover todas as medidas reacionárias, desde o confinamento de defeituosos raciais até a esterilização forçada. A maior organização judia americana declarou que: "Levar a sério Charles Murray é pôr em risco mais de sessenta anos de progresso em direção à justiça social, ao adotar as teorias do darwinismo social e da eugenia que há muito tempo foram desaprovadas e desacreditadas." O acadêmico negro Adolph Reed chamou Murray e seu coautor, Richard J. Herrnstein, de "camisas-pardas intelectuais" e declarou que o endosso de "exterminação, esterilização em massa e reprodução seletiva", no estilo nazista, estava implícito no trabalho.[3] Mas, quaisquer que sejam os méritos ou deméritos de A curva normal, o fato é que Murray e Herrnstein estavam simplesmente apresentando um argumento profundamente libertário a favor da *não intervenção* estatal. Sim, eles focalizaram questões clássicas dos eugenista — a hereditariedade da inteligência e sua distribuição entre raças —, mas seu argumento era exatamente o oposto, com 180 graus de diferença, da eugenia *real*, que significa usar o poder do Estado para melhorar a saúde racial, genética ou biológica da comunidade.

Os liberais constantemente esperam que os conservadores estejam afinados com o racismo, real ou suposto, de vários conservadores mortos. Enquanto isso, em grande medida porque os liberais estavam certos a respeito do imperativo moral da dessegregação, eles não veem nenhuma necessidade de explorar sua própria história intelectual. Eles são os bons, e isso é tudo o que precisam saber. O que falta perguntar é por que o progressismo — *e não o conservadorismo* — era tão favoravelmente inclinado à eugenia. Existirá algo inerente à ideologia "pragmática" do bommocismo que a torne suscetível a ideias eugênicas? Ou será que a culpa deve ser posta na ignorância do liberalismo a respeito de sua própria história? Não estou afirmando que os editores do *New Republic* de hoje simpatizem com a eugenia simplesmente porque foi esse o caso de antecessores seus. Mas o liberalismo moderno de fato fornece um ambiente hospitaleiro, protetor, para todo tipo de noções eugênicas e racistas "atraentes" precisamente porque os liberais não fizeram o tipo de inventário intelectual e histórico que fizeram os conservadores. Já é hora, finalmente, de que alguém o faça.

Quando lemos a literatura sobre eugenia e raça, usualmente encontramos acadêmicos atribuindo a culpa da eugenia a tendências "conservadoras" dentro das comunidades científica, econômica ou progressista de uma maneira geral. Por quê? Porque, de acordo com os liberais, o racismo é objetivamente conservador. O antissemitismo é conservador. Hostilidade contra os pobres (isso é, darwinismo social) é conservador. Portanto, quando um liberal é racista ou gosta da eugenia, ele é magicamente transformado num conservador. Em suma, o liberalismo nunca está moralmente errado, de modo que, quando liberais se revelam moralmente falhos, é porque eles, de fato, são conservadores!

Num ensaio que, de outra forma, é bem pensado, publicado no *New Republic*, o historiador de Yale e professor de cirurgia Sherwin Nuland escreve:

> A eugenia era um credo que apelava aos conservadores sociais, que se compraziam em atribuir a pobreza e o crime à hereditariedade. Os liberais — ou progressistas, como eram então usualmente chamados — estavam entre seus mais vigorosos oponentes, considerando as desigualdades na sociedade como resultantes de fatores circunstanciais que poderiam ser tratados com reformas sociais e econômicas. Mas, ainda assim, alguns pensadores progressistas concordavam com os eugenistas em que a sorte de todo cidadão seria melhorada por ações que beneficiassem todo o grupo. Assim foram traçadas as linhas da batalha intelectual.[4]

Alan Wolfe, também no *New Republic*, escreve: "O conservadorismo racial tem suas raízes no pensamento biológico e eugenista. As teorias liberais de dano racial, por contraste, surgiram de uma preocupação do século XX com o impacto de ambientes sociais sobre os indivíduos."[5]

Muito conveniente mesmo. Mas — que lástima! — isso simplesmente não é verdade. Para podermos ver como essa sabedoria convencional está construída sobre uma série de úteis mitos liberais e, desse modo, compreender a verdadeira linhagem do liberalismo americano, precisamos desaprender uma porção de histórias e categorias falsas que aceitamos sem questionar. Em particular, precisamos compreender que o progressismo americano partilha importantes raízes com o fascismo europeu. Não existe nenhuma prova mais clara nem mais sinistra disso que a paixão com que os progressistas americanos e europeus saudaram a eugenia — amplamente vista como *a resposta* para a "questão social".

Façamos uma revisão do que estivemos relatando até agora. O momento fascista no início do século XX foi um fenômeno que ocorreu dos dois lados do Atlântico. Em todo o Ocidente, intelectuais abraçaram a ideia de que as nações eram entidades orgânicas que precisavam ser dirigidas por uma *avant-garde* de especialistas científicos e planejadores sociais. Desdenhando o dogma do século XIX, essa elite progressista autoungida compreendeu o que precisava ser feito para elevar a humanidade aos ensolarados platôs da utopia. Guerra, nacionalismo, busca de uma comunidade dirigida pelo Estado, planejamento econômico, exaltação do público, menosprezo pelo privado: tudo isso é o que definia todos os vários e concorrentes *ismos* do Ocidente.

A eugenia se encaixa perfeitamente nessa nova visão de mundo, pois, se nações são como corpos, seus problemas são, em certo sentido, semelhantes a doenças, e a política se torna, com efeito, um ramo da medicina: a ciência de manter a saúde social. Ao emprestar credibilidade científica à visão hegeliana e romântica de nações como seres orgânicos, o darwinismo legou aos cientistas uma licença para tratar os problemas sociais como quebra-cabeças biológicos. Todos os males da moderna sociedade de massa — superlotação urbana, crescimento populacional das classes mais baixas, higiene pública precária, mesmo o emburrecimento programado da cultura burguesa predominante para adequá-la a audiências menos educadas ou sofisticadas — agora pareciam curáveis por meio de uma conscienciosa aplicação de princípios biológicos.

De fato, a explosão populacional e, em particular, a explosão das populações "erradas" eram partes integrantes do pensamento darwiniano desde o início. O próprio Darwin admitia que suas ideias eram meramente uma extensão do malthusianismo ao mundo natural. (Thomas Malthus foi o filósofo econômico que predisse que uma tendência humana natural de se procriar excessivamente, combinada com recursos naturais finitos, levaria a uma miséria persistente.) Os intelectuais temiam que a tecnologia moderna tivesse removido as limitações naturais ao crescimento populacional entre os "não aptos", aumentando a possibilidade de que "elementos mais elevados" pudessem ser "inundados" pelas hordas negras e pardas vindas de baixo.

Além de não ser exceção quanto a esse disseminado pânico entre as classes intelectuais e aristocráticas, a América, de fato, frequentemente estava na liderança. Os progressistas americanos viviam obcecados pela "saúde racial" da nação, supostamente ameaçada por ondas crescentes de imigração e pela superpopulação de americanos nativos. Muitos dos projetos progressistas de destaque, desde a Lei Seca até o movimento pelo controle da natalidade, baseavam-se nessa busca de soluções para domesticar a besta demográfica. Destacados intelectuais progressistas viam a eugenia como uma ferramenta importante, e frequentemente indispensável, na busca pelo santo graal do "controle social".

Intercâmbios acadêmicos entre eugenistas, "raçologistas", higienistas raciais e defensores do controle da natalidade na Alemanha e nos Estados Unidos eram ocorrências regulares que não chamavam a atenção de ninguém. Hitler "estudou" eugenia americana enquanto estava na prisão, e seções do *Mein Kampf* certamente refletem tal imersão. De fato, alguns de seus argumentos parecem brotar diretamente de vários panfletos progressistas sobre "suicídio racial". Hitler escreveu ao presidente da Sociedade Eugênica Americana (*American Eugenics Society*) para pedir uma cópia de seu *Case for sterilization* (*Em defesa da esterilização*) — que defendia a esterilização forçada de cerca de dez milhões de americanos — e mais tarde enviou a ele outra nota agradecendo. O livro *The passing of the Great Race* (*A morte da Grande Raça*), de Madison Grant, também causou enorme impressão em Hitler, que chamava o livro de sua "bíblia". Em 1934, quando o governo nacional-socialista havia esterilizado mais de cinquenta mil alemães "não aptos", um frustrado eugenista americano exclamou: "Os alemães estão ganhando de nós em nosso próprio jogo."[6]

É claro que os progressistas americanos não são culpáveis pelo Holocausto. Mas está bem documentado o fato de que a eugenia reside no cerne da iniciativa progressista. A cruzada eugênica, escreve o historiador Edwin Black, foi "criada nas publicações e nos escritórios de pesquisa da Carnegie Institution, ratificada pelas bolsas de pesquisa da Fundação Rockefeller, validada pelos mais importantes acadêmicos das universidades de elite e financiada pelos esforços especiais da fortuna da família Harriman, dona de estradas de ferro".[7] A ciência racial alemã estava de pé sobre ombros americanos.

Seria gentil dizer que os esforços liberais para extirpar a eugenia de sua própria história e desvencilhar-se dela, jogando-a no colo dos conservadores, não podem ser aceitos. Mas, obviamente, esses esforços *têm* sido aceitos. A maior parte dos intelectuais, para não falar de jornalistas e comentaristas liberais, não conhece muita coisa sobre o conservadorismo ou a história da eugenia, mas todos aceitam, sem questionar, que os dois estejam fortemente entrelaçados. Podemos apenas esperar que esse erro possa ser corrigido com uma dose da verdade. Um breve exame do panteão progressista — os heróis intelectuais da esquerda, naquela época e agora — revela como os primeiros socialistas estavam profundamente inspirados e permeados pelo pensamento eugênico.

Assim como a economia socialista era uma especialização dentro do campo geral dos temas progressistas, a eugenia também era uma área de especialização muito intimamente relacionada. Argumentos eugênicos e argumentos econômicos seguiam-se uns aos outros, complementavam-se e, ocasionalmente, se fundiam. Sidney Webb, pai do socialismo fabiano e ainda entre os mais reverenciados intelectuais britânicos, apresentou a questão de modo bem claro. "Nenhum eugenista consistente", explicou ele, "pode ser um individualista no estilo *'laissez-faire'* [isto é, um conservador], a menos que abandone o jogo em desespero. Ele tem que interferir, interferir, interferir!" O fato de que as pessoas "erradas" estivessem se reproduzindo mais que as "certas" poria a Inglaterra no caminho da "deterioração nacional" ou, "como uma alternativa", resultaria em o país "gradualmente cair nas mãos dos irlandeses e dos judeus".[8]

De fato, o socialismo inglês, o princípio orientador intelectual do progressismo americano, estava saturado de eugenia. Os fabianos Sidney e Beatrice Webb, George Bernard Shaw, Harold Laski e H.G. Wells eram devotos da causa. John Maynard Keynes, Karl Pearson, Havelock Ellis, Julian e Aldous Huxley, Eden Paul e publicações progressistas como o *New Statesman* (fundado por Webb) e o *Manchester Guardian* também apoiavam a eugenia em alguma medida.

Como discutido antes, Wells provavelmente era a figura literária mais influente entre os progressistas americanos no período anterior à Segunda Guerra Mundial. A despeito de seu chamado para um novo "fascismo liberal" e um "nazismo esclarecido", Wells, mais que qualquer outro, conferiu uma aura romântica à visão progressista do futuro. Ele era também um ávido eugenista particularmente dedicado a apoiar a exterminação de raças inadequadas e mais escuras. Explicou que, se sua "Nova República" fosse para ser alcançada, "enxames de pessoas pretas e pardas, branco-sujo e amarelas" teriam que "sumir". "É na esterilização de falhas", acrescentou, "e não na seleção de sucessos para acasalamento, que resta a possibilidade de uma melhoria da estirpe humana." Em *The new Machiavelli* (*O novo Maquiavel*), ele afirma que a eugenia tem de ser o princípio central de qualquer socialismo verdadeiro e bem-sucedido: "Toda melhoria é provisória, exceto a melhoria da raça." Embora Wells pudesse ser escrupuloso a respeito de até onde deveria ir o Estado para traduzir em políticas essa conclusão, permaneceu um vigoroso defensor da ideia de que o Estado precisava cuidar agressivamente de seu interesse, desencorajando classes parasitas.[9]

George Bernard Shaw — sem dúvida por causa de sua oposição pacifista à Primeira Guerra Mundial — adquiriu a reputação de um individualista sem rodeios e de um livre-pensador suspeitoso do poder do Estado e de seus abusos. Nada poderia estar mais distante da verdade. Shaw era não apenas um ardente socialista, mas totalmente comprometido com a eugenia como parte integral do projeto socialista. "O único socialismo fundamental e possível é a socialização da reprodução seletiva do homem", declarou. Shaw advogava a abolição do casamento tradicional e sua substituição por uma poligamia mais eugenicamente aceitável, sob os auspícios de um Departamento de Evolução estatal, e uma nova "religião eugênica". Lamentava, particularmente, a natureza caótica da abordagem *laissez-faire* à seleção de parceiros, na qual as pessoas "selecionam suas esposas e seus maridos com menos cuidado do que selecionam seus contadores e cozinheiros". Além disso, explicou, uma mulher inteligente estaria mais contente com uma parcela de 10% de um homem de bom estoque genético do que com 100% de um homem de linhagem indesejável. O que se requeria, então, era uma "fazenda de garanhões humanos" a fim de "eliminar os tipos grosseiros cujo voto causará a ruína da nação". De acordo com Shaw, o Estado devia ser firme em sua política relativa a elementos criminosos e geneticamente indesejáveis. "Com muitos pedidos de desculpas e expressões de simpatia, e alguma generosidade em atender a seus últimos desejos", escreveu ele, com uma exultação repulsiva, "devemos pô-los na câmara de morte e nos livrar deles."[10]

Havia outros heróis liberais que partilhavam o entusiasmo de Shaw. John Maynard Keynes, o pai fundador da economia liberal, integrou a junta de diretores da Sociedade Eugênica Britânica em 1945 — numa época em que a popularidade da eugenia estava rapidamente implodindo graças à revelação dos experimentos nos campos de concentração nazistas. Ainda assim, Keynes declarou que a eugenia era "o mais importante, significativo e, eu acrescentaria, *genuíno* ramo da sociologia que existe". Julian Huxley, o criador do World Wildlife Fund, primeiro diretor da Unesco e venerado popularizador da ciência, escreveu *The science of life* (*A ciência da vida*) com os dois Wells, pai e filho. Huxley também era um crente sincero da eugenia. Havelock Ellis, o ousado teorista do sexo e um dos primeiros arquitetos do movimento pelo controle da natalidade, falou em nome de muitos quando propôs um registro eugênico de todos os cidadãos, de modo a prover "uma orientação segura sobre aquelas pessoas mais aptas, e as menos aptas, para levar adiante a raça". Ellis não se opôs aos programas de esterilização nazistas, acreditando que a boa ciência "não precisa se envolver nos aspectos nórdicos e antissemitas da aspiração nazista". J. B. S. Haldane, o geneticista inglês, escreveu no *Daily Worker*: "O dogma da igualdade humana não é parte do comunismo... A fórmula do comunismo 'de cada um de acordo com sua habilidade, a cada um de acordo com suas necessidades' não faria sentido se as habilidades fossem iguais."[11]

Harold Laski, que alguns consideram o mais respeitado cientista político do século XX (ele foi preceptor de Joseph Kennedy Jr. e professor de JFK), ecoou o pânico quanto ao "suicídio da raça" (um termo americano): "As diferenças entre as taxas de fertilidade dos estoques raciais sadios e dos patológicos apontam para uma futura inundação dos melhores pelos piores." De fato, a eugenia foi a primeira grande paixão intelectual de Laski. O primeiro artigo que publicou, "O escopo da eugenia", escrito quando ainda era um adolescente, impressionou Francis Galton, o fundador da eugenia.

Em Oxford, Laski estudou com o eugenista Karl Pearson, que escreveu: "Os socialistas têm que inculcar aquele espírito de propiciar aos que cometem ofensas contra o Estado uma rápida confissão dos pecados e o poste mais próximo."[12]

Laski, é claro, teve um enorme impacto sobre o liberalismo americano. Era um colaborador regular do *New Republic* — que, em seus primeiros anos, publicou trabalhos de uma multidão de intelectuais britânicos de destaque, inclusive Wells.[13] Ele também lecionou em Harvard e tornou-se amigo de Felix Frankfurter, um assessor de FDR e, mais tarde, juiz da Suprema Corte. Tendo sido apresentado por Frankfurter a FDR, Laski tornou-se um dos mais ardentes partidários britânicos de Roosevelt, a despeito de seus fortes vínculos comunistas. Mais notavelmente, foi um dos amigos mais íntimos do juiz Oliver Wendell Holmes, apesar de uma diferença de idade de mais de cinco décadas entre eles. Os dois mantiveram uma famosa correspondência que durou quase vinte anos.

A EUGENIA NO ESTILO AMERICANO

Os progressistas americanos, que, em muitos aspectos, tomaram a liderança de seus primos ingleses, partilhavam um ardor semelhante pela higiene racial. Um exemplo é o juiz Holmes, o mais admirado jurista do período progressista e um dos mais reverenciados ícones liberais da história legal americana. Parece que nenhum louvor a Holmes pode ser excessivo. Felix Frankfurter se referiu a ele como "a verdadeira voz impessoal da Constituição". "Nenhum juiz, mais que o juiz Holmes, refletiu mais profundamente sobre a natureza de uma sociedade livre ou foi mais zeloso em salvaguardar suas condições por meio dos mais abundantes cuidados com a liberdade civil." Outro observador comentou: "Tal como a Vitória Alada de Samotrácia, ele é o coroamento de centenas de anos de civilização, a inspiração para os tempos que ainda virão." Outros declararam que, "para o advogado americano, ele é o ideal perfeito, e os advogados citam seus aforismos como o leigo culto cita Hamlet".[14]

A que se deve a popularidade de Holmes entre os liberais? É uma questão complicada. Holmes foi saudado por muitos libertários civis por seu apoio à liberdade de expressão durante a guerra. Os progressistas o amavam porque ele sustentava que seus programas de bem-estar social destinados a construir a nação eram constitucionais. Uma de suas famosas declarações foi: "Se meus concidadãos quiserem ir para o inferno, eu os ajudarei. É minha tarefa." Isso levou alguns conservadores a admirar sua "moderação judicial". Mas a verdade é que ele praticava "moderação" principalmente porque concordava com a direção que estavam seguindo os progressistas.

Em 1927, Holmes escreveu uma carta a Harold Laski na qual orgulhosamente dizia ao amigo: "Há dias, dei um parecer sustentando a constitucionalidade de uma lei estadual sobre a esterilização de imbecis — e senti que estava chegando perto do *primeiro princípio de uma reforma real*." E prosseguiu dizendo o quanto havia se surpreendido quando seus colegas objetaram a suas palavras "bastante brutais... que os deixaram furiosos".[15]

Holmes estava se referindo à sua decisão no famoso caso de *Buck v. Bell*, no qual advogados progressistas dos dois lados esperavam que a Suprema Corte inserisse a eugenia na Constituição. Holmes estava ansioso por atendê-los. O estado da Virgínia considerou uma jovem, Carrie Buck, "inapta" para procriar (embora, como se viu depois, ela não fosse retardada, como o estado havia afirmado). Ela foi enviada à Colônia Estadual para Epiléticos e Débeis Mentais, onde foi induzida a consentir numa salpingectomia, ou retirada das trompas. O caso dependia, em parte, do relatório de um importante eugenista americano, Harry Laughlin, do Gabinete de Registros Eugênicos (Eugenics Record Office) que ficava em Cold Spring Harbor, Nova York — a Rand Corporation da pesquisa eugênica, financiada por vários filantropos progressistas importantes. Sem nunca haver se encontrado com a jovem, Laughlin deu crédito à declaração de uma enfermeira que comentou a respeito da família Buck: "Essas pessoas pertencem à preguiçosa, ignorante e inútil classe de brancos antissociais do Sul." Consequentemente, Laughlin concluiu que a esterilização eugênica seria "uma força para a mitigação da degenerescência da raça".

Pronunciando-se em nome da maioria, Holmes produziu um parecer resumido em pouco mais de uma página. A decisão é considerada hoje um dos mais difamados e criticados exemplos de argumentação legal da história americana. No entanto, entre todos os inúmeros pareceres de Holmes, talvez seja o mais revelador. Citando somente um precedente, uma lei de Massachusetts que obrigava que os alunos de escolas públicas fossem vacinados, Holmes escreveu que "o princípio que justifica a vacinação compulsória é amplo o bastante para incluir o corte das trompas de Falópio... É melhor para todo o mundo que, em vez de esperarmos para executar descendentes degenerados por crimes que cometerem, ou deixá-los morrer de fome por conta de sua imbecilidade, a sociedade possa impedir que os manifestamente inadequados deem continuidade à sua espécie". E concluiu com a afirmação famosa: "Três gerações de imbecis são o suficiente." Como veremos, esse argumento ainda está presente na atual fundamentação do aborto, frequentemente não explicitado.

O parecer uniu muitas das principais linhagens do pensamento progressista da época. Holmes, um sanguinário veterano da Guerra Civil, via a guerra como fonte de valores morais num mundo sem sentido. Dado o sacrifício de tantas figuras nobres no campo de batalha, requerer a degenerados como Carrie Buck que sacrificassem sua habilidade de se reproduzir — ou mesmo suas vidas — para o bem maior parecia inteiramente razoável e justo. Ao citar uma medida de saúde pública como um precedente adequado, Holmes deixou ainda mais óbvio como a saúde do corpo político orgânico triunfara sobre a liberdade individual. Fosse através do prisma da mobilização ou da saúde pública, o projeto era o mesmo. Como disse Holmes num artigo de 1915 na *Illinois Law Review*, seu "ponto de partida para definir o ideal para o Direito" seria o "esforço humano coordenado... para construir uma raça".[16]

Considerando-se tal retórica, é impossível não ver o progressismo como um empreendimento fascista — pelo menos de acordo com os padrões que usamos hoje.

Os historiadores liberais reconhecem consensualmente que o progressismo resiste a uma definição fácil. Mas a explicação talvez seja simples: identificar adequadamente o progressismo seria muito inconveniente para o liberalismo, pois isso exporia o projeto eugênico que se encontra em seu cerne. A contestação mais óbvia — que os progressistas estavam meramente representando a era em que viviam — tem diversas falhas, em diversos níveis. Em primeiro lugar, os eugenistas progressistas tinham adversários não progressistas, antieugênicos — conservadores prematuros, libertários radicais e católicos ortodoxos — que os progressistas consideravam retrógrados e reacionários. Em segundo lugar, argumentar que os progressistas eram um produto de seu tempo simplesmente reforça meu argumento maior: o progressismo foi gerado pelo momento fascista e nunca quis encarar sua herança. Os liberais de hoje herdaram os preconceitos progressistas no atacado, acreditando que tradicionalistas e conservadores religiosos são ameaças perigosas ao progresso. Mas essa suposição significa que os liberais estão cegos às ameaças fascistas que vêm de suas próprias fileiras.

Enquanto isso, dogmas religiosos e políticos conservadores — sob incessante ataque da esquerda — podem ser o maior bastião contra esquemas eugênicos. Quem são os que mais empenhadamente rejeitam a clonagem? Quem se sente mais incomodado com a eutanásia, o aborto e o brincar de Deus no laboratório? O bom dogma é a mais poderosa influência inibidora contra más ideias e a única garantia de que os homens agirão de acordo com as boas. Uma nação conservadora que seriamente se perguntasse se destruir um blastócito é assassinato de forma alguma se perguntaria se é assassinato matar um feto de oito meses e meio e muito menos um bebê "defeituoso".

O liberalismo vigente está estreitamente vinculado a grupos de identidade racial e sexual de um tipo ou de outro. Uma premissa básica partilhada por todos esses grupos é que seus integrantes deveriam ser recompensados simplesmente em virtude de seu status racial, de gênero ou sexual. Em suma, o Estado deveria selecionar vencedores e perdedores com base em seus acidentes de nascimento. Os liberais defendem essa perspectiva em nome do antirracismo. Diferentemente dos conservadores que advogam um Estado com cegueira para cores, os liberais ainda acreditam que o Estado deva organizar a sociedade ao longo de linhas raciais. Estamos acostumados a falar sobre esse tipo de engenharia social como um produto da era pós-direitos civis. Mas a doutrina da cegueira para cores promovida pelos progressistas na década de 1960 foi um parêntese muito breve numa muito longa tradição progressista. Em suma, a continuidade entre o progressismo dos primeiros dias e o multiculturalismo de hoje é maior do que pensamos.

Aqui, novamente, Woodrow Wilson foi o pioneiro. Sua visão da "autodeterminação" tem sido enfeitada, retrospectivamente, para que pareça uma visão puramente democrática. Não era. Em aspectos importantes, era uma maneira darwiniana-hegeliana, orgânica, de olhar a necessidade de as pessoas se organizarem em unidades espirituais e biológicas coletivas — ou seja, era política de identidade. Wilson era um progressista tanto em seu próprio país quanto no exterior. Ele acreditava em construir nações, povos, raças como entidades únicas. Sua visão racial era distinta da de Hitler — e, obviamente, menos destrutiva —, mas igualmente inseparável de sua visão de mundo.

O status de Wilson como o presidente mais racista do século XX é usualmente atribuído ao fato de que ele fosse um sulista; na realidade, era o primeiro presidente sulista desde a Reconstrução. E é verdade que cultivava muitas atitudes no estilo autocrático sulista. Sua ressegregação do governo federal, seu apoio a leis contrárias à miscigenação, seu antagonismo a líderes negros do movimento pelos direitos civis e a leis antilinchamentos e seu notório gosto pelo filme de D.W. Griffith, *O nascimento de uma nação*, tudo dá testemunho disso. Mas, de fato, a herança de Wilson foi incidental para seu racismo. Afinal, ele não era, de forma alguma, um defensor tradicional do Sul. Ele acolheu Lincoln como um grande líder — dificilmente uma atitude sulista típica. Além disso, como alguém que acreditava na consolidação do poder federal, Wilson, em sua opinião sobre os direitos dos estados, foi contra aqueles que reclamavam da "Guerra de Agressão Nortista". Não, o racismo de Wilson era "moderno" e consistente tanto com o darwinismo da época quanto com o hegelianismo de sua educação decididamente germânica. Em *O Estado* e em outros escritos, Wilson pode soar absolutamente hitleriano. Ele nos informa, por exemplo, de que algumas raças são simplesmente mais avançadas que outras. Essas "raças progressistas" merecem sistemas progressistas de governo, enquanto raças atrasadas ou "nacionalidades estagnadas", que carecem do necessário "espírito" progressista, podem precisar de uma forma autoritária de governo (uma ressurgência dessa visão pode ser encontrada entre recém-cunhados "realistas" surgidos após a guerra no Iraque). Foi isso que o ofendeu tão profundamente a respeito da Reconstrução após a Guerra Civil. Ele nunca esqueceria a tentativa de se instalar uma "raça inferior" numa posição superior à dos "arianos" sulistas.

Wilson também era um explícito defensor da eugenia. Como governador de Nova Jersey, ele assinou, um ano antes de ser investido como presidente, uma legislação que criava, entre outras coisas, a Junta de Examinadores de Débeis Mentais, Epiléticos e Outros Defeituosos. Conforme a lei, o estado podia determinar quando a "procriação é desaconselhável" para criminosos, prisioneiros e crianças vivendo em abrigos para pobres. "Outros Defeituosos" era uma categoria bastante ampla.[17] Mas Wilson estava meramente retomando a questão a partir do ponto em que Teddy Roosevelt a deixara. O *Bull Moose* — recentemente redescoberto por republicanos liberais e liberais "centristas" — regularmente condenava o "suicídio da raça" e apoiava aquelas "corajosas" almas que estavam lutando para fazer retroceder a maré de "mongrelização" (embora, no plano pessoal, Roosevelt tivesse muito menos traços racistas que Wilson).

Roosevelt, tal como Wilson, estava meramente demonstrando as atitudes que o tornaram tão popular entre intelectuais progressistas "modernos". Em *A promessa da vida americana*, Herbert Croly especulava que um "governo de Estado realmente regenerado" tomaria medidas para prevenir "crime e insanidade" regulando quem poderia se casar e procriar. Um Estado assim investido de poder, escreveu ele com malícia, "poderia concebivelmente chegar à conclusão de que o celibato forçado de criminosos hereditários e lunáticos incipientes faria pelo melhoramento individual e social mais ainda que uma passagem de trem que custe no máximo dois centavos por milha". O Estado, insistia ele, precisa "interferir em benefício dos realmente mais aptos".[18]

Ainda assim, esses pensamentos definiriam Croly como apenas um "moderado" quanto à questão da eugenia. Charles Van Hise, o assessor mais próximo de Roosevelt, era mais enfático. "Aquele que pensa não em si mesmo primariamente, mas em sua raça, e no futuro da raça, é o novo patriota", explicou Van Hise, um dos fundadores do movimento de conservação americano e presidente da Universidade de Wisconsin durante seus dias gloriosos como o mais importante campo de treinamento para os progressistas americanos.[19] Van Hise resumiu bem a atitude progressista americana com relação à eugenia quando explicou: "Sabemos o bastante sobre agricultura para podermos dobrar a produção agrícola do país se o conhecimento for aplicado; sabemos o bastante sobre doenças para, aplicando o conhecimento, podermos eliminar substancialmente as doenças infecciosas e contagiosas nos Estados Unidos em poucos anos; sabemos o bastante sobre eugenia para, se o conhecimento for aplicado, fazermos desaparecer as classes defeituosas no prazo de uma geração."[20]

A principal linha divisória entre os progressistas não era entre eugenistas e não eugenistas ou entre racistas e não racistas. Era entre defensores da "eugenia positiva" e os defensores da "eugenia negativa", entre aqueles que se chamavam humanistas e aqueles que subscreviam as teorias de suicídio da raça, entre ambientalistas e deterministas genéticos. Os eugenistas positivos defendiam a ideia de que bastaria encorajar, bajular e subsidiar os aptos para que se reproduzissem mais e os não aptos para que se reproduzissem menos. Os eugenistas negativos operavam ao longo do espectro que ia desde a esterilização forçada até o aprisionamento (pelo menos durante os anos reprodutivos). Os ambientalistas enfatizavam que a melhoria das condições materiais das classes degeneradas melhoraria seu infortúnio (muitos progressistas eram realmente seguidores de Lamarck quando se tratava da evolução humana). Os teoristas do suicídio da raça acreditavam que linhagens e classes inteiras de pessoas estavam além da possibilidade de salvação.

Por uma variedade de razões, aqueles que hoje chamaríamos de conservadores frequentemente se opunham aos esquemas eugênicos. A única voz discordante no caso *Buck v. Bell*, por exemplo, não foi o juiz liberal Louis Brandeis nem Harlan Fiske Stone, mas o "arquiconservador" Pierce Butler.[21] O conservador católico G. K. Chesterton foi submetido a um implacável ridículo e desprezo por sua oposição à eugenia. Em vários escritos, mais destacadamente em *Eugenics and other evils: an argument against the scientifically organized society* (*A eugenia e outros males: um argumento contra a sociedade cientificamente organizada*), Chesterton se opôs ao que era considerado uma posição sofisticada por quase todas as "pessoas pensantes" na Inglaterra e nos Estados Unidos. De fato, a instituição mais destacada no combate à eugenia em todo o mundo era a Igreja católica. Foi a influência católica na Itália — junto com o fato de que os italianos eram um grupo geneticamente poliglota — que tornou o fascismo italiano menos obcecado pela eugenia que os progressistas americanos ou os nazistas (embora Mussolini realmente acreditasse que, com o tempo, o governo fascista teria um efeito eugênico positivo sobre os italianos).

Não obstante, os progressistas inventaram um termo para os oponentes conservadores da eugenia. Eles os chamaram de darwinistas sociais. Os progressistas inventaram o termo "darwinismo social" para descrever qualquer um que se opusesse à noção de Sidney Webb de que o Estado deve "interferir" agressivamente na ordem reprodutiva da sociedade. Na lógica artificial da esquerda, aqueles que se *opunham* à esterilização forçada dos "inaptos" e dos pobres eram os vilões, pois deixavam um "estado de natureza" reinar entre as classes inferiores.

Herbert Spencer, que supostamente fundou o darwinismo social, foi escolhido como exemplo típico de todas aquelas coisas erradas encontradas no liberalismo clássico. Spencer era, realmente, um darwinista — foi quem cunhou a frase "sobrevivência do mais apto" —, mas sua interpretação da teoria evolutiva reforçou sua ideia de que as pessoas deveriam ser deixadas em paz. Em quase todos os sentidos, Spencer era um bom — embora clássico — liberal: promovia a caridade, o sufrágio feminino e as liberdades civis. Mas, de acordo com a visão de mundo progressista, ele era a encarnação de tudo o que era retrógrado, reacionário e errado, não porque apoiasse esquemas hitlerianos de higiene racial forçada, mas porque resolutamente se *opunha* a eles. Até hoje, é *de rigueur* entre intelectuais e historiadores liberais descarregar toda a sua munição contra Spencer como a fonte filosófica do racismo, da "mesquinharia" direitista e até do Holocausto.[22]

Graças a alguns estudos profundamente falhos feitos pelo historiador liberal Richard Hofstadter, praticamente todos os chamados magnatas da indústria (*robber barons*) do século XIX e início do século XX também foram apelidados de darwinistas, embora historiadores subsequentes tenham demonstrado que os industriais da *Gilded Age*, a era de tremendo crescimento econômico e de ostentação dos anos 1870 aos 1890, quase não sofreram influência do darwinismo, se é que sofreram alguma. O darwinismo era uma obsessão na mente de intelectuais e acadêmicos. Aqueles magnatas geralmente careciam de educação formal. Na medida em que baseavam sua visão de mundo em alguma coisa, era na ética cristã e nos escritos de Adam Smith. Além disso, acreditavam que o capitalismo era *bom* para os pobres. Ainda assim, citações seletivas e amplas generalizações — usualmente recheadas de clichês marxistas — apresentavam os magnatas da indústria como fascistas substitutos.[23]

Alguns historiadores têm enfrentado esses quebra-cabeças rotulando os progressistas de "darwinistas reformistas". Os darwinistas reformistas eram os únicos darwinianos reais, tal como entendemos o termo hoje. Quase todos os intelectuais progressistas mais importantes interpretavam a teoria darwiniana como um mandado para "interferir" na seleção natural humana. Mesmo progressistas sem nenhum vínculo ostensivo com a eugenia trabalhavam próximos aos defensores da causa. Simplesmente não havia nenhum estigma significativo contra a eugenia racial nos círculos progressistas.[24]

Antes de continuarmos, é importante desfazer uma concepção equivocada que pode estar se formando na mente de alguns leitores. Embora os eugenistas progressistas fossem, com frequência, racistas repugnantes, a eugenia, como um campo, não era *necessariamente* isso. Obviamente, casamentos inter-raciais com negros seriam saudados com horror por pessoas já aterrorizadas com "arianos" que se casavam com eslavos ou italianos. Mas W. E. B. DuBois partilhava muitas das visões eugênicas de progressistas brancos. Seu "Talentoso Décimo" era, em si, um termo eugenicamente carregado. Ele definia os integrantes dos Talentosos Décimos como "homens excepcionais" e os "melhores da raça". Reclamava de que "o negro não tem se reproduzido para um objetivo", dizendo que deveria começar a "treinar e a se reproduzir para conseguir cérebro, eficiência, beleza". Durante sua longa carreira, DuBois repetidamente retornou à preocupação com o fato de que os piores negros estavam se reproduzindo mais rapidamente que os melhores. De fato, ele apoiou o "Projeto Negro" de Margaret Sanger, que buscava limitar drasticamente a reprodução entre estirpes "inferiores" da população negra.[25]

Talvez uma indicação ainda melhor do baixo grau de concordância entre as concepções populares modernas e a realidade histórica naquele período seja a Ku Klux Klan. Durante décadas, a organização tem sido o mais óbvio candidato a um tipo americano de fascismo. Isso faz bastante sentido. O rótulo de direitista, por outro lado, não se encaixa tão bem. A Klan da Era Progressista, surgida na segunda década do século XX, não era a mesma Klan que surgira em 1865, depois da Guerra Civil. Era, de fato, uma coleção frouxa de organizações independentes que se espalhavam pelos Estados Unidos. O que as unia, além do nome e dos trajes absurdos, era que todas se inspiravam no filme *O nascimento de uma nação*. Eram, na realidade, uma "subcultura repulsiva" de fãs do filme. Fundada em 1915, na semana em que o filme foi lançado, a segunda KKK certamente era racista, mas não muito mais que a sociedade em geral. É claro que isso é menos uma defesa da Klan do que uma condenação da sociedade que a produziu.

Durante anos, a ideia convencional entre estudiosos e leigos era que a KKK era rural e fundamentalista. Na verdade, ela era, com frequência, cosmopolita e moderna, florescendo em cidades como Nova York e Chicago. Em muitas comunidades, a Klan centrava-se na reforma do governo local e na manutenção de valores sociais. Muitas vezes, era o principal agente extralegal no controle do cumprimento da Lei Seca, a consumada "reforma" progressista. "Era mais provável que esses homens da Klan", escreve

Jesse Walker em um esclarecedor exemplo da mais recente erudição, "chicoteassem você por contrabando de bebida ou por quebrar seus votos de casamento do que por ser negro ou judeu."[26]

Quando liberais modernos tentam justificar a participação de democratas proeminentes na Klan — mais frequentemente a do senador Robert Byrd, de West Virgínia —, eles deixam escapar alguns clichês sobre o quanto os liberais "evoluíram" de seu "conservadorismo" racial sulista. Mas a KKK da década de 1920 era vista, muitas vezes, como reformista e moderna, e tinha uma relação íntima com alguns elementos progressistas do Partido Democrata. O jovem Harry Truman, bem como Hugo Black, futuro juiz da Suprema Corte, estavam entre seus integrantes. Em 1924, na famosa convenção democrata *"Klanbake"*, a KKK apoiou o futuro senador William McAdoo, secretário do Tesouro de Woodrow Wilson (e seu genro), um arquiteto-chave do socialismo de guerra de Wilson e ferrenho defensor da Lei Seca.

Além disso, se a Klan era menos racista do que fomos levados a crer, a academia era assombrosamente mais. De fato, a criação da moderna instituição da cadeira acadêmica foi, em grande medida, motivada pela solidariedade da academia progressista a E. A. Ross, o autor da tese do "suicídio da raça".[27] Simultaneamente um dos principais sociólogos, economistas e "raçologistas" da América, Ross era a quintessência do darwinista reformista. Ele foi atraído pelo progressismo quando viu que um de seus professores conservadores estava horrorizado com o livro *Progress and poverty* (*Progresso e pobreza*) de Henry George — um panfleto que inspirou progressistas americanos, socialistas ingleses e nacional-socialistas alemães. Ross estudou na Alemanha e retornou aos Estados Unidos, onde terminou os estudos entre os germanófilos de Johns Hopkins e sob a tutela de Woodrow Wilson e Richard Ely.

Um homem enorme, Ross era um onipresente intelectual público, escrevendo para todas as publicações certas e fazendo palestras em todas as universidades certas — sempre de direita. Aconselhava Teddy Roosevelt em questões de imigração, e Teddy foi gentil o bastante para escrever a introdução de seu *Sin and society* (*Pecado e sociedade*). Ross partilhava com Ely, Wilson e outros a convicção de que o progresso social precisava levar em conta as diferenças inatas entre as raças. Ross também partilhava a visão de Wilson, expressa em *O Estado*, de que as várias raças estavam em diferentes estágios de evolução. Os africanos e os sul-americanos ainda estavam próximos da selvageria. Outras raças — basicamente asiáticas — poderiam estar mais "avançadas", mas haviam escorregado para a degeneração evolutiva. Ross acreditava que a América corria o risco de uma degeneração semelhante em consequência da imigração, de casamentos inter-raciais e pela recusa do Estado de impor amplas reformas eugênicas. Em 1914, ele escreveu: "Observem os imigrantes, não quando estão descendo a rampa do navio, macilentos ao final da viagem, nem quando emergem, imundos, das bocas das minas ou dos portões dos moinhos, mas em seus encontros, lavados, penteados e vestindo suas melhores roupas... São pessoas hirsutas, de testas estreitas, caras grandes e, obviamente, de baixa mentalidade... Eles claramente combinam com vestimentas de peles e cabanas de taipa do final da Grande Era Glacial. Esses homens semelhantes a bois são descendentes daqueles que sempre ficaram para trás."[28]

Tais ideias não impediram que Ross conseguisse um importante cargo em Stanford. No entanto, a grande dama conservadora e benfeitora de Stanford, Jane Lanthrop Stanford, desgostava não apenas de sua política e de seu ativismo, mas também de suas cada vez mais ruidosas e grosseiras denúncias contra os *coolies* chineses. Ela forçou o presidente da escola, David Starr Jordan — ele mesmo um ávido eugenista —, a despedir Ross.

O corpo docente explodiu de indignação. Professores pediram demissão. Acadêmicos e organizações progressistas, liderados pela Associação Econômica Americana de Richard Ely, mobilizaram-se para defender sua causa. O *New York Times* e outros grandes jornais estamparam editoriais em defesa de Ross. Esses esforços deram em nada, e ele foi para a Universidade de Nebraska (onde ajudou Roscoe Pound a formular a doutrina da "jurisprudência sociológica" — um dos fundamentos da "constituição viva" do liberalismo moderno) e acabou encontrando abrigo na Universidade de Wisconsin, trabalhando lado a lado com Ely sob a orientação do "patriota da raça" Charles Van Hise.

É revelador que, embora ouçamos constantemente falar do passado racista da América e da necessidade de nos redimirmos através de quotas raciais, reparações da escravidão e outras propostas direcionadas a "grupos historicamente oprimidos", seja realmente muito raro que alguém mencione os fundadores do liberalismo americano. Novamente, quando os liberais são os vilões históricos, o crime é depositado aos pés da própria América.

O crime é considerado prova do passado conservador da América. Quando conservadores pecam, o crime pertence apenas ao conservadorismo. Mas o liberalismo nunca deve ser inculpado.

Considere os infamantes "experimentos Tuskegee" (que duraram de 1932 a 1972), nos quais homens negros pobres supostamente foram infectados com sífilis, sem seu conhecimento, e então monitorados durante anos. No entendimento comum, o episódio é um exemplo do racismo sulista e do atraso americano. Em algumas versões, os homens negros foram até mesmo deliberadamente infectados com sífilis como parte de algum tipo de programa genocida embrionário. Na realidade, os experimentos Tuskegee foram aprovados e apoiados por bem-intencionados profissionais da saúde que não viam nada de errado nem de racista em fazer o papel de Deus. Como escreve Richard Shweder, da Universidade de Chicago, o "estudo foi produto de um movimento de saúde pública liberal progressista preocupado com a saúde e o bem-estar da população afro-americana". Se o racismo desempenhou algum papel, como sem dúvida foi o caso, era o racismo de liberais, não conservadores. Mas não é assim que a história é contada.

Não estou dizendo que, porque pessoas que antigamente se chamaram progressistas eram racistas, então aquelas que hoje se chamam progressistas também são racistas. Em vez disso, o que quero destacar é que o edifício do liberalismo contemporâneo ergue-se sobre uma base formada por suposições e ideias que eram parte integral de um momento fascista mais amplo. Liberais contemporâneos, que podem ser as pessoas mais gentis e mais racialmente tolerantes do mundo, ainda assim escolhem viver numa casa que tem uma arquitetura decididamente fascista. A ignorância liberal a respeito desse fato não torna intangíveis nem irrelevantes esses alicerces. Ao contrário, ela enfatiza o sucesso dessas ideias, na medida exata em que continuam a não ser questionadas.

O maior recurso do liberalismo em discussões sobre racismo, sexismo e o papel do governo de modo geral é a suposição implícita de que as intenções do liberalismo são melhores e mais elevadas que as do conservadorismo. Os liberais pensam com o coração, e os conservadores pensam com a cabeça, diz o clichê. Mas se levarmos em conta a história do liberalismo, é claro que essa é uma vantagem injusta, uma base intelectual roubada. Os liberais podem estar certos ou errados a respeito de determinada política, mas a suposição de que estão automaticamente defendendo a posição mais virtuosa é pura besteira. O que hoje é chamado de liberalismo nos Estados Unidos sustenta-se em três pernas: apoio ao Estado de bem-estar social, aborto e política de identidade. Obviamente, essa é uma formulação grosseira. O aborto, por exemplo, poderia ser integrado à política de identidade, já que o feminismo é um dos credos que exaltam a jaula de ferro (no sentido weberiano) da identidade. Ou seria possível dizer que "liberdade sexual" é um termo melhor que aborto. Mas eu acredito que nenhum leitor justo e imparcial contestaria que essas três categorias cobrem praticamente toda a vasta gama da agenda liberal hoje — ou que, pelo menos, descrevem o núcleo das paixões liberais.

No restante deste capítulo, proponho que examinemos cada uma dessas áreas, começando com a menos óbvia — e talvez menos importante — para ver como se manifesta nesses três pilares do liberalismo contemporâneo o esforço progressista para reestruturar a sociedade de baixo para cima.

O ESTADO DE BEM-ESTAR SOCIAL

O que é o Estado de bem-estar social? O significado imediato é bastante óbvio: uma rede de segurança social, um sistema que permite ao governo lidar com desigualdades econômicas, presumivelmente para a melhoria de toda a sociedade, com ênfase especial nos menos afortunados. O termo e, numa medida significativa, o conceito começam com a Prússia de Bismarck. O *Wohlfahrtsstaat* de Bismarck incluía tudo, desde pensões garantidas e outras formas de "seguro social" até toda uma constelação de reformas trabalhistas. Esse "socialismo de Estado", como vimos, foi uma enorme inspiração para progressistas, socialistas e democratas sociais na Inglaterra, na América e, é claro, na Alemanha.

Mas havia pelo menos duas importantes diferenças entre a América e a Prússia. A primeira é que a América era uma república democrática com uma constituição firmemente estabelecida e concebida para proteger minorias (embora imperfeitamente) contra a tirania da maioria. Segunda, os alemães já eram uma "nação racial". Os progressistas americanos ficaram frustrados com o primeiro ponto porque tinham inveja do segundo. Os progressistas acreditavam que, nas palavras do juiz Holmes, o objetivo da lei e da política social era "construir uma raça". Nossa democracia, com seu inconveniente sistema de equilíbrio entre poderes e sua população diversificada, tornava difícil tal projeto. Ainda assim, a política social progressista — que é a base pétrea do Estado de bem-estar social de hoje — dedicou-se, desde o início, a solucionar esse "problema".

O Estado de bem-estar social americano, em outras palavras, era, em aspectos importantes, um projeto racial eugênico desde sua concepção. Os autores progressistas do socialismo do bem-estar social estavam interessados não em proteger os fracos das devastações do capitalismo, como afirmariam os liberais modernos, mas em extinguir, como ervas daninhas, os fracos e inaptos, para assim preservar e fortalecer o caráter anglo-saxão da comunidade racial americana.

"Raçologistas" como E. A. Ross dedicaram suas carreiras a esse esforço. No nível macro, Ross descrevia o programa como se fosse de "controle social". Isso significava garimpar os elementos mais puros da sociedade e transformá-los numa "raça superior". Para anglo-protestantes brancos, isso significaria uma "restauração" (a palavra de ordem de todos os movimentos fascistas) de âmbito nacional. Para o resto, significava extirpar do jardim americano as "ervas daninhas" raciais, o "germoplasma defeituoso" de Weismann, e outros eufemismos para linhagens não arianas. A educação, no sentido mais amplo, exigia que se levasse toda a sociedade a ver a sabedoria dessa política. Num mundo perfeito, talvez o Estado não tivesse que se envolver: "A função reprodutora da família seria mais bem desempenhada se a opinião pública e a religião conspirassem... para esmagar as aspirações da mulher a uma vida própria."[29] Mas era tarde demais para tais medidas, e então o Estado tinha que intervir.

Ross era um *showman*, mas suas ideias se encaixavam perfeitamente na visão de mundo da economia progressista encontrada dos dois lados do Atlântico. Considere-se o debate sobre o salário mínimo. A controvérsia girava em torno de o que fazer a respeito do que Sidney Webb chamava de "classe não empregável". Webb defendia, assim como muitos dos economistas progressistas afiliados à Associação Econômica Americana, que o estabelecimento de um salário mínimo acima do que valiam os não empregáveis os manteria fora do mercado de trabalho, acelerando sua eliminação como classe. Essa é, em essência, a razão do argumento conservador moderno *contra* o salário mínimo, e, mesmo hoje, quando conservadores o expressam, são acusados — pode-se adivinhar — de darwinismo social. Mas para os progressistas no alvorecer do momento fascista, esse era um argumento ao qual recorriam. "Entre todas as maneiras que temos para lidar com esses desafortunados parasitas", observou Webb, "o mais ruinoso para a comunidade é permitir que passam competir livremente como assalariados."[30]

Ross expressou o mesmo sucintamente: "O *coolie* não pode superar o americano, mas pode reduzir o salário dele." Como as raças inferiores se satisfaziam com uma vida próxima ao imundo estado de natureza, coisa que não ocorria com o homem nórdico, os selvagens não requeriam um salário civilizado. Assim, se o salário mínimo fosse elevado a um nível civilizado, os empregadores prefeririam contratar espécimes mais "aptos", e não aqueles degenerados. Isso reduziria suas probabilidades de se reproduzirem e os tornaria alvos mais fáceis para a esterilização forçada, se necessário. Royal Meeker, um economista de Princeton e assessor de Woodrow Wilson, explicou: "É melhor que o Estado sustente totalmente os ineficientes e impeça a multiplicação de sua linhagem, em vez de subsidiar a incompetência e a imoderação e permitir que continuem reproduzindo outros iguais a eles."[31] Argumentos como esses viram de cabeça para baixo as justificativas liberais modernas para apoiar os salários do Estado de bem-estar social.

Poucos encarnaram tão bem a natureza internacional desse consenso progressista-socialista-nacionalista quanto John R. Commons, economista da Universidade de Wisconsin. Descrevendo a si mesmo como "um socialista, a favor do imposto único, da manutenção da prata como lastro complementar ao ouro, defensor do papel-moeda sem lastro, da municipalização de terras e serviços públicos, membro da Igreja congressional", Commons era um leão do movimento trabalhista internacional e foi apelidado de "o Sidney Webb americano". A sala onde realizava seus seminários exibia um gráfico gigantesco que acompanhava o sucesso global da economia progressista.[32] Commons acreditava que muitos brancos pobres poderiam ser salvos pela intervenção governamental e que deveriam receber as pródigas recompensas de um generoso Estado de bem-estar social. Mas ele reconhecia que, segundo suas estimativas, quase 6% da população era "defeituosa" e 2% era irreparavelmente degenerada, requerendo "segregação". Essas estimativas não incluíam negros nem outras raças "inferiores", às quais considerava irredimíveis, exceto, talvez, por casamentos inter-raciais com arianos. A inferioridade negra era a principal razão para esse defensor do movimento trabalhista pensar que a escravidão fosse justificada.[33]

Commons e colegas seus em Wisconsin estabeleceram as bases para a maior parte das reformas trabalhistas que temos hoje, muitas delas totalmente defensáveis e valiosas. Outras, como a Lei Davis-Bacon, refletem o ânimo social dos progressistas. A lei foi aprovada em 1931 a fim de impedir que trabalhadores negros pobres "tomassem" os empregos de brancos. Seus autores eram honestos a respeito do que faziam, e a lei foi aprovada explicitamente por aquela razão; a questão comparativamente pequena do trabalho negro barato teve como pano de fundo o esforço progressista rudimentar de manter a supremacia branca. Ao exigir que os empreiteiros de projetos federais pagassem "salários vigentes" e usassem trabalhadores sindicalizados, a lei impediria que os negros fossem empregados em projetos federais. Hoje, a Lei Davis-Bacon é tão sagrada para muitos movimentos trabalhistas liberais quanto é *Roe v. Wade* para as feministas. Na verdade, como observou Mickey Kaus, a devoção à Davis-Bacon é mais intensa hoje que há trinta anos, quando pretensos neoliberais a consideravam uma característica ultrapassada do liberalismo de grupos de interesse.

Para ser justo, nem todos os progressistas recorriam a argumentos eugênicos para apoiar o Estado de bem-estar social. Alguns eram *profundamente céticos* a respeito dele — mas *também* recorriam a argumentos eugênicos para justificar seu ceticismo. Um economista de Yale, Henry Farnam, foi cofundador, ao lado de Commons, da Associação Americana de Legislação Trabalhista (American Association for Labor Legislation), a importante organização progressista cujo trabalho estabeleceu as bases para a maior parte da atual legislação trabalhista e de seguridade social. Eles argumentavam que a assistência pública era disgênica — ou seja, aumentava as fileiras dos "inaptos" — porque permitia às classes degeneradas uma oportunidade de se reproduzir, enquanto, num ambiente natural, aquela ralé seria gradualmente eliminada. Mas Farnam, o economista protecionista Simon Patten e outros não necessariamente se *opunham* ao Estado de bem-estar social nesses mesmos termos. Isso seria o mesmo que darwinismo social! Em vez disso, eles argumentavam que as consequências não buscadas do Estado de bem-estar social requeriam um esquema eugênico draconiano para "arrancar do solo" os germoplasmas defeituosos engendrados como consequência da generosidade do Estado. Por que deveriam os arianos ser privados dos benefícios do socialismo de Estado, quando se poderia simplesmente usar uma vassoura eugênica para se ver livre da desordem inevitável?

Talvez a única ideia política unificadora sustentada por praticamente todos os eugenistas fosse que o capitalismo era disgênico. "Higiene racial" era um subtema da "questão social" mais ampla, e a única coisa que todo mundo sabia era que o *laissez-faire* não era a resposta à questão social.

Até que chegassem os nazistas, a Alemanha estava atrás dos Estados Unidos e de grande parte da Europa no que dizia respeito à eugenia. Quando o estado de Indiana aprovou a primeira lei de esterilização, em 1907 — para "criminosos confirmados, idiotas, imbecis e estupradores" —, o Ocidente tomou nota. Nos trinta anos subsequentes, outros 29 estados americanos aprovaram leis semelhantes, assim como o fizeram o Canadá e a maior parte da Europa. Sim, os alemães admiravam os concursos de "a família mais apta" promovidos pela América, nos quais bons arianos americanos eram julgados como gado de raça em feiras rurais. Mas algumas nações escandinavas estavam anos à frente dos alemães em termos de esquemas eugênicos, e muitos países europeus — e províncias canadenses — permaneciam comprometidos com a eugenia décadas depois da queda do Terceiro Reich.[34]

Comparações entre os esforços progressistas para "construir uma raça" e os esforços nazistas para aperfeiçoar ou redimir sua nação racial já homogênea podem facilmente tornar-se abertamente invejosas porque os controles sobre tais programas na América eram muito mais fortes. Explico: graças ao excepcionalismo americano, os progressistas eram forçados a fazer remendos cirúrgicos com bisturis — algo que frequentemente lamentavam — ao passo que, graças ao excepcionalismo alemão, os nacional-socialistas tinham carta branca para usar machados, marretas e niveladoras. Num sentido, a Alemanha estivera esperando a chegada da eugenia a fim de dar um fundamento científico aos profundos anseios românticos de sua cultura.

O próprio Nietzsche havia indicado o caminho. Em 1880, ele escreveu: "A tendência tem que ser no sentido de tornar extintos os miseráveis, os deformados, os degenerados." A reprodução, argumentava ele, precisava ser tirada das mãos das massas, de modo que "a raça como um todo pare de sofrer". "A extinção de muitos tipos de pessoas é tão desejável quanto qualquer forma de reprodução." O próprio casamento, argumentava Nietzsche, deve ser mais escrupulosamente regulamentado pelo Estado. "Caminhe pelas cidades e pergunte-se se essa gente deve procriar! Eles que busquem suas putas!"[35]

É quase impossível falar sobre a "influência" do pensamento eugênico sobre a política pública nazista, já que os nazistas concebiam a eugenia como o objetivo de *todas* as políticas públicas. Uma das últimas coisas que Hitler registrou no papel foi seu desejo de que a Alemanha se mantivesse leal a suas leis raciais. Tudo — casamento, medicina, emprego, salários — era informado por noções de higiene racial e economia eugênica inicialmente lançadas por socialistas e progressistas ingleses e americanos. Como na América, licenças de casamento eram uma ferramenta vital para a seleção eugênica. Casamentos vistos como "indesejáveis para toda a comunidade nacional" eram proibidos. Enquanto isso, subsídios, auxílios-viagem, bônus e coisas semelhantes eram alocados às classes raciais favorecidas. A esterilização forçada tornou-se um instrumento padrão da arte de conduzir o Estado.[36]

Como veremos, os nazistas cooptaram instituições de caridade independentes, religiosas ou não, e as puseram sob os auspícios do Estado. Durante sua ascensão ao poder, eles construíram uma infraestrutura alternativa de instituições que ofereciam serviços sociais que o Estado não podia fornecer. Quando finalmente assumiram o controle, eles metodicamente substituíram a infraestrutura tradicional do Estado e das igrejas, criando um monopólio nazista da caridade.

Mas o mais relevante a respeito do Estado de bem-estar social nazista foi a maneira como ele se direcionou inteiramente para a construção de uma comunidade nacional racialmente definida. Embora usasse a tradicional retórica esquerdista da culpa e da obrigação, tipicamente invocadas para justificar o auxílio governamental aos necessitados e desafortunados, ficava excluído qualquer um que não fosse um "camarada nacional". Isso aponta para o que havia de singular na malignidade do nazismo. Diferentemente do fascismo italiano, que tinha menos usos para a eugenia do que a América ou a Alemanha, o nazismo foi definido como um socialismo racial. Tudo para a raça, nada para aqueles fora dela — esse era o *ethos* central da missão e do apelo nazistas.

Um último ponto sobre a interação entre eugenia e o Estado de bem-estar social. Tanto na Alemanha quanto na América, a eugenia se disseminou por causa da fé mais abrangente na "saúde pública". A Primeira Guerra Mundial e a grande epidemia de gripe alistaram os profissionais médicos nas fileiras de planejadores sociais, igualando-os aos demais. Para doutores promovidos a médicos do corpo político, o juramento de Hipócrates perdeu influência. A revista médica americana *Military Surgeon* afirmou pragmaticamente: "A consideração pela vida humana frequentemente se torna bastante secundária... O oficial médico tornou-se mais absorvido pelo geral que pelo particular, e a vida e a perna do indivíduo, embora de grande importância, são secundários em comparação com medidas *pro bono publico* [para o bem público]."[37]

A esse tipo de pensamento os alemães chamavam de *"Gemeinnutz geht vor Eigennutz"*, o bem comum se sobrepõe ao bem privado. E foi sob essa bandeira que a Alemanha levou a lógica da saúde pública a extremos totalitários. A Lei Seca foi a principal ilustração da íntima relação que os progressistas americanos estabeleciam entre saúde moral e física, e muitos nazistas olhavam favoravelmente o esforço americano. A apreciação era mútua. Em 1933, a revista americana *Scientific Temperance Journal* celebrou a eleição de Hitler, um famoso abstêmio. E, embora a tendência racista subjacente ao movimento pró-temperança estivesse sempre presente — o álcool alimentava a licenciosidade das raças mestiças inferiores —, na Alemanha a principal preocupação era que o álcool e os ainda mais desprezados cigarros levassem à degenerescência da pureza ariana alemã. O tabaco recebia o crédito por todos os males imagináveis, inclusive de promover a homossexualidade.

Os nazistas tinham uma obsessão especial pelo câncer — os alemães foram os primeiros a detectar a conexão entre o fumo e a doença, e a palavra "câncer" logo se tornou uma metáfora onipresente. Os líderes nazistas rotineiramente chamavam os judeus de "cânceres" e "tumores" na sociedade alemã. Mas isso era uma prática derivada de hábitos muito mais amplos e profundos. Dos dois lados do Atlântico, era lugar-comum chamar de "cânceres do corpo político" os "defeituosos" e outros grupos que tomavam mais do que davam. A Sociedade Americana de Eugenia foi apelidada de Sociedade para o Controle do Câncer Social. Na Alemanha, antes que os judeus fossem confinados nos campos de concentração, centenas de milhares de alemães "puros", mas com alguma deficiência física, idosos ou mentalmente doentes foram eliminados com base no argumento de serem "inúteis comedores de pão" ou "vida que não merecia vida" (*lebensunwertes Leben*), um termo que apareceu pela primeira vez na Alemanha em 1920. A aplicação dessas técnicas e ideias ao "problema judeu" parecia uma continuação racional da teoria eugênica em geral.

Mas o Holocausto não deve nos tornar cegos às repercussões menos significativas, mas mais diretamente relevantes, das ideias da Era Progressista que têm escapado à luz do escrutínio. Os arquitetos do *New Deal*, do *Fair Deal* e da Grande Sociedade eram todos herdeiros do Estado de bem-estar social progressista ou haviam construído seus projetos a partir dele. E fizeram isso em termos explícitos, citando destacados construtores da raça — Theodore Roosevelt e Woodrow Wilson — como suas fontes de inspiração. Obviamente, o deliberado intento racista de muitas dessas políticas não foi partilhado pelas gerações de liberais que se seguiram. Mas isso não apagou o conteúdo racial das políticas. A Lei Davis-Bacon ainda prejudica negros nas faixas salariais mais baixas, por exemplo. As políticas trabalhistas e agrícolas de FDR expulsaram milhões de negros do trabalho e de suas terras. A grande migração de afro-americanos para cidades do Norte foi resultado, em não pequena medida, do *sucesso* das políticas progressistas. Não foi por acaso que líderes negros chamaram a Agência Nacional de Recuperação (National Recovery Administration, ou NRA, na sigla em inglês) de "Negro Rodando à Toa".

No capítulo anterior, observei que os liberais se apegam ao mito do *New Deal* movidos por uma devoção religiosa à ideia do Estado-Deus todo protetor. Algo semelhante ocorre com a devoção liberal à Grande Sociedade. Os argumentos que justificam a Grande Sociedade estão, quase sempre, impregnados de culpa racial e do que poderia ser descrito como uma fé religiosa no poder redentor do Estado. Em seu livro *White guilt* (*Culpa branca*), Shelby Steele relata um encontro com um pretenso "arquiteto" da Grande Sociedade. "Que diacho, nós *salvamos* este país!", rosnou o homem. "Este país estava prestes a explodir. Havia tumultos por toda parte. Retrospectivamente, você pode ficar aí criticando, mas nós tivemos que manter o país unido, meu amigo."[38] Além disso, acrescentou o seguidor de LBJ, você devia ter visto como os negros ficaram gratos quando esses programas foram apresentados.

Bom, a primeira afirmação é uma falsidade, e a segunda é incriminadora. Embora as leis sobre os direitos civis fossem, obviamente, grandes sucessos, os liberais dificilmente se contentaram apenas com a igualdade perante a lei. O intervencionismo racial da Grande Sociedade — muitas vezes sob disfarces variados — produziu um revés após outro. A taxa de criminalidade explodiu por causa da Grande Sociedade e das atitudes que a caracterizavam. Em 1960, o total de assassinatos foi mais baixo que em 1930, 1940 e 1950, a despeito de uma explosão populacional. Na década após a Grande Sociedade, a taxa efetivamente dobrou. Crimes de negros contra negros, em particular, dispararam. Os tumultos explodiram sob os olhares de LBJ, frequentemente com o sutil encorajamento de liberais da Grande Sociedade que premiavam tais comportamentos. Os nascimentos de crianças negras fora do casamento foram parar na estratosfera. Economicamente, como catalogou Thomas Sowell, a maior redução da pobreza entre os negros aconteceu durante as duas décadas anteriores à Grande Sociedade.[39] Na década de 1970, quando o impacto da Grande Sociedade já estava totalmente concretizado, a tendência de melhoria econômica entre os negros desapareceu quase por completo.

Seria possível prosseguir com essa listagem ao longo de muitas páginas. Mas os fatos são de importância secundária. Os liberais se apaixonaram pela ideia por trás do Estado de bem-estar social racial. Eles absorveram a concepção marxista e fascista de "o sistema" como racista e corrupto e, portanto, com constante necessidade de intervenção estatal. Em particular, como nota Steele, eles se convenceram de que o apoio a tais programas é prova de seu valor moral pessoal. Os negros estavam "gratos" aos liberais brancos; portanto, os liberais brancos não são racistas. Voltamos novamente ao uso da política para demonizar os que se situam fora do consenso — isto é, os conservadores — e para ungir os que estão dentro dele. Os brancos que se opõem ao sistema de espólios raciais são racistas. Os negros que se opõem são traidores da raça e estão tomados pelo auto-ódio.

Usualmente, os liberais brancos simplesmente optarão por apoiar os liberais negros que fazem tais acusações, em vez de eles mesmos as fazerem. Mas, ocasionalmente, eles se adiantarão e acusarão. A colunista Maureen Dowd, por exemplo, escreve que é "impossível não ficar revoltado" com negros como Clarence Thomas. De acordo com ela, o juiz da Suprema Corte se odeia por "sua própria grande ingratidão histórica" aos liberais brancos, ou ficou "totalmente enlouquecido" por causa disso. Você escolhe. Steele resume o racismo desse tipo de pensamento desenvolvido por Dowd: "Nós lhes jogaremos um osso chamado 'ação afirmativa' se vocês deixarem que rebaixemos vocês e sua raça para que então possamos assumir nossa superioridade moral por 'ajudá-los'. Quando eles chamavam vocês de *nigger* naqueles tempos da segregação, pelo menos não lhes pediam que fossem gratos."[40]

ABORTO

Margaret Sanger, cuja Liga Americana para o Controle da Natalidade (American Birth Control League) transformou-se no Planejamento Familiar (Planned Parenthood), foi a fundadora do movimento pelo controle da natalidade. Ela é hoje considerada uma santa liberal, uma fundadora do feminismo moderno e uma das principais luzes do panteão progressista. Gloria Feldt, do Planejamento Familiar, declara: "Eu estou ao lado de Margaret Sanger", liderando "a organização que carrega o legado de Sanger". A primeira presidente negra do Planejamento Familiar, Faye Wattleton — eleita a Mulher do Ano em 1989 pela revista *Ms.* — disse que estava "orgulhosa" de estar "seguindo a trilha aberta por Margaret Sanger".[41] O Planejamento Familiar concede anualmente Prêmios Maggie a indivíduos e organizações que promovem a causa de Sanger. Os premiados são um *Who's Who* de ícones liberais, desde o romancista John Irving até o produtor do programa *West Wing* da NBC. Mas há algo que os admiradores liberais de Sanger estão ansiosos para minimizar: ela era uma completa racista que subscreveu inteiramente as ideias de E. A. Ross e de outros "raçologistas". De fato, ela fazia muitos deles parecerem mansos.

Sanger nasceu numa família pobre de 11 filhos em Corning, no estado de Nova York, em 1879. Em 1902, recebeu o diploma de enfermeira. Em 1911, mudou-se para Nova York, onde se associou à *avant-garde* boêmia que integrava o florescente momento fascista dos dois lados do Atlântico. "Nossa sala de visitas", escreveu em sua autobiografia, "tornou-se um ponto de encontro onde liberais, anarquistas, socialistas e integrantes do I.W.W. (Trabalhadores Industriais do Mundo) podiam se reunir."[42]

Como integrante do Comitê Feminino do Partido Socialista de Nova York, ela participou de todos os costumeiros protestos e demonstrações. Em 1912, começou a escrever o que correspondia a uma coluna de aconselhamento sexual para o *New York Call*, chamada "O que toda garota deve saber". O tema dominante de suas colunas era a importância da contracepção.

Discípula da anarquista Emma Goldman — outra eugenista —, Sanger tornou-se a primeira "mártir do controle da natalidade" da nação quando foi presa por distribuir camisinhas, em 1917. A fim de escapar de outra prisão por violar leis contra a obscenidade, foi para a Inglaterra, onde caiu sob o domínio de Havelock Ellis, um teorista do sexo e ardente defensor da esterilização forçada. Ela também teve um caso com H. G. Wells, o autoproclamado defensor do "fascismo liberal". Seu casamento acabou cedo, e um de seus filhos — a quem admitiu haver negligenciado — morreu de pneumonia aos 4 anos de idade. De fato, ela sempre reconheceu que não era o tipo adequado para a vida de família, admitindo não ser "feita para o amor, ou a casa, ou crianças, ou qualquer coisa que necessite de atenção ou consideração".[43]

Sob a bandeira da "liberdade de reprodução", Sanger apoiou praticamente todas as ideias eugênicas discutidas acima. Buscou proibir a reprodução dos inaptos e regular a reprodução de todo mundo. Ela escarnecia da abordagem cautelosa dos eugenistas "positivos", ridicularizando-a como mera "competição pelo berço" entre os aptos e os inaptos. "Mais filhos dos aptos, menos filhos dos inaptos — essa é a questão central do controle da natalidade", escreveu francamente em seu livro *The pivot of civilization* (*O eixo da civilização*), de 1922. (O livro trazia uma introdução escrita por Wells, na qual ele declarava: "Queremos menos e melhores filhos... e, com as malnascidas, mal treinadas hordas de cidadãos inferiores que vocês nos impõem, não podemos criar a vida social e a paz mundial que estamos determinados a criar." Havia duas civilizações em guerra: a do progresso e a que buscava um mundo "afogado por uma indiscriminada torrente de descendentes".)[44]

Uma pessoa imparcial não pode ler hoje os livros, artigos e panfletos de Sanger sem encontrar semelhanças não apenas com a eugenia nazista, mas com as sombrias distopias da imaginação feminista existentes em alegorias como o *Handmaid's Tale* (*O conto da aia*), de Margaret Atwood.[45] Como editora da *Birth Control Review*, Sanger regularmente publicava o tipo de racismo extremado que normalmente associamos a Goebbels ou Himmler. De fato, depois que deixou o cargo de editora, a *Birth Control Review* publicou artigos de pessoas que trabalharam para Goebbels e Himmler. Por exemplo, quando o programa eugênico nazista começou a receber ampla atenção, a revista apressou-se em apresentar os nazistas sob uma luz positiva, abrindo espaço em suas páginas para um artigo intitulado "Eugenic sterilization: an urgent need" ("Esterilização eugênica: uma necessidade urgente"), escrito por Ernst Rüdin, diretor de esterilização de Hitler e um dos fundadores da Sociedade Nazista para a Higiene Racial. Em 1926, Sanger orgulhosamente fez um discurso numa manifestação da KKK em Silver Lake, Nova Jersey.

Entre os amigos mais próximos e colegas mais influentes de Sanger estava o supremacista branco Lothrop Stoddard, autor de *The rising tide of color against white world-supremacy* (*A crescente onda de cor contra a supremacia mundial branca*). No livro, ele oferece sua solução para a ameaça representada pelas raças mais escuras: "Assim como isolamos invasões de bactérias e as deixamos morrer de fome, limitando a área e a quantidade de alimentos de que dispõem, também podemos compelir uma raça inferior a permanecer em seu hábitat nativo."[46] Quando o livro foi lançado, Sanger ficou tão impressionada que o convidou a integrar a junta de diretores da Liga Americana para o Controle da Natalidade.

A genialidade de Sanger foi promover a campanha de Ross pelo controle social associando a campanha racista-eugênica a prazer sexual e liberação feminina. Em seu "Código para parar a superprodução de crianças", publicado em 1934, ela decretou que "nenhuma mulher terá o direito legal de gerar um filho sem uma permissão... Nenhuma permissão será válida para mais de um filho".[47] Mas Sanger dissimulou sua agenda fascista com o argumento de que mulheres "liberadas" não se importariam com tais medidas porque, em primeiro lugar, elas realmente não querem famílias grandes. Num tropo que seria ecoado mais tarde por outras feministas como Betty Friedan, ela argumentava que a própria maternidade era uma restrição socialmente imposta à liberdade das mulheres. Querer uma família grande era uma forma do que os marxistas chamavam de "falsa consciência".

Sanger acreditava — bastante profeticamente — que, se as mulheres compreendessem o sexo como, antes de mais nada, uma experiência prazerosa, e não um ato procriativo, elas abraçariam o controle de natalidade como uma ferramenta necessária para sua própria gratificação pessoal. Ela brilhantemente usava a linguagem da liberação para convencer as mulheres de que elas não estavam cooperando com um esquema coletivista, mas que, de fato, era como se estivessem "falando a verdade ao poder".[48] Foi um truque idêntico a esse que os nazistas levaram a cabo. Tomaram uma doutrina radical nietzschiana da vontade individual e a transformaram num dogma moderno de conformismo classe média. Esse truque continua ocupando o cerne do "individualismo" muito em moda entre conformistas rebeldes da esquerda cultural americana da atualidade. Apesar de tudo, a análise de Sanger sem dúvida estava correta e levou diretamente à disseminada associação feminista entre sexo e rebelião política. Sanger, com efeito, "comprou" mulheres (e homens agradecidos) ao lhes oferecer tolerância à promiscuidade em troca da obediência a seus esquemas eugênicos.

Em 1939, Sanger criou o já mencionado "Projeto Negro", que pretendia levar os negros a adotar o controle de natalidade. Por meio da Federação do Controle da Natalidade, ela contratou ministros negros (inclusive o reverendo Adam Clayton Powell Sr.), médicos e outros líderes para ajudar a podar a supostamente excessiva população negra. A intenção racista do projeto está além de qualquer dúvida. "A massa de significativo número de negros", diz o relatório do projeto, "ainda se reproduz descuidada e desastrosamente, e isso resulta em que o aumento dos negros... ocorra naquela porção da população menos inteligente e apta." Hoje, a intenção de Sanger é chocante, mas ela reconhecia seu extremo radicalismo mesmo naquela época. "Não queremos que a notícia se espalhe", escreveu a um colega, "de que pretendemos exterminar a população negra, e o ministro é o homem que pode corrigir essa ideia se ela alguma vez ocorrer a qualquer um de seus membros mais rebeldes."[49]

É possível que Sanger não quisesse realmente "exterminar" a população negra tanto quanto queria meramente limitar seu crescimento. Ainda assim, muitos na comunidade negra viram o projeto desse modo e permaneceram acertadamente suspeitosos dos motivos progressistas. Não era difícil ver que brancos de classe média que consistentemente falavam de "suicídio da raça" nas mãos dos selvagens escuros, sub-humanos, poderiam não ter em mente os melhores interesses dos negros. Esse ceticismo persistiu durante décadas dentro da comunidade negra. Em 1977, uma pessoa que via a relação entre, por exemplo, aborto e raça de uma perspectiva menos confiante mandou um telegrama ao Congresso para dizer que o aborto era o mesmo que "genocídio contra a raça negra". E acrescentou, em caixa-alta: "POR UMA QUESTÃO DE CONSCIÊNCIA, TENHO QUE ME OPOR AO USO DE FUNDOS FEDERAIS PARA UMA POLÍTICA DE MATAR CRIANCINHAS."[50] Esse era Jesse Jackson, que mudou de posição quando decidiu disputar a indicação democrata.

Há apenas poucos anos, o "bônus" eugênico racial derivado dos direitos ao aborto era algo que só podia ser admitido entre aqueles totalmente comprometidos com a causa e, mesmo assim, em sussurros politicamente corretos. Não mais que isso. Agora, e cada vez mais, esse argumento é aceitável para a esquerda, assim como o são os argumentos a favor da eugenia de um modo geral.

Em 2005, o aclamado economista da Universidade de Chicago, Steven Levitt, quebrou o tabu com seu crítico *Freakonomics*, em coautoria com Stephen Dubner. O livro foi um grande sucesso comercial. O capítulo mais sensacional é uma atualização de um artigo que Levitt havia escrito em 1999 afirmando que o aborto reduz os crimes. "O aborto legalizado levou à diminuição de filhos indesejados; filhos não desejados cometem mais crimes; o aborto legalizado, portanto, levou a menos crimes."[51] *Freakonomics* removeu todas as referências à raça e nunca correlacionou os fatos de que, como os fetos abortados eram desproporcionalmente negros, e os negros contribuem desproporcionalmente para a taxa de crime, a redução do tamanho da população negra reduz os crimes. Ainda assim, a imprensa reconheceu essa realidade e não pareceu se importar.

Em 2005, William Bennett, um pró-vida convicto, invocou o argumento de Levitt a fim de denunciar o pensamento eugênico. "Sei que é verdade que, se quiser reduzir os crimes, você poderia — se fosse esse seu único propósito — você poderia abortar todos os bebês negros neste país, e sua taxa de crime cairia. Isso seria uma coisa impossível, ridícula e moralmente repreensível de se fazer, mas sua taxa de crime cairia." O que parece haver ofendido os liberais, acima de tudo, foi que Bennett havia acidentalmente tomado emprestada uma lógica convencional liberal para afirmar um ponto de vista conservador, e, tal como acontecia com os darwinistas sociais de antigamente, isso deixa os liberais bastante aborrecidos. De acordo com Bob Herbert, do *New York Times*, Bennett acreditava que "exterminar os negros seria uma ferramenta das mais eficazes para combater o crime". Vários porta-vozes negros, inclusive Terry McAuliffe, o ex-diretor do Comitê Nacional Democrático, disseram que Bennett queria exterminar "bebês negros". Juan Williams declarou que os comentários de Bennett revelavam uma "mentalidade profundamente racista".[52]

Num sentido, trata-se de uma reviravolta realmente espantosa. Afinal, quando os liberais defendem abortos, usualmente nos dizem que abortos não matam "bebês". Em vez disso, eles simplesmente removem meros aglomerados de células e tecidos ou "conteúdos uterinos". Se abortos *hipotéticos* cometidos para fins alegadamente conservadores são infanticídios, como é possível que abortos *reais* realizados para fins liberais não o sejam? Alguns liberais são honestos quanto a isso. Em 1992, Nicholas Von Hoffman argumentou no *Philadelphia Inquirer*:

> O aborto livre e barato é uma política de defesa social. Para impedir que sejamos assassinados em nossas camas e violentados nas ruas, devemos fazer todo o possível para encorajar mulheres grávidas que não querem a criança e não cuidarão dela para que se livrem da coisa antes que se transforme num monstro... Em suas demonstrações, os que são contra o aborto desfilam com imagens de fetos mortos e desmembrados. Os que são a favor devem rebater essa exibição com algumas de suas próprias imagens: fotografias de vítimas dos não abortados — vítimas de assassinato, vítimas de estupro, vítimas de mutilação —, imagens que nos lembrem que a luta pelo aborto é apenas parte de um luta maior em prol de lares mais seguros e ruas mais seguras.[53]

Mais tarde, naquele mesmo ano, a Casa Branca recebeu uma carta de um dos advogados do caso *Roe v. Wade*, Ron Weddington, instando o novo presidente eleito a providenciar o lançamento da RU-486 — a pílula do dia seguinte — o mais rapidamente possível. O argumento de Weddington era animadoramente honesto:

> O senhor pode começar imediatamente a eliminar o segmento praticamente sem educação, sem saúde e pobre de nosso país. Não, não estou advogando algum tipo de extinção em massa dessas pessoas desafortunadas. Crime, drogas e doenças já estão cuidando disso. O problema é que seus números não apenas são substituídos, mas aumentados pelo nascimento de milhões de filhos de pessoas que não têm condições de ter filhos. É essa a verdadeira questão. É isso que todos nós sabemos ser a verdade, mas falamos dela apenas em sussurros porque, como liberais que acreditam em direitos individuais, vemos qualquer programa que possa ameaçar os desprivilegiados como discriminatório, malévolo e... digamos... muito republicano.

O governo também terá que prover vasectomias, ligações de trompas e abortos... Já houve cerca de trinta milhões de abortos neste país desde *Roe v. Wade*. Pense em toda a pobreza, crime e miséria hoje existentes... e então acrescente ao cenário trinta milhões de crianças indesejadas. Perdemos muito terreno durante a orgia religiosa dos mandatos Reagan e Bush. Não nos sobra muito tempo.[54]

Em que sentido, exatamente, isso difere, na substância, da autodescrita "religião do controle da natalidade" de Margaret Sanger, que, conforme escreveu ela, iria "aliviar a carga financeira de se usar fundos públicos para cuidar... de crianças destinadas a se tornarem um peso para elas mesmas, suas famílias e, em última instância, para a nação"?[55]

A questão aqui não é a intenção explícita dos liberais ou as racionalizações que invocam para se enganar a respeito da natureza do aborto. Trata-se é de ilustrar que, mesmo quando mudam os motivos e argumentos, a substância da política permanece em seus efeitos. Depois que o Holocausto desacreditou a eugenia *per se*, nem os eugenistas nem suas ideias desapareceram. De fato, eles se ocultaram em áreas como planejamento familiar e demografia e em movimentos políticos como o feminismo. Na verdade, em certo sentido o Planejamento Familiar é hoje *mais* eugênico do que Sanger pretendia. Pois, afinal, ela desprezava o aborto. Ela o denunciou como "bárbaro" e chamou os aborteiros de "homens sanguinários com um 'dr.' antes de seus nomes". O aborto resultava em uma "matança indignante" e no "assassinato de bebês", algo que nem os descendentes degenerados dos inaptos mereciam.[56]

Então, esqueça a intenção: olhe os resultados. O aborto põe fim a um número maior de vidas de negros do que doenças cardíacas, câncer, acidentes, AIDS e crime violento *combinados*. Os afro-americanos constituem pouco mais de 12% da população, mas têm mais de um terço (37%) dos abortos. Essa taxa tem se mantido relativamente constante, embora, em algumas regiões, os números se concentrem nos extremos; no Mississippi, as mulheres negras fazem 72% de todos os abortos, de acordo com os Centros para Controle de Doenças. No âmbito nacional, 512 de cada mil gravidezes em negras terminam num aborto.[57] É bastante significativo que praticamente 80% dos centros de aborto do Planejamento Familiar estejam em comunidades de minorias ou próximos delas. Hoje, o liberalismo condena um Bill Bennett por especular sobre os efeitos de se matar crianças negras não nascidas mas também celebra o assassinato real de crianças negras não nascidas e condena Bennett por se opor a isso.

É claro que a eugenia ortodoxa também visava aos "retardados" e "parasitas inúteis" — que incluíam desde o retardado mental, passando por toda uma subclasse de não educados e malnutridos, até os criminosos reincidentes. Quando se trata dos "retardados" atuais, vozes influentes da esquerda agora advogam a morte de "defeituosos" no começo e no final da vida. A principal delas é Peter Singer, amplamente saudado como o mais importante filósofo vivo e o principal eticista do mundo. O professor Singer, que leciona em Princeton, argumenta que crianças indesejadas ou inválidas devem ser mortas em nome da "compaixão". Ele também defende que os idosos e outros estorvos sociais devem ser eliminados quando suas vidas já não valem a pena serem vividas.

Singer não se esconde por trás de palavras cifradas e eufemismos quando expressa sua crença em que nem sempre é errado matar bebês, como se pode deduzir de seu ensaio intitulado "Killing babies isn't always wrong" ("Nem sempre é errado matar bebês"), e nem é ele uma voz solitária no deserto; suas ideias são populares ou respeitadas em muitos círculos acadêmicos.[58] Mas isso não levou a esquerda, de forma alguma, a condená-lo ao ostracismo, (exceto na Alemanha, onde as pessoas ainda têm um senso visceral de aonde leva essa lógica). É claro que nem todos os liberais, sequer a maioria deles, concordam com as recomendações de Singer, mas tampouco o condenam como o fazem, digamos, com um William Bennett. Talvez eles o reconheçam como um espírito afim.

POLÍTICA DE IDENTIDADE

Os liberais de hoje não têm nenhum rancor especial com relação às minorias raciais (maiorias são outra questão). Podem até mesmo ter preconceito a favor das minorias raciais. Dão a elas um *crédito extra*. A ideia de que o simples fato de *ser* negro é, de certo modo, um feito importante está profundamente entranhada na essência do pensamento racial liberal.

Durante os últimos quarenta anos, aproximadamente, as formas de diversão popular têm glorificado o que Richard Brookhiser, editor da *National*

Review, chama de "Negro Numinoso". Considerando-se como os negros eram representados no passado, é compreensível que os artistas façam agora uma supercompensação na direção oposta. Mas estou falando de uma tendência cultural mais ampla, que abrange tanto a política quanto políticas específicas. O Cáucus Negro no Congresso, que, em sua maior parte, é uma variegada coleção de políticos da extrema esquerda, apelida-se de a "consciência do Congresso" por nenhuma razão discernível além da identidade racial de seus integrantes. Liberais brancos estão perfeitamente felizes em respaldar essa percepção, parcialmente devido à culpa, parcialmente devido a algum cálculo cínico que lhes permite aparecer como nobres (autonomeados) defensores da América negra. Mas a maior parte dos liberais brancos, e também dos negros, subscreve uma orientação filosófica que insiste em que, de alguma maneira significativa, os negros, *de fato,* são "melhores".

Sem a menor dúvida, isso é objetivamente verdadeiro entre supremacistas negros quintessencialmente fascistas como Louis Farrakhan e o "raçologista" Leonard Jeffries. Realmente, em toda a esquerda afrocêntrica e nacionalista negra proliferam bizarras e a-históricas fantasias a respeito da superioridade da antiga civilização africana, sobre conspirações brancas para apagar a história negra e coisas desse tipo. A semelhança com a mitologia nazista a respeito do mítico passado ariano não é superficial. Um dos poucos lugares na América onde se pode ter certeza de encontrar *O protocolo dos sábios de Sião* é em livrarias afrocentristas. E, novamente, tanto a Nação do Islã quanto o movimento Volta à África expressavam alguma afinidade ideológica com o nazismo e o fascismo italiano, respectivamente.

Mesmo na esquerda liberal, onde essas noções venenosas estão muito mais diluídas, é axiomático que exista algo inerente e distintamente bom a respeito dos negros. Como é isso? Bem, *tem* de ser isso. Se alguém se filia às várias doutrinas de multiculturalismo e política de identidade, então já acredita que a negritude é distinta, imutável e permanente. Uma vez aceita essa lógica — e a esquerda obviamente o faz —, então resta uma escolha bastante simples. Se raça *não* é uma coisa neutra, se "raça importa", como diz Cornel West, então *como* importa? Dada a escolha entre atribuir um valor positivo ou um valor negativo, os liberais optam pelo positivo.

A discriminação positiva constitui a espinha dorsal de nosso sistema de espólio racial. Idos estão os dias em que a ação afirmativa era justificada exclusivamente nos termos apresentados por Lyndon Johnson de ajudar os negros ou reparar injustiças históricas.[59] Na realidade, esses argumentos ainda dão muito o que pensar a muitos liberais, o que conta como crédito para eles. Mas eles têm sido absorvidos por um credo mais amplo de multiculturalismo, e os liberais recorrem à retórica de dano racial — isto é, dizem que é necessária uma ação afirmativa para "consertar" o que tem sido feito aos negros — somente quando a ação afirmativa está sendo ameaçada. Este é o quebra-mar usado por uma vasta Coalizão dos Oprimidos que, baseando-se na lógica das prerrogativas negras, confere poder a uma abrangente agenda cultural e política sob a rubrica "diversidade". Enquanto os negros necessitarem de tratamento especial, a coalizão disporá de alavancagem política para fazer a política do nós-também. Num Estado de espólios raciais, esse tipo de *tragédia dos bens públicos* (ou *tragedy of the commons*, no sentido dado por Garrett Hardin em seu artigo de 1968) era inevitável. As feministas, seguindo a onda dos negros, também queriam tratamento especial. Esquerdistas hispânicos copiaram o mesmo modelo. Agora, homossexuais argumentam que são, em praticamente todos os sentidos relevantes, o equivalente moral dos negros. Chegou-se a um ponto em que as fileiras dos oprimidos engrossaram de tal modo que foi necessário criar um novo argumento: "multiculturalismo".

Aqui, as semelhanças com o pensamento fascista alemão tornam-se mais aparentes. Numa passagem famosa, Isaiah Berlin afirmou que o fascismo descendia de um francês reacionário, o conde Joseph de Maistre. Berlin estava claramente exagerando a influência de Maistre (que foi explicitamente rejeitado tanto pelos nazistas quanto pelos fascistas italianos), mas, ainda assim, seu argumento ajuda a entender como o fascismo e a política de identidade se sobrepõem e interagem.

É inerente ao Iluminismo a ideia de que toda a humanidade pode ser chamada à razão. Os *philosophes* afirmavam que, em todo o mundo, os homens eram abençoados com a faculdade da razão. Foi a direita europeia que acreditou que a humanidade estava fragmentada em grupos, classes, seitas, raças, nacionalidades e outras gradações da grande cadeia do ser. O reacionário Maistre vituperava contra a noção de que houvesse quaisquer "direitos universais do homem". Em sua mais famosa declaração sobre o assunto, ele afirmou: "Agora, não existe tal coisa como 'homem' neste mundo. Em minha vida, tenho visto franceses, italianos, russos e assim por diante.

Até mesmo sei, graças a Montesquieu, que alguém pode ser persa. Mas, quanto a homens, eu declaro que nunca encontrei nenhum. Se existe, não estou sabendo."[60]

Maistre queria dizer que somos todos prisioneiros de nossas identidades raciais e étnicas. (Não mencionou gênero, mas provavelmente estaria incluído aí.) De fato, as diferenças entre a política de identidade de nossos dias e a política de identidade do passado fascista são menores do que se pode perceber. Como disse um simpatizante fascista na década de 1930: "Nossa compreensão esforça-se para ir além do erro fatal de acreditar na igualdade de todos os seres humanos e tenta reconhecer a diversidade de pessoas e raças."[61] Quantos *campi* de faculdades ouvem esse tipo de retórica todos os dias?

Hoje, é a esquerda que diz que não existe tal criatura chamada "homem". Em vez disso, existem afro-americanos, hispânicos e americanos nativos. Os acadêmicos esquerdistas falam da "permanência da raça", e todo um novo campo de "estudos sobre o branquismo" brotou nas universidades e faculdades mais importantes, dedicadas a repelir a ameaça do branquismo na América. O sociólogo Andrew Hacker critica a "lógica branca", e uma multidão de outros acadêmicos argumenta que os negros e outras minorias têm baixos desempenhos acadêmicos porque as matérias ensinadas em nossas escolas representam o pensamento supremacista branco. Crianças negras rejeitam os trabalhos escolares porque o sucesso acadêmico significa "agir como branco". Essa confusão de coisas sem sentido sacraliza e confere poder a um monte de noções coletivistas que fazem do Estado o principal responsável por gerenciar o progresso de grupos; aqueles que se opõem a essa agenda recebem golpes na cabeça e são acusados de racismo. Por exemplo, o sistema de escolas públicas de Seattle anunciou recentemente que "a ênfase no individualismo, em oposição a uma ideologia mais coletiva", é uma forma de "racismo cultural". De fato, a defesa de princípios iluministas como individualismo e razão é vista, em si mesma, como antiminorias. Richard Delgado, um fundador da teoria crítica da raça, escreve: "Se você é negro ou mexicano, deve fugir feito louco das democracias baseadas no Iluminismo, presumindo-se que tenha alguma escolha."[62]

Na década de 1960, quando o movimento pelos direitos civis ainda se baseava na formulação liberal clássica de julgar as pessoas pelo conteúdo de seu caráter, liberais iluminados denunciavam a regra de "uma gota": se alguém tivesse uma única gota de sangue "negro", seria negro, um padrão transparentemente similar às noções nacional-socialistas de quem contava como judeu. Agora, de acordo com a esquerda, se você tem uma gota de sangue negro, deve ser considerado negro para os propósitos da discriminação *positiva*. Os privilégios associados à negritude são tão valiosos que alguns intelectuais negros querem transformar a "fraude racial" em crime.[63] Esse é um estranho problema do racismo, quando as pessoas reivindicam o direito de se juntar às fileiras dos oprimidos e fazem *lobby* para garantir que os "opressores" não consigam se fazer passar por "vítimas".

A glorificação da raça como dado permanente tem feito a esquerda abandonar justificativas estreitas para a ação afirmativa e adotar a doutrina do multiculturalismo. O argumento da diversidade — que, aliás, somente é usado para defender grupos favorecidos; asiáticos e judeus quase nunca são incluídos na meta da diversidade — é uma defesa da permanência da raça e da identidade. Em outras palavras, se a esquerda conseguir o que quer, as preferências raciais já não terão nada a ver com corrigir erros passados (exceto quando tais preferências estiverem sendo atacadas). Em vez disso, a busca da diversidade se transformará numa autorização permanente para que administradores ultraminuciosos da engenharia social discriminem contra qualquer grupo que queiram a fim de alcançar o "equilíbrio" desejado. Por exemplo, o uso de quotas mantém judeus (e asiáticos) injustamente fora de universidades para ajudar negros e hispânicos. O que é diferente é que agora os liberais estão seguros de que tais políticas são um sinal de progresso racial.

A diversidade depende do essencialismo racial e, portanto, o ratifica. Não apenas negros ricos (e, cada vez mais, nascidos em outros países) contam tanto quanto os pobres, mas o argumento agora é que a mera exposição a negros é edificante em si e por si mesma. A política é condescendente e contraproducente porque presume que os negros vão para a escola não como Tom Smith ou Joe Jones, mas como intercambiáveis Estudantes com Perspectiva-de-Negros. Os professores se voltam para estudantes negros para ouvir "o ponto de vista negro", e estudantes que não seguem o mesmo catecismo são considerados inautênticos por condescender com liberais (isto é, a maior parte dos professores e administradores) ou por jogar contra os negros. Tenho estado em dezenas de *campi*, e em toda parte a história é a mesma: os negros comem, se divertem e vivem com outros negros apenas.

Essa autossegregação manifesta-se cada vez mais na política do *campus*. Os negros se tornam um corpo estudantil dentro de um corpo estudantil, um microcosmo da nação dentro de uma nação. Ironicamente, a melhor maneira de uma criança branca se beneficiar da exposição a uma criança negra, e vice-versa, seria se houvesse um menor número de estudantes negros ou, pelo menos, nenhum dormitório negro. Dessa forma, os negros seriam forçados a se integrar à cultura majoritária. Mas, é claro, a integração é agora apontada como uma doutrina racista.

Pode-se dizer que é indignante comparar o atual programa liberal de ajuda às minorias com as venenosas ideologias do fascismo e do nazismo. E eu concordaria se estivéssemos falando de coisas como o Holocausto ou mesmo da Noite dos Cristais. Mas, no nível filosófico, estamos falando de categorias de formas de pensar. Filosoficamente, desculpar algo dizendo "é uma coisa negra" não é diferente de dizer "é uma coisa ariana". O contexto moral tem grande importância. Mas a desculpa é a mesma. Igualmente, rejeitar o Iluminismo por "boas" razões continua sendo uma rejeição ao Iluminismo. E quaisquer ganhos instrumentais ou pragmáticos que se obtenha com a rejeição do Iluminismo ainda significam poder ser brutalmente derrubado da plataforma improvisada sobre a qual você está fazendo seu discurso. Pois, desprovidos dos padrões do Iluminismo, ficamos num mundo nietzschiano onde o poder decide as questões importantes, e não a razão. É exatamente assim que a esquerda parece querer vê-lo.

Um último ponto a respeito da diversidade. Dado que os liberais têm o que Thomas Sowell chama de uma "visão ilimitada", eles presumem que todo mundo vê as coisas através das mesmas categorias, do mesmo prisma. Assim, mais uma vez, tal como na invenção do darwinismo social pela esquerda, os liberais presumem que seus oponentes ideológicos consideram "mau" aquilo que para eles é o bom. Se os liberais presumem que os negros — ou mulheres, ou gays — são inerentemente bons, então acham que os conservadores devem pensar que esses grupos sejam inerentemente maus.

Isso não significa dizer que não existam conservadores racistas. Mas, no nível filosófico, o liberalismo está se batendo contra um espantalho. É por isso que os liberais precisam afirmar constantemente que os conservadores usam palavras em código — porque não há nada obviamente racista a respeito do conservadorismo *per se*. De fato, a constante manipulação da linguagem para manter os conservadores — e outros não liberais — na defensiva é uma tática necessária para a política liberal. O burocrata de Washington demitido por usar a palavra *niggardly** corretamente numa sentença é um caso ilustrativo.⁶⁴ O terreno tem que ser sempre revolvido para manter um clima de agravos. Os fascistas são famosos por imperarem pelo terror. A cobrança do politicamente correto não é literalmente terrorista, mas realmente usa o medo para governar. Nenhuma pessoa séria pode negar que a política de ressentimento retaliador da esquerda americana mantém as pessoas decentes num constante estado de medo — elas têm medo de dizer a palavra errada, expressar o pensamento errado, ofender à clientela errada.

Se mantivermos nossa compreensão do conservadorismo como o herdeiro do individualismo liberal clássico, é quase impossível que uma pessoa justa e imparcial o chame de racista. E, ainda assim, de acordo com liberais, a neutralidade racial é, em si, racista. Ela remonta ao "darwinismo social" do passado, dizem-nos, porque relega as minorias a uma luta selvagem pela sobrevivência do mais apto.

Existem apenas três posições básicas. Existe o racismo da esquerda, que busca usar o Estado para ajudar minorias favorecidas que ele considera moralmente superiores. Existe a neutralidade racial, que é, ou se tornou, a posição conservadora. E então existe alguma forma de "racismo clássico" — ou seja, que vê os negros como inferiores, de alguma maneira. De acordo com a esquerda, apenas uma dessas posições não é racista. A neutralidade é racista. O racismo é racista. Então, o que sobra? Nada, a não ser o liberalismo. Em outras palavras, concorde com os liberais, e você não é racista. É claro que, se você adota a cegueira para cores como uma política, muitos liberais justos e imparciais lhe dirão que, embora você não seja pessoalmente racista, suas ideias "perpetuam" o racismo. E alguns liberais sustentarão o lema fascista: se você não é parte da solução, você é parte do problema. Qualquer que seja a forma, não existem portos onde estejamos seguros e protegidos da ideologia liberal. Assim, quando se trata de raça, o liberalismo tornou-se um tipo de totalitarismo leve, e o multiculturalismo é o mecanismo para a *Gleichschaltung* liberal: todo mundo deve marchar no

---

**Niggard* significa apenas "avaro", mas é confundido com *nigger*, forma pejorativa de se referir a um negro, embora não exista nenhuma relação entre as duas palavras. (N. da T.)

mesmo passo. Se alguém fica de fora do consenso liberal, então está do lado do mal ou é um cúmplice do mal. Essa é a lógica do *Volksgemeinschaft* no jargão politicamente correto.

É claro que você não vai receber uma visita da Gestapo se vir o mundo de um jeito diferente; se você não pensa que o tipo bom de diversidade é o definido pela superfície da pele ou que a única comunidade legítima é aquela na qual "estamos todos juntos", isso não significa que será arrastado para um campo de reeducação. Mas é muito possível que seja enviado para aconselhamento ou para oficinas de sensibilização.

8

A economia Fascista Liberal

Nos ÚLTIMOS ANOS, os liberais têm tido sucesso quase absoluto em definir a sabedoria convencional no que se refere à economia. "As corporações são muito poderosas." Elas têm um "controle total" sobre "o sistema", que é todo ele corrompido pelo toque sujo do comércio. Toda publicação liberal na América subscreve essa perspectiva em alguma medida, desde o *Nation* até o *New Republic* e o *New York Times*. Quanto mais alguém se move para a esquerda, mais essa convicção se torna uma caricatura. Assim, Bill Maher apareceu na Convenção Nacional do Partido Republicano vestindo um macacão de piloto de corrida todo estampado com logotipos de grandes corporações para debochar de como os republicanos eram lacaios de Wall Street. Arianna Huffington supostamente passou da direita para a esquerda devido ao desgosto com as corporações gananciosas que descreve em seu livro *Pigs at the trough* (*Porcos no coxo*). William Greider, Kevin Phillips, Robert Reich, Jonathan Chait e todos os outros supostos Charles Beard na esquerda americana têm opiniões semelhantes. As corporações são inerentemente direitistas, nos garantem, e, se deixadas por conta própria, essas entidades malignas e irresponsáveis nos levarão perigosamente próximo do fascismo. A nobre luta contra esses sinistros "escrevedores de cheques corporativos" é parte da eterna batalha para manter ao largo o fascismo — ainda que mal definido.

Há muito tempo, desde a década de 1930, tem havido uma tendência de se ver os grandes negócios — "industriais", "realistas econômicos" ou as "classes dominantes financeiras" — como os verdadeiros magos por trás da Oz fascista. Os liberais de hoje são apenas os últimos herdeiros dessa tradição.

Na esquerda conspiratória, por exemplo, é *de rigueur* chamar George W. Bush e os republicanos em geral de nazistas. O caso é supostamente reforçado pela amplamente divulgada acusação de que o avô de Bush foi um dos industriais que "financiaram" Hitler.[1] Mas, mesmo fora desses pântanos pestilentos, a noção de que os liberais precisam manter um olho atento sobre os grandes negócios para detectar sinais de um fascismo insidioso tem o peso de um artigo de fé. Robert F. Kennedy Jr. recicla esse tema quando escreve: "A ascensão do fascismo na Europa na década de 1930 oferece muitas lições de como o poder corporativo pode minar a democracia. Mussolini reclamou de que 'o fascismo realmente deveria ser chamado de corporativismo'. Hoje, George Bush e sua corte estão tratando nosso país como um 'saco de surpresas' para beneficiar os magnatas." Inúmeros outros têm ecoado esses sentimentos, argumentando, nas palavras de Norman Mailer, que a América já é uma sociedade "pré-fascista" dirigida pelas corporações e por seus puxa-sacos no Partido Republicano. O cientista político Theodore Lowi tem dito que os republicanos são "fascistas amistosos, um esforço dominante para combinar governo e corporações". O romancista canadense John Ralston Saul argumenta em seu livro *The unconscious civilization* (*A civilização inconsciente*) que vivemos numa sociedade corporativista-fascista, mas não estamos disposto a enxergar isso. Os diretores-executivos corporativos, lamenta Saul, são "os verdadeiros descendentes de Benito Mussolini".[2]

Existe muita verdade não intencional nesse diagnóstico coletivo, mas esses pretensos médicos se equivocaram na leitura tanto dos sintomas quanto da doença. Na eterna vigilância da esquerda para se defender do fascismo, ela de fato o criou, embora com uma face amistosa. Como um médico medieval que acredita que o mercúrio curará a loucura, os esquerdistas promovem precisamente a moléstia que esperam remediar. A boa medicina, como a boa economia, depende de que mitologias não comprovadas sejam descartadas. Ainda assim, durante quase um século a esquerda e os liberais vêm usando livros-textos transbordantes de superstições. Esses mitos se entrelaçam, formando um notável nó de confusão. Entre os fios desse nó estão as palpavelmente falsas noções de que os grandes negócios são inerentemente direitistas ou conservadores (no sentido americano); de que o fascismo europeu era uma ferramenta dos grandes negócios; e de que a maneira de impedir que os negócios corrompam o governo é ter um governo que regule os negócios nos mais ínfimos detalhes.

Em realidade, se definirmos "direitista" ou "conservador" no sentido americano de apoiar o Estado de direito e o livre mercado, então, quanto mais direitista for um homem de negócios, menos fascista ele se torna. Enquanto isso, em termos de política econômica, quanto mais alguém se move para o centro político, conforme definido na política americana atual, mais próximo fica do verdadeiro fascismo. Se a extrema esquerda é definida pelo socialismo e a extrema direita pelo *laissez-faire*, então os verdadeiros fascistas são os dúbios centristas do Conselho da Liderança Democrática (Democratic Leadership Council) e a Brookings Institution, pois são eles que subscrevem a noção da Terceira Via, aquela formulação essencialmente fascista que afirma não ser nem esquerda nem direita.[3] Mais importante ainda, frequentemente ocorre que esses mitos sejam deliberadamente perpetuados a fim de apressar a transformação da sociedade americana justamente naquele tipo de nação fascista — ou corporativa — a que os liberais afirmam se opor. Em certa medida, nós de fato vivemos numa "civilização inconsciente" fascista, mas chegamos aqui por meio do esforço consciente de liberais que a queriam exatamente assim.[4]

CUI BONO?

A noção de que o fascismo era um instrumento dos grandes negócios é um dos mais persistentes e duradouros mitos do século passado. Tem sido papagueado por Hollywood, inúmeros jornalistas e gerações de acadêmicos (embora não necessariamente por historiadores especializados no assunto). Mas, como disse Chesterton, as falácias não deixam de ser falácias simplesmente porque viram moda.

O marxismo-leninismo doutrinário definia o fascismo como "a mais reacionária e abertamente terrorista forma de ditadura do capital financeiro, estabelecida pela burguesia imperialista para quebrar a resistência da classe trabalhadora e todos os elementos progressistas da sociedade". Trotsky, um admirador de Mussolini, reconheceu que o fascismo era um "movimento plebeu na origem", mas que sempre foi "dirigido e financiado por grandes poderes capitalistas".[5] Essa interpretação estava determinada *a priori* porque, à altura da década de 1920, os comunistas estavam convencidos de que assistiam ao colapso do capitalismo pelo qual esperavam havia tanto tempo. A profecia marxista sustentava que os capitalistas revidariam para proteger seus interesses, em vez de encarar passivamente sua extinção na nova era socialista. Quando o fascismo venceu na Itália, os videntes comunistas simplesmente declararam: "É isto!" No Quarto Congresso da Internacional Comunista, em 1922, menos de um mês depois da Marcha sobre Roma — e muito antes de Mussolini se consolidar no poder —, os comunistas reunidos aprovaram essa interpretação sem aprofundar o debate sobre os fatos reais envolvidos.

E ficou mais fácil engolir esse mito criado em causa própria depois de os vermelhos italianos derrotados já haverem espalhado o rumor de que o antigo camarada traíra o movimento em troca de suas trinta moedas de prata. Convencidos de que somente eles estavam do lado do povo, os vermelhos respondiam a toda derrota política com a pergunta *"Cui bono?"* — "Quem ganha com isso?" A resposta tinha de ser: os capitalistas no poder. "Fascistas" então se tornou um rótulo conveniente para "capitalistas desesperados". Desde então, quando a esquerda se defrontava com uma derrota política, ela sempre gritava "Fascismo!" e insistia em que os figurões que doavam grandes somas para campanhas políticas estavam secretamente puxando os cordões. Max Horkheimer, o marxista freudiano da Escola de Frankfurt, declarou que não se poderia nem mesmo cogitar de teorias fascistas anticapitalistas. "Quem quer que não esteja preparado para falar a respeito de capitalismo, também deve permanecer em silêncio a respeito de fascismo." E o historiador Martin Kitchen escreve: "Um ponto central de todas as teorias socialistas do fascismo é a insistência na íntima relação entre fascismo e indústria." Henry Ashby Turner, de Yale, chama isso de uma "camisa de força ideológica" que restringe praticamente todos os acadêmicos sob influência marxista. "Quase sem exceção... esses escritos sofrem, tal como os dos marxistas 'ortodoxos', de uma dependência excessiva com relação a um conhecimento acadêmico questionável, quando não fraudulento, e de uma flagrante deturpação de informações factuais."[6] De fato, a evidência de que Mussolini fosse o peão do monolítico "grande capitalismo" é nenhuma. Longe de apoiar uniformemente o fascismo, os grandes negócios estavam fortemente divididos até o momento em que Mussolini tomou o poder. Além disso, intelectuais fascistas abertamente desaprovavam o capitalismo e a economia do *laissez-faire*.

Essa mitologia socialista tornou-se ainda mais rudimentar em resposta ao nazismo. O sucesso de Hitler horrorizava os comunistas, mas não porque os comunistas fossem florezinhas delicadas. As táticas nazistas na década de 1920 não eram mais bárbaras que as táticas comunistas. O que aterrorizava os vermelhos era o fato de que estavam sendo derrotados em seu próprio jogo pelos pardos. Tal como na luta entre as grandes lojas de departamento, em que a Macy's espalhava mentiras sobre a Gimbels, os bolcheviques e seus simpatizantes montaram uma campanha desesperada para desacreditar o nazismo. Isso resultou em que a profecia marxista também serviu como uma boa propaganda. Stalin deu ordens pessoais para que jamais se usasse a palavra "socialista" com referência a fascistas — mesmo quando os fascistas rotineiramente se identificavam como socialistas — e, mais tarde, sob a doutrina do fascismo social, instruiu os seguidores a chamar todas as ideologias concorrentes, fossem progressistas ou socialistas, de "fascistas".

Enquanto isso, a imprensa esquerdista na Alemanha e em todo o Ocidente tornava-se uma correia de transmissão de constantes boatos de que os industriais alemães estavam financiando o cabo louco e seus camisas-pardas. O sucesso desse esforço de propaganda ainda hoje é a principal razão de os liberais continuarem a associar capitalismo a nazismo, grandes negócios a fascismo.

Tudo isso não faz o menor sentido, como já vimos. O Partido Nacional Socialista dos Trabalhadores Alemães era, em todos os aspectos, um partido populista de base popular. Os líderes do partido recitavam todo tipo de tagarelice socialista a respeito de confiscar as posses dos ricos. *Mein Kampf* está repleto de ataques contra "homens de negócios famintos por dividendos" cuja "ganância", "crueldade" e "visão estreita e preconceituosa" estavam arruinando o país. Hitler colocou-se empedernidamente do lado do movimento sindical e contra os "empregadores desprezíveis". Em 1941, ele ainda chamava os grandes empresários de "trapaceiros" e "insensíveis acumuladores de dinheiro" que estavam constantemente reclamando por não conseguir o que queriam. Quando a esquerda denunciou que Hitler estava sendo financiado pelos capitalistas, ele respondeu que esses não passavam de "moscas nojentas". Em particular, os esquerdistas alemães afirmavam que o icônico capitalista Hugo Stinnes era o patrão secreto de Hitler — uma acusação para a qual até hoje não existe nenhuma evidência. Hitler explodiu de raiva quando ouviu isso. Afinal, ele havia demonizado Stinnes em discursos e artigos durante bastante tempo. Stinnes acreditava que a solução para os infortúnios da Alemanha estaria numa melhoria econômica e não numa revolução política, ideia que Hitler considerava sacrílega.[7]

Também é importante reconhecer que, embora Hitler fosse o primeiro entre iguais no Partido Nazista na década de 1920, seus camaradas também expressavam as ideias do "movimento". E as fileiras radicais dos "velhos combatentes" eram inquestionavelmente formadas por populistas que se opunham aos grandes negócios. Depois de tomar o poder, os radicais do Sindicato do Partido Nazista ameaçaram mandar os líderes empresariais para campos de concentração se não aumentassem os salários dos trabalhadores. Dificilmente seria esse o tipo de coisa a se esperar de um partido que estivesse secretamente recebendo dinheiro dos grandes negócios o tempo todo.

De acordo com a decisiva opinião erudita de Henry Ashby Turner, durante toda a década de 1920 os nazistas praticamente não receberam nenhum apoio significativo de industriais alemães — ou estrangeiros. Alguns profissionais de sucesso, varejistas e pequenos comerciantes de fato deram apoio nominal, mas isso usualmente era motivado por preocupações não econômicas, tais como o antissemitismo e o ódio populista. A maior parte do dinheiro nazista vinha de mensalidades e pequenas contribuições, e grande parte do restante vinha da venda do que hoje corresponderia a adesivos para carros e camisetas. Nas ruas, os nazistas apregoavam camisas-pardas e bandeiras nacional-socialistas. Eles também alugavam seus nomes para propagandas de cigarros (apesar de Hitler odiá-los) e até de margarina. Cobravam entradas para manifestações que eram, na realidade, *happenings* de jovens. A mídia estrangeira também pagava para entrevistar Hitler. "Em comparação com a constante entrada de dinheiro proveniente de mensalidades e outras contribuições das fileiras nazistas", explica Turner, "os fundos que chegavam [ao partido] vindos dos grandes empreendimentos tinham, no máximo, uma importância marginal."[8]

Quando Hitler efetivamente conseguiu pequenas quantias de doadores ricos, normalmente as motivações para tal apoio tinham mais a ver com ser um *radical chic** do que com a preservação do sistema capitalista. Edwin Bechstein e Hugo Bruckmann são frequentemente citados como partidários ricos do nazismo. Mas eles só conheceram Hitler por causa de suas esposas,

---

*A expressão *radical chic* foi criada por Tom Wolfe num artigo ("These radical chic evenings") inicialmente publicado no *New York Times* no qual descrevia a atitude de pessoas de classe alta e celebridades que afetavam ideias esquerdistas radicais para promover causas sociais na moda. O cenário é uma festa no triplex de Leonard Bernstein em Nova York, no início dos anos 1970, destinada a levantar fundos para os Panteras Negras convidados. (*N. da T.*)

Helene e Elsa. Ambas eram mulheres de meia-idade, figuras bem situadas na alta sociedade de Munique. Embora elas competissem ciumentamente entre si, partilhavam um amor comum pelas óperas de Wagner e estavam unidas por suas paixonites pelo ardente radical que costumava deixar excitados os patronos de seus respectivos salões ao pendurar o coldre e o chicote de couro no porta-chapéus antes de entrar e discorrer sobre todos os assuntos, de Wagner a bolchevismo e a judeus. Ambas as mulheres ficaram furiosas quando circularam rumores de que o chicote de Hitler havia sido um presente *da outra*. Na realidade, ele havia recebido chicotes das duas e deixava que cada uma acreditasse que só usava o que ela lhe havia dado. Tais cenas tinham mais semelhança com a descrição feita por Tom Wolfe da festa beneficente organizada por Leonard Bernstein para os Panteras Negras do que com alguma câmara secreta onde os herdeiros do capitalismo internacional tramassem usar Hitler como espada para rechaçar a ameaça vermelha. Em dado momento, os maridos ofereceram algum dinheiro para o projeto favorito de suas esposas, mas não muito. Hitler ainda era obrigado a se deslocar para muitos eventos no assento de trás de uma velha caminhonete.

A BARGANHA FASCISTA

Muitos liberais estão corretos quando lamentam a cumplicidade entre governo e corporações. Têm até alguma razão quando condenam os arranjos especiais para Halliburton ou Archer Daniels Midland como prova de um fascismo traiçoeiro. O que eles são *totalmente* incapazes de entender é que este é o sistema que eles criaram. Este é o sistema que eles querem, este é o sistema que eles mobilizam e em nome do qual marcham.

Atualmente, os debates sobre economia geralmente exibem um clima de asneiras comum aos dois partidos. Os democratas querem "controlar com rédeas curtas" as corporações, enquanto os republicanos afirmam ser "pró-negócios". O problema é que ser "pró-negócios" dificilmente é o mesmo que ser pró-livre mercado, enquanto controlar as corporações "com rédeas curtas" gera precisamente o clima que os liberais criticam como fascista. A barganha fascista faz algo parecido com isso. O Estado diz aos industriais: "Você pode permanecer no negócio e ser dono de suas fábricas. Num espírito de cooperação e unidade, nós até mesmo lhe garantimos lucros e a ausência de uma concorrência séria. Em troca, esperamos que concorde com nossa agenda política — e nos ajude a implementá-la." O conteúdo moral e econômico da agenda depende da natureza do regime. A esquerda viu o apoio dos empresários alemães à máquina de guerra nazista e saltou para a conclusão de que os negócios sempre apoiam as guerras. Fizeram o mesmo com os negócios americanos depois da Primeira Guerra Mundial, argumentando que, como os fabricantes de armas se beneficiaram da guerra, a indústria de armamentos era, portanto, responsável por ela.

É razoável dizer que relações incestuosas entre corporações e governos são fascistas. O problema surge quando se afirma que tais arranjos são inerentemente direitistas.[9] Se a cumplicidade entre grandes empreendimentos e governo é direitista, então FDR era um direitista. Se corporativismo e militarismo propagandístico são fascistas, então Woodrow Wilson era um fascista, assim como os seguidores do *New Deal*. Se alguém acha que ser direitista ou conservador é argumentar a favor de mercados livres, concorrência, direitos de propriedade e dos outros valores políticos inscritos na intenção original dos pais fundadores da América, então os grandes negócios na Itália fascista, na Alemanha nazista e na América do *New Deal* não eram direitistas, mas esquerdistas, e *também* fascistas. E mais: continuam sendo.

Desde o surgir da Era Progressista, os reformadores têm construído um exército de espantalhos, invocando um turbilhão de mitos para justificar o obscurecimento das distinções que separam negócios e governo. De acordo com livros-textos cívicos, Upton Sinclair e seus amigos *muckrakers* desencadearam a ira popular contra os cruéis excessos da indústria de processamento de carne e, como resultado, Teddy Roosevelt e seus amigos progressistas corajosamente puxaram as rédeas de uma indústria que saíra do controle. A mesma história se repete no caso das realizações de outros *muckrakers*, inclusive de Ida Tarbell e Lincoln Steffens, dois ícones pró-Mussolini. Essa narrativa sobrevive entre gerações de estudantes de jornalismo que sonham com expor os malfeitos das corporações e desencadear "reformas" impostas pelo governo.

O problema é que isso é totalmente falso, um fato que Sinclair reconheceu voluntariamente. "A inspeção da carne pelo governo federal foi estabelecida, historicamente, a pedido dos processadores", escreveu ele em 1906. "Ela é mantida pelo povo dos Estados Unidos, que paga pelos benefícios concedidos aos processadores." O historiador Gabriel Kolko agrega: "O fato, é claro, é que os grandes processadores eram amigos entusiastas da regulamentação, especialmente quando esta afetava, antes de tudo, a seus inúmeros pequenos concorrentes." Um porta-voz da "*Big Meat*" (como se diria hoje) disse ao Congresso: "Somos agora, e sempre fomos, a favor da extensão da inspeção, bem como da adoção dos regulamentos sanitários que garantirão as melhores condições possíveis." Os conglomerados de processamento de carne sabiam que a inspeção federal se transformaria numa ferramenta de marketing para seus produtos e, em algum momento, num padrão mínimo. Pequenas empresas e açougues que tivessem conquistado a confiança dos consumidores seriam forçados a suportar os onerosos custos de cumprimento das exigências, enquanto as empresas grandes não somente poderiam absorver os custos mais facilmente, mas estariam em condições de afirmar que seus produtos eram superiores aos das carnes não certificadas.[10]

Essa história se reeditou muitas e muitas vezes durante a Era Progressista. A tristemente famosa indústria do aço — herdeira dos magnatas do século XIX — acolheu a intervenção governamental numa escala maciça. A historinha familiar é que o governo tomou a iniciativa de controlar os monopólios predadores. A verdade é quase exatamente o oposto disso. As grandes empresas de aço estavam aterrorizadas com a perspectiva de que a livre concorrência pudesse solapar seus monopólios predadores, então pediram ao governo que intervisse, e ele acedeu alegremente. A U.S. Steel, que era um conglomerado de 138 empresas de aço, ficou atônita ao ver seus lucros declinarem diante de uma dura concorrência. Em resposta, o presidente do grupo, juiz Elbert Gary, convocou uma reunião das principais empresas de aço no Waldorf-Astoria, em 1907, com o propósito de firmar um "acordo de cavalheiros" para fixar os preços. Representantes do Departamento de Justiça de Teddy Roosevelt participaram das reuniões. Ainda assim, os acordos não funcionaram, já que não havia como impedir que algumas empresas baixassem seus preços em prejuízo de outras. "Tendo falhado no âmbito da economia", observa Kolko, "os esforços do grupo U.S. Steel haveriam de passar para a política." À altura de 1909, o magnata do aço, Andrew Carnegie, estava escrevendo no *New York Times* a favor do "controle governamental" do setor. Em junho de 1911, o juiz Gary disse ao Congresso: "Acredito que devamos chegar à socialização obrigatória e ao controle governamental... até mesmo no que se refere a preços." Os democratas — ainda aferrados a noções liberais clássicas — rejeitaram a proposta, considerando-a "semissocialista".[11]

Basta olhar *A promessa da vida americana* de Herbert Croly para ver o quanto a economia progressista era fundamentalmente fascista. Croly desprezava a concorrência. O esforço de acabar com os trustes era tarefa impossível. Se uma corporação crescesse a ponto de se tornar um monopólio, Croly não acreditava que devesse ser desmontada; em vez disso, achava que deveria ser nacionalizada. Os grandes empreendimentos "contribuíam enormemente para a eficiência econômica americana", explicou. "Cooperação" era a palavra de ordem de Croly: "Todas as sociedades civilizadas deveriam se esforçar para substituir métodos competitivos por cooperação."[12] Por uma questão filosófica e prática, Croly opunha-se à concepção de uma regra legal neutra para os negócios. Como toda legislação visava, em última instância, discriminar contra um ou outro interesse (uma perspectiva ressuscitada pelos teoristas legais críticos mais de um século depois), o Estado deveria abandonar a charada da neutralidade e, em vez disso, adotar um programa "nacional" que pusesse o bem da coletividade acima do bem individual.

Como já vimos, a Primeira Guerra Mundial ofereceu uma chance de ouro à agenda de Croly. Os grandes empreendimentos e o governo Wilson compuseram o Conselho de Defesa Nacional (Council of National Defense, ou CND, na sigla em inglês) com o propósito de redesenhar "todo o mecanismo industrial... da forma mais eficiente", nas palavras do próprio Wilson. "Nossa esperança", explicou Howard Coffin, da Hudson Motor Car Company, numa carta aos Du Ponts, "é que possamos lançar as bases daquela coesa estrutura industrial, civil e militar que todo americano pensante já concluiu ser essencial para a vida futura deste país, na paz e no comércio, não menos que numa possível guerra."[13]

Quando eclodiu a guerra, grande parte do CND integrou-se ao que veio a ser a Câmara das Indústrias de Guerra. Dirigida pelos *dollar-a-year men* do mundo das finanças e dos negócios, a Câmara fixou preços, quotas, salários e, é claro, lucros. Associações de comércio foram formadas ao longo de linhas vagamente sindicalistas. "Os negócios buscaram sua própria dominação, fabricaram seus grilhões e policiaram sua própria sujeição", escreveu Grosvenor Clarkson, um integrante da Câmara e historiador de seus feitos. O objetivo era a "concentração do comércio, da indústria e de todos os poderes governamentais". "Os historiadores concluíram, de um modo geral", escreve Robert Higgs, "que esses homens de negócio transformados em burocratas usaram suas posições para estabelecer e fazer cumprir o que eram, de fato, arranjos de cartéis para as diferentes indústrias."[14]

Muitos industriais queriam manter a Câmara em funcionamento depois do final da Primeira Guerra Mundial, e alguns políticos, inclusive Herbert Hoover, tentaram atender a essa vontade. A guerra, não importava que fosse terrível, havia provado que o planejamento nacional funcionava. Stuart Chase, que cunhou a expressão "*New Deal*", citou explicitamente dois modelos para o que a América precisava fazer, o *Gosplan* soviético e o socialismo de guerra da Primeira Guerra Mundial. Rexford Tugwell celebrou o fato de que o *laissez-faire* havia "evaporado sob o efeito do violento calor gerado pela nova visão nacionalista".[15]

Apesar de a propaganda do *New Deal* dizer o contrário — "malfeitores donos de grande riqueza" e coisas parecidas —, FDR simplesmente se empenhou em recriar o corporativismo da última guerra. Os seguidores do *New Deal* convidaram uma indústria atrás da outra para escrever os códigos sob os quais seriam reguladas (e que muitas delas já vinham implorando). A Agência Nacional de Recuperação (*National Recovery Administration*, ou NRA, na sigla em inglês) era ainda mais agressiva ao forçar as indústrias a fixar preços e, de outras formas, a conspirar umas com as outras. A NRA aprovou 557 códigos básicos e 189 complementares, cobrindo praticamente 95% de todos os trabalhadores industriais.

Era não apenas inevitável, mas, na realidade, *intencionalmente buscado*, que os grandes empreendimentos ficassem ainda maiores e que o cidadão comum fosse ludibriado. Por exemplo, os proprietários das grandes cadeias de cinemas redigiram os códigos de tal forma que os independentes foram quase postos fora do negócio, muito embora 13.571 dos 18.321 cinemas da América estivessem nas mãos de proprietários independentes. Num negócio após outro, o cidadão comum foi esmagado ou, pelo menos, posto em séria desvantagem em nome da "eficiência" e do "progresso". Os códigos para as indústrias nas áreas de algodão, lã, tapete e açúcar eram — "até a última vírgula" — simplesmente os acordos de associações de comércio da época de Hoover. E, em quase todos os casos, os grandes empreendimentos saíram vencedores. Em "praticamente todos os códigos que examinamos", escreveu Clarence Darrow em seu relatório final sobre a NRA de Hugh Johnson, "persistia uma condição... Em indústria após indústria, as unidades maiores, às vezes por meio da interveniência de... [uma associação de empresas], às vezes usando outros recursos, escreveram os códigos em seu próprio benefício e depois, de fato, e também em seu próprio benefício, assumiram a administração do código que haviam elaborado." Podemos acreditar que FDR concebeu o *New Deal* como resultado de uma preocupação com o "homem esquecido". Mas, como escreve um historiador, "O princípio... parecia ser: àquele que tem, mais lhe será dado."[16]

De fato, o pragmatismo e o experimentalismo de FDR, tão apreciados por liberais de então e de agora, eram de um tipo profundamente ideológico: planejadores sociais deveriam ter total liberdade para fazer o que quisessem até que conseguissem consertar o que queriam. Thurman Arnold, o teorista por trás da nova "religião do governo" e diretor da Divisão Antitruste de FDR, abandonou a antipatia padrão liberal por cartéis, monopólios e trustes e, em vez disso, enfatizava o consumo.

Tudo isso foi feito com a aquiescência do *establishment* liberal, mais tarde chamado de "nova classe" de gerentes, especialistas e tecnocratas. A ideia era que as pessoas mais inteligentes deveriam ser imunes às regras do capitalismo caótico e da política vulgar. As "melhores práticas" de negócios e de engenharia deveriam ser aplicadas à política. Esses esquemas receberam os mais variados tipos de rótulos — sindicalismo, fordismo, taylorismo, tecnocracia —, mas o impulso subjacente era o mesmo. Os empresários eram parte dessa nova sabedoria convencional. Gerard Swope, o presidente da GE, nos dá uma ilustração perfeita da visão de mundo econômica da elite empresarial. Um ano antes de FDR tomar posse, ele publicou seu modestamente intitulado *Plano Swope*. Sua ideia era que o governo deveria concordar em suspender as leis antitruste para que as indústrias pudessem confabular a fim de ajustar "a produção ao consumo". A indústria "não deveria mais operar em unidades independentes, mas como um todo, de acordo com regras estabelecidas por uma associação de comércio... e o todo seria supervisionado por alguma agência federal como a Comissão Federal de Comércio (Federal Trade Commission)". Sob o *swopismo*, como era chamado por muitos dentro e fora do governo, o Estado removeria as incertezas para que o homem dos grandes negócios pudesse "ir adiante decididamente, em vez de temerosamente".[17]

Por mais que isso soe transparentemente fascista nos dias de hoje, soava ainda mais fascista naquela época. As equipes do *New Deal* estudavam cuidadosamente o corporativismo de Mussolini. Tanto a revista *Fortune* quanto a bastante liberal *BusinessWeek* destinavam um espaço considerável a louvores ao "experimento" italiano. "O Estado Corporativo é para Mussolini o que o *New Deal* é para Roosevelt", declarou a *Fortune*. Durante o governo Hoover e também no início do governo Roosevelt, multidões de economistas independentes ao longo de todo o espectro ideológico notaram as semelhanças entre as políticas econômicas italianas e nazistas e as americanas. William Welk, um destacado estudioso da economia fascista italiana, escreveu no *Foreign Affairs* que os códigos da Agência Nacional de Recuperação (NRA) pareciam imitações de suas contrapartes fascistas italianas, com a única diferença de que os fascistas italianos haviam dado muito mais atenção à justiça social.[18]

A visão de fora era praticamente a mesma. "Agora que o rooseveltismo se tornou aberta e inconfundivelmente fascista, ainda não fomos informados sobre se o Conselho dos Sindicatos Britânicos pretende retirar a bênção e o apoio à tentativa americana de reformar o capitalismo", escreveu Fenner Brockway, o pacifista, socialista e jornalista britânico no *New Leader*. Giuseppe Bottai, o ministro das Corporações da Itália fascista até 1932, escreveu um ensaio para a revista *Foreign Affairs* chamado "Corporate State and the N.R.A." ("O Estado corporativo e a N.R.A.") no qual comentava que, embora as semelhanças fossem reais, o sistema italiano dava melhor tratamento aos trabalhadores.[19]

Os nazistas também viram as semelhanças. "Existe pelo menos uma voz oficial na Europa que expressa sua compreensão dos métodos e motivos do presidente Roosevelt", começava um texto do *New York Times* em julho de 1933. "É a voz da Alemanha, representada pelo chanceler Adolf Hitler." O líder alemão disse ao *Times*: "Tenho simpatia pelo presidente Roosevelt porque ele marcha decididamente em direção a seus objetivos, passando por cima do Congresso, por cima de *lobbies*, por cima de burocracias obstinadas."[20] Em julho de 1934, o jornal do Partido Nazista, *Der Völkische Beobachter*, descreveu Roosevelt como "o senhor e mestre absoluto" da América, um homem de "caráter impecável, extremamente responsável e de vontade inquebrantável", e um "amistoso líder do povo, com uma profunda compreensão das necessidades sociais". Os livros de Roosevelt, *Olhando adiante* (que, como já mencionado, teve uma resenha favorável escrita pelo próprio Mussolini) e *On our way* (*Estamos a caminho*), foram traduzidos para o alemão e receberam ampla atenção. Os comentaristas imediatamente notaram as semelhanças entre as políticas nazistas e as do *New Deal*.

Assim, qual era a essência dessa "revolução de cima para baixo"? Na esfera econômica, era mais comumente chamada de "corporativismo", uma palavra escorregadia usada para dividir a indústria em unidades cooperativas, guildas e associações que trabalhariam juntas sob a rubrica "propósito nacional". O corporativismo simplesmente se parecia com uma tentativa mais honesta e direta de fazer o que planejadores sociais e empresários vinham buscando precariamente havia décadas. Outros nomes também proliferaram, desde "sindicalismo" e "planejamento nacional" até, simplesmente, a "Terceira Via".

O novo sentimento de propósito nacional, pensava-se, permitiria que os empresários e os trabalhadores deixassem de lado suas diferenças de classe e moldassem algo melhor para todo mundo, de maneira muito parecida com o que os planejadores do tempo da guerra haviam feito na Alemanha, na América e por todo o Ocidente. A Terceira Via representava um cansaço generalizado com a política e uma recém-descoberta fé na ciência e nos especialistas.

A imagem do feixe de varas fascista invoca o espírito da ideia: força na unidade. Corporações ou sindicatos representando diferentes setores da economia que, de forma semelhante às varas em volta do machado, se uniriam estreitamente em torno do "interesse público".[21] Os fascistas concordavam com os marxistas em que o conflito de classe era um desafio central na vida econômica; eles meramente diferiam — e, com frequência, apenas no nível teórico — quanto à forma de resolver o conflito. Ao fazer os cidadãos se verem como alemães ou italianos, em vez de como trabalhadores ou patrões, os corporativistas esperavam transformar em realidade a declaração de Hitler de que "classe é coisa que não existe". Hitler de fato acreditava em classes — colocando-se, em termos culturais e políticos, do lado dos trabalhadores e contra os ricos —, mas, assim como a maior parte dos fascistas, também acreditava que as diferenças de classe podiam ser subordinadas ao bem comum por meio do fervor nacionalista. No contexto da Terceira Via, a sociedade teria todos os benefícios do capitalismo sem nenhuma de suas desvantagens. O mercado existiria, mas seria confinado dentro de fronteiras "saudáveis" e "produtivas". Como disse o senador Silvio Longhi, um procurador-geral italiano fascista, "o Estado reconhece e salvaguarda os direitos de propriedade individuais desde que não estejam sendo exercidos de uma forma que contrarie o interesse coletivo dominante".[22]

"Eu acredito", declarou FDR em 1932, "que o indivíduo deve ter plena liberdade de ação para tirar o máximo de si; mas não acredito que, em nome daquela palavra sagrada, alguns interesses poderosos tenham a permissão de usar como bolas de canhão as vidas de metade da população dos Estados Unidos." Essa retórica da Terceira Via também encontrava um eco familiar em muitas propagandas nazistas. Num editorial típico escrito em 27 de maio de 1929, Goebbels explicou que o partido não era "contra o capital, mas contra seu mau uso... Para nós, também, a propriedade é sagrada. Mas isso não quer dizer que façamos parte do coro daqueles que transformaram o conceito de propriedade numa monstruosidade distorcida... Um povo de proprietários livres e responsáveis: essa é a meta do socialismo alemão".[23]

A *GLEICHSCHALTUNG* NAZISTA

O fascismo é o culto da unidade, dentro de todas as esferas e entre todas elas. Os fascistas têm obsessão por erodir as fronteiras "artificiais", sejam legais ou culturais, entre família e Estado, público e privado, negócios e "bem comum". Diferentemente do jacobinismo comunista (ou comunismo jacobino, se preferir), que expropriava propriedades e arrancava instituições pelas raízes a fim de refazer a sociedade a partir da base, o fascismo pragmaticamente buscava preservar o que era bom e autêntico a respeito da sociedade, ao mesmo tempo que a curvava ao bem comum. Instituições ou interesses que estivessem no caminho do progresso poderiam ser nacionalizados, sem dúvida. Mas, se funcionassem com o regime, se "fizessem sua parte", as pessoas poderiam manter suas pequenas fábricas, seus pequenos bancos e clubes, suas pequenas lojas de departamento.

É revelador o fato de o corporativismo ter muitas de suas raízes na doutrina católica. A encíclica papal *Rerum Novarum*, de 1891, propôs o corporativismo ou o sindicalismo como resposta aos deslocamentos produzidos pela Revolução Industrial. Em 1931, uma atualização da encíclica, *Quadragesimo Anno*, reafirmou os princípios da *Rerum Novarum*. Os dois documentos formaram a espinha dorsal do pensamento social católico progressista. O interesse da Igreja pelo corporativismo derivava de sua crença em que aquela era a melhor forma de reviver arranjos sociais medievais que haviam dado ao homem uma maior noção de significado em sua vida.

Em suma, o corporativismo era, em grande medida, um projeto espiritual. Tanto as frias forças impessoais da história de Marx quanto o frio dogma da mão invisível de Adam Smith seriam rejeitados a favor de uma Terceira Via que faria o "homem esquecido" *sentir* que tinha um lugar no grande esquema das coisas.

Os nazistas tinham um nome para esse processo: *Gleichschaltung*. Uma palavra política tomada de empréstimo — como tantas outras — do campo da engenharia, significava "coordenação". A ideia era simples: todas as instituições precisavam trabalhar juntas como se fossem parte de uma só máquina. Aquelas que o faziam voluntariamente recebiam do Estado um amplo espaço de manobra. "Ilhas de separação" — fossem elas negócios, igrejas ou pessoas — eram submetidas a uma pressão contínua até que se desfizessem. Não podia haver nenhuma pedra atravancando o rio do progresso. Com efeito, a sociedade inteira concordava com a barganha fascista na qual todos compravam segurança econômica, moral e política em troca de absoluta lealdade aos ideais do Reich. É claro que essa era uma segurança falsa; a barganha fascista é uma barganha faustiana. Mas era isso que as pessoas pensavam estar recebendo.

O *Princípio do Führer* era um mecanismo-chave do *Gleichschaltung*. Sob o *Führerprinzip*, toda a sociedade civil deveria operar como uma unidade militar, com cada célula reportando lealmente a seu líder, e aqueles líderes aos seus, e assim por diante, até chegar a Hitler. Para os homens de negócio alemães, essa era uma transição fácil porque já implementavam algo como um *Führerprinzip* em suas organizações. Nesse sentido, a cultura empresarial alemã contribuiu de duas formas para a ascensão do nazismo: provendo os fundamentos para o swopismo alemão e, indiretamente, preparando a mente alemã para o tipo de controle social que os nazistas desejavam impor.

No século XIX, o Krupp *Konzern* — o vilipendiado arsenal do Terceiro Reich — preparou o caminho para a barganha fascista quando estabeleceu os Regulamentos Gerais de Alfred Krupp. Na década de 1870, Krupp instituiu um serviço social, escolas, seguro de vida, indenizações, um esquema de pensões, hospitais, até mesmo um abrigo para seus empregados idosos. Os Regulamentos Gerais eram como um minicontrato social entre ele e seus trabalhadores. Em troca da lealdade que ofereciam — ou seja, evitando sindicatos e agitações socialistas —, Krupp lhes concedia todas as vantagens pelas quais lutavam os socialistas. "O que pode chocar o Ausländer como bizarro", escreve William Manchester, "é que os Regulamentos Gerais de Alfred eram vistos — tal como ainda o são em Essen, sua terra natal — como liberais. Pela primeira vez, uma empresa alemã estava explicitando suas obrigações para com seus homens."[24] Os Regulamentos Gerais de Krupp tornaram-se um dos principais documentos progressistas para a reforma empreendida por Bismarck na Prússia e, por extensão, para grande parte do Ocidente. Hoje, empresas com políticas semelhantes aparecem em termos elogiosos no programa *60 Minutes*.

Sob o *Gleichschaltung*, os nazistas meramente ampliaram e aumentaram esses arranjos. O Estado demandava lealdade de Krupp e de seu grupo em troca da proteção que oferecia. Essa era meramente outra maneira de dizer que toda a sociedade deveria ser nazificada — isto é, politizada — de forma que todas as unidades sociais fizessem sua parte em benefício da causa maior. Como resultado, os negócios passaram a ser correias de transmissão da propaganda e dos valores nazistas. A "guerra ao câncer" empreendida pelos nazistas foi assumida por empresas em que era proibido fumar. A guerra dos nazistas contra o alcoolismo e a ênfase hitlerista em alimentos orgânicos lentamente fizeram as indústrias de bebidas se deslocarem para a produção de sucos de frutas, em vez de cerveja e bebidas alcoólicas. As crianças tinham uma prioridade especial. Em 1933, os nazistas proibiram a propaganda de álcool dirigida a jovens. Em 1936, foi implementado um novo sistema de certificação em que algumas bebidas e alguns alimentos traziam o rótulo "adequado" ou "inadequado" para crianças. (A Coca-Cola foi considerada inadequada.) Naquele mesmo ano, uma quarta parte de toda a água mineral produzida na Alemanha vinha de cervejarias. Em 1938, o chefe do Serviço de Saúde do Reich, Hans Reiter, declarou que, a partir daquela data, a cidra doce era a "bebida oficial do povo" (*Volksgetränk*) da Alemanha.

Os nazistas — sempre desproporcionalmente apoiados por burocratas nas "profissões de ajuda" — beneficiaram-se com o apoio de cúmplices particularmente entusiasmados na indústria de cuidados de saúde. Numa nação em que a democracia e as liberdades civis foram varridas para fora de cena e especialistas — médicos, reguladores e "higienistas industriais" — foram promovidos a posições de autoridade sem precedentes, os nazistas ofereciam uma muito ansiada oportunidade para os que quisessem "ir além da política". Por exemplo, o Comitê Anticâncer do Reich declarou em seu primeiro relatório anual: "O ano de 1933 foi decisivo para a guerra contra o câncer: a revolução (*Umwälzung*) nacional-socialista criou oportunidades inteiramente novas para medidas radicais numa área que, até agora, estava bastante limitada... O engajamento (*Einsatz*) ativo e unânime da classe médica tem mostrado que novas avenidas se abriram para a luta contra o câncer na nova Alemanha."[25]

Vastas campanhas de saúde pública e moral foram lançadas para promover ambientes seguros no trabalho, junto com a produção de alimentos orgânicos integrais, medidas de combate à crueldade contra os animais e outros avanços progressistas. Enquanto muitas dessas reformas eram impostas de cima para baixo por engenheiros sociais que contavam com a benévola aquiescência de empresários agora livres das preocupações usuais com essas dispendiosas modificações, os nazistas também trabalhavam incansavelmente para cultivar e encorajar demandas por essas reformas a partir da base. Todo mundo, desde o mais humilde trabalhador até o mais rico barão, era encorajado a acreditar na ideia de que, se você não era parte da solução, era parte do problema; e, além de acreditar, devia também encorajar a observância por outros. Os consumidores alemães eram também implacavelmente intimidados e levados a comprar produtos que promovessem o "bem comum".

A própria linguagem foi distorcida para atender ao que só se poderia chamar de correção política nazista. Victor Klemperer, um professor de línguas neolatinas na Universidade de Dresden, foi demitido em 1935 por causa de seus ancestrais judeus e dedicou-se a registrar as sutis transformações da fala e da vida cotidiana produzidas pelo *Gleichschaltung*. "A mecanização do indivíduo", explicou ele, "manifestou-se primeiro no '*Gleichschaltung*'." Ele observou expressões como "um tempo Hitler" — para descrever um dia ensolarado — que se infiltravam na conversação diária. Os nazistas "mudaram os valores, a frequência das palavras [e] transformaram em propriedade comum palavras que antes haviam sido usadas por indivíduos ou grupos minúsculos. Eles confiscavam palavras para o partido, saturavam palavras, frases e sentenças com seu veneno. Fizeram a linguagem servir ao seu terrível sistema. Conquistaram palavras e fizeram delas suas mais potentes ferramentas de propaganda, ao mesmo tempo as mais públicas e as mais secretas".[26]

A cultura popular, desde a televisão e o cinema até o marketing e a propaganda, era uma ferramenta fundamental para esse processo. Os estúdios, em particular, estavam ansiosos para trabalhar com o regime e vice-versa. Goebbels investiu muito esforço aí, acreditando que "o cinema é um dos meios mais modernos e de maior alcance para influenciar as massas". Mas ele garantiu à indústria cinematográfica que ela não seria tomada pelo governo. Em vez disso, fariam uma parceria público-privada. "Não temos nenhuma intenção de obstruir a produção", disse ele aos chefes de estúdios em sua primeira reunião com o setor, "nem desejamos criar empecilhos para os empreendimentos privados. Ao contrário, eles receberão um grande ímpeto através do movimento nacional."[27] A indústria cinematográfica trabalhou com o governo, formal e informalmente, produzindo sobretudo conteúdos escapistas para as audiências alemãs e também um fluxo permanente de filmes que alegoricamente alimentavam a adoração a Hitler. As audiências eram sutilmente encorajadas a mudar seu modo de pensar não apenas a respeito, digamos, de judeus e política externa, mas a respeito do que significava ser um ser humano no mundo moderno.

Apesar do total controle que os nazistas exerciam sobre a sociedade, muitas pessoas ainda sentiam que os grandes negócios continuavam fazendo o que bem entendiam — e impunemente. Himmler ficava particularmente irritado com a lentidão de seus esforços para transformar o modo como os alemães comiam: "O artificial está em toda parte; em toda parte o alimento é adulterado, cheio de ingredientes que supostamente o fazem durar mais, ou ter melhor aparência, ou passar por 'enriquecido', ou o que quer que seja que os propagandistas da indústria queiram que acreditemos... Estamos nas mãos das indústrias de alimentos que, por sua influência econômica e pela propaganda, têm o poder de prescrever o que podemos e não podemos comer... Depois da guerra, tomaremos medidas enérgicas para impedir a ruína de nosso povo pelas indústrias de alimentos."[28] Aqui podemos ver a inexorável contracorrente do totalitarismo da Terceira Via. Todos os problemas na vida passam a ser o resultado lógico da insuficiente cooperação de instituições ou indivíduos. Se pelo menos pudéssemos engatar mais um dente da engrenagem, então — clic! — tudo entraria nos eixos e todas as contradições seriam eliminadas.

Obviamente, os judeus sofreram todo o ímpeto dos ataques resultantes do *Gleichschaltung*. Eles eram o "outro" contra os quais os nazistas definiam sua sociedade orgânica. Devido ao sucesso econômico judeu, a comunidade de negócios necessariamente desempenhava um papel central na "arianização" da sociedade — uma desculpa conveniente para que se tomassem empresas dos judeus e para que profissionais alemães se apoderassem de empregos de judeus na academia, nas artes e na ciência. Um grande número de alemães simplesmente se recusou a honrar suas dívidas com credores judeus. Os bancos executaram hipotecas. Abutres tomaram os negócios dos judeus ou ofereceram migalhas por eles, sabendo perfeitamente que suas vítimas não tinham saída. Ou então denunciavam os concorrentes, acusando a empresa X de não estar suficientemente comprometida com purgar a mancha do judaísmo de seus negócios.

Nada tão terrível aconteceu nos Estados Unidos, e é improvável que pudesse acontecer, mesmo se as mais negras fantasias de Hugh Johnson tivessem sido realizadas. Mas as práticas dos nazistas e da NRA de Johnson tinham mais semelhanças que diferenças. Os capangas de Johnson arrombavam portas e jogavam na prisão pessoas que não adotavam a Águia Azul. Os esbirros de Hitler faziam o mesmo. "Aqueles que não estão conosco estão contra nós", rugia Johnson, "e a maneira de mostrar que você é parte deste grande exército do *New Deal* é insistindo nesse símbolo de solidariedade." O slogan dos seguidores do *New Deal* "Nós fazemos nossa parte" ecoava o refrão nazista "O bem comum acima do bem privado". Afinal, foi Stuart Chase, e não Albert Speer, quem argumentou em seu *Economia da abundância* que o que se requeria era um "Estado-maior industrial com poderes ditatoriais".[29]

No que se refere à cultura popular, não há espaço suficiente aqui para discutir o tema tão amplamente como ele merece. O *New Deal* investiu milhões de dólares financiando artistas e escritores que retribuíam essa gentileza gerando um vasto corpo de trabalhos artísticos e literários de apoio ao *New Deal*. Mas um episódio em particular pode lançar luz sobre a verdadeira natureza do período.

Assim como muitos outros americanos importantes, o magnata da mídia William Randolph Hearst acreditava que a América precisava de um ditador. Depois de apoiar Jack Garner, do movimento *America First*, ele se passou para FDR (e afirmava ser o responsável por Roosevelt haver chegado em primeiro lugar na convenção democrata). Decidindo que a melhor forma de influenciar FDR — e o povo americano — era via Hollywood, ele reescreveu um roteiro baseado no livro *Gabriel over the White House* (*O anjo Gabriel sobre a Casa Branca*), que resultou num filme com o mesmo nome estrelado por Walter Huston como o presidente Judd Hammond.

É difícil exagerar a natureza propagandística do filme. Hammond, um presidente tremendamente partidarista, como Hoover, tem um acidente de carro e recebe a visita do arcanjo Gabriel. Quando se recupera, ele renasce com um fervor religioso de fazer o bem para a América. Ele demite todo o seu gabinete — todos eles lacaios dos "grandes negócios". O Congresso vota seu *impeachment* e, em resposta, ele comparece a uma sessão conjunta para declarar: "Precisamos de ação — ação imediata e eficaz." Depois disso, fecha o Congresso e assume o poder "temporariamente" para fazer todas as leis. Ordena a formação de um novo "Exército de Construção" que responde somente a ele, gasta bilhões em programas como os do New Deal e nacionaliza a venda e a fabricação de álcool. Quando encontra resistência entre gângsteres, presumivelmente em conluio com seus inimigos políticos, ordena um julgamento militar realizado por seu ajudante de ordens. Imediatamente depois do julgamento, os gângsteres são alinhados contra um muro atrás do tribunal e executados. Com a experiência adquirida com essa vitória, Hammond passa a promover a paz mundial ameaçando destruir qualquer nação que o desobedeça — ou não honre sua dívida com a América. Morre de um ataque cardíaco no final e é elogiado como "um dos maiores presidentes que já se viu".

Um dos coautores do roteiro, que não aparece nos créditos do filme, foi o indicado para a presidência pelo Partido Democrata, Franklin D. Roosevelt. Ele interrompeu a campanha para ler o roteiro e sugeriu diversas mudanças importantes que Hearst incorporou ao filme. Um mês depois de tomar posse, Roosevelt escreveu: "Quero lhe enviar estas linhas para dizer o quanto fiquei satisfeito com as mudanças que você fez em *O anjo Gabriel sobre a Casa Branca*... Penso que é um filme profundamente interessante e deverá ser de grande ajuda."[30]

Desde então, Hollywood tem estado sempre pronta a ajudar causas e políticos liberais. O filme *Dave — presidente por um dia*, estrelado por Kevin Kline como um populista de grande coração a quem se pede para fingir ser o presidente (conservador) que adoeceu e acaba concebendo um golpe de Estado socialmente justificado, é meramente uma versão atualizada da mesma premissa.

A BARGANHA LIBERAL FASCISTA

Atualmente, ainda vivemos sob o sistema econômico fundamentalmente fascista estabelecido por Wilson e FDR. Nós de fato vivemos em uma "civilização inconsciente" fascista, embora seja fascismo de um tipo amistoso, infinitamente mais benigno que o da Alemanha de Hitler, da Itália de Mussolini ou da América de FDR. É esse o sistema que eu chamo de fascismo liberal.

O fato de que os negócios floresçam sob o capitalismo não significa que os empresários sejam necessariamente capitalistas com princípios. Os empresários — pelo menos aqueles no leme de corporações muito grandes — não gostam de riscos, e o capitalismo, por definição, requer riscos. O capital tem que ser posto para funcionar num mercado onde nada é garantido. Mas os empresários são, por natureza e treinamento, encorajados a rechaçar incerteza e risco. Daí que, como um grupo, eles não sejam capitalistas com princípios, mas oportunistas, no mais literal dos sentidos.[31]

A maior parte dos empresários bem-sucedidos preferiria não se incomodar com coisas da política. Durante anos, tanto o Wal-Mart quanto a Microsoft se vangloriaram de não ter nenhum interesse em Washington. O chefe da Microsoft, Bill Gates, brincava dizendo que era "do outro Washington" [ele nasceu em Seattle, no estado de Washington] e que basicamente tinha um único lobista solitário vagabundeando na capital do país. Gates mudou de ideia quando o governo quase destruiu sua empresa. O Comitê Judiciário do Senado o convidou a Washington, D.C., para expiar seu sucesso, e os senadores, nas palavras do *New York Times*, "se deram o prazer frívolo de fazer o homem mais rico da América se contorcer na cadeira".[32] Em resposta, Gates contratou um exército de consultores, lobistas e advogados para combater o governo. Na eleição presidencial de 2000, o Wal-Mart ficou no 771º lugar na lista de contribuições diretas a políticos federais. Nos anos seguintes, sindicatos e regulamentadores começaram a se entusiasmar com o enorme alvo em que havia se transformado o megavarejista. Em 2004, o Wal-Mart tinha o maior comitê empresarial de ação política do país. Em 2006, o grupo lançou um programa sem precedentes para a "educação do eleitor".

Há uma ironia especial no caso do Wal-Mart. Uma das questões políticas mais destacadas entre os nazistas era a ascensão das lojas de departamento. Na plataforma do partido de 1920, chegaram a prometer que assumiriam o controle dos Wal-Marts da época. O ponto 16 dizia: "Nós demandamos a criação de uma classe média saudável e sua conservação, a imediata comunalização das grandes [lojas de departamento], que deverão ser arrendadas a baixo custo para pequenas empresas, e um tratamento de máxima consideração a todas as firmas pequenas nos contratos com o governo federal, estadual ou municipal." Uma vez no poder, os nazistas não honraram totalmente sua promessa, mas, em termos práticos, impediram que as lojas de departamento entrassem em um grande número de negócios — bem parecido com o que os críticos de hoje gostariam de fazer com o Wal-Mart. Também na América, movimentos fascistas — como a União Nacional para a Justiça Social, do padre Coughlin — lançaram-se contra as lojas de departamento acusando-as de serem um mecanismo de fragmentação da comunidade e causa de ansiedade na classe média.[33]

O Wal-Mart fornece um exemplo, no microcosmo, de como os liberais usam a palavra "fascista" para descrever qualquer coisa que esteja fora do controle do Estado. Por exemplo, o colunista do *New York Daily News*, Neil Steinberg, chamou a empresa de "uma enorme besta fascista erguendo-se sobre os próprios pés e buscando novos mundos para conquistar".[34] Sua solução para conquistar a besta fascista? Convidá-la a ir para a cama com o governo, sob o lençol da regulamentação, é claro. Também vale a pena notar que tanto o Wal-Mart quanto a Microsoft descobriram ser necessário se protegerem de Washington, não meramente porque o governo não conseguia resistir ao impulso de intrometer-se, mas porque seus concorrentes não conseguiam resistir ao impulso de fazer *lobby* para que o governo se intrometesse.

Essa é uma das consequências subestimadas de um crescimento explosivo no tamanho do governo. Enquanto algumas empresas estiverem dispostas a se prostituir com Tio Sam, todas as demais sentirão a pressão para se tornarem prostitutas. Se a Acme pode convencer o governo a atormentar a Ajax, a Ajax não tem outra escolha a não ser pressionar o governo para não fazer isso. De fato, os políticos se tornam algo como corretores da Bolsa, recebendo uma comissão tanto dos clientes que ganham quanto dos que perdem. Os concorrentes da Microsoft estavam ansiosos para que o governo arrasasse a empresa e eles se beneficiassem com isso. Essa dinâmica estava amplamente difundida na Alemanha nazista. Empresas produtoras de aço, cada vez mais relutantes em jogar o jogo nazista, pressionavam por mais proteções à sua autonomia. Como resultado, empresas químicas logo se apresentaram como nazistas leais e tomaram os contratos do governo que iam para a indústria do aço.

A maior parte dos negócios é como colmeias. Se o governo não as incomoda, elas não incomodam o governo. Se o governo se intromete nos negócios, as abelhas se lançam sobre Washington. Ainda assim, frequentemente o "remédio" liberal para o problema das abelhas é esmagar a colmeia com um grande porrete. Existem centenas de *lobbies* da indústria médica para diferentes doenças, especialidades e formas de tratamento, cada indústria gastando uma fortuna com *lobbies* diretos e indiretos e com propaganda. Sabe qual a área médica que quase não gasta nada com isso? Veterinária. Por quê? Porque o Congresso quase não perde tempo regulamentando-a.[35] E por que as indústrias farmacêuticas gastam tanto dinheiro fazendo *lobbies* com políticos e regulamentadores? Porque são tão pesadamente regulamentadas que não podem tomar nenhuma decisão importante sem antes obter a permissão de Washington.

Assim como cresceram o tamanho e o escopo do governo, também cresceu o número de negócios que fazem petições ao governo. Em 1956, a Enciclopédia das Associações listou 4.900 grupos. Hoje, lista mais de 23 mil. Tenha em mente que John Commons, um titã da economia liberal, acreditava que a crescente influência das associações comerciais nos transformava num sistema fascista — e isso foi há quase setenta anos! Certamente, nem todos esses grupos são organizações formais de *lobbies*, mas todos eles trabalham com o governo ou atuam sobre ele de alguma forma. Enquanto isso, o número total de lobistas registrados nos Estados Unidos triplicou desde 1996 e, nos últimos cinco anos apenas, dobrou. Na data em que escrevo, existem aproximadamente 35 mil lobistas registrados em Washington. De 1970 a 1980, quando nasceram vinte novas agências federais, o número de advogados em Washington praticamente dobrou, passando para quarenta mil.[36] Esses números não chegam a capturar todo o porte da situação. As firmas de relações públicas, os escritórios de advogados, os grupos de defesa de interesses e os *think tanks* explodiram por toda a capital do país para fazer *lobby* "indireto" junto à imprensa, aos formadores de opinião, ao Congresso e outros a fim de criar um "ambiente de discussão" mais favorável. Quando um de meus amigos lobistas me convida para uma cerveja, ele chama isso de "aproximação com um potencial interessado".

Há muito tempo as corporações têm escritórios em Washington, mas, tradicionalmente, esses eram fins de linha para os profissionais que os ocupavam, lugares para onde se mandava alguém que estivesse bebendo demais ou que precisasse fazer hora até se aposentar. Hoje, os escritórios são operações imensas e muito profissionais. Entre 1961 e 1982, o número de escritórios corporativos em Washington foi multiplicado por dez. Os salários dos lobistas corporativos vêm crescendo exponencialmente durante a última década.

Na Alemanha nazista, os homens de negócio provavam sua lealdade ao Estado sendo bons "cidadãos corporativos", exatamente como fazem hoje. A maneira de demonstrar essa lealdade diferia significativamente, e o conteúdo moral das diferentes agendas era explícito. De fato, para os propósitos da discussão, vamos reconhecer que existe uma enorme diferença entre o que o regime nazista esperava dos "bons empresários alemães" e o que a América espera de seus líderes corporativos. Isso não altera algumas importantes semelhanças fundamentais.

Considere-se, por exemplo, a basicamente bipartidária e inteiramente bem-intencionada Lei dos Americanos com Deficiências (*American with Disabilities Act*, ou ADA, na sigla em inglês), celebrada em toda parte como um triunfo de um governo "gentil". A lei tornou obrigatório que as empresas tomassem várias medidas, grandes e pequenas, para acomodar clientes e empregados com vários tipos de deficiências. Os escritórios tiveram que ser reformados para pessoas em cadeiras de rodas. Foi preciso escrever em braille vários sinais públicos. Tornou-se obrigatório instalar equipamentos para ajudar pessoas com problemas de audição. E assim por diante. Agora, imagine que você é o CEO da Coca-Cola. Sua principal objeção a essa lei é que ela lhe custará um monte de dinheiro, certo? Bom, não exatamente. Se você sabe que o CEO da Pepsi vai ter que fazer as mesmas adaptações, realmente você não tem nenhum problema. Tudo o que precisa fazer é acrescentar um centavo — ou, de fato, uma fração de um centavo — ao custo de uma lata de Coca. Seus clientes pagarão a diferença, assim como farão os clientes da Pepsi. O aumento não lhe custará nenhuma parcela do mercado, pois seu preço, em comparação com o de seu concorrente, permaneceu basicamente o mesmo. Os consumidores provavelmente nem mesmo notarão o aumento no preço.

Imagine agora que você é o dono de uma pequena empresa regional de refrigerantes. Você trabalhou incansavelmente para realizar seu sonho de um dia estar ombro a ombro com a Coca ou a Pepsi. Proporcionalmente falando, os ajustes a fazer em suas fábricas e em seus escritórios lhe custarão muitíssimo mais dinheiro, não apenas em termos de infraestrutura, mas em termos da burocracia envolvida e dos aspectos legais (a Coca e a Pepsi têm enormes departamentos jurídicos; você, não). Seus planos de expansão ou inovação terão de ser adiados porque não há como passar os custos para seus clientes. Ou imagine que você é o dono de uma empresa ainda menor que planeja passar à frente de seus concorrentes regionais. Mas você tem 499 empregados, e, para fins do argumento, a ADA pesa de verdade a partir de quinhentos. Se você contratar apenas mais um, cairá na faixa de aplicação da ADA. Em outras palavras, contratar apenas um empregado de trinta mil dólares por ano lhe custará milhões.

A ADA certamente tem intenções admiráveis e méritos legítimos. Mas a própria natureza desse tipo de legislação que pretende fazer o bem confere poderes às grandes empresas, criando vínculos entre elas e as elites políticas, e serve de barreira à entrada de empresas menores. De fato, as penalidades e a burocracia envolvidas em pelo menos tentar demitir alguém podem fazer com que os empregos se tornem vitalícios. Empresas menores não podem correr o risco de serem forçadas a prover um salário perpétuo, enquanto as grandes compreendem que, de fato, tornaram-se "grandes demais para quebrar" porque são, na prática, braços do próprio Estado.

Talvez o melhor exemplo moderno da barganha fascista em ação seja a conivência entre o governo e as empresas de cigarros. Lembremo-nos de que, na década de 1990, as empresas de cigarros foram demonizadas por venderem "o único produto que, se usado adequadamente, matará você". Bill Clinton e Al Gore acumularam vastas quantias de capital político com sua guerra contra o *"Big Tobacco"*.* Toda a narrativa do caso de corporações "direitistas" *versus* reformadores progressistas desenrolava-se quase diariamente nas primeiras páginas de jornais e nos noticiários da noite. O procurador-geral do Texas declarou que "a história inscreverá a moderna indústria de cigarros na mesma categoria dos piores impérios do mal conhecidos pela civilização". Christopher Lehmann-Haupt sugeriu no *New York Times Book Review* que "somente a escravidão foi maldição pior que o cigarro na história americana". Os executivos do fumo eram "o mais criminoso, repulsivo,

---

*Big Tobacco é um termo pejorativo frequentemente aplicado à indústria de cigarros em geral ou, mais particularmente, às "três grandes" corporações do fumo nos Estados Unidos. Com o mesmo intento, usa-se *Big Meat* (para as processadoras de carne) e *Big Oil* (para as empresas de petróleo). (N. da T.)

sádico, degenerado grupo de pessoas na face da Terra", de acordo com um amplamente citado ativista antitabaco.[37]

Foi nesse contexto que brotou o acordo — inconstitucional — com a indústria de cigarros segundo o qual o *"Big Tobacco"* concordou em pagar 246 *bilhões* de dólares aos governos estaduais. Por que as empresas de cigarros concordariam com um acordo que lhes custou tanto dinheiro e que as obrigou a retirar anúncios de circulação, depreciar seu próprio produto e pagar campanhas educativas para dissuadir crianças e jovens a jamais se tornarem seus clientes? Por uma razão muito simples: isso estava de acordo com seus interesses. As empresas de cigarros não apenas liquidaram os processos movidos contra elas; também compraram a aprovação governamental para um novo cartel ilegal. O *"Big Tobacco"* elevou os preços acima dos custos impostos pelo acordo, garantindo um lucro satisfatório. Empresas menores que não aceitaram o acordo ainda são obrigadas a fazer grandes fundos de reserva. Quando essas outras empresas começaram a se dar bem, tomando faixas de mercado das grandes empresas de cigarros, os governos estaduais entraram em cena e as obrigaram a fazer depósitos ainda maiores. "Todos os estados têm interesse em reduzir... as vendas [das empresas que ficaram fora do acordo]", alertou o procurador-geral de Vermont a seus colegas em outros estados. Com efeito, o governo impõe o cumprimento de um sistema no qual pequenos negócios são esmagados a fim de manter os altos lucros do *"Big Tobacco"*. Vocês podem pensar que não há nenhum problema em tudo isso. Mas como — exatamente — essa abordagem combina com o livre mercado? Como — exatamente — isso difere do corporativismo da Itália fascista, da Alemanha nazista e da NRA de Hugh Johnson?[38]

Essa é a história oculta dos grandes negócios, desde as ferrovias do século XIX, passando pela indústria de processamento de carne durante o governo de Teddy Roosevelt, até o ultrajante cartel do *"Big Tobacco"* hoje: corporações supostamente direitistas trabalhando em íntima cooperação com políticos e burocratas progressistas dos dois partidos para excluir os pequenos negócios, limitar a concorrência, garantir fatias de mercado e preços e, de modo geral, funcionando como um governo paralelo. Muitos dos "intelectuais da ação" de JFK eram empresários que acreditavam que o governo deveria estar nas mãos de peritos pós-partidários que pudessem levar ao governo os padrões de eficiência dos negócios, obscurecendo as distinções entre negócios e governo. Quem se juntou para apoiar LBJ foram os grandes negócios, não foi Barry Goldwater, que era, objetivamente, um defensor do livre empreendimento. Os defensores do livre mercado frequentemente criticam os controles de salários e preços feitos por Richard Nixon, mas o que usualmente fica esquecido é que os grandes negócios os celebravam. Um dia depois de Nixon anunciar seu esquema corporativista, o presidente da Associação Nacional de Manufaturas declarou: "O audacioso gesto do presidente para fortalecer a economia americana merece o apoio e a cooperação de todos os grupos."[39] Os esforços supostamente prescientes de Jimmy Carter para enfrentar a crise de energia levaram à criação do Departamento de Energia, que se tornou — e continua sendo — um cofrezinho especial só para os interesses corporativos. Archer Daniels Midland conseguiu abocanhar bilhões de dólares associando-se ao sonho ambiental de fontes "verdes" de energias alternativas como o etanol.

De fato, somos todos crolyitas agora. Foi Croly quem teve a aguda percepção de que, se não se pretende expropriar empreendimentos privados, mas, ao contrário, se deseja usá-los para implementar uma agenda social, então é desejável que sejam tão grandes quanto possível. O que é mais fácil, atrelar cinco mil gatos a uma carroça ou atrelar um imenso par de bois? A retórica de Al Gore sobre a necessidade de "domesticar" o *Big Oil* e coisas semelhantes é adequada. Ele não quer nacionalizar o "Grande Petróleo"; ele quer atrelá-lo à sua agenda pessoal. Assim também, a reforma dos serviços de saúde proposta por Hillary Clinton, bem como a maior parte das propostas apresentadas pelos principais democratas (e por um grande número de republicanos), envolve a fusão do *big government* e dos grandes negócios. As ideias econômicas de Hillary Clinton em *É preciso uma aldeia* são de um corporativismo de tirar o fôlego. "Várias de nossas mais poderosas empresas de telecomunicações e informática juntaram forças com o governo num projeto para conectar à internet todas as salas de aula da América", diz ela com entusiasmo. "Filosofias corporativas comprometidas com o social são a estrada para a prosperidade e a estabilidade social futuras."[40] Não é necessário dispor de uma pedra de Roseta para decifrar o que os liberais querem dizer com "filosofias corporativas comprometidas com o social".

O avô de tais "filosofias", é claro, foi a política industrial, o espírito fantasmal do corporativismo que reencarnou como liberalismo moderno. Em 1960, o presidente Kennedy conclamou para uma "nova parceria" com as corporações americanas. Na década de 1970, Jimmy Carter convocou para a "reindustrialização" sob um novo "contrato social" para lidar com a "crise de competitividade". Um jovem ajudante do governo Carter chamado Robert Reich deslanchou sua carreira como um criador de frases vazias, produzindo umas preciosidades sonoras como "estimulantes de metas" e "planejamento indicativo". Mais tarde, os "democratas Atari" afirmaram novamente que o "futuro" estava em "parcerias estratégicas" entre os setores público e privado.

Na década de 1980, a inveja americana diante do "Japão e Cia." corporativista alcançou proporções de delírio. Os descendentes intelectuais daqueles que louvavam a Prússia de Bismarck e o Ministério das Corporações de Mussolini agora estavam enfeitiçados pelo Ministério do Comércio e da Indústria Internacional do Japão, que em pouco tempo se tornou o princípio orientador da política econômica esclarecida. James Fallows liderou todo um elenco de estrelas do mundo intelectual liberal — inclusive Clyde Prestowitz, Pat Choate, Robert Kuttner, Ira Magaziner, Robert Reich e Lester Thurow — numa expedição em busca do santo graal da "colaboração" governo-empresas.

Reich foi um dos pioneiros do movimento da Terceira Via. De fato, Mickey Kaus escreve que a retórica da Terceira Via é "o hábito mais desagradável" de Reich e seu "modo de argumentação característico".[41] Em 1983, Reich escreveu *The next American frontier* (*A próxima fronteira americana*), em que defendia "uma forma extrema de corporativismo" (nas palavras de Kaus) na qual, em troca de "reestruturar a assistência" a ser prestada pelo governo, as empresas "concordariam em manter intactas suas velhas forças de trabalho". Os trabalhadores se tornariam, para propósitos práticos, cidadãos de suas companhias, numa relação assustadoramente parecida com os Regulamentos Gerais de Krupp. E, num eco ainda mais assustador do pensamento corporativista fascista italiano, as corporações "substituiriam, em grande medida, as jurisdições geográficas, passando a ser os conduítes do apoio governamental para o desenvolvimento econômico e humano". Os serviços sociais — cuidados de saúde, creches, educação e assim por diante — seriam todos fornecidos pelo empregador. Isso não apenas era bom, mas também inevitável, pois "os empreendimentos de negócios", de acordo com Reich, "estão rapidamente se tornando as principais estruturas de mediação na sociedade americana, substituindo as comunidades geográficas como o lócus dos serviços sociais e, de fato, da vida social".[42]

Apesar de tudo isso, insistem em que é a *direita* econômica que deseja que as corporações tenham mais controle sobre nossas vidas.

Em 1984, o ex-estrategista republicano Kevin Phillips escreveu *Staying on top: the business case for a national industrial strategy* (*Para ficar por cima: o argumento empresarial a favor de uma estratégia industrial nacional*). "Os empresários", alertou Phillips, "precisam pôr de lado velhos conceitos de *laissez-faire*... Está na hora de os Estados Unidos começarem a plotar seu futuro econômico" na nova direção de uma Terceira Via.[43] O que é divertido é que Philips também tem argumentado que S. P. Bush, bisavô de George W. Bush, era um comerciante de armas que se beneficiava com as guerras porque serviu na Câmara das Indústrias de Guerra de Woodrow Wilson, exatamente o modelo do sistema advogado por Phillips.

Em 1992, Bill Clinton e Ross Perot faturaram com a disseminada paixão por uma "nova aliança" entre governo e negócios (em 1991, 61% dos americanos disseram apoiar tal relação). "Sem uma estratégia econômica nacional, esse país tem sido deixado à deriva", declarou o candidato Clinton numa fala típica. "Enquanto isso, nossos concorrentes se organizaram em torno de claras metas nacionais para salvar, promover e aperfeiçoar altos salários e empregos fantásticos." No final, sua esperança de "investir" centenas de bilhões de dólares num plano estratégico para a indústria acabou sendo frustrado pelo Congresso e pelo déficit federal. Mas seu governo de fato tentou arduamente "direcionar" a ajuda para indústrias específicas, com resultados muito limitados — a menos que se compute a "invenção" da internet por Al Gore. O plano de Hillary Clinton para a área da saúde, predestinado ao fracasso, buscava encaixar a indústria de cuidados de saúde numa rede em que seria impossível dizer em que ponto o governo entrava e onde saía o setor privado. Pequenos negócios, como aqueles pobres tintureiros e entregadores de jornais durante o *New Deal*, simplesmente tiveram que pagar o pato. Quando lhe foi apontado que as pequenas empresas seriam devastadas por seu plano, Hillary descartou a reclamação dizendo: "Não posso salvar cada empreendedor descapitalizado da América."[44]

Os planos de cuidados de saúde dos democratas, e da maior parte dos republicanos, não requerem a expropriação da propriedade privada de médicos e empresas farmacêuticas e nem mesmo a cessação dos serviços de saúde oferecidos pelo empregador. Em vez disso, eles querem usar as corporações para governar por procuração. Os economistas liberais têm razão quando brincam que a General Motors é um provedor de serviços de saúde que produz carros como um subproduto industrial.

A GM oferece uma irônica confirmação da lógica marxista. De acordo com o marxismo ortodoxo, o sistema capitalista se torna fascista à medida que suas contradições internas se exacerbam. Como uma teoria de economia política, essa análise não se sustenta. Mas, no nível do varejo, existe nela uma verdade inegável. As indústrias que antes se orgulhavam de sua postura a favor do livre mercado subitamente começam a produzir argumentos a favor do protecionismo, de uma "política industrial" e da "competitividade estratégica" quando descobrem que não podem enfrentar o mercado. As indústrias do aço e as têxteis, certas empresas automotivas — a Chrysler na década de 1980, a GM hoje — e amplas faixas da agricultura alegam que o Estado e as empresas devem ser "parceiros" exatamente no momento em que constatam que já não são competitivas. Elas rapidamente se tornam presas cativas de políticos que buscam proteger empregos ou garantir doações, ou ambos. Esses "capitalistas dos últimos dias" prestam um grande desserviço ao país quando desviam o clima político na direção de uma forma modificada de nacional-socialismo e corporativismo. Eles estão *fugindo* das turbulências da concorrência capitalista e indo em busca do doce aconchego da economia do tipo *É preciso uma aldeia*, e Hillary Clinton chama isso de "progresso".

Observe, por exemplo, quais os setores agrícolas que mais fazem *lobby* junto ao governo e quais tendem a deixá-lo em paz. Os grandes produtores de açúcar no Meio-Oeste e na Flórida gastaram milhões de dólares para proteger suas indústrias da concorrência estrangeira — e também doméstica — precisamente por serem tão pouco competitivos. E o retorno de seus investimentos tem sido enorme. Em 1992, um punhado de refinadores de açúcar deu ao então senador por Nova York, Al D'Amato, uma contribuição de meros 8.500 dólares para sua campanha. Em troca, D'Amato fez passar um desconto de tarifa para a indústria açucareira que valeu 365 milhões — um retorno de cerca de quatro milhões por cento. A indústria açucareira representa 17% de todos os *lobbies* agrícolas nos Estados Unidos. Enquanto isso, os plantadores de maçã — como a maior parte dos fazendeiros que cultivam frutas e vegetais — gastam relativamente pouco fazendo *lobbies* para ganhar subsídios porque suas indústrias são competitivas. Mas eles têm de fazer *lobby* para impedir que o governo subsidie fazendeiros não competitivos que poderiam tentar entrar no mercado de frutas e vegetais.[45]

Não existe nenhum setor da economia americana mais permeado pelo corporativismo do que a agricultura. Na verdade, tanto democratas quanto republicanos são decididamente fascistas quando se trata da "agricultura familiar", fingindo que suas políticas estão preservando algum estilo de vida tradicional quando, na realidade, estão subsidiando enormes corporações.

Mas o corporativismo é apenas parte da história. Assim como as corporações ficaram emaranhadas no contexto mais amplo do *Gleichschaltung* nazista, os grandes negócios supostamente direitistas são fundamentais para a coordenação progressista da sociedade contemporânea. Se os grandes negócios são tão direitistas, por que será que vemos enormes bancos financiando atividades de liberais e esquerdistas — obras de caridade, ativistas e grupos de defesa e promoção de direitos — e depois se vangloriando disso em comerciais e campanhas de publicidade? Como explicar que não exista praticamente nenhuma questão importante nas guerras culturais — seja o aborto, o casamento de gays ou as ações afirmativas — nas quais os grandes negócios tenham desempenhado um papel relevante do lado da direita americana, enquanto existem dezenas de exemplos de corporações que apoiam o lado liberal?

De fato, o mito da corporação direitista permite que a mídia aperte o cerco promovido pelo liberalismo tanto contra as corporações quanto contra a cultura. John McCain simboliza perfeitamente essa situação sem saída do liberalismo moderno. McCain despreza o efeito corruptor do *"Big Money"* na política, mas é também um grande defensor do aumento a favor da regulamentação governamental dos negócios. Aparentemente, ele não consegue ver que, quanto mais o governo regulamentar os negócios, mais os negócios terão interesse em "regular" o governo. Em vez disso, ele concluiu que deveria tentar regulamentar o discurso político, que é o mesmo que censurar o tamanho do depósito de lixo e decidir que o melhor a fazer é regulamentar as moscas.

Essas regulamentações do discurso, por sua vez, dão uma vantagem injusta a alguns negócios muito grandes — conglomerados da mídia, estúdios de cinema e coisas assim — para que possam expressar suas ideias políticas sem serem limitados pela censura governamental. Não é nenhuma surpresa que alguns desses canais tendam a celebrar a genialidade e a coragem de

McCain e usem seus megafones para enfatizar a necessidade de que ele avance ainda mais e de que outros políticos sigam seu exemplo. É claro que essa dinâmica é muito mais ampla que a mera regulamentação. O *New York Times* é a favor da liberdade de escolha, no que se refere ao aborto, e apoia candidatos pró-escolha — abertamente em suas páginas de editoriais, mais sutilmente em suas páginas de notícias. Os grupos pró-vida precisam *pagar* para divulgar suas ideias, mas esses anúncios pagos são pesadamente regulados, graças a McCain, exatamente na hora em que poderiam influenciar pessoas — ou seja, perto da data da eleição. Pode-se substituir aborto por controle de armas, casamento de gays, ambientalismo, ação afirmativa, imigração e outras questões, e a dinâmica permanece a mesma.

É assim que funciona o *Gleichschaltung* liberal; as vozes contrárias são reguladas, barradas, proibidas quando possível, ou ridicularizadas e marginalizadas quando não. As vozes progressistas são encorajadas, celebradas, amplificadas — em nome da "diversidade", ou "liberação", ou "união" e, acima de tudo, do "progresso".

Entre num Starbucks em algum momento e pegue uma das brochuras que destacam seu Relatório de Responsabilidade Social Corporativa. Ele cobre todas as preocupações progressistas — meio ambiente, comércio, desenvolvimento sustentável, e assim por diante. Uma seção inteira é devotada a "abraçar a diversidade", e nela a imensa multinacional se vangloria de estar "se empenhando para aumentar a diversidade em nossa força de trabalho nos Estados Unidos". Entre seus vice-presidentes, 32% são mulheres e 9% são pessoas de cor. Eles gastam oitenta milhões de dólares por ano com fornecedores que pertencem a alguma minoria ou são mulheres donas do próprio negócio e fornecem "grande diversidade de cursos de treinamento que atendem às necessidades relevantes de trabalho de nossos parceiros. Conteúdos relativos à diversidade também são parte essencial de nossas práticas gerais de treinamento". "Parceiros", diga-se de passagem, é o termo orwelliano que eles usam para "empregados".[46] Afinal, no novo corporativismo, somos todos "parceiros".

O ambientalismo, em particular, oferece inúmeros e estranhos paralelos com práticas fascistas, inclusive quanto a ser uma justificativa todo abrangente para políticas corporativistas. De acordo com o fascismo genérico, deve-se manter uma atmosfera de crise a fim de driblar as regras convencionais. Hoje, enquanto Hollywood e a imprensa fazem um alarde implacável em torno da ameaça de aquecimento global, os grandes negócios operam persistentemente para formar alianças e parcerias com o governo, como se a luta contra o aquecimento global fosse o equivalente moral da guerra. De fato, Al Gore — que tira grande proveito dessas parcerias público-privadas — alega que o aquecimento global é o equivalente ao Holocausto e que qualquer um que negue isso é o equivalente moral de um negador do Holocausto. Enquanto isso, uma empresa de petróleo após outra se apregoa como uma aliada vital contra o aquecimento global. A British Petroleum publica aterrorizantes anúncios propagandísticos nos quais nos garante que se alistou na cruzada ambiental e que está adotando uma perspectiva "além do petróleo". Quando o falecido cruzado libertário Julian Simon visitou as instalações de uma empresa de petróleo no Alasca, ficou tão cansado de ouvir os administradores se vangloriando dos "benefícios ambientais" de seu trabalho, que finalmente perguntou: "O que vocês produzem aqui? Petróleo ou benefícios ambientais?"[47]

A GE, local de nascimento do swopismo, gasta hoje milhões de dólares promovendo seu programa "Ecomaginação" por meio do qual espera provar que a GE é uma empresa progressista. No lançamento de sua iniciativa verde, o diretor-executivo da GE declarou: "Já não se trata de um jogo de soma zero — as coisas que são boas para o meio ambiente também são boas para os negócios." A audiência, comendo salgadinhos orgânicos e bebendo vinho de uma vinícola movida a energia solar, ouvia com entusiasmo enquanto o chefe do maior empreendimento industrial na América explicava que "a indústria sozinha não pode resolver os problemas do mundo. Precisamos trabalhar de comum acordo com o governo".[48] Não é nenhuma surpresa, então, que a festa de lançamento tenha acontecido em seus escritórios em Washington. Realmente, a agenda por trás da "ecomaginação" é investir em tecnologias "limpas" e "verdes" e depois pressionar o governo para subsidiá-las por meio de isenções fiscais ou subvenções explícitas.

O poder das corporações de "plugar" seus trabalhadores a agendas políticas mais amplas é, em grande medida, um aspecto não devidamente apreciado da moderna civilização americana. A questão da diversidade é um exemplo perfeito. As grandes corporações têm interesses estabelecidos em apoiar a diversidade por um sem-número de razões legítimas. Nenhuma empresa quer parecer hostil a seus potenciais clientes, por exemplo. Tampouco é inteligente rejeitar candidatos qualificados por causa de um ódio racial. Além do mais, o regime legal *requer* que as empresas se diversifiquem sempre que possível. E, da mesma forma que leis como a ADA ajudam os grandes negócios em detrimento dos pequenos, as ações afirmativas têm o mesmo efeito. De acordo com o professor Peter Schuck, da Escola de Direito de Yale, os programas de ação afirmativa "também tendem a dar vantagens a grandes empresas ao impor a concorrentes menores os pesados custos de elaborar relatórios, montar equipes e atender a outras exigências da lei, já que eles não têm a mesma facilidade de absorvê-los".[49] Uma ampla pesquisa confirma que os diretores-executivos de grandes empresas têm maior probabilidade de apoiar programas obrigatórios de ação afirmativa que os de empresas pequenas.

Essa liderança progressista não acontece sem um pesado investimento em reeducação. Quase todos os executivos de nível médio e alto na América corporativa já passaram por "treinamento em diversidade" e/ou "treinamento sobre assédio sexual" e são frequentemente mandados para novos programas de reeducação — usualmente porque a definição de "tolerância" ficou mais restritiva ainda. As corporações aceitaram a lógica dos gurus da diversidade que insistem em que, se alguém não estiver ativamente promovendo a diversidade — com metas, cronogramas e coisas semelhantes —, estará ativamente se opondo a ela. A natureza totalitária desse treinamento nem de longe recebeu a atenção que merece — em parte porque os próprios jornalistas já foram totalmente reprogramados pelas gigantescas corporações para as quais trabalham.

Pergunte-se o seguinte: o que aconteceria a um empresário que simplesmente se recusasse a empregar o número aceitável de candidatos negros — ou, muito em breve, de gays? Vamos presumir que esse empresário seja uma pessoa má, racista, medíocre, avarenta. Mas houve um tempo em que existia a noção de que a liberdade envolvia o direito de ser mau. Assim, digamos que esse empresário se recuse a contratar negros, gays, judeus ou integrantes de outros grupos "oprimidos". O que acontece em seguida? Primeiro, ele recebe uma carta do governo dizendo que tem de ter uma força de trabalho que se pareça com a América. Depois, recebe outra carta. Talvez também receba uma carta de algum candidato desapontado ameaçando processá-lo. Em algum momento, será levado diante de um juiz e lhe dirão que tem de contratar pessoas que não quer contratar. Se, ainda assim, ele se recusar, pode perder um bocado de dinheiro numa ação civil. Ou pode ser que sua companhia lhe seja tomada e declarem sua concordata. Se ele persistir em sua obstinada independência, o Estado, de uma forma ou de outra, lhe tomará a empresa. Sem dúvida, os Robert Reichs do mundo dirão que você tem o direito de empregar as pessoas que quiser, desde que seus direitos não perturbem o "bem comum".

Podemos até mesmo concordar com Reich porque achamos que a discriminação é maléfica. Mas será que isso é realmente menos fascista do que dizer a um empresário que ele tem de demitir o judeu que trabalha para ele? Ou, se essa for uma reflexão muito sombria, consideremos isto: por um triz, a cadeia de restaurantes Hooters escapou de ser forçada a contratar homens como "garotas Hooters". Soa engraçado, mas não basta simplesmente que algo seja feito em nome da diversidade para garantir que seja algo não fascista. Apenas torna a coisa um tipo mais agradável de fascismo.

9

Admirável Aldeia Nova: Hillary Clinton e o significado do Fascismo Liberal

O LIBERALISMO é uma cultura e um dogma e, quanto a isso, é bem parecido com o conservadorismo. Individualmente, os liberais podem pensar que chegaram a suas conclusões por meio de cuidadosa deliberação — e, sem dúvida, muitos o fizeram —, mas não há como escapar à contracorrente da história e da cultura. Ideias e ideologia são transmitidas de formas mais variadas do que podemos contar, e o fato de ignorarmos de onde vieram nossas ideias não significa que não vieram de algum lugar.

Mas, é claro, isso não quer dizer que o presente seja cativo das garras de ferro do passado. Eu, por exemplo, dou um forte apoio aos direitos dos estados. Houve um tempo em que os racistas usaram o apoio aos direitos dos estados como um disfarce para perpetuar as leis segregacionistas. Isso não significa que eu seja a favor de "Jim Crow". Mas, como já discutido antes, os conservadores têm tido que fazer um esforço muito, muito grande para explicar por que os direitos dos estados já não têm mais a ver com preservar a segregação. Quando alguém me pergunta por que meu apoio ao federalismo não levaria a uma situação "Jim Crow", tenho respostas na ponta da língua. Nenhum esforço intelectual semelhante existe na esquerda, nem se exige dela nada parecido. Os liberais estão convencidos de que sempre estiveram do lado certo da história. George Clooney expressa um sentimento comum entre liberais quando diz: "Sim, eu sou um liberal e estou cansado de que isso seja um palavrão. Não conheço nenhum momento na história em que os liberais estiveram do lado errado de questões sociais."[1]

Esta é uma das principais razões de eu haver escrito este livro: furar a bolha dessa presunçosa autoconfiança de que simplesmente por ser um liberal alguém é também virtuoso. Ao mesmo tempo, preciso repetir que não estou passando o filme de trás para a frente. Os liberais de hoje não são os autores dos erros de gerações passadas, da mesma forma que eu não sou responsável pela insensibilidade de alguns conservadores que defendiam os direitos dos estados pela razão errada muito antes de eu haver nascido. Não, os problemas com o liberalismo de hoje se encontram no liberalismo de hoje. A relevância de se falar do passado está em que, diferentemente do conservador que tem lutado com sua história para se certificar de que não vai repeti-la, os liberais não veem nenhuma necessidade de fazer nada parecido. E, assim, armados com a completa confiança em suas próprias boas intenções, eles alegremente cruzam fronteiras das quais deveríamos nos manter bastante afastados. Eles reinventam constructos ideológicos que já vimos em tempos passados, sem se darem conta das ciladas que contêm e com uma alegre confiança em que aquelas pessoas boas nunca poderiam dizer ou fazer qualquer coisa "fascista" porque fascismo é, por definição, qualquer coisa indesejável. E o liberalismo não é nada mais que a busca organizada do desejável.

Hillary Clinton é uma pessoa fascinante não por causa de sua personalidade insípida e desinteressante, mas porque é um espelho no qual podemos ver a continuidade liberal com o passado e ter ao menos um vislumbre de uma direção possível de seu futuro. Ela e seu marido têm sido como Zeligs da esquerda liberal, aparecendo em toda parte, interagindo com todo mundo que tem influenciado o liberalismo ao longo de décadas. Por ser ela esperta e ambiciosa, tem equilibrado idealismo com cinismo, ideologia e calculismo. Isso, é claro, vale para grande número de políticos. Mas Hillary Clinton merece fama e atenção porque os observadores acreditam que ela tenha o discernimento, os assessores e o poder institucional adequados para escolher as combinações vencedoras. Se Waldo Frank e J. T. Flynn estavam certos ao dizer que o fascismo americano seria diferente de seus correspondentes europeus em virtude de sua nobreza e respeitabilidade, então Hillary Clinton é a realização daquela profecia. Porém, mais que isso, ela é uma figura representativa, o membro mais importante de uma coorte generacional de liberais de elite que (inconscientemente, é claro) trouxeram temas fascistas para o liberalismo predominante. Especificamente, ela e sua coorte incorporam o lado maternal do fascismo — e essa é uma das razões de ele não ser tão claramente reconhecido como tal. O que se segue, então, é um retrato coletivo de Hillary e seus amigos — os mais importantes proponentes e exemplares do fascismo liberal de nosso tempo.

A POLÍTICA DA RECONSTRUÇÃO HUMANA

Hillary Clinton é usualmente vista por seus partidários como uma liberal — enquanto seus oponentes conservadores a veem como uma esquerdista radical com pele de carneiro liberal; entretanto é mais exato vê-la como uma progressista no velho estilo e uma descendente direta do movimento do Evangelho Social das décadas de 1920 e 1930.

As raízes abertamente religiosas de sua vocação política são as mais claras evidências disso. Nascida numa família metodista em Park Ridge, Illinois, Hillary sempre teve uma ligação especial com o Evangelho Social. Era integrante ativa do grupo de jovens de sua igreja e a única, entre todos os irmãos, a frequentar regularmente os cultos de domingo. "Ela é realmente uma mulher que se fez na igreja", disse o reverendo Donald Jones, seu antigo ministro e mentor da juventude, à revista *Newsweek*.[2]

Jones estava sendo humilde. A verdade é que, de acordo com muitos biógrafos, ele foi uma grande influência, a pessoa mais importante na vida da jovem além de seus pais. Discípulo do teólogo Paul Tillich, um existencialista alemão emigrado, Jones era um pastor radical que acabou perdendo seu ministério por ser excessivamente político. Hillary escrevia a ele regularmente enquanto estava na faculdade. Quando ela se mudou para Arkansas, passou a ensinar na escola dominical e frequentemente falava como uma pregadora laica sobre o tópico "Por que sou uma integrante da Igreja Metodista Unida" durante os cultos de domingo. "Ainda hoje", disse Jones à *Newsweek*, "quando Hillary fala, soa como se fosse uma lição da escola dominical metodista."[3]

Pouco antes de Hillary ir estudar em Wellesley, uma faculdade exclusiva para mulheres e altamente seleta, Jones comprou para ela uma assinatura da revista metodista *motive* como presente de formatura. Escrito com um *m* minúsculo por razões que provavelmente a ninguém interessava, exceto aos editores, *motive* inquestionavelmente era, no final dos anos 1960 e início dos 1970 (quando fechou), um órgão radical esquerdista, como já mencionado.

Três décadas mais tarde, Hillary recordou, falando à *Newsweek*, que suas ideias a respeito da Guerra do Vietnã realmente mudaram quando leu um ensaio de Carl Oglesby em *motive*. A *Newsweek* escolheu apresentar isso como uma recordação afetuosa de uma liberal espiritual, descrevendo Oglesby como um "teólogo metodista". Mas essa descrição é altamente enganadora.[4] Oglesby, eleito presidente da organização Estudantes para uma Sociedade Democrática (a SDS) em 1965, era um proeminente ativista que se opunha à guerra. Seu argumento contra o Vietnã era teológico apenas no sentido de que o fascismo liberal é uma religião política. Os países comunistas eram bons, de acordo com Oglesby, porque estavam pragmaticamente tentando "alimentar, vestir, abrigar e curar seu povo" diante da perseguição de uma "virulenta linhagem" do imperialismo e do capitalismo americanos. As manifestações violentas dos povos oprimidos do Terceiro Mundo ou nos guetos americanos eram inteiramente racionais e até louváveis.[5]

Hillary Clinton viu essa política radical como emanada da mesma fonte da qual jorrava sua missão religiosa. Afinal, ela estava lendo aquele material numa publicação oficial metodista que recebera de seu ministro. "Ainda tenho todos os exemplares que recebi deles", disse à *Newsweek*.[6]

Em 1969, Hillary foi a primeira aluna em toda a história de Wellesley a fazer o discurso de entrega de diplomas em sua própria formatura. Não há como saber se ela começou a se ver como uma líder feminista naquela época ou se a experiência simplesmente reforçou suas aspirações. Mas, dali em diante, Hillary cada vez mais se envolveu com a retórica de diferentes movimentos — o movimento jovem, o movimento das mulheres, o movimento contra a guerra — e gravitou na direção de outros que acreditavam que tanto sua geração quanto seu gênero tinham um encontro marcado com o destino. O impacto do discurso foi tamanho que sua foto acabou parando na revista *Life*, onde foi apontada como uma das líderes da nova geração (Ira Magaziner, um estudante da Universidade de Brown e futuro guru de Hillary para questões de políticas de saúde, também foi matéria de destaque na *Life*).

Tirando-se as tolices próprias da Nova Era, o discurso de Hillary em Wellesley era uma apaixonada busca por sentido, impregnado do que, nos dias de hoje, devem ser sentimentos bem conhecidos. "Estamos, todas nós, explorando um mundo que nenhuma de nós sequer compreende, sentindo que o estilo prevalecente em nossa aquisitiva e competitiva vida corporativa, que tragicamente inclui as universidades, não é o modo de vida que nos serve. Estamos buscando um modo de viver que seja mais imediato, arrebatador e penetrante." E continuou: "Não estamos interessadas na reconstrução social; é a reconstrução humana que nos interessa." A vida na faculdade, explicou, havia, por um breve tempo, aliviado o "peso da realidade inautêntica". Deu às alunas uma oportunidade de buscar a autenticidade. "Todo protesto, toda dissensão, seja um trabalho acadêmico individual ou uma demonstração no estacionamento de Founder, é, assumidamente, uma tentativa de forjar uma identidade nesta era específica em que vivemos."[7] Uma profunda corrente de nostalgia percorre todas as suas observações relativamente curtas: um anseio por unidade, por conexões, pela dissolução de sentimentos e instituições "inautênticos" e sua fusão em um casamento holístico para *"transformar o futuro em presente"*, de modo que "não existam mais limitações" e que "homens ocos" se façam inteiros.[8] Combina bem com o lema de Wellesley *"Non ministrari sed ministrare"* ("Não para ser ministrado, mas para ministrar").

A TENTAÇÃO TOTALITÁRIA

Depois da formatura, Saul Alinsky ofereceu um estágio a Hillary. Ele era seu herói, o famoso autor de *Regras para radicais* — a respeito de quem ela escrevera sua tese intitulada "There is only the fight: an analysis of the Alinsky model" ("Existe apenas a luta: uma análise do modelo de Alinsky"). Numa decisão sem precedentes, Wellesley sequestrou a tese em 1992, recusando-se a divulgar pelo menos o título até que os Clinton deixassem a Casa Branca.

Os leitores familiarizados com Alinsky e sua época compreenderão a imensa influência que o "padrinho" do ativismo comunitário exerce sobre a esquerda. Filho de imigrantes russos judeus, Alinsky começou a vida profissional como criminologista, mas, em 1936, cansado dos fracassos das políticas sociais, comprometeu-se com atacar as supostas raízes da criminalidade. Em determinado momento, tornou-se um ativista sindical em Chicago, sua cidade natal, trabalhando, na vida real, na comunidade em que se passava o romance *Jungle* (*A selva*) de Upton Sinclair. "Foi aqui", escreve P. David Finks, "que Saul Alinsky inventou seu famoso 'método' de organização de comunidades, tomando emprestadas as táticas da Igreja católica, dos mafiosos de Al Capone, de sociólogos da Universidade de Chicago e dos organizadores sindicais de John L. Lewis".[9] Sua retórica violenta, de confrontação, com frequência soava muito parecida com o que se ouvia de Horst Wessel ou de seus adversários camisas-vermelhas nas ruas de Berlim.

Alinsky juntou forças com as igrejas e a CIO — então lotada de stalinistas e outros comunistas —, aprendendo as práticas de organizar a partir das ruas. Em 1940, criou a Fundação para Áreas Industriais (Industrial Areas Foundation), que deu início ao movimento do ativismo comunitário. Tornou-se o mentor de inúmeros ativistas comunitários — o mais famoso sendo Cesar Chavez —, lançando as bases tanto para o movimento de Ralph Nader quanto para a SDS. Ele acreditava que, para cumprir sua agenda, deveria explorar os costumes da classe média, em vez de afrontá-los como fizeram os *hippies* de cabelos compridos. De fato, Alinsky acreditava que o uso de instituições amigáveis ou vulneráveis como arma para esmagar os redutos do inimigo era a essência da organização política. E ele era, por consenso universal, um "gênio organizacional". Trabalhou estreitamente com os padres reformistas e de inclinações esquerdistas que foram, durante a maior parte de sua carreira, seus principais incentivadores. Talvez como resultado disso, aprendeu a arte de pôr em campo pregadores ativistas que atuavam na linha de frente de sua missão de "arrancar a casca das feridas do descontentamento".[10]

Em muitos aspectos, os métodos de Alinsky inspiraram toda a geração de agitadores da Nova Esquerda da década de 1960 (Barack Obama foi, durante anos, um organizador comunitário em Chicago e foi treinado por discípulos de Alinsky). Vale a pena notar, no entanto, que Alinsky não era nenhum fã da Grande Sociedade, chamando-a de "uma peça de destaque da pornografia política" por ser simultaneamente muito tímida e muito generosa com a "indústria do bem-estar social". De fato, havia algo profundamente admirável no desprezo de Alinsky tanto pelo estatismo dos liberais da elite quanto pelos radicalmente chiques novos esquerdistas, que passavam os dias "declamando citações de Mao, Castro e Che Guevara cuja adequação à nossa sociedade de massa altamente tecnológica, informatizada, cibernética e movida a energia nuclear é a mesma que haveria entre uma diligência e uma pista de decolagem de jatos no aeroporto Kennedy".[11]

Ainda assim, é indiscutível que vastas parcelas de seus escritos são indistinguíveis da retórica fascista das décadas de 1920 e 1930. Suas descrições dos Estados Unidos poderiam ter vindo de qualquer camisa-parda de esquina denunciando a corrupção do regime de Weimar. Sua visão de mundo é distintamente fascista. A vida é definida pela guerra, por lutas de poder e imposição da vontade. Além disso, Alinsky partilha com os fascistas e pragmatistas de outrora uma hostilidade basilar pelos dogmas. A única coisa em que acredita são os fins buscados pelo movimento, que considera a fonte do significado da vida. "Mudança significa movimento. Movimento significa atrito", escreve ele. "Somente no vácuo sem atrito de um mundo abstrato não existente poderia o movimento ou a mudança ocorrer sem o abrasivo atrito do conflito." Mas o que se revela, acima de tudo, é seu irrefreável amor pelo poder. Para Alinsky, o poder é um bem em si. O nosso "é um mundo não de anjos, mas de ângulos", declara ele em *Regras para radicais*, "no qual os homens falam de princípios morais, mas agem movidos por princípios de poder".[12]

Hillary recusou a oferta de Alinsky para poder fazer o curso de Direito em Yale. Ouviu dele que estava cometendo um grande equívoco, mas respondeu que somente passando pelas instituições de elite da América ela poderia alcançar um poder real e mudar o sistema a partir de dentro. Essa era uma típica racionalização de muitos estudantes universitários de classe alta na década de 1960: embora prezassem suas credenciais radicais, também olhavam com desconfiança a ideia de sacrificar suas vantagens sociais. É significativo, no entanto, que, na tese, uma das principais críticas a Alinsky seja de que ele não havia conseguido criar um movimento nacional baseado em suas ideias. Mas Hillary, mais que a maioria, nunca desistiu da fé. Permaneceu fiel aos seus princípios radicais. Assim, em Yale — onde veio a conhecer Bill Clinton —, o acaso rapidamente a levou para junto da extrema esquerda.

Constata-se uma sincronicidade quase literal entre narrativas e ideias de diferentes pessoas quando superpomos os fatos ocorridos em Yale no final da década de 1960 e início da seguinte. Bill Clinton aprendeu direito constitucional com Charles Reich, o guru da "Consciência Nível III". Reich, por sua vez, havia atuado como parceiro do famoso advogado e intelectual do *New Deal*, Thurman Arnold — um discípulo dos liberais crolyitas da Nova República —, que defendia uma nova "religião do governo". Na década de 1930, os críticos viam o trabalho de Arnold como uma das peças fundamentais do fascismo à moda americana. Mais tarde, ele foi o cofundador do escritório de advocacia Arnold, Fortas & Porter.[13]

Hillary ajudou a editar a *Yale Review of Law and Social Action* (*Revista de Direito e Ação Social de Yale*), que, na época, era um órgão inteiramente radical que apoiava os Panteras Negras e publicava artigos endossando implicitamente o assassinato de policiais. Um artigo, "Jamestown Seventy", sugeria que os radicais adotassem um programa de "migração política para um único estado com o propósito de ganhar controle político e estabelecer um laboratório vivo para realizar experimentos".[14]

Uma capa vergonhosa da *Review* exibia policiais como porcos, um deles com a cabeça decepada. Os Panteras haviam se tornado um assunto no *campus* porque seu "presidente", Bobby Seale, havia sido julgado em New Haven, junto com alguns outros capangas, pelo assassinato de um membro do grupo. Hillary se ofereceu para integrar a equipe de advogados, chegando a assistir ao julgamento para tomar notas que ajudassem a defesa. Seu excelente trabalho como organizadora dos estudantes voluntários valeu-lhe uma oferta para um estágio de verão em Berkeley, na Califórnia, no escritório de Robert Treuhaft, um dos advogados de Seale. Treuhaft havia sido, durante toda a vida, um membro do Partido Comunista Americano, tendo dado seus primeiros passos na política lutando pela facção stalinista do movimento operário na Califórnia.[15]

A atração de Hillary por grupos e figuras radicais como os Panteras Negras, Alinsky e — de acordo com alguns biógrafos — Yasser Arafat é perfeitamente consistente com a inclinação natural do liberalismo por homens de ação. Assim como Herbert Croly podia mostrar compreensão por Mussolini, e como inúmeros outros aplaudiram as "decisões duras" de Stalin, a geração de liberais dos anos 1960 tinha uma queda inerente por homens que "transcendiam" a moralidade e a democracia burguesas em nome da justiça social. Esse amor por homens duros — Castro, Che, Arafat — está

ADMIRÁVEL ALDEIA NOVA

claramente ligado à obsessão da esquerda pelos valores fascistas de autenticidade e vontade.[16]

Depois de concluir o curso de Direito, no entanto, Hillary evitou essa autenticidade radical e optou pelo pragmatismo. Trabalhou como advogada em Little Rock e como uma ativista dentro dos confins do *establishment* liberal, dirigindo a Corporação de Serviços Jurídicos (Legal Services Corporation), um órgão radical financiado pelo Estado, bem como o Fundo de Defesa das Crianças (Children's Defense Fund, ou CDF, na sigla em inglês), sem fins lucrativos. Antes disso, ela havia integrado a equipe democrata da Comissão Permanente de Justiça do Congresso. Seu casamento com Bill Clinton, sem dúvida o casamento mais implacavelmente dissecado da história americana, não precisa ocupar muito de nosso tempo. Quaisquer que possam ter sido os sentimentos românticos entre eles, ou que continuem a ser, pessoas razoáveis diriam que se tratava também de um arranjo profundamente político.

O aspecto mais revelador da carreira de Hillary antes de chegar a Washington é seu trabalho em defesa das crianças. Ela escreveu artigos importantes, frequentemente denunciados pelos críticos como defendendo o direito das crianças de se "divorciarem" dos pais. Ela nunca chega a dizer tanto, embora pareça inegável que estivesse indicando esse caminho. Mas o debate sobre crianças e divórcio sempre foi uma questão secundária. O mais importante é que os escritos de Hillary Clinton sobre as crianças mostram um desejo evidente, imbuído de princípios e claramente assumido de inserir profundamente o Estado na vida da família — meta em total acordo com esforços semelhantes feitos por totalitários do passado.

Dificilmente isso seria uma opinião apenas minha ou dos habitantes da direita americana. Como escreveu o finado Michael Kelly num importante perfil da então primeira-dama, ela é a herdeira da "política do bom-mocismo, que emana diretamente de um poderoso e contínuo fluxo que percorre a história americana desde Harriet Beecher Stowe até Jane Addams, Carry Nation e Dorothy Day... O mundo que ela deseja restaurar... é um lugar de segurança, comunidade e claros valores morais".[17]

O falecido Christopher Lasch chegou a uma conclusão semelhante. Lasch, um dos mais perspicazes estudantes das políticas sociais americanas no século XX e de forma alguma um partidário da direita, resenhou todos os escritos relevantes de Hillary para um artigo que escreveu para a *Harper's*, uma revista de inclinações esquerdistas, em 1992. O resultado é uma lúcida (e iluminadora) discussão sobre a visão de mundo de Hillary. Lasch a chamou de uma moderna "salvadora de crianças", um termo que historiadores críticos aplicam a progressistas ávidos por inserir o Estado-Deus na esfera da família. Embora ela use argumentos capciosos para dizer que deseja a intervenção estatal somente em "casos autorizados por lei", seu verdadeiro propósito, como admite, é estabelecer uma teoria completa e universal "que explique adequadamente o papel apropriado para o Estado na educação das crianças". Para isso, ela advoga a abolição do "status de menor", ou seja, da codificação legal que distingue uma criança de um adulto. Isso seria um grande avanço progressista, do mesmo porte — palavras de Hillary — "da abolição da escravidão e da emancipação das mulheres casadas". Finalmente, "as crianças, como outras pessoas", seriam consideradas "capazes de exercer direitos e assumir responsabilidades até prova em contrário".[18]

De forma reveladora, Hillary centra-se no caso *Wisconsin v. Yoder*, no qual a Suprema Corte permitiu, em 1972, que três famílias *amish* mantivessem seus filhos fora da escola secundária, contrariando a lei. O juiz William O. Douglas discordou, observando que ninguém jamais perguntou às crianças o que elas queriam. "As crianças devem ter o direito de ser ouvidas", declarou. Baseando-se na discordância de Douglas, Hillary constrói seu argumento afirmando que as crianças devem ser "senhoras de seu próprio destino". Perante os tribunais, suas vozes devem ter mais peso que as ideias de seus pais. Observando que, a fim de se tornar "um pianista, um astronauta ou um oceanógrafo" uma criança tem de "romper com a tradição *amish*", ela conclui que uma criança "mantida sob as limitações do modo de vida *amish*" provavelmente levaria uma vida "podada e deformada". Lasch oferece uma conclusão devastadora: "Hillary tolera que o Estado assuma responsabilidades parentais... porque se opõe ao princípio da autoridade parental, qualquer que seja sua forma." Os escritos de Hillary "deixam a inconfundível impressão de que é a família que refreia as crianças e que o Estado as liberta". Na opinião de Hillary, concluiu Lasch, "o movimento pelos direitos das crianças... representa mais um estágio na longa luta contra o patriarcado".[19]

Desde a *República* de Platão, políticos, intelectuais e sacerdotes têm estado fascinados pela ideia de "capturar" as crianças para propósitos de engenharia social. É por isso que Robespierre defendia que elas fossem criadas pelo Estado. Hitler — que entendeu tão bem quanto qualquer um a importância de ganhar o coração e a mente dos jovens — observou uma vez: "Quando um oponente diz 'Não passarei para o seu lado', eu digo calmamente: 'Seus filhos já nos pertencem... Vocês se irão. Seus descendentes, no entanto, estão agora no novo campo. Em pouco tempo, a única coisa que conhecerão será esta nova comunidade'." Woodrow Wilson singelamente observou que a principal missão do educador era tornar as crianças tão diferentes de seus pais quanto possível. Charlotte Perkins Gilman afirmou o mesmo, mais cruamente: "Não existe esperança mais brilhante sobre a terra hoje", declarou a ícone feminista, "do que esse novo pensamento sobre a criança... o reconhecimento de 'a criança', de crianças como uma classe, crianças como cidadãos com direitos a serem garantidos somente pelo Estado; ao contrário de nossa atitude anterior, que as via como propriedade pessoal absoluta [dos pais] — a irrefreada tirania... da família individual."[20]

A educação progressista tem dois pais, a Prússia e John Dewey. O jardim de infância foi transplantado da Prússia para os Estados Unidos no século XIX porque os reformadores americanos estavam totalmente apaixonados pela ordem e pela doutrinação patriótica que crianças pequenas recebiam fora de casa (a melhor coisa a fazer para extirpar os traços não americanos dos imigrantes).[21] Um dos princípios essenciais dos primeiros jardins de infância era o dogma de que "o verdadeiro pai das crianças é o governo, e o Estado tem soberania sobre a família". Os seguidores progressistas de John Dewey ampliaram esse programa para transformar as escolas públicas em incubadoras de uma religião nacional. Descartaram a rigidez militarista do modelo prussiano, mas retiveram o objetivo de doutrinar as crianças. Os métodos eram informais, expressos como o desejo sincero de transformar o aprendizado em algo "divertido", "relevante" e "que confira poder". A obsessão com a autoestima que impregna as escolas atuais é um retorno às reformas promovidas pelos seguidores de Dewey antes da Segunda Guerra Mundial. Mas, sob a retórica individualista, encontra-se uma missão de promover a justiça social democrática, missão que o próprio Dewey definia como uma religião. Para outros progressistas, capturar as crianças nas escolas era parte de um esforço maior para quebrar a espinha dorsal da família nuclear, a instituição mais resistente à doutrinação política.

Educadores nacional-socialistas tinham em mente uma missão semelhante. E, por mais estranho que possa parecer, eles também descartaram a disciplina prussiana do passado e adotaram a autoestima e a concessão ou transferência de poderes em nome da justiça social. Nos primeiros tempos do Terceiro Reich, alunos do primeiro grau queimaram seus bonés multicoloridos num protesto contra distinções de classe. Os pais reclamavam: "Já não temos direitos sobre nossos filhos." De acordo com o historiador Michael Burleigh: "Seus filhos se tornaram estranhos, desprezando a monarquia ou a religião e perpetuamente berrando e vociferando como sargentos prussianos em miniatura... A denúncia dos pais pelos filhos era encorajada, inclusive por professores que davam redações com o título 'Sobre quais assuntos sua família conversa em casa?'."[22]

Mas o projeto liberal que Hillary Clinton representa não é, de forma alguma, um projeto nazista. A última coisa de que ela gostaria seria promover o nacionalismo étnico, o antissemitismo ou guerras agressivas de conquista. Mas devemos ter em mente que, embora essas coisas fossem de enorme importância para Hitler e seus ideólogos, elas eram, num sentido relevante, secundárias diante da missão do nazismo e de seu apelo subjacente: criar uma nova política e uma nova nação comprometida com a justiça social, o igualitarismo racial (embora apenas para os "alemães verdadeiros") e a destruição das tradições da antiga ordem. Assim, embora haja anos-luz de distância entre os *programas* dos liberais e dos nazistas ou fascistas italianos, ou mesmo dos progressistas nacionalistas de outrora, o impulso subjacente, a tentação totalitária, está presente em todos eles.

Os comunistas chineses de Mao buscaram o caminho chinês, os russos sob Stalin seguiram sua própria versão do comunismo em um Estado único. Mas, mesmo assim, nos sentimos confortáveis quando dizemos que ambas eram nações comunistas. Hitler queria acabar com os judeus; Mussolini não queria nada disso. E, ainda assim, nos sentimos confortáveis quando chamamos ambos de fascistas. Os fascistas liberais não querem imitar os fascistas ou comunistas genéricos em milhares de formas, mas partilham com eles uma visão arrebatadora de justiça social e comunidade e a necessidade de que o Estado materialize tais ideias. Em suma, coletivistas de todas as colorações partilham a mesma tentação totalitária de criar uma política de significado; o que os diferencia — e essa é a mais decisiva diferença de todas — é a forma como eles agem em função dessa tentação.

A PRIMEIRA-DAMA DO FASCISMO LIBERAL

Quando Bill Clinton se elegeu presidente, sua esposa chegou a Washington como, inquestionavelmente, a mais poderosa reformadora social não eleita — e não nomeada — desde Eleanor Roosevelt. Ela admitiu ao *Washington Post* que sempre tivera um "desejo ardente" de "transformar o mundo... e torná-lo melhor para todos". Havia alimentado esse desejo desde os tempos em que Don Jones lhe mostrara que os pobres e os oprimidos não viviam uma vida tão boa quanto a dela. E, para Hillary, a cura dessa discórdia social requeria poder. "Segundo a maneira como percebo Hillary, ela compreende inteiramente a verdade da condição humana: não se pode depender da natureza básica humana para ser bom e não se pode depender inteiramente da persuasão moral para fazer o que é certo", disse Jones a Michael Kelly. "Você tem que usar o poder. E não há nada errado em se utilizar do poder em busca de políticas que aumentarão o que é bom para os seres humanos. Penso que Hillary sabe disso. Ela é, em grande medida, o tipo de cristão que compreende ser legítimo o uso do poder para alcançar o bem, em termos sociais."[23] Os ecos de Alinsky são óbvios. Menos óbvias são as questões de se saber quem determina o que é bom para a sociedade e por quais meios isso deve ser alcançado.

Mas Hillary não enquadrou sua missão em termos abertamente cristãos, exceto, talvez, quando falava para audiências declaradamente cristãs. Em vez disso, ela cunhou a expressão que mais essencialmente define o fascismo liberal nos tempos modernos: "a política de significado".

Mas quando digo que as políticas de significado e as ideias de Hillary Clinton em geral são fascistas, devo novamente deixar claro que elas não são más. Tampouco soam fascistas para os ouvidos modernos — na verdade, essa é, justamente, a questão. Hoje, associamos fascismo a linguagem militarista e racismo, mas a guerra no final do século XIX e início do século XX forneceu uma grande quantidade de metáforas para o discurso político e para a conversação cotidiana em geral. Tantas dessas palavras e frases são parte da linguagem corrente atual, que nem mesmo percebemos suas raízes mergulhadas na batalha e no sangue ("posições entrincheiradas", "frentes de ataque", "tiro certeiro", e assim por diante). O fascismo liberal não é militarista, mas as mesmas paixões que impeliram os progressistas a falar em termos de "exércitos industriais" e "chegar a extremos de coragem" pela Águia Azul estão à espreita por trás da retórica liberal atual. A guerra era vista como uma experiência comunal, unificadora, que centrava a mente pública sobre o bem comum e cujas paixões e disciplina podiam ser mantidas sob controle para fins socialmente "úteis". Hoje, a esquerda moderna é, em muitos aspectos, abertamente contra a guerra e declaradamente pacifista. Mas os liberais ainda anseiam nostalgicamente pelas experiências unificadoras das lutas trabalhistas e do movimento pelos direitos civis. A linguagem é obviamente mais gentil, e a intenção também é objetivamente mais "gentil". Mas, no nível mais substantivo, a política de significado apoia-se sobre os ombros de Mussolini.

Quanto ao racismo, existe uma grande quantidade de racismos — ou talvez fosse mais justo usar a palavra "racialismo" — no liberalismo atual. O Estado conta "pessoas de cor" de uma forma diferente da que usa para contar pessoas brancas. Na extrema esquerda, o essencialismo racial está no cerne de inumeráveis projetos ideológicos. O antissemitismo também é mais destacado na esquerda hoje do que em qualquer outro tempo na memória recente. Obviamente, não se trata do mesmo tipo de racismo ou antissemitismo que os nazistas subscreviam. Mas, novamente, o racismo nazista não define o fascismo. Além disso, o racismo nazista — bastante em sintonia com o racismo progressista, não nos esqueçamos disso — era uma expressão de um impulso mais profundo para definir o indivíduo através de sua relação com o coletivo.

Permitam-me antecipar uma última crítica. Alguns dirão que a política de significado de Hillary Clinton já é coisa do passado. Há anos ela não menciona essa expressão, varrida para debaixo do tapete por conveniência política, assim como foram as lembranças de seu desastroso plano de saúde. Essa seria uma crítica mais importante se meu objetivo fosse oferecer *talking points* anti-Hillary para a campanha presidencial de 2008. Mas não estou preocupado com isso. O que acho interessante a respeito de Hillary é sua habilidade de iluminar a continuidade do pensamento liberal. Se o que os liberais pensaram e fizeram na década de 1920 é relevante hoje — como

ADMIRÁVEL ALDEIA NOVA

acredito que seja —, então certamente o que os liberais pensaram e fizeram na década de 1990 também é relevante. Além disso, não existe nenhuma evidência de que ela tenha sido repreendida ideologicamente. Em seu livro *É preciso uma aldeia*, publicado em 1996, Hillary praticamente não abriu mão de suas ideias radicais a respeito de crianças, embora aquelas ideias tivessem representado um ônus político para ela em 1992. O que fez foi refrasear sua mensagem em termos mais palatáveis, graças à ajuda de um *ghostwriter*.

Finalmente, a política de significado de Hillary era, sem dúvida, a mais interessante e séria expressão do liberalismo na década de 1990, apresentada no auge do otimismo liberal. Desde a eleição de Bush e os ataques de 11 de setembro de 2001, o liberalismo tem sido basicamente reativo, definido por suas paixões anti-Bush mais que por qualquer outra coisa. Daí que pareça valer a pena investigar o que os liberais estavam dizendo quando dançavam ao som de sua própria música.

Em abril de 1993, Hillary fez um discurso de formatura na Universidade do Texas em Austin, no qual declarou: "Precisamos de uma nova política de significado. Precisamos de um novo *éthos* de responsabilidade e cuidados individuais. Precisamos de uma nova definição de sociedade civil que responda às questões irrespondíveis apresentadas tanto pelas forças de mercado quanto pelas forças governamentais, sobre como podemos ter uma sociedade que nos preencha novamente e nos faça sentir que somos parte de algo maior que nós mesmos."[24]

A expressão "que nos preencha novamente" é particularmente reveladora — em 1969, ela havia falado de como precisávamos de uma política para transformar "homens vazios" em inteiros. Ela parece estar sugerindo que, sem uma causa ou missão social para "preenchê-la", a vida de Hillary (e as nossas) é vazia e sem propósito. Aparentemente, Hillary colocou preocupações pragmáticas à frente de tudo o mais durante toda a vida, mas, quando quer que tenha a chance de se expressar honestamente, o mesmo anseio se apresenta: significado, autenticidade, ação, transformação.

A política de significado é, em muitos aspectos, a concepção de política mais plenamente totalitária oferecida por uma figura política de proa na América no último meio século. As ideias de Hillary têm mais em comum com as ideologias cristãs totalizadoras de Pat Robertson e Jerry Falwell que com o "ateísmo secular" que tais conservadores cristãos atribuem a ela. Mas têm ainda mais em comum com o Estado-Deus do progressismo de John Dewey, Richard Ely, Herbert Croly, Woodrow Wilson e outros hegelianos esquerdistas. As ideias de Hillary sustentam que a América padece de uma profunda "crise espiritual" e que isso requer a construção de um novo homem como parte de um esforço de restauração e reconstrução que envolva toda a sociedade, levando a uma nova comunidade nacional que proverá significado e autenticidade a todos os indivíduos. Trata-se de uma abordagem da Terceira Via que promete não ser de esquerda nem de direita, mas uma síntese de ambas, sob a qual o Estado e os grandes negócios trabalharão de mãos dadas. É uma visão fundamentalmente religiosa oculta no cavalo de Troia da justiça social, pois busca imbuir as políticas sociais de imperativos espirituais.

Para compreender melhor a política de significado, devemos considerar a carreira do autoungido guru de Hillary, o ativista progressista e rabi Michael Lerner. Lerner nasceu numa família de judeus não observantes em Nova Jersey — sua mãe era a presidente do Partido Democrata no estado. Formado na Universidade de Colúmbia em 1964, recebeu seu Ph.D. em Berkeley, onde trabalhou como professor-assistente de Herbert Marcuse e dirigiu a Estudantes para uma Sociedade Democrática (SDS). Um fã do LSD, uma "droga progressista", ele acreditava que o uso do alucinógeno era a única forma de verdadeiramente compreender o socialismo (ele claramente não percebia a ironia aí). Quando sua irmã se casou com um procurador bem-sucedido, vários políticos importantes foram ao casamento. Lerner não poderia perder uma oportunidade como aquela. Interrompeu as festividades com um discurso no qual denunciava os convidados como "assassinos" que "tinham as mãos sujas de sangue" por não se empenharem em acabar com a guerra no Vietnã.[25]

Quando chegou sua vez de ser atingido pela flecha de Cupido, ele disse à sua amada: "Se você quer ser minha namorada, terá que organizar antes um foco de guerrilha." (Um foco é uma forma de quadro paramilitar criado por Che Guevara — muito apreciada na teoria marxista-leninista — destinado a realizar assaltos relâmpago insurrecionais.) Quando os dois se casaram em Berkeley, trocaram alianças extraídas da fuselagem de um avião americano derrubado no Vietnã. O bolo de casamento tinha como inscrição o lema dos *Weathermen:* "Esmague a monogamia." (O casamento durou menos de um ano.) Lerner afirma ter sido um líder da ala não violenta da Nova Esquerda. Enquanto professor na Universidade de Washington, fundou a Frente de Liberação Seattle (Seattle Liberation Front), que mais tarde afirmou ser uma alternativa não violenta aos *Weathermen*. Ainda assim, foi preso e acusado de incitar tumultos como um dos integrantes dos "Sete de Seattle". As acusações acabaram sendo retiradas, mas não antes de J. Edgar Hoover apelidá-lo — sem dúvida hiperbolicamente — de "um dos mais perigosos criminosos na América".[26]

Em 1973, Lerner escreveu *The new socialist revolution* (*A nova revolução socialista*), uma ode banal às glórias da vindoura tomada do poder pelos socialistas. A retórica era essencialmente mussoliniana: "A primeira tarefa do movimento revolucionário... é destruir a hegemonia burguesa e desenvolver uma consciência radical entre todas as potenciais bases de apoio da ação revolucionária."[27]

Ao longo dos anos, o pensamento de Lerner evoluiu. Primeiro, ele desenvolveu profundo interesse pela psicologia de massa (é um psicoterapeuta formado), absorvendo toda aquela coisa sem sentido da Escola de Frankfurt a respeito de personalidades fascistas (o conservadorismo é uma doença tratável, de acordo com Lerner). Segundo, tornou-se um rabi. Embora seu compromisso com a política progressista nunca haja esvanecido, ficou cada vez mais obcecado pelo aspecto "espiritual" da política. Finalmente, deixou de lado o materialismo dialético e passou a atacar o materialismo consumista e o sofrimento psíquico causado por ele. Em 1986, lançou a *Tikkun*, uma revista bizarra dedicada, em grande parte, a criar um novo Evangelho Social com fortes tendências judias e ecumênicas.

Depois do discurso de Hillary Clinton sobre a política de significado, parcialmente inspirado por Lerner (ele havia conseguido as boas graças do então governador Clinton), o rabi psicoterapeuta radical entrou em estado de superexcitação, promovendo-se como o profeta residente do governo Clinton. Ele haveria de ser o Herbert Croly da nova Era Progressista. Embora muitas pessoas da imprensa soubessem reconhecer um vigarista quando viam um, ainda assim ele conseguiu a atenção que queria. O *New York Times* o saudou como "O Profeta do Ano". No entanto, quando ficou claro que a política de significado soava muito semelhante às tolices da Nova Era, a imprensa e os Clinton lhe viraram as costas. Em resposta, Lerner lançou seu opus, *The politics of meaning: restoring hope and possibility in an age of cynicism* (*A política de significado: restaurando a esperança e a possibilidade numa era de ceticismo*).

O livro faz vibrar cordas fascistas, uma após outra. Lerner cita uma longa e familiar litania de ideias e causas progressistas. Fala a respeito de tornar mais poderosos os sem poder, de lançar fora a bagagem do passado, de escapar dos dogmas e abraçar a comunidade nacional, de rejeitar a competência excessivamente racional de doutores e cientistas. Derrama-se em eloquências sobre as várias crises — espiritual, ecológica, moral e social — que afligem as democracias burguesas ocidentais e que devem ser remediadas com uma política de redenção. Também fala de criar novos homens e mulheres — rejeitando as falsas dicotomias entre trabalho e família, negócios e governo, privado e público. Acima de tudo, insiste em que sua nova política de significado deva saturar todos os pontos mais recônditos de nossas vidas, quebrando o compartimentalismo da vida americana. Moralidade, política, economia, ética: nenhuma dessas coisas pode ser separada de nenhuma outra. Precisamos ter nossa metafísica confirmada em todas as interações e em todos os encontros humanos.

Nesse aspecto, ele inconscientemente ecoa a crença de Hitler de que "a economia é secundária" à revolução do espírito. Lerner escreve: "Se houvesse uma conexão ética e espiritual diferente entre as pessoas, haveria uma realidade econômica diferente... E é por isso que não se pode dar ao significado uma prioridade mais baixa que a dada à economia."[28] Desnecessário dizer, isso representa, de certo modo, um afastamento do materialismo marxista de sua juventude. A agenda preferida de Lerner certamente encontrava eco em muitas das garantias contidas na plataforma do Partido Nazista em 1920, inclusive direitos iguais, assistência médica assegurada, impostos excessivos sobre os excessivamente ricos e restrições sobre grandes corporações. Alguns itens relevantes de um artigo publicado na *Tikkun* em 1993:

> O Departamento do Trabalho deve obrigar a que... todos os locais de trabalho forneçam licença remunerada para um trabalhador participar de 12 sessões de duas horas cada sobre estresse...
> O Departamento do Trabalho deve patrocinar campanhas de "Honre o Trabalho" destinadas a destacar a honra devida a pessoas por suas contribuições ao bem comum...

O Departamento do Trabalho deve criar um programa para treinar um grupo formado por pessoal sindicalizado, representantes dos trabalhadores e psicoterapeutas nas habilidades relevantes para ajudar no desenvolvimento de um novo espírito de cooperação, cuidados mútuos e dedicação ao trabalho.[29]

Esse é exatamente o tipo de coisa que a Frente Trabalhista Alemã de Robert Ley havia lançado. A comparação vai além do superficial. O Estado nacional-socialista, bem como o progressista e o fascista, baseava-se na ideia hegeliana de que a liberdade só poderia ser realizada vivendo-se em harmonia com o Estado, que tinha a obrigação de garantir tal harmonia. Não havia indivíduos privados. (Uma frase famosa de Ley era que o único indivíduo privado no Estado nazista é uma pessoa dormindo.) Lerner argumenta em *A política de significado* que "o local de trabalho precisa ser reconceituado como um lócus primário para o desenvolvimento humano". Em outro livro, *Spirit matters* (*O espírito pesa*), ele escreve (numa sentença monumental) que, em seu novo "movimento para a Espiritualidade Emancipatória", o "governo precisa ser reconceituado como o mecanismo público por meio do qual todos nós mostramos que nos importamos com todo mundo, e os funcionários do governo devem ser avaliados, recompensados e promovidos somente na medida em que sejam capazes de fazer com que o público saia das interações com eles com um sentido renovado de esperança e uma convicção aprofundada de que outras pessoas realmente se importam, e que mostraram isso quando criaram um governo assim tão sensível e cuidadoso".

O ideal de Lerner é o *kibutz* israelense, onde até mesmo depenar frangos tem um significado transcendente para o trabalhador. Ele ansiava por uma maneira de recriar o sentimento de propósito partilhado que as pessoas sentem durante crises como enchentes ou outros desastres naturais. Para Lerner, a liberdade é reconcebida num sentido deweyniano, em termos de uma "construção" social comunitária. Ou, como os nazistas diziam mais sucintamente: "O trabalho o torna livre."[30]

No âmbito da política de significado, todas as instituições da sociedade ficam amarradas em volta do Estado como varas em torno do machado fascista. Todo indivíduo é responsável por manter não apenas sua própria pureza ideológica, mas também a de seus companheiros. Lerner é, com efeito, o ideologista do *Gleichschaltung* liberal, da ideia nazista de coordenar todas as instituições na sociedade. Isso fica aparente quando ele passa para uma discussão de como essas reformas devem ser implementadas. Lerner escreve que todas as agências governamentais e os negócios privados devem produzir "relatórios anuais de impacto ético" que avaliariam "seu efeito sobre o bem-estar ético, espiritual e psicológico de nossa sociedade e sobre as pessoas que trabalham nessas instituições e interagem com elas".[31] Sem dúvida, sua intenção é mais agradável, mas será que isso é realmente tão diferente da burocratização da lealdade ideológica que requeria que os negócios e as instituições alemãs constantemente fornecessem documentação demonstrando sua lealdade assertiva ao espírito da nova era? Na América do século XXI, alguns seguramente achariam fascista tal escrutínio — embora o vendo como compassivo e protetor.

Lerner acredita ser tarefa de toda profissão — em coordenação com o Estado, é claro — "refletir" sobre sua própria contribuição para a saúde espiritual e psíquica da *Volksgemeinschaft* nacional. "Essa reflexão, por exemplo, tem levado alguns advogados ligados à perspectiva da política de significado a imaginar um segundo estágio nos julgamentos, no qual o sistema litigioso é suspenso e o foco é posto na cura de problemas e sofrimentos que o julgamento inicial mostrou existirem na comunidade."[32] Isso pode soar um pouco tolo para alguns ouvidos e dificilmente parece ameaçar um golpe fascista. Mas se algum dia os fascistas assumirem o poder na América, isso virá não sob a forma de tropas de choque arrombando portas, mas com advogados e assistentes sociais dizendo: "Sou do governo e estou aqui para ajudar."

Curiosamente, Lerner tinha uma vaga compreensão da relação existente entre sua ideologia e o fascismo. Numa guinada irônica, ele admite ter havido uma época em que "não podia entender por que a esquerda europeia não conseguira deter a popularidade dos fascistas". O "ódio dos fascistas pelos outros baseava-se no grau em que eles passaram a cultivar a crença (usualmente equivocada) de que os degradados Outros haviam de fato causado o rompimento de suas comunidades de sentido e propósito partilhados". Lerner observa que muitos ex-liberais "agora se voltaram para a direita a fim de encontrar o sentido de comunidade e significado que os liberais, social-democratas e a esquerda sempre pensaram ser irrelevante ou necessariamente reacionário".[33] Ele escreve que a década de 1990 está testemunhando a ascensão de movimentos direitistas "fascistas" que somente sua política de significado pode rebater.

A análise de Lerner divide-se em várias partes, basicamente por causa de sua compreensão bastante limitada a respeito da verdadeira natureza do fascismo.[34] Mas, muito mais importante que isso, ele reconhece, em grande medida, que a política de significado é, de fato, uma tentativa de prover uma *alternativa* a uma imaginada política de significado *direitista* que ele considera fascista. Enxerga um espantalho fascista na direita e, em resposta, sente-se justificado a criar um fascismo real — *gentil* — da esquerda. Ele fundamenta tudo isso em vastas digressões entremeadas de exortações religiosas, argumentando que a sua é uma "política à imagem de Deus", um ponto que também martela incansavelmente em seus livros recentes, *The left hand of God* (*A mão esquerda de Deus*) e *O espírito pesa*.[35]

Defensores da política de significado, como Cornel West e Jonathan Kozol, e até historiadores de prestígio, como John Milton Cooper, rejeitam ou ignoram o estatismo radical do projeto de Lerner. Ainda assim, defendem sua própria religião política com um monte de verborragia clássica da Terceira Via, falando sobre rejeitar tanto a anarquia do livre mercado quanto o estatismo e buscar uma nova síntese que equilibre a comunidade e o indivíduo. "Para dizer francamente", escreve Lerner, "nem o capitalismo nem o socialismo, nas formas em que foram desenvolvidos no século XX, parecem-me particularmente atraentes." Em vez disso, o que o atrai são abordagens pragmáticas "que diferem das típicas divisões esquerda/direita, que precisam ser transcendidas à medida que desenvolvemos uma política para o século XXI".[36] É tudo tão sem originalidade! O slogan fascista francês era muito mais atraente: *Ni droite ni gauche!*

Como vimos, em termos ideológicos o totalitarismo fascista e progressista nunca foi uma mera doutrina estatista. Em vez disso, afirmava que o Estado era o cérebro natural do corpo político orgânico. O estatismo era a via para o coletivismo. O governo era meramente o lugar onde a vontade espiritual do povo seria traduzida em ação (os marxistas gostavam de usar a palavra "práxis" para descrever essa unidade de teoria e ação). Uma consequência dessa perspectiva é que instituições e indivíduos que se mantêm fora do Estado ou da onda progressista são inerentemente suspeitos e rotulados de egoístas, darwinistas sociais, conservadores ou, mais ironicamente, fascistas. O papel do Estado não é tanto tomar todas as decisões, mas ser o metrônomo do *Gleichschaltung*, garantindo que os tomadores de decisões estejam todos em perfeito acordo quanto à direção que a sociedade precisa tomar. Numa sociedade progressista adequadamente ordenada, o Estado não assumiria o controle de Harvard ou do McDonald's, mas certamente garantiria que os Harvards e McDonald's tivessem suas prioridades corrigidas. A política de significado é, em última instância, uma doutrina teocrática, pois busca responder às questões fundamentais a respeito da existência, afirma que só podem ser respondidas coletivamente e insiste em que o Estado ponha em prática tais respostas.

Esse pensamento fascista liberal foi bem expressado num intercâmbio entre o produtor de televisão Norman Lear e o colunista conservador Charles Krauthammer em 1993. Krauthammer chamou o discurso de Hillary Clinton sobre a política de significado de "um cruzamento entre o discurso de Jimmy Carter sobre a *'malaise'* americana e uma monografia escolar sobre Sidarta" feita com "a autoconfiança de quem sabe, o ar de superioridade dos manifestos de estudantes universitários".[37]

Norman Lear aproveitou a chance para defender Hillary. Lear foi o criador dos shows de televisão *All in the family*, *Maude*, *Sanford and son* e *Good times* e também o fundador da Pessoas a Favor do Jeito Americano (*People for the American Way*, ou PFAW, na sigla em inglês), uma organização com um tom ironicamente conservador. Ele lançou a PFAW num esforço de rechaçar a direita religiosa que estava supostamente tentando destruir o lendário "muro de separação" entre Igreja e Estado. Mas, no final da década de 1980, Lear começou a mostrar uma ligeira mudança de sentimentos. Em 1989, num discurso durante a reunião anual da Academia Americana de Religião em Anaheim, Califórnia, lamentou "o vazio espiritual em nossa cultura". "Entre secularistas", observou, "a aversão a discutir valores morais, e muito menos religião, pode alcançar extremos absurdos."[38]

É compreensível que um libertário civil esquerdista como Lear saudasse a chegada da política de significado quase como um feito da providência divina. Ele escreveu uma resposta indignada no *Washington Post* denunciando o ceticismo de Krauthammer diante do brilhante resumo da crise espiritual americana feito por Hillary. "Os tipos sofisticados de nossa política, nossa cultura e da mídia", opinou Lear, "ficam embaraçados de falar seriamente a respeito da vida do espírito." "Nossa obsessão com números, com o quantificável, o imediato, nos tem custado nossa conexão com aquele lugar dentro de cada um de nós que honra o inquantificável e eterno — nossa capacidade de assombro, maravilhamento e mistério; aquele lugar onde atos de fé, num processo maior que nós mesmos, provam-se, em última análise, satisfatórios quando é chegada a hora."[39]

O *cri de coeur* de Lear está em quase perfeita afinação com as objeções neorromânticas à sociedade moderna que inspiraram tanto os movimentos fascistas da Europa quanto a busca de "uma causa maior que nós mesmos" dos progressistas americanos. Ele poderia ter encontrado ouvidos apreciativos em Paul de Man, Ezra Pound e inúmeros outros teoristas e ideólogos fascistas que denunciaram a obsessão ocidental — particularmente a dos judeus — com números e abstrações técnicas. Mas ainda mais revelador é o fato de que a PFAW de Lear talvez só perca para a União Americana pelas Liberdades Civis (ACLU) quando se trata de atuar como uma agência de implementação do *Gleichschaltung* liberal. Em processos legais, contribuições de campanha, memoriais de *amicus curiae*, propaganda e virtuosas conferências de imprensa, a PFAW funciona como um incansável pedreiro na construção do muro entre Igreja e Estado, reduzindo o espaço público para a religião tradicional e construindo as bases de um liberalismo secular contra a Igreja.

Em outras palavras, Lear é um obstinando proponente da política espiritualizadora; mas não há espaço para a religião tradicional em seu sistema político ideal, pois é o clero progressista — não igrejas ou sinagogas — que deve santificar a busca de significado e espiritualidade. Fontes independentes de fé moral são "divisivas" e têm de ser solapadas, emparedadas, excluídas de nosso "projeto comum". Isso significa que não há nada de errado com as igrejas liberais, pois são percebidas — acertada ou erradamente — como tendo subordinado a doutrina religiosa à doutrina política. Como diz John Dewey em seu resumo do que seria uma religião secular do Estado: "Se nossas instituições nominalmente religiosas aprenderem a usar seus símbolos e ritos para expressar e expandir essa fé, poderão tornar-se úteis aliadas de uma concepção de vida que está em harmonia com o conhecimento e com as necessidades sociais." Hitler foi mais sucinto: "Contra uma Igreja que se identifica com o Estado... não tenho nada a dizer."[40]

Os conservadores adoram espicaçar os liberais apontando seu "cristianismo de lanchonete", no qual escolhem as coisas de que gostam no cardápio e evitam o indigesto. Mas existe mais do que mera hipocrisia aí. O que parece ser uma inconsistência é, de fato, o contínuo desdobrar do tapete do Evangelho Social para revelar uma religião sem Deus. Mais que cristãos inconsistentes, os liberais de lanchonete são, de fato, progressistas consistentes.

TUDO DENTRO DA ALDEIA...

Não se pode encontrar mais completa explicação da agenda fascista liberal do que no livro mais vendido de Hillary Clinton, *It takes a village* (*É preciso uma aldeia*). Todas as características do empreendimento fascista estão presentes em suas páginas. Novamente, a linguagem não é hostil, nacionalista, racista nem agressiva. Ao contrário, transborda expressões de amor e sentimentos democráticos cordiais. Mas isso somente representaria um afastamento de sua natureza fascista se fascismo significasse nada mais que hostil ou agressivo (ou racista e nacionalista). A natureza fascista de *É preciso uma aldeia* começa com o próprio título. Ele evoca um passado comunal mítico e lendário. "É preciso uma aldeia para criar uma criança" é, supostamente, um provérbio africano cuja autoria perdeu-se nas brumas do tempo — vindo do "antigo reino de Hallmarkcárdia", de acordo com P. J. O'Rourke.[41] Hillary evoca essa imagem pré-moderna como uma fonte de autoridade a fim de reorganizar a sociedade moderna. Pode não ser tão poderosa como toda aquela imagística teutônica que os nacional-socialistas esparramavam por todo lado. Mas seria mais racional? Menos romântica? E, mais importante que isso, a metáfora da aldeia é usada exatamente do mesmo modo como se usava o símbolo dos feixes de varas. A diferença é que os fasces eram um símbolo para uma era marcial; a aldeia é o símbolo para uma era maternal.

No dizer da sra. Clinton, as aldeias são lugares maravilhosos, protetores, onde existe apoio e onde todo mundo cuida de todos os outros: de "tudo no Estado, nada fora do Estado" para "tudo na aldeia, nada fora da aldeia". A aldeia, escreve ela, "já não pode ser definida como um lugar num mapa, ou uma lista de pessoas ou organizações, mas sua essência permanece a mesma: é a rede de valores e relações que apoiam e afetam nossas vidas".[42] Na aldeia de Hillary, o conceito de sociedade civil é grotescamente deformado. Tradicionalmente, a sociedade civil é aquele espaço livre e aberto ocupado pelo que Burke chamou de "pequenos pelotões" — associações independentes de cidadãos que buscam seus próprios interesses e ambições sem sofrer a interferência ou a coerção do Estado.

Não é essa a sociedade civil de Hillary. Num livro enfeitado com encômios a todos os grupos de interesse da área social que se possa imaginar na América, a sra. Clinton menciona "sociedade civil" apenas uma vez. Num único parágrafo, ela despacha o conceito como basicamente outra forma de descrever a aldeia. "Sociedade civil", escreve ela, é apenas um "termo que os cientistas sociais usam para descrever a forma como trabalhamos juntos para propósitos comuns."[43] *Não, não, não!* "Sociedade civil" é o termo que os cientistas sociais usam para descrever a forma como vários *grupos*, indivíduos e famílias trabalham para alcançar seus próprios objetivos, e o resultado disso é tornar a sociedade saudavelmente democrática. A sociedade civil é o rico ecossistema de entidades independentes — igrejas, negócios, associações voluntárias e de vizinhança, sindicatos e coisas semelhantes — que ajudam a regular a vida fora do controle do Estado. As ligas de boliche, graças ao cientista social Robert Putnam, de Harvard, são a instituição arquetípica da sociedade civil. Ligas de boliche não são mecanismos para se trabalhar juntos para "propósitos comuns". O falecido Seymour Martin Lipset chegou a demonstrar que, embora muitos sindicatos fossem corruptos e não liberais, eles enriqueciam a democracia desde que permanecessem independentes do Estado — e o Estado independente deles.

Na aldeia de Hillary, no entanto, não existe nenhuma praça pública onde homens e mulheres livres, e suas associações, lidem uns com os outros em seus próprios termos, livres do olhar maternalista do Estado. Não existem transações privadas, apenas uma única "comunidade espiritual que nos liga a um propósito mais elevado" gerenciada pelo Estado.[44] Isso é a *Volksgemeinschaft* reencarnada como Creche do Evangelho Social.

Pense novamente na imagem dos fasces, de muitas varas fracas agrupadas num único feixe para mostrar a força da união de muitos. O primeiro capítulo do livro da sra. Clinton começa com uma citação da poeta Verna Kelly: "Flocos de neve são uma das coisas mais frágeis da natureza, mas veja o que podem fazer quando se unem."[45] É uma imagem mimosa, mas será que a mensagem é diferente? Repetidas vezes, Hillary usa um martelo de veludo para enfiar na cabeça do leitor que intimidade, parceria e unidade são os únicos meios para a salvação da América.

O ponto no qual teoria e prática mais obviamente se juntam é na área da política econômica. As corporações estavam entre as varas mais importantes do feixe fascista. Assim também na aldeia de Hillary Clinton. "Empresas orientadas para a comunidade já estão fazendo várias coisas que os cidadãos devem aplaudir e o governo deve encorajar, quando possível, com mudanças na legislação a fim de torná-las mais atraentes." Isso incluía a usual lista de desejos, desde políticas para impedir demissões até creches fornecidas pelos empregadores. Repetidamente, Hillary irradia animação e jovialidade onde quer que as linhas divisórias entre corporações, universidades e governos já estejam esmaecidas, esperando que a luz de seu olhar faça com que até as sombras que ainda subsistem desapareçam. Empreiteiros da indústria bélica estão trabalhando com o governo para fazer produtos pacíficos. Hurra! Fabricantes de automóveis estão trabalhando com a Agência de Proteção Ambiental para construir carros verdes. Viva! Essas "filosofias corporativas de cunho social são a avenida para a futura prosperidade e estabilidade social".[46] Todo mundo estará seguro e feliz, aninhado nos aconchegantes confins da aldeia.

Tudo isso soa maravilhoso, em abstrato. Mas quando Hillary tentou impor exatamente esse tipo de visão com seu plano de saúde, mostrou-se mais cortante. Recordemos sua resposta quando lhe foi apontado que seu plano destruiria inúmeros pequenos negócios: "Eu não posso salvar todo empreendedor subcapitalizado da América."[47] Se eles não podem ser parte da solução, quem se importa com que tenham problemas?

ETERNO CORPORATIVISMO

Suponho que não se possa falar de Hillary Clinton sem mencionar seu plano de saúde. Já se desperdiçou tanta tinta com aquela causa que dificilmente valeria a pena nos arrastarmos pelos detalhes do esforço de Hillary para controlar um sétimo da economia americana. O que pode ser mais útil é ver como seu plano de saúde era a consequência inevitável da outorga de poderes aos liberais. Os clintonitas tinham algo de Esopo em sua natureza. Por exemplo, uma vez que Hillary pediu a Ira Magaziner, seu velho amigo — e colega de escola de Bill em Rhodes —, para dirigir a Força-tarefa para a Reforma da Saúde, era inevitável que um grande produto corporativista, operado pelo governo, saísse da máquina de fazer salsichas. Por quê? Porque é isso o que Magaziner faz. O escorpião tem que picar a rã, e Magaziner tem que propor amplas novas parcerias público-privadas nas quais os especialistas tomem todas as grandes decisões. Magaziner, colíder de Hillary na revista *Life* em 1969, era um verdadeiro fenômeno na Universidade de Brown (sua tese de graduação, disse ele à *Newsweek*, foi nada menos que uma busca comtiana "por uma nova metafísica, uma nova resposta à questão 'Por que fazer o bem?'"). Quando estava no penúltimo ano, atribuiu-se o papel de estudar o currículo da escola e propor uma alternativa que fosse mais "relevante" e pragmática, deixando por conta dos jovens o desenho de suas próprias educações. Ele criou seu próprio campo de especialização, "Estudos Humanos", e produziu um relatório de quase quinhentas páginas. O chocante nisso é que conseguiu que seu currículo deweyniano (poucas notas, uma porção de autodescoberta) fosse aceito. Para os tradicionalistas, o currículo transformou Brown no objeto de deboche da *Ivy League* desde então; para os progressistas, fez da escola sua joia da coroa.[48]

Em Oxford, Magaziner liderou protestos contra a Guerra do Vietnã e aliou-se a uma apaixonada Vanessa Redgrave. James Fallows, um acadêmico associado à Universidade de Rhodes, futuro redator dos discursos de Carter e agente publicitário do planejamento industrial, explicou que a principal diferença entre Hillary e Magaziner era "a diferença entre alguém que planejou se candidatar ao cargo e alguém que não planejou". Quando Magaziner se mudou para Boston, deu início ao esforço de organizar uma comunidade no estilo Alinsky-Hayden em Brockton, Massachusetts. Mais tarde, trabalhou para o Boston Consulting Group, ou BCG, onde adquiriu um talento especial para dizer às empresas como investir em tecnologias do futuro. Em pouco tempo, estava sendo contratado por governos estrangeiros para lhes dar o mesmo conselho. Em 1977, conseguiu uma consultoria temporária na Suécia. O resultado final de seus esforços foi chamado "Um marco de referência para a política industrial sueca", no qual conclamava os suecos a redesenhar sua economia de cima a baixo, descartando velhas indústrias e investindo pesado nos vencedores de amanhã. Mesmo os suecos (!) rejeitaram a ideia como ingênua e ditatorial. O Boston Consulting Group ficou tão embaraçado que tentou fazer desaparecer o relatório.[49]

Ouvindo de um envergonhado BCG que ele não deveria mais fazer nenhum planejamento governamental, Magaziner decidiu abrir sua própria firma. Em 1979, fundou a Telesis, que significa "progresso inteligentemente planejado" — uma boa síntese de uma atitude que venho descrevendo ao longo deste livro. Em 1980, Magaziner escreveu um livro chamado *Política industrial japonesa*. Em 1982, foi coautor de outro sobre política industrial com Robert Reich — um colega de classe dos Clinton no curso de Direito em Yale e também um acadêmico de Rhodes. Em 1984, com 36 anos de idade, produziu um plano gigantesco para o estado de Rhode Island, o mais ambicioso esforço de planejamento industrial de âmbito estadual de que se tem lembrança. Apelidado de *Greenhouse Compact*, o plano imaginava o estado como uma "incubadora" para as tecnologias certas — isto é, tecnologias que o governo era bastante esperto para escolher, muito embora o mercado não o fosse. Foi fácil para os eleitores de Rhode Island rejeitar a medida. Seria possível prosseguir, mas isso já basta para se ter uma boa ideia.

Agora, digam-me: alguém acharia provável que os Clinton, que conheciam Magaziner havia vinte anos, esperassem, desde o momento da escolha, que ele produzisse qualquer coisa que não fosse uma estratégia corporativista para o sistema de saúde americano? Todos os estudos, as reuniões, as montanhas de livros-síntese e as florestas de pastas de arquivo, tudo isso eram acessórios numa dança *kabuki* que havia sido roteirizada e coreografada com muita antecedência.

Ou considere um pesquisador de Yale, Robert Reich. Já vimos algo de suas ideias a respeito de política industrial e da Terceira Via. Mas vale a pena ver Reich como um verdadeiro acólito da religião do governo. Eu fui explicitamente desdenhoso a respeito da teorização psicológica em capítulos anteriores, mas de que modo podemos ver Robert Reich a não ser como um mito soreliano ambulante, um homem dos mil instrumentos bradando mentiras nobres em nome da causa?

Em suas memórias sobre o governo Clinton, *Locked in the cabinet* (*Trancado no gabinete* [que, dado o tom do livro, também pode ser traduzido como *Trancado no armário*]), Reich descreve um mundo semelhante aos desenhados pelo primeiro cartunista político, Thomas Nast, no século XIX, no qual ele está em luta constante com figurões gananciosos, darwinistas sociais e o Sr. Monopólio. Numa das passagens, ele relata como disse algumas verdades duras à Associação Nacional de Manufaturas, descrevendo uma sala inundada pela fumaça de charutos e cheia de homens hostis cujas vaias e assovios eram pontuados por pragas. Jonathan Rauch, um dos melhores jornalistas e pensadores de Washington, conferiu a fita de vídeo. A audiência era polida, até mesmo acolhedora. Não havia ninguém fumando. Além disso, um terço da sala era de mulheres. Em outro episódio, Reich relatou que um congressista saltava de um lado para o outro apontando para ele e gritando "Evidência! Evidência!" durante uma audiência hostil. Rauch novamente checou a fita. Em vez de uma inquisição, era apenas uma "audiência entediante", e a maior parte das afirmações que Reich atribuiu a seu atormentador foi simplesmente "fabricada" por ele. De fato, grandes parcelas do livro são pura fantasia — mas de um tipo muito familiar. A todo momento, as pessoas dizem coisas que confirmam a versão caricatural da realidade construída por Reich. O deputado Robert Michel, ex-líder do Partido Republicano, supostamente diz a Reich que Newt Gingrich e companhia "falam como se estivessem interessados em ideias, no que é bom para a América. Mas não se deixe enganar. Eles estão dispostos a destruir. Tentarão destruir qualquer coisa que se atravesse em seu caminho, usando qualquer tática disponível". Michel nunca disse tal coisa.[50]

Quando a revista *Slate* o inquiriu sobre a controvérsia, Reich disse: "Veja, é um livro de memórias. Não é jornalismo investigativo." Quando Rauch perguntou a ele se havia inventado todas aquelas histórias fantásticas, Reich respondeu: "Elas estão no meu diário." Finalmente, Reich caiu no puro relativismo, dizendo: "Não pretendo invocar nenhuma verdade maior que minhas próprias percepções."[51] Em outras palavras, sua defesa é que essa é realmente a maneira como ele vê o mundo. Assim, novamente, se Reich é capaz de distorcer a realidade para encaixá-la em seu conto de moralidade política, se ele está programado para ver o mundo como uma série de mentiras vitais e mitos úteis, como, exatamente, poderiam os Clinton haver esperado que ele fizesse qualquer coisa diferente da que mandava o figurino? Não é que os Clinton não soubessem quais eram as crenças de seus dois velhos amigos. O manifesto de política de Bill Clinton, *Putting people first* (*Pondo as pessoas em primeiro lugar*) era essencialmente um *Festschrift*, um apanhado de textos de Magaziner-Reich.

O que parece motivar pessoas como Reich é uma inquebrantável convicção de que estão do lado certo da história. Seu propósito é ajudar as pessoas e, portanto, não se exige que ajam de acordo com as regras. Além disso, assim como afirmam ser secularistas, também afirmam ser pragmatistas, não limitados por dogmas, diferentemente daqueles conservadores inflexíveis. Pois as circunstâncias mudam, e assim também devem mudar nossas ideias. Ou, como diz Jonathan Chait, da *New Republic*: "A incoerência é simplesmente o subproduto natural de uma filosofia enraizada na experimentação e na rejeição de certezas ideológicas." Isso faz lembrar um pouco uma frase de Mussolini citada na mesma revista por Charles Beard. "Os fascistas", afirmou *Il Duce*, "são os ciganos da política italiana; não estando presos a nenhum princípio fixo, eles prosseguem incessantemente na direção de uma única meta, o futuro bem-estar do povo italiano."[52]

PENSE NAS CRIANÇAS

Tamanha autoconfiança não pode operar num vácuo. Precisa de um mecanismo para convencer ou forçar outros a abrirem mão de seus interesses em benefício do bem maior. Isso foi bem explicado por George Soule, ex-editor da *New Republic* e autor de *A planned society* (*Uma sociedade planejada*), que popularizou a frase "nós planejamos na guerra". A maior das "lições de nosso planejamento durante a guerra" foi que "precisamos ter um objetivo que provoque a lealdade e o entusiasmo gerais". Em *É preciso uma aldeia*, Hillary Clinton aclama a maneira como as crises derrubam os muros entre os negócios e o governo, mas lamenta que os benefícios sociais de desastres naturais e guerras sejam temporários. "Por que é preciso uma crise para abrir nossos olhos e nosso coração à nossa humanidade comum?"[53] Em resposta a esse problema, os liberais têm sempre manufaturado uma "crise" atrás da outra em sua busca de uma nova moral equivalente à guerra, seja a guerra contra o câncer, o aquecimento global ou as incontáveis supostas crises econômicas. De fato, uma rápida leitura cuidadosa dos últimos cem anos de jornalismo econômico na esquerda nos faria acreditar que o mais próspero século da história humana foi todo uma longa, duradoura crise econômica.

Mas devemos voltar à crise predileta de Hillary Clinton: as crianças. O próprio conceito "as crianças" foi concebido para contornar processos políticos tradicionais. A revelação involuntária é o artigo introdutório, que denota uma categoria inteira de seres humanos em nome dos quais todas as violações do princípio do governo limitado podem ser justificadas.

As sociedades liberais constitucionalmente ordenadas tendem a ver os cidadãos como adultos responsáveis por suas próprias ações. Mas as crianças são o calcanhar de aquiles de todas as sociedades (se o libertarianismo pudesse responsabilizar-se pelas crianças e pela política externa, seria a filosofia política ideal). Nós fazemos concessões às crianças. Temos regras diferentes para elas — e devemos ter — e tendemos a não considerá-las responsáveis por suas decisões. Os "salvadores das crianças" da Era Progressista sabiam explorar brilhantemente essa fraqueza. Na era moderna, essa tradição foi relançada por Marian Wright Edelman, a fundadora do Fundo de Defesa das Crianças (CDF) e velha amiga e mentora de Hillary Clinton.

Marian talvez seja a mais importante crítica liberal americana. A *Harper's Bazaar* a nomeou "a mãe universal da América". Seu currículo é tão enfeitado com condecorações e prêmios que mais parece uma árvore de Natal curvada sob o peso de um excesso de ornamentos — a Medalha da Liberdade, uma Bolsa MacArthur, o Prêmio Albert Schweitzer por Humanitarismo, um Lifetime Achievement Award Robert F. Kennedy e assim por diante. Sua organização é inundada com contribuições de enormes corporações ansiosas por comprar boa vontade a preço de liquidação. Marian começou trabalhando para a Associação Nacional para a Promoção das Pessoas de Cor (NAACP) e acabou indo para a Escola de Direito de Yale e para Washington, como a empreendedora de políticas que fundou o CDF. Ela é, sem dúvida, uma mulher gentil e desprendida, profundamente religiosa e impregnada de tradições do Evangelho Social. As citações inspiradoras de Marian são tão onipresentes nas indústrias de bem-estar, direitos civis e feministas — "indústrias" sendo a melhor palavra para essas redes de criação de autoestima, troca de favores e eventos de gala para arrecadação de fundos — que poderiam ser combinadas num *Livro Vermelho* maoista liberal para dedicados cruzados sociais. "O serviço que prestamos é o aluguel que pagamos para estarmos vivos. É o real propósito da vida, e não algo que fazemos em nosso tempo livre", declara ela. "Quem foi que disse que alguém tem o direito de desistir?", pergunta. "Ninguém tem o direito de fazer sombra sobre os sonhos de outros", afirma.

Embora poucos possam questionar a retidão de suas campanhas pela igualdade dos negros e pela dessegregação, a maior influência de Marian Edelman tem sido na área das políticas de bem-estar, e ali suas ideias sobre como organizar a sociedade e a política americana provaram-se espetacularmente erradas. Em muitos aspectos, Marian era uma liberal clássica a favor do Estado de bem-estar social, acreditando que nenhuma concessão de benefícios ou nenhuma transferência monetária seriam excessivas. Sua grande inovação foi defender o sistema de bem-estar da crítica empírica — ou seja, que mostrava que ele não funciona — ocultando-o por trás da imagem das crianças pobres. "Quando falávamos sobre pessoas pobres ou negras, encontrávamos uma audiência cada vez menor", disse ela. "Tive a ideia de que as crianças poderiam ser uma forma muito eficaz de ampliar a base para a mudança." De fato, Marian, mais que qualquer outra pessoa, pode ser culpada pela onipresença açucarada de "as crianças" na retórica política americana.[54]

O problema é que, embora essa tática fosse estrategicamente brilhante, o resultado final foi tornar impossível uma reforma responsável. Afinal, a razão de a "audiência" ficar "cada vez menor" quando se faziam exortações para a expansão do Estado de bem-estar social era que se tornava cada vez mais óbvio que o Estado de bem-estar social causava dependência entre as mulheres negras e alienação entre os homens negros. Como resultado, os defensores do *status quo* se tornaram cada vez mais estridentes em seus ataques aos oponentes. Daí o uso e abuso de "as crianças".

Subitamente, as objeções tradicionais às políticas de bem-estar como violações de princípios constitucionais e corruptoras de virtudes cívicas tornaram-se irrelevantes (somente no final da década de 1970 essas objeções ganharam respeitabilidade). Marian Edelman, Hillary Clinton e outros transformaram o debate num debate sobre crianças. Quem se importava que — como também acreditava FDR — as políticas de "alívio" fossem, em última instância, detrimentosas para os adultos, minando sua iniciativa? Os efeitos sobre os adultos eram irrelevantes. As crianças eram as beneficiárias dos cheques de ajuda, não seus pais (embora os pais continuassem descontando os cheques). Na realidade, uma consequência trágica dessa estratégia foi que o governo usou a pobreza infantil para esmagar o individualismo e o amor-próprio entre os negros das áreas centrais mais pobres. James Bovard observa que, quando o Congresso tornou obrigatório o auxílio-alimentação, os "recrutadores" dos serviços sociais — cem mil deles foram criados pela Guerra contra a Pobreza — foram para as cidades convencer os pobres a se inscreverem. Uma revista do Departamento de Agricultura relatou que esses recrutadores frequentemente conseguiam superar o orgulho dos pais dizendo-lhes: "Isso é para seus filhos." E continuou: graças a "intensos esforços de convencimento, a resistência dos 'orgulhosos demais' está sendo quebrada".[55]

Talvez igualmente importante seja o fato de que isso tenha fornecido uma propaganda fundamental de valores para os liberais. Ronald Reagan ganhou impulso quando atacou as "rainhas do bem-estar social". Mas ninguém ousaria atacar os desafortunados rebentos dessas mulheres. Subitamente, criticar as políticas de bem-estar transformava a pessoa em alguém "anticriança", gerando com isso todos aqueles *talking points* liberais a respeito de equilibrar o orçamento "à custa das crianças". Isso serviu para alimentar a propaganda psicológica de que os conservadores são simplesmente pessoas más e que qualquer restrição ao Estado de bem-estar social é motivada pelo "ódio". Nem Bill Clinton estava imune. Quando assinou a lei de reforma dos serviços sociais, Peter Edelman devolveu o cargo de secretário-assistente de Saúde e Serviços Humanos, e Marian Edelman chamou o ato de Clinton de um "momento de vergonha". "Nunca nos permitamos confundir o que é legal com o que é correto", conclamou, acrescentando enfaticamente: "Tudo o que Hitler fez na Alemanha nazista era legal, mas não era correto." O CDF denunciou a lei como um ato de "abandono nacional das crianças", enquanto Ted Kennedy a viu como um "maltrato à infância através da legislação". Anna Quindlen, colunista do *New York Times*, a apelidou de "a política do negligenciado".[56]

Mas eram o CDF e outros sanguessugas da Grande Sociedade os que praticavam a verdadeira "política do negligenciado", pois, no final, seu Estado de bem-estar social — embora pudesse se basear no amor, no interesse e na delicadeza — resultava em mais danos à família negra e, especificamente, às crianças negras do que grande parte daquilo que pode ser atribuído à negligência racista. Hoje, as crianças negras têm probabilidade muito menor de serem educadas por ambos os progenitores do que durante a era da escravidão.

Embora Hillary Clinton possa haver aprendido com Marian Edelman a usar as crianças como ferramentas de propaganda para sua agenda ideológica, ela foi muito além de sua professora no escopo da ambição. Para Hillary, a política de bem-estar não passava de uma das frentes de uma guerra mais ampla. A crise enfrentada pelas crianças não era meramente um problema dos habitantes pobres das áreas degradadas da cidade. Para Hillary, a infância *é, de fato,* uma crise, e o governo deve vir em seu resgate. Nisso, ela tem sigo notavelmente consistente. Num artigo que escreveu na *Harvard Educational Review* em 1973, "Children under the law" ("As crianças de acordo com a lei"), ela criticou a "desculpa" de que "as questões infantis estão, de alguma forma, além da política" e desdenhou da ideia de que "as famílias são unidades privadas, não políticas, cujos interesses abrangem os das crianças". Avancem a fita 23 anos, para seu discurso de 24 de abril de 1996 durante a Conferência Geral da Igreja Metodista Unida: "Como adultos, precisamos começar a pensar e a acreditar que, *na realidade, não existe isso de o filho dos outros...* Por essa razão, não podemos permitir que as discussões sobre crianças e famílias sejam subvertidas por debates políticos ou ideológicos."[57]

Essas duas citações parecem contraditórias, mas a intenção é exatamente a mesma. Ocorre apenas que, em 1996, Hillary Clinton era uma figura política, enquanto em 1973 ela era uma advogada radical. O que está afirmando quando diz que não podemos permitir que ideólogos "subvertam" a discussão sobre crianças é que não pode haver nenhum debate a respeito do que fazer com as crianças. E o que tem de ser feito é quebrar a incontestada tirania do lar privado, como diz a ícone progressista Charlotte Perkins Gilman.

Essa "brilhante esperança", como ela descreveu, somente pode ser realizada se as crianças forem representadas como uma classe em crise perpétua. Assim como o proletariado foi pintado pelos marxistas como num permanente estado de guerra, e a nação apresentada como estando sob um cerco mortal representado pelos fascistas clássicos, as crianças de Hillary estão correndo um inimaginável risco existencial. Assim, ela cita, aprovadoramente, Urie Bronfenbrenner, um psicólogo de Cornell: "A atual situação das crianças e famílias nos Estados Unidos representa *o maior problema doméstico que nossa nação já enfrentou desde a fundação da República.* Está minando nossas raízes." Ela conclui: "Num momento em que o bem-estar das crianças está sob uma ameaça sem precedentes, o equilíbrio de poder inclina-se pesadamente contra elas." O governo precisa fazer tudo o que puder para "reverter a crise que afeta nossas crianças", declara. "Afinal, as crianças também são cidadãs."[58]

ADMIRÁVEL ALDEIA NOVA

Aqui, finalmente, está um "equivalente moral da guerra" em torno do qual os liberais modernos podem se juntar, um "mecanismo de crise" que ninguém identificaria como fascista porque, quando se diz "as crianças", a última coisa em que se pensa é em tropas de choque. Ninguém quer ser visto como um anticriança. A "crise da criança" não precisa de definição porque não tem fronteiras. Mesmo pessoas sem filhos devem cuidar dos filhos de outras pessoas. As comidas do tipo McDonald's ficaram visadas porque engordam as crianças — e decisões nutricionais não podem ser deixadas com os pais. "Mais que os muito insultados produtos do *Big Tobacco*, as grandes poções e a *Big Food* constituem a ameaça número um às crianças da América", alertou o *Nation*. O governo Clinton e ativistas afiliados justificaram suas políticas de controle de armas baseando-se na ameaça às crianças. "Já não ficaremos em silêncio enquanto o *lobby* das armas se recusa a pôr em primeiro lugar a saúde e a segurança de nossas crianças", bradou Hillary Clinton num debate senatorial em 2000.[59]

Está esquecido agora, mas o início do governo Clinton estava saturado desse tipo de pensamento. Janet Reno, nomeada procuradora-geral como parte de uma quota de gênero e tornando-se a principal responsável pelo cumprimento das leis no país, definiu sua primeira missão como sendo proteger as crianças. "Eu gostaria de usar as leis deste país para fazer tudo o que me for possível", declarou ela quando indicada, "para dar a cada uma delas a oportunidade de crescer como cidadãos fortes, saudáveis e autossuficientes deste país." Janet Reno, devemos lembrar, chamou a atenção nacional como uma promotora cruzadista que conseguiu produzir várias condenações numa série de destacados casos de abuso sexual de crianças. Muitos deles, descobriu-se depois, eram fraudulentos, e, em retrospecto, as zelosas táticas de Reno não parecem nada admiráveis. Quando chegou a Washington como a primeira mulher a ocupar uma posição nos quatro grandes gabinetes, estava determinada a ser vista, basicamente, como uma advogada das crianças, lançando sua "agenda nacional das crianças". "As crianças da América, 20% das quais vivem em pobreza, não têm ninguém para advogar a seu favor", disse Reno.[60] Seu zelo como protetora de crianças sem dúvida desempenhou um papel na maneira desastrosa como lidou com o cerco aos seguidores da seita Branch Davidian em Waco, no Texas.

Mas Janet Reno era exatamente o tipo de procurador-geral que seria do agrado, pelo menos em teoria, da autora de *É preciso uma aldeia*. Hillary descreve uma enorme rede de ativistas, advogados, organizações, associações, intermediários, burocratas e intrometidos que compõem o exército de "cidadãos qualificados" cuja tarefa é proteger os interesses da aldeia por nossas crianças. "Nada que eu diga em apoio ao programa de visitas domésticas será excessivo", disse ela com entusiasmo. "A aldeia necessita de um arauto local — e de um incitador."[61] Novamente, remova do sentimento toda a calda açucarada e olhe o que está por baixo. Imagine se, digamos, o ex-procurador-geral John Ashcroft tivesse dito "Nada que eu diga em apoio ao programa de visitas domésticas será excessivo". Os berros de "fascismo" seriam ensurdecedores.

Para Hillary Clinton, a mais importante frente na "guerra" para proteger as crianças são os primeiros três anos de vida. Esses preciosos momentos são tão decisivos que não podemos deixar que os pais se encarreguem deles por conta própria. Daí que seja necessária uma grande variedade de programas para conectar os pais a uma rede que alivie suas responsabilidades. Como observou Christopher Lasch muito antes de Hillary escrever *É preciso uma aldeia*, ela "põe sua fé em 'programas'. A proliferação de programas para crianças — *Head Start*, creches, cuidados pré-natais, cuidados maternos, clínicas para bebês, programas para estabelecer padrões nas escolas públicas, programas de vacinação, programas de desenvolvimento infantil — é usada por ela como um infalível índice de progresso".[62]

O século XX nos deu duas visões de um futuro distópico, o *Admirável mundo novo*, de Aldous Huxley, e o *1984,* de George Orwell. Durante muitos anos, tomou-se como dado que *1984* era o conto mais profético. Mas já não é mais assim. O totalitarismo de *1984* foi um produto da era de Stalin, Lenin, Hitler e Mussolini, os ditadores de um continente com uma importante tradição de absolutismo político e religioso. O *Admirável mundo novo* era uma distopia baseada num futuro *americano*, onde Henry Ford é lembrado como um messias (passa-se no ano 632 d.C.) e o culto da juventude, tão desprezado por Huxley, define a sociedade. Tudo é *fácil* sob o Governo Mundial. Todo mundo é *feliz*. De fato, como já mencionei, o grande dilema para o leitor de *Admirável mundo novo* é responder à questão: o que há de errado com ele?

Existe uma segunda diferença importante entre as duas distopias: *1984* é uma visão masculina do totalitarismo. Ou melhor, é a visão *de* um totalitarismo masculino. O totalitarismo de Huxley não é "uma bota chutando uma face humana — para sempre", como descrito em *1984*. É um mundo de pessoas sorridentes, felizes, geneticamente construídas mascando chicletes hormonais e alegremente fazendo o que lhes é mandado. A democracia é um modismo esquecido porque as coisas são muito mais fáceis quando o Estado toma todas as decisões em seu lugar. Em resumo, o totalitarismo de Huxley é essencialmente feminino. O de Orwell era uma distopia-papai, onde o Estado é abusivo e intimidador, mantendo sua autoridade por meio de um permanente clima de guerra e da fabricação de inimigos convenientes. O de Huxley é uma miséria materna, onde o homem é oprimido com bons tratamentos, não com crueldade. Mas, apesar de tudo o que se fala hoje sobre masculinidade, individualismo e até mesmo sobre o "Estado-babá", ainda não temos o vocabulário para combater o *totalitarismo gentil*, ou seja, o fascismo liberal.

Com essa distinção em mente, façamos nova visita a *É preciso uma aldeia*. Página após página, Hillary exalta a ideia de que praticamente tudo é uma questão de saúde. O divórcio deve ser tratado como uma "questão de saúde pública" porque gera estresse nas crianças. As coisas mais básicas da maternidade e da paternidade são questões de saúde porque "a maneira como os bebês são carregados, tocados, alimentados, olhados", bem como a maneira como se fala com eles, determina se nossos cérebros vão ser "sequestrados" por nossas emoções, o que potencialmente nos tornaria mortiferamente violentos. A sra. Clinton nos diz que Janet Reno produziu um relatório com a conclusão de que a violência das gangues e o uso de armas são produtos de pessoas com cérebros negativamente marcados que se tornam "emocionalmente sequestradas" por qualquer pequena provocação. Citando médicos, ativistas amistosos, assistentes sociais e uma variedade de americanos reais, em capítulo após capítulo ela defende a necessidade de intervenções em benefício das crianças desde o momento em que nascem, literalmente. As crianças precisam de "contato gentil, íntimo, consistente" para reduzir o estresse, possível origem de "sentimentos de desamparo que mais tarde levam a problemas de desenvolvimento". Até os pais prósperos precisam de ajuda porque, afinal, todo mundo sente estresse, e "nós sabemos que os bebês percebem o estresse".[63]

É justo dizer que um Estado com poderes para eliminar o estresse parental é um Estado com um mandato huxleyano. E um Estado com um mandato extremo precisa, logicamente, chegar a extremos. Daí Hillary defender a difusão de treinamento parental em todos os cantos da vida pública. Aqui está uma dessas sugestões: "Vídeos com cenas sensatas sobre como cuidar dos bebês — como pôr para arrotar, o que fazer quando entra sabão nos olhos, como deixar confortável um bebê com dor de ouvido — deveriam ser passados continuamente nos consultórios médicos, em clínicas, hospitais, nos lugares onde se tira carteira de motorista ou em qualquer outro onde as pessoas se juntem e tenham que esperar."[64] Imaginem se esses tipos de ideias fossem totalmente implementados no Departamento de Trânsito, nos lugares de tirar passaportes e em outros pontos "onde as pessoas se juntem e tenham que esperar". Gigantescas telas planas no aeroporto dando conselhos sobre como amamentar? Um telão nos estádios de beisebol? Em que ponto o Admirável Mundo Novo pareceria estar surgindo no horizonte?

E então há os inspetores domésticos, os conselheiros, os professores, os assistentes sociais. Hillary confia em seu leal exército de especialistas para oferecer conselhos sobre todas as minúcias dos cuidados com as crianças; nenhum detalhe merece ser esquecido, nenhum esforço de persuasão é visto como muito arrogante ou condescendente. "A Campanha de Cuidados Infantis... aconselha que 'quebra-cabeças e lápis de cera podem ser bons para pré-escolares, mas são inadequados para bebês'." A Comissão de Consumidores sobre Segurança de Produtos, conta-nos Hillary num comentário útil, concluiu que "chás de bebê temáticos sobre a questão da segurança são um ótimo jeito de ajudar as mães jovens, ou as ainda grávidas, a tornar seguros para a criança todos os cômodos de suas casas".[65]

Rousseau queria tirar as crianças de seus pais e criá-las em internatos do Estado. Hillary não quer ir tão longe, mas, novamente, ela acredita que, quando as crianças chegam à idade de ir para um internato, já é tarde demais. Daí sua paixão pelas creches. É claro que existe uma segunda agenda aqui. A creche também é o cálice sagrado das feministas *baby-boomers*, nascidas no período de explosão demográfica entre 1946 e 1964, aproximadamente. Para elas, o ponto não é que as crianças devam ser liberadas da família, mas que as mães devam ser liberadas das crianças.

A fim de quebrar a espinha dorsal do patriarcado, as feministas tiveram que contar com mitos sorelianos, mentiras nobres e mecanismos de crise para vencer suas batalhas. Por exemplo, em 1998 o presidente Clinton propôs um programa federal de creches no valor de 22 bilhões de dólares para curar o que Hillary estava chamando de "a crise silenciosa" da creche. Em *É preciso uma aldeia*, ela usa a fórmula "crise silenciosa" para descrever os infortúnios das crianças em geral. Essas crises eram silenciosas pela mesma razão que os unicórnios são silenciosos — não existem. Exceto, claro, nos corações e nas mentes de "reformadores" progressistas. Muito embora oito entre dez crianças fossem cuidadas por membros da família, somente 13% dos pais entrevistados disseram que cuidar das crianças era um "grande problema". Pouco antes de a Casa Branca realizar sua Conferência sobre Cuidados Infantis (Conference on Child Care) para vender crises, a qual pretendia estabelecer as bases para o plano de Hillary, a irrisória porcentagem de 1% dos americanos nomeou o cuidado com as crianças entre um dos dois ou três problemas mais urgentes que o governo precisava resolver. E pesquisas feitas com mulheres desde 1974 têm mostrado que crescentes maiorias de mulheres casadas querem ficar em casa com seus filhos, se puderem.

Talvez uma razão de as mulheres preferirem criar seus próprios filhos seja que, intuitivamente, elas compreendam que, tudo o mais sendo mantido igual, a creche, de fato, não é uma boa coisa para crianças. O dr. Benjamin Spock sabia disso desde a década de 1950, quando escreveu que as creches "não faziam nenhum bem aos bebês". Mas, quando reeditou seu *Baby and child care guide* (*Meu filho, meu tesouro*) na década de 1990, retirou aquele conselho, curvando-se às pressões e preocupações feministas. "Foi um ato covarde meu", admite ele. "Eu simplesmente joguei isso fora nas edições seguintes." Se, como os liberais frequentemente sugerem, a supressão da ciência para fins políticos é fascista, então a campanha para ocultar o lado negro dos cuidados infantis certamente conta como fascismo. Por exemplo, em 1991 a dra. Louise Silverstein escreveu na *American Psychologist* que "os psicólogos precisam se recusar a fazer qualquer outra pesquisa sobre consequências negativas de cuidados que não sejam os da mãe". A concepção tradicional de maternidade é nada mais que um "mito idealizado" concebido pelo patriarcado para "glorificar a maternidade numa tentativa de encorajar mulheres brancas de classe média a terem mais filhos".[66]

Não é que Hillary e outros advoguem políticas que acreditem ser ruins para as crianças. Isso os transformaria naqueles vilões das caricaturas de Nast. Em vez disso, eles acreditam, de boa-fé, que a sociedade seria muito melhorada se todos nós víssemos os filhos de todo mundo como nossos. Eles sinceramente sustentam, nas palavras da filósofa feminista Linda Hirshman, que as mulheres não podem ser "seres humanos plenamente realizados" se não tiverem o trabalho como uma prioridade acima da maternidade. Em certo sentido, Linda é uma versão feminista de Michael Lerner, que vê o trabalho como um "lócus" de significado. Seu desprezo por mulheres que não se dedicam completamente ao trabalho é palpável.[67] E, como observam outras feministas, se as mulheres são levadas a se sentir "julgadas" ou envergonhadas ao escolherem cuidar dos filhos, essa negatividade será paga mais adiante sob a forma de um estresse que lhes arruinará o cérebro.

Alguns expressam sua utopia progressista em linguagem pragmática. Sandra Scarr é, possivelmente, a mais citada especialista da América em cuidados outros que não os maternos e uma antiga presidente da Sociedade Psicológica Americana (American Psychological Society). "Quer fosse desejável ou indesejável o ideal de cuidados maternos em tempo integral", diz ela, "é algo completamente irrealista no mundo do final do século XX." Isso soa suficientemente defensivo. Mas ela tem uma agenda mais ampla à espreita. Precisamos criar "a criança ideal do novo século". Opa! Tenham cuidado com engenheiros sociais que querem "criar" um novo tipo de ser humano. Essas novas crianças precisarão aprender a amar a todos como se fossem parte da família. "Múltiplos vínculos com outros se tornará o ideal. Timidez e *vínculo materno exclusivo parecerão disfuncionais*. Novos tratamentos serão desenvolvidos para crianças com vínculos exclusivamente maternos."[68] Você já consegue ver o Admirável Mundo Novo assomando no horizonte?

Entre esses "tratamentos" — outro nome para propaganda — estão livros que tentam criar distância entre mães e filhos, tais como *Mommy go away!* (*Mamãe, vá embora!*) e *Why are you so mean to me?* (*Por que você me trata tão mal?*). Em *É preciso uma aldeia*, Clinton cita a pré-escola comunitária de Washington-Beech em Roslindale, Massachusetts, onde a "diretora Ellen Wolpert dá às crianças jogos como *Go Fish* e *Concentration* que usam um baralho ilustrado com imagens que contrariam as previsíveis — homens carregando bebês, mulheres pregando pregos, homens idosos subindo em escadas, mulheres grisalhas andando de *skate*".[69] Esse tipo de coisa é levado para escolas de primeiro grau progressistas onde as normas de gênero são frequentemente atacadas, conforme documentado em *War against boys* (*Guerra contra meninos*), de Christina Hoff Sommers.

Em suma, as creches não são ruins para as crianças. Em vez disso, os padrões burgueses tradicionais que usamos para julgar o que é bom para as crianças é que são ruins. Esse truque é um reencenação refinada do esforço nazista de resgatar os jovens das rígidas tradições de seus pais. Os nazistas brilhantemente substituíram histórias e contos de fada tradicionais por narrações sobre a bravura ariana, a divindade de Hitler e coisas parecidas. Problemas de matemática tornaram-se mecanismos para doutrinação subliminar; as crianças ainda aprenderiam matemática, mas o fraseado dos problemas agora era sobre trajetórias de artilharia e a quantidade de comida sendo desperdiçada com aleijados e outras minorias. A moralidade cristã foi lentamente expurgada das escolas, e professores foram instruídos a basear seu ensinamento moral em ideias patrióticas "seculares". "A ideia de lealdade era muito importante para o *Volk* germânico, assim como é para nós hoje", diziam os professores a seus alunos. De fato, a lealdade a Hitler e ao Estado era continuamente incutida nas crianças, enquanto a lealdade aos próprios pais era desencorajada de infinitas maneiras. As crianças iriam se transformar em novos homens e novas mulheres para a nova era.

Obviamente, o conteúdo do liberalismo açucarado com o qual as crianças de hoje são doutrinadas é muito diferente. Mas também existem semelhanças perturbadoras. As boas crianças serão aquelas menos ligadas a seus pais e mais ligadas à "comunidade". A busca fascista pelo novo homem, vivendo numa nova e totalitária sociedade na qual cada indivíduo se sente calorosa e amorosamente envolvido pelo Estado, mais uma vez começa no berço.

Para Hillary Clinton, o último degrau na direção do futuro huxleyano é filosófico, talvez até metafísico. Suas ideias a respeito das crianças são mais universais do que ela parece perceber. A sra. Clinton diz: "Jamais conheci uma criança estúpida" e atesta que "alguns dos melhores teólogos que já encontrei tinham cinco anos de idade".[70] Não deixe que o sentimento insípido e piegas obscureça o que está sendo dito aqui. Ao definir o status intelectual das crianças como *elevado*, ela está simultaneamente definindo como *inferior* a autoridade e a autonomia de adultos. Num mundo onde crianças são indistinguíveis de adultos, como distinguir adultos de crianças?

O culto liberal da criança é instrutivo pelas semelhanças que guarda com o pensamento fascista. As crianças, assim como os jovens, são movidas por paixão, sentimentos, emoção, vontade. Essas também são virtudes fascistas. A juventude representa as glórias da "não razão". Esses sentimentos, por sua vez, estão profundamente associados ao populismo narcisista que celebra os instintos das massas. "Quero isso agora, e não me importa se é contra as regras" é a paixão populista essencialmente infantil. O fascismo é uma forma de populismo porque o líder forja um vínculo parental com seus "filhos". Sem o laço emocional entre o líder e "o povo", *Führer* e *Volk*, o fascismo é impossível. "Estou do seu lado", "Sou um de vocês", "Estamos nisso juntos", "Eu sei como é ser vocês" constituem o refrão de todo demagogo fascista e populista. Ou como diz Willie Stark à multidão da qual se nutria em *All the king's men* (*Todos os homens do rei*): "Sua vontade é minha força. Sua necessidade é minha justiça." Argumentos, fatos, razão: isso são coisas secundárias. "O povo de Nebraska é a favor da prata livre e eu sou a favor da prata livre", declarou William Jennings Bryan, um dos mais queridos populistas da América. "Examinarei os argumentos mais tarde."[71]

Durante a campanha, Bill Clinton evocou incessantemente sua habilidade de "sentir nossa dor". Inúmeros observadores se maravilharam com sua maestria em se "alimentar" da multidão, extrair energia das massas. Os jornalistas frequentemente o chamavam de "clarividente" por sua habilidade de intuir o que a audiência queria ouvir. Esse é um grande dom num político, mas nunca se deve esquecer que os demagogos são, antes de mais nada e acima de tudo, políticos magistrais.

Sem dúvida, a demagogia de Clinton era de natureza decididamente feminina. Ele prometia abraços, sentir sua dor e proteger você daqueles rapazes malvados (republicanos e "machos brancos enfezados"). Sua palavra de ordem era "segurança" — segurança econômica, segurança social, segurança contra a globalização, crimes, perdas de emprego, o que quer que fosse. Ele foi "o primeiro presidente feminino", de acordo com a romancista feminista Mary Gordon. Quando acusado de fracasso ou erro, sua resposta automática era a de uma mãe solteira exaurida: "Tenho trabalhado tanto!", como se isso fosse um substituto adequado para estar certo ou ser eficaz. Seus defensores basicamente afirmavam que ele estava acima da lei porque era, como diz Kathleen Sullivan, de Stanford, a única pessoa que trabalha para nós 24 horas por dia. Em outras palavras, ele não era uma pessoa; era o Estado em sua encarnação maternal. Obviamente, muitos americanos gostavam de suas políticas — ou pensavam assim porque a economia estava indo bem —, mas gostavam *dele* por causa de sua peculiar *preocupação* maternal. Aqui, a estética política não tinha nada de novo. Como observou Goebbels sobre a popularidade de seu *Führer*: "O povo todo o ama porque se sente seguro em suas mãos, como uma criança nos braços da mãe."[72]

Teria sido Bill Clinton um presidente fascista? Bem, ele certamente acreditava na primazia da emoção e na supremacia de seu próprio intelecto. Ele enunciava mentiras nobres com uma impulsividade temerária. Um admirador de Huey Long, partilhava com o ditador caipira o desprezo pelas regras e tinha a mesma queda por apelos demagógicos. Tinha grande compromisso com a Terceira Via, se alguma vez existiu uma, e era devoto das novas políticas de JFK. Mas acho que, se vamos chamá-lo de fascista, deve ser no sentido de que ele absorvia, como uma esponja, as ideias e emoções do liberalismo. Dizer que era pessoalmente um fascista é creditar a ele mais ideologia e princípios do que seria justificável. Clinton foi o tipo de presidente que o fascismo liberal só poderia produzir durante tempos prosaicos. Mas, se era fascista, o mais importante é que o foi porque nós, como americanos, queríamos justamente isso. Implorávamos empatia porque cada um sentia merecer que alguém cuidasse de Mim.

Hillary Clinton aprendeu bem essa lição quando decidiu se candidatar pela primeira vez. A sra. Clinton nunca terá o talento político natural de seu esposo. Ela é muito fria, muito cerebral para saber dar tapas nas costas e ocultar os próprios sentimentos. O que ela fez foi traduzir os instintos políticos de Bill Clinton em um apelo ideológico. Em 2000, quando se candidatou ao Senado pelo estado de Nova York, como o faria uma forasteira oportunista, o histórico da sra. Clinton era um problema. Ela basicamente não tinha nenhum — pelo menos não como uma habitante do estado. Assim, inventou um brilhante slogan que usou como fundamento para sua campanha: ela era a candidata "mais preocupada com as questões que preocupam os habitantes do estado de Nova York". Sua disciplina em ater-se a essa mensagem causou espanto e admiração a observadores políticos veteranos. As questões não eram a questão, como diziam na década de 1960. *A questão de quem estava mais preocupado com as questões era a verdadeira questão.* "Penso que a verdadeira questão deve ser quem se preocupa com as crianças da cidade de Nova York", disse ela numa declaração típica.[73]

Podemos perguntar: e desde quando "preocupação" conta como a maior das qualificações? Um encanador pode muito bem estar mais preocupado com como seu baço pode ser removido com êxito do que estaria um cirurgião. Mas será que isso significa que um homem lúcido preferiria um encanador a um médico? Será que os bancos concedem empréstimos aos candidatos mais *preocupados* com administrar um negócio de sucesso ou preferem aqueles que têm maior probabilidade de pagar o empréstimo? Deveriam os estudantes mais preocupados em conseguir boas notas ganhar somente conceitos A?

A resposta a tudo isso é simples: que se preocupem com elas é o que as crianças (e o resto de nós) esperam dos pais. Na visão fascista liberal, as crianças são cidadãos, e cidadãos são crianças (um capítulo do livro de Hillary intitula-se "Crianças também são cidadãos"). Segue-se daí, portanto, que os líderes devem se comportar como pais. "Penso que minha tarefa é liderar", observou Bill Clinton quando ainda era presidente, "e cuidar do país. E suponho que, à medida que envelheça, assumirei cada vez mais o papel de uma figura paterna, em vez de um irmão mais velho."[74]

De acordo com essa visão, mesmo seu próprio dinheiro não é seu. É uma *concessão*. Quando lhe perguntaram qual o problema em deixar que os distritos escolares locais gastassem os dólares de impostos da maneira que achassem melhor, Bill Clinton retrucou prontamente: "Porque não é o dinheiro deles." Em 1997, ridicularizou os eleitores da Virgínia que queriam redução de impostos, chamando-os de "egoístas", e então os repreendeu como se fossem crianças: "E pense como você se sentiu todas as vezes em que foi tentado a fazer algo egoísta e não fez e como se sentiu maravilhoso no dia seguinte." Em 1999, quando o governo tinha um superávit, muitos contribuintes achavam que seria uma política razoável receber de volta parte de seu dinheiro. Quando lhe perguntaram a respeito, o presidente Clinton respondeu: "Poderíamos devolver tudo a vocês e esperar que soubessem gastar direito." A senadora Clinton foi mais direta. Falando sobre os cortes nos impostos feitos por George W. Bush, que de fato devolveu o superávit às pessoas que o criaram, a sra. Clinton — usando o clássico jargão do Evangelho Social — disse que era preciso acabar com aqueles cortes. "Vamos tirar coisas de vocês em benefício do bem comum."[75]

Hillary não é nenhum *führer*, e sua noção de "bem comum" não envolve pureza racial nem campos de concentração. Mas, incontestavelmente, ela extrai suas ideias do mesmo eterno instinto de impor ordem à sociedade, de criar uma comunidade todo abrangente, de deixar para trás as infindáveis disputas e envolver cada indivíduo com o manto protetor do Estado. A sua é uma religião política, um Evangelho Social atualizado — com menos ênfase no Evangelho e mais no Social — falado em tons tranquilizantes e invocando uma visão confortadora de cooperação e comunidade. Mas continua sendo uma visão peculiar, e nela não há espaço para aqueles que ainda padecem da "estupidez de mentes presas a hábitos", tomando emprestada uma frase de Dewey. A aldeia pode ter substituído "o Estado", e nela o punho cerrado pode ter sido substituído pelo abraço, mas um abraço indesejado do qual não se pode escapar é apenas uma forma mais amena de tirania.

10

A nova era: somos todos fascistas agora

Em geral, pensa-se que o nacional-socialismo significa apenas brutalidade e terror. Mas isso não é verdade. O nacional-socialismo — e, mais amplamente, o fascismo — também significa um ideal, ou ideais que persistem hoje sob outras bandeiras: o ideal da vida como arte, o culto da beleza, o fetichismo da coragem, a dissolução da alienação em sentimentos extáticos de comunidade, o repúdio ao intelecto, a família humana (sob a paternidade de líderes). Esses ideais são vívidos e comoventes para muitas pessoas... porque seu conteúdo corresponde a um ideal romântico ao qual muitos continuam ligados e que se expressa em diversas formas de dissidência cultural e de promoção de novas formas de comunidade, como a cultura jovem e do rock, a terapia primal, a antipsiquiatria e a crença no oculto.

— Susan Sontag, *Fascismo fascinante*

OS LIBERAIS CONSTANTEMENTE reclamam de que os conservadores estão tentando impor sua visão cultural sobre o resto do país. Em contraste, eles próprios só estariam preocupados com as "verdadeiras" questões de classe e economia. Thomas Frank, autor do sucesso de livraria *What's the matter with Kansas?* (*Qual o problema com Kansas?*), lidera toda uma escola de liberais que argumentam que eleitores de classe média do Partido Republicano têm sido ludibriados por estrategistas republicanos que lhes impõem falsas questões sobre "valores". O argumento de Frank reduz-se à velha doutrina marxista da falsa consciência, que diz que discordar da esquerda a respeito da natureza do autointeresse político e econômico é uma forma de lavagem cerebral ou demência.

Mas estarão os liberais e esquerdistas realmente dedicados à justiça econômica ou a questões divisivas como casamento de gays ou aborto tardio? Se observarmos de perto, veremos que os liberais fazem objeções a "questões de valores" na política somente quando elas expõem fraquezas liberais. Quando os liberais estão na defensiva, usam argumentos marxistas ou, se preferir, socialistas para deslegitimar a agenda cultural da oposição. Quando os conservadores estão levando vantagem numa questão cultural, o liberalismo consiste apenas em "resolver problemas" para o cidadão mediano, cuidar de salários e assistência à saúde. Mas, na ofensiva, o liberalismo significa quotas raciais, integrar a cultura gay à cultura predominante, apagar da praça pública os símbolos do cristianismo e um sem-número de ambições explicitamente culturais.

É interessante ver como esse tipo de esgrima — aparar o golpe como socialista e utilizar a tática do golpe cultural — espelha manobras nazistas. Quando os nazistas estavam contestando os tradicionalistas, monarquistas e os poucos liberais clássicos que restavam na Alemanha, soavam de forma muito parecida com os socialistas genéricos que lamentavam como o "grande capitalismo" estava oprimindo as pessoas comuns. Hitler acusou os outros partidos de estarem dividindo os alemães ao longo de linhas sectárias e de classe, enquanto ele queria que o foco estivesse totalmente concentrado na economia. Foi somente quando conseguiram o controle da situação que os nazistas abandonaram seus argumentos econômicos a favor de impor uma nova ordem cultural.

Essa abordagem economia-na-defesa, cultura-no-ataque continuou a ser uma importante tática para Hitler mesmo depois de haver consolidado seu poder. Por exemplo, em 1938, quando compreendeu que a agenda cultural nazista estava começando a desagradar a significativos segmentos da população, ele explicou num discurso: "O nacional-socialismo é uma doutrina formidável, apoiada na realidade e baseada no mais apurado conhecimento científico e em sua expressão mental. Assim como abrimos o coração das pessoas para essa doutrina, e assim como continuamos a fazer isso até hoje, não temos nenhum desejo de instilar nas pessoas um misticismo que está fora do propósito e dos objetivos de nossa doutrina." Essa linguagem deve ser familiar a liberais que gostam de se apresentar como integrantes da "comunidade de base real".[1]

Simplesmente não há como negar que o liberalismo está profundamente comprometido com a criação e imposição de cultura. De fato, é transparentemente óbvio que os liberais se preocupam, antes de tudo, com a cultura. Durante a década de 1990, por exemplo, o liberalismo mergulhou de cabeça no negócio de formação de cultura, desde a política de significado de Hillary Clinton até critérios de desempenho adaptados às características de gênero nos esportes universitários, a presença de gays nas forças armadas, a guerra ao cigarro. Em 2007, para mencionar um exemplo recente excêntrico, uma creche progressista em Seattle proibiu o uso do LEGO porque, com aquele brinquedo, "as crianças estavam construindo suas suposições a respeito da propriedade e do poder social que ela propicia, suposições que espelhavam as de uma sociedade capitalista baseada em classes — e que nós, professores, acreditamos ser uma sociedade injusta e opressiva". Em lugar disso, criaram uma brincadeira que refletia os padrões moralmente superiores de "coletividade".[2]

Em termos bem simples, é assim: os liberais são os agressores nas guerras culturais. O fato de que isso deva parecer um ponto controvertido é, de certa forma, desconcertante. Está absolutamente claro que os tradicionalistas estão defendendo seu modo de vida contra as chamadas forças do progresso. Quando grupos feministas finalmente persuadiram os tribunais a forçar o Instituto Militar da Virgínia a aceitar mulheres, quem era o agressor? Quem estava impondo seus próprios valores? Quais os ativistas que se vangloriam de ser "agentes de mudança"? Meu argumento não é que as forças da mudança estejam sempre erradas. Longe disso. Meu argumento é que a esquerda é desonesta quando finge não estar envolvida no negócio de impor seus valores a outros.

Já vimos como, na década de 1950, a esquerda atualizou a tradicional crítica marxista ao capitalismo afirmando que a reação fascista era, de fato, uma resposta psicológica ao progresso. Apesar de a esquerda haver argumentado em determinado momento que o fascismo era a reação *política* da classe econômica no poder contra os trabalhadores revolucionários, agora diz que o fascismo se expressa como uma entre muitas "fobias", ou simplesmente "raivas", voltadas contra o avanço de certos grupos e causas. Essas raivas e fobias são sentidas quase exclusivamente por machos brancos heterossexuais (e as mulheres que os amam), os descendentes daqueles maléficos "Machos Brancos Europeus Mortos" (*Dead White European Males*", ou DWEM, na sigla em inglês). Na década de 1930, a esquerda alegava que os fascistas queriam proteger suas fábricas e seus títulos de nobreza; agora, dizem-nos que os fascistas — também conhecidos como "machos brancos enraivecidos" — querem preservar seus "privilégios" injustos. Homofobia, racismo, nativismo e, postos numa equivalência moral perfeita, tanto o extremismo islâmico quanto a islamofobia são apontados como respostas fascistas instintivas da estrutura de poder do macho branco diante do choque do novo.

Esses tipos de argumentos, para tomar emprestada uma frase de Carl von Clausewitz, representam a continuação da guerra por meios culturais. E, de fato, em nenhum lugar essa lógica é exibida mais visivelmente que na cultura popular.

Tomemos o filme *Pleasantville*. Uma cidadezinha imaginária, parecida com a Mayberry da novela de televisão, aparentemente congelada nos repressivos anos de 1950 e dominada por machos brancos, é sacudida pela introdução de pessoas jovens da década de 1990, partidárias do amor livre e sexualmente liberadas. É uma repetição perfeita dos anos 1960. Os habitantes mais velhos não conseguem lidar com o desafio — suas esposas liberadas já não estão em casa no final do dia, esperando-os com pantufas numa das mãos e um martíni na outra. Em resposta, a elite de machos brancos — liderados pela Câmara de Comércio, é claro — torna-se crescentemente fascista. Um dos engenhosos truques de convencimento do filme é que os defensores da tradição em Pleasantville são filmados em preto e branco, enquanto os seres humanos plenamente realizados são retratados em cores vivas. Isso impele os fascistas monocromáticos a começar a tratar os "coloridos" como cidadãos de segunda classe.

Um tema semelhante pode ser encontrado em *Um dia de fúria* (*Falling Down*), um filme divertidamente fascista no qual um empreiteiro branco de classe média que trabalha para a indústria armamentista, representado por Michael Douglas, torna-se violento quando seu contrato sofre um corte e ele perde o trabalho. Em *Beleza americana*, o ex-marinheiro sexualmente confuso vizinho de Kevin Spacey pira e se torna um assassino quando não consegue lidar com a ideia de que seu filho talvez seja homossexual. Não é de surpreender que Hollywood continue a produzir em série essas histórias batidas, mas é admirável que, a cada vez que o faça, tantos críticos as saúdem como interpretações originais quando são, de fato, apenas uma série de clichês reciclados.

Mas há algo mais importante por trás do esforço de apresentar os oponentes da mudança como fascistas: trata-se de ridicularizar a própria noção de uma ordem natural a fim de transformar a mudança em ordem natural. O dogma subjacente nesses filmes é que papéis sociais e de gênero não são fixos, que tradição, religião e lei natural não têm nenhum poder compulsório ou autoridade sobre a vontade de poder do indivíduo, e que o dia em que cometemos o engano de pensar que fosse diferente foi o dia em que fizemos uma trágica manobra e tomamos a Direção Errada.

A *KULTURKAMPF*, ENTÃO E AGORA

A origem da expressão "guerra cultural" pode ser encontrada em dois pensadores muito diferentes. O mais recente é o marxista Antonio Gramsci, que afirmou que a única maneira de derrubar a velha ordem seria iniciando uma "longa marcha" através de instituições culturais de elite. Essa foi a estratégia escolhida pelos insurgentes da Nova Esquerda na década de 1960, que rapidamente conquistaram departamentos de inglês, redações de jornais, estúdios cinematográficos e coisas semelhantes. Mas a fonte anterior, e a mais relevante, foi a *KulturKampf* de Otto von Bismarck.

É comum, entre liberais educados, o uso do termo "*KulturKampf*" ao se referirem aos supostos esforços da direita para demonizar os liberais e impor seus valores sobre o resto do país. Os matizes germânicos do termo obviamente se destinam a evocar um paralelo hitleriano. Bem ao contrário disso, no entanto, a *KulturKampf* original não foi uma ação repressiva da direita contra dissidentes liberais ou minorias em perigo, mas um ataque da *esquerda* contra as forças do tradicionalismo e do conservadorismo. Ostensivamente, a *KulturKampf* foi uma guerra contra os católicos alemães, absorvidos, pela primeira vez, na grande Alemanha. Bismarck temia que eles pudessem não ser suficientemente leais a uma Alemanha liderada pela Prússia e, mais pragmaticamente ainda, queria evitar a formação de um partido político católico alemão.

As intenções de Bismarck estavam fundadas na *realpolitik* e na triangulação política. Os verdadeiros crentes eram as forças progressistas do Reichstag. O catolicismo era visto pelos alemães progressistas como estrangeiro, antiquado, atrasado e não alemão. Ele obstruía o caminho do nacionalismo, do cientificismo e do progresso. A palavra *"KulturKampf"* propriamente foi cunhada pelo influente cientista Rudolf Virchow, um renomado liberal que esperava que a *KulturKampf* liberasse os homens das muletas da superstição cristã e os ligasse aos princípios progressistas. Por trás daquele impulso, no entanto, residia um desejo de impor uma nova religião, uma religião progressista do Estado-*Volk*.

As primeiras leis da *KulturKampf*, aprovadas com grande fanfarra em 1873, foram saudadas como enormes avanços progressistas para promover a separação entre Igreja e Estado. Emil Friedberg, um arquiteto liberal das "Leis de Maio" anticatólicas, explicou as obrigações do Estado com relação à Igreja católica: "Suprimi-la, destruí-la, esmagá-la com violência." Num surto de neojacobinismo, os liberais atacaram e fecharam escolas católicas. Casamentos civis obrigatórios enfraqueceram o poder e a influência da Igreja. O Estado se atribuiu o direito de nomear, promover, disciplinar e mesmo deportar funcionários da Igreja. A maior parte dos bispos católicos da Alemanha foi jogada na prisão, expulsa de seus cargos ou forçada a se exilar. Ao final, a *KulturKampf* se exauriu; mas a ideia de que o cristianismo tradicional era uma ameaça ao progresso nacional lançou raízes permanentes.[3]

Na década de 1870, o ácido, como era de se esperar, corroeu o corpo político e se transformou em antissemitismo. Na verdade, a palavra "antissemitismo" foi cunhada em 1879 pelo ateu e esquerdista radical Wilhelm Marr em seu panfleto *The way to victory of germanicism over judaism* (*O caminho da vitória do germanismo sobre o judaísmo*). A contribuição de Marr foi transformar o ódio aos judeus, fazendo-o passar de uma paixão teológica a uma paixão racial e cultural "moderna" (por exemplo, seu ódio aos judeus assimilados era maior do que o que sentia pelos ortodoxos). "Antissemitismo" — em oposição à expressão mais teológica *Judenhass* — pretendia alicerçar o ódio aos judeus na linguagem progressista da eugenia científica.

Durante sua ascensão ao poder, Hitler — em muitos aspectos, o herdeiro dos progressistas birmarckianos — dificilmente poderia lançar um ataque total e aberto ao cristianismo. Afinal, presumia-se que o nacional-socialismo devesse unir todos os alemães. "Não é oportuno nos envolvermos agora num conflito com as igrejas. A melhor coisa é deixar que o cristianismo morra de morte natural", explicou Hitler a seus auxiliares. "Uma morte lenta tem algo de reconfortante. O dogma do cristianismo se exaure diante dos avanços da ciência. A religião terá que fazer mais e mais concessões. Gradualmente, os mitos desmoronam. Tudo a fazer agora é provar que, na natureza, não existe nenhuma fronteira entre o orgânico e o inorgânico."[4]

Em 1937, o Partido Social-democrata alemão, operando no exílio em Praga, contratou um espião para relatar da Alemanha os progressos nazistas. O relator, trabalhando em segredo, nos oferece uma informação fundamental sobre o que os nazistas realmente pretendiam. O Partido Nacional-Socialista dos Trabalhadores Alemães estava construindo uma nova religião, uma "contraigreja" completa, com seus próprios sacerdotes, dogmas, dias santos, rituais e cerimônias. O agente usou uma brilhante metáfora para explicar o esforço nazista. A contraigreja estava sendo construída como uma nova ponte ferroviária. Quando se constrói um novo pontilhão, não se pode simplesmente derrubar o antigo, contrariando todas as vontades. O tráfego e o comércio reclamariam. O público protestaria. Em vez disso, é preciso ir lenta, mas seguramente, substituindo a ponte ao longo do tempo. Retira-se um parafuso velho e põe-se um novo. Em silêncio, substituem-se as vigas antigas por novas, e um dia haverá uma estrutura completamente diferente e praticamente ninguém terá notado.

Como os engenheiros daquele proverbial pontilhão, os nazistas trabalharam persistentemente para substituir os elementos básicos do cristianismo tradicional por uma nova religião política. A maneira mais sagaz de fazer isso era cooptar o cristianismo via *Gleichschaltung* e, ao mesmo tempo, ir encolhendo o papel da religião tradicional na sociedade civil. Nesse sentido, Hitler era totalmente bismarckiano. O historiador alemão Götz Aly explica como Hitler comprava popularidade com pródigos programas de bem-estar social e benefícios para a classe média, frequentemente financiados com a riqueza roubada dos judeus e com altos impostos sobre os ricos. Hitler baniu a caridade religiosa, debilitando o papel que tinham as igrejas de contrabalançar o papel do Estado. O clero passou a receber seus salários do governo, sendo submetido, assim, à autoridade do Estado. "Os párocos terão que cavar suas próprias sepulturas", grasnou Hitler. "Eles trairão seu Deus por nós. Trairão qualquer coisa para garantir seus miseráveis empreguinhos e salários."[5]

Seguindo o exemplo jacobino, os nazistas substituíram o calendário cristão tradicional. O ano-novo começava em 30 de janeiro, com o Dia da Tomada do Poder.[6] A cada novembro, as ruas centrais de Munique eram dedicadas a uma representação da Paixão nazista, reproduzindo o *Putsch* da Cervejaria tramado por Hitler. O martírio de Horst Wessel e seus "antigos combatentes" substituíram Jesus e os apóstolos. Peças e histórias oficiais foram reescritas para glorificar arianos pagãos que lutavam bravamente contra exércitos estrangeiros cristianizadores. Antecipando certa pseudo-história feminista, as bruxas viraram mártires da sanguinária opressão do cristianismo.

Sob o poder progressista, o Deus cristão havia sido transformado num oficial ariano da SS tendo Hitler como seu braço direito. Os chamados pastores cristãos alemães pregavam que "assim como Jesus havia liberado a humanidade do pecado e do inferno, Hitler salva o *Volk* alemão da decadência". Em abril de 1933, o Congresso Nazista de Cristãos Alemães declarou que todas as igrejas deveriam catequizar que "Deus me criou como um alemão; o germanismo é uma dádiva de Deus. Deus quer que eu lute pela Alemanha. O serviço militar de forma alguma ofende a consciência cristã, mas é obediência a Deus".[7]

Quando alguns bispos protestantes visitaram o *Führer* para registrar suas queixas, a fúria de Hitler chegou ao extremo. "O cristianismo desaparecerá da Alemanha assim como aconteceu na Rússia... A raça alemã existiu sem cristianismo durante milhares de anos... e continuará depois que o cristianismo tiver desaparecido... Precisamos nos acostumar com os ensinamentos de sangue e raça." Quando os bispos fizeram objeções a apoiar os propósitos seculares do nazismo, e não apenas suas inovações religiosas, Hitler explodiu: "Vocês são traidores do *Volk*. Inimigos da *Vaterland* e destruidores da Alemanha."[8]

Em 1935, foi abolida a prece obrigatória nas escolas e, em 1938, cânticos e peças de Natal foram totalmente proibidos. Em 1941, a instrução religiosa para crianças acima de 14 anos havia sido completamente abolida, e o jacobinismo reinava supremo. Uma canção da Juventude Hitlerista ecoava nos acampamentos:

> *Somos a alegre Juventude Hitlerista*
> *Não precisamos de virtudes cristãs*
> *Pois Adolf Hitler é nosso intercessor*
> *E nosso redentor.*
> *Nenhum padre, ninguém maléfico*
> *Pode nos impedir de nos sentirmos*

A NOVA ERA: SOMOS TODOS FASCISTAS AGORA

Como filhos de Hitler.
A nenhum Cristo seguimos,
Mas a Horst Wessel!
*Fora com incensos e pias de água benta.*⁹

Enquanto isso, os órfãos recebiam uma nova letra de "Noite feliz":

Noite feliz! Noite santa! Tudo é calmo, tudo é luz,
Só o Chanceler está firme na luta,
Vela pela Alemanha de dia e de noite
Sempre cuidando de nós,
Sempre cuidando de nós.

De maneira semelhante, a *KulturKampf* americana da década de 1960 começa não com os *hippies*, a Guerra do Vietnã ou mesmo os direitos civis. De forma adequada a uma tentativa de abrir o caminho para uma nova religião política, ela começa com o esforço de eliminar a prece nas escolas. Como argumentou Jeremy Rabkin, as decisões dos anos 1960 relativas à prece nas escolas devem ser vistas como os primeiros passos da Suprema Corte em seu papel de principal mecanismo da *KulturKampf* americana.

Considere o aborto. A lógica fundamental dos julgamentos da Suprema Corte que legalizaram o aborto baseia-se não no "direito de escolha", mas na ideia de que a religião e a moralidade religiosamente informada não têm nenhum lugar nas questões públicas. *Roe v. Wade* e *Doe v. Bolton* são dois casos que derivam diretamente de *Griswold v. Connecticut*, um julgamento de 1965 no qual a Corte invalidou uma proibição de controle da natalidade (cuja observância quase nunca foi exigida) com base no argumento de que o direito à privacidade pode ser encontrado em sutis emanações da Constituição. Mas a motivação subjacente da Corte derivava da convicção de que leis de inspiração religiosa (Connecticut tem uma grande população católica) são suspeitas. Apenas dois anos antes de *Roe*, num julgamento na Pensilvânia, a Corte revogou a ajuda do estado a escolas paroquiais católicas com base no argumento de que isso dividiria o público ao longo de linhas sectárias. Além disso, afirmou a Corte, preocupações religiosas "tendem a confundir e obscurecer outras questões mais urgentes". Quando o caso *Roe v. Wade* finalmente foi levado diante do tribunal, os juízes já haviam concluído que preocupações religiosas tradicionais podem ter pouco peso nas questões públicas. Em 1978, Laurence Tribe, o mais importante advogado constitucional liberal da América, argumentou na *Harvard Law Review* que os pontos de vista religiosos eram inerentemente supersticiosos e, portanto, menos legítimos que os "seculares".

Em 1987, a Suprema Corte decidiu que momentos de silêncio no começo do dia escolar constituíam um endosso governamental à prece. Em 1992, decidiu que uma prece não sectária durante uma cerimônia de formatura numa escola (proferida por um rabi reformado) era um inadmissível endosso à religião. Em 1995, a Corte de Apelação do Nono Circuito decidiu que o "direito de morrer" não podia ser constrangido simplesmente "para satisfazer aos preceitos morais ou religiosos de uma parte da população". Não importa que as raízes de leis contra assassinato, roubo e perjúrio brotem diretamente daqueles mesmos "preceitos religiosos".

Mais recentemente, temos visto tribunais decidirem que Juramentos de Lealdade, exibições dos Dez Mandamentos e de presépios são inconstitucionais em qualquer lugar perto de algum recinto público. O juiz Antonin Scalia estava certo em 1996, no caso *Romer v. Evans*.* "O tribunal confundiu uma *KulturKampf* com um ataque de maldade", declarou. E, no final do parecer, repreendeu seus colegas por "tomarem partido" nas "guerras culturais".

Por que entrar em tantos detalhes a respeito do tema religião? Porque é impossível compreender a agenda cultural do liberalismo sem compreender que o liberalismo moderno está construindo seu próprio pontilhão, substituindo os tijolos e as vigas da cultura tradicional americana por algo diferente. Não estou afirmando que tudo na nova estrutura liberal seja ruim ou errado. Mas rejeito a engenhosa argumentação de liberais que afirmam que seu esforço é meramente "pragmático" ou parcial. "Oh, só este tijolo. O que há de errado com este tijolo?" é como os liberais argumentam a respeito de todos os estágios de seu projeto. Mas não se trata de apenas um tijolo. Tampouco devem os conservadores acreditar que é meramente uma

---

*Em *Romer v. Evans*, o estado do Colorado queria emendar sua Constituição para impedir que qualquer órgão do governo estadual garantisse proteção a cidadãos não heterossexuais que se sentissem discriminados em virtude de sua orientação sexual. A Suprema Corte vetou a emenda, e Scalia a criticou, dizendo que a Corte "não tinha o direito de impor a todos os americanos a resolução preferida pela elite (da qual se originam seus integrantes), de que qualquer atitude animosa contra homossexuais é maléfica". A transcrição do caso está na internet. (*N. da T.*)

rampa escorregadia. Essa imagem sugere forças fora de nosso controle nos puxando numa direção que não é a de nossa escolha. Se a sociedade está se movendo numa direção que não escolheu, isso frequentemente ocorre porque ela está sendo *empurrada* pelas autonomeadas forças do progresso.

Em seu ensaio "The great relearning" ("O grande reaprendizado"), Tom Wolfe detalha como a contracultura, inspirada pela Bauhaus alemã, queria começar tudo de novo, declarar um novo Ano Zero (bem parecido com o que fizeram os jacobinos e os nazistas), voltar à encruzilhada onde a civilização ocidental supostamente havia tomado o caminho errado. Ken Kesey, um autor da contracultura, chegou a organizar uma peregrinação à Meca pagã de Stonehenge, acreditando que ali havia sido o ponto decisivo em que o homem ocidental, que até então seguia na direção certa, supostamente tomara o rumo errado, deixando para trás seu paganismo. No restante deste capítulo, veremos como essa visão totalizante informou os movimentos e ideias tanto do fascismo clássico quanto da esquerda cultural de hoje em algumas áreas específicas da cultura: identidade, moralidade, sexo e natureza.

A *KULTURKAMPF* LIBERAL FASCISTA

Isaiah Berlin resumiu a visão de mundo neorromântica que deu origem ao nazismo: "Se sou alemão, busco virtudes alemãs, escrevo música alemã, redescubro antigas leis alemãs, cultivo em meu interior tudo o que faz de mim o mais rico, expressivo, versátil e pleno alemão que me seja possível ser... Esse é o ideal romântico em sua plenitude." Tal pensamento levou, inexoravelmente, à concepção nazista de certo e errado. "A justiça", explicou Alfred Rosenberg, "é o que o homem ariano considera justo. Injusto é o que ele assim considera."[10]

Essa visão manifestou-se mais concretamente no esforço de purgar da Alemanha nazista a influência da mente judia. O judeu simbolizava tudo o que havia mantido o povo alemão no atraso. Mesmo "consciência", de acordo com Hitler, "é uma invenção judia" a ser descartada num ato de autoliberação. Como resultado, os nazistas jogaram contra os judeus os mesmo jogos que a esquerda joga hoje contra o "eurocentrismo", o "branquismo" e o "logocentrismo". Quando ouvimos uma radical no *campus* denunciando a "lógica branca" ou a "lógica do macho", ela está de pé sobre os ombros de um nazista que denunciava a "lógica judia" e a "doença hebraica". Quando ainda era um colaborador nazista, Paul de Man — o reverenciado teorista pós-moderno que chegou a ensinar em Yale e Cornell — escreveu a respeito dos judeus: "Seu marcante traço cerebrino, sua capacidade de assimilar doutrinas e, ao mesmo tempo, manter um frio distanciamento delas" é uma das "características específicas da mente judia".[11]

O macho branco é o judeu do fascismo liberal. A "chave para solucionar os problemas sociais de nossa época é abolir a raça branca", escreve o acadêmico e historiador Noel Ignatiev, especialista em estudos do branquismo. Esses estudos são a última palavra em termos de disciplina acadêmica e podem ser encontrados em todo o sistema de educação superior americano. Existem umas trinta universidades com departamentos de Estudos do Branquismo, mas um número muito maior de escolas oferece os ensinamentos básicos sobre branquismo em outros cursos. O diretor-executivo do Centro para o Estudo da Cultura Americana Branca explica: "Não há crimes que o branquismo não tenha cometido contra as pessoas de cor... Precisamos culpar o branquismo pelos padrões que ainda hoje continuam existindo... que danificam e impedem a humanidade daqueles de nós que vivemos dentro dela."[12] A revista *Race Traitor* (*Traidor da Raça*) — um termo nazista, ironicamente — dedica-se a "servir como um centro intelectual para aqueles que buscam abolir a raça branca". Não, não se trata de um movimento genocida; ninguém está sugerindo que pessoas brancas sejam recolhidas e postas em campos. Mas os princípios, as paixões e a argumentação têm ecos preocupantes.

Primeiro, há a chocante defesa da ideologia dos tumultos e do gangsterismo negro pela esquerda. A glorificação da violência, a romantização da rua, as denúncias contra "o sistema", a visão conspiratória, a exaltação da solidariedade racial, a misoginia da cultura *hip-hop*: todas essas coisas oferecem uma perturbadora sensação de *déjà vu*. A cultura *hip-hop* incorporou um espantoso número de temas fascistas. Nos *campi* das faculdades, os administradores rotineiramente olham para o outro lado diante de comportamentos classicamente fascistas, desde a queima de jornais até a intimidação física de oradores dissidentes. Essas atitudes derivam, em última instância, da ideia de que o homem branco, como o judeu, representa todas as facetas do que é errado e opressivo. Conforme declarou Susan Sontag em 1967, "a raça branca é o câncer da história humana". Enquanto isso, noções iluministas relativas à humanidade universal são rotineiramente ridicularizadas na esquerda acadêmica como uma fraude usada para disfarçar privilégios bem estabelecidos de machos brancos.

Assim como o ataque nazista ao cristianismo era parte de uma guerra maior contra a ideia de verdade universal, têm sido criadas cosmologias pós-modernas completas para provar que a moralidade religiosa tradicional é uma fraude, que não existem verdades fixas ou categorias "naturais" e que todo conhecimento é socialmente construído. Ou, como se recita em *O código da Vinci*, "Tão Negra é a Fraude do Homem".

A "fraude" em questão é, de fato, uma conspiração da Igreja católica para enganar o mundo a respeito da verdadeira natureza de Jesus e de seu casamento com Maria Madalena. O livro vendeu mais de sessenta milhões de exemplares em todo o mundo. O romance e o filme geraram debates, comentários, livros complementares e coisas semelhantes. Mas poucos chamaram a atenção para as sinistras raízes comuns e os paralelos com o pensamento nazista.

Dan Brown deveria ter dedicado seu livro a "Madame" Helena Blavatsky, a guru teosofista que muitos consideram a "mãe" da espiritualidade Nova Era, bem como a pedra de toque no desenvolvimento do paganismo marxista e a principal popularizadora da suástica como um símbolo místico. Sua teosofia incluía um saco de surpresas cheio de noções ligadas a diferentes cultos, desde a astrologia até a crença em que o cristianismo foi uma grande conspiração concebida para ocultar o verdadeiro significado e a história do supranatural. Seu livro *A doutrina secreta*, publicado em 1888, tentou provar toda a extensão da grotesca conspiração ocidental que *O código da Vinci* ilumina apenas parcialmente. O cristianismo deveria ser culpado por todos os horrores modernos do capitalismo e pela vida sem autenticidade, para não mencionar a destruição da Atlântida.

O Mito do século vinte, de Alfred Rosenberg, era o segundo livro mais importante no cânone nazista e tomou emprestado de Blavatsky uma enorme quantidade de ideias. Rosenberg dá detalhes de uma conspiração cristã após outra. "Antes que pudesse desabrochar por completo, a jubilosa mensagem do misticismo alemão foi estrangulada pela igreja antieuropeia, que usou de todos os meios em seu poder", insiste ele. Assim como Blavatsky e Brown, ele sugere a existência de Evangelhos secretos que, não tivessem sido ocultados pela Igreja, desmascarariam "a farsa da grande imagem de

Cristo" encontrada em Mateus, Marcos, Lucas e João. "O cristianismo", escreve Hitler em *Mein Kampf*, "não se contentou em erigir um altar todo seu. Teve primeiro que destruir os altares pagãos." Foi "o advento do cristianismo" que desencadeou o "terror espiritual" sobre "*o mundo antigo, muito mais livre*".[13]

Amplos segmentos da esquerda cultural de hoje subscrevem noções semelhantes. Por exemplo, a *wicca* e o paganismo constituem a religião e a categoria religiosa que mais rapidamente crescem na América, com adeptos que somam entre quinhentos mil e cinco milhões, dependendo dos números que se aceite. Se acrescentarmos a isso a "espiritualidade Nova Era", o número de americanos envolvidos em tais distrações alcança vinte milhões, e continua crescendo. As feministas, especialmente, têm cooptado a *wicca* como uma religião perfeitamente adequada à sua política. Gloria Steinem é entusiasta a respeito das qualidades políticas e espirituais superiores do paganismo "pré-cristão" e "matriarcal". Em *Revolution from within* (*A revolução interior*) ela lamenta, intensamente, o "assassinato de nove milhões de mulheres curadoras e de outras mulheres pagãs ou não conformistas durante os séculos de passagem para o cristianismo".[14]

O chefe da SS, Heinrich Himmler, estava convencido de que o desvario contra as bruxas havia sido um complô antialemão tramado, em grande parte, pela Igreja católica: "A caça às bruxas custou ao povo alemão centenas de milhares de mães e mulheres, cruelmente torturadas e executadas."[15] Ele alocou recursos consideráveis para que a SS investigasse a caça às bruxas e provasse que foram tentativas da Igreja de esmagar a civilização ariana e a verdadeira fé alemã. A SS criou o que corresponderia a um Arquivo X — chamado Unidade Especial H (de *Hexen*, ou "bruxas") — para deslindar a verdade sobre mais de 33 mil casos de queima de bruxas em países tão distantes quanto Índia e México.

De fato, a maior parte dos fundadores do nacional-socialismo se sentiria muito mais confortável conversando sobre bruxaria e astrologia com um bando de vegetarianos que cultuam cristais do que participando de uma reunião na igreja. Pense na Sociedade Thule, cujo nome foi tirado de uma suposta raça perdida de povos do norte cujas pistas teriam sido encontradas em antigos textos gregos. A sociedade foi fundada como a filial da Ordem Alemã em Munique, e, embora suas doutrinas ocultas e teosóficas fossem, nominalmente, o ponto mais importante de seu estatuto, o elemento aglutinador que a mantinha unida era o antissemitismo racista. Anton Drexler foi encorajado por seu mentor, dr. Paul Tafel, um líder da Sociedade Thule, a fundar o Partido dos Trabalhadores Alemães, que logo se tornaria o Partido Nacional-Socialista dos Trabalhadores Alemães. A lista de seus integrantes era um verdadeiro *Quem é Quem* dos fundadores do nazismo, de acordo com Ian Kershaw, biógrafo de Hitler.

Dietrich Eckart, um poeta, pintor, ocultista, viciado em morfina, autor de peças teatrais, mágico amador e devoto do misticismo racial de Houston Stewart Chamberlain, era uma figura de destaque nesse círculo boêmio. Para Hitler, Eckart foi uma figura paterna e um mentor que o ensinou a falar em público, de quem ganhou a primeira capa de chuva e que o apresentou a importantes personagens da sociedade de Munique. Como editor, Eckart transformou o jornal da Sociedade Thule na publicação oficial do Partido Nazista e escreveu o hino "Desperte, Alemanha!". Hitler dedicou a ele seu *Mein Kampf*, escrevendo no epílogo que Eckart era "um homem que devotou sua via ao redespertar de seu povo e do nosso".

O mito da Direção Errada que está no cerne da ideologia liberal fascista não meramente gera exóticas teorias conspiratórias e pseudo-história, mas, como sugerido acima, promove um profundo relativismo moral. Na verdade, o fato de o feminismo adotar a *wicca* é uma ilustração perfeita do narcisismo pagão mencionado antes. Muitas cerimônias *wicca* terminam com a invocação "Vós sois Deusas". Não existem regras explícitas na *wicca*, meramente exortações para cultivar "a deusa interior", para criar a espiritualidade que melhor se adapte a seus já formados preconceitos, desejos e instintos.

Heidegger, o filósofo nazista, e Thomas Mann, o gigante literário — que se tornou um apaixonado e perspicaz antifascista, mas que havia se interessado superficialmente, no início, por temas fascistas — representavam os lados filosófico e literário do impulso para se desfazer das cadeias da moralidade e dos costumes burgueses. Heidegger, ecoando Nietzsche, argumentava que um indivíduo verdadeiramente autêntico escolhe seu próprio caminho, quer esse se conforme com a moralidade convencional ou com alguma moralidade individualmente construída. Mesmo a escolha certa é errada se for feita sob a influência de outros. "Abdicar da escolha normal e adotar aquelas oferecidas a mim pelo mundo ou por outras pessoas", escreve ele, é a essência da "inautenticidade". Thomas Mann achava que o apelo que o fascismo exerce sobre o artista estava no convite ao "autoabandono aos instintos". O escultor favorito de Hitler explicou que seus trabalhos de nus exibem "o ar puro dos impulsos instintivos" e mostram a "juventude revolucionária de hoje, que rasga o véu que antes cobria o corpo ocultado em vergonha".[16]

FASCISTAS DE HOLLYWOOD

Essas noções que um dia foram radicais agora impregnam a cultura popular mais ampla. Um breve resumo serve para ilustrar como sua influência está hoje amplamente difundida entre os roteiristas e produtores de filmes que vêm de Hollywood, a mais poderosa agência de propaganda *de facto* na história humana. No filme *Beleza americana*, ganhador de cinco Oscars, como mencionado antes, Kevin Spacey representa Lester Burnham, um profissional burguês com uma esposa profissional burguesa e uma convencionalmente alienada filha. Lester subitamente percebe que odeia sua vida convencional quando se torna sexualmente obcecado por uma amiga de sua filha adolescente. "Sinto como se tivesse estado num coma durante os últimos vinte anos. E estou acabando de acordar", declara ele. Então começa uma campanha de autoaperfeiçoamento que envolve uma obsessão narcísica com o próprio corpo, dando um piparote em todas as convenções sociais e cedendo a todos os desejos num desafio à razão.

"Janie, hoje eu saí do meu emprego. E então eu disse ao meu patrão para se foder, e depois fiz uma chantagem de quase sessenta mil dólares contra ele. Passe o aspargo", diz Lester à filha durante o jantar.

"Seu pai parece achar que esse tipo de comportamento é algo de que se deve orgulhar", explica a controladora, materialista esposa de Lester.

"E sua mãe parece preferir que eu siga pela vida como um prisioneiro fodido enquanto ela guarda meu pinto num vidro hermeticamente fechado debaixo da pia", responde ele.

Esse tipo de coisa, onde a pessoa "real" é encontrada não na cabeça nem no coração, mas entre as pernas, parece passar por alta sabedoria em Hollywood.

É claro que, às vezes, não é uma ruptura psicossexual o que redime o homem branco, mas uma anormalidade física ou um ferimento que usualmente resulta na supressão de sua habilidade de pensar. Em *Forrest Gump*, um homem branco retardado é a única força moral confiável durante o caos das décadas de 1960 e 1970. Em *Uma segunda chance* (*Regarding Henry*), Harrison Ford representa um advogado corporativo devotado à carreira e a flertes, sem nenhum tempo para sua família, que é redimida com a ajuda de uma bala em seu lobo frontal e pela sagacidade de um fisioterapeuta negro que ajuda o Ford lobotomizado a descobrir que é moralmente preferível ser uma criança. Em *Melhor é impossível* (*As good as it gets*), Jack Nicholson é um tipo preconceituoso e virulento até que começa a tomar potentes drogas psicotrópicas, que de fato o curam de seu branquismo (Adorno poderia chamá-las de "pílulas antifascismo") e o tornam tolerante a gays e negros e capaz de amar. No filme de Sean Penn, *Eu sou Sam*, nos é dito que inteligência, conhecimentos e habilidades básicas para lidar com a vida são coisas irrelevantes para se ser um bom pai, desde que até um pai seriamente retardado tenha amor pela filha. Converse com pessoas que têm filhos ou irmãos seriamente retardados e elas lhe dirão o grau de perniciosidade que pode conter essa mensagem. O tema recorrente é que os homens devem ser despertados do confortável pesadelo que chamamos vida, ou do que Hillary Clinton em sua juventude descrevia como "a doença do sono de nossa alma". Somos todos "escravos" do "instinto de ninho encontrado na loja IKEA", de acordo com o protagonista de *Clube da luta*, um filme cujas pretensões fascistas têm sido tão bem discutidas que não há necessidade de revisitá-las aqui.

A ideia de que as massas entorpecidas precisam ser despertadas de sua estupefação é um ponto central do fascismo. O primeiro manifesto futurista de Marinetti começa com: "Até agora, a literatura tem exaltado uma imobilidade pensativa, o êxtase e o sono. Pretendemos exaltar a ação agressiva, uma insônia febril, a passada ampla do corredor, o salto mortal, o murro e a bofetada."[17] O panfleto que pela primeira vez atraiu um jovem Adolf Hitler para o nacional-socialismo intitulava-se "Meu despertar político". Filmes e romances pró-nazistas e pré-fascistas frequentemente partilham uma fórmula comum de jovens sonolentos despertados de sua aceitação passiva da máquina da democracia burguesa ocidental.

Existe alguma dúvida de que um Hitler jovem teria aplaudido de pé *A sociedade dos poetas mortos*? O filme começa com os estudantes aprendendo poesia de acordo com uma fórmula, traçando sua "perfeição na linha horizontal de um gráfico" e sua "importância" na vertical a fim de encontrar a "medida de sua grandeza". É quase possível ouvir Hitler denunciando essa maneira "judia" de medir a arte. Então chega o sr. Keating, representado por Robin Williams, que diz a seus estudantes para simplesmente arrancar aquelas páginas do livro! O sr. Keating encoraja os estudantes a violentar ainda mais a convenção exortando-os a subir na mesa do *professor*, numa exibição simultânea de superioridade e desprezo pelos papéis tradicionais.

Um garoto em particular, Todd, está com medo da nova abordagem do sr. Keating. Mas o sr. Keating, em tom intimidante, incita o jovem a liberar seu "brado bárbaro". De olhos fechados, ele é forçado a extrair um poema das entranhas da alma. Todd invoca a imagem de um "louco viciado em doces" e, com o encorajamento do sr. Keating, dá a ele forma e conteúdo. "Suas mãos se estendem e ele me estrangula... Verdade... Verdade é como um cobertor que deixa os seus pés sempre frios."

Keating encoraja seus bárbaros berrantes a viverem de acordo com a máxima "Agarre o dia!", num glorioso culto da ação. Seguindo seu exemplo, os estudantes verdadeiramente "livres" criam uma sociedade secreta na qual adotam nomes pagãos e que se reúne numa velha caverna indígena para "tirar a essência da vida", criar novos deuses e ler poesias românticas.

Neil, outro estudante, é despertado pelo sr. Keating e se rebela contra a pressão de seu pai burguês para que se torne um médico. Ele quer viver uma vida de *paixão* como ator. "Pela primeira vez na vida, eu sei o que quero fazer!", grita ele. "E pela primeira vez, vou *fazer* o que quero! Queira ou não meu pai! *Carpe diem!*" O garoto encontra sua verdadeira vocação representando o duende pagão da floresta, Puck, em *Sonhos de uma noite de verão* de Shakespeare. Quando o pai o proíbe de continuar dando ouvidos a suas paixões, Neil escolhe suicidar-se em vez de se curvar — um final semelhante ao da peça favorita de Hitler, *Der König* (como mencionado antes, Hitler assistiu à peça 17 vezes em três anos). Neil é representado como um Cristo, a despeito de seu egoísmo.

A tragédia do suicídio de Neil sacode a escola, e o sr. Keating é despedido. Os integrantes sobreviventes da Sociedade dos Poetas Mortos se arriscam a ser expulsos se forem procurar o sr. Keating; ainda assim, não podem resistir ao seu carisma. Um por um, sobem em suas carteiras, desafiando o novo professor. Esses belos super-homens, unidos em suas vontades, buscam seu "capitão", afastando-se da autoridade tradicional. Tudo o que ficou faltando foram as saudações nazistas.

Em *Matrix*, uma alegoria totalmente fascista (e também com alguns traços marxistas), Keanu Reeves representa um burguês aprisionado numa vida de cubículo. Seu codinome como um *hacker* eletrônico, Neo, não apenas representa seu verdadeiro nome no partido (é como se fosse), mas também resume seu status como um Novo Homem, um *Übermensch* que pode dobrar o mundo à sua vontade e, em algum momento, até mesmo voar. A falsidade de seu estilo de vida, como um zangão, lhe é revelada quando desperta como se de um sonho e compreende que o que pensava ser sua vida real era uma prisão, uma jaula onde forças parasitas e manipuladoras literalmente viviam à sua custa. Em vez de judeus sanguessugas, o inimigo é o que os seguidores da Nova Era nos séculos XIX e XX chamavam de a Engrenagem, ou *das System*. O que o desperta de seu pesadelo é sua escolha autêntica, que ele faz unicamente para ser verdadeiro consigo mesmo. Depois disso, ele se junta a uma sociedade secreta pagã, Zion, onde os únicos vestígios autênticos da humanidade vivem numa glória dionisíaca no ventre morno da Mãe Terra, totalmente dedicados à salvação dos poucos que vale a pena salvar dentre seus irmãos entorpecidos. Os "agentes" parasitas do sistema, eles mesmos bonecos que movimentam os cordões de outros, podem parecer humanos, mas são qualquer coisa, menos isso. Homens brancos desbotados, vestidos em ternos escuros, rejeitam a autenticidade da vida humana em nome de uma lógica fria e de prioridades mecânicas. São literalmente desenraizados, não meramente inclinados a abstrações, mas abstrações *reais*. Parece haver poucos deles, mas estão em toda parte; podem tomar a forma humana e operar qualquer coisa. Em suma, são versões em quadrinhos de tudo o que os nazistas diziam a respeito dos judeus.

É importante reconhecer que estamos falando não tanto da cultura de esquerda ou da cultura liberal, mas da cultura *americana*. Em muitos aspectos, o vício de Hollywood com a estética fascista é não ideológico. *Gladiador* usou imagens fascistas porque aquela era a melhor maneira de contar a história. Em outros casos, Hollywood exibe uma fascinação mais profunda pelo fascismo. Em filmes como *V de vendetta*, é palpável sua inveja da estética refinada exibida pela crueldade e pela violência bem-vestidas. Tanto os vilões quanto o herói são todos igualmente fascistas.

Dificilmente os conservadores estão imunes à atração do fascismo. Críticos culturais esquerdistas não estavam errados ao detectar temas fascistas nos filmes justiceiros da década de 1970. Em *Desejo de matar* (*Death wish*) e *Perseguidor implacável* (*Dirty Harry*), por exemplo, a violência ilegal era glorificada com o argumento de que "o sistema" era irremediavelmente corrupto, sobrepujado pelas classes criminosas usualmente de pele escura e pelos advogados espertos que as protegem. Pauline Kael, do *New Yorker*, apelidou *Perseguidor implacável* de um tipo de "medievalismo fascista".[18] E, se observarmos os temas sendo desenvolvidos no trabalho de Clint Eastwood, é possível trazer à tona um fio de niilismo que culmina na desolação de *Os imperdoáveis* e em sua ode à eutanásia em *Menina de ouro* (ambos são filmes premiados).

Só porque estou apontando os temas fascistas nesses filmes, isso não significa que sejam necessariamente *ruins*. *Triunfo da vontade*, de Leni Riefensthal, lançado em 1935, era uma obra-prima (assim nos dizem os críticos). Da mesma forma, sou um fã dos filmes de *Dirty Harry* (bem como de muitos outros discutidos neste capítulo). Eu argumentaria até que, como uma forma de protesto artístico, aqueles filmes justiceiros tinham muitas qualidades redentoras. Mas não há como negar que também os conservadores estão dispostos a acolher filmes fascistas se eles vêm da direita. Muitos conservadores gostaram de *Coração valente*, *O último samurai* e *Os 300 de Esparta* porque exibiam a resistência à tirania e celebravam a "liberdade". Mas a "liberdade" nesses filmes populares não era tanto a liberdade do indivíduo *per se*, mas a liberdade da tribo de se comportar de acordo com seus próprios valores relativistas. Os clãs das terras altas da Escócia dificilmente eram repúblicas constitucionais. Tom Cruise apresenta a cultura samurai protofascista da era Meiji como superior à do Ocidente decadente, ecoando a fascinação alemã pelo Oriente. E os espartanos de *300* são uma casta eugênica (e vagamente homoerótica) de guerreiros que teria levado Hitler a aplaudir de pé, a despeito dos valentes esforços de Hollywood para americanizá-los.

É possível se fazer uma defesa de todos esses filmes, no sentido de que representam progressos no desdobramento da tradição ocidental de liberdade — e também são um bom divertimento. Mas o fato é que o fascismo garante sucesso de bilheteria, e os conservadores, com poucas exceções, são impotentes para combatê-lo porque nem ao menos sabem o que estão vendo. Os liberais, por sua vez, são rápidos em rotular de fascista qualquer "glorificação" da guerra ou de batalhas, mas estão o tempo todo celebrando o niilismo e o relativismo em nome da liberdade e da rebelião individuais. É aí que os conservadores devem montar seu contra-ataque, contra a noção prevalente de que somos todos nossos próprios sacerdotes e de que, desde que sejamos fiéis aos nossos deuses interiores, seremos autênticos e bons. Ainda assim, não há como evitar o fato de que, em termos do que apreciamos, tanto na tela grande quanto na telinha, somos todos fascistas agora.

A POLÍTICA DO SEXO

Quase inexplicavelmente, a percepção popular nos dias de hoje é que o nazismo era um tipo de puritanismo que saiu do controle. Ken Starr, John Ashcroft, Laura Schlessinger e Rick Santorum são apenas os últimos símbolos de uma atitude julgadora supostamente fascista e de uma piedade hipócrita existentes na direita americana. Para poder sustentar esses argumentos, o debate é distorcido a fim de pintar os campeões da moralidade tradicional como criptofascistas, incapazes de pensar maduramente sobre sexo.

A peça propagandística de Arthur Miller, *The crucible* (*As feiticeiras de Salem*), tornou-se uma clássica demonstração da obsessão da esquerda com o "pânico do sexo" que identifica na direita. Sendo originalmente uma mal disfarçada acusação ao macarthismo, a história agora é vista como uma situação exacerbada de censura puritana que conduz a um surto de paranoia política assassina. Homens poderosos que não conseguem lidar com mulheres sexualmente autônomas usam as ferramentas do Estado para deslanchar uma caça às bruxas. A cansativa trama conquistou a imaginação liberal. J. Edgar Hoover é agora universalmente representado como uma *drag queen*, a despeito de isso estar baseado na mais frágil das evidências. Sidney Blumenthal tem argumentado que o anticomunismo nos Estados Unidos foi pouco mais que um exemplo de pânico homofóbico de direitistas gays enrustidos. Tim Robbins ecoa uma ideia semelhante em seu filme *O poder vai dançar* (*The cradle will rock*), no qual anticomunistas e oponentes do New Deal são pouco mais que fascistas sexualmente reprimidos. Em toda a esquerda internacional, defensores da família tradicional agora são associados ao fascismo. "Favorecer a família tradicional aqui é abrir-se à acusação de ser um nazista", explica um integrante do parlamento sueco.

Existe apenas um problema: nada disso tem nada a ver com nazismo ou fascismo.

A ideia de que "valores de família" estão filosoficamente ligados ao fascismo tem, de fato, uma longa genealogia, remontando, novamente, à Escola de Frankfurt. Max Horkheimer argumentava que a raiz do totalitarismo nazista estava na família. Mas a verdade não poderia estar mais distante disso, no extremo oposto. Embora a retórica nazista frequentemente mostrasse deferência à família, a prática concreta do nazismo era compatível com o esforço progressista de invadir a família, romper suas paredes e destruir sua autonomia. A família tradicional é a inimiga de todos os totalitarismos políticos porque é um bastião de lealdades separado do Estado e anterior a ele, razão pela qual os progressistas estão constantemente tentando quebrar sua casca.

Comecemos com o óbvio. Seria divertido, se não fosse tragicamente necessário, observar que os nazistas não eram "pró-vida". Muito antes da Solução Final, os nazistas já lançavam os idosos, os enfermos e os deficientes do alto daquele proverbial precipício espartano. É verdade que as mulheres eram cidadãos de segunda classe na visão de mundo nazista, relegadas ao status de reprodutoras da raça dominante. Mas a modéstia hipócrita e a moralidade judaico-cristã dificilmente eram justificativas para essas políticas.

As atitudes nazistas relativas à sexualidade estavam enraizadas numa inquebrantável hostilidade ao cristianismo e ao judaísmo, já que esses rejeitavam a visão pagã de sexo como gratificação, atribuindo-lhe, em vez disso, profundo significado moral. De fato, se alguém ler *Table talk*, de Hitler, é quase impossível não vê-lo como um livre-pensador de mente aberta. "O casamento, tal como praticado na sociedade burguesa, é, em geral, uma coisa contra a natureza. Mas um encontro entre dois seres que se completam mutuamente, feitos um para o outro, é, no meu entender, quase um milagre." "A religião", explica ele, "está em perpétuo conflito com o espírito da livre indagação." "Para nós, a catástrofe é estarmos amarrados a uma religião que se rebela contra todos os prazeres dos sentidos." *Der Führer* estende-se sobre seu desprezo pelos preconceitos sociais que condenam os nascimentos fora do casamento. "Eu amo ver essa exibição de saúde à minha volta."[19]

Lembremo-nos de que Hitler sonhava em transformar a Alemanha numa nação de guerreiros comandada por quadros de espartanos arianos em uniformes negros e leais somente a ele. Heinrich Himmler criou a SS na esperança de concretizar o sonho de Hitler. Ordenou que seus homens produzissem "o maior número possível de filhos sem se casarem". Para isso, Himmler criou na Alemanha as casas *Lebensborn* (Fonte da Vida) e ocupou a Escandinávia, onde crianças filhas de homens da SS e mulheres racialmente puras seriam criadas pelo Estado, realizando um sonho (descontada a dimensão racial) de Robespierre. Após ter seus antecedentes verificados, um bebê era admitido por meio de uma cerimônia na qual uma adaga da SS era mantida sobre a criança enquanto a mãe fazia um juramento de lealdade à causa nazista.

As atitudes nazistas com relação à homossexualidade também são uma fonte de confusão. Embora seja verdade que alguns homossexuais tenham sido mandados para campos de concentração, também é fato que, no início, o Partido Nazista e a constelação de organizações pangermânicas em sua órbita estavam cheios de homossexuais. É bastante sabido, por exemplo, que Ernst Röhm, o chefe da SA, e seu círculo eram homossexuais, e abertamente. Quando integrantes ciumentos da SA tentaram usar esse fato contra ele em 1931, Hitler teve que objetar dizendo que a homossexualidade de Röhm era "puramente na esfera privada". Alguns tentam sugerir que Röhm foi assassinado na Noite das Facas Longas porque era gay. Mas a facção de Röhm representava a maior ameaça à consolidação do poder de Hitler porque seus integrantes, eram, em aspectos importantes, os mais ardentes e "revolucionários" nazistas. Scott Lively e Kevin Abrams escrevem em *The pink swastika* (*A suástica cor-de-rosa*) que "a revolução nacional-socialista e o Partido Nazista eram animados e dominados por homossexuais militaristas, pederastas, pornógrafos e sadomasoquistas". Certamente, isso é um exagero. Mas, ainda assim, é verdade que os movimentos artísticos e literários que forneciam o oxigênio para o nazismo antes de 1933 estavam cheios de panfletos, clubes e revistas liberacionistas homossexuais.[20]

A revista *Der Eigene* (significando "autoconsciente" ou "senhor de si mesmo") tinha uns 150 mil assinantes — mais que duas vezes o número de leitores do *New Republic* hoje numa população que era cerca de um quinto da atual população americana. A revista era dedicada a homens que "ansiavam por uma restauração dos tempos gregos e dos padrões helênicos de beleza após séculos de barbárie cristã". A *Der Eigene* — virulentamente antissemita e nacionalista — transformou-se num verdadeiro movimento pelos direitos homossexuais, demandando a rejeição de leis e tabus sociais contra a pederastia. A revista vienense *Ostara* — que certamente influenciou um Adolf Hitler jovem — exaltava uma ética espartana masculina na qual tanto as mulheres quanto o cristianismo eram apresentados como os grilhões que aprisionavam a vontade de poder do macho teutônico guerreiro.

O que une todos esses fios é a ideia da Direção Errada. Os homens eram mais livres antes de serem enjaulados pelas normas burguesas, pela moralidade tradicional e pelo logocentrismo. Tenha isso em mente da próxima vez em que assistir *Brokeback mountain*, um dos mais aclamados e celebrados filmes da última década. Dois perfeitos espécimes machos sentem-se à vontade somente quando estão nas montanhas, longe das convenções burguesas da vida moderna. Em casa na natureza, estão finalmente livres para se entregarem a seus desejos instintivos. Mas não podem viver para sempre nas colinas, atendendo aos instintos. Assim, passam o resto da vida aprisionados em casamentos tradicionais que lhes matam a alma, e sua única alegria são as "viagens de pesca" anuais, durante as quais tentam recriar o êxtase de seu encontro autêntico, a única coisa que os pode liberar da domesticidade burguesa.

De acordo com uma análise liberal secular, a moralidade tradicional, se alguma vez chegou a ser necessária (uma proposição duvidosa para muitos), já perdeu sua utilidade. Numa idade pré-moderna em que a doença venérea era uma sentença de morte e o nascimento fora do casamento uma calamidade, regras e normas para governar o comportamento pessoal tinham seu lugar. Mas, hoje, a moralidade convencional é meramente um meio usado pelas classes dominantes para oprimir mulheres, homossexuais e outros não conformistas sexualmente rebeldes. O ensaio de Tom Wolfe "O grande reaprendizado" começa contando como, em 1968, médicos na Haight-Ashbury Free Clinic descobriram doenças "que nenhum médico vivo havia encontrado antes, doenças que haviam desaparecido fazia tanto tempo que nem mesmo chegaram a ter nomes latinos, doenças como a sarna, a comichão, a tremedeira, a boqueira, a craca, o parasita".[21] Por que estavam ressurgindo esses males? Os integrantes das comunas *hippies*, de forma muito parecida com os boêmios da Alemanha de Weimar, acreditavam que a moralidade tradicional era apenas uma casca antiquada, tão relevante quanto o direito divino dos reis. Eles descobriram o contrário; existe uma razão para termos regras e costumes.

Os liberais descartam argumentos abstratos envolvendo princípios morais universais quase tão desdenhosamente quanto fizeram os *hippies* nos anos 1960. Pode-se argumentar que o aborto poderia ser uma desvantagem por levar a uma maior proporção de câncer de mama, mas reclamações de que ele tira uma vida humana ou desagrada a Deus, dizem-nos, não têm cabimento num discurso razoável. Isso cria um problema para os conservadores. Para alguns, isso significa que só se pode discutir a respeito daquilo que mostram os dados. O problema é que recorrer a análises de regressão é apenas outra maneira de reconhecer que noções de certo e errado não têm cabimento no debate público. Enquanto isso, conservadores com uma propensão religiosa arremessam acusações e epítetos que de nada servem para persuadir a oposição.

Além disso, a cultura está tão permeada por narcisismo e populismo que até argumentos progressistas são negados aos conservadores. Assim, dizem-nos que é elitista mostrar como as celebridades e as pessoas ricas podem se dar ao luxo de praticar uma moral frouxa de formas que os pobres não podem. Se você é um milionário, pode conviver com divórcios, nascimentos fora do casamento ou abuso de drogas sem que isso signifique grandes riscos para sua qualidade de vida e seu status social. Se você é um trabalhador, os mesmos comportamentos podem ser destrutivos. Mas apontar essas coisas viola o *éthos* igualitário-populista da atualidade: o que é suficientemente bom para Paris Hilton tem que ser suficientemente bom para todos nós.

O fascismo foi uma resposta humana a uma série de revoluções tecnológicas, teológicas e sociais que se desdobravam rapidamente. Aquelas revoluções ainda estão em curso, e, como a esquerda definiu fascismo como oposição conservadora à mudança, é improvável que algum dia deixemos de ser fascistas, de acordo com essa definição. Mas os conservadores não são reacionários. Poucos conservadores hoje tentariam — ou deveriam tentar — pôr a revolução sexual inteira dentro da garrafa novamente. Voto feminino, controle da natalidade, direitos civis, tudo isso é agora parte da ordem classicamente liberal, e isso é bom. A homossexualidade é uma questão mais recente — e, portanto, mais complicada — para os conservadores. Mas, pelo menos no âmbito da elite, existem poucos conservadores que querem criminalizar a homossexualidade. Meu palpite é que algum tipo de casamento gay é inevitável, e que isso pode ser melhor para todos. Na verdade, a demanda por casamentos homossexuais é, em alguns aspectos, um sinal esperançoso. Nas décadas de 1980 e 1990, os radicais gays soavam muito mais fascistas que os "radicais" do início do século XXI, que ostensivamente *querem* se submeter à jaula de ferro do matrimônio burguês.

A questão relevante para os conservadores gira em torno da sinceridade da esquerda, algo impossível de se medir porque ela internalizou uma abordagem incremental à sua *KulturKampf*. Será o casamento gay uma tentativa de agregar os homossexuais a uma instituição conservadora — e conservadorista? Ou será que se trata meramente de um troféu em sua campanha por aceitação? Nos anos 1990, "teoristas esquisitos" declararam guerra ao casamento por ser uma força opressora. A União Americana pelas Liberdades Civis já adotou a poligamia como uma questão de direitos civis. Al e Tipper Gore escreveram um livro argumentando que família deve ser compreendida como qualquer grupo de pessoas que se amam. Esses são ecos de ideias encontradas no passado fascista, e os conservadores dificilmente podem ser acusados de desconfiar de muitas pessoas da esquerda quando elas dizem que só desejam o casamento, e nada mais.

FASCISMO VERDE

É na questão do ambientalismo, mais que em qualquer outro lugar, que a ideia da Direção Errada se expressa de forma mais incisiva, tanto no nacional-socialismo quanto no pensamento liberal moderno. Como muitos já observaram, o ambientalismo moderno está permeado por negras visões rousseaunianas sobre a doença da civilização ocidental. O homem perdeu sua harmonia com a natureza, seu modo de vida é inautêntico, corruptor, inatural.

Talvez o mais destacado expoente dessa visão seja o ubíquo Al Gore, sem dúvida o mais popular liberal na América. Como escreve ele em seu totalmente pós-moderno manifesto, *Earth in the balance* (*A Terra em balanço*): "Nós nos envolvemos com as sedutoras ferramentas e tecnologias da civilização industrial, mas isso apenas cria novos problemas à medida que nos tornamos crescentemente isolados uns dos outros e desconectados

A NOVA ERA: SOMOS TODOS FASCISTAS AGORA   427

de nossas raízes." Gore obstinadamente santifica a natureza, argumentando que fomos "amputados" de nossos *selves* autênticos. "A efervescência e o frenesi da civilização industrial mascaram nosso profundo anseio por aquela comunhão com o mundo que pode elevar nossos espíritos e preencher nossos sentidos com a riqueza e a imediaticidade da própria vida."[22] Sem dúvida, pode-se encontrar afirmações semelhantes entre todos os tipos de românticos, inclusive Henry David Thoreau. Mas lembremo-nos de que o fascismo alemão nasceu de uma revolta romântica contra a industrialização que espelhava, filosoficamente, aspectos de transcendentalismo. A diferença é que, enquanto Thoreau buscava separar-se da modernidade, Gore busca traduzir sua animosidade romântica contra a modernidade em um programa de governo.

A ideia de que o ambientalismo é em si uma religião tem sido muito discutida em outras partes. Mas é reveladora a quantidade dessas fés da Nova Era que se definem como cultos da natureza. Como explica a correspondente (e confessada bruxa) da Rádio Pública Nacional, Margot Adler: "Esta é uma religião que diz que o mundo, a terra, é onde reside o sagrado." Joseph Sax, um gigante no campo do direito ambiental e um pioneiro do ativismo, descreve seus companheiros ambientalistas como "profetas seculares, pregando uma mensagem de salvação secular". O deputado Ed Markey saudou Gore como um "profeta" durante seu testemunho perante o Congresso sobre a mudança climática no início de 2007.[23] Um hotel temático ambientalista na Califórnia substituiu a Bíblia em todos os quartos por *Uma verdade inconveniente* de Gore. Qualquer um que tenha filhos pequenos sabe que as invocações para "reduzir, reusar, reciclar" são ensinadas como catecismos nas salas de aula em todo o país.

No entanto, em última instância, o que há de fascista no ambientalismo não são suas etéreas e obscuras suposições metafísicas a respeito do infortúnio existencial do homem. Em vez disso, seu ingrediente fascista mais tangível é o fato de ser um inestimável "mecanismo de crise". Al Gore constantemente insiste em que o aquecimento global é a crise definidora de nossos tempos. Céticos são chamados de traidores, negadores do Holocausto, instrumentos dos "interesses do carbono". Alternativamente, ambientalistas progressistas apresentam-se no papel de samaritanos protetores. Quando Gore compareceu perante o Congresso no início de 2007, declarou que o mundo está com "febre" e explicou que, quando seu bebê tem febre, você "toma providências". Você faz o que quer que seu médico diga. Não há tempo para debate, nenhum espaço para discussões. Precisamos ir "além da política". Em termos práticos, isso significa que precisamos nos render ao Estado-babá global e criar o tipo de "ditadura econômica" pelo qual anseiam os progressistas.

A beleza do aquecimento global é que ele comparece em tudo o que fazemos — o que comemos, o que usamos, aonde vamos. Nossas "pegadas de carbono" são a medida do homem. A habilidade do ambientalismo de fornecer significado é o que deve nos interessar aqui. Quase todos os ambientalistas comprometidos subscrevem alguma variante da tese da Direção Errada. Nesse aspecto, Gore é mais eloquente que a maioria. Ele entra em êxtase quando fala sobre a necessidade de se alcançar autenticidade e significado por meio da ação coletiva; ele usa uma infindável série de metáforas violentas sobre como as pessoas devem "lutar na resistência" contra o regime putativamente nazista responsável pelo novo Holocausto do aquecimento global (novamente, na esquerda, o inimigo é sempre um nazista). Gore culpa Platão ou Descartes ou Francis Bacon, alternadamente, de serem os machos brancos que, como verdadeiras serpentes, tentaram a humanidade e a fizeram tomar a direção errada e sair do passado edênico. O que se requer agora é que reunamos nossos intelectos, nossos impulsos espirituais e nossos instintos animais num novo equilíbrio holístico. Nada poderia ser mais fascista.

É claro que, quanto mais verde alguém fica, mais o argumento passa do homem branco para a humanidade em geral como a fonte do problema. Uma forma perversa e bizarra de auto-ódio tem infectado certos segmentos da ecoesquerda. A velha crítica à doença hebraica sofreu uma metástase e virou uma acusação ao que poderia ser chamado de a doença humana. Quando disseram a Charles Wurster, o principal cientista do Fundo de Defesa Ambiental, que a proibição do uso do DDT provavelmente resultaria em milhões de mortes, ele respondeu: "Essa é uma maneira tão boa quanto qualquer outra de nos livrarmos deles." O guru ambientalista finlandês, Pentti Linkola, argumenta que a Terra é um navio afundando, e os escolhidos devem se dirigir aos botes salva-vidas. "Aqueles que odeiam a vida tentam puxar mais pessoas para dentro dos botes e afogar todo mundo. Os que amam e respeitam a vida usam machados para decepar o excesso de mãos que se penduram das amuradas."[24]

Essas ideias nominalmente "periféricas" se infiltram no pensamento predominante. "Nós, *homo sapiens*, estamos virando uma força tão destrutiva quanto qualquer asteroide", declarou Matt Lauer, do *Today Show*, num especial na TV. "A dura realidade é que simplesmente existem muitos de nós. E nós consumimos muito além do limite... As soluções não são um segredo: controle a população, recicle, reduza o consumo." A ênfase de Lauer no controle populacional deve nos fazer recordar que a obsessão eugênica dos progressistas com o controle da população nunca desapareceu e ainda espreita por trás de muitos argumentos ambientalistas.[25]

Uma razão para haver tanta superposição entre o pensamento ambientalista nazista e o liberalismo contemporâneo é que o movimento ambiental é anterior ao nazismo e foi usado para expandir sua base de apoio. Os nazistas foram dos primeiros a usar a luta contra a poluição do ar, a criação de reservas naturais e a necessidade de reflorestamento sustentável como pontos centrais de sua plataforma. O livro *Man and Earth* (*O homem e a Terra*), de Ludwig Klages, era um manifesto para promover a ideia de que o homem havia escolhido a direção errada. Klages, um antissemita em pânico, lamentava a perda de espécies, a morte de baleias, a derrubada de florestas, o desaparecimento de povos nativos e outras preocupações familiares como sintomas de decadência cultural. Em 1980, para celebrar a fundação do Partido Verde alemão, os Verdes reeditaram o ensaio.

Embora conservadores que defendem o livre mercado tenham muito a oferecer quando se trata do meio ambiente, eles estão permanentemente na defensiva. Os americanos, como o restante do mundo ocidental, simplesmente decidiram que o meio ambiente é uma área na qual mercados e até mesmo democracia devem ter pouco peso. Abordar as questões ambientais como se fossem questões econômicas — o que, em última análise, são — parece um sacrilégio. Assim como os liberais se pintam como "pró-criança" e seus oponentes como "anticriança", discordar dos liberais a respeito de remédios estatistas para as questões ambientais transforma a pessoa em alguém "contra" o meio ambiente e um covarde sicofanta a serviço dos magnatas e dos tubarões da indústria.

Todo mundo se importa com "o meio ambiente", assim como todo mundo se importa com "as crianças". Para ambientalistas ideológicos, isso significa comprar uma visão holística da Terra e dos humanos como apenas uma espécie dentre outras. Para os conservadores, somos supervisores da

Terra, e isso significa fazer escolhas bem fundamentadas entre bens conflitantes. Muitos dos chamados ambientalistas são, de fato, conservacionistas que usam os direitos de propriedade e mecanismos de mercado para conservar recursos naturais para a posteridade. Muitas pessoas na esquerda acreditam que precisamos romantizar a natureza a fim de criar uma vontade política para salvá-la. Mas quando tal romantização se torna uma religião substituta e os dissidentes são vistos como hereges, os conservadores precisam deixar claro que a utopia ambiental é tão impossível quanto qualquer outra tentativa de se criar um céu na terra.

A CULTURA NAZISTA DO ORGÂNICO

Diferentemente do marxismo, que declarava que a maior parte da cultura e da humanidade é irrelevante para a revolução, o nacional-socialismo era holístico. De fato, "orgânico" e "holístico" eram parte do "jargão técnico" nazista para designar totalitarismo. A visão mussoliniana de tudo dentro do Estado, nada fora do Estado, foi organizada pelos nazistas. Nesse sentido, o ministro do Gabinete bávaro, Hans Schemm, falava mortalmente a sério quando disse que "o nacional-socialismo é biologia aplicada".[26]

Os ideólogos nazistas acreditavam que os arianos eram os "americanos nativos" da Europa, colonizados por romanos e cristãos e, desde então, privados de sua simbiose "natural" com a terra. O próprio Hitler era um fã devoto dos romances de Karl May, que romantizava os índios do oeste americano. O ideólogo nazista Richard Darré resumiu grande parte da ideologia *Volk* nazista quando disse: "Remover o alemão da paisagem natural é matá-lo." Ernst Lehmann, um importante biólogo nazista, soava bem parecido com o sr. Gore: "Reconhecemos que separar os humanos da natureza, do todo da vida, leva à própria destruição da humanidade e à morte das nações."[27]

O culto do orgânico entre os nazistas não era apenas um detalhe; ele se situava no ponto mais avançado do pensamento "esclarecido". O historicismo alemão havia lançado a concepção orgânica da união entre sociedade e Estado. O Estado, escreveu Johann Droysen, é "a soma, o organismo unido de todas as parcerias morais, seu lar e porto comuns e, até o momento, seu fim". Tampouco eram peculiarmente alemãs essas ideias. Droysen era o mentor de Herbert Baxter Adams, e Adams, por sua vez, era mentor de Woodrow Wilson. O trabalho de Droysen aparece repetidamente citado nos escritos de Wilson. A lei que criou nosso sistema de parques nacionais foi chamada de a "Lei Orgânica" de 1916.

Vejamos duas esferas de preocupação que dominam vastos segmentos de nossa cultura hoje: alimentação e saúde. Os nazistas tomavam a alimentação a sério, muito a sério mesmo. Hitler afirmava ser um vegetariano dedicado. Na verdade, ele podia falar durante horas a respeito das vantagens de uma dieta sem carne e sobre a necessidade absoluta de comer grãos integrais. Himmler, Rudolf Hess, Martin Bormann e talvez Goebbels eram vegetarianos ou cultivavam algum tipo de fetiche com relação à alimentação natural. E isso não era para puxar o saco do chefe (um problema real, pode-se imaginar, na Alemanha nazista). De acordo com Robert Proctor, Hess levava suas próprias preparações vegetarianas às reuniões na Chancelaria e as esquentava com algum cuscuz macrobiótico, tal como faz um funcionário vegano hoje. Isso sempre deixava Hitler aborrecido, até que ele disse a Hess: "Tenho uma excelente cozinheira nutricionista aqui. Se seu médico lhe prescreveu alguma coisa especial, ela certamente pode preparar. Você não pode mais trazer comida para cá." Hess respondeu que sua comida tinha ingredientes biodinâmicos especiais. Hitler sugeriu que talvez ele devesse ir almoçar em casa dali em diante.[28]

Hitler frequentemente dizia que seu vegetarianismo havia sido inspirado por Richard Wagner, que, num ensaio de 1891, argumentava que a ingestão de carne e a mistura de raças eram as causas gêmeas da alienação do homem ao ser afastado do mundo natural. Portanto, ele convocava para uma "verdadeira e calorosa amizade com os vegetarianos, os protetores dos animais e os amigos da temperança". Ele também usava belas palavras para falar das dietas vegetarianas de lutadores de sumô japoneses, legionários romanos, vikings e elefantes africanos. Hitler acreditava que o homem havia se equivocado ao adquirir o hábito de comer carne, por puro desespero, durante a Idade Glacial e que o vegetarianismo era a prática humana mais autêntica. De fato, ele muitas vezes soava como um porta-voz precoce do movimento pela alimentação crudívora, que está ficando cada vez mais na moda. "A mosca se alimenta de folhas frescas, a rã engole a mosca tal como a encontra e a cegonha come a rã viva. Assim a natureza nos ensina que uma dieta racional deve estar baseada em comer coisas cruas."[29]

Muitos ideólogos nazistas de destaque também partilhavam o mesmo profundo compromisso que vemos hoje com os *direitos* dos animais, e não apenas com seu bem-estar. "Como se pode ter prazer em ficar escondido por trás de alguma proteção e atirar em pobres criaturas que passeiam nas margens de um bosque, inocentes, indefesas e sem suspeitar de nada?", perguntou Heinrich Himmler. "Isso é puro assassinato." Uma das mais altas prioridades dos nazistas depois de chegarem ao poder era implementar uma ampla legislação sobre direitos dos animais. Em agosto de 1933, Hermann Göring proibiu a "insuportável tortura e sofrimento em animais de laboratório", ameaçando mandar para campos de concentração "aqueles que ainda pensam que podem tratar os animais como propriedade inanimada".

Para qualquer um com uma bússola moral que funcione, isso só pode ser visto como a dissonância cognitiva de um bárbaro. Mas, para os nazistas, tudo fazia sentido. Os alemães precisavam se reconectar com a natureza, restaurar sua pureza orgânica, encontrar um equilíbrio holístico. Os animais têm exatamente esse tipo de equilíbrio porque são imunes à razão. Daí que os ideólogos acreditavam que os animais fossem virtuosos e merecessem respeito. Os judeus, por outro lado, eram corpos estranhos e desenraizados. Por causa deles, a "comunidade biótica" da Alemanha estava desequilibrada.

Os defensores dos direitos dos animais corretamente observam que esse tipo de ativismo já era uma das grandes preocupações na Alemanha pré-nazista e que o movimento pelos direitos dos animais não deve ser associado ao nazismo. Mas, assim como ocorre com o ambientalismo, isso é menos uma defesa do que parece. Está certo dizer que muitas das preocupações do nazismo também eram preocupações de pessoas que não eram nazistas. Mas o fato de que essas perspectivas convencionalmente esquerdistas fossem mantidas por nazistas sugere que o nazismo não é tão diferente do pensamento progressista predominante, como alguns gostariam que acreditássemos.

Ingrid Newkirk, a presidente da Pessoas a Favor do Tratamento Ético de Animais (People for the Ethical Treatment of Animals, ou PETA, na sigla em inglês), fez uma declaração famosa: "Quando se trata de sentimentos, um rato é um porco é um cão é um menino. Não existe nenhuma base racional para se dizer que um ser humano tenha direitos especiais."[30] Poucos sentimentos poderiam ser mais fascistas que esse. Primeiro, há a ênfase nos "sentimentos" — não pensamento, nem razão — como a característica definidora da vida. Segundo, há a pressuposição de que os "sentimentos" mais elevados — aqueles associados à consciência — têm tão pouca consequência que nem entram na equação. Quando Newkirk diz que não existe nenhuma base "racional" para distinguir entre vermes e humanos, o que ela realmente está dizendo é que não existe nenhuma distinção legítima entre eles, motivo pelo qual a PETA não sentiu nenhum remorso em comparar a matança de porcos, vacas e galinhas com a matança de judeus em sua lamentável e famosa campanha "O Holocausto em seu prato".

Nos dias de hoje, fazemos muitas brincadeiras a respeito dos "fascistas da saúde". O governo — parcialmente movido pelos custos crescentes dos serviços de saúde nacional-socialistas — está cada vez mais obcecado pela questão da saúde. Programas infantis em canais públicos de televisão receberam instruções para fazer propaganda de vida saudável, tanto assim que o "B é de Biscoito" cantado pelo Come-Come de Vila Sésamo foi rebaixado pelo novo *jingle* "Biscoitos são comida para de vez em quando". Isso, é claro, não é nada novo. Herbert Hoover, o administrador da alimentação no governo Wilson, exigia que as crianças assinassem um voto de lealdade ao Estado dizendo que não comeriam nada entre as refeições. O que não estamos compreendendo é que o cidadão intimidado e cercado pelo Estado para deixar de fumar tem tanto direito de reclamar do fascismo quanto um autor que tivesse seus livros banidos.

Robert Proctor, em seu trabalho magistral *The nazi war on cancer* (*A guerra nazista contra o câncer*), foi o primeiro a fazer um catálogo completo dos temas de saúde pessoal e pública que obcecavam os nazistas e estavam no cerne de sua *Weltanschauung*. De acordo com Proctor, os nazistas estavam convencidos de que "medidas agressivas no campo da saúde pública iriam inaugurar uma nova era de alemães saudáveis e felizes, unidos pela raça e por uma perspectiva comum, purificados de todas as toxinas ambientais estrangeiras, libertados da praga de cânceres que haviam se abatido sobre a era anterior, tanto literal quanto figurativamente". Hitler era contra o cigarro, acreditando que fosse a expressão "da ira e da vingança do Homem Vermelho contra o Homem Branco, em resposta à introdução do álcool em suas vidas". Os nazistas usavam a palavra de ordem "*Gemeinnutz geht vor Eigennutz*" — "o bem comum se sobrepõe ao bem privado" — para justificar o policiamento da saúde individual em benefício do corpo político. Essa é a mesma justificativa que se usa hoje. Conforme escreveu um defensor da saúde pública no *New England Journal of Medicine*: "Tanto os provedores de cuidados de saúde quanto a nação têm agora um interesse adquirido em certas formas de comportamento, previamente consideradas um assunto privado da pessoa, nos casos em que o comportamento danifica a 'saúde' da pessoa. Determinados aspectos do autocuidado se transformaram, em certo sentido, em crimes contra a sociedade, porque a sociedade tem que pagar por suas consequências... Com efeito, temos dito que as pessoas têm obrigação, perante a sociedade, de corrigir seus maus comportamentos."[31]

Em 2004, Hillary Clinton insistiu em que analisássemos as diversões para crianças "da perspectiva da saúde pública". Submeter "nossas crianças, tão intensamente, a essa mídia não controlada é um tipo de contágio", uma "epidemia silenciosa" que ameaça "produzir danos de saúde pública no longo prazo a muitas, muitas crianças e, portanto, à sociedade". Richard Carmona, chefe da Saúde Pública do governo Bush em 2003, levou uma longa lista de figuras públicas a acreditar que "a obesidade atingiu proporções epidêmicas". Sua "receita simples" para acabar com a epidemia de obesidade na América? "Todo americano precisa comer alimentos saudáveis em proporções saudáveis e praticar atividades físicas todos os dias." Esse tipo de coisa muda o significado de epidemia, que deixa de ser uma ameaça à saúde pública que põe as pessoas em perigo contra suas próprias vontades — febre tifoide, comida envenenada, ataques de ursos num acampamento — e vira um perigo criado por pessoas que estão fazendo coisas que querem fazer. Basta ver como a guerra ao fumo institucionalizou a histeria. O direito de expressar qualquer coisa até mesmo remotamente "pró-tabaco" foi culturalmente banido e quase totalmente abolido pela lei. As empresas de tabaco têm sido forçadas a denunciar ritualisticamente — e dispendiosamente — seus próprios produtos. A livre associação de fumantes é considerada ilegal em grande parte da América. Além disso, a obsessão pelas crianças permite que planejadores sociais intervenham para coibir "abusadores de crianças" que possam estar fumando perto de crianças, mesmo em espaços abertos.

Compare tudo isso com as admonições típicas encontradas num manual de saúde da Juventude Hitlerista: "O alimento não é um assunto privado!" ou "Você tem a obrigação de ser saudável!" Ou, como disse outro funcionário uniformizado da área da saúde: "O governo tem todo o direito de fazer o que estiver ao seu alcance para influenciar o comportamento pessoal, caso isso seja para o bem-estar do indivíduo e da comunidade como um todo." Esse último funcionário foi C. Everett Koop, o chefe da Saúde Pública de Ronald Reagan.[32]

Vegetarianismo, saúde pública e direitos dos animais são apenas facetas diferentes da obsessão com a ordem orgânica que impregnava a mente fascista alemã daquela época e impregna a mente fascista liberal de hoje. Muitas e muitas vezes, Hitler insistiu em que "não existe nenhum hiato entre os mundos orgânico e inorgânico". Curiosamente, isso serviu para alimentar a concepção nazista do judeu como o "outro". Em seu popular livro sobre nutrição, como já mencionei, Hugo Kleine culpava "os interesses especiais capitalistas" e "as meias-mulheres judias masculinizadas" pelo declínio da qualidade dos alimentos alemães, dizendo que isso havia contribuído para o aumento dos casos de câncer. Himmler esperava transformar toda a SS em consumidores de alimentos orgânicos e estava decidido a fazer essa mudança em toda a Alemanha depois da guerra. Os alimentos orgânicos estavam perfeita e integralmente ligados à concepção nazista mais ampla de uma nação orgânica vivendo em harmonia com um ecossistema pré-cristão ou não cristão.

Muitos americanos hoje vivem obcecados pela questão dos orgânicos. A cadeia Whole Foods tornou-se uma franquia de catedrais devotadas a esse culto, e até o Wal-Mart sucumbiu a ele. A essência do Whole Foods — onde, aliás, compro com frequência — é, nas palavras do *New York Times*, fornecer "autenticidade pré-moderna", ou a "aparência de uma autenticidade pré-moderna", a fim de prover "significado" às pessoas. Caminhe pelos corredores do Whole Foods e você ficará surpreso com o que vai encontrar. "Em cada uma de nossas deliberações, devemos considerar o impacto de nossas decisões sobre as próximas sete gerações." Assim reza a grande lei da Confederação Iroquesa — e o rótulo em todos os rolos do papel higiênico da marca Sétima Geração. A empresa promete um papel "confiável, de alta qualidade, seguro e ambientalmente responsável" que ajudará a "manter saudáveis você, sua casa e nosso planeta". Mas não temais! Sétima Geração também promete que o papel higiênico "cumprirá seu papel".

Então vem o cereal EnviroKidz. Leia a caixa e você aprenderá que "EnviroKidz escolhe alimentos orgânicos. A agricultura orgânica respeita a terra e as criaturas selvagens que vivem nela." E conclui: "Assim, se você quer um planeta onde a biodiversidade está protegida e os seres humanos caminham mais de leve sobre a Terra, então escolha cereais orgânicos certificados feitos pela EnviroKidz. Não seria ótimo se todas as coisas que comemos tivessem certificado orgânico?" A companhia Gaia vende uma ampla gama de produtos no Whole Foods e em lojas semelhantes. Sua literatura explica que "Gaia, a mãe Terra, era cultuada na ilha de Creta na Grécia antiga há quatro mil anos pela civilização minoica... O conceito de Gaia deriva de uma filosofia antiga segundo a qual a Terra é uma entidade viva. Em Gaia, nós acreditamos que toda a matéria viva da Terra, o ar, os oceanos e a terra formam um sistema interconectado que pode ser visto como uma entidade única".[33]

Nada disso é maléfico — e certamente é bem-intencionado. Mas o fascinante a respeito do Whole Foods e da cultura que representa é o quanto dependem de uma nova consciência étnica pan-humana. Há mais de trinta anos, Daniel Patrick Moynihan e Nathan Glazer escreveram em *Beyond the melting pot* (*Indo além da mistura de raças*) que "dar nome a um grupo ocupacional ou a uma classe é o mesmo que dar nome a um grupo étnico". Isso já não é verdade, e, em resposta, a esquerda e o mercado estão criando falsas etnias fundamentadas em passados imaginários ou românticos que vão desde os nobres selvagens rousseaunianos da América do Norte pré-colombiana até as extravagantes sociedades imaginárias da Europa pré-cristã ou da Grécia antiga. Estou só esperando o lançamento dos *Flocos de Milho Thule*.

POSFÁCIO

A tentação do conservadorismo

O passado mostra, invariavelmente, que, quando a liberdade de um povo desaparece, ela se vai não com um estrondo, mas envolta pelo silêncio dos que se sentem confortáveis com os cuidados que estão recebendo. Esse é o extremo perigo da atual tendência ao estatismo. Se a liberdade não estiver acompanhada de uma disposição para resistir e para rejeitar favores, e da recusa de abrir mão do que é intangível, mas precário, não demorará muito para que desapareça de todo.

— Richard Weaver, 1962

NESTE LIVRO, argumentei que o liberalismo moderno é o produto do progressismo do século XX, que tem, por sua vez, as mesmas raízes intelectuais do fascismo europeu. Argumentei, adicionalmente, que o fascismo foi um movimento internacional, ou um *happening*, que se expressou de diferentes modos em diferentes países, dependendo das excentricidades da cultura nacional. Na Europa, esse impulso comunitário expressou-se em movimentos políticos que eram nacionalistas, racistas, militaristas e expansionistas. Nos Estados Unidos, o movimento conhecido em outras partes como fascismo ou nazismo assumiu a forma de progressismo — uma versão mais leve do totalitarismo que, embora ainda nacionalista, e militarista em suas formas e enfoque cruzadistas, estava mais de acordo com a cultura americana. Era, em suma, um tipo de fascismo liberal.

Após o Holocausto, e com grande ímpeto depois do assassinato de Kennedy, as paixões nacionalistas se inverteram. Emergiu um "liberalismo punitivo" (nas palavras de James Piereson) no qual a "promessa" de vida americana feita por Herbert Croly tornou-se a maldição da vida americana. A antiquíssima nostalgia progressista de consertar a América transformou-se numa cruzada religiosa para limpá-la, frequentemente por meio da autoflagelação, de suas miríades de pecados. Em resumo, o liberalismo neste país sucumbiu à tentação totalitária: a crença na existência de um clero de especialistas capazes de redesenhar a sociedade de uma maneira "progressista". Esse clero progressista não sofre nenhuma oposição e, hoje, está em ascensão em muitas frentes.

Até aqui, tudo bem. No entanto, como este tem sido um extenso livro no qual aponto, insistentemente, o perigo de permitir que esses temas e essas tendências fascistas liberais se infiltrem em nossa política, economia e cultura sem encontrar oposição, talvez seja minha incumbência antecipar algumas das objeções que podem ser levantadas mesmo pelo mais amigável e não preconceituoso dos leitores. A saber: Não estaria você exagerando o problema — tentando vestir a camisa parda em seus oponentes, da mesma forma que afirma terem eles feito com você? Além disso, quem se importa com a origem dessas ideias, se a maneira como estão sendo aplicadas é benigna e até benéfica? O que há de tão ruim com um pouco de progresso e pragmatismo tomados com moderação? E, como você repetidamente afirma, se não existe nenhuma perspectiva real de um golpe fascista hoje, por que tocar o alarme? Ou ainda mais exatamente, talvez: por que dar tanta importância aos Clinton, a Kennedy, FDR e Wilson e tão pouca a, digamos, Nixon e George W. Bush? Para quem está procurando evidências de um fascismo incipiente nos Estados Unidos, não deveria você estar mais preocupado com a manipulação do medo, o jingoísmo e a usurpação de privilégios pelo Executivo no governo Bush? Não é essa a verdadeira ameaça fascista hoje, e não o Whole Foods e sua promoção de papel higiênico orgânico ou Hillary Clinton com sua campanha a favor das crianças?

Comecemos do começo. Desde que aderi à conversa pública como um escritor conservador, tenho sido chamado de fascista e nazista por ignorantes liberais presunçosos sublimemente confiantes na verdade de seus mal-informados preconceitos. Responder a essa difamação é, da perspectiva exclusiva de poder usar meus privilégios pessoais, um empreendimento que vale a pena. Mais importante que isso é que, como conservador, eu realmente *acredito* que as políticas conservadoras serão melhores para a América. Desde a escolha de uma escola, passando por mercados livres e até a promoção da democracia em todo o mundo, acredito que, na maior parte dos casos, os conservadores estão corretos. Quando se repelem propostas conservadoras insinuando-se que têm motivações fascistas, isso não apenas baixa o nível do discurso público, mas também ajuda a rechaçar reformas extremamente necessárias, e isso é feito não através de discussão, mas de intimidação. Sem dúvida, o fato de nosso discurso público estar corrompido dessa forma não é uma questão de menor importância, e escrevi este livro, em grande medida, para esclarecer as coisas e educar a mim mesmo — e a outros — a respeito do verdadeiro significado e da verdadeira natureza do fascismo.

Quanto a eu estar exagerando o problema: tenho deixado claro, repetidas vezes, que os liberais modernos não são caricaturas de vilões nazistas. Essas pessoas não são tropas de choques nem comissários; são diretores de assuntos estudantis num *campus*, gerentes de diversidade, psicólogos infantis e cruzados antifumo. O perigo que representam não é existencial nem orwelliano, exceto, talvez, no sentido de que poderiam habituar os americanos ao controle social vindo de cima. A verdadeira ameaça é que a promessa da vida americana será arrematada em troca de um saquinho de feijões mágicos chamados segurança. Não, eu não digo que isso seja uma acusação contra o governo Bush ou contra a guerra ao terror. Existe uma diferença entre segurança literal — defender o público contra a violência externa ou ilegal — e a segurança figurativa, quase religiosa, prometida pela Terceira Via. Muitos progressistas parecem pensar que podemos transformar a América num vasto *campus* universitário onde nos são fornecidos comida, abrigo e divertimento e onde o único crime é ser mesquinho com alguém, especialmente se for membro de uma minoria.

Assim, é claro que me acharão culpado de exagero se me tomarem por alguém que afirma ser o liberalismo um cavalo de Troia para o nazismo. E embora eu não tenha dúvida de que alguns críticos hostis garantirão que é o que estou afirmando, eu não estou. Mas eles terão que dizer isso porque, se não o fizerem, estariam reconhecendo que a admirável nova aldeia de Hillary Clinton é *suficientemente ruim*. É claro que se pode viver uma vida feliz numa sociedade medicalizada e psicologizada na qual o Estado é sua mamãe. Mas somente se você tiver sido condicionado a encontrar prazer nesse tipo de sociedade, e esse é o propósito de muitas instituições liberais: reescrever os hábitos que trazemos em nosso coração. Mas, sem dúvida, embora eu considerasse trágico perder a América do individualismo e da liberdade, certamente posso imaginar horrores piores. Afinal, viver em alguma vasta Bélgica norte-americana certamente tem seus prazeres.

Eu não me dispus a escrever uma versão moderna de *O caminho da servidão*, de Hayek (escreveria, se pudesse). Nem tenho nenhum desejo de ser um Joe Conason direitista, obsessivamente castigando o teclado numa tentativa de traduzir toda objeção partidarista em algum assustador presságio de liberdades perdidas. Mas, se você ainda se sente atormentado pela questão "E daí?", existe um perigo maior a ter em mente. O clichê de que o caminho para o inferno está calçado com boas intenções tem mais do que uma dose razoável de verdade. Eu não discuto que os liberais têm o que acreditam ser as melhores das intenções quando pressionam para a criação de um "moderno" Estado de bem-estar social europeu. Mas vale a pena ter em mente que uma América europeizada não se limitaria a deixar de ser América; também não há nenhuma razão para se acreditar que ela se limitaria a ser apenas europeizada. Para parafrasear Chesterton: o perigo de uma América que deixa de acreditar em si mesma não é de ela passar a não acreditar em nada, mas de poder acreditar em qualquer coisa. E é aí que as mais negras visões distópicas começam a ficar plausíveis. Como idiotas úteis de outrora, os liberais de hoje querem apenas o melhor, mas, ao manter a porta aberta para consegui-lo, bem pode ser que deixem entrar algo muito pior.

Quanto a por que não gastei muito tempo com o fascinante caso de Richard Nixon ou, digamos, Truman e Eisenhower, a resposta é simples: eu contei a história que achei que precisava ser contada. Esses presidentes foram, em alguns aspectos, como no caso de LBJ, zeladores do Estado de bem-estar social, ampliando os pressupostos do *New Deal* e da Grande Sociedade sem questioná-los. Quanto a Ronald Reagan, ele está desfrutando o que pode ser a mais notável reabilitação na moderna história americana — assim como ocorre também com Barry Goldwater, que de repente se transformou num herói do *establishment* liberal. Parece que os liberais americanos conseguem apreciar conservadores mortos quando esses se tornam porretes úteis para bater nos vivos. A despeito disso, a história de Ronald Reagan parecia muito recente e apenas uma repetição da discussão sobre Goldwater — campeões da liberdade sendo chamados de fascistas pelos campeões do estatismo —, e por isso achei melhor deixar de fora o "Trapaceiro" (apelido que usou desde 1940, quando fez um personagem com esse nome).

Mas o presidente Bush é um caso especial, não é? Provavelmente, George W. Bush tem sido chamado de fascista mais que qualquer outro presidente americano. Políticos de destaque em todo o mundo o têm comparado a Hitler. Um bando de excêntricos primários tem tentado culpar a família Bush, antes de mais nada, de haver ajudado a criar Hitler. Em todo o globo, e em muitos lugares na América, a agenda de Bush para a democracia — que eu apoio — tornou-se sinônimo de um tipo de neofascismo. É uma ironia curiosa que o presidente mais wilsoniano em uma geração seja visto como fascista por muitos que ficariam arrepiados diante da sugestão de que o próprio Wilson fosse um fascista.

Quando eu disse, no capítulo anterior, que "Somos todos fascistas agora", queria dizer que é impossível drenar inteiramente de nossa cultura as toxinas fascistas. Verdade seja dita, isso não é tão preocupante. A letalidade de um veneno depende da dose, e um pouco de fascismo, assim como um pouco de nacionalismo ou um pouco de paternalismo, é algo com que conseguimos conviver — de fato, pode até ser considerado normal. Mas essas coisas têm a capacidade de se proliferar, um potencial de crescimento que rapidamente pode se tornar mortífero. Assim, em resposta ao leitor que pergunta "E Bush? E os conservadores?", permitam-me encerrar examinando as tendências fascistas que existem hoje na direita americana.

FASCISMO COMPASSIVO

Ao longo de todo este livro, centrei o foco nas tendências totalitárias da esquerda. Isso era importante por causa do empedernido dogma de que o fascismo é um fenômeno direitista. Mas, dado que o desejo de comunidade está inscrito no coração humano, a tentação totalitária também pode ser encontrada na direita.

Pessoas em todos os pontos do espectro ideológico têm uma tendência de romantizar o tribalismo, sob diferentes nomes, e, por isso, anseiam por recriá-lo. Essa é, por definição, uma tendência reacionária, porque tenta restaurar um passado imaginado ou satisfazer a um anseio antigo. O comunismo era reacionário porque tentou transformar a classe trabalhadora numa tribo. O fascismo italiano tentou transformar a nação numa tribo. O nazismo tentou transformar a raça alemã numa tribo. A política de identidade multicultural é reacionária porque vê a vida como uma disputa entre diferentes tribos raciais ou sexuais. Do mesmo modo, a aldeia de Hillary Clinton é reacionária porque tenta restaurar os confortos tribais da vida de uma cidade do interior num nível nacional e mesmo universal (sua aldeia americana acaba por se fundir com a aldeia global). Mas os conservadores estão igualmente inclinados a esse anseio humano, e, embora ele se manifeste de diferentes maneiras, eu me concentrarei em três.

A primeira é a nostalgia, uma emoção perigosa na política. Os conservadores americanos há muito se concebem como defensores do lar, das virtudes tradicionais e, é claro, dos valores de família. Não tenho nenhuma objeção quando conservadores defendem essas virtudes e esses valores na esfera cultural. Tampouco objeto quando tais preocupações se traduzem em esforços políticos para rechaçar a *KulturKampf* estatista liberal. Mas os conservadores se metem em dificuldade quando tentamos traduzir esses sentimentos em programas políticos no âmbito nacional. A beleza do conservadorismo americano está no fato de ser um amálgama de dois metais muito diferentes, o conservadorismo cultural e o liberalismo político clássico. Quando quer que se disponha a sacrificar seu liberalismo político em nome de implementar seu conservadorismo cultural, ele flerta com um socialismo direitista muito peculiar.

A segunda área em que o conservadorismo pode sair dos trilhos é quando, movido por certo desespero para parecer relevante, moderno ou mesmo progressista, ele se aventura por um conservadorismo do tipo eu-também, que de conservadorismo não tem absolutamente nada. A civilização americana é fundamentalmente liberal no sentido clássico, e o alcance cada vez mais amplo de seus princípios de igualdade e liberdade é tanto inevitável quanto desejável. A maior parte dos conservadores partilha esses valores liberais subjacentes. O que rejeitam são os pressupostos totalitários importados para o liberalismo americano pelos progressistas do século XX. O problema é que agora vivemos num mundo condicionado pela perspectiva progressista. As pessoas compreendem as coisas em termos progressistas. Mesmo sendo cética a respeito de tais noções, uma pessoa não tem como convencer outras do acerto de suas próprias posições se não falar a *língua franca*. Se alguém acredita que o aborto é um mal, não tem como convencer a outro que rejeita categorias morais como bem e mal.

Finalmente, há o canto da sereia da política de identidade. As pessoas brancas não estão acima do tribalismo. É certo e bom se opor a quotas raciais e à lógica balcanizante do multiculturalismo. Também vale a pena defender os amplos traços da cultura americana, que os multiculturalistas ridicularizam como "cultura branca" a fim de deslegitimá-la e, em última instância, destruí-la. Mas é perigosamente viciante combater o fogo com fogo. Não é que "a América cristã branca" seja uma coisa ruim ou opressora. Longe disso. O que é perigoso, ao contrário, é o desejo de *impor* uma visão da América cristã branca, pois, no esforço de traduzir tal visão num programa de governo, uma sociedade aberta tem que se transformar numa fechada. Rousseau estava certo a respeito de uma coisa: a censura é útil para preservar princípios pessoais, mas inútil para restaurá-los. Um Departamento de Cultura Judaico-Cristã serviria apenas para criar uma paródia da cultura real. Na Europa, as igrejas são subsidiadas pelo Estado e, em consequência, seus bancos estão vazios. O problema com o relativismo de valores — a noção de que todas as culturas são iguais — é que questões importantes são decididas por meio de uma disputa de poder político, em vez de pela disputa de ideias, e toda subcultura em nossa sociedade balcanizada transforma-se em base de poder pessoal de algum funcionário governamental. O resultado é um *éthos* multicultural sancionado pelo Estado, no qual astecas e atenienses são iguais — pelo menos aos olhos dos professores das escolas públicas e dos gurus multiculturais. Numa sociedade aberta, as melhores práticas vencem. E o argumento conservador é que as melhores práticas são melhores não porque sejam brancas ou cristãs, mas porque são simplesmente melhores.

Obviamente, o perigo representado pelo Estado de bem-estar social multicultural é que, ao subscrever valores relativistas, ele cria um clima no qual os cristãos brancos seriam loucos se não competissem pelo controle. Por exemplo, se as escolas públicas vão doutrinar as crianças com uma visão moral, os pais não podem ser culpados de quererem que essa visão seja a deles. Bem parecido com o que ocorre com a interferência estatal nos negócios ou em outros campos da vida, uma vez que se descarte a visão liberal clássica do Estado como um árbitro desapaixonado e mediador, e que ela seja substituída pelo Estado-mamãe, com seus favoritismos, é apenas razoável que pessoas, grupos e negócios compitam pelo amor da Mãe.

Todos esses três impulsos têm sido amplamente exibidos entre conservadores ao longo das últimas duas décadas. Talvez não haja melhor ilustração disso que Patrick J. Buchanan — o principal exemplar vivo do que os liberais querem dizer quando se referem a um incipiente fascismo americano.

Nascido numa família irlandesa católica em Washington, D.C., Buchanan começou sua carreira como um editorialista para o *St. Louis Globe-Democrat*. Na década de 1960, juntou-se a Richard Nixon para ajudar a promover o retorno político do antigo vice-presidente. Nominalmente um seguidor de Goldwater, Buchanan serviu como embaixador de Nixon perante o movimento conservador e vice-versa, defendendo o excessivamente progressista Nixon perante os conservadores e defendendo os conservadores perante Nixon. Após a eleição de 1968, Buchanan trabalhou como assessor e redator de discursos tanto para Nixon quanto para o vice-presidente Spiro Agnew.

Quando buscava a indicação do Partido Republicano para a presidência, na campanha de 1996, ele combatia o NAFTA e dizia que os camponeses estavam "chegando com seus forcados" para apoiá-lo — o que lhe valeu o apelido de "Pat Forcado" ("Pitchfork Pat"). Mas, mesmo antes disso, Buchanan havia conquistado a reputação de populista. Ele ajudou a cunhar a expressão "maioria silenciosa" para Nixon e estimulou seu patrão a atacar as elites da Costa Leste e, frequentemente em código, os judeus. Numa série de memorandos em 1972, ele disse a Nixon que o presidente "deveria se mexer para recapturar a tradição ou o tema de oposição ao *establishment* na política americana". Nixon deveria pintar George McGovern "como o candidato do *New York Times*, da Fundação Ford, de professores esquerdistas elitistas, de demonstradores arrogantes, de radicais negros e de toda a gangue elitista". Ao mesmo tempo, deveria "vestir o manto do Candidato do Homem Comum, do trabalhador". Os comentaristas liberais repetidamente comparam Buchanan ao padre Coughlin.[1] E embora seja verdade que Buchanan pareça ter um consternador problema com os judeus, essa atitude deriva não tanto de sua relação com o conservadorismo, mas de seu populismo rudimentar no estilo década de 1930. Buchanan tem escrito brilhantemente a respeito do Primeiro Comitê Americano e, como Charles Lindbergh, ele sugere que a América foi induzida a entrar na Segunda Guerra Mundial por grupos para quem os interesses americanos não tinham importância.

Na década de 1990, a ira liberal contra o fascismo "direitista" de Buchanan alcançou um nível de excitação febril. Como escreveu Molly Ivins em resposta ao discurso de Buchanan na Convenção Nacional do Partido

Republicano em 1992: "Provavelmente soou melhor no original em alemão."² A ironia aqui é que Buchanan estava de fato se movendo *para a esquerda*. Durante anos, seus oponentes o chamaram de criptonazista por sua defesa de Ronald Reagan e do Partido Republicano. Na realidade, a única coisa que manteve em xeque seus instintos fascistas foi sua lealdade ao GOP e ao movimento conservador. Depois de Reagan e da Guerra Fria, Buchanan abandonou ambos e inclinou-se para a esquerda em busca de seus verdadeiros princípios.

Buchanan se designa um "paleoconservador", mas, de fato, é um neoprogressista. Durante a eleição de 2000, ele denunciou os defensores do livre mercado como advogados do imposto único, dizendo que gastavam tempo demais com "os rapazes lá no ancoradouro de iates".³ Ele começou a defender o estabelecimento de um teto para os pagamentos de executivos, a concessão de benefícios maiores para os desempregados, a se opor a qualquer tipo de reforma dos serviços de saúde que os entregasse às forças do mercado e apoiou uma abordagem do tipo Terceira Via ao ativismo governamental. O neoprogressismo de Buchanan chegou a levar o antigo auxiliar de Reagan a atacar o darwinismo social do livre mercado.

Culturalmente, o populismo de Buchanan, num estilo que inverte a sequência natural das coisas, foi um obstáculo para William Jennings Bryan e Joe McCarthy. Ele também representa um ressurgimento das teorias da Era Progressista a respeito do "suicídio da raça". Em *The death of the West* (*A morte do Ocidente*), Buchanan argumenta que a raça branca está se tornando uma "espécie em perigo" prestes a ser engolida por hordas do Terceiro Mundo. Ele sugere que o demagogo russo ultranacionalista Vladimir V. Zhirinovsky pode estar aprontando alguma coisa ao propor um programa *Lebensborn* russo no qual os russos aceitariam a poligamia. Sendo um orgulhoso irlandês briguento, Buchanan sempre levou muito a sério o orgulho étnico. Assim, ao invés de se opor ao multiculturalismo da esquerda, ele o adotou, argumentando que faculdades de elite deveriam tomar medidas para "parecerem mais América", instituindo quotas para "brancos não judeus" ou "euro-americanos".⁴

O casamento do estatismo e do racismo eugênico motivou pensadores da Era Progressista como Woodrow Wilson, Teddy Roosevelt, E. A. Ross e Richard Ely. Os conservadores devem se perguntar em que medida esses sentimentos são diferentes quando vêm de Buchanan. Por sua vez, os liberais que acham que essas ideias garantiram aos seguidores de Buchanan o rótulo de fascistas precisam explicar por que os progressistas são absolvidos da mesma acusação, já que acreditavam exatamente nas mesmas coisas.

Considerações sobre a política externa têm feito parecer que Buchanan e George W. Bush estão a anos-luz de distância um do outro. De fato, o isolacionismo de Buchanan e suas ideias brutais a respeito de Israel lhe granjearam um estranho novo respeito de alguns, tanto da esquerda quanto da direita. Mas é preciso lembrar que Buchanan foi o primeiro "conservador compassivo". "Eu poderia acusá-lo de plágio", reclamou Buchanan quando perguntaram sua opinião sobre o slogan de Bush.[5]

No entanto, o conservadorismo compassivo de Bush difere dramaticamente do de Buchanan, e em aspectos fundamentais. Buchanan quer restringir a imigração, horrorizado com o influxo de hispânicos nos Estados Unidos. Bush é famosamente a favor da imigração, argumentando que "os valores de família não terminam na margem do Rio Grande". Bush é a favor do livre comércio, corta impostos e tem posição moderada quando se trata de ações afirmativas. Está ansioso para agregar minorias ao Partido Republicano. Diferentemente de Buchanan, ele é um falcão internacionalista na política externa, com profundas simpatias por Israel.

Mas ambos realmente têm muito em comum. Primeiro, a política de Bush também representa um tipo de rendição à base social. Bush é um representante da América "mais inclinada ao republicanismo", da mesma forma como Bill Clinton e, mais fortemente, John Kerry representam a América "mais inclinada ao democratismo". Em muitos aspectos, o bushismo é meramente uma concessão à realidade. Numa cultura política polarizada, os presidentes precisam tomar partido a fim de se elegerem. Mas tais concessões pragmáticas não anulam o fato de que uma política baseada em cultivar uma base de apoio contando apenas com ninharias do erário público é uma profunda violência aos princípios conservadores.

Segundo, os dois homens são produtos de um novo espírito progressista na política americana. Depois da queda do Muro de Berlim, os liberais acreditaram que, com a questão da segurança nacional perdendo a centralidade que tivera durante tanto tempo, eles poderiam reativar a agenda progressista. Esperavam investir os "dividendos da paz" em todo tipo de esquemas da Terceira Via, inclusive em parcerias público-privadas neocorporativistas, rivalizando com as mais esclarecidas políticas industriais da

Europa e do Japão. Bill Clinton tomou muitas coisas emprestadas de Kennedy e FDR, combinando a retórica populista ("pondo as pessoas em primeiro lugar") com os temas da nova política da era Kennedy. O clímax de tudo isso foi a tentativa de Hillary Clinton de assumir o controle do sistema de saúde americano, o que, por sua vez, liberou anticorpos, em grande medida libertários, sob a forma do *Contrato com a América* e da (curta) revolução Gingrich. Dessa tensão emergiram algumas políticas muito bem-vindas e uma retórica ainda mais encorajadora — como a reforma dos serviços de bem-estar social e a declaração de Bill Clinton, em janeiro de 1996, de que "a era do *big government* acabou". Mas, em pouco tempo, a febre libertária eclodiu quando o público se colocou ao lado do presidente Clinton na questão do malfadado fechamento do governo iniciado por Newt Gingrich.

O próprio Gingrich, que havia tentado pôr a pique várias agências ligadas ao Gabinete da Presidência, estava, ao mesmo tempo, declarando que sua fala representava o nascimento de uma nova Era Progressista e que ele sempre havia se referido afetuosamente às antigas gerações de liberais. De fato, durante a década de 1990, escritores republicanos e conservadores ficaram deslumbrados com o Progressismo. Um verdadeiro culto da personalidade desenvolveu-se em torno de Teddy Roosevelt, com um político atrás do outro pretendendo herdar seu manto — o principal deles sendo John McCain, cujo gosto por regulamentações no estilo Roosevelt beira o legendário.

Na década de 1990, o *Weekly Standard* iniciou uma cruzada pela "Grandeza Nacional" apelando à tradição dos *Rough Riders*, aquele Regimento Voluntário de Cavalaria que Teddy Roosevelt comandara em Cuba em 1898, durante a Guerra Hispano-americana, e que havia sido intensamente usado pela mídia da época para mobilizar apoio para a guerra. David Brooks citou aprovadoramente o alerta de Roosevelt de que os americanos corriam o risco de "afundar num comercialismo confuso, descuidando-se da vida mais elevada, a vida de aspirações, trabalho árduo e riscos". E do que era que se necessitava para combater tal decadência? Do "progressismo poderoso" de Roosevelt, é claro. Se os americanos "não pensam em nada além de seu estreito autointeresse, suas atividades comerciais", alertou Brooks, "perdem o sentido de grande aspiração e de um propósito nobre". Tradução: os americanos precisam de uma política de significado. Nesse ínterim, o editor do *Standard*, William Kristol, começou a denunciar como imaturo e contraproducente o conservadorismo que sempre se opunha ao governo, como um ato reflexo, enquanto sua revista, de sabres em riste, lançava-se contra a China e o Iraque.[6]

Foi desse meio que o "conservadorismo compassivo" emergiu. Karl Rove, assessor de Bush e um ardente fã de Teddy Roosevelt, ofereceu o conservadorismo compassivo não como uma alternativa à política da Terceira Via de Clinton, mas como uma versão republicana da mesma coisa. Em 2000, George W. Bush orgulhosamente se candidatou como um tipo diferente de conservador, tendo como temas a educação, as mães solteiras e a união nacional. Tomando emprestado de Marvin Olasky, o hábil intelectual cristão que cunhou a expressão "conservador compassivo", a equipe de Bush empenhou-se em deixar claro que via o governo como um instrumento de amor, particularmente de amor cristão.

O próprio adjetivo "compassivo" ecoa denúncias progressistas e liberais contra o governo limitado, apontando-o como cruel, egoísta ou orientado pelo darwinismo social. Em outras palavras, e se considerado apenas como um recurso de marketing, a palavra representava um repúdio do liberalismo clássico que se encontrava no cerne do moderno conservadorismo americano, pois presumia que governo limitado, mercados livres e iniciativa pessoal eram, de alguma forma, "não compassivos".

Apesar disso, conservadores que reclamam contra o "conservadorismo do *big government*" de Bush como se fosse alguma grande traição ignoram o fato de que foram avisados. Quando, num debate presidencial em 2000, Bush respondeu que seu filósofo político favorito era "Jesus Cristo", os conservadores do *small government* deveriam ter percebido o fantasma do Evangelho Social. Michael Gerson, que há muito tempo escreve os discursos de Bush e atua como seu conselheiro, não oculta sua crença em que o governo federal deveria estar impregnado do espírito de caridade cristã. Depois que deixou a Casa Branca, ele escreveu uma matéria para a *Newsweek* intitulada "A new Social Gospel" ("Um novo Evangelho Social") na qual descreve os novos evangélicos como "pró-vida e pró-pobres". Em outro ensaio na *Newsweek*, ele investiu contra o conservadorismo do *small government*, lamentou o "individualismo irrestrito" e concluiu que "qualquer movimento político que eleve uma ideologia abstrata antigoverno acima das necessidades humanas dificilmente é conservador, e não é provável que vença".[7]

Não há dúvida de que o presidente Bush acredita em grande parte disso. Em 2003, ele declarou que, "quando alguém sofre", é responsabilidade do governo "agir". E, com Bush, o governo tem realmente agido. Foi criada uma nova agência no Gabinete do presidente, o Medicare aumentou quase 52% e os gastos com educação subiram quase 165%. Entre 2001 e 2006, os gastos para combater a pobreza aumentaram 41% e os gastos totais alcançaram um recorde de 23.289 dólares por família. Os gastos federais com a pobreza excederam 3% do PIB pela primeira vez em todos os tempos. Os gastos totais (ajustados pela inflação) foram o triplo da taxa do período Clinton. Além disso, Bush criou o maior conjunto de benefícios desde a Grande Sociedade (Medicare Parte D).

Isso não significa dizer que Bush abandou por completo o conservadorismo do governo limitado. Suas indicações para o Judiciário, as reduções de impostos e os esforços para privatizar o Sistema de Previdência Social representam ou uma lealdade residual ao governo limitado ou o reconhecimento de que os conservadores que defendem o governo limitado não podem ser totalmente ignorados. Mas Bush realmente é um tipo diferente de conservador, com fortes simpatias pelas intrusões na sociedade civil típicas dos progressistas. Sua iniciativa baseada na fé era uma tentativa bem-intencionada de obscurecer as linhas entre filantropia estatal e privada. Numa entrevista com Fred Barnes, da *Weekly Standard*, Bush explicou que rejeitava o tipo de conservadorismo reacionário de William F. Buckley, que propõe o governo limitado; em vez disso, o presidente disse a Barnes que os conservadores tinham que "liderar" e ser "ativistas". Isso está de acordo com o equívoco de Bush de achar que o conservadorismo é o apoio a uma base social que se autodesigna "conservadora".[8]

Nem sempre Bush esteve cativo de sua base, é claro. Fazendo lembrar seus antepassados progressistas — Clinton, Nixon, FDR e Wilson —, quando sua agenda difere da de seus mais leais seguidores em questões de imigração ou educação, ele os questiona e diz que têm motivações "não compassivas".

O que muitos conservadores, inclusive Bush e Buchanan, não conseguem perceber é que o conservadorismo não é nem uma política de identidade para pessoas cristãs e/ou brancas, nem um progressismo de direita. Em vez disso, é oposição a todas as formas de religião política. É uma rejeição da ideia de que a política pode ser redentora. É a convicção de que uma república adequadamente ordenada tem um governo com ambições limitadas. Um conservador em Portugal pode querer conservar a monarquia. Um conservador na China está determinado a preservar as prerrogativas do Partido Comunista. Mas na América, como observaram Friedrich Hayek e outros, um conservador é alguém que protege e defende o que são consideradas instituições *liberais* na Europa, mas basicamente conservadoras na América: propriedade privada, mercados livres, liberdade individual, liberdade de consciência e os direitos das comunidades de determinar por elas mesmas como viverão no espaço delimitado por essas diretrizes.[9] É por isso que o conservadorismo, o liberalismo clássico, o libertarianismo e o liberalismo inglês são bandeiras diferentes da única revolução política verdadeiramente radical ocorrida nos últimos mil anos. A fundação da América situa-se dentro dessa tradição, e os conservadores modernos buscam promovê-la e defendê-la. Como regra, os conservadores americanos não se opõem à mudança nem ao progresso; nenhum conservador atual deseja restaurar a escravidão ou acabar com o papel-moeda. Mas o que o conservador compreende é que o progresso resulta da resolução das inconsistências dentro de nossa tradição, e não de jogá-la fora.

Os conservadores estão hoje constantemente na defesa para provar que se "importam" com alguma questão ou grupo e, com frequência, eles simplesmente jogam a toalha quando se trata do meio ambiente, da reforma do financiamento de campanhas ou de quotas raciais, pois querem provar que são gente boa. Mais perturbador ainda, alguns *libertários* estão abandonando sua dedicação histórica à liberdade negativa — impedindo que o Estado se intrometa em nossas liberdades — e abraçando uma nova liberdade positiva de acordo com a qual o Estado faz tudo o que pode para nos ajudar a realizar plenamente nossos potenciais.[10]

Talvez a ameaça mais grave esteja no fato de estarmos perdendo a noção de onde a política começa e onde termina. Numa sociedade na qual se supõe que o governo deva fazer tudo o que seja "bom" e tenha sentido "pragmático", numa sociedade na qual se recusar a validar a autoestima de outra pessoa é quase um crime de ódio, numa sociedade na qual o que é pessoal é político, existe o perigo constante de que um culto ou outro seja imbuído de poder político. Pode ser perturbador constatar que no Reino

Unido existem mais autodeclarados *jedis* do que judeus. Posso revirar os olhos para o céu diante de praticantes da *wicca*, de pessoas que se casam em cerimônias Klingon, de teoristas esquisitos, druidas e integrantes do *Earth First!*, mas, desde que esse tipo de coisa não se traduza em um movimento político, as pessoas podem tolerá-las, com uma sensação de perplexidade. Mas os cultos frequentemente têm uma vontade de poder muito peculiar, e esse é um dos motivos por que a Alemanha ainda proíbe tanto a Igreja da Cientologia quanto o Partido Nazista. Já está ficando difícil questionar os pressupostos pagãos por trás do ambientalismo sem parecer um excêntrico. Meu palpite é que a situação só vai piorar. Liberais e esquerdistas, em sua maior parte, parecem incapazes de lidar com o jihadismo — uma religião política essencialmente fascista — pelo receio de violar as regras da correção política multicultural.

Em última instância, a questão tem a ver com dogmas. Somos todos dogmáticos a respeito de alguma coisa. Todos nós acreditamos que haja algumas verdades ou princípios fundamentais que demarcam o aceitável e o inaceitável, o nobre e o venal. Uma raiz da palavra dogma deriva da expressão grega para "parece bom". A razão, por si, não move os homens. Como observou Chesterton, o homem meramente racional não se casará, e o soldado meramente racional não lutará. Em outras palavras, o bom dogma é a mais poderosa das influências inibidoras contra más ideias e o mais poderoso motivo para boas ações. Em 1964, quando discutia a ideia libertária de privatizar os faróis, William F. Buckley disse que "se nossa sociedade se questionou seriamente sobre se devia ou não desnacionalizar os faróis, não se questionaria nem por um instante sobre se deve ou não nacionalizar a profissão médica". O projeto fascista liberal pode ser caracterizado como o esforço para deslegitimar o bom dogma ao afirmar que *todo* dogma é ruim.

Isso tem deixado em desvantagem os políticos conservadores e direitistas de todos os matizes, pois cometemos o "equívoco" de registrar nosso dogma por escrito. De fato, e não importando que eu o considere mal aconselhado, pelo menos o progressismo direitista é honesto a respeito das origens de seu dogma. Alguém pode rejeitar ou aceitar a Bíblia (ou os escritos de Marvin Olasky) como a inspiração para um programa ou uma política. Do mesmo modo, é possível contestar as ideias de Friedrich Hayek e Milton Friedman. Os conservadores — diferentemente de libertários puristas — não se opõem ao ativismo do governo. Mas partilhamos com os libertários o dogma de que, como regra geral, isso é uma má ideia. O que não significa que não existam exceções à regra. Nós dogmaticamente acreditamos que roubar é ruim, mas todos nós podemos imaginar situações hipotéticas nas quais o roubo pode ser moralmente defensável. Da mesma forma, o conservadorismo acredita que o papel do Estado deva ser limitado e que suas intromissões devam ser vistas como uma exceção. Se o conservadorismo perde essa regra geral — como tem acontecido no governo de George W. Bush —, deixa de ser o conservadorismo propriamente entendido.

A ameaça peculiar representada pelas atuais religiões políticas de esquerda está, precisamente, em sua afirmação de que são livres de dogma. Em vez disso, professam ser campeãs da liberdade e do pragmatismo — que, a seu ver, são bens autoevidentes. Elas evitam preocupações "ideológicas". Portanto, tornam impossível discutir suas ideias mais básicas e extremamente difícil expor as tentações totalitárias que residem em seus corações. Elas têm um dogma, mas o consideram fora de discussão. Em vez disso, nos forçam a argumentar com suas intenções, seus motivos, seus sentimentos. Os liberais estão certos porque "se preocupam", é o que nos dizem, e transformam "compaixão" na palavra de ordem da política americana. Desse modo, os liberais controlam a discussão sem explicar aonde querem chegar e sem contar por onde andaram. Eles conseguiram sucesso onde os intelectuais fascistas acabaram falhando. Fizeram isso transformando paixão e ativismo em medidas de virtude política e fazendo os motivos parecerem mais importantes que os fatos. Além disso, numa brilhante manobra retórica, eles conseguiram isso, em grande parte, sustentando que seus *oponentes* é que são os fascistas.

Em 1968, num debate ao vivo na *ABC News* durante a Convenção Nacional do Partido Democrata em Chicago, Gore Vidal continuamente aguilhoou William F. Buckley, até chamá-lo de "criptonazista". O próprio Vidal é um homossexual declarado, um pagão, um estatista e um teórico da conspiração. Buckley, um patriota, defensor do livre mercado e antitotalitário, um cavalheiro de maneiras impecáveis, achou que era demais e respondeu: "Agora ouça, seu invertido, pare de me chamar de criptonazista ou lhe parto a cara e o deixo no chão."

Essa foi uma das poucas vezes, na longa vida pública de Buckley, em que ele abandonou a civilidade — e imediatamente se arrependeu. Ainda assim, tendo sido eu igualmente vítima de muitos insultos e diatribes semelhantes, tenho profunda simpatia pela frustração de Buckley. Pois, em algum momento, é necessário lançar o desafio, traçar uma linha na areia, definir uma fronteira e, por fim, gritar: "Assim já é demais!" Contrapor-se ao "progresso" e gritar: "Pare!" Minha esperança é que este livro tenha servido a um propósito semelhante ao que serviu a imoderada explosão de Buckley e, ao mesmo tempo, que eu tenha conseguido manter a civilidade, que é seu traço mais típico.

AGRADECIMENTOS

Meu pai, Sidney Goldberg, morreu antes que eu pudesse completar este livro. Em sentidos amplos e restritos, tangíveis e intangíveis, o livro teria sido impossível sem ele.

Minha filha, Lucy, nasceu enquanto eu escrevia o texto, e, sem ela, tudo o mais seria sem sentido.

Minha esposa, Jessica Gavora, uma brilhante escritora, editora e crítica, é o amor e a luz de minha vida que me permite ver tudo isso, e muito mais, com clareza.

Adam Bellow, meu editor e amigo, foi um indispensável pastor e copiloto ao longo de todo o processo, e minha gratidão por seu discernimento, sua paciência e seu encorajamento não tem limites.

Joni Evans, minha superagente na William Morris, aposentou-se dos negócios enquanto eu ainda estava trabalhando no livro, mas sou grato por todo o esforço e toda a sabedoria com que contribuiu desde o começo. Jay Mandel conseguiu, com habilidade, calçar os mesmos elegantes sapatos de Joni, e por isso lhe sou grato também.

Diversos jovens me ajudaram na pesquisa durante todo o trabalho. Alison Hornstein, minha primeira pesquisadora, cedo me foi roubada por uma promissora carreira como acadêmica. Lyle Rubin, um jovem de inteligência penetrante, passou um verão nadando no fascismo liberal e tem continuado a ser uma valiosa caixa de ressonância mesmo agora, enquanto serve na Marinha dos Estados Unidos. Windsor Mann também se provou um inestimável pesquisador com sua mente inquiridora de primeira qualidade e um futuro muito brilhante à sua frente.

Trabalhar neste livro enquanto escrevia uma coluna sindicalizada regular e contribuía para a *National Review* foi uma experiência muito mais árdua do que imaginei. Mas então a *National Review*, minha casa, provou-se mais compreensiva e encorajadora do que eu jamais poderia haver esperado. Rich Lowry, meu patrão e amigo, tem dado um apoio total e incondicional. Meu brilhante colega Ramesh Ponnuru tem sido uma fonte insubstituível de discernimento e tino editorial, para isso e para quase tudo o mais que faço. Kate O'Beirne, minha salvadora Kathryn Lopez, John Miller, Michael Potemra, Ed Capano, Jack Fowler, John Derbyshire, Jay Nordlinger, Mark Steyn e Byron York fizeram de meu trabalho para a *National Review* uma alegria. John Podhoretz ajudou-me muito, lendo capítulos e fornecendo apoio. Andrew Stuttaford leu todo o livro e agregou algumas inestimáveis correções e questões.

Meus amigos Scott McLucas, Tevi Troy, Vin Cannato, Ronald Bailey, Pam Friedman e Douglas Anderson foram, como sempre, caixas de ressonância encorajadoras e valiosas. Eu agradeceria a meu amigo Peter Beinart, mas ele não tem nada a ver com este livro, exceto por me confirmar, entre outras coisas, que alguns liberais ainda exemplificam o patriotismo e a integridade intelectual que fazem até do liberalismo moderno apenas a oposição leal, e não o inimigo. Cosmo, meu auxiliar canino, não se importava com coisa alguma disso, exatamente o que eu precisava receber dele.

Houve outros que examinaram rascunhos de capítulos ou, de diferentes maneiras, me ajudaram a rever e reelaborar meus argumentos. Charles Murray ofereceu uma orientação preciosa bem no início. Nick Schulz, meu parceiro intelectual no crime, foi uma fonte constante de encorajamento e percepção. Yuval Levin, Steven Horwitz e Bradford Short fizeram sugestões úteis, e Bill Walsh ofereceu tanto uma orientação editorial fundamental quanto traduções do alemão extremamente valiosas. Kevin Holtsberry também fez críticas editoriais muito necessárias. Steven Hayward, Ross Douthat, Christine Rosen e Brian M. Riedl fizeram ricas sugestões. Os erros são todos meus, é claro.

E, embora isso possa ser pouco ortodoxo, preciso agradecer aos leitores da *National Review Online*. Durante anos, um exército de amigos e críticos que nunca vi tem me ajudado a identificar e compreender tudo, desde fatos e números até o efêmero. Eles me apontaram direções interessantes, corrigiram minha ignorância e serviram como minha musa em inúmeras ocasiões. São os mais espertos e os melhores leitores que um escritor poderia desejar.

Finalmente, há mamãe. Sou grato a ela por compreender. Sempre.

APÊNDICE

A plataforma do partido nazista

O programa é o alicerce político do NSDAP e corresponde, portanto, à principal lei política do Estado. Foi intencionalmente feito para ser conciso e claro.

Todos os preceitos legais devem ser aplicados no espírito do programa do Partido.

Desde que assumiu o controle, o *Führer* tem sido capaz de realizar parcelas essenciais do programa do Partido, desde os pontos fundamentais até os detalhes.

O Programa do Partido do NSDAP foi proclamado em 24 de fevereiro de 1920 por Adolf Hitler durante o primeiro grande encontro do Partido em Munique e continua inalterado desde aquele dia. Nele, a filosofia nacional-socialista está resumida em 25 pontos:

1. Nós demandamos a unificação de todos os alemães na Grande Alemanha com base no direito de autodeterminação dos povos.
2. Nós demandamos igualdade de direitos para o povo alemão com respeito às outras nações; ab-rogação dos tratados de paz de Versalhes e St. Germain.
3. Nós demandamos terra e território (colônias) para o sustento de nosso povo, e colonização para nossa população excedente.
4. Somente um membro da raça pode ser um cidadão. Um integrante da raça só pode ser aquele que tem sangue alemão, sem consideração de credo. Consequentemente, nenhum judeu pode ser um membro da raça.
5. Aquele que não tem nenhuma cidadania é capaz de viver na Alemanha apenas como um convidado e precisa estar sob a autoridade da legislação para estrangeiros.

6. O direito de determinar questões relativas à administração e à lei pertence somente aos cidadãos. Portanto, nós demandamos que todos os empregos públicos, qualquer que seja o tipo, no Reich, no condado ou na municipalidade, sejam preenchidos somente por cidadãos. Nós combatemos a economia parlamentar corruptora e a ocupação de cargos somente de acordo com inclinações do partido, sem levar em conta caráter ou habilidades.
7. Nós demandamos que o Estado seja o primeiro responsável por prover a oportunidade de subsistência e um modo de vida para os cidadãos. Se for impossível sustentar toda a população do Estado, então os membros de nações estrangeiras (não cidadãos) deverão ser expulsos do Reich.
8. Qualquer outra imigração de não cidadãos será impedida. Nós demandamos que todos os não alemães que tiverem imigrado para a Alemanha desde 2 de agosto de 1914 sejam forçados imediatamente a deixar o Reich.
9. Todos os cidadãos devem ter direitos e obrigações iguais.
10. A primeira obrigação de todos os cidadãos deve ser trabalhar tanto espiritualmente quanto fisicamente. A atividade dos indivíduos não deve se contrapor aos interesses da universalidade, mas deve ocorrer dentro do marco de referência do todo para o benefício de todos. Consequentemente, nós demandamos:
11. Abolição de rendas não auferidas através do trabalho. Fim da escravidão por juros.
12. Considerando-se o monstruoso sacrifício de propriedade e sangue que cada guerra exige do povo, o enriquecimento pessoal por meio da guerra deve ser designado um crime contra o povo. Portanto, nós demandamos o confisco total de todos os lucros de guerra.
13. Nós demandamos a nacionalização de todas as (prévias) indústrias associadas (trustes).
14. Nós demandamos a divisão de lucros das indústrias pesadas.
15. Nós demandamos uma ampliação, em larga escala, da proteção social na velhice.
16. Nós demandamos a criação de uma classe média saudável e sua conservação, a imediata comunalização das grandes [lojas de departamento] que deverão ser arrendadas a baixo custo para pequenas empresas, e um tratamento de máxima consideração a todas as firmas pequenas nos contratos com o governo federal, estadual ou municipal.

17. Nós demandamos uma reforma agrária adequada às nossas necessidades, uma legislação para desapropriação da terra para propósitos de utilidade pública, sem indenização, a abolição dos impostos territoriais e a proibição de toda especulação com a terra.
18. Nós demandamos uma luta implacável contra aqueles que exercem atividades danosas ao interesse geral. Criminosos nacionais comuns, agiotas, falsificadores e assim por diante deverão ser punidos com a morte, independentemente de religião ou raça.
19. Nós demandamos que o Direito Comum alemão substitua o Direito Romano, que serve a uma ordem mundial materialista.
20. O Estado deverá se responsabilizar por uma reconstrução fundamental de todo o nosso programa nacional de educação, para permitir que todo alemão capaz e laborioso obtenha uma educação superior e subsequentemente seja encaminhado a posições de destaque. Os planos didáticos de todas as instituições educacionais devem se conformar às experiências da vida prática. A escola [*Staatsbuergerkunde*] deve se empenhar em inculcar a compreensão do conceito do Estado desde o instante em que surge o entendimento na criança. Nós demandamos que o Estado financie a educação de crianças com excepcionais capacidades intelectuais, filhas de pais pobres, independentemente de posição ou profissão.
21. O Estado deve cuidar de elevar a saúde nacional, protegendo a mãe e a criança, tornando ilegal o trabalho infantil, encorajando o preparo físico por meio de leis que obriguem à prática da ginástica e do esporte, pelo apoio incondicional a todas as organizações que cuidam da instrução física dos jovens.
22. Nós demandamos a abolição das tropas mercenárias e a formação de um exército nacional.
23. Nós demandamos a oposição legal a mentiras conhecidas e à sua divulgação pela imprensa. A fim de possibilitar a criação de uma imprensa alemã, nós demandamos que:
    a. Todos os escritores e empregados dos jornais publicados na língua alemã sejam membros da raça;
    b. Jornais não alemães sejam obrigados a ter permissão expressa do Estado para serem publicados. Não poderão ser impressos em alemão;

c. Os não alemães são proibidos, por lei, de ter qualquer interesse financeiro nas publicações alemãs ou qualquer influência sobre elas, e, como punição a violações, essas publicações serão fechadas e os não alemães envolvidos serão imediatamente expulsos do Reich.
Publicações contrárias ao bem comum serão proibidas. Nós demandamos um processo legal contra formas artísticas e literárias que exerçam uma influência destrutiva sobre nossa vida nacional e o fechamento de organizações que se oponham às demandas acima.

24. Nós demandamos a liberdade de religião para todas as denominações religiosas dentro do marco estatal, desde que não ponham em risco a existência do Estado nem se oponham ao senso moral da raça germânica. O Partido como tal defende o ponto de vista de um cristianismo positivo, sem se curvar confessionalmente a nenhuma denominação. Ele combate o espírito materialista judeu dentro de nós e à nossa volta e está convencido de que a recuperação duradoura de nossa nação só pode ter sucesso dentro deste marco de referência: a utilidade comum precede a utilidade individual.

25. Para a execução de tudo isso, nós demandamos a formação de um poder central forte no Reich. Autoridade ilimitada do parlamento central sobre todo o Reich e suas organizações em geral. A formação de câmaras estatais e profissionais para a execução das leis feitas pelo Reich dentro dos vários estados da confederação. Os líderes do Partido prometem, sacrificando suas próprias vidas, se necessário, apoiar a execução dos pontos estabelecidos acima, sem qualquer consideração.

Fonte: Documento traduzido durante os Julgamentos de Nuremberg: *Conspiração Nazista e Agressão, Volume IV*, Office of the United States Chief Counsel for Prosecution of Axis Criminality (Washington, D.C.: Government Printing Office, 1946), encontrado no Yale University Avalon Project: www.yale.edu/lawweb/avalon/imt/document/nca_vol4/1708-ps.htm (acessado em 13 de março de 2007).
Nota: Esta tradução difere, em aspectos significativos, de outras traduções. Por exemplo, usa a palavra "armazéns" onde a maior parte das outras usa "lojas de departamento" ou "grandes lojas de departamento". Mas, como a tradução de Nuremberg provavelmente tem mais credibilidade perante leitores céticos do que outra mais conveniente para minhas teses, escolhi usar esta. Qualquer ferramenta de busca na internet levará a outras traduções.

NOTAS

INTRODUÇÃO: TUDO O QUE VOCÊ SABE SOBRE O FASCISMO ESTÁ ERRADO

1. *Real time with Bill Maher.* HBO, 9 de setembro de 2005.
2. Roger Griffin, *The nature of fascism* (Nova York: St. Martin's, 1991), p. 26; Roger Eatwell, "On defining the 'fascist minimum': the centrality of ideology". *Journal of Political Ideologies* 1, n° 3 (1996), p. 313; Gentile é citado em Stanley G. Payne, *A history of fascism, 1914-1945* (Madison: University of Wisconsin Press, 1995), p. 5 n. 6.
3. Griffin, *Nature of fascism*, p. 1, citando R.A.H. Robinson, *Fascism in Europe* (Londres: Historical Association, 1981), p. 1; a definição do dicionário é citada em Richard Griffiths, *An intelligent person's guide to fascism* (Londres: Duckworth, 2000), p. 4; Payne, *History of fascism*, p. 3; Gilbert Allardyce, "What fascism is not: thoughts on the deflation of a concept". *American Historical Review* 84, n°. 2 (abril de 1979), p. 367.
4. George Orwell, "Politics and the English language". *Horizon*, abril de 1946, in *Essays* (Nova York: Random House, 2002), p. 959.
5. Michele Parente, "Rangel ties GOP agenda to Hitler". *Newsday*, 19 de fevereiro de 1995, p. A38; Bill Clinton, Comentários perante a Associação de Chefes Estaduais do Partido Democrata em Los Angeles, 24 de junho de 2000, *Public Papers of the Presidents*, 36 Weekly Comp. Pres. Doc. 1491; para um artigo típico do *Times*, ver Alexander Stille, "The latest obscenity has seven letters". *New York Times*, 13 de setembro de 2003.
6. Rick Perlstein, "Christian Empire". *New York Times*, 7 de janeiro de 2007, sec. 7, p. 15; Jesse Jackson, entrevista, "Expediency was winner over right". *Chicago Sun-Times*, 3 de dezembro de 1994, p. 18.
7. Na América, "darwinismo social" significa "sobrevivência do mais apto" numa anárquica predação capitalista onde tudo vale. Essa é a tradição de Herbert Spencer, um livre-pensador e individualista radical. Por essa definição, o nazismo é o oposto do darwinismo social. Como veremos, os nazistas eram darwinistas, mas darwinistas reformados, acreditando que o Estado devia ativamente identificar vencedores e perdedores

e prodigalizar os vencedores com benefícios sociais, serviços de bem-estar e outras formas de generosidade governamental — uma posição exatamente oposta à daqueles que chamamos de darwinistas sociais.
8. John Patrick Diggins, *Mussolini and fascism: the view from America* (Princeton, N.J.: Princeton University Press, 1972), p. 215.
9. Um correspondente do *New York Times* era um partidário entusiasta do fascismo italiano durante muitos anos, escrevendo que o fascismo era bom tanto para a Itália quanto para os abissínios que Mussolini tentou conquistar. Aquele repórter, Herbert Matthews, mais tarde desmentiu seu apoio ao fascismo quando isso entrou em conflito com seu apoio aos comunistas durante a guerra civil espanhola. Mas, anos mais tarde, ele encontrou outro "homem de ação" revolucionário a quem pôde apoiar com prazer: Fidel Castro.
10. Em algum momento, DuBois passou a condenar o antissemitismo nazista, mas, com frequência, o fazia a contragosto, já que se ressentia bastante da atenção especial que a situação difícil dos judeus estava recebendo na América. Em setembro de 1933, ele escreveu um editorial na *Crisis*: "Nada nos causa tamanho regozijo profano como Hitler e os nórdicos. Quando as únicas pessoas 'inferiores' eram os 'negros', dificilmente a Itália conseguiria a atenção do *New York Times* em assuntos de pequena importância relativos a raça, linchamentos e multidões. Mas, agora que os prejudicados incluem o dono do *Times*, a indignação moral está explodindo." Harold David Brackman, "'Calamity almost beyond comprehension': nazi antisemitism and the holocaust in the thought of W. E. B. DuBois". *American Jewish History* 88, n°. 1 (março de 2000), citando W. E. B. DuBois, "As the crow flies". *Crisis* 40 (setembro de 1933), p. 97.
11. Ver John Garraty, James Q. Wilson, David Schoenbaum, Alonzo Hamby, Niall Ferguson e, mais enfaticamente, o historiador alemão Wolfgang Schivelbusch.
12. Wolfgang Schivelbusch, *Three New Deals: reflections on Roosevelt's America, Mussolini's Italy, and Hitler's Germany, 1933-1939* (Nova York: Metropolitan Books, 2006), p. 32, 29.
13. Ironicamente, o historiador liberal Richard Hofstadter apresentou um argumento semelhante, embora dramaticamente mais contido, a respeito dos progressistas e populistas em *The age of reform* (A era da reforma) e em outros textos. Mas ele declarou que progressistas e populistas eram essencialmente forças de direita, algo que eu não acredito que possa ser sustentado.
14. Os líderes nacionais seriam "almas puras e sensíveis", de acordo com Robespierre, dotados da habilidade de fazer o que o destino demandasse "no nome do povo" e abençoados com o "esclarecimento" para determinar quais os "inimigos internos" que requeriam execução. Ver J. M. Thompson, *Robespierre* (Nova York: Appleton-Century, 1936), p. 247. Como disse Robespierre, "O povo é sublime, mas os indivíduos são fracos" ou substituíveis. Gertrude Himmelfarb, "The idea of compassion: The British vs. the French Enlightenment". *Public Interest,* n° 145 (outono de 2001), p. 20. Ver também Simon Schama, *Citizens: a chronicle of the French Revolution* (Nova York: Vintage, 1990), p. 836; John Kekes, "Why Robespierre chose terror". *City Journal* (primavera de 2006).

Robespierre explicou a necessidade do terror: "Se a fonte do governo popular em época de paz é a virtude, a fonte do governo popular na revolução é, ao mesmo tempo, a virtude e o terror: a virtude, sem a qual o terror é fatal; o terror, sem o qual a virtude é impotente. O terror nada mais é que a justiça, imediata, severa, inflexível; é, portanto, uma emanação da virtude; não é tanto um princípio especial, mas a consequência do princípio geral da democracia aplicado às mais urgentes necessidades de nosso país."

15. Thomas R. DeGregori, "Muck and magic or change and progress: vitalism versus hamiltonian matter-of-fact knowledge". *Journal of Economic Issues* 37, n° 1 (março de 2003), p. 17-33.

16. Seymour Martin Lipset e Earl Raab, *The politics of unreason: right wing extremism in America, 1790-1970* (Nova York: Harper and Row, 1970), p. 95, citando *New York Sun*, 23 de julho de 1896, p. 2, conforme aparece em Edward Flower, "Anti-semitism in the Free Silver and populist movements and the election of 1896" (tese de mestrado, Universidade de Colúmbia, 1952), p. 27-28.

17. Como escreve Robert Proctor, "Iniciativas na área da saúde pública foram feitas não apenas a despeito do fascismo, mas também como consequência do fascismo." As "campanhas nacional-socialistas contra o tabaco e a 'operação pão integral' são, em certo sentido, tão fascistas quanto as estrelas amarelas e os campos de concentração". Robert N. Proctor, *The nazi war on cancer* (Princeton, N.J.: Princeton University Press, 2000), p. 124, 249, 278.

18. Esta é uma lista das coisas que a Câmara da Cidade de Nova York tentou banir — nem sempre com sucesso — somente em 2006: cães da raça *pit bull*; gorduras trans; bastões de beisebol de alumínio; a compra de tabaco por pessoas entre 18 e 20 anos; *foie gras*; triciclos em parques; novos restaurantes de *fast-food* (mas apenas em bairros pobres); lobistas que atuavam nas câmaras; atuação como lobista em agências públicas da cidade após ter trabalhado na mesma agência; veículos no Central Park e no Prospect Park; telefones celulares em restaurantes caros; a venda de produtos suínos feitos numa fábrica em Tar Heel, Carolina do Norte, por causa de uma disputa entre sindicatos; planos farmacêuticos pelo correio; cigarros com gosto de balinha; ajuste do preço da gasolina mais de uma vez por dia nos postos; os circos Ringling Bros. e Barnum & Bailey; Wal-Mart. "Whatever it is, they're against it". *New York Post*, 29 de dezembro de 2006, p. 36.

19. Greenpeace International, *Getting it on for the good of the planet*: "The Greenpeace Guide to Environmentally-Friendly Sex", 10 de setembro de 2002, www.greenpeace.org/international/news/eco-sex-guide (acessado em 15 de março de 2007).

20. Alexis de Tocqueville, *Democracy in America* (Nova York: Knopf, 1994), vol. 2, p. 320.

21. Philip Coupland, "H. G. Wells's liberal fascism'". *Journal of Contemporary History* 35, n° 4 (outubro de 2000), p. 549.

22. A teologia de Wells era, no mínimo, herética. Ele argumentava que Deus não era todo-poderoso, mas um aliado do homem "lutando e tomando partido contra o mal". H. G. Wells, *God, the invisible king* (Nova York: Macmillan, 1917), p. xiv. Seu Deus era também um Deus do imperialismo e da conquista.

1. MUSSOLINI: O PAI DO FASCISMO

1. Muitos autores têm citado essa parte da letra para demonstrar a ampla popularidade de Mussolini, mas é um equívoco comum atribuí-la a Cole Porter, o autor original da música *Anything goes*. Porter quase certamente não escreveu essas palavras. Ao contrário, elas foram provavelmente acrescentadas por P. G. Wodehouse quando ajudou a adaptar a música para os palcos ingleses. Parece também que havia múltiplas versões da letra com a referência a Mussolini, que ficavam atravessando o Atlântico nas duas direções.
2. O filme *A vida é bela* (1998) de Roberto Benigni ganhou o Oscar de melhor filme em língua estrangeira e de melhor ator e foi indicado para o de melhor diretor. O título, bastante ironicamente, deriva de Leon Trotsky. De acordo com Benigni, pouco antes de o bolchevista exilado ser assassinado no México, ele supostamente olhou para a esposa no jardim em que estavam e disse: "A vida é bela, de qualquer modo."
3. John Patrick Diggins, *Mussolini and fascism: the view from America* (Princeton, N.J.: Princeton University Press, 1972), p. 245; *Letters of Wallace Stevens*, org. Holly Stevens (Nova York: Knopf, 1966), p. 295.
4. "Calls Mussolini Latin Roosevelt". *New York Times*, 7 de outubro de 1923, p. E10.
5. Diggins, *Mussolini and fascism*, p. 206; Norman Hapgood, *Professional patriots* (Nova York: Boni, 1927), p. 62.
6. "Hughes a humorist, Will Rogers say". *New York Times*, 28 de setembro de 1926, p. 29; Diggins, *Mussolini and fascism*, p. 27, citando Will Rogers, "Letters of a self-made diplomat to his president". *Saturday Evening Post*, 31 de julho de 1926, p. 8-9, 82-84.
7. A relação de Toscanini com o regime de Mussolini era turbulenta. Devido a razões provavelmente mais artísticas que políticas, ele se recusou a executar o hino nacional fascista, "Giovinezza".
8. *The Autobiography of Lincoln Steffens, Volume II: Muckraking/Revolution/Seeing America at Last* (Nova York: Harcourt, Brace and World, 1931), p. 799; a perspectiva de McClure pode ser encontrada em Diggins, *Mussolini and fascism*, p. 28-29.
9. Diggins, *Mussolini and fascism*, p. 255, 257.
10. Esses números ficaram um pouco mais equilibrados à medida que os americanos se tornaram cada vez mais interessados no plano quinquenal soviético. Simonetta Falasca-Zamponi, *Fascist spectacle: the aesthetics of power in Mussolini's Italy* (Berkeley: University of California Press, 2000), p. 51.
11. Diggins, *Mussolini and fascism*, p. 244.
12. O filho de La Follette, Philip, famoso governador progressista de Wisconsin, manteve um retrato de Mussolini em seu escritório até 1938. Ibid., p. 220-21.
13. Benito Mussolini, *My rise and fall* (Nova York: Da Capo, 1998), p. 3.
14. Paul Johnson, *Modern times: the world from the twenties to the nineties* (Nova York: Perennial, 1991), p. 96. Eis como Mussolini descreve um incidente em sua autobiografia: "Agarrei-a nas escadas, jogando-a contra um canto por trás de uma porta, e a fiz minha. Quando ela se levantou chorando e humilhada, insultou-me dizendo que eu lhe

havia roubado a honra, e não é impossível que tenha falado a verdade. Mas eu lhes pergunto, a que tipo de honra poderia ela estar se referindo?"
15. Falasca-Zamponi, *Fascist spectacle*, p. 43.
16. Encontrado em ibid., p. 224, n. 61.
17. O historiador Hugh Gallagher escreve que Roosevelt "não era nenhum Thomas Jefferson, tampouco um acadêmico ou um intelectual no sentido usual da palavra. Ele tinha uma mente tagarela e muitos interesses, mas não era profundo". William E. Leuchtenburg, *The FDR years: on Roosevelt and his legacy* (Nova York: Columbia University Press, 1995), p. 27, citando Hugh Gregory Gallagher, *FDR's splendid deception: the moving story of Roosevelt's massive disability—and the intense efforts to conceal it from the public* (Nova York: Dodd, Mead, 1985), p. 160.
18. Ivone Kirkpatrick, *Mussolini* (Londres: Odhams, 1964), p. 47.
19. Ibid., p. 49.
20. Mussolini escreveu numa resenha das *Reflexões sobre a violência* de Sorel: "Aquilo que eu sou... devo a Sorel... Ele é um Mestre consumado que, com suas argutas teorias sobre formações revolucionárias, contribuiu para moldar a disciplina, a energia coletiva, o poder das massas, das coortes fascistas." A. James Gregor, *The ideology of fascism: the rationale of totalitarianism* (Nova York: Free Press, 1969), p. 116. Em 1913, Sorel disse: "Mussolini não é nenhum socialista comum. Algum dia vocês o verão à frente de um batalhão consagrado, saudando a bandeira italiana com sua adaga. Ele é um italiano do século XV, um *condottiere*. Vocês ainda não sabem. Mas ele é o único homem de energia capaz de corrigir as fraquezas do governo." Kirkpatrick, *Mussolini*, p. 159.
21. Joshua Muravchik, *Heaven on earth: the rise and fall of socialism* (São Francisco: Encounter Books, 2002), p. 146; Joseph Husslein, *The Catholic Encyclopedia* (Nova York: Robert Appleton Company, 1912), p. 386; Roger Eatwell, *Fascism: a history* (Nova York: Penguin, 1995), p. 11.
22. Se todos os trabalhadores já fossem socialistas dedicados, não haveria nenhuma necessidade de uma greve geral porque a sociedade já teria feito a transição para o socialismo. Neil McInnes, *Encyclopedia of Philosophy* (Nova York: Macmillan Publishing Company, 1973). Para a entrevista de Mussolini, ver Kirkpatrick, *Mussolini*, p. 159. Para a citação de Sharpton, ver John Cassidy, "Racial tension boils over as rape case is branded a hoax". *Times* (Londres), 19 de junho de 1988.
23. Zeev Sternhell, *The birth of fascist ideology*, trad. David Maisel (Princeton, N.J.: Princeton University Press, 1994), p. 56.
24. Gregor, *Ideology of fascism*, p. 116.
25. Gertrude Himmelfarb, "The idea of compassion: The British vs. the French Enlightenment". *Public Interest*, nº 145 (outono de 2001).
26. Jean-Jacques Rousseau, *The social contract and discourses*, trad. G. D. H. Cole (Nova York: Dutton, 1950), p. 297.
27. Por exemplo, em 1924 o teorista fascista italiano Giuseppe Bottai declarou durante a palestra "Fascismo como revolução intelectual": "Se por democracia se compreende a

possibilidade garantida a todos os cidadãos de ativamente participar da vida do Estado, então ninguém negará a imortalidade da democracia. A Revolução Francesa tornou essa possibilidade histórica e eticamente concreta, tanto é que deu origem a um inerradicável direito. E esse direito está firmemente inscrito na consciência individual, independentemente de invocações abstratas de princípios imortais ou de avanços na filosofia moderna." Reeditado em Jeffrey T. Schnapp, org., *A primer of italian fascism* (Lincoln: University of Nebraska Press, 2000), p. 82.

28. Ver George L. Mosse, *The nationalization of the masses: political symbolism and mass movements in Germany from the Napoleonic Wars through the Third Reich* (Nova York: Fertig, 2001); George L. Mosse, "Fascism and the French Revolution". *Journal of Contemporary History* 24, nº 1 (janeiro de 1989), p. 5-26.

29. A observação de que o Estado de Rousseau é o mais "poderoso que se pode encontrar na filosofia política de todos os tempos" é de Robért Nisbet. Robert Nisbet, *The present age: progress and anarchy in modern America* (Nova York: Harper & Row, 1988), p. 52.

30. O fascismo, de acordo com o teorista fascista Giuseppe Bottai, "era, para meus camaradas e para mim, nada mais que uma forma de continuar a guerra, de transformar seus valores em uma religião cívica". "Fascism as intellectual revolution", p. 20. Augusto Turati, um secretário do partido e pretenso "novo apóstolo da religião da mãe pátria", explicou, durante imensas concentrações da Juventude Italiana, que a nova "religião fascista" demandava "a necessidade da crença absoluta; de acreditar no Fascismo, no *Duce*, na Revolução. Assim como alguém acredita em Deus,... nós aceitamos a Revolução com orgulho, assim como aceitamos esses princípios — mesmo se acharmos que estamos enganados, ainda assim os aceitamos sem discussão".

31. "Pope in encyclical denounces fascisti and defends clubs". *New York Times*, 4 de julho de 1931; "Everything is promised". *Time*, 13 de julho de 1931. Ver também Emilio Gentile, *Politics as religion*, trad. George Staunton (Princeton, N.J.: Princeton University Press, 2006), p. 95.

32. David Nicholls, *God and government in an "Age of Reason"* (Londres: Routledge, 1995), p. 80.

33. A lei foi aprovada pela Convenção, mas nunca totalmente implementada. Himmelfarb, "Idea of compassion". A citação de Tocqueville é de *The Old Régime and the French Revolution* (Nova York: Anchor, 1955), p. 156, encontrada em ibid.

34. Robespierre, discurso de 5 de fevereiro de 1794, em *Modern History Sourcebook*, www.fordham.edu/halsall/mod/robespierre-terror.html.

35. Marisa Linton, "Robespierre and the Terror". *History Today*, 1º de agosto de 2006.

36. R.J.B. Bosworth, *The Italian dictatorship: problems and perspectives in the interpretation of Mussolini and fascism* (Londres: Arnold, 1998), p. 104.

37. David Ramsay Steele, "The mystery of fascism", *Liberty*, www.laarticles.org.uk/fascism.htm (acessado em 13 de março de 2007).

38. Muravchik, *Heaven on Earth*, p. 148, citando Margherita G. Sarfatti, *The life of Benito Mussolini,* trad. Frederic Whyte (Nova York: Stokes, 1925), p. 263.

39. Mussolini, *My rise and fall*, p. 36.
40. Muravchik, *Heaven on Earth*, p. 149, citando Jasper Ridley, *Mussolini: a biography* (Nova York: St. Martin's, 1997), p. 71.
41. Jeffrey T. Schnapp, p. 3-6; Charles F. Delzell, *Mediterranean fascism, 1919-1945* (Nova York: Harper and Row, 1970), p. 12-13.
42. Robert O. Paxton, "The five stages of fascism". *Journal of Modern History* 70, n° 1 (março de 1998), p. 15.
43. Robert O. Paxton, *The anatomy of fascism* (Nova York: Vintage, 2004), p. 17 [*A anatomia do fascismo* (São Paulo: Paz e Terra, 2007)] ; Bosworth, *The Italian dictatorship*, p. 39. De acordo com Hannah Arendt, Mussolini "foi provavelmente o primeiro líder de partido que conscientemente rejeitou um programa formal e o substituiu por liderança inspirada e ação apenas". Hannah Arendt, *The origins of totalitarianism*, org. rev. (Nova York: Harcourt, 1966), p. 325 n. 39.
44. Falasca-Zamponi, *Fascist spectacle*, p. 72.
45. Arnaldo Cortesi, "Mussolini, on radio, gives peace pledge". *New York Times*, 2 de janeiro de 1931; W.Y. Elliott, "Mussolini, prophet of the pragmatic era in politics". *Political Science Quarterly* 41, n° 2 (junho de 1926), p. 161-92.
46. Muravchik, *Heaven on Earth*, p. 170, 171.

2. ADOLF HITLER: UM HOMEM DA ESQUERDA

1. Adolf Hitler, *Mein Kampf*, trad. Ralph Manheim (reeditado, Boston: Houghton Mifflin, 1999), p. 533.
2. De acordo com Robert O. Paxton, o primeiro exemplo de "nacional-socialismo" como um rótulo ideológico e precursor político do fascismo foi o Círculo Proudhon na França em 1911, um clube de intelectuais que visava "unir nacionalistas e antidemocratas esquerdistas" para organizar um ataque ao "capitalismo judeu". Seu fundador, Georges Valois, trabalhou incessantemente para afastar a classe média do internacionalismo marxista e convertê-la a um socialismo baseado na nação. Robert O. Paxton, *The anatomy of fascism* (Nova York: Vintage, 2004), p. 48.
3. Denis Mack Smith, *Mussolini: a biography* (Nova York: Vintage, 1983), p. 185; Stanley G. Payne, *A history of fascism, 1914-1945* (Madison: University of Wisconsin Press, 1995), p. 232; Paul Johnson, *Modern times: the world from the twenties to the nineties* (Nova York: Perennial, 1991), p. 319; Susan Zuccotti, *The Italians and the Holocaust: persecution, rescue, and survival* (reeditado, Lincoln: University of Nebraska Press, 2006), p. 30.
4. Joachim Fest, *Hitler* (Nova York: Harcourt Brace Jovanovich, 1974), p. 205.
5. Claudia Koonz, *The nazi conscience* (Cambridge, Mass.: Harvard University Press, 2003), p. 18.
6. Isso pode ser um tanto injusto com Chamberlain, já que seu apaziguamento baseava-se, em não pequena medida, na *realpolitik*, enquanto os pacifistas ocidentais eram, com frequência, os idiotas úteis de Hitler.

7. William L. Shirer, *The rise and fall of the Third Reich* (Nova York: Touchstone, 1990), p. 205. [*Ascensão e queda do Terceiro Reich*]
8. John Lukacs, *The Hitler of history* (Nova York: Vintage, 1997), p. 84. [*O Hitler da história* (Rio de Janeiro: Jorge Zahar)]
9. David Schoenbaum, *Hitler's social revolution: class and status in nazi Germany, 1933-1939* (Nova York: Norton, 1980), p. 19; Michael Burleigh, *The Third Reich: a new history* (Nova York: Hill and Wang, 2000), p. 245.
10. Hitler, *Mein Kampf*, p. 406.
11. Ron Rosenbaum, *Explaining Hitler: the search for the origins of his evil* (Nova York: Random House, 1998), p. xii [*Para entender Hitler: a busca das origens do mal* (Rio de Janeiro: Record, 2002)]; Robert G.L. Waite, *The psychopathic god: Adolf Hitler* (Nova York: Da Capo, 1993), p. 20; Eugene H. Methvin, "20th century superkillers". *National Review*, 31 de maio de 1985, p. 22-29.
12. Hitler, *Mein Kampf*, p. 195.
13. Schoenbaum, *Hitler's social revolution*, p. 62.
14. Roger Griffin, org., *Fascism* (Nova York: Oxford University Press, 1995), p. 123.
15. Hitler, *Mein Kampf*, p. 484, 496-97.
16. Ibid., p. 484.
17. Burleigh, *Third Reich*, p. 132-33.
18. Schoenbaum, *Hitler's social revolution*, p. 59; Burleigh, *Third Reich*, p. 105.
19. Theodore Abel, *Why Hitler came into power* (Cambridge, Mass.: Harvard University Press, 1938), p. 135-39; Eugen Weber, *Varieties of fascism: doctrines of revolution in the twentieth century* (Malabar, Fla.: Kriegler, 1982), p. 55, citando Abel, *Why Hitler came into power*, p. 203-301.
20. Richard Pipes, *Russia under the bolshevik regime, 1919-1924* (Nova York: Vintage, 1995), p. 253.
21. Erik von Kuehnelt-Leddihn, *Leftism: From de Sade and Marx to Hitler and Marcuse* (New Rochelle, N.Y.: Arlington House, 1974), p. 136; Burleigh, *Third Reich*, p. 55.
22. John Patrick Diggins, *Mussolini and fascism: the view from America* (Princeton, N.J.: Princeton University Press, 1972), p. 217 n. 19.
23. Ibid., p. 215.
24. Sidney Hook, "The fallacy of the theory of social fascism" in *American anxieties: a collective portrait of the 1930s*, org. Louis Filler (Somerset, N.J.: Transaction, 1993), p. 320.

3. WOODROW WILSON E O NASCIMENTO DO FASCISMO LIBERAL

1. Fred Siegel, "'It can't happen here'." *Weekly Standard*, 14 de agosto de 2006, p. 40. É divertido ver que um dos mais devastadores críticos do livro foi, de fato, o próprio Lewis. Num evento esquerdista realizado para homenagear o livro e seu autor, Lewis

disse: "Rapazes, eu amo todos vocês. E um autor adora ver seu último livro elogiado. Mas deixem que eu lhes diga, não é um livro muito bom."
2. Sinclair Lewis, *It can't happen here* (Nova York: New American Library, 2005), p. 46.
3. Ibid., p. 16, 17.
4. Woodrow Wilson, "The ideals of America". *The Atlantic Monthly*, dezembro de 1902. Ver também Tony Smith, *America's mission: The United States and the worldwide struggle for democracy in the twentieth century* (Princeton, N.J.: Princeton University Press, 1994), p. 63; Jan Willem, *Woodrow Wilson: a life for world peace*, trad. Herbert H. Rowen (Los Angeles, Calif.: University of California Press 1991), p. 37.
5. Walter McDougall, *Promised land, crusader state: the American encounter with the world since 1776* (Boston: Houghton Mifflin, 1997), p. 128.
6. George Orwell, "Review of power: a new social analysis". *Adelphi*, janeiro de 1939, em *Essays* (Nova York: Random House, 2002), p. 107.
7. Woodrow Wilson, *Constitutional government in the United States* (Nova York: Columbia University Press, 1908, 1961).
8. Ronald J. Pestritto, "Why progressivism is not, and never was, a source of conservative values". *Claremont Review of Books*, 25 de agosto de 2005, www.claremont.org/publications/pubid.439/pub_detail.asp (acessado em 14 de março de 2007). Woodrow Wilson, *The new freedom* (Nova York: Doubleday, Page, 1913).
9. Michael McGerr, *A fierce discontent: the rise and fall of the progressive movement in America, 1870-1920* (Nova York: Free Press, 2003), p. 66, 59.
10. Ibid., p. 111.
11. McDougall, *Promised land, crusader state*, p. 127.
12. John G. West, *Darwin's conservatives: the misguided quest* (Seattle: Discovery Institute, 2006), p. 61.
13. Woodrow Wilson, *Leaders of men*, org. T.H. Vail Motter (Princeton, N.J.: Princeton University Press, 1952), p. 20, 25-26.
14. Eric F. Goldman, *Rendezvous with destiny: a history of modern American reform* (Chicago: Ivan R. Dee, 2001), p. 165.
15. John Milton Cooper Jr., *The warrior and the priest: Woodrow Wilson and Theodore Roosevelt* (Cambridge, Mass.: Harvard University Press, 1983), p. 150-51.
16. Beveridge se gabava de que a Lei de Inspeção de Carnes constituía "A MAIS PRONUNCIADA EXTENSÃO DO PODER FEDERAL EM TODAS AS DIREÇÕES JÁ PROMULGADA". McGerr, *Fierce discontent*, p. 163. Para a citação, ver William E. Leuchtenburg, "Progressivism and imperialism: the progressive movement and American foreign policy, 1898-1916". *Mississippi Valley Historical Review* 39, n° 3 (dezembro de 1952), p. 484.
17. O livro de Walter McDougall *Promised land, crusader state* é inestimável para a compreensão desse ponto. McDougall escreve:

Os historiadores enfatizam as contracorrentes dinâmicas existentes na sociedade americana na virada do século. Foster Rhea Dulles disse que se tratava de uma era "marcada por muitas contradições". Richard Hofstadter identificou "dois estados de espírito distintos", um tendente ao protesto e à reforma, o outro em busca da expansão nacional. Frederick Merk mostrou como *Manifest destiny* questionava a missão, e Ernest May falou de "cascatas de oratória imperialista e moralista". Mas as contradições são apenas um produto de nosso desejo de limpar o movimento progressista da mácula de imperialismo atribuída a ele fora de nossas fronteiras. Pois, no fundo, a crença em que o poder americano, guiado por um espírito de serviço de cunho secular e religioso, poderia refazer as sociedades de outros países parecia tão natural aos progressistas quanto o combate aos trustes, a proibição do trabalho infantil e a regulamentação do comércio interestadual, do processamento de carne e das drogas. Imperialistas de grande porte como Roosevelt, Beveridge e Willard Straight eram todos progressistas; progressistas de destaque como Jacob Riis, Gifford Pinchot e Robert La Follette apoiavam, todos eles, a guerra com a Espanha e as aquisições insulares. (p. 120)

E, num famoso ensaio de 1952, o historiador William Leuchtenburg escreveu que "imperialismo e progressismo floresceram juntos porque eram ambos expressões da mesma filosofia de governo, uma tendência a julgar qualquer ação não pelos meios empregados, mas pelos resultados alcançados, um culto da ação decisiva por si mesma, como apontou John Dewey, e uma fé quase religiosa na missão democrática da América". Leuchtenburg, "Progressivism and imperialism", p. 500.

18. Goldman, *Rendezvous with destiny*, p. 209; Arthur A. Ekrich Jr., *The decline of American liberalism* (Nova York: Atheneum, 1967), p. 193.
19. Long também disse que chegaria à América como "antifascismo", uma análise bastante profética, já que, havia muito tempo, a esquerda se considerava a frente de combate do "antifascismo". Para as citações de Mencken, ver H.L. Mencken, "Roosevelt: an autopsy", em *Prejudices: second series* (Nova York: Knopf, 1920), p. 112, 114.
20. Ronald J. Pestritto, *Woodrow Wilson and the roots of modern liberalism* (Lanham, Md.: Rowman and Littlefield, 2005), p. 255. Grifo nosso.
21. Somente a partir de 1909 os progressistas começaram a usar amplamente a palavra "progressista" para se descreverem. Na Inglaterra, os progressistas podem ser chamados de "democratas Tory", "imperialistas trabalhistas", "novos liberais", "fabianos" ou "coletivistas". Na América, os progressistas podem ser conhecidos como "reformadores" ou mesmo "radicais" e, é claro, republicanos ou democratas (o uso disseminado da palavra "liberal" para descrever os progressistas só se firmou, realmente, na década de 1920). Na França e na Alemanha, muitos desses rótulos também já estavam em uso, e também apelidos como *interventionnistes*. Alguns citavam Nietzsche, outros Marx, outros William James. Houve muitos que reivindicaram — como o fizeram Mussolini

e Georges Sorel — as três influências. De fato, existem poucas dúvidas de que alguns bandos socialistas italianos chamados *fascios* na Itália daquela época encaixavam-se perfeitamente no campo "progressista". E sabemos que os intelectuais nacionalistas que estabeleceram as bases para o fascismo na Itália sofreram pesada influência do pragmatismo de William James, assim como James foi influenciado por eles.

22. Daniel T. Rodgers, *Atlantic crossings: social politics in a progressive age* (Cambridge, Mass.: Harvard University Press, 1998), p. 57, 74.
23. Joseph Jacobs, "Works of Friedrich Nietzsche". *New York Times*, 7 de maio de 1910; Mencken, "Roosevelt: an autopsy", p. 111. Na verdade, Richard Hofstadter, o icônico historiador liberal, viu Teddy Roosevelt como um fascista mal disfarçado. Nas palavras de David Brown, biógrafo de Hofstadter, a característica definidora de Roosevelt era ser um "Mussolini leve", e sua política, marcada por uma "inflexível dedicação ao nacionalismo, a valores marciais e a um espírito comum de identidade e destino raciais", era "uma ligeira variação da política fascista que envenenou a Europa após a morte de Roosevelt". David S. Brown, *Richard Hofstadter: an intellectual biography* (Chicago: University of Chicago Press, 2006), p. xvi, 60.
24. Rodgers, *Atlantic crossings*, p. 86-87.
25. Goldman, *Rendezvous with destiny*, p. 102; Charles A. Beard e James Harvey Robinson, *The development of modern Europe: an introduction to the study of current history*, vol. 2 (Boston: Ginn & Company, 1907), p. 141; Frederic C. Howe, *Socialized Germany* (Nova York: C. Scribner's Sons, 1915), p. 166; Fareed Zakaria, *The future of freedom: illiberal democracy at home and abroad* (Nova York: W. W. Norton, 2004), p. 66.
26. Murray N. Rothbard, "World War I as fulfillment: power and the intellectuals". *Journal of Libertarian Studies* 9, n° 1 (inverno de 1989), p. 103.
27. Woodrow Wilson, *The papers of Woodrow Wilson*, vol. 1 (Nova York: Harper, 1927), p. 6-10.
28. James Bovard, *Freedom in chains: the rise of the state and the demise of the citizen* (Nova York: St. Martin's, 2000), p. 8.
29. Charles Forcey, *The crossroads of liberalism: Croly, Weyl, Lippmann, and the progressive era, 1900-1925* (Nova York: Oxford University Press, 1961), p. 124-25.
30. Wilfred M. McClay, "Croly's progressive America". *Public Interest*, n° 137 (outono de 1999).
31. Goldman, *Rendezvous with destiny*, p. 192.
32. Charles Forcey, *The crossroads of liberalism*, p. 15; Goldman, *Rendezvous with destiny*, p. 191.
33. Bovard, *Freedom in chains*, p. 8.
34. Leuchtenburg, "Progressivism and imperialism", p. 490.
35. Herbert Croly, *The promise of American life* (Nova York: Macmillan, 1911), p. 14.
36. Herbert Croly, "Regeneration". *New Republic* (9 de junho de 1920), p. 40-44; originalmente encontrado em Sydney Kaplan, "Social engineers as saviors: effects of World War I on some American liberals". *Journal of the History of Ideas* (junho de 1956), p. 347-69.

37. John Patrick Diggins, "Flirtation with fascism: American pragmatic liberals and Mussolini's Italy". *American Historical Review* 71, nº 2 (janeiro de 1966), p. 494.
38. "Sem dúvida, houve pontos específicos na guerra mundial", escreveu Ross em *The Russian Soviet Republic*, "em que mais vidas russas foram consumidas do que todas aquelas que o Terror Vermelho tirou... O objetivo foi alcançado no tanto em que a burguesia subitamente parou de conspirar." Dimitri von Mohrenschildt, "The early American observers of the Russian Revolution, 1917-1921"; *Russian Review* 3, nº 1 (outono de 1943), p. 67. *Razstrellyat* está escrito errado no original.
39. Ibid., p. 69.
40. Lewis S. Feuer, "American travelers to the Soviet Union, 1917-32: the formation of a component of New Deal ideology". *American Quarterly* 14, nº 2, pt. 1 (verão de 1962), p. 125; Stuart Chase, Robert Dunn e Rexford Guy Tugwell, orgs., *Soviet Russia in the second decade* (Nova York: John Day, 1928), p. 49-50, 54.
41. Feuer, "American travelers to the Soviet Union", p. 102, 128, 126, 119-49.
42. Ibid., p. 132.
43. A edição de 2 de março de 1927 do *New Republic* informou aos leitores que "a atitude mais liberal é considerar o fascismo na Itália, bem como o comunismo na Rússia, como um experimento social que cumpre uma função no desenvolvimento político italiano e não pode ser compreendido e avaliado a partir de outras fórmulas, sejam elas de amigos ou inimigos".
44. Diggins, "Flirtation with fascism", p. 494, citando Charles A. Beard, "Making the fascist State". *New Republic*, 23 de janeiro de 1929, p. 277-78.
45. West, *Darwin's conservatives*, p. 60.
46. Foi por volta dessa época que o *New Republic* se transformou em algo como uma firma de relações públicas intelectuais para o governo Wilson. Teddy Roosevelt ficou tão frustrado com o fato de sua antiga torcida haver transferido sua lealdade para outros, que proclamou o *New Republic* um "jornaleco negligenciável tocado por dois gentios anêmicos e dois judeus não circuncidados". Goldman, *Rendezvous with destiny*, p. 194.
47. Woodrow Wilson, Discurso numa sessão conjunta do Congresso sobre trustes e monopólios, 20 de janeiro de 1914, www.presidency.ucsb.edu/ws/?pid=65374 (acessado em 14 de março de 2007).
48. Wilson tinha certeza absoluta de ser a encarnação messiânica de forças históricas de porte mundial. Ele afirmou repetidas vezes ser o instrumento de Deus, da história ou de ambos. Assim concluiu um famoso discurso na Liga para a Promoção da Paz:

> Mas não vim aqui, permitam-se repetir, para discutir um programa. Vim apenas para declarar um credo e dar expressão à confiança que sinto de que o mundo está, mesmo agora, às vésperas de uma grande realização, quando alguma força comum ganhará vida e protegerá o direito como o primeiro e mais fundamental interesse de todos os povos e de todos os

governos; quando a coerção será convocada não para servir à ambição política ou à hostilidade egoísta, mas para servir à ordem comum, à justiça comum e à paz comum. Deus permita que o alvorecer desse dia de negociações francas e de paz ajustada, concórdia e cooperação esteja muito próximo e ao nosso alcance!

O texto completo pode ser encontrado em www.presidency.ucsb.edu/ws/index.php?pid =65391. Woodrow Wilson, *The messages and papers of Woodrow Wilson*, vol. 1, org. Albert Shaw (Nova York: Review of Reviews Corporation, 1924), p. 275. Ver também "Text of the president's speech discussing peace and our part in a future league to prevent war". *New York Times*, 28 de maio de 1916, p. 1.

49. William E. Leuchtenburg, *The FDR years: on Roosevelt and his legacy* (Nova York: Columbia University Press, 1995), p. 39.
50. Para a citação de Dewey, ver www.fff.org/freedom/fd0203c.asp; para a de Blatch, ver McGerr, *Fierce discontent*, p. 282, e John M. Barry, *The great influenza: the epic story of the deadliest plague in history* (Nova York: Penguin, 2004), p. 127; para a de Ely, ver Murray N. Rothbard, "Richard T. Ely: paladin of the welfare-warfare state". *Independent Review* 6, nº 4 (primavera de 2002), p. 587; para a de Wilson, ver "Gov. Wilson stirs Spanish veterans". *New York Times*, 11 de setembro de 1912, p. 3; para a de Hitler, ver *The Goebbels diaries, 1942-1943*, org. Louis P. Lochner (Nova York: Doubleday, 1948), p. 314.
51. McGerr, *Fierce discontent*, p. 282.
52. Para as citações de Croly, ver "The end of American isolation". Editorial, *New Republic*, 7 de novembro, 1914, citado em John B. Judis, "Homeward bound". *New Republic*, 3 de março de 2003, p. 16; e Ekirch, *Decline of American liberalism*, p. 202. Para as citações de Lippmann, ver Ronald Steel, "The missionary". *New York Review of Books*, 20 de novembro de 2003; Heinz Eulau, "From public opinion to public philosophy: Walter Lippmann's classic reexamined". *American Journal of Economics and Sociology*, vol. 15, nº 4 (julho de 1956), p. 441.
53. Leuchtenburg, *FDR years*, p. 39; David M. Kennedy, *Over here: the First World War and American society* (Nova York: Oxford University Press, 1982), p. 52.
54. Grosvenor Clarkson, *Industrial America in the World War: the strategy behind the line, 1917-1918* (Boston: Houghton Mifflin, 1923), p. 292.
55. McGerr, *Fierce discontent*, p. 289; Woodrow Wilson, Uma Proclamação pelo Presidente dos Estados Unidos, como publicado no *New York Times*, 19 de maio de 1917, p. 1.
56. Walter Lippmann, *Public opinion* (Nova York: Harcourt, Brace, 1922).
57. McGerr, *Fierce discontent*, p. 288; Barry, *Great influenza*, p. 127.
58. Para a citação de Bernays, ver Michael Kazin, *The populist persuasion: an American history* (Ithaca, N.Y.: Cornell University Press, 1998), p. 70. Para os pôsteres da CPI, ver Barry, *Great influenza*, p. 127.
59. Barry, *Great influenza*, p. 126.

60. "Charges traitors in America are disrupting Russia". *New York Times*, 16 de setembro de 1917, p. 3; Stephen Vaughn, "First Amendment liberties and the Committee on Public Information". *American Journal of Legal History* 23, n° 2 (abril de 1979), p. 116.
61. McGerr, *Fierce discontent*, p. 293.
62. Ibid., p. 293, 294.
63. H.W. Brands, *The strange death of American liberalism* (New Haven, Conn.: Yale University Press, 2001), p. 40. Do total de casos em que Burleson mandou reprimir a imprensa, somente em dois Wilson discordou de seu diretor dos correios a ponto de mandar reverter a situação. Em todas as outras, Wilson apoiou com firmeza o praticamente ilimitado poder do governo de censurar a imprensa — inclusive num caso em que Burleson usou seus poderes para intimidar um jornal local do Texas que o havia criticado por expulsar meeiros de sua fazenda. Numa carta a um congressista, Wilson declarou que a censura é "absolutamente necessária para a segurança pública". John Sayer, "Art and politics, dissent and repression: The Masses Magazine versus the government, 1917-1918". *American Journal of Legal History* 32, n° 1 (janeiro de 1988), p. 46.
64. Sayer, "Art and politics, dissent and repression", p. 64 n. 99; Ekirch, *Decline of American liberalism*, p. 216-17.
65. Carl Brent Swisher, "Civil liberties in war time". *Political Science Quarterly* 55, n° 3 (setembro de 1940), p. 335.
66. Ver Howard Zinn, *The twentieth century: a people's history* (Nova York: HarperCollins, 2003), p. 89-92.
67. Norman Hapgood, *Professional patriots* (Nova York: Boni, 1927), p. 62. Ver também John Patrick Diggins, *Mussolini and fascism: the view from America* (Princeton, N.J.: Princeton University Press, 1972), p. 206. Cerca de uma década mais tarde, um representante da Legião no Texas colou um botão na lapela de Mussolini, transformando-o num membro honorário. Em troca, Mussolini posou para uma fotografia ao lado do coronel da Legião, usando um chapéu de caubói texano.
68. "Congress cheers as Wilson urges curb on plotters". *New York Times*, 8 de dezembro de 1915, p. 1; Charles Seymour, *Woodrow Wilson and the World War: a chronicle of our own times* (New Haven, Conn.: Yale University Press, 1921), p. 79; "Suggests Canada might vote with Soviet Union". *New York Times*, 26 de setembro de 1919, p. 3.
69. "President greets fliers". *Washington Post*, 10 de setembro de 1924; Ekirch, *Decline of American liberalism*, p. 217; Barry, *Great influenza*, p. 125.
70. Para Butler, ver Ellen Nore, *Charles A. Beard: an intellectual biography* (Carbondale: Southern Illinois University Press, 1983), p. 80; e Kennedy, *Over here*, p. 74. Para seu crédito eterno, o historiador Charles Beard demitiu-se de sua posição de professor em sinal de protesto. Poucos de seus colegas seguiram o exemplo. Para Ely, ver Rothbard, "Richard T. Ely", p. 588, citando Carol S. Gruber, *Mars and Minerva: World War I and the uses of the higher learning in America* (Baton Rouge: Louisiana State University Press, 1975), p. 207.

71. McGerr, *Fierce discontent*, p. 299; "Stamping out treason", editorial, *Washington Post*, 12 de abril de 1918.
72. Kazin, *Populist persuasion*, p. 69; John Patrick Diggins, *The rise and fall of the American left* (Nova York: Norton, 1992), p. 102.
73. McGerr, *Fierce discontent*, p. 290.
74. David Schoenbaum, *Hitler's social revolution: class and status in nazi Germany, 1933-1939* (Nova York: Norton, 1980), p. 63; Michael Mann, *Fascists* (Nova York: Cambridge University Press, 2004), p. 146.
75. McGerr, *Fierce discontent*, p. 59.

4. O *NEW DEAL* FASCISTA DE FRANKLIN ROOSEVELT

1. Michael A. Bernstein, *The Great Depression: delayed recovery and economic change in America, 1929-1939* (Nova York: Cambridge University Press, 1987), p. 273; William E. Leuchtenburg, *The FDR years: on Roosevelt and his legacy* (Nova York: Columbia University Press, 1995), p. 50.
2. Leuchtenburg, *FDR years*, p. 10-11.
3. Lewis S. Feuer, "American travelers to the Soviet Union, 1917-32: the formation of a component of *New Deal* ideology". *American Quarterly* 14, n° 2, pt. 1 (verão de 1962), p. 148, citando Harold L. Ickes, *The secret diary of Harold L. Ickes: the first thousand days* (Nova York: Simon and Schuster, 1953), p. 104; Alan Brinkley, *The end of reform: New Deal liberalism in recession and war* (Nova York: Vintage, 1996), p. 22; Ickes, *Secret diary*, vol. 2, p. 325-26.
4. A melhor análise das políticas de FDR como ditatoriais e fascistas pode ser encontrada no ensaio de William E. Leuchtenburg, "The New Deal as the moral analogue of war", em *FDR years*, p. 35-75. Sobre Lippmann, ver Jonathan Alter, *The defining moment: FDR's hundred days and the triumph of hope* (Nova York: Simon and Schuster, 2006), p. 5; Ronald Steel, *Walter Lippmann and the American century* (Boston: Little, Brown, 1980), p. 300.
5. Alan Brinkley, *Liberalism and its discontents* (Cambridge, Mass.: Harvard University Press, 1998), p. 17.
6. Leuchtenburg, *FDR years*, p. 27, citando Hugh Gregory Gallagher, *FDR's splendid deception: the moving story of Roosevelt's massive disability—and the intense efforts to conceal it from the public* (Nova York: Dodd, Mead, 1985), p. 160.
7. Kenneth S. Davis, *FDR: The New Deal years, 1933-1937* (Nova York: Random House, 1986), p. 223.
8. James MacGregor Burns, *Roosevelt: the lion and the fox, 1882-1940* (Nova York: Harcourt, Brace, 1984), p. 50.
9. Ibid., p. 52, 61.
10. No entanto, essa atitude não incluía seus próprios interesses. Ele disse à sua mãe que ela não exagerasse e não seguisse o mantra do governo segundo o qual as pessoas deve-

riam comprar os Títulos da Liberdade "até não aguentar mais". O homem que mais tarde criticaria os "realistas econômicos" disse à mulher que controlava os cordões de sua bolsa que não vendesse nenhuma das propriedades mais valiosas da família para comprar papéis mais patrióticos — mas menos lucrativos. Davis, *FDR*, p. 512-13.

11. Richard Hofstadter, *The American political tradition and the men who made it* (Nova York: Vintage, 1989), p. 412; Leuchtenburg, *FDR Years*, p. 2.
12. Burns, *Roosevelt*, p. 144.
13. Brinkley, *Liberalism and its discontents*, p. 18, 37; Alvin H. Hansen, "Toward full employment", discurso na Universidade de Cincinnati, 15 de março de 1949, citado em Brinkley, *End of reform*, p. 5.
14. "Liberalism vs. fascism", editorial, *New Republic*, 2 de março de 1927, p. 35. É impossível não detectar a obsessão fascista com unidade e ação na defesa de Mussolini feita por Croly. Num outro editorial, ele declarou: "Quaisquer que sejam os perigos do fascismo, ele, de qualquer forma, substituiu estagnação por movimento, divagação por comportamento direcionado, e mediocridade coletiva e desencorajamento por visões de um grande futuro." Brinkley, *End of reform*, p. 155; John Patrick Diggins, *Mussolini and fascism: the view from America* (Princeton, N.J.: Princeton University Press, 1972), p. 204.
15. John Patrick Diggins, "Flirtation with fascism: American pragmatic liberals and Mussolini's Italy". *American Historical Review* 71, n° 2 (janeiro de 1966), p. 495.
16. Stuart Chase, *A New Deal* (Nova York: Macmillan, 1932), p. 252.
17. O marquês de Sade se considerava um grande revolucionário e *philosophe*. Mas, na realidade, era um pervertido entediado que inventou justificativas elaboradas para ferir e arranhar as pessoas para se divertir. Lenin estava mortalmente entediado com qualquer coisa que não fosse a constante agitação para a revolução. Martin Heidegger lecionou um curso completo sobre o tédio, chamando-o de "a insidiosa criatura [que] mantém sua essência monstruosa em nosso [Ser]". Tem sido especulado que Heidegger se afiliou aos nazistas, pelo menos em parte, para se curar do tédio.
18. James R. Mellow, *Charmed circle: Gertrude Stein and company* (Nova York: Henry Holt, 2003), p. 416.
19. "Nós que já passamos dos sessenta", observou Sinclair Lewis por ocasião da morte de Wells, em 1946, "lembramo-nos de tudo o que ele significava para nós... Pois foi um homem que, mais que qualquer outro deste século, sugeriu a nossas jovens mentes a fantasia (que, admissivelmente, também pode ser um fato) de que a humanidade pode, por meio do pensar", recusar-se a "tornar nossas vidas miseráveis e culpadas apenas para agradar a alguma instituição que durante um século tem sido um cadáver que perambula e fala." Eric F. Goldman, *Rendezvous with destiny: a history of modern American reform* (Chicago: Ivan R. Dee, 2001), p. 178. Não tirei o título deste livro da fala de Wells, mas fiquei encantado ao descobrir que a expressão tem uma história intelectual tão rica. Ver Philip Coupland, "H.G. Wells's 'Liberal fascism'". *Journal of Contemporary History* 35, n° 4 (outubro de 2000), p. 541-58.

NOTAS

20. Coupland, "H. G. Wells's 'Liberal fascism'", p. 543.
21. H. G. Wells, *The war in the air* (Nova York: Penguin Classics, 2005), p. 128. Quando a versão filmada foi lançada nos cinemas, apareceu uma carta no jornal *Action*, da British Union of Fascists, perguntando: "Será que o sr. Wells é um fascista secreto?" O correspondente observou que "Todos os super-homens usavam a camisa negra e o cinto largo e brilhante do fascismo! Os uniformes eram idênticos, e os que os usavam moviam-se e comportavam-se da maneira semimilitar dos fascistas". Coupland, "H. G. Wells's 'Liberal fascism'", p. 541. H. G. Wells, "What is fascism — and why?" *New York Times Magazine*, 6 de fevereiro de 1927, p. 2; George Orwell, "Wells, Hitler, and the World State". *Horizon*, agosto de 1941, em *Essays* (Nova York: Knopf, 2002), p. 371.
22. H. G. Wells, *Experiment in autobiography: discoveries and conclusions of a very ordinary brain since 1866* (Nova York: Macmillan, 1934), p. 682; William E. Leuchtenburg, *The FDR years: on Roosevelt and his legacy* (Nova York: Columbia University Press, 1995), p. 93.
23. Nas décadas de 1920 e 1930, pipocaram vários cultos intelectuais de talhe fascista baseados na ideia de que os engenheiros deveriam governar, o mais famoso sendo o modismo da "tecnocracia" de Thorstein Veblen.
24. Como escreveu um leitor do *Village Voice*, Coughlin era o líder de um "grupo de perdedores políticos cristãos direitistas". James Ridgeway, "Mondo Washington". *Village Voice*, 14 de março de 2000, p. 41. Alguém que escreveu para o *New York Times* simplesmente declarou que Pat Buchanan era o "padre Coughlin de 1996". Samuel G. Freedman, "The Father Coughlin of 1996". *New York Times*, 25 de fevereiro de 1996. O historiador Michael Kazin disse à *BusinessWeek*: "Buchanan tem suas raízes no conservadorismo isolacionista do padre Coughlin na década de 1930." Lee Walczak, "The new populism". *BusinessWeek*, 13 de março de 1995, p. 72. Um professor escrevendo para a *Foreign Policy* dizia-se chocado com o fato de que "a direita cristã contemporânea tem sido uma leal partidária de Israel", o que, a seu ver, deveria ser uma "surpresa para observadores familiarizados com a virulência antissemita de conservadores cristãos no período anterior à Segunda Guerra Mundial, como o padre Charles". William Martin, "The christian right and American foreign policy". *Foreign Policy*, nº 114 (primavera de 1999), p. 72. A *Newsweek* considera que o padre Coughlin e Ronald Reagan eram dois "conservadores" que realmente tinham uma audiência. Howard Fineman, "The power of talk". *Newsweek*, 8 de fevereiro de 1993, p. 24. E assim por diante, infindavelmente.
25. Marshall William Fishwick, *Great awakenings: popular religion and popular culture* (Binghamton, N.Y.: Haworth, 1995), p. 128.
26. "Lays banks' crash to Hoover policies". *New York Times*, 24 de agosto de 1933, p. 7; "State capitalism urged by Coughlin". *New York Times*, 19 de fevereiro de 1934, p. 17.
27. Uma ampla gama de observadores compreendeu que o comunismo era uma nova religião. John Maynard Keynes começou seu brilhante ensaio de 1925, "A short view of Russia", declarando: "O leninismo é uma combinação de duas coisas que os europeus,

durante alguns séculos, mantiveram em diferentes compartimentos da alma — religião e negócios. Estamos chocados porque a religião é nova, e desprezamos o fato de que os negócios, estando subordinados à religião, em vez de ser o contrário, são altamente ineficientes."

28. Alan Brinkley, *Voices of protest: Huey Long, Father Coughlin, and the Great Depression* (Nova York: Vintage, 1983), p. 122.
29. "'Roosevelt or ruin', asserts radio priest at hearing". *Washington Post,* 17 de janeiro de 1934, p. 1-2; Brinkley, *Voices of protest,* p. 126. Ver também padre Coughlin, Discurso, National Union for Social Justice, 11 de novembro de 1934, www.ssa.gov/history/fcspeech.html (acessado em 20 de fevereiro de 2007).
30. Principles of the National Union for Social Justice, citado em Brinkley, *Voices of protest,* p. 287-88.
31. Coughlin prosseguiu: "Sustentamos o princípio de que não pode haver nenhuma prosperidade duradoura se existir a concorrência livre em alguma indústria, qualquer que seja. Portanto, é papel do governo não apenas estabelecer, por lei, um salário mínimo anual e uma jornada de trabalho máxima a ser observada pela indústria, mas também retringir o individualismo, e, se necessário, as fábricas deverão ser licenciadas e sua produção será limitada." Charles A. Beard e George H.E. Smith, orgs., *Current problems of public policy: a collection of materials* (Nova York: The Macmillan Company, 1936), p. 54.
32. Brinkley, *Voices of protest,* p. 239.
33. *Wordsworth Dictionary of Quotations* (Ware: Wordsworth Editions, 1998, p. 240); Arthur M. Schlesinger, *The politics of upheaval: 1935-1936,* vol. 3 de *The age of Roosevelt* (Boston: Houghton Mifflin, 2003), p. 66.
34. Sinclair foi o jornalista *muckracker* cuja obra mais famosa é *A selva,* a história de um imigrante explorado na indústria de processamento de carne em Chicago que acaba encontrando a salvação no socialismo. O próprio Sinclair havia sido um membro do Partido Socialista até a Primeira Guerra Mundial, quando rompeu com ele a favor da intervenção (o que, na Itália, poderia ter feito dele um fascista). Sinclair permaneceu um socialista ideológico (que seguia modismos na alimentação) pelo resto de seus dias. O dr. Townsend é um caso ainda mais bizarro. Em setembro de 1933, esceveu uma carta ao jornal local na Califórnia afirmando que os problemas econômicos da América só poderiam ser resolvidos se o governo federal desse duzentos dólares a todas as pessoas acima de sessenta anos, desde que prometessem gastar o dinheiro dentro de trinta dias. Bastaria isso para dar a partida na economia e tirar os idosos da pobreza. Três meses depois daquela carta ao editor, existiam três mil clubes Townsend por todo o país, bem como um jornal semanal nacional. No verão de 2005, estimou-se que havia 2,25 milhões de membros no país. O movimento Townsend, que a *Today* chamou de "sem a menor dúvida, a mais notável sensação política de 1935", acabou ganhando inúmeras cadeiras nos legislativos estaduais e até dois governadores. William E. Leuchtenburg, *Franklin D. Roosevelt and the New Deal* (Nova York: Harper & Row, 1963), p. 180.

35. Wolfgang Schivelbusch, *Three New Deals: reflections on Roosevelt's America, Mussolini's Italy, and Hitler's Germany, 1933-1939* (Nova York: Metropolitan Books, 2006), p. 73.
36. Götz Aly, *Hitler's beneficiaries: plunder, racial war, and the nazi welfare state*, trad. Jefferson Chase (Nova York: Holt, 2007). Um leitor sagaz poderia perguntar: "Por que a Alemanha de Hitler era tão mais bem-sucedida que a América se o Terceiro Reich era mais socialista?" Essa é uma excelente questão que tenho submetido a muitos economistas. A resposta mais simples é: "salários reais". Ver Jody K. Biehl, "How Germans fell for the 'feel-good' Fuehrer". *Spiegel Online*, 22 de março de 2005, http://www.spiegel.de/international/0,1518,347726,00.html (acessado em 26 de junho de 2007).
37. Anne O'Hare McCormick, "Hitler seeks jobs for all germans". *New York Times*, 10 de julho de 1933, p. 6.
38. John A. Garraty, "The New Deal, national socialism, and the Great Depression". *American Historical Review* 78, n° 4 (outubro de 1973), p. 933-34; Schivelbusch, *Three New Deals*, p. 19-20.
39. Schivelbusch, "Three New Deals", p. 23, 24, 19.
40. Benito Mussolini, "The birth of a new civilization", em *Fascism*, org. Roger Griffin (Nova York: Oxford University Press, 1995), p. 73; Schivelbusch, *Three New Deals*, p. 31.
41. Alonzo L. Hamby, *For the survival of democracy: Franklin Roosevelt and the world crisis of the 1930s* (Nova York: Free Press, 2004), p. 146.
42. Curiosamente, James engaja o filósofo alemão S.R. Steinmetz em seu ensaio. E embora ele discorde de Steinmetz em vários pontos substanciais, vale notar que o considera "um pensador consciencioso" e um militarista "moral". Steinmetz, agora quase totalmente esquecido, era um darwinista social e um eugenista alemão muito destacado. William James, *Memories and studies* (Nova York: Longmans, Green and Co., 1934), p. 281.
43. Alter, *Defining moment*, p. 4.
44. Ibid., p. 5.
45. Leuchtenburg, *FDR years*, p. 63.
46. Ibid., p. 55, 56.
47. Schoenbaum, *Hitler's social revolution*, p. 63. Konstantin Hierl, o chefe da Secretaria do Trabalho, explicou que não havia melhor maneira de superar as diferenças de classe do que vestir com o mesmo uniforme "o filho do diretor e o jovem empregado, o estudante universitário e o agricultor, sentá-los à mesma mesa prestando serviços comuns a Volk e à *Vaterland*". Comparando a Alemanha à Espanha, Hitler declarou em 1936: "Que diferença, comparada com certo país! Lá existe classe contra classe, irmão contra irmão. Nós escolhemos o outro caminho: em vez de os dilacerar, nós os pusemos juntos."
48. Hugh S. Johnson, *The Blue Eagle, from egg to earth* (Garden City, N.Y.: Doubleday, Doran, 1935), p. 264.

49. Coloquialmente, isso significa "Todos por um, um por todos", mas sua tradução mais exata seria "A comunidade acima do autointeresse".
50. Otto Friedrich, "F.D.R.'s disputed legacy". *Time*, 1º de fevereiro de 1982.
51. Hamby, *For the survival of democracy*, p. 164.
52. "Not since the armistice". *Time*, 25 de setembro de 1933, http://www.time.com/time/magazine/article/0,9171,882190,00.html (acessado em 7 de fevereiro de 2007); T.H. Watkins, "The bird did its part". *Smithsonian*, vol. 30, nº 2, maio de 1999.
53. "Red rally dimmed by Harlem fervor". *New York Times*, 5 de agosto de 1934, p. N3.
54. Lee Lescaze, "Reagan still sure some in New Deal espoused fascism". *Washington Post*, 24 de dezembro de 1981, p. A7. Reagan havia sido ainda mais direto no mês de agosto anterior: "Qualquer um que queira examinar os escritos do *Brain Trust* do *New Deal* descobrirá que os assessores do presidente Roosevelt admiravam o sistema fascista.... Eles pensavam que a propriedade privada com o gerenciamento do governo e o controle igual ao que existia no sistema italiano era o caminho certo, e isso está evidente em todos os seus escritos." Ver Steven F. Hayward, *The age of Reagan: the fall of the old liberal order, 1964-1980* (Roseville, Calif.: Prima, 2001), p. 681; Robert G. Kaiser, "Those old reaganisms". *Washington Post*, 2 de setembro de 1980, p. A2.
55. Franklin D. Roosevelt, Mensagem Anual ao Congresso dos Estados Unidos, 3 de janeiro de 1936, citado em James Bovard, *Freedom in Chains: The rise of the state and the demise of the citizen* (Nova York: St. Martin's, 2000), p. 17.
56. William E. Leuchtenburg, *Franklin D. Roosevelt and the New Deal* (Nova York: Harper and Row, 1963), p. 340.
57. William A. Schambra, "The quest for community, and the quest for a new public philosophy", artigo apresentado na American Enterprise Institute's Public Policy Week, Washington, D.C., 5-8 de dezembro de 1983, citado em Robert Nisbet, *The present age: progress and anarchy in modern America* (Nova York: Harper Collins, 1988), p. 51; texto de discurso do presidente Roosevelt a seus vizinhos. *New York Times*, 27 de agosto de 1933, p. 28.
58. Schivelbusch, *Three New Deals*, p. 186.
59. Ibid., p. 37. Grifo nosso.

5. A DÉCADA DE 1960: O FASCISMO VAI ÀS RUAS

1. Allan Bloom, *The closing of the American mind* (Nova York: Simon and Schuster, 1987), p. 315.
2. Donald Alexander Downs, *Cornell '69: liberalism and the crisis of the American university* (Ithaca, N.Y.: Cornell University Press, 1999), p. 172. Estou ciente de que a responsabilidade pelo incêndio do Reichstag é um tema de considerável debate entre historiadores. Mas os nazistas não se preocupavam em saber quem era, de fato, o responsável. Em vez disso, eles exploraram o incêndio para seus próprios objetivos. Alguns dos Nacionalistas Negros em Cornell certamente acreditavam que a cruz ha-

via sido queimada por racistas brancos, mas a liderança sabia que não era esse o caso, e aproveitou a oportunidade.
3. Gordon A. Craig, *Germany, 1866-1945* (Oxford: Clarendon, 1978), p. 478.
4. John Toland, *Adolf Hitler: the definitive biography* (Nova York: Anchor Books, 1992), p. 75.
5. Ibid.
6. Miriam Beard, "The tune hitlerism beats for Germany". *New York Times*, 7 de junho de 1931.
7. Richard Grunberger, *The 12-Year Reich: a social history of nazi Germany, 1933-1945* (Nova York: Da Capo, 1995), p. 306.
8. Terry H. Anderson, *The movement and the sixties* (Nova York: Oxford University Press, 1996), p. 200.
9. Walter Schultze, "The nature of academic freedom", em *Nazi culture: intellectual, cultural, and social life in the Third Reich*, org. George L. Mosse (Madison: University of Wisconsin Press, 1966), p. 316.
10. Downs, *Cornell '69*, p. 9; Rowland Evans e Robert Novak, "'New Order' at Cornell and the academic future". *Los Angeles Times*, 5 de maio de 1969, p. C11.
11. Walter Berns, "The assault on the universities: then and now", em *Reassessing the Sixties: debating the political and cultural legacy*, org. Stephen Macedo (Nova York: Norton, 1997), p. 158-59.
12. Dinesh D'Souza, *The end of racism: principles for a multiracial society* (Nova York: Free Press, 1995), p. 339.
13. Paul Farhi, "Dean tries to summon spirit of the 1960s". *Washington Post*, 28 de dezembro de 2003, p. A05.
14. Kerry nega haver participado da sessão em que a questão foi debatida. Alguns afirmam que ele estava lá, mas votou contra a ideia. Ninguém pode alegar que ele tenha apoiado tal política.
15. Farhi, "Dean tries to summon spirit of the 1960s", p. A05.
16. Richard J. Ellis, "Romancing the oppressed: The New Left and the left out". *Review of Politics* 58, n° 1 (inverno de 1996), p. 109-10; James Miller, *Democracy is in the streets: from Port Huron to the siege of Chicago* (Nova York: Simon and Schuster, 1987), p. 30-31; Tom Hayden, "Letter to the New (Young) Left", in *The New Student Left: An Anthology*, org. Mitchell Cohen e Dennis Hale, edição revista e ampliada (Boston: Beacon, 1967), p. 5-6. O artigo foi originalmente publicado no *Activist* (inverno de 1961).
17. Eric F. Goldman, *Rendezvous with destiny: a history of modern American reform* (Chicago: Ivan R. Dee, 2001), p. 159.
18. Peggy Kamuf, uma tradutora americana de muitos dos livros de Derrida, recorda que a leitura da obra em 1970, enquanto era uma estudante de pós-graduação em Yale, lhe ofereceu uma maneira de encontrar solidariedade entre radicais nas ruas. A desconstrução, disse ela, oferecia um modo de se fazer o trabalho acadêmico e, ao mesmo

tempo, manter "aquela urgência de responder aos abusos do poder" que alimentava o engajamento político. Em suma, permitiu que acadêmicos radicais mantivessem seus empregos enquanto transformavam as universidades em incubadoras de radicalismo. Citado em Scott McLemee, "Derrida, a pioneer of literary theory, dies". *Chronicle of Higher Education*, 22 de outubro de 2004, p. A1, chronicle.com/free/v51/i09/09a00101.htm (acessado em 4 de janeiro de 2007).
19. Downs, *Cornell '69*, p. 232. Ver também "The agony of Cornell". *Time*, 2 de maio de 1969; Homer Bigart, "Cornell faculty reverses itself on negroes". *New York Times*, 24 de abril de 1969. O trauma com relação ao clima de traição e amargura que Rossiter tanto sofreu quanto promoveu — acadêmico, profissional e pessoal — sem dúvida contribuiu para sua trágica decisão de se matar no ano seguinte. Caleb Rossiter, filho de Clinton, descarta essa ideia em dois vívidos capítulos de sua autobiografia. No entanto, é difícil ler o relato sem concluir que o estresse desses eventos — particularmente o extremo radicalismo de seus próprios filhos — tenha desempenhado algum papel.
20. Gunther Neske e Emil Kettering, orgs., *Martin Heidegger and national socialism: questions and answers* (Nova York: Paragon House, 1990), p. 6.
21. Richard Wolin, *The seduction of unreason: the intellectual romance with fascism* (Princeton, N.J.: Princeton University Press, 2004), p. 6-7.
22. A relação entre pragmatismo e conservadorismo é um pouco mais complicada. William James foi um grande filósofo americano, e há muitas coisas que os conservadores admiram em seu trabalho. E, se o pragmatismo for entendido como simplesmente realismo ou praticalidade, então existe um grande número de pragmatistas conservadores. Mas se for entendido como a constelação de teorias que giram em torno dos progressistas, ou a obra de John Dewey, então os conservadores têm estado na linha de frente de cem anos de crítica ao pragmatismo. No entanto, deve-se dizer que tanto James quanto Dewey são filósofos totalmente americanos cuja influência numa ampla gama de questões desafia uma classificação rígida ao longo do eixo esquerda-direita.
23. Wolin, *Seduction of unreason*, p. 60.
24. Miller, *Democracy is in the streets*, p. 311.
25. Robert O. Paxton, *The anatomy of fascism* (Nova York: Vintage, 2004), p. 16, 17; R.J.B. Bosworth, *The Italian dictatorship: problems and perspectives in the interpretation of Mussolini and fascism* (Londres: Arnold, 1998), p. 39.
26. Wolin, *Seduction of unreason*, p. 61; Beard, "The tune hitlerism beats for Germany".
27. Ver Miller, *Democracy is in the streets*, p. 169. A própria SDS começou como um desdobramento da Liga pela Democracia Industrial, uma organização socialista anticomunista que, por breve tempo, foi dirigida por John Dewey. Alan Brinkley, *Liberalism and its discontents* (Cambridge, Mass.: Harvard University Press, 1998), p. 232.
28. Todd Gitlin, *The sixties: years of hope, days of rage* (Nova York: Bantam, 1993), p. 337.
29. Zeev Sternhell, *The birth of fascist ideology: from cultural rebellion to political revolution*, trad. David Maisel (Princeton, N.J.: Princeton University Press, 1994), p. 56.
30. Gitlin, *Sixties*, p. 283.

NOTAS

31. "The Port Huron Statement", em *Takin' it to the streets: a sixties reader*, org. Alexander Bloom e Wini Breines (Nova York: Oxford University Press, 1995), p. 61; Tom Hayden, *The Port Huron Statement: the visionary call of the 1960s revolution* (Nova York: Avalon, 2005), p. 97, 52; Brinkley, *Liberalism and its discontents*, p. 229, 233.
32. Gitlin, *Sixties*, p. 101; Maurice Isserman e Michael Kazin, *America divided: the civil war of the 1960s*, 2a ed. (Nova York: Oxford University Press, 2004), p. 173, 174. Ver também W.J. Rorabaugh, *Berkeley at war: the 1960s* (Nova York: Oxford University Press, 1989), p. 8; Tom Wells, *The war within: America's battle over Vietnam* (Nova York: Holt, 1994), p. 117-18, 427; Maurice Isserman, *If I had a hammer: the death of the Old Left and the birth of the New Left* (Nova York: Basic Books, 1987), p. 196-97.
33. Gitlin, *Sixties*, p. 107; Miller, *Democracy is in the streets*, p. 291.
34. Brinkley, *Liberalism and its discontents*, p. 235. Ver também Godfrey Hodgson, *America in our time* (Garden City, N.Y.: Doubleday, 1976),p. 300-5.
35. Walter Laqueur, "Reflections on youth movements". *Commentary*, junho de 1969.
36. Jay W. Baird, "Goebbels, Horst Wessel, and the myth of resurrection and return". *Journal of Contemporary History* 17, n° 4 (outubro de 1982), p. 636.
37. Ibid., p. 642-43.
38. Miller, *Democracy is in the streets*, p. 102.
39. Gitlin, *Sixties*, p. 359-60; Tom Hayden, *Reunion: a memoir* (Nova York: Collier, 1989), p. 247; Henry Raymont, "Violence as a weapon of dissent is debated at forum in 'Village'; moderation criticized". *New York Times*, 17 de dezembro de 1967, p. 16; Tom Hayden, "Two, three, many Columbias". *Ramparts*, 15 de junho de 1968, p. 40, in *America in the sixties—right, left, and center: a documentary history*, org. Peter B. Levy (Westport, Conn.: Praeger, 1998), p. 231-33. Ver também Miller, *Democracy is in the streets*, p. 292.
40. Miller, *Democracy is in the streets*, p. 310; Jeff Lyon, "The world is still watching after the 1968 democratic convention, nothing in Chicago was quite the same again". *Chicago Tribune Magazine*, 24 de julho de 1988. Ver também James W. Ely Jr., "The Chicago conspiracy case", in *American political trials*, org. Michael R. Belknap (Westport, Conn.: Praeger, 1994), p. 248; Tom Hayden, *Rebellion and repression* (Nova York: World, 1969), p. 15. Para as memórias dos acusados e dos juízes de defesa, ver "Lessons of the '60s". *American Bar Association Journal* 73 (maio de 1987), p. 32-38.
41. Vincent J. Cannato, *The ungovernable city: John Lindsay and his struggle to save New York* (Nova York: Basic Books, 2001), p. 243.
42. Gitlin, *Sixties*, p. 399, 401.
43. Ibid., p. 399, 400. Este relato, bem como muitos outros neste capítulo, deriva de ibid. e também de *Democracy in the streets*, de Miller.
44. Gitlin, *Sixties*, p. 399. Dohrn viveu escondida durante uma década depois de seu envolvimento no assalto dos "Dias de Ódio" em Chicago, onde ela agora trabalha como diretora do Children and Family Justice Center na Universidade de Northwestern. Em 1993, ela disse ao *New York Times*: "Fiquei chocada com o ódio que lançavam contra

mim." Ela culpou parte da reação ao sexismo — porque se recusava a se comportar como uma "boa moça". Susan Chira, "At home with: Bernardine Dohrn; same passion, new tactics". *New York Times*, 18 de novembro de 1993, sec. C, p. 1.
45. Os nazistas também tinham algo de cômico. Quando o filme *Nada de novo no front ocidental* foi lançado na Alemanha, Goebbels comprou uma quantidade enorme de ingressos e ordenou a suas tropas de assalto que interrompessem a projeção e soltassem centenas de camundongos brancos no cinema.
46. Abbie Hoffman, *The best of Abbie Hoffman* (Nova York: Four Walls Eight Windows, 1990), p. 62; Miller, *Democracy is in the streets*, p. 285-86; Gitlin, *Sixties*, p. 324.
47. Richard Jensen, "Futurism and fascism". *History Today* 45, nº 11 (novembro de 1995), p. 35-41.
48. Wolin, *Seduction of unreason*, p. 62.
49. Gold acreditava que uma "agência do povo" teria que assumir o controle dos Estados Unidos logo que o imperialismo fosse desmontado. Quando alguém disse que sua ideia soava como o pior sonho de John Bircher, Gold respondeu: "Bom, se for preciso fascismo, então teremos que ter fascismo." Gitlin, *Sixties*, p. 399.
50. *Eu voto no Partido Democrata*
    Eles querem que a ONU seja forte
    Eu participo de todos os concertos de Pete Seeger,
    Ele sem dúvida me leva a cantar todas aquelas músicas.
    E enviarei todo o dinheiro que vocês pedirem
    Mas não me peçam para me juntar a vocês.
    Então, me ame, me ame, me ame –
    Eu sou um liberal.
    (Gitlin, *Sixties*, p. 183.)
51. Saul D. Alinsky, *Rules for radicals: a pragmatic primer for realistic radicals* (Nova York: Vintage, 1972), p. 120-21.
52. Ibid., p. 21.
53. Paxton, *Anatomy of fascism*, p. 17.
54. Jay Nordlinger, "Che chic". *National Review*, 31 de dezembro de 2004, p. 28.
55. Paul Berman, "The cult of Che", *Slate*, 24 de setembro de 2004, www.slate.com/id/2107100/ (acessado em 15 de março de 2007); Nordlinger, "Che chic", p. 28.
56. Lumumba, ao contrário do que me ensinaram na escola, não foi assassinado pela CIA, mas por forças congolesas de oposição numa guerra civil imunda (embora a CIA de fato tivesse um plano em elaboração para se livrar dele). Ele foi entregue aos inimigos por seu antigo chefe de pessoal, Mobutu Sese Seko, que havia escolhido cuidadosamente. Seko acabou assumindo o poder do país e se tornando um ditador fascista cuja brutalidade não dissuadiu a esquerda americana, especialmente a esquerda negra, de o transformar num herói pan-africano.
57. Jean-Paul Sartre, prefácio de *The wretched of the earth*, de Frantz Fanon, trad. Constance Farrington (Nova York: Grove, 1963), p. 22; Gitlin, *Sixties*, p. 344.

58. Quando os *fascisti* negros ocuparam o Straight Hall, um pai desesperado ligou para a segurança do *campus*. A primeira pergunta que ouviu foi se os perpetradores eram brancos ou negros. Quando o pai respondeu que eram negros, "me disseram que não havia nada que pudesse ser feito por nós". Com relação aos estudantes negros e suas pontuações no teste de avaliação de conhecimentos, Thomas Sowell escreve: "A maior parte dos estudantes negros admitidos em Cornell tinha pontuações no SAT acima da média nacional — mas muito abaixo das médias de outros estudantes de Cornell. Eles tinham problemas porque estavam em Cornell — e, mais tarde, Cornell também teria problemas porque eles estavam lá... Sabe-se que alguns candidatos negros a Cornell que tinham bom histórico acadêmico foram rejeitados, enquanto aqueles que se encaixavam no estereótipo buscado foram admitidos com qualificações mais baixas." Ver Thomas Sowell, "The day Cornell died". *Weekly Standard*, 3 de maio de 1999, p. 31. Ver também Berns, "Assault on the universities".
59. Michael T. Kaufman, "Stokely Carmichael, rights leader who coined 'Black Power', dies at 57". *New York Times*, 16 de novembro de 1998.
60. D'Souza, *End of racism*, p. 398-99. Ver também W.E.B. DuBois, "Back to Africa". *Century*, fevereiro de 1923, citado por John Henrik Clarke, org., *Marcus Garvey and the vision of Africa* (Nova York: Vintage, 1974), p. 101, 117, 134; John Hope Franklin e August Meier, orgs., *Black leaders of the twentieth century* (Urbana: University of Illinois Press, 1982), p. 132-34. Hoje, de forma parecida com o que ocorria nos anos 1960, os grupos de nacionalistas negros, revistas e "intelectuais" frequentemente encontram uma causa comum com os supremacistas brancos. A *Third World Press*, dirigida pelo nacionalista negro Haki Madhubuti, tipicamente barra autores brancos, mas faz concessões para escribas antissemitas como Michael Bradley, cujas teorias a respeito dos judeus são perfeitamente consistentes com *Os protocolos dos sábios de Sião*.
61. Para a citação de Forman, ver Nina J. Easton, "America the enemy". *Los Angeles Times Magazine*, 18 de junho de 1995, p. 8. Chavis foi solto depois que o governador da Carolina do Norte recorreu à pressão internacional — inclusive da União Soviética — alegando um julgamento injusto.
62. Paxton, *Anatomy of fascism*, p. 7.
63. Morris L. Fried, "The struggle is the message: the organization and ideology of the anti-war movement, by Irving Louis Horowitz". *Contemporary Sociology* 1, n° 2 (março de 1972), p. 122-23, citando Irving Louis Horowitz, *The struggle is the message: the organization and ideology of the anti-war movement* (Berkeley, Calif.: Glendessary, 1970), p. 122-23.
64. Seymour Martin Lipset, *Rebellion in the university* (Boston: Little, Brown, 1972), p. 115; Robert Soucy, "French fascist intellectuals in the 1930s: an old New Left?" *French Historical Studies* (primavera de 1974).

6. DO MITO KENNEDY AO SONHO DE JOHNSON: O FASCISMO LIBERAL E O CULTO DO ESTADO

1. Max Holland, "After thirty years: making sense of the assassination". *Reviews in American History* 22, n° 2 (junho de 1994), p. 192-93; "Chapter II — or finis?" *Time,* 30 de dezembro de 1966; Philip Chalk, "Wrong from the beginning". *Weekly Standard,* 14 de março de 2005; Mimi Swartz, "Them's fightin' words". *Texas Monthly,* julho de 2004.
2. "Pope Paul warns that hate and evil imperil civil order". *New York Times,* 25 de novembro de 1963, p. 1; Wayne King, "Dallas still wondering: did it help pull the trigger?" *New York Times,* 22 de novembro de 1983, p. A24. A designação "cidade do ódio" continua a ser um dos episódios mais bizarros na psicologia de massa americana. Parecia dever-se, em grande parte, ao tratamento duro que LBJ recebeu em seu estado natal de algumas mulheres republicanas que protestavam durante a eleição de 1960, bem como a um protesto contra a ONU em 1963, durante o qual Adlai Stevenson — que era o embaixador americano na ONU — foi golpeado na cabeça com um cartaz anti-ONU.
3. Comissão Warren, *The Warren Commission Report: Report of the President's Commission on the Assassination of President John F.Kennedy* (Nova York: St. Martin's, 1992), p. 416.
4. Sobre *MacBird,* ver Arthur Herman, *Joseph McCarthy: reexamining the life and legacy of America's most hated senator* (Nova York: Free Press, 2000), p. 13. Kennedy pediu 52,3 bilhões de dólares para gastos militares e outro 1,2 bilhão para o programa espacial — que ele, sem dúvida alguma, via como um investimento relacionado à defesa — de um orçamento total de 106,8 bilhões de dólares. Derek Leebaert, *The fifty-year wound: how America's Cold War victory shapes our world* (Boston: Little, Brown, 2003), p. 267; Aaron L. Friedberg, *In the shadow of the Garrison State: America's anti-statism and its Cold War grand strategy* (Princeton, N.J.: Princeton University Press, 2000), p. 140.
5. Steven F. Hayward, *The age of Reagan: the fall of the old liberal order, 1964-1980* (Roseville, Calif.: Prima, 2001), p. 23; Todd Gitlin, *The sixties: years of hope, days of rage* (Nova York: Bantam, 1993), p. 136-37. A reação de Kennedy às Marchas pela Liberdade na primavera de 1961 dificilmente poderia ser vista como equívoca. Ele fez a coisa certa ao oferecer recursos federais para deter a violência, mas, privadamente, estava furioso com o Congresso da Igualdade Racial por criar conflitos enquanto ele tentava mudar o foco para a reunião de cúpula com Khrushchev em Viena. "Será que você não consegue tirar seus amigos daqueles malditos ônibus?", implorou a Harris Wofford, seu assessor de direitos civis. "Pare-os", pediu. Ele e Bobby também se esforçaram para impedir a marcha de Martin Luther King sobre Washington. Quando falharam, atuaram junto aos líderes dos direitos civis para transformar a mensagem da famosa marcha em algo a favor do governo. O que se tornou a Lei dos Direitos Civis de 1964 foi irremediavelmente derrubado no Congresso quando Kennedy foi assassinado, e é improvável que ele tivesse forçado sua aprovação na campanha para a reeleição.

NOTAS

6. O apelo do nome Camelot sustenta-se em ganchos muito frágeis. Jackie Kennedy se lembrou de que seu marido gostava da trilha sonora do musical *Camelot*, um sucesso na Broadway que havia sido lançado um mês depois da eleição. Theodore White, um cronista de Kennedy, convenceu a revista *Life* a lançar a ideia. O refrão do musical, "por aquele breve e radiante momento", tornou-se, da noite para o dia, um clichê para descrever os "mil dias" de Kennedy, um jogo de palavras inteligente destinado a fazer com que o momento Kennedy parecesse ainda mais precioso e fugaz. Ver também James Reston, "What was killed was not only the president but the promise". *New York Times Magazine*, 15 de novembro de 1964, p. SM24.

7. É crença quase geral que o personagem do Super-homem foi inspirado pela doutrina de Nietzsche do *Übermensch*, que pode ser traduzido tanto como "supervisor" quanto "super-homem". Mas vale a pena notar que o verdadeiro personagem era uma inversão da ideia nietzschiana — e seu conceito nazificado. O super-homem de Nietzsche não presta nenhuma lealdade à moralidade convencional e a legalismos porque ele está acima dessas preocupações medíocres. O personagem dos quadrinhos liga-se a esses costumes mais ainda que os homens normais. Existe certo desprezo nacionalista no personagem, no sentido de que nasceu no interior da América e absorveu tudo o que havia de bom no americanismo. Mas isso se manifestava como um patriotismo benigno ou benéfico, mais que em qualquer outra coisa. No final do episódio sobre preparo físico, o Super-homem e a Supermulher lideram uma parada de americanos balançando bandeiras e carregando faixas de apoio ao presidente. Um deles carrega um cartaz que diz: "SIGAM O PROGRAMA DE PREPARO FÍSICO DO PRESIDENTE E OS AMERICANOS FRACOTES SE TRANSFORMARÃO NOS AMERICANOS FORTES!" A revista em quadrinhos deveria ser lançada no início de 1964, mas foi adiada por causa do assassinato. Em algum momento, LBJ pediu que a editora lançasse a revista como um tributo. Kennedy continuou a ser um personagem recorrente depois de sua morte. Numa das histórias, Jimmy Olsen viaja para o futuro e identifica quem eram os vilões estrangeiros porque foram as únicas pessoas que não observaram um momento de silêncio pelo presidente assassinado. Ver http://www.dialbforblog.com/archives/166/ para imagens dos quadrinhos e comentários (acessado em 10 de julho de 2007).

8. A eleição decidiria, escreveu Mailer, "se a América desejava drama ou estabilidade, aventura ou monotonia". Mailer esperava que os americanos escolhessem Kennedy "por seu mistério, por sua promessa de que o país cresceria ou se desintegraria em consequência da carga não intencional que ele dera à intensidade do mito". Norman Mailer, "Superman comes to the supermarket". *Esquire*, novembro de 1960, em *Pols: Great writers on American politicians from Bryan to Reagan*, org. Jack Beatty (Nova York: Public Affairs, 2004), p. 292.

9. Herbert S. Parmet, "The Kennedy myth and American politics". *History Teacher* 24, nº 1 (novembro de 1990), p. 32, citando "What JFK meant to us". *Newsweek*, 28 de novembro de 1983, p. 72; Jonah Goldberg, "'Isolationism!' they cried". *National Review*,

10 de abril de 2006, p. 35; Alan McConnaughey, "America first: attitude emerged before World War II". *Washington Times,* 12 de dezembro de 1991, p. A3.
10. Louis Menand, "Ask not, tell not: anatomy of an inaugural". *New Yorker,* 8 de novembro de 2004, p. 110.
11. John W. Jeffries, "The 'quest for national purpose' of 1960". *American Quarterly* 30, nº 4 (outono de 1978), p. 451, citando John K. Jessup et al., *The national purpose* (Nova York: Holt, Rinehart and Winston, 1960), p. v. *Newsweek* havia notado no ano anterior que "homens que pensam" estavam preocupados com o fato de que a América havia perdido sua "ousadia e imaginação, o sentido de missão e dedicação". O principal dentre eles era Walter Lippmann, um velho estadista do liberalismo que havia liderado a marcha para a guerra em 1917 na esperança de que ela produzisse uma "transvaloração de valores". Mais uma vez, Lippmann esperava que os americanos abraçassem uma missão coletiva, desta vez movidos pelo desafio soviético. Jeffries, "'Quest for National Purpose' of 1960", p. 454, citando "An unwitting Paul Revere?" *Newsweek,* 28 de setembro de 1959, p. 33-34.
12. Adlai E. Stevenson, "National purpose: Stevenson's view". *New York Times,* 26 de maio de 1960, p. 30; Charles F. Darlington, "Not the goal, only the means". *New York Times,* 3 de julho de 1960, p. 25; Charles F. Darlington, carta, *New York Times,* 27 de maio de 1960, p. 30.
13. Jeffries, "'Quest for national purpose' of 1960". p. 462, citando William Attwood, "How America feels as we enter the soaring sixties". *Look,* 5 de janeiro de 1960, p. 11-15; Leebaert, *Fifty-year wound,* p. 261.
14. William F. Buckley, "Mr. Goodwin's Great Society". *National Review* (7 de setembro de 1965), p. 760.
15. Garry Wills, *The Kennedy imprisonment: a meditation on power* (Boston: Houghton Mifflin, 2002), p. 170, 171; David Schoenbaum, *Hitler's social revolution: class and status in nazi Germany, 1933-1939* (Nova York: Norton, 1980), p. xv n. 4.
16. Leebaert, *Fifty-year wound,* p. 263; Wills, *Kennedy imprisonment,* p. 171.
17. H.W. Brands, *The strange death of American liberalism* (New Haven, Conn.: Yale University Press, 2001), p. 87-88.
18. Christopher Lasch, *Haven in a heartless world: the family besieged* (Nova York: Norton, 1995), p. 218 n. 55, citando David Eakins, "Policy-planning for the establishment" em *A New History of Leviathan,* org. Ronald Radosh e Murray Rothbard (Nova York: Dutton, 1972), p. 198.
19. James Reston, "A portion of guilt for all". *New York Times,* 25 de novembro de 1963; Tom Wicker, "Johnson bids Congress enact civil rights bill with speed; asks end of hate and violence". *New York Times,* 28 de novembro de 1963.
20. "When JFK's ideals are realized, expiation of death begins, bishop says". *Washington Post,* 9 de dezembro de 1963, p. B7.
21. Robert N. Bellah, "Civil religion in America". *Daedalus* 96, nº 1 (inverno de 1967), p. 1-21; C. L. Sulzberger, "A new frontier and an old dream". *New York Times,* 23 de janeiro de 1961, p. 22.

22. Bill Kauffman, "The Bellamy boys pledge allegiance". *American Enterprise* 13, n° 7 (out./nov. de 2002), p. 50.
23. Edward Bellamy, *Looking backward, 2000-1887* (Nova York: New American Library, 1960), p. 111.
24. Nicholas P. Gilman, "'Nationalism' in the United States". *Quarterly Journal of Economics* 4, n° 1 (outubro de 1889), p. 50-76; Bellamy, *Looking backward*, p. 143.
25. A história do Juramento de Lealdade e de suas raízes nacional-socialistas é fascinante. Rex Curry, um libertário apaixonado, transformou a questão em sua "baleia branca". Ver rexcurry.net/pledgesalute.html.
26. "Hail new party in fervent song". *New York Times*, 6 de agosto de 1912, p. 1.
27. Senador Albert Beveridge, *Congressional Record*, Senado, 9 de janeiro de 1900, p. 704-11, citado em *The Philippines reader: a history of colonialism, neocolonialism, dictatorship, and resistance*, orgs. Daniel B. Schirmer e Stephen Rosskamm Shalom (Boston: South End Press, 1987), p. 23.
28. Walter Rauschenbusch, *Christianizing the social order* (Nova York: Macmillan, 1912), p. 330. O jornal do Evangelho Social, *Dawn*, fundado em 1890, pretendia "mostrar que o objetivo do socialismo está incluído nos objetivos do cristianismo e despertar os membros das igrejas cristãs para o fato de que os ensinamentos de Jesus Cristo levam diretamente a alguma forma ou a formas específicas de socialismo". William G. McLoughlin, *Revivals, awakenings, and reform: an essay on religion and social change in America, 1607-1977* (Chicago: University of Chicago Press, 1980), p. 175.
29. Charles Howard Hopkins, *The rise of the Social Gospel in American protestantism, 1865-1915* (New Haven, Conn.: Yale University Press, 1940), p. 253.
30. James Bovard, *Freedom in chains: the rise of the state and the demise of the citizen* (Nova York: St. Martin's, 2000), p. 4, citando G. W. F. Hegel, *The philosophy of history* (Nova York: Collier & Son, 1902), p. 87.
31. Murray N. Rothbard, "Richard T. Ely: paladin of the Welfare-Warfare State". *Independent Review* 6, n° 4 (primavera de 2002), p. 586, citando Sidney Fine, *Laissez Faire and the General-Welfare State: a study of conflict in American thought, 1865-1901* (Ann Arbor: University of Michigan Press, 1956), p. 180-81; John R. Commons, "The christian minister and sociology" (1892), em *John R. Commons: selected essays*, orgs. Malcolm Rutherford e Warren J. Samuels (Nova York: Routledge, 1996), p. 20; Eldon J. Eisenach, *The lost promise of progressivism* (Lawrence: University Press of Kansas, 1994), p. 60 n. 21.
32. John Lukacs, *Remembered past: John Lukacs on history, historians, and historical knowledge* (Wilmington, Del.: ISI Books, 2005), p. 305.
33. Woodrow Wilson, "Force to the utmost", discurso na abertura da Terceira Campanha dos Títulos da Liberdade, no Arsenal do Quinto Regimento em Baltimore, em 6 de abril de 1918, em *The messages and papers of Woodrow Wilson*, org. Albert Shaw (Nova York: Review of Reviews Corporation, 1924), vol. 1, p. 484; Woodrow Wilson, discurso no Confederate Veterans, Washington, D.C., 5 de junho de 1917, em ibid., p. 410; Ronald

Schaffer, *America in the Great War: the rise of the war Welfare State* (Nova York: Oxford University Press, 1991), p. 10.
34. R. J. B. Bosworth, *Mussolini's Italy: life under the fascist dictatorship, 1915-1945* (Nova York: Penguin, 2006), p. 97.
35. Um anúncio num jornal da época dá uma ideia do ponto a que havia chegado a intromissão do governo.

> Este é seu programa de alimentação para as próximas quatro semanas, e deve ser rigidamente observado, diz F. C. Findley, Comissário de Alimentação do Condado:
>
> *Segunda:* Todas as refeições sem trigo.
> *Terça:* Todas as refeições sem carne.
> *Quarta:* Todas as refeições sem trigo.
> *Quinta:* Café da manhã sem carne; jantar sem trigo.
> *Sexta:* Café da manhã sem carne; jantar sem trigo.
> *Sábado:* Todas as refeições sem carne de porco, café da manhã sem carne.
> *Domingo:* Café da manhã sem carne; jantar sem trigo.
>
> O açúcar deve ser sempre usado com muita moderação. Não ponha açúcar em seu café a menos que esse seja um hábito antigo, e, nesse caso, use somente uma colherada. (Robert Higgs, *Crisis and Leviathan: critical episodes in the growth of American government* [Nova York: Oxford University Press, 1987], p. 137)

36. John Dewey, *Liberalism and social action* (Amherst, N.Y.: Prometheus Books, 2000), p. 30. Ver também Alex Viskovatoff, "A deweyan economic methodology", em *Dewey, pragmatism, and economic methodology*, org. Elias L. Khalil (Nova York: Routledge, 2004), p. 293; Virgil Michel, "Liberalism yesterday and tomorrow". *Ethics* 49, n° 4 (julho de 1939), p. 417-34; Jonah Goldberg, "The new-time religion: liberalism and its problems". *National Review*, 23 de maio de 2005.
37. Lewis S. Feuer, "American travelers to the Soviet Union, 1917-32: the formation of a component of New Deal ideology". *American Quarterly* 14, n° 2, pt. 1 (verão de 1962), p. 122, 126.
38. William E. Leuchtenburg, *The FDR years: on Roosevelt and his legacy* (Nova York: Columbia University Press, 1995), p. 284. A.J.P. Taylor fez uma observação semelhante a respeito da interação das pessoas com o governo federal:

> Até agosto de 1914, um cidadão inglês sensível, cumpridor das leis, poderia atravessar a vida e praticamente não notar a existência do Estado além dos correios e da polícia... Ele poderia viajar para o exterior ou deixar seu país para sempre sem um passaporte ou qualquer tipo de permissão oficial. Poderia trocar seu dinheiro por outro sem restrição nem limite. Poderia comprar bens de qualquer país do mundo exatamente como comprava bens locais. Da mesma forma, um estrangeiro poderia passar a vida no país sem permissão e sem informar à polícia... Tudo isso foi mudado pelo impacto da Grande Guerra... O Estado estabeleceu um domínio sobre seus cidadãos que, embora relaxado em tempos de paz, nunca mais foi removido, e que a Segunda Guerra Mundial haveria de aumentar novamente. Pela primeira vez, a história do povo inglês e a do Estado inglês eram fundidas. (A. J. P. Taylor, *English history, 1914-1945* [Nova York: Oxford University Press, 1965], p. 1)

39. Citado em Scott Yenor, "A New Deal for Roosevelt". *Claremont Review of Books* (inverno de 2006).
40. Thurman Arnold, *The folklore of capitalism* (New Haven, Conn.: Yale University Press, 1937), p. 389.
41. Leuchtenburg, *FDR years*, p. 20.
42. Walter Winchell, "Americans we can do without". *Liberty*, 1º de agosto de 1942, p. 10.
43. Ver Sam Tanenhaus, *Whittaker Chambers: a biography* (Nova York: Random House, 1997), p. 179, 561.
44. Herbert McClosky, "Conservatism and personality". *American Political Science Review* 52, nº 1 (março de 1958), p. 35; Lionel Trilling, *The liberal imagination: essays on literature and society* (Nova York: Viking, 1950), p. ix.
45. David S. Brown, *Richard Hofstadter: an intellectual biography* (Chicago: University of Chicago Press, 2006), p. 90; Casey Blake e Christopher Phelps, "History as social criticism: conversations with Christopher Lasch". *Journal of American History* 80, nº 4 (março de 1994), p. 1310-32.
46. Bertolt Brecht, "The solution", em *Poems, 1913-1956*, org. John Willett e Ralph Manheim (Nova York: Routledge, 1987), p. 440.
47. Robert Dallek, *Lyndon B. Johnson: portrait of a president* (Nova York: Oxford University Press, 2004), p. 29; Jordan A. Schwarz, *The New Dealers: power politics in the age of Roosevelt* (Nova York: Vintage, 1994), p. 276.
48. Schwarz, *The New Dealers*, p. 267.
49. Lyndon B. Johnson, "Discurso de posse — a Grande Sociedade", Michigan University, Ann Arbor, 22 de maio de 1964, em *Public Papers of the Presidents of the United States, Lyndon B. Johnson, 1963-64* (Washington, D.C.: Government Printing Office, 1965), p. 704-7; *America in the sixties—right, left, and center: a documentary history*, org. Peter B. Levy (Westport, Conn.: Praeger, 1998), p. 106-7. Ver também Hayward, *Age of Reagan*, p. 21.

50. Johnson, "Discurso de posse— a Grande Sociedade", p. 108.
51. Charles Mohr, "Johnson, in South, decries 'radical' Goldwater ideas". *New York Times*, 27 de outubro de 1964; Cabell Phillips, "Johnson decries terrorist foes of negro rights". *New York Times*, 19 de julho de 1964; "Transcript of president's news conference on foreign and domestic affairs". *New York Times*, 19 de julho de 1964.
52. Charles Mohr, "Johnson exhorts voters to reject demagogic pleas". *New York Times*, 23 de setembro de 1964; anúncio, *New York Times*, 12 de setembro de 1964, p. 26; Ralph D. Barney e John C. Merrill, orgs., *Ethics and the press: readings in mass media morality* (Nova York: Hastings House, 1975), p. 229. Ver também Jack Shafer, "The varieties of media bias, Part 1". *Slate*, 5 de fevereiro de 2003, www.slate.com/id/2078200/ (acessado em 19 de março de 2007); Jonah Goldberg, "Hold the self-congratulation". *National Review*, 24 de outubro de 2005; Jeffrey Lord, "From God to godless: the real liberal terror". *American Spectator*, 12 de junho de 2006, www.spectator.org/dsp _article.asp?art_id=9943 (acessado em 16 de janeiro de 2007).
53. No entanto, nesse trabalho Dewey chamou a sociedade existente de a Grande Sociedade. Ele esperava que o Estado pudesse transformar a Grande Sociedade no que ele chamava de "Grande Comunidade". Mas a Grande Comunidade de Dewey soa muito mais próxima daquilo que Johnson tinha em mente com sua Grande Sociedade.
54. Robert R. Semple Jr., "Nation seeks way to better society". *New York Times*, 25 de julho de 1965.
55. Dewey, *Liberalism and social action*, p. 15, 76. A linhagem da Guerra contra a Pobreza era igualmente transparente. Assim como o *New Deal* foi vendido na linguagem da guerra, a Guerra contra a Pobreza era mais um capítulo do esforço progressista de invocar o "equivalente moral da guerra". Na realidade, a maioria dos programas da Grande Sociedade era meramente versões muito expandidas de programas do *New Deal*, tais como o Auxílio a Famílias com Filhos Dependentes, que começou como um plano de seguro para viúvas de trabalhadores nas minas. Aqueles programas, por sua vez, haviam surgido de um desejo de recriar os "sucessos" do socialismo de guerra de Wilson. Ver também o capítulo sobre John Dewey por Robert Horwitz, em *The history of political philosophy*, org. Leo Strauss e Joseph Cropsey (Chicago, Ill.: University of Chicago Press, 1987).
56. McLoughlin, *Revivals, awakenings, and reform*, p. 207.
57. John B. Judis, "The spirit of '68: what really caused the sixties". *New Republic*, 31 de agosto de 1998.
58. *A mística feminina* é um excelente exemplo da intensidade com que o Holocausto distorceu a mente liberal. Uma ativista e jornalista comunista havia muito tempo, Friedan se apresenta em *A mística feminina* (Petrópolis: Vozes, 1971) como uma dona de casa convencional totalmente ignorante da política. Numa perturbadora metáfora, ela afirma que donas de casa eram vítimas de uma opressão de natureza nazista. As "mulheres que se 'ajustam' como donas de casa, que crescem querendo ser 'apenas uma dona de casa, correm tanto perigo quanto os milhões daqueles que caminharam para sua pró-

pria morte nos campos de concentração", escreveu ela. O lar, escreveu Friedan ecoando diretamente Horkheimer, era um "campo de concentração confortável". A analogia é suficientemente grotesta, tanto intelectual quanto moralmente, para merecer qualquer dissecção adicional.

59. Isso, por sua vez, levou a uma nova frente do grande despertar: uma luta contra a ortodoxia religiosa entre conservadores cristãos e outros que rejeitavam a politização de suas crenças.
60. Para muitos, as drogas se tornaram o novo sacramento. Após a implosão da Nova Esquerda, Tom Hayden foi se esconder "entre os ousados psicodélicos da contracultura", acreditando que as drogas fossem uma forma de "aprofundar a autoconsciência" e que elas o ajudariam a descobrir significado espiritual e autenticidade. Até os mais ardentes exponentes da cultura da droga baseavam sua defesa das drogas em termos explicitamente religiosos. Pretensos gurus como Timothy Leary, um professor de Harvard que se tornou um "guia espiritual" que tomava tabletes de ácido como se fossem hóstias, falava incessantemente sobre como as drogas levavam a uma "experiência religiosa". William Braden, um repórter do *Chicago Sun-Times*, escreveu *The private sea: LSD and the search for God*, um dos inúmeros livros e panfletos que tentaram atualizar a nova contracultura nos termos da "Nova Teologia", como era chamada.
61. William Braden, "The seduction of the spirit". *Washington Post*, 9 de setembro de 1973, p. BW1, BW13.
62. O reverendo Martin Marty, um teólogo acadêmico e editor do *Christian Century*, declarou numa série de discursos em 1965 que os radicais eram "agentes morais" e chamou escritores como James Baldwin de "profetas carismáticos". Marty fez essas observações num discurso na Universidade de Colúmbia. Em resposta, um estudante radical o desafiou: "O que você diz não faz sentido, porque a Grande Sociedade é basicamente imoral e está podre." Marty respondeu que aqueles comentários eram típicos de pessoas que escolhem ser "moralmente puras", em vez de politicamente relevantes. Em outras palavras, a pureza moral fica no extremo ocupado pelos radicais no espectro político. "Radicals Called 'Moral Agents'". *New York Times*, 26 de julho de 1965, p. 19.
63. A passagem famosa está no discurso sobre o Estado da União proferido por FDR em 1935: "As lições da história, confirmadas pela evidência imediatamente diante de mim, mostram conclusivamente que a dependência contínua de ajudas induz a uma desintegração espiritual fundamentalmente destrutiva da fibra nacional. Distribuir ajudas dessa maneira é administrar um narcótico, um insidioso destruidor do espírito humano. Isso é contra os ditados de uma política sadia. Viola as tradições da América. É preciso encontrar trabalho para trabalhadores fisicamente capazes, mas pobres."
64. Hayward, *Age of Reagan*, p. 20, citando "T.R.B. from Washington". *New Republic*, 14 de março de 1964, p. 3, e citando Gareth Davies, *From opportunity to entitlement: the transformation and decline of Great Society liberalism* (Lawrence: University Press of Kansas, 1996), p. 48.

65. Mickey Kaus, *The end of equality* (Nova York: Basic Books, 1995).
66. Hayward, *Age of Reagan*, p. 124. Uma explosão demográfica na geração *baby boomer* é parcialmente culpada pelo crescimento na criminalidade, mas o clima cultural, legal e político era, sem dúvida, o principal culpado. Na década de 1960, intelectuais que discutiam políticas acreditavam que "o sistema", por si mesmo, causava crimes, e praticamente todas as reformas legais da época levavam na direção de conceder mais direitos aos criminosos e tornar mais difícil o trabalho da polícia. Culturalmente, uma ampla gama de ativistas e intelectuais havia proclamado que o crime — especialmente o crime negro — era uma "rebelião" política com respaldo moral.
67. Ibid., p. 26, citando Richard Epstein, *Forbidden grounds: the case against employment discrimination laws* (Cambridge, Mass.: Harvard University Press, 1992), p. 186-88; Penn Kemble e Josh Muravchik, "The new politics & the democrats". *Commentary*, dezembro de 1972, p. 78-84. McGovern mais tarde brincou que suas regras abriram as portas para o Partido Democrata e "vinte milhões de pessoas saíram por elas".
68. Hayward, *Age of Reagan*, p. 90-92.
69. "Text of the Moynihan Memorandum on the Status of Negroes". *New York Times*, 1º de março de 1970. Ver também Peter Kihss, "'Benign neglect' on race is proposed by Moynihan". *New York Times*, 1º de março de 1970, p. 1.
70. Parmet, "Kennedy myth and American politics", p. 35, citando Randall Rothenberg, "The Neoliberal Club". *Esquire*, fevereiro de 1982, p. 42.
71. Douglas Brinkley, "Farewell to a friend". *New York Times*, 19 de julho de 1999, p. A17; *Reliable sources*. CNN, 24 de julho de 1999. Ver também Tim Cuprisin, "Few shows, cost blurring appeal of digital TV". *Milwaukee Journal Sentinel*, 27 de julho de 1999, p. 8.

7. RACISMO LIBERAL: O FANTASMA EUGÊNICO NA MÁQUINA FASCISTA

1. Michele Parente, "Rangel ties GOP agenda to Hitler". *Newsday*, 19 de fevereiro de 1995, p. A38; Bond é citado em "Washington whispers". *U.S. News & World Report*, 28 de julho de 2003, p. 12; Marc Morano, "Harry Belafonte calls black republicans 'tyrants'". *Cybercast News Service*, 8 de agosto de 2005; Steve Dunleavy, "There's nothing fascist about a final verdict". *New York Post*, 13 de dezembro de 2000, p. 6.
2. E, quando esses vários capítulos escuros do liberalismo são alguma vez mencionados, é justamente pela linha dura da esquerda que critica a própria América. O efeito final é que, quando quer que os conservadores cometam algum suposto mal, isso é o resultado do conservadorismo. Quando quer que os liberais cometam algum suposto mal, isso é o resultado ou de um liberalismo insuficientemente severo por parte dos liberais ou da própria América. Em suma, o liberalismo nunca é culpado, e os conservadores sempre são.
3. Adolph Reed Jr., "Intellectual brownshirts". *Progressive*, dezembro de 1994.
4. Sherwin B. Nuland, "The death of Hippocrates". *New Republic*, 13 de setembro de 2004, p. 31.

5. Alan Wolfe, "Hidden injuries". *New Republic*, 7 de julho de 1997.
6. Um antigo assessor de Teddy Roosevelt e um extremista até mesmo pelos padrões de muitos eugenistas, Grant escreveu: "Um respeito equivocado pelo que se acredita serem leis divinas e uma crença sentimental na santidade da vida humana tendem a impedir tanto a eliminação de crianças defeituosas quanto a esterilização daqueles adultos que não têm nenhum valor para a comunidade. As leis da natureza requerem a obliteração do inapto, e a vida humana só tem valor quando tem utilidade para a comunidade ou para a raça." Citado em Richard Weikart, *From Darwin to Hitler: evolutionary ethics, eugenics, and racism in Germany* (Nova York: Palgrave Macmillan, 2004), p. 10. Ver também Robert Jay Lifton, *The nazi doctors: medical killing and the psychology of genocide* (Nova York: Basic Books, 2000), p. 24; Edwin Black, *War against the weak: eugenics and America's campaign to create a master race* (Nova York: Four Walls Eight Windows, 2003), p. 291.
7. Black, *War against the weak*, p. xviii.
8. Charles Murray, *Deeper into the brain*. National Review, 24 de janeiro de 2000, p. 49; Thomas C. Leonard, "'More merciful and not less effective': eugenics and American economics in the progressive era". *History of Political Economy* 35, n° 4 (inverno de 2003), p. 707.
9. Diane Paul, "Eugenics and the left". *Journal of the History of Ideas* 45, n° 4 (out.-dez. de 1984), p. 586 n. 56, citando H. G. Wells, *Sociological papers* (Londres, 1905), p. 60; William J. Hyde, "The socialism of H. G. Wells in the early twentieth century". *Journal of the History of Ideas* 17, n° 2 (abril de 1956), p. 220; H.G. Wells, *The new Machiavelli* (Nova York: Duffield, 1910), p. 379. Em *A modern utopia* (1905), Wells escreveu:

> O Estado está justificado ao dizer que, antes que você ponha mais crianças na comunidade para serem educadas e, em parte, sustentadas pela comunidade, você precisa estar acima de certo mínimo de eficiência pessoal... e de certo mínimo de desenvolvimento físico, e livre de qualquer doença transmissível... Não sendo atendidas essas qualificações simples, se você e outra pessoa conspirarem [note o uso da palavra criminalizante "conspirarem"] e aumentarem a população do Estado, nós cuidaremos, para o bem da humanidade, da vítima inocente de suas paixões, mas insistiremos em que você terá uma dívida para com o Estado, dívida de um tipo peculiarmente urgente, e que você necessariamente pagará, mesmo que seja preciso usar a força para extrair o pagamento de você. (H.G. Wells, *A modern utopia* [Londres, 1905], p. 183-84, citado em Michael Freeden, "Eugenics and progressive thought: a study in ideological affinity", *Historical Journal* 22, n° 3 [setembro de 1979], p. 656)

10. George Bernard Shaw, *Man and Superman: a comedy and a philosophy* (Cambridge, Mass.: University Press, 1903), p. 43; Paul, "Eugenics and the left". p. 568, citando George Bernard Shaw, *Sociological papers* (Londres, 1905), p. 74-75; Shaw, *Man and Superman*, p. 45, 43; George Bernard Shaw, prefácio de *Major Barbara* (Nova York: Penguin, 1917), p. 47.
11. Freeden, "Eugenics and progressive thought", p. 671; Chris Nottingham, *The pursuit of serenity: Havelock Ellis and the new politics* (Amsterdam: Amsterdam University Press, 1999), p. 185, 213; Paul, "Eugenics and the left", p. 567, citando J.B.S. Haldane, "Darwin on slavery". *Daily Worker* (Londres), 14 de novembro de 1949.
12. Paul, "Eugenics and the left", p. 568, 573.
13. Em seu primeiro ano de publicação, toda uma quarta parte das contribuições que chegavam à revista vinha das ilhas britânicas. Daniel T. Rodgers, *Atlantic crossings: social politics in a progressive age* (Cambridge, Mass.: Harvard University Press, 1998), p. 276.
14. Para outros encômios como esse, ver Yosal Rogat, "Mr. Justice Holmes: a dissenting opinion". *Stanford Law Review* 15, nº 1 (dezembro 1962), p. 3-44.
15. William E. Leuchtenburg, *The Supreme Court reborn: the constitutional revolution in the age of Roosevelt* (Nova York: Oxford University Press, 1995), p. 19. Grifo nosso.
16. Robert J. Cynkar, "Buck v. Bell: 'felt necessities' v. fundamental values?" *Columbia Law Review* 81, nº 7 (novembro de 1981), p. 1451.
17. Em 1911, Wilson pediu a Edwin Katzen-Ellenbogen, o principal eugenista do estado e especialista em epilepsia, para escrever o texto de uma lei. Um católico polonês de origem judia e cidadão americano, Katzen-Ellenbogen tem uma história muito longa para ser contada aqui. Mas vale a pena notar que esse homem profundamente maligno acabou como um médico da SS na França e, finalmente, como um "prisioneiro" que trabalhou com os carniceiros de Buchenwald. Ele pessoalmente matou milhares — frequentemente em nome das teorias eugênicas que desenvolveu nos hospitais psiquiátricos americanos — e torturou inúmeros mais. A "ciência" que aprendeu na América foi bastante bem recebida pela SS. Numa grotesca falha da justiça, ele escapou da execução em Nuremberg. Ver Edwin Black, "Buchenwald's american-trained nazi". *Jerusalem Report*, 22 de setembro de 2003.
18. Herbert Croly, *The promise of American life* (Nova York: Macmillan, 1911), p. 345, 191.
19. Charles Richard Van Hise, *The conservation of natural resources in the United States* (Nova York: Macmillan, 1910), p. 378.
20. Scott Gordon, *The history and philosophy of social science* (Nova York: Routledge, 1993), p. 521; Daniel Kevles, *In the name of eugenics: genetics and the uses of human heredity* (Cambridge, Mass.: Harvard University Press, 1986), p. 68.
21. O juiz Butler não deu um parecer por escrito, mas há duas explicações possíveis (e compatíveis) para sua discordância. Primeira, Butler *era* um darwinista social, no sentido de que não acreditava que o Estado devesse "interferir, interferir, interferir!", como disse Sidney Webb. Segunda, ele era, na época, o único católico na Corte Suprema, e a Igreja era categórica em seus ensinamentos contra qualquer coisa que parecesse eugenia.

NOTAS

22. Edward Pearce, escrevendo no jornal inglês *Guardian*, chama Spencer de "um homem totalmente maligno... cuja paixão pela eugenia e pela eliminação o fazia delirar com as coisas por vir". Edward Pearce, "Nietzsche is radically unsound". *Guardian*, 8 de julho de 1992, p. 20. Edwin Black, autor de *War against the weak*, afirma que a eugenia nasceu das ideias de Spencer, e que Spencer se pronunciou como "absolutamente contrário à caridade" em *Social statics*. Black claramente não leu o livro, e nenhuma dessas coisas é verdade. Ver Roderick T. Long, "Herbert Spencer: the defamation continues", 28 de agosto de 2003, www.lewrockwell.com/orig3/long3.html (acessado em 13 de março de 2007).
23. Parte do problema é que Hofstadter simplesmente entendeu errado grande parte da história (um ponto que mesmo o historiador esquerdista Eric Foner foi forçado a reconhecer em sua introdução à edição de 1992 de *Social darwinism in American thought*). Quinze anos depois da publicação do livro de Hofstadter, Irvin Wyllie, da Universidade de Wisconsin, demonstrou que quase nenhum dos industriais da Era Dourada se expressava em termos darwinistas ou prestava muita atenção ao darwinismo em moda entre as classes intelectuais. A própria expressão "darwinismo social" era quase desconhecida durante a chamada época dos magnatas. Em um exemplo chocante, Hofstadter erroneamente atribui uma afirmação sobre a "sobrevivência do mais apto" a John D. Rockefeller. Mas foi o filho de Rockefeller, John D. Rockefeller Jr., educado numa faculdade, que usou a a expressão, em tom ocasional, num discurso na Universidade de Brown em 1902. Irvin G. Wyllie, "Social darwinism and the businessman". *Proceedings of the American Philosophical Society*, 15 de outubro de 1959, p. 632, citando Raymond B. Fosdick, *John D. Rockefeller, Jr.: a portrait* (Nova York: Harper, 1956), p. 130-31.
24. A progressista Jane Addams trabalhava em Chicago com o juiz Harry Olson, o fundador da Sociedade Eugênica Americana e ex-presidente da Associação de Pesquisas Eugênicas. Como um pioneiro das cortes juvenis na América, Olson estava dedicado a arrancar as ervas daninhas representadas pelas "raças baratas". Ele defendia a esterilização quando necessária, mas seu remédio predileto era criar um *gulag* psiquiátrico onde os inaptos poderiam terminar a vida segregados dos estoques humanos de melhor qualidade. Em 1916, o *New Republic* demonstrou o espírito de concessão mútua que havia entre os progressistas num editorial (quase certamente escrito por Croly):

> O *laissez-faire* como uma política populacional leva diretamente à perdição... *A imbecilidade gera imbecilidade tão certamente quanto galinhas brancas geram pintinhos brancos; e, com o laissez-faire, a imbecilidade recebe plena chance de se multiplicar, e de fato o faz numa taxa muito superior à dos estoques capazes...* Podemos sugerir que uma política populacional socializada não pode ser construída com base numa política econômica de *laissez-faire*. Enquanto o Estado negligenciar seu sangue bom, somente o sangue ruim aumentará... *Quando o Estado assumir a*

obrigação de dar uma oportunidade justa de desenvolvimento a todas as crianças, encontrará apoio unânime para uma política de extinção de estoques incapazes de se beneficiar de seus privilégios. (New Republic, 18 de março de 1916; grifos nossos).

Tradução: Lance a rede de segurança social o mais longe e o mais amplamente possível, e todos os bons progressistas concordarão com que os que fiquem fora dela sejam candidatos à "extinção".

25. Daylanne English, "W.E.B. DuBois's family crisis". *American Literature* 72, n° 2 (junho de 2000), p. 297, 293; Charles Valenza, "Was Margaret Sanger a racist?" *Family Planning Perspectives* 17, n° 1 (jan.-fev. de 1985), p. 44-46.
26. Jesse Walker, "Hooded progressivism". *Reason*, 2 de dezembro de 2005.
27. Rexford Tugwell, integrante do *Brain Trust* de FDR, afirma, ao contrário, que é seu mentor Simon Patten quem merece a honra de cunhar a expressão. Leonard, "'More merciful and not less effective'", p. 693-94, 696 n. 13.
28. David M. Kennedy, "Can we still afford to be a nation of immigrants?" *Atlantic Monthly*, novembro de 1996, p. 52-68.
29. Edward Alsworth Ross, *Social control: a survey of the foundations of order* (Nova York: Macmillan, 1901), p. 418.
30. Sidney Webb, "The economic theory of a legal minimum wage. *Journal of Political Economy* 20, n° 10 (dezembro de 1912), p. 992, citado em Leonard, "'More merciful and not less effective'", p. 703.
31. Edward Alsworth Ross, *Seventy years of it* (Nova York: Appleton-Century, 1936), p. 70, citado em Leonard, "'More merciful and not less effective'", p. 699; Royal Meeker, "Review of Cours d'économie politique". *Political Science Quarterly* 25, n° 3 (1910), p. 544, citado em Leonard, "'More merciful and not less effective'", p. 703.
32. Commons é, acertadamente, um integrante do "Hall of Fame do Trabalho". Para um fulgurante resumo de suas realizações, ver Jack Barbash, "John R. Commons: pioneer of labor economics". *Monthly Labor Review* 112, n° 5 (maio de 1989), p. 44-49, disponível em www.bls.gov/opub/mlr/1989/05/art4full.pdf (acessado em 16 de março de 2007). O historiador Joseph Dorfman escreve que "Mais que qualquer outro economista, [Commons] foi responsável pela conversão de propostas de reforma em políticas públicas destinadas a aliviar defeitos no sistema industrial". Joseph Dorfman, *The economic mind in America, 1918-1933* (Nova York: Viking, 1959), vols. 4-5, p. 377, citado em Barbash, "John R. Commons", p. 44. Ex-presidente da Associação Econômica Americana, Commons reclamou em seu influente *Races and immigrants in America* que "a concorrência não tem nenhum respeito por raças superiores", o que explicava por que "a raça com as mais baixas necessidades desloca outras". Daí que "as miseráveis condições de trabalho a que são submetidos os judeus nas fábricas talvez sejam a trágica penalidade que aquela raça ambiciosa está pagando". John R. Commons, *Races and immigrants in America* (Nova York: Macmillan, 1907), p. 151, 148.

NOTAS

33. "Caso tivesse vindo como um homem livre, o negro não teria nenhuma possibilidade de ter encontrado um lugar na indústria americana... Se tais raças tiverem de adotar aquela vida industriosa que é uma segunda natureza para as raças das zonas temperadas, haverá de ser somente por meio de alguma medida compusória." Leonard, "'More merciful and not less effective'", p. 701.
34. Christine Rosen, *Preaching eugenics: religious leaders and the American eugenics movement* (Nova York: Oxford University Press, 2004), p. 47. Os suecos — desde muito tempo o modelo da economia da Terceira Via humanitária — haviam aprovado leis eugênicas por volta da mesma época que os nazistas. Mais perturbador ainda, os suecos continuaram com a prática até depois de meados da década de 1970. Mais de sessenta mil suecos foram forçadamente esterilizados. Ou, para ser mais justo, alguns tiveram a opção de ficar confinados até que passassem seus anos de fertilidade. Entre aqueles que receberam "tratamento" estavam filhos de pais de diferentes raças, suecos com "feições de ciganos", mães solteiras com "filhos demais", criminosos habituais e até mesmo um garoto considerado "sexualmente precoce". Os dinamarqueses aprovaram leis eugênicas semelhantes em 1929, até antes dos nazistas. Eles esterilizaram 11 mil pessoas e mantiveram suas leis em vigor até quase o final dos anos 1960. Na Finlândia, 11 mil pessoas foram esterilizadas, e foram feitos quatro mil abortos involuntários entre 1945 e 1970. Revelações semelhantes vieram da Noruega, França, Bélgica e outros pontos da Europa esclarecida. Um ano antes, houve uma controvérsia semelhante em Alberta, no Canadá, quando foi revelado que quase três mil pessoas haviam sido esterilizadas pelos mesmos motivos. Algumas foram internadas para extrair o apêndice, assim lhes disseram, e saíram estéreis. Adrian Wooldridge, *Cleveland Plain Dealer*, 15 de setembro de 1997.
35. Michael Burleigh e Wolfgang Wippermann, *The racial State: Germany, 1933-1945* (Nova York: Cambridge University Press, 1991), p. 34, 35.
36. Conforme observam Michael Burleigh e Wolfgang Wippermann, depois de 1935 a política social nazista "tornou-se indissociável da 'seleção' de raças 'estrangeiras' e daqueles de 'menor valor racial'". Ibid., p. 48.
37. John M. Barry, *The great influenza: the epic story of the deadliest plague in history* (Nova York: Penguin, 2004), p. 144.
38. Shelby Steele, *White guilt: how blacks and whites together destroyed the promise of the civil rights era* (Nova York: HarperCollins, 2006), p. 124.
39. Thomas Sowell, *Civil rights: rhetoric or reality?* (Nova York: William Morrow, 1984), p. 84.
40. Maureen Dowd, "Could Thomas be right?" *New York Times*, 25 de junho de 2003, p. A25; Steele, *White Guilt*, p. 174.
41. David Tell, "Planned un-parenthood: Roe v. Wade at thirty". *Weekly Standard*, 27 de janeiro de 2003, p. 35-41; Gloria Feldt, *Behind every choice is a story* (Denton: University of North Texas Press, 2002), p. xix, xvi; Faye Wattleton, "Humanist of the Year acceptance speech". *Humanist*, julho-agosto de 1986.
42. *Margaret Sanger: An autobiography* (Nova York: Norton, 1938), p. 70.

43. Daniel J. Kevles, "Sex without fear". *New York Times*, 28 de junho de 1992.
44. Valenza, "Was Margaret Sanger a racist?" p. 45, citando David M. Kennedy, *Birth control in America: the career of Margaret Sanger* (New Haven, Conn.: Yale University Press, 1970), p. 115; H.G. Wells, introdução a *The pivot of civilization*, por Margaret Sanger (Amherst, N.Y.: Humanity Books, 2003), p. 42.
45. Embora Sanger se apresente como uma defensora da liberação feminina, seus argumentos, ainda assim, transferiam a questão privada da procriação para o âmbito da agenda pública. Na opinião de Sanger, as mulheres seriam "libertadas" da tirania reprodutiva da família, mas, para que isso acontecesse, as mulheres — especialmente *certas mulheres* — seriam submetidas à nova tirania do planejador eugênico. Marie Stopes, a Margaret Sanger inglesa (ou seja, a mãe do movimento pelo controle da natalidade na Inglaterra), tinha um temperamento semelhante. "A utopia", explicou ela, "poderia ser alcançada enquanto eu estivesse viva caso eu tivesse o poder de promulgar ordens legais invioláveis." Citado em Mukti Jain Campion, *Who's fit to be a parent?* (Nova York: Routledge, 1995), p. 131.
46. Citado em Black, *War against the weak*, p. 133. Também citado em Rosen, *Preaching eugenics*, p. 216.
47. Steven W. Mosher, "The repackaging of Margaret Sanger". *Wall Street Journal*, 5 de maio de 1997, p. A18.
48. "O controle da natalidade não é nenhuma filosofia negativa que se preocupe exclusivamente com o número de crianças trazidas a este mundo", escreve ela. "Não é meramente uma questão de população. Antes de mais nada, é o instrumento de liberação e de desenvolvimento humano." Sanger, *Pivot of civilization*, p. 224.
49. Valenza, "Was Margaret Sanger a racist?" p. 45, citando Linda Gordon, *Woman's body, woman's right* (Nova York: Grossman, 1976), p. 332; Margaret Sanger para C.J. Gamble, 10 de dezembro de 1939, citado em Valenza, "Was Margaret Sanger a racist?" p. 46.
50. Colman McCarthy, "Jackson's reversal on abortion". *Washington Post*, 21 de maio de 1988, p. A27.
51. Steven D. Levitt e Stephen J. Dubner, *Freakonomics: A rogue economist explores the hidden side of everything* (Nova York: HarperCollins, 2005), p. 139.
52. Bill Bennett, *Morning in America*, 28 de setembro de 2005; para transcrições, ver mediamatters.org/items/200509280006 (acessado em 16 de março de 2007); ver também Brian Faler, "Bennett under fire for remark on crime and black abortions". *Washington Post*, 30 de setembro de 2005, p. A05. Bob Herbert, "Impossible, ridiculous, repugnant". *New York Times*, 6 de outubro de 2005, p. A37; *The Big Story with John Gibson*, Fox News Channel, 30 de setembro de 2005; ver também Jonah Goldberg, "Ridiculous", *National Review Online*, 7 de outubro de 2005; *Fox News Sunday*, Fox News Channel, 2 de outubro de 2005; "Talk-back live", editorial, *Washington Times*, 5 de outubro de 2005, p. A16.
53. Ramesh Ponnuru, *The party of death: the democrats, the media, the courts, and the disregard for human life* (Washington, D.C.: Regnery, 2006), p. 65.

54. "The Clinton RU-486 Files: the Clinton administration's radical drive to force an abortion drug on America". *Judicial Watch Special Report*, 2006, disponível em www.judicialwatch.org/archive/2006/jw-ru486-report.pdf (acessado em 16 de março de 2007).
55. Steven W. Mosher, "The repackaging of Margaret Sanger". *Wall Street Journal*, 5 de maio de 1997.
56. Tell, "Planned un-parenthood", p. 40.
57. Sheryl Blunt, "Saving black babies". *Christianity Today*, 1° de fevereiro de 2003.
58. Peter Singer, "Killing babies isn't always wrong". *Spectator*, 16 de setembro de 1995, p. 20-22.
59. Lyndon Johnson estabeleceu os fundamentos em seu discurso de 1965, que introduziu a ação afirmativa, ao proclamar: "Ninguém pode pegar uma pessoa que, durante anos, esteve amarrada com correntes, libertá-la, levá-la até a linha de partida de uma corrida e dizer 'você está livre para competir com todos os outros', e ainda continua acreditando que foi completamente justo com ela." Retoricamente, isso soava muito wilsoniano, no sentido de que traduzia todo um povo em uma única "pessoa" coletiva. Lyndon B. Johnson, "To fulfill these rights", discurso numa formatura na Universidade de Howard, 4 de junho de 1965. Para a íntegra do texto, ver www.lbjlib.utexas.edu/johnson/archives.hom/speeches.hom/650604.asp (acessado em 8 de maio de 2007).
60. Joseph de Maistre, *Considerations on France*, trad. Richard A. Lebrun (Nova York: Cambridge University Press, 1994), p. xxiii.
61. Gene Edward Veith Jr., *Modern fascism: the threat to the judeo-christian worldview* (St. Louis: Concordia, 1993), p. 134.
62. Andrew J. Coulson, "Planning ahead is considered racist?" *Seattle Post-Intelligencer*, 1° de junho de 2006; Debera Carlton Harrell, "School district pulls web site after examples of racism spark controversy". *Seattle Post-Intelligencer*, 2 de junho de 2006. A diretriz foi retirada em resposta a protestos. Mas podemos ter certeza de que as atitudes que a geraram continuam intactas. Richard Delgado, "Rodrigo's seventh chronicle: race, democracy, and the State". 41 *UCLA Law Review* 720, 734 (1994), citado em Daniel A. Farber e Suzanna Sherry, *Beyond all reason: the radical assault on truth in American law* (Nova York: Oxford University Press, 1997), p. 29.
63. O professor de direito Luther Wright Jr. sugere que a América adote classificações raciais mais rígidas para todos os seus cidadãos e que impostores raciais sejam punidos com "multas e com a imediata demissão do emprego ou a suspensão de benefícios". Luther Wright Jr., "Who's black, who's white, and who cares: reconceptualizing the United States's definition of race and racial classifications". *Vanderbilt Law Review*, março de 1995, p. 513. Um fenômeno semelhante está ocorrendo com os índios americanos. A população de americanos nativos nos Estados Unidos tem crescido enormemente durante as duas últimas décadas, muito além do que é matematicamente possível dadas suas taxas de fertilidade e mortalidade. E como, por definição, é impossível que americanos nativos imigrem para a América, a única explicação possível é que um maior

número de pessoas esteja achando vantajoso se chamar de índios, graças a nosso sistema de espólios.
64. Yolanda Woodlee, "Williams aide resigns in language dispute". *Washington Post,* 27 de janeiro de 1999, p. B1.

8. A ECONOMIA FASCISTA LIBERAL

1. Kevin Phillips, ex-assistente de Richard Nixon, transformou-se numa assídua e dedicada voz do conservadorismo "real" e do Partido Republicano "real". Ele é, de fato, a voz do velho progressismo socialmente intrometido que costumava aglutinar o consenso bipartidário entre os democratas e os republicanos. Quanto à acusação de que o avô de George W. Bush era um tipo de colaborador dos nazistas, proposto no livro de Phillips, *American dinasty* (*A dinastia americana*), Peter Schweizer demonstra por que isso é uma difamação de má-fé:

   > Um dos capítulos mais provocativos de Phillips propõe a teoria de que os Bushes estavam envolvidos na ascensão de Adolf Hitler. Embora ele acertadamente note que Brown Brothers Harriman, uma firma de investimentos bancários que empregava Prescott Bush e George H. Walter (bisavô de George W.), tenha investido em empresas alemãs da era nazista, Phillips deixa de observar que foi Avarell Harriman, que mais tarde serviu como embaixador de FDR em Moscou e secretário de Comércio de Truman, quem iniciou esses investimentos (e alguns outros na Rússia soviética) antes que qualquer dos Bushes entrasse na firma. Prescott Bush não supervisionava esses investimentos; na realidade, estava envolvido quase exclusivamente no gerenciamento do portfólio da empresa nos Estados Unidos. Era Harriman quem basicamente cuidava dos investimentos estrangeiros e, consequentemente, era ele quem se encontrava com os líderes alemães e soviéticos. (Peter Schweizer, "Kevin Phillips's politics of deceit". *National Review Online,* 30 de março de 2004, www.nationalreview.com/comment/schweizer200403300907.asp [acessado em 23 de janeiro de 2007])

2. Robert F. Kennedy Jr., "Crimes against nature". *Rolling Stone,* 11 de dezembro de 2003; Rebecca Shoval, "Al Franken airs show at Ithaca College". *Cornell Daily Sun,* 26 de abril de 2006, www.cornellsun.com/node/17563 (acessado em 23 de janeiro de 2007); John Ralston Saul, *The unconscious civilization* (Nova York: Simon and Schuster, 1999), p. 120.
3. Jeffrey T. Schnapp escreve: "A noção de que o fascismo representava uma 'Terceira Via' com respeito ao desenvolvimento capitalista e comunista era um aspecto central da autodefinição do movimento. Em contraste com o nivelamento democrático e a pa-

dronização da vida atribuídos ao capitalismo, de um lado, e com o coletivismo e materialismo atribuídos ao bolchevismo, de outro, o fascismo pretendia ser capaz de prover todas as vantagens da modernização acelerada sem desvantagens como a perda da individualidade e da nacionalidade, ou de valores mais elevados como a busca do heroísmo, da arte, da tradição e da transcendência espiritual." Jeffrey T. Schnapp, "Fascinating fascism", em "The aesthetics of fascism", número especial, *Journal of Contemporary History* 31, n° 2 (abril de 1996), p. 240.

4. Repetidas vezes, em artigos populares sobre o fascismo, autores sérios rotineiramente afirmam que o fascismo constitui "a rejeição tanto do liberalismo quanto do socialismo", como escreveu Alexander Stille no *New York Times*. Sim, é verdade que os fascistas se opunham tanto ao socialismo quanto ao liberalismo. Mas essas palavras tinham conotações específicas durante a era do fascismo clássico. Socialismo, naquele contexto, significava bolchevismo, uma ideologia internacionalista que requeria a completa abolição da propriedade privada e condenava outras ideologias socialistas como "fascistas". Nas décadas de 1920 e 1930, liberalismo era definido como o *laissez-faire* do livre mercado. Traduzido para categorias contemporâneas, fascismo era a rejeição tanto do capitalismo de livre mercado quanto do comunismo totalitário. Isso significa algo ligeiramente diferente de "a rejeição tanto do liberalismo quanto do socialismo". Alexander Stille, "The latest obscenity has seven letters". *New York Times*, 13 de setembro de 2003, sec. B, p. 9.

5. A. James Gregor, *The ideology of fascism: the rationale of totalitarianism* (Nova York: Free Press, 1969), p. 12; Robert S. Wistrich, "Leon Trotsky's theory of fascism", em "Theories of fascism", número especial, *Journal of Contemporary History* 11, n° 4 (outubro de 1976), p. 161, citando Leon Trotsky, *Fascism: what it is and how to fight it* (Nova York: Pathfinder, 1972), p. 5.

6. Peter Davies e Derek Lynch, orgs., *The Routledge companion to fascism and the far right* (Nova York: Routledge, 2002), p. 52; Palmiro Togliatti, *Lectures on fascism* (Londres: Lawrence and Wishart, 1976), p. 1-10; Martin Kitchen, *Fascism* (Londres: Macmillan, 1982), p. 46; Henry Ashby Turner Jr., org., *Reappraisals of fascism* (Nova York: New Viewpoints, 1975), p. xi.

7. Henry Ashby Turner Jr., *German big business and the rise of Hitler* (Nova York: Oxford University Press, 1987), p. 75.

8. Ibid., p. 347.

9. Na tradição europeia, seria fácil argumentar que, historicamente, esses arranjos são direitistas, embora não se possa fazer uma classificação absolutamente nítida porque, mesmo na Europa de hoje, a economia de livre mercado é descrita como uma ideologia da direita. Na Alemanha de meados do século passado, as coisas eram ainda mais confusas porque, graças a Bismarck, o liberalismo clássico havia sido extinto na década de 1870, e o que se chamava liberalismo lá era, de fato, estatismo. Em outras palavras, tanto a esquerda quanto a direita eram esquerdistas, de acordo com o entendimento desses termos na América.

10. "Packers face report music". *Washington Post*, 7 de junho de 1906, p. 4; Timothy P. Carney, *The big ripoff: how big business and big government steal your money* (Hoboken, N.J.: Wiley & Sons, 2006), p. 37-38. Ver também Gabriel Kolko, *The triumph of conservatism: a reinterpretation of American history, 1900-1916* (Nova York: Free Press, 1963), p. 103, 107.
11. Carney, *Big ripoff*, p. 40; Kolko, *Triumph of conservatism*, p. 39, 174.
12. Herbert Croly, *The promise of American life* (Nova York: Macmillan, 1911), p. 202, 359.
13. Carney, *Big ripoff*, p. 42, citando Murray Rothbard, "War collectivism in World War I", em *A new history of Leviathan*, orgs. Ronald Radosh e Murray Rothbard (Nova York: Dutton, 1972), p. 70; Paul A.C. Kostinen, "The 'industrial-military complex' in historical perspective: World War I". *Business History Review* (inverno de 1967), p. 381.
14. Grosvenor Clarkson, *Industrial America in the World War: the strategy behind the line, 1917-1918* (Boston: Houghton Mifflin, 1923), p. 63; Robert Higgs, "Crisis and quasi-corporatist policy-making: the U.S. case in historical perspective". *The World & I*, novembro de 1988, reeditado pelo Independent Institute, www.independent.org/publications/article.asp?id=312 (acessado em 24 de janeiro de 2007).
15. Embora, na década de 1920, particularmente com Calvin Coolidge, o Estado tenha desfeito alguns — mas não todos, de forma alguma — dos excessos corporativistas do socialismo de guerra de Wilson, muitas pessoas no governo continuaram a defender a causa. Uma delas foi o secretário de Comércio de 1921 a 1928, Herbert Hoover. Ao contrário da absurda propaganda de que Hoover era um visionário defensor do livre mercado, o diretor da Agência de Alimentação do gabinete de Woodrow Wilson estava comprometido com "organizar" os negócios americanos para que atuassem de braços dados com o governo. A maior parte dos historiadores econômicos vê mais continuidade que "revolução" nas políticas econômicas de FDR em 1932. O verdadeiro corte com o passado veio com a *política* de FDR. Ele militarizou o corporativismo — tal como haviam feito suas contrapartes do outro lado do Atlântico — fazendo do New Deal o "equivalente moral da guerra". A transição para a guerra real foi quase tão ininterrupta para americanos quanto para alemães, embora a economia fosse permanentemente transformada, para agrado dos liberais e dos negócios, antes mesmo que a guerra começasse. William E. Leuchtenburg, *The FDR years: on Roosevelt and his legacy* (Nova York: Columbia University Press, 1995), p. 41.
16. Eric F. Goldman, *Rendezvous with destiny: a history of modern American reform* (Chicago: Ivan R. Dee, 2001), p. 347, 348, 349; William E. Leuchtenburg, *Franklin D. Roosevelt and the New Deal* (Nova York: Harper and Row, 1963), p. 87.
17. Carney, *Big ripoff*, p. 46; Alan Brinkley, *The end of reform: New Deal liberalism in recession and war* (Nova York: Vintage, 1996), p. 37.
18. John Patrick Diggins, *Mussolini and fascism: the view from America* (Princeton, N.J.: Princeton University Press, 1972), p. 164; William G. Welk, "Fascist economic policy and the N.R.A." *Foreign Affairs*, outubro de 1933, p. 98-109. Eu me abstive de relatar

os literalmente incontáveis comentários feitos por comunistas e socialistas radicais nos Estados Unidos porque a ideia de que o *New Deal* era fascista estava muito difundida. Do mesmo modo, graças à doutrina stalinista do fascismo social, era política oficial entre os vermelhos e outros socialistas na América afirmar isso, mesmo se pensassem o contrário. Mas é suficiente dizer que todo mundo, desde Norman Thomas até a base, repetida e desdenhosamente se referia a Hoover e a FDR como fascistas, num momento ou noutro.

19. Quando visitou os Estados Unidos, Brockway convenceu-se ainda mais de que o rooseveltismo era fascismo. Ficou particularmente horrorizado com os campos de trabalho do Corpo Civil de Conservação, que "imediatamente nos fazem lembrar os Campos de Trabalho na Alemanha fascista. Fica-se com a impressão perturbadora de que os campos americanos, não menos que os alemães, seriam transformados de operações civis em operações militares tão logo houvesse uma ameaça de guerra ou de levante social, e que no fundo das mentes das autoridades militares encarregadas, o que predomina é seu potencial valor militar". Barbara C. Malament, "British Labour and Roosevelt's New Deal: the response of the left and the unions". *Journal of British Studies* 17, n° 2 (primavera de 1978), p. 137, 144. Ver também Giuseppe Bottai, "Corporate State and the N.R.A." *Foreign Affairs,* julho de 1935, p. 612-24.

20. Anne O'Hare McCormick, "Hitler seeks jobs for all germans". *New York Times,* 10 de julho de 1933, p. 1, 6.

21. Em sua fala sobre "o estado da nação" em 1929, Mussolini gabou-se de seu sucesso em implementar o Estado corporativista:

> Os empregados estão integrados às instituições do regime: o sindicalismo e o corporativismo permitem que toda a nação esteja organizada. O sistema baseia-se no reconhecimento legal de sindicatos profissionais, em contratos coletivos, na proibição de greves e locautes... [Essa abordagem] já deu frutos. Trabalho e capital deixaram de considerar seu antagonismo como um fato inexorável da história: os conflitos que inevitavelmente surgem são resolvidos pacificamente graças a um crescente grau de colaboração consciente entre as classes. A legislação social da Itália é a mais avançada do mundo: vai desde a lei que instituiu a jornada de oito horas até o seguro obrigatório contra a tuberculose. (Benito Mussolini, "The achievements of the fascist revolution", em *Fascism,* org. Roger Griffin [Oxford: Oxford University Press, 1995], p. 63-64)

22. R. J. B. Bosworth, *Mussolini's Italy: life under the fascist dictatorship, 1915-1945* (Nova York: Penguin, 2006), p. 311.

23. Frank Kingdon, *That man in the White House: you and your president* (Nova York: Arco, 1944), p. 120; Helen M. Burns, *The American banking community and New Deal banking reforms, 1933-1935* (Westport, Conn.: Greenwood, 1974), p. 100; David

Schoenbaum, *Hitler's social revolution: class and status in nazi Germany, 1933-1939* (Nova York: Norton, 1980), p. 25-26.

24. William Manchester, *The arms of Krupp: the rise and fall of the industrial dynasty that armed Germany at war* (Nova York: Back Bay Books, 2003), p. 152.
25. Robert N. Proctor, *The nazi war on cancer* (Princeton, N.J.: Princeton University Press, 2000), p. 38.
26. Claudia Koonz, *The nazi conscience* (Cambridge, Mass.: Harvard University Press, 2003), p. 73.
27. Jay W. Baird, "From Berlin to Neubabelsberg: nazi film propaganda and Hitler youth Quex", em "Historians and movies: the state of the art: Part 1", número especial, *Journal of Contemporary History* 18, n° 3 (julho de 1983), p. 495; Peter Goddard, "The Subtle Side of Nazi Propaganda Machine". *Toronto Star,* 19 de janeiro de 1996, p. D4.
28. Proctor, *Nazi War on Cancer,* p. 138.
29. Stuart Chase, *The economy of abundance* (Nova York: Macmillan, 1934), p. 313. O economista progressista John Commons disse que o novo sistema de grupos de pressão e associações comerciais criado pelo *New Deal* significava "um parlamento ocupacional do povo americano, mais verdadeiramente representativo que o Congresso eleito por divisões territoriais. Eles são as contrapartes informais americanas do 'Estado corporativista' de Mussolini, o Estado ocupacional italiano". Abram L. Harris, "John R. Commons and the Welfare State". *Southern Economic Journal* 19, n° 2 (outubro de 1952), p. 222-33; Higgs, "Crisis and quasi-corporatist policy-making".
30. Jonathan Alter, *The defining moment: FDR's hundred days and the triumph of hope* (Nova York: Simon and Schuster, 2006), p. 185.
31. Quando ainda não estava claro se os nazistas conseguiriam chegar ao poder na Alemanha, Gustav Krupp, o patrono do enorme e infamante complexo de fabricação de armas, deu instruções específicas a seu chofer. Quando saíssem de encontros com vários líderes políticos, o chofer deveria prestar muita atenção à mão em que o patrão estivesse carregando as luvas. Se Krupp saísse com as luvas na mão direita, o chofer deveria fazer a saudação prussiana tradicional (batida de calcanhares e um toque no boné). Se Krupp estivesse com as luvas na mão esquerda, o chofer faria a saudação "Heil Hitler" completa, à qual Gustav responderia com *gusto* equivalente. Krupp, assim como a maior parte dos principais homens de negócios e industriais alemães, não gostava de Hitler nem dos nazistas. De fato, Krupp — que foi merecidamente julgado por crimes de guerra em Nuremberg — havia se juntado a outros líderes empresariais para tentar impedir a indicação de Hitler para a Chancelaria. Mas, quando ficou claro que a história estava do lado do nazismo, os homens de negócio alemães começaram a entrar na linha.
32. Lizette Alvarez, "An 'icon of technology' encounters some rude political realities". *New York Times,* 4 de março de 1998, p. D4.
33. Para a plataforma do Partido Nazista, ver www.hitler.org/writings/programme. Alan Brinkley, em seu *Voices of protest,* tem uma excelente discussão das fontes da ira contra as lojas de departamento. O principal problema era que as grandes cadeias punham as

lojas genéricas locais para fora do negócio. Essas lojas eram importantes instituições culturais e financeiras na América rural, provendo, entre outras coisas, crédito para fazendeiros durante as más estações. Ver Alan Brinkley, *Voices of protest: Huey Long, father Coughlin, and the Great Depression* (Nova York: Vintage, 1983), p. 198.

34. Neil Steinberg, *New York Daily News*, 13 de fevereiro de 2005.

35. Aproximadamente 40% (ou pouco mais de quarenta milhões) de famílias americanas têm pelo menos um cachorro, e aproximadamente 35% das famílias têm um gato (e a metade delas tem mais de um). A grande maioria dos proprietários de animais domésticos paga serviços veterinários em dinheiro vivo e com quase nenhuma papelada e nem longas esperas, e recebe serviço de alta qualidade. A concorrência para entrar na escola de veterinária é mais dura que para a escola de medicina. Por quê? Porque o Congresso não se intromete (e porque os congressistas não permitiram que os advogados criminais entrassem na área). E, como o governo deixa os veterinários em paz, os veterinários deixam o governo em paz.

36. À medida que o governo vem se envolvendo em mais e mais questões regulatórias, os números de lobistas nos estados também explodiram. O estado de Nova York, por exemplo, tem quase quatro mil lobistas registrados.

37. Christopher Lehmann-Haupt, "A tale of tobacco, pleasure, profits and death". *New York Times*, 15 de abril de 1996.

38. Christine Hall, "Unholy alliance". *National Review Online*, 12 de abril de 2006.

39. O *New York Times* noticiou: "Líderes empresariais aplaudiram ontem, com variados graus de entusiasmo, as amplas propostas anunciadas pelo presidente Nixon no domingo à noite." Robert D. Hershey Jr., *Psychological lift seen. New York Times*, 17 de agosto de 1971, p. 1.

40. Hillary Rodham Clinton, *It takes a village* (Nova York: Simon and Schuster, 1996), p. 301.

41. Kaus (que havia trabalhado para Reich na Comissão Federal de Comércio, encarregado de descobrir como transformar o fechamento de uma fábrica numa "prática injusta") oferece alguns exemplos extraídos dos escritos de Reich. "Mas será que precisamos escolher entre o nacionalismo soma-zero e o cosmopolitismo impassivo?", pergunta Reich. Não! Existe uma "terceira posição, superior a essas: um nacionalismo econômico positivo". "A retórica política americana frequentemente fraseia a decisão nos termos dramáticos de um mito: ou deixamos livre o mercado, ou o governo o controla", reclama Reich. "Existe, no entanto, uma terceira alternativa." "Existem duas ficções que confundem as discussões sobre a mudança econômica na América. A primeira é a ficção do ajuste automático", segundo a qual a extinção de postos de trabalho tem pouco impacto negativo. A "ficção oposta", de acordo com Reich, é que as pessoas "nunca se ajustam à mudança, mas simplesmente sofrem". Reich demanda para si um "terreno intermediário, mais desorganizado", no qual "existem muitas opções" para o controle pragmático da economia, realizado por especialistas, usando tanto o capitalismo quanto o socialismo. Mickey Kaus, "The policy hustler". *New Republic*, 7 de dezembro de 1992, p. 16-23.

42. Ibid., p. 20.
43. Quando Reagan deixou o cargo, o presidente George H.W. Bush estava mal equipado, filosoficamente, para lidar com o crescente clamor por uma economia mais planejada, especialmente quando chegou a recessão (que a mídia exagerou a fim de aumentar o efeito político). Novamente, defensores da política industrial foram buscar nas prateleiras argumentos para uma prosperidade planejada que se fundamentasse nos equivalentes morais da guerra. "Nossos principais rivais hoje já não são militares", afirmou George Fisher, presidente do Conselho sobre Competitividade do governo Bush, e o refrão se alastrou. "Nossos rivais são os que buscam políticas econômicas, tecnológicas e industriais concebidas para expandir suas parcelas nos mercados globais. É assim que acontece. A política americana precisa refletir essa realidade se quisermos permanecer um líder mundial e um modelo a ser seguido." Harold Brown, ex-secretário de Defesa, convocou para "uma nova aliança entre governo e indústria" com o propósito de desenvolver novas tecnologias. Ver Kevin Phillips, "U.S. industrial policy: inevitable and ineffective". *Harvard Business Review,* julho/agosto de 1992.
44. Hobart Rowan, "Clinton's approach to industrial policy". *Washington Post,* 11 de outubro de 1992, p. H1; Paul A. Gigot, "How the Clintons hope to snare the middle class". *Wall Street Journal,* 24 de setembro de 1993, p. A10.
45. Esse tipo de interferência tem um efeito cascata sobre toda a economia, criando incentivos ainda mais perversos que levam o governo e os negócios para a mesma cama. Como as empresas americanas têm que pagar pelo açúcar importado o dobro do preço do mercado global, a maior parte dos grandes consumidores de açúcar — a Coca-Cola, por exemplo — usa adoçantes à base de milho em seus refrigerantes. Archer Daniels Midland fabrica uma grande quantidade de adoçantes de milho, e é por isso que ele dá uma grande quantidade de dinheiro aos políticos que apoiam subsídios para o açúcar de milho.

    [O açúcar que entra nos Estados Unidos é caro porque o governo estabeleceu um sistema de quotas de entrada, vigente desde 1982. Se a entrada fosse liberada, o açúcar importado seria muito mais barato — como, de fato, é no mercado internacional — que o açúcar de milho produzido no país. Por essa razão, os produtores americanos precisam manter sempre baixas as quotas de importação e continuar a receber subsídios. Com o preço do açúcar importado artificialmente inflacionado, a ADM tem um mercado garantido para seus adoçantes à base de milho. (N. da T.)]
46. Obviamente, grande parte disso é marketing. Os fregueses do Starbucks, de acordo com uma pesquisa feita por Zogby International, têm o dobro de probabilidade de serem liberais (e mulheres). (Republicanos e homens preferem Dunkin' Donuts). Mas não se deve negligenciar o ponto de que, se "liberais" preferem o Starbucks, interessa ao Starbucks que mais pessoas se tornem liberais, razão pela qual a empresa gasta tanto dinheiro com o que equivale a uma educação pública. Zogby Consumer Profile Finding, "Starbucks brews up trouble for Dunkin' Donuts: Seattle chain's coffee preferred by 34% to 30%; 'Starbucks divide' evident in age, politics of coffee's drinkers". Relatório

NOTAS 509

datado de 8 de agosto de 2005, http://www.zogby.com/news/ReadNews.dbm?ID=1016 (acessado em 26 de junho de 2007).
47. Conversa com Ronald Bailey, correspondente de ciência da revista *Reason*.
48. Ned Sullivan e Rich Schiafo, "Talking green, acting dirty". *New York Times*, 12 de junho de 2005, p. 23; "The profiteer: Jeff Immelt". *Rolling Stone*, www.rollingstone.com/politics/story/8742315/the_profiteer/ (acessado em 18 de março de 2007).
49. Ver www.ceousa.org/pdfs/eeoctestimony5=06.pdf (acessado em 8 de maio de 2007).

9. ADMIRÁVEL ALDEIA NOVA: HILLARY CLINTON E O SIGNIFICADO DO FASCISMO LIBERAL

1. Entrevista em *Fresh Air*, National Public Radio, 18 de outubro de 2005.
2. Kenneth L. Woodward, "Soulful matters". *Newsweek*, 31 de outubro de 1994, p. 22.
3. Ibid. Jones continua presente na vida de Hillary. Durante o escândalo Lewinsky, ele passou para ela um sermão de Tillich — "Faith in action" — e serviu como conselheiro espiritual durante a campanha para o Senado em 2000.
4. Não consigo encontrar nenhuma referência a Oglesby como teólogo de nenhum tipo. O título de seu artigo, de acordo com a *Newsweek*, era "Change or containment" ("Mudança ou refreamento"). Mas, na realidade, era "World revolution and American containment" ("Revolução mundial e refreamento americano"), e foi extraído de um panfleto da SDS com o mesmo nome. Oglesby escreveu um livro junto com um especialista em teologia da libertação, Richard Shaull, chamado *Containment and change* (*Refreamento e mudança*), o que pode ter gerado a confusão. Hillary disse à *Newsweek*: "Até então, eu nunca havia lido nada que contestasse a Guerra do Vietnã." Isso parece improvável, já que, mesmo que ela lesse apenas a revista *motive*, e nada mais, dificilmente o artigo de Oglesby seria a primeira matéria anti-Vietnã a aparecer naquela publicação (que se tornou conhecida por orientar os jovens sobre como fugir para a Suécia a fim de evitar o alistamento). No tempo devido, Oglesby tornou-se um tipo de libertário da Nova Esquerda, acreditando que a Nova Esquerda e a Velha Direita eram espíritos afins — ou, pelo menos, deveriam ser.
5. "Não posso ser mais severo com as tribos andinas, condenando-as por assassinarem os coletores de impostos, do que com os desordeiros em Watts ou no Harlem, ou com os *Diáconos para a Defesa e a Justiça (Deacons for Defense and Justice)*. Não posso condená-los. Sua violência é reativa e provocada, e permanece culturalmente para além da culpa, no exato instante em que a inocência pessoal de suas vítimas está mais chocantemente presente em nossas imaginações." Foi de Oglesby a ideia de a SDS enviar "Brigadas" a Cuba em solidariedade ao regime. David Brock, *The seduction of Hillary Rodham* (New York: Free Press, 1996), p. 18.
6. Woodward, "Soulful matters", p. 22.
7. Hillary D. Rodham, Discurso na formatura de 1969, Faculdade Wellesley, 31 de maio de 1969, www.wellesley.edu/PublicAffairs/Commencement/1969/053169hillary.html (acessado em 19 de março de 2007).

8. Esses últimos comentários vieram de um poema escrito por uma das colegas de Hillary, que ela leu para encerrar o discurso:
   Minha entrada no mundo dos chamados "problemas sociais"
   Deve ser feita com uma alegria jovial, ou nada, simplesmente.
   Os homens ocos de raiva e amargura,
   As generosas senhoras virtuosamente degradadas,
   Todos devem ser abandonados a uma era passada.
   E o propósito da história é fornecer um receptáculo
   Para todos aqueles mitos e resíduos
   Que estranhamente adquirimos
   E dos quais nos livraríamos
   A fim de criar um mundo mais novo
   Para transformar o futuro em presente.
   Ver www.wellesley.edu/PublicAffairs/Commencement/1969/053169hillary.html.
9. P. David Finks, "Organization man". *Chicago Tribune Magazine,* 26 de maio de 1985, p. 21.
10. "Strength through misery". *Time,* 18 de março de 1966.
11. Saul D. Alinsky, *Rules for radicals: a pragmatic primer for realistic radicals* (Nova York: Vintage, 1972), p. xxi.
12. Ibid., p. 4, 21, 13.
13. Um teorista legal precoce, com a impressionante idade de 32 anos Reich tornou-se um professor da Escola de Direito de Yale, onde lecionou direito constitucional para Hillary e Bill Clinton, dentre outros. Em 1967, perto de completar quarenta anos, aceitou um convite para passar um verão em Berkeley, que aconteceu de ser, justamente, o Verão do Amor. Quando voltou a Yale, era um guru de cabelos compridos, calças boca-de-sino e um indefectível colar de contas em volta do pescoço. Abandonou todos os dogmas inspirados pela tradição, inclusive o rigor acadêmico. Os estudantes chamaram um de seus cursos de Maternal II porque se podia ser ou fazer qualquer coisa que se quisesse. Seu livro *The greening of America (O renascer da América),* publicado em 1970, não era um trabalho sobre o meio ambiente, como o título poderia sugerir, mas um tratado quase religioso sobre a necessidade de a sociedade americana evoluir para a "Consciência Nível III". O livro considerava a mudança política como o estágio final da "revolução" da Consciência Nível III. Era preciso que a mudança ocorresse dentro da cultura antes que a política pudesse mudar, e dentro do indivíduo antes que a cultura mudasse. Para o próprio Reich, a transformação individual exigiu que abandonasse o ensino em Yale e saísse em busca de sentido e autenticidade, passando a vagar, como um autodenominado "Feiticeiro", pelos cantos mais remotos da contracultura da Califórnia. Grande parte da Nova Esquerda seguiu seus passos.
14. E continuava: "Agora é preciso encontrar uma nova fronteira que encoraje novas experimentações, um ambiente relativamente não poluído por padrões convencionais de organização social e política. A experimentação com drogas, sexo, estilos de vida individuais

ou com retórica e ação radicais dentro da sociedade maior é uma alternativa insuficiente. É necessário fazer a experimentação total. Novas ideias e valores precisam ser tirados de dentro das cabeças e transformados em realidade." Daniel Wattenberg, "The Lady Macbeth of Little Rock". *American Spectator* 25, n° 8 (agosto de 1992).

15. A esposa de Treuhaft, Jessica Mitford, era uma jornalista *muckraker* comunista que ganhou fama por escrever *The American way of death* (*O modo de morte americano*), no qual desmascarava a indústria funerária americana. Filha de uma família aristocrática britânica, era a clássica garota privilegiada que se apaixonou pelo radicalismo rebelde. Várias de suas irmãs também eram radicais. Unity Mitford foi uma famosa amiga de Hitler, e Diana Mitford casou-se com Oswald Mosley, o fundador da União Britânica de Fascistas. Unity Mitford teve que sair do país, indignada porque a Inglaterra combatia um líder tão progressista como Hitler. Diana e Oswald ficaram na prisão durante toda a guerra. Oswald, é claro, sempre se considerou um homem da esquerda: "Não sou, e nunca fui, um homem da direita", declarou ele em 1968. "Minha posição era na esquerda, e agora sou do centro." Jessica Mitford, por sua vez, permaneceu comprometida com o stalinismo durante toda a vida. Quando os que lutavam pela liberdade na Hungria foram esmagados por tanques soviéticos, ela argumentou que os "traidores fascistas" haviam recebido o que mereciam.

16. Como escreveu Allan Bloom: "Tenho visto pessoas jovens, e também mais velhas, que são bons liberais democráticos, amantes da paz e da delicadeza, ficarem emudecidas de admiração diante de indivíduos que ameaçam usar, ou usam, a mais terrível violência pelos mais insignificantes e medíocres dos motivos." E continuou: "Elas têm uma suspeita não confessada de que estão cara a cara com homens capazes de um real compromisso, algo que lhes falta. E acredita-se que compromisso, não verdade, é o que conta." Allan Bloom, *The closing of the American mind* (Nova York: Simon and Schuster, 1987), p. 221.

17. Michael Kelly, *Things worth fighting for: collected writings* (Nova York: Penguin, 2004), p. 170. Esse perfil, com o título "Saint Hillary", apareceu pela primeira vez em 23 de maio de 1993 no *New York Times Magazine*. Por razões que a alguns podem parecer suspeitas, é impossível encontrá-lo na base de dados Lexis-Nexis, em bases de dados acadêmicas profissionais ou na página do *New York Times* na Internet. Felizmente, ele está no livro póstumo de Kelly, *Things worth fighting for* (*Coisas pelas quais vale a pena lutar*). Infelizmente, e também estranho, o *New York Times* não considera que esse ensaio histórico seja algo que valha a pena preservar.

18. Christopher Lasch, "Hillary Clinton, child saver". *Harper's*, outubro de 1992.

19. Ibid.

20. Michael Burleigh, *The Third Reich: a new history* (Nova York: Hill and Wang, 2000), p. 235; Christopher Lasch, *Haven in a heartless world: the family besieged* (Nova York: Norton, 1995), p. 14. Embora ela fosse um bom exemplo da posição ambiental, deve-se notar que a própria Gilman era uma eugenista racista retrógrada.

21. John Taylor Gatto escreve:

Um pequeno número de líderes ideológicos americanos muito entusiasmados, entre eles Horace Mann, de Massachusetts, Calvin Stowe, de Ohio, Barnas Sears, de Connecticut, e outros, visitou a Prússia na primeira metade do século XIX. Eles se apaixonaram pela ordem, obediência e eficiência que ali viram, atribuindo a sociedade bem regulada, que funcionava como uma máquina, a seu sistema educacional, e empreenderam uma campanha incessante, quando retornaram aos Estados Unidos, para trazer a visão prussiana a essas praias... Assim, atendendo ao desejo de Horace Mann e de outros cidadãos importantes, sem nenhum debate ou nenhuma discussão nacional, nós adotamos o sistema escolar prussiano — ou melhor, a maior parte teve de aceitá-lo como imposição... As escolas de classes únicas, ou com apenas uma ou duas classes, altamente eficientes como transmissoras acadêmicas, criadoras de autoconfiança e independência, intimamente relacionadas a suas comunidades, quase totalmente dirigidas e operadas por mulheres e praticamente não administradas, tiveram que ser mortas, executadas. (Charlotte A. Twight, *Dependent on D.C.: the rise of federal control over the lives of ordinary americans* [Nova York: Palgrave Macmillan, 2002], p. 138.)

22. Burleigh, *Third Reich,* p. 236.
23. Martha Sherrill, "Hillary Clinton's inner politics". *Washington Post,* 6 de maio de 1993, p. D1; Kelly, *Things worth fighting for,* p. 172.
24. Primeira-Dama Hillary Rodham Clinton, Comentários na Universidade do Texas, Austin, 7 de abril de 1993, clinton4.nara.gov/WH/EOP/First_Lady/html/generalspeeches/1993/19930407.html (acessado em 18 de março de 2007).
25. David Horowitz, *Radical son: a generational odyssey* (Nova York: Free Press, 1997), p. 175.
26. Tom Gottlieb, "Book tour includes a political lesson". *Roll Call,* 16 de maio de 2006.
27. Lee Siegel, "All politics is cosmic". *Atlantic Monthly,* junho de 1996, p. 120-25.
28. Michael Lerner, *The politics of meaning: restoring hope and possibility in an age of cynicism* (Cambridge, Mass.: Perseus Books, 1997), p. 13-14.
29. *Tikkun,* maio-junho de 1993.
30. Lerner, *Politics of meaning,* p. 226; Michael Lerner, *Spirit matters* (Charlottesville, Va.: Hampton Roads, 2000), p. 325.
31. Lerner, *Politics of meaning,* p. 58.
32. Ibid., p. 59.
33. Ibid., p. 88, 91.
34. Entre os pontos que ele deixou de perceber está o fato de que a esquerda sempre tem significado construir comunidades; que os movimentos direitistas que ele identifica não são necessariamente fascistas; ou que ele está empregando a tática liberal clássica de chamar o "outro" de "fascista". De fato, Lerner escreve: "A deslegitimação da noção de um possível nós, que poderia agir a partir de um alto propósito moral partilhado e al-

cançar resultados morais valiosos, é a meta número um das forças conservadoras nas elites de riqueza e poder na América." Ibid., p. 318.

35. No anterior, ele oferece uma interessante interpretação da história liberal a fim de persuadir os liberais a se reconectarem com a velha missão do Evangelho Social progressista. "Com a ascensão do fascismo", escreve ele, "a esquerda religiosa americana abandonou o Evangelho Social de seu passado pré-Segunda Guerra Mundial, com sua eufórica esperança de um progresso resoluto na direção do Reino de Deus." Ele identifica o teólogo Reinhold Niebuhr como o culpado por trás desse movimento, pois foi quem convenceu os liberais a levar a sério a ameaça do nazismo. "Para Niebuhr e os realistas cristão que se juntavam em volta de seus escritos, o estado de pecado exigia o reconhecimento das limitações de qualquer política destinada a uma mudança social fundamental, a acomodação das desigualdades de suas próprias sociedades capitalistas e a defesa da Guerra Fria. Os 'realistas' cristãos ajudaram a reforçar o individualismo quando desviaram a energia religiosa que antes era dirigida aos movimentos sociais." Michael Lerner, *The left hand of God: taking back our country from the religious right* (Nova York: Harper Collins, 2006), p. 164.
36. Lerner, *Politics of meaning*, p. 219, 283.
37. Charles Krauthammer, "Home Alone 3: The White House". *Washington Post*, 14 de maio de 1993, p. A31.
38. "By the dawn's early light". *National Review*, 22 de janeiro de 1990, p. 17.
39. Norman Lear, "A call for spiritual renewal". *Washington Post*, 30 de maio de 1993, p. C7.
40. John Dewey, "What I believe". *Forum* 83, n° 3 (março de 1930), p. 176-82, em *Pragmatism and American culture,* org. Gail Kennedy (Boston: Heath, 1950), p. 28; Adolf Hitler, *Hitler's table talk,* trad. Norman Cameron e R.H. Stevens, introdução e prefácio por Hugh Trevor Roper (Nova York: Enigma Books, 2000), p. 143.
41. De fato, O'Rourke afirmou, em 1996, que *It takes a village* é um panfleto fascista. Ele escreveu:

> Se for preciso dar um nome a essas políticas estúpidas, podemos consultar a *Enciclopédia Columbia* no verbete daquela enorme estupidez, *fascismo*: "filosofia totalitária de governo que glorifica o Estado e a nação e atribui ao Estado o controle sobre todos os aspectos da vida nacional." Sem a menor dúvida, o fascismo de *It takes a village* é sentimentaloide, algo do tipo coma-seus-vegetais, que não propriamente glorifica o Estado e a nação, mas de fato inferniza suas vidas. Os grupos étnicos não sofrem perseguição, exceto na medida em que se requer a exibição de uma autoimagem positiva entre mulheres e minorias o tempo todo. E não haverá nenhum uniforme além de roupas confortáveis, duráveis, para as empregadas. E também nenhum campo de concentração, apenas muitas e muitas creches. (P.J. O'Rourke, "Mrs. Clinton's Very, Very Bad Book", *Weekly Standard,* 19 de fevereiro de 1996, p. 24)

42. Hillary Rodham Clinton, *It takes a village* (Nova York: Simon and Schuster, 1996), p. 13.
43. Ibid., p. 14.
44. Lear, "Call for spiritual renewal", p. C7.
45. Clinton, *It takes a village*, p. 20.
46. Ibid., p. 299, 301.
47. Paul A. Gigot, "How the Clintons hope to snare the middle class". *Wall Street Journal*, 24 de setembro de 1993, p. A10.
48. Howard Fineman, "Clinton's brain trusters". *Newsweek*, 19 de abril de 1993, p. 26.
49. Jacob Weisberg, "Dies Ira: a short history of Ira Magaziner". *New Republic*, 24 de janeiro de 1994, p. 18. Nem mesmo a embaixada da Suécia recebeu uma cópia quando solicitou uma a pedido da revista *Fortune*.
50. Jonathan Rauch, "Robert Reich, quote doctor". *Slate*, 30 de maio de 1997, www.slate.com/?id=2447 (acessado em 19 de janeiro de 2007). Ver também Robert Scheer, "What's rotten in politics: an insider's view". *Los Angeles Times*, 29 de abril de 1997.
51. Rauch, "Robert Reich, quote doctor". Ver também Robert Reich, "Robert Reich replies". *Washington Post*, 5 de junho de 1997, p. A21; Thomas W. Hazlett, "Planet Reich: thanks for the memoirs". *Reason*, outubro de 1997, p. 74.
52. Jonathan Chait, "Fact finders: the anti-dogma dogma". *New Republic*, 28 de fevereiro de 2005; Herbert W. Schneider, *Making the fascist State* (Nova York: Oxford University Press, 1928), p. 67.
53. Walter Lippmann, *The good society* (New Brunswick, N.J.: Transaction, 2004), p. 92; Clinton, *It takes a village*, p. 200.
54. Mickey Kaus, "The godmother". *New Republic*, 15 de fevereiro de 1993, p. 21; Kay S. Hymowitz, "The children's defense fund: not part of the solution". *City Journal* 10, nº 3 (verão de 2000), p. 32-41.
55. James Bovard, *Freedom in chains: the rise of the State and the demise of the citizen* (Nova York: St. Martin's, 2000), p. 68, citando o Departamento de Agricultura, *Food and nutrition*, fevereiro de 1972.
56. Hymowitz, "Children's defense fund", p. 32-41.
57. Lasch, "Hillary Clinton, child saver"; Hillary Rodham Clinton, Discurso na Conferência Geral, 24 de abril de 1996, www.gcah.org/GC96/hilltext.html (acessado em 6 de fevereiro de 2007).
58. Clinton, *It takes a village*, p. 314, 315. Grifo nosso.
59. Ian Williams, "Big food's real appetites". *Nation*, 6 de maio de 2002; *Tim Russert*, CNBC, 10 de junho de 2000.
60. Indicação de Janet Reno, White House, 11 de fevereiro de 1993, www.presidency.ucsb.edu/ws/index.php?pid=47044&st=&st1 (acessado em 6 de fevereiro de 2007); Janet Reno, *Comentários aos empregados do Ministério da Justiça*, Washington, D.C., 6 de abril de 1993.

61. Clinton, *It takes a village*, p. 82, 113.
62. Lasch, "Hillary Clinton, child saver".
63. Clinton, *It takes a village*, p. 45, 63, 88-89.
64. Ibid., p. 83.
65. Ibid., p. 233, 132.
66. Kate O'Beirne, "The kids aren't alright". *National Review*, 1º de setembro de 2003; Kate O'Beirne, *Women who make the world worse: and how their radical feminist assault is ruining our schools, families, military, and sports* (Nova York: Penguin, 2006), p. 36-38.
67. Gretchen Ritter, diretora do Programa de Estudos sobre Mulheres na Universidade do Texas, também escreve que mães que ficam em casa para cuidar de seus filhos são o equivalente a desertores que se recusam "a contribuir como profissionais e ativistas comunitárias". Gretchen Ritter, "The messages we send when moms stay home". *Austin American-Statesman*, 6 de julho de 2004, p. A9.
68. O'Beirne, *Women who make the world worse*, p. 40.
69. Clinton, *It takes a village*, p. 189.
70. Ibid., p. 239, 169.
71. William Jennings Bryan, *Omaha World-Herald*, 23 de setembro de 1892, citado em Paolo E. Coletta, *William Jennings Bryan: Volume 1* (Lincoln: University of Nebraska Press, 1964), p. 75; H. Wayne Morgan, *From Hayes to McKinley: national party politics, 1877-1896* (Syracuse, N.Y.: Syracuse University Press, 1969), p. 496.
72. Ian Kershaw, *The "Hitler Myth": image and reality in the Third Reich* (Nova York: Oxford University Press, 1987), p. 73.
73. Elizabeth Kolbert, "Running on empathy". *New Yorker*, 7 de fevereiro de 2000, p. 36.
74. Bovard, *Freedom in chains*, p. 19.
75. "The real Hillary just stood up" "A verdadeira Hillary simplesmente se mostrou". *New York Post*, 30 de junho de 2004, p. 30; Amy Fagan, "Inside politics", *Washington Times*, 30 de junho de 2004, p. A07.

10. A NOVA ERA: SOMOS TODOS FASCISTAS AGORA

1. "Comunidade baseada na realidade" tornou-se uma palavra de ordem para *bloggers* esquerdistas e liberais a partir de 2004. Em geral, a expressão é usada como uma forma de deboche do presidente George W. Bush e de suas políticas. Teve origem num artigo publicado por Ron Suskind no *New York Times Magazine* de 17 de outubro de 2004, citando um assessor não identificado de George W. Bush:

> O assessor disse que tipos como eu estavam "no que chamamos de comunidade baseada na realidade", que ele definiu como pessoas que "acreditam que as soluções emergem de nosso estudo judicioso da realidade discernível"... "O mundo real já não funciona mais assim", continuou

ele. "Nós somos um império agora e, quando agimos, criamos nossa própria realidade. E, enquanto vocês estão estudando aquela realidade — judiciosamente, como o farão —, nós agiremos novamente, criando outras novas realidades que vocês também podem estudar, e é assim que as coisas prosseguirão. Somos atores da história... e a vocês, a todos vocês, restará a tarefa de apenas estudar o que fazemos."

O discurso de Hitler é citado em Richard J. Evans, *The Third Reich in power, 1933-1939* (Nova York: Penguin, 2005), p. 257.
2. John J. Miller, "Banning legos". *National Review Online*, 27 de março de 2007.
3. É interessante observar que, durante o auge da *KulturKampf*, o presidente da América, Ulysses S. Grant, fez *lobby* para passar uma emenda constitucional que banisse o ensino de "princípios sectários" em qualquer escola que recebesse qualquer quantia de assistência pública — e obrigando todas as "propriedades das igrejas" a pagar impostos. Ver Jeremy Rabkin, "The Supreme Court in the culture wars". *Public Interest* (outono de 1996), p. 3-26. É importante compreender como o protestantismo na Alemanha foi corrompido tanto pela agenda nacionalista quanto pela socialista, de maneira muito semelhante ao que foi feito na América pelos progressistas. Pesquisas feitas em 1898 e 1912 revelaram que a maioria dos trabalhadores alemães não acreditava em Deus, mas quase todos eles acreditavam que Jesus era um "verdadeiro amigo dos trabalhadores". Se Jesus estivesse vivo hoje, conjeturou um trabalhador, "ele certamente seria um social-democrata, talvez mesmo um líder e um deputado no Reichstag". (Michael Burleigh, *Earthly powers: the clash of religion and politics in Europe from the French Revolution to the Great War* [Nova York: HarperCollins, 2005], p. 268.) Para não marxistas, a ênfase era mais na nação como o sujeito do ardor religioso, e menos em classe. Adolf Stoecker, o capelão de Guilherme II, ajudou a liderar o ataque e exerceu uma influência direta sobre Hitler e o nacional-socialismo. Stoecker denunciou o capitalismo — em parte por seu suposto inerente "judaísmo". Ele defendia comunas de trabalhadores e um generoso Estado de bem-estar social. Também demandava quotas raciais para universidades e outras profissões, e foi adiante fundando um dos primeiros partidos antissemitas na Alemanha, o Partido dos Trabalhadores Socialistas Cristãos. O processo de transformar o germanismo numa religião foi simbolicamente completado quando apareceu outro partido e mudou a ênfase de "Cristãos" para "Nacional" — os Nazis.
4. *Hitler's table talk*, p. 59.
5. Hermann Rauschning, *The voice of destruction* (Nova York: Putnam, 1940), p. 50.
6. Outros dias santos oficiais incluíam Dia da Memória dos Heróis, Dia do Partido do Reich, o Aniversário do *Führer* (é claro) e o Festival Nacional do Povo Alemão. O solstício de inverno, derramando tributos *völkisch* à superioridade germânica, substituiu o Natal. Comemorações pelos que haviam tombado pelo movimento substituíram o dia dedicado à memória dos combatentes mortos durante a Primeira Guerra Mundial, e estavam cheias de rituais pagãos.

7. William E. Drake, "God-State idea in modern education". *History of Education Quarterly* 3, n° 2 (junho de 1963), p. 90.
8. J. S. Conway, *The nazi persecution of the churches, 1933-45* (Nova York: Basic Books, 1968), p. 76-77; Claudia Koonz, *Mothers in the fatherland: women, the family, and nazi politics* (Nova York: St. Martin's, 1987), p. 230.
9. A canção continua:
   Cantando nós seguimos as bandeiras de Hitler;
   Somente assim somos merecedores de nossos ancestrais.
   Não sou nenhum cristão e nenhum católico.
   Eu sigo a SA haja o que houver.
   A Igreja pode ser roubada de mim, e não me importo.
   A suástica me faz feliz aqui na terra.
   Ao nosso comandante seguirei sempre marchando.
   Baldur von Schirach é quem me dirige.
   (Gene Edward Veith Jr., *Modern fascism: the threat to the judeo-christian worldview* [St. Louis: Concordia, 1993], p. 67)
10. Ibid., p. 94, 102.
11. Ibid., p. 138.
12. Joyce Howard Price, "Harvard professor argues for 'abolishing' white race". *Washington Times*, 4 de setembro de 2002, p. A05.
13. Alfred Rosenberg, *The myth of the twentieth century*. Ver http://web.archive.org/web/20020603084225/www.ety.com/HRP/booksonline/mythos/mythosb1chap03.htm (acessado em 10 de julho de 2007). Timothy W. Ryback, "Hitler's forgotten library". *Atlantic Monthly*, maio 2003; Adolf Hitler, *Mein Kampf*, trad. Ralph Manheim (Boston: Houghton Mifflin, 1999), p. 454.
14. Gloria Steinem, *Revolution from within: a book of self-esteem* (Boston: Little, Brown, 1993), p. 133; ver também David Rieff, "Designer gods". *Transition*, n° 59 (1993), p. 20-31.
15. Adam LeBor e Roger Boyes, *Seduced by Hitler* (Naperville, Ill.: Sourcebooks, 2001), p. 119.
16. E.F. Kaelin, *Heidegger's "Being and Time": a reading for readers* (Tallahassee: University Presses of Florida, 1988), p. 58; Veith, *Modern fascism*, p. 119, 124.
17. Zeev Sternhell, *The birth of fascist ideology: from cultural rebellion to political revolution*, trad. David Maisel (Princeton, N.J.: Princeton University Press, 1994), p. 28.
18. Citado em Richard Harrington, "The good, the bad, and the bee-bop". *Washington Post*, 17 de outubro, 1988, p. B1.
19. *Hitler's table talk*, p. 353.
20. Ian Kershaw, *Hitler, 1889-1936: hubris* (Nova York: Norton, 2000), p. 348; Scott Lively e Kevin Abrams, *The pink swastika: homosexuality in the nazi party* (Keizer, Ore.: Founders, 1995), p. vii.
21. Tom Wolfe, *Hooking up* (Nova York: Picador, 2000), p. 140.

22. Albert Gore, *Earth in the balance: ecology and the human spirit* (Boston: Houghton Mifflin, 2000), p. 336, 220-21.
23. Ver discurso de Michael Crichton no Commonwealth Club em 2003: www.crichton-official.com/speeches/speeches_quote05.html. Ver também, de Steven Landsburg, *Armchair economist: economics and everyday life* (Nova York: Free Press, 1993); Eric Goldscheider, "Witches, druids, and other pagans make merry again". *New York Times*, 28 de maio de 2005, p. B7; Robert H. Nelson, "Tom Hayden, meet Adam Smith and Thomas Aquinas". *Forbes*, 29 de outubro, 1990; Dana Milbank, "Some heated words for Mr. Global Warming". *Washington Post*, 22 de março de 2007, p. A02.
24. William Rees-Mogg, "And yet the band plays on". *Times* (Londres), 26 de maio de 1994.
25. Matt Lauer, *Countdown to doomsday*, Sci-Fi Channel, 14 de junho de 2006.
26. Ver Peter Staudenmaier, "Fascist ecology: the 'green wing' of the Nazi Party and its historical antecedents", www.spunk.org/texts/places/germany/sp001630/peter.html (acessado em 8 de maio de 2007).
27. Ibid.
28. Robert N. Proctor, *The nazi war on cancer* (Princeton, N.J.: Princeton University Press, 2000), p. 139.
29. Destacados integrantes do movimento crudívoro incluem Demi Moore, Woody Harrelson, Edward Norton e Angela Bassett; *Hitler's table talk*, p. 443.
30. Ver, por exemplo, www.peta.org/about/whyanimalrights.asp e Charles Oliver, "Don't put animal rights above humans". *USA Today*, 11 de junho, 1990, p. 10A.
31. Ver Jacob Sullum, "What the doctor orders". *Reason*, janeiro de 1996; Jacob Sullum, "An Epidemic of Meddling". *Reason*, maio de 2007.
32. Proctor, *The nazi war on cancer*, p. 120; Jacob Sullum, "To your health"! *National Review*, 13 de setembro de 1999.
33. Jon Gertner, "The virtue in $6 heirloom tomatoes". *New York Times Magazine*, 6 de junho de 2004; Jonah Goldberg, "Gaiam somebody!" *National Review*, 19 de março de 2001.

POSFÁCIO: A TENTAÇÃO DO CONSERVADORISMO

1. O historiador Sean Wilentz, de Princeton, escreve:

> No fundo, Buchanan é um homem da velha direita católica — ecoando o catecismo anti-*New Deal* popularizado por Charles Coughlin, o "padre do rádio", e o anticomunismo musculoso, farisaico, corporativista que encontrou um herói no Generalíssimo Franco durante a Guerra Civil Espanhola... Ele detesta o Estado de bem-estar social, que vê como uma força secularista intrusiva. Ele considera o mundo além de nossas praias como uma tormenta de tribalismo selvagem, e gostaria, a esse respeito, tanto de suspender a imigração quanto de tirar os

Estados Unidos da ONU. Ele tem uma atração pelo pensamento conspiratório, ilustrado por suas observações a respeito das malévolas "elites da política externa" e da "turma do amém" pró-Israel que supostamente controla nossas políticas no exterior e nossa política interna. ("Third Out", *New Republic*, 22 de novembro, 1999).

Existe muita verdade aqui, mas o ponto em que Wilentz está totalmente errado é que Buchanan, de fato, não "detesta" o Estado do bem-estar social, e nunca detestou. Esta não é uma distorção pouco significativa.

2. Molly Ivins, "Notes from another country". *Nation*, 14 de setembro, 1992.
3. Essas e outras citações são feitas por Ramesh Ponnuru em "A conservative no more". *National Review*, 11 de outubro de 1999. Sou grato a Ponnuru em geral, e a esse artigo em particular, por muitos comentários perspicazes a respeito de Buchanan.
4. Para Buchanan sobre Zhirinovsky, ver *The death of the West* (Nova York: St. Martin's, 2002), p. 18. Sobre euro-americanos, ver "The disposition of christian Americans". 27 de novembro, 1998, www.buchanan.org/pa-98-1127.html; e "Un-American Ivy League". *New York Post*, 2 de janeiro, 1999.
5. Ver Ponnuru, "A conservative no more".
6. Ver David Brooks, "Politics and patriotism: from Teddy Roosevelt to John McCain". *Weekly Standard*, 26 de abril de 1999; Richard Lowry, "TR and his fan". *National Review*, 7 de fevereiro de 2000; David Brooks, "A return to national greatness: a manifesto for a lost creed". *Weekly Stanard*, 3 de março, 1997; John B. Judis, "Are we all progressives now?" *American Prospect*, 8 de maio de 2000.
7. Ramesh Ponnuru, "Swallowed by Leviathan: conservatism versus an oxymoron: 'Big-Government Conservatism'". *National Review*, 29 de setembro de 2003.
8. Fred Barnes, *Rebel-in-chief: inside the bold and controversial presidency of George W. Bush* (Nova York: Three Rivers Press, 2006); ver também entrevista com Tim Russert, CNBC, 28 de janeiro de 2006.
9. Ver Samuel Huntington, "Conservatism as an ideology". *American Political Science Review* 51 (junho de 1957); e Friedrich Hayek, "Why I am not a conservative". Em *The constitution of liberty* (Chicago: University of Chicago Press, 1960).
10. Ver Jonah Goldberg, "A lib-lib romance". *National Review*, 31 de dezembro de 2006.

ÍNDICE

A vida é bela (filme), 35, 464*n*
Abel, Theodore, 87
aborto, 284, 285, 294, 297, 303-310, 350, 351, 409-410, 425, 442, 499*n*
Abrams, Kevin, 423
abuso de drogas, 14, 425, 493*n*
ação afirmativa, 219, 266, 267, 303, 312, 350, 351, 353, 446, 484, 501*n*-2*n*
Addams, Jane, 102, 106, 110, 116, 119, 343, 349, 363, 497*n*
Adorno, Theodor, 255, 256, 417
afro-americanos, 15, 77, 99, 120, 132, 144, 176, 186, 171-3, 205, 209, 210, 216-21, 266, 267-9, 273-4, 289-90, 293, 296, 302-3, 306-8, 355, 386-8, 412-3, 445, 462, 480, 493, 499, 501*n*; Ver também movimento pelos direitos civis
Age of reform, The (*A era da reforma*) [Hofstadter], 462*n*
Agência de Obras Públicas [*Public Works Administration* (PWA)], 171
Agência de Proteção Ambiental [*Environmental Protection Agency* (EPA)], 380
Agência Nacional de Recuperação [*National Recovery Administration* (NRA)], 171, 173-6, 181, 301, 329-31, 345
Alemanha de Weimar, 424
Alemanha imperial, 55-6, 77-9, 110-11, 127-29, 134, 142; Ver também Prússia

Alemanha nazista, 35, 52, 71-2, 165, 172, 185-88, 278, 332, 336-7, 377-78; Ver também nazismo
Alemanha Oriental, 89-90
alimentos orgânicos, 28, 335, 430-6, 438, 463*n*
Alinsky, Saul, 215-6, 359-63, 367, 381
alistamento militar, 124, 125-26, 129-32, 145, 160, 264
All the king's men (*Todos os homens do rei*) [Warren], 162, 396
Alter, Jonathan, 170
Aly, Götz, 166, 407
ambientalismo, 12, 14, 28-9, 169, 264, 336, 346-47, 351-52, 380, 382, 384, 426-36, 451, 463, 511*n*
American fascists (*Fascistas americanos*) [Hedges], 13
americanos nativos, 313, 321, 434, 435, 501
anarquistas, 57, 223, 263
Antigo Testamento, 115, 410
antissemitismo, 13, 22, 27, 89, 119, 158, 164, 166, 198, 276, 290, 354, 366, 368, 406, 444, 477*n*, 485*n*, 496*n*, 498*n*; Ver também Holocausto
aquecimento global, 12, 14, 168, 384, 427-29
Arafat, Yasser, 60, 84, 362
Archer Daniels Midland (ADM), 325, 346, 508*n*

Arendt, Hannah, 22, 209, 467n
arianos, 78, 189, 290, 295-97, 297, 299, 311, 315, 337, 395, 407-8, 411, 413-15, 422, 430
Arnold, Thurman, 250, 256, 330, 362
"As crianças de acordo com a lei" ("Children under the law") [Clinton], 388
Ashcroft, John, 390, 421
Associação Econômica Americana [*American Economic Association*], 110, 246, 292, 295, 498n
Associação Nacional de Manufaturas, 346, 382-83
Associação Nacional para a Promoção das Pessoas de Cor [*National Association for the Advancement of Colored People* (NAACP)], 221, 273, 385
ataques terroristas de 11 de setembro de 2001, 27, 369
Áustria, 45, 74-5, 81, 133
Authoritarian personality, The (*A personalidade autoritária*) [Adorno], 255, 256
Auxílio a Famílias com Filhos Dependentes, 268, 492n
Avanti! (jornal italiano), 46, 54, 55

Balabanoff, Angelica, 44
Baldwin, James, 214, 493n
barganha coletiva, 176, 269
Batidas de Palmer (*Palmer Raids*), 24, 132, 136
Beard, Charles, 110, 117, 120, 162, 177, 319, 384, 474n
Belafonte, Harry, 173-74
Bell Curve, The (*A curva normal*) [Murray e Herrnstein], 275
Bellamy, Edward, 243
Bennett, William, 307-8, 310
Berlin, Isaiah, 312, 411
Beveridge, Albert J., 106, 121, 244, 469
Beyond the Melting Pot (*Indo além da mistura de raças*) [Moynihan e Glazer], 436
Bíblia, 115, 150, 410, 451

Bill of Rights, 250
Bismarck, Otto von, 16, 21, 77, 99, 111, 112, 142, 149, 164, 245, 251, 267, 270, 294, 335, 347, 405, 406, 503n
Black, Hugo, 291
Blatch, Harriot Stanton, 123
Bloom, Allan, 199, 200, 511n
bolchevismo, 53, 65, 117-20, 151, 157, 190, 191, 503n
bombardeio de Hiroshima (1945), 174
bombardeio de Nagasaki (1945), 274
Bormann, Martin, 431
Bottai, Giuseppe, 331, 465n, 466n
Brain Trust, 19, 118, 140, 179, 234, 282, 480n
Branch Davidians, cerco aos (1993), 389
"branquismo", 15, 25, 219-20, 403, 412-13, 416-17
Brave new world (*Admirável mundo novo*) [Huxley], 30, 31, 390-91, 392, 394
Brinkley, Alan, 205, 506n
Brockway, Fenner, 331, 505n
Bronfenbrenner, Urie, 388
Brooks, David, 447-48
bruxas, 414, 415, 427, 451
Bryan, William Jennings, 31, 58, 144, 254, 396, 445
Buchanan, Patrick J., 156, 444-46, 449, 477n, 519n
Buck v. Bell, 283-84, 288
Buck, Carrie, 283-84
Buckley, William F., Jr., 221, 260, 449, 451, 452
Burke, Edmund, 49, 112, 199, 379
Burleson, Albert Sidney, 129-30, 474n
busca da comunidade, 23, 205, 210, 268, 359-66, 372-75, 512n
Bush, George H.W., 508n
Bush, George W., 15, 26, 32, 93, 95, 128, 179, 274, 309, 348, 369, 398, 438, 439, 441, 446-79, 452, 502n, 515n
Butler, Nicholas Murray, 39, 110, 134, 181
Butler, Pierce, 288, 496n

ÍNDICE

Câmara das Indústrias de Guerra [*War Industries Board* (WIB)], 125, 129, 171, 173, 248-49, 328, 348
camisas-negras, 61
camisas-pardas, 12, 15, 200, 209, 210, 275, 361
campos de concentração, 28, 36, 281, 324, 398, 432, 493 *n*, 496*n*
câncer, 14, 300, 335, 384, 425, 433, 435
capitalismo, 22, 24, 28, 41, 47, 57, 59, 63, 69, 89, 120, 130, 136, 157, 161,176, 244, 255, 260, 289, 295, 319-23, 330, 333, 340, 349, 375, 402, 403, 502*n*-3*n*, 505*n*, 507*n*, 513*n*, 516*n*
Carlin, George, 9, 12, 17
Carmichael, Stokely, 220
Carnegie, Andrew, 327
Carter, Jimmy, 346, 376
casamento gay, 350, 351, 402, 426
casamento, 298-99, 350, 351, 391, 402, 406, 423, 425, 426, 492*n*
Caso *Miranda*, 227, 268
Castro, Fidel, 15, 39, 84, 217, 219, 239, 361, 362, 462*n*
censura, 59, 96, 124-35, 176, 275, 443, 459, 474*n*
Centros para Controle de Doenças (CDC), 309
César, Júlio, 39, 40, 61, 66, 108
Chait, Jonathan, 319, 384
Chamberlain, Houston Stewart, 78, 415
Chamberlain, Neville, 68, 224, 467*n*
Chambers, Whittaker, 114, 252
Chase, Stuart, 118, 151, 329, 338
Chavez, Cesar, 360
Chávez, Hugo, 58, 84
Chesterton, G.K., 288, 321, 440, 451
China, 22, 121, 366
Chomsky, Noam, 233
Christianity and the social crisis (*O cristianismo e a crise social*) [Rauschenbusch], 244

Churchill, Winston S., 37, 154
Clarkson, Grosvenor, 125, 134-35, 328
classe média, 11, 89, 72, 113, 132, 137, 165, 190, 253, 257, 278, 306, 321, 340, 360-61, 409
classe operária, 80, 86, 87, 120, 255, 332, 403, 441, 465*n*, 479*n*, 505*n*
Clausewitz, Carl von, 404
Clinton, Bill, 12, 28, 143, 162, 193, 257, 270, 344, 348, 356, 361, 363, 367, 371, 380, 382, 387, 389, 392, 396-98, 438, 446, 447, 449, 510*n*
Clinton, Hillary, 355-99
 "política de significado" proposta por, 24, 367-78, 403
 agenda econômica de, 379-80
 Alinsky, como mentor de, 215-16, 359-63, 367, 381
 ativismo comunitário de, 359-66
 campanha presidencial de (2008), 271, 368
 como defensora das crianças, 363-66, 368, 384-98, 434, 438
 como fascista liberal, 26, 27, 32, 355-98, 438
 como primeira-dama, 367, 509*n*
 conceito de aldeia de, 346, 348, 368, 378-80, 390, 391-92, 395, 398, 439, 441, 513*n*
 desenvolvimento político de, 357-66, 369-78, 396-97, 403, 417
 educação legal de, 361-64, 510*n*
 radicalismo de, 193, 215, 257, 265, 357, 359, 363-64, 368, 508*n*
 reformas dos serviços de saúde de, 346, 348, 359, 368, 380-81, 382
clubes nacionalistas, 242-43
Coca-Cola, 33343-46
Código Da Vinci, O (Brown), 413
Código para parar a superprodução de crianças (Sanger), 305
Coffin, Howard, 328

coletivismo, 21, 103, 155, 157, 163, 182, 235, 306, 313, 366, 368, 373-75, 378-80, 403, 502*n*-3*n*
Comissão de Valores Mobiliários [*Securities and Exchange Commission* (SEC)], 171
Comitê *America First*, 162, 177, 234, 444
Comitê Coordenador Estudantil Não-violento [*Student Nonviolent Coordinating Committee* (SNCC)], 221
Comitê de Atividades Antiamericanas [*House Un-American Activities Committee* (HUAC)], 252-54
Comitê de Informações Públicas [*Committee on Public Information* (CPI)] (Comitê Creel), 126-28
Comitê Judiciário do Senado [*Senate Judiciary Committee*], 340
Commons, John R., 296, 341, 498*n*, 506*n*
"Como e por que meios o capitalismo deve ser eliminado?" (Feder), 80
comunidades de base real, 402, 515*n*
comunismo
  agenda ativista do, 201, 202, 215, 248
  ameaça doméstica de, 252-54, 367, 421-22
  apoio liberal ao, 38, 117-19, 196, 250-54, 358
  como experimento social, 39, 41, 116-20, 151, 169, 249, 478*n*
  economia do, 59, 69, 120, 140, 149, 249-50, 329, 464*n*
  fascismo italiano comparado ao, 13, 16, 19, 20, 49, 50, 55, 58-61, 90, 100-1, 116, 119-20, 136, 149, 150-53, 158, 198, 201, 215, 241, 248, 255, 321-23, 349, 472*n*, 502*n*3*n*
  internacional, 44-5, 90, 228-29, 230, 234, 255, 258-59, 321-22, 487*n*
  métodos violentos do, 207, 228-29
  nazismo comparado ao, 22, 65, 68, 69, 70, 73-4, 79, 80, 81, 83-91, 149-50, 190, 207-8, 333
  oposição ao capitalismo do, 69, 321-22
programas eugênicos e, 281-82
progressismo comparado ao, 30, 53, 117-19, 234, 241
propaganda do, 322-23
totalitarismo do, 95, 503*n*
Conason, Joe, 94, 440-41
Conferência sobre Cuidados Infantis [*Conference on Child Care*] (1998), 393
conflito de classe, 56, 70, 82-3, 85, 87-8, 137, 173, 181, 209-10, 332, 403, 479*n*, 516*n*-17*n*
Congressional government (*Governo congressual*) [Wilson], 99, 100-4
Conselho de Defesa Nacional [*Council of National Defense* (CND)], 328
conservadorismo, 437, 432
  compassivo, 24, 32, 441-53
  cultural, 255-57, 411, 420, 425-26, 442
  fascismo comparado ao, 9-34, 222, 260-61, 327-462
  liberalismo comparado ao, 9-34, 107, 216, 229-31, 239, 248, 254, 255-57, 260, 401-2, 411, 429, 327-462, 494*n*
  moralidade do, 229-35, 239, 254, 259-60
  negro, 273-74
  neo-, 222
  no Partido Republicano, 24, 70, 107, 260, 273-74, 397, 401-2, 502*n*
  políticas econômicas do, 111, 317-19, 340-54
  posição antiestatista do, 24, 103, 108-9, 147, 180, 227, 230, 241, 245, 259-60, 266, 284, 384, 447, 448
  psicologia do, 255-57, 260, 401-2, 420-21
  racismo e, 273-318
  religioso, 12-13, 284, 376, 443, 477*n*, 493*n*
  totalitarismo e, 32, 222, 273-74, 437-62
Constituição dos EUA, 42, 58, 96, 99, 101-4, 106, 133, 170, 178, 180, 221, 245, 250, 269-70, 281-84, 292, 294, 344, 384, 386, 409-10, 515*n*-16*n*

ÍNDICE

"Constituição viva", 104, 269-70, 292
Contrato com a América, 12, 447
contrato social, 50, 103
Contrato Social, O (Rousseau), 50
controle da natalidade, 277, 281-82, 302-10, 409, 425, 500n
controle de armas, 351, 389
controle populacional, 165-66, 277, 301, 428, 497n, 500n; Ver também eugenia
controle social, 277-78, 295-96
controles de preços, 128, 175, 329, 345
controles de salários, 146, 247, 345
Convenção do Partido Progressista (1912), 110, 11, 116-17, 243-44
Convenções Nacionais do Partido Democrata
   de 1924, 146, 291
   de 1960, 232
   de 1968, 200, 210, 452
   de 1972, 70, 268
Coolidge, Calvin, 195, 260, 504n
Corpo Civil de Conservação [Civilian Conservation Corps (CCC)], 14, 172, 237, 505n
Corpo da Paz, 14, 15, 204, 237
corporações, 107-8, 319-21, 326, 343-54, 380, 385, 508n
"Corporate State and the N.R.A." ("O Estado corporativo e a N.R.A.") [Bottai], 331
Corporate State, The (O Estado corporativo) [Viglione], 176
corporativismo, 63, 125, 158, 174-75, 247, 321, 331, 332, 333-34, 346-47, 350, 351-53, 380-83, 447, 504n, 505n, 506n
Corte Suprema, EUA, 107, 141, 180, 193, 227, 229, 268, 282-84, 364, 409-10, 496n
Coughlin, Charles, 27, 154, 155-64, 209, 254, 344, 445, 477n, 478n, 518n
creches, 347, 380, 390, 392-96, 403, 513n
Creel, George, 126-28, 137, 145

crianças, 35, 82, 107, 129, 266, 335, 363-67, 369, 384-98, 430, 433, 434, 435, 438, 495n
crime, 210, 276, 287, 301, 307-8, 309, 391, 494n
cristianismo, 13, 16, 22, 28, 31, 33, 42, 47, 51-2, 73, 75, 77, 97, 98, 102, 113, 114, 148, 158, 201, 245-48, 265, 289, 357-58, 368, 369, 377-78, 402, 407-9, 413-14, 422-23, 424, 431, 443, 448, 449, 452, 492n, 516n; Ver também Igreja católica
Croce, Benedetto, 38, 214
Croly, Herbert, 112-16, 120, 121, 135, 137, 150, 179, 287, 328, 347, 362, 363, 369, 372, 439, 476n, 497n
Crucible, The (As feiticeiras de Salem) [Miller], 422
Cuba, 39, 87, 230, 509n

Daniels, Josephus, 144, 145
Darrow, Clarence, 111, 294
Darwin, Charles, 102, 104, 128, 138, 245, 277, 285, 286, 288, 289, 291; Ver também darwinismo social
darwinismo social, 13, 21, 275, 276, 277, 285, 286, 288, 289, 291, 296, 297-98, 307-8, 317, 376, 382, 448, 461n-62n, 479n, 497n
de Man, Paul, 196-97, 198, 377, 378
Dean, Howard, 94, 192, 193-94, 272
Death of the West, The (A morte do Ocidente) [Buchanan], 445
Debs, Eugene V., 146
Declaração da Independência, 101
Declaração de Port Huron (1962), 203-5
democracia parlamentar, 58, 104, 114, 181
democracia, 10, 19, 50, 54, 58, 90, 101, 104, 112, 114, 115, 116, 119, 127, 163, 165, 167, 180-83, 218, 246-47, 263, 295, 315, 320, 391, 430, 438, 466n, 470n
Democracy in America (Democracia na América) [Tocqueville], 29

Departamento de Agricultura, EUA, 159, 389
Departamento de Justiça dos EUA, 132, 164, 252, 328
Derrida, Jacques, 196, 481*n*
Deus, 24, 31, 42, 50, 100, 103, 160, 225, 227-28, 240, 244, 245-46, 266, 285, 425, 463*n*, 472*n*, 516*n*
Dewey, John, 18, 55, 102, 106, 119, 123, 124, 135, 159, 162, 177, 191, 199, 202, 245, 248-49, 250, 261-62, 365, 369, 374, 381, 400, 470*n*, 492*n*
Dia da NRA do Presidente, desfile do (1933), 174-75
Diggins, John Patrick, 18, 39, 150
dinastia Hapsburgo, 52, 78
"Direção Errada", mito da, 405, 411, 424, 429
direita religiosa, 13, 285, 376, 443-44, 477*n*, 492*n*
direitos dos animais, 28, 331-32, 434
direitos dos estados, 286, 355, 356
distúrbios raciais, 210, 277, 379-80, 413
ditadura, 13, 20, 52, 102, 108, 125, 132, 140-41, 163, 165, 167-71, 176-83, 329, 331-33, 341-43; Ver também *ditadores específicos*
Doe v. Bolton, 410
doenças venéreas, 424-25
Dohrn, Bernardine, 212, 483*n*
Drexler, Anton, 81, 82, 414, 417
DuBois, W.E.B., 19, 110, 119, 245, 289-90, 462*n*

Earth in the balance (A Terra em balanço) [Gore], 426-27
economia da oferta, 237
Economy of abundance (A economia da abundância) [Chase], 342
Edelman, Marian Wright, 384-85
educação, 12, 57, 103, 110, 134, 144, 185-93, 197, 220, 237, 391, 292, 294-95,
313, 348, 364, 365, 366, 392, 394, 403, 408, 409, 438, 449, 511*n*-12*n*, 516*n*
eleições nos EUA
de 1908, 112
de 1912, 104, 107-9, 110, 111, 115-16, 121
de 1920, 146
de 1924, 146
de 1928, 154
de 1932, 151, 157, 166, 338
de 1934, 163
de 1936, 163-64
de 1940, 94
de 1948, 159
de 1960, 232, 485*n*
de 1964, 260
de 1968, 200, 210, 453
de 1972, 70, 268, 445
de 1988, 270
de 1992, 270, 368, 445
de 2000, 13, 397, 445, 448
de 2004, 270
de 2008, 270, 368
Ellis, Havelock, 280, 281, 304
Ely, Richard, 110, 111-12, 123, 134, 136, 246, 291, 292, 369, 446
End of equality, The (O fim da igualdade) [Kaus], 268
Engels, Friedrich, 42, 45
Era Progressista, 105, 136, 141, 153, 158, 183, 258, 290, 299, 327-28, 371, 384, 447
Escala F, 270, 370-71
Escola de Frankfurt, 270-72, 322, 370-71, 421
escravidão, 119-20, 267, 269, 292, 296, 344, 364, 450
Espanha, 22, 26, 115, 137, 470*n*, 479*n*, 519*n*
Estado de bem-estar social, 16, 18, 21, 96, 108, 111, 157, 240, 244, 257-58, 266-69, 282, 293-303, 386-88, 440, 444, 447, 518*n*-19*n*

Estados Unidos
   agricultura nos, 159, 175, 282, 302, 349, 389
   ameaça fascista aos, 9-37, 93, 182-83, 221, 234-43, 245, 246-48, 251, 290, 325, 326, 369, 437-41, 473n-74n, 480n, 505n
   armas nucleares dos, 230, 236-37
   crescimento populacional nos, 278, 300, 428, 497n, 500n
   economia dos, 116, 121, 124, 128, 156, 247-48, 345-48, 380, 384, 478n, 508n
   educação nos, 12, 134, 185-93, 1997, 291, 292, 294-95, 313, 408
   estados sulistas dos, 230, 286, 290-91, 292
   excepcionalismo dos, 182, 297
   gastos militares pelos, 107, 171, 230
   governo democrático dos, 119, 127, 180-82, 262, 294, 313, 318, 470n
   imigração para os, 20, 40, 94, 122, 128, 130, 132-33, 156, 251, 278, 291, 351, 365, 446, 449, 499n, 501n-2n
   influência comunista nos, 251-53, 361, 421-22
   isolacionismo nos, 145, 162, 177, 234, 275, 445, 446, 471n
   política externa dos, 15-16, 98, 101, 446, 447
esterilização, 276, 279, 280, 283-84, 287-88, 295, 297, 298, 303, 497n, 499n
Estudantes para uma Sociedade Democrática [Students for a Democratic Society (SDS)], 70, 193-94, 202, 217, 223, 256, 357, 359, 370, 509n
Etiópia, 36, 37, 43, 169
"eugenia negativa", 287-88
"eugenia positiva", 287-88, 302-3
eugenia, 13, 21, 24, 96, 106, 246, 253-54, 255, 274-318, 428, 445-46, 479n, 494n, 495n-99n, 511n
"Eugenic sterilization: an urgent need" ("Esterilização eugênica: uma necessidade urgente") (Rüdin), 304

Eugenics and other evils (A eugenia e outros males) [Chesterton], 288
eutanásia, 285, 409, 419, 421
Evangelho Social, 103, 243-4, 245, 246, 253, 255, 262, 357, 371, 378, 379, 386, 400, 448, 489, 513n
existencialismo, 197, 198, 199, 202, 225
Explaining Hitler (Para entender Hitler) [Rosenbaum], 75

Fair Deal, 239, 399-300
Falange espanhola, 116
Fallows, James, 348, 381
família Bush, 69, 320, 348, 440, 502n
Fanon, Frantz, 198, 219
Farnam, Henry, 296-97
"Fascinating fascism" ("Fascismo fascinante") [Sontag], 401, 503n
Fascio Autonomo d'Azione Rivoluzionaria, 55, 56-7
fascismo liberal
   agenda ativista do, 23, 196, 201-2, 205, 209-25, 236-41, 248, 268, 346, 359-60, 362, 371-98
   agenda econômica do, 28, 80, 122, 12, 128, 155, 157-62, 164, 165, 168-83, 247-50, 319-54, 379-80, 478n
   como religião política, 11, 28, 240, 242-50, 253, 255-56, 270, 330, 357-58, 361, 363, 369, 373-78, 382, 452-53
   crenças religiosas combatidas pelo, 13, 41, 42-3, 48, 96, 113, 160, 240, 242-50, 253-54, 262-64, 269, 285, 369, 376, 408-10, 438, 442-43, 477n, 493n, 515n-16n
   crises geradas pelo, 236-37, 240, 244, 258-59, 369, 385, 388-89, 393-94, 426-28
   definição de, 31, 32-3, 153, 279
   experimentação social pelo, 39, 41, 115-23, 151-55, 169, 249, 250-51, 256-73, 283, 287-88, 438, 492n

influência cultural do, 78, 228, 249, 350, 401-21, 422, 425, 442, 515-16n
militarismo do, 13, 20, 115, 122-38, 145, 151, 160, 169-83, 240-41, 247-48, 265, 328-29, 367-68, 469n-70n
progressismo comparado ao, 9-35, 201, 255-56, 276, 326-33, 341-54, 373-75, 437-40
racismo do, 13, 14, 21, 24-5, 144, 175-76, 219-21, 268-69, 273-318, 352-54, 355, 368, 462n, 480n
sexualidade e, 29, 76, 187-88, 263, 293, 299, 304-5, 312, 350, 353, 402, 409, 420-26
totalitarismo do, 21-4, 31, 194-95, 209, 240-41, 252, 315-16, 390-91, 513n; Ver também fascismo

fascismo
agenda ativista do, 14, 24, 186, 200-1, 202, 214-15, 218, 223, 231-32, 248
agenda econômica do, 13, 58, 59-62, 123, 125, 148, 168, 173, 174, 176, 180, 321-22, 339, 348, 379-80, 502n-3n, 505n, 506n-7n
antissemitismo do, 22, 24, 25-6, 35-6, 66-7, 100, 366
apoio da classe operária ao, 121, 505n
apoio empresarial ao, 90, 319-23, 502n-3n, 505n, 506n-7n
apoio popular ao, 35-9, 59-61, 70, 90, 121, 150, 167, 182, 231-32, 464, 505
clássico, 13, 23, 136, 182
como experimento social, 39, 41, 150-51, 169
como movimento da juventude, 38-9, 185-86, 231, 466n; Ver também Mussolini, Benito
como movimento de direita, 9-35, 55, 57-8, 135, 199, 221-22, 260-61, 374, 437-41, 445
como movimento de esquerda, 9-35, 57-9, 135, 152-54, 200, 227-28, 371-74, 437-41, 503n

como movimento internacional, 161, 109-10, 115, 277-78, 437
como totalitarismo, 21-4, 33, 49, 63, 95, 140, 148, 227-28, 379-80, 391-92
comunismo comparado ao, 13, 16, 19, 20, 49, 50, 55, 58-61, 90, 100, 116, 120, 136, 149, 150-54, 158, 198, 200-2, 215, 241, 248, 254, 321-23, 349, 472n, 502n-3n
concepção religiosa do, 11, 23, 51-2, 466n
conservadorismo comparado ao, 9-35, 221, 260-61, 437-60
definição de, 9-35, 49-54, 109-10, 151
ditadura no, 31-6, 120, 214-15, 227-32
fascismo italiano, 35-64
genérico, 74, 351-52
influência cultural do, 38-9, 56, 62, 100, 152-54, 198, 207, 213, 214, 417
intelectuais como suporte do, 19, 40-1, 45, 56-7, 465n
jacobino, 21-2, 49-54, 63, 249, 263, 333, 405, 407, 408
liberal. Ver fascismo liberal
métodos violentos do, 14, 59, 60-1, 96, 120, 121, 186, 201, 203, 214-15, 218, 317
militarismo do, 13, 36, 37, 43, 54-7, 79, 122, 134-35, 168, 169, 182-83, 437, 466n, 470n-71n, 474n
nacionalismo e, 10-11, 14, 16, 26, 49-52, 56, 114, 115, 181-82, 437, 441
nazismo comparado ao, 22, 24, 33, 35, 49, 65-8, 75, 81, 167-68, 298, 331, 366, 390-91, 430
nos Estados Unidos, 9-37, 90-182, 221, 233-43, 245, 246-48, 251, 290, 326, 345, 369, 437-41, 473n, 480n, 505n
Nova Esquerda comparada ao, 71, 195-202, 214-17, 218-19, 222-24, 236
origens do, 39, 41, 54-7, 150, 169, 314-15
política de poder do, 10-11, 58, 100, 178-79, 202, 272, 360-61, 368

políticas raciais do, 22, 24, 25-6, 35-6, 66-7, 100, 221, 278, 298, 313, 366, 437
progressismo comparado ao, 17-9, 24-5, 31, 114-16, 120, 137, 227-28, 241, 277-78, 285-86, 302, 325-33, 337-54, 370-71, 374-75, 376, 396, 437-41
propaganda do, 13, 49, 61, 62, 123, 173, 231-32
simbolismo usado pelo, 195, 216-17, 380
"social", 18, 90
socialismo comparado ao, 41-9, 55, 56, 57-60, 134, 149, 158-59, 195, 202, 321-22, 465n, 503n
squadristi, grupos paramilitares de, 14, 61, 186, 200, 202
Fascist persuasion in radical politics, The (*A persuasão fascista na política radical*) [Gregor], 223
FBI, 170
Feder, Gottfried, 80, 88
Feminine mystique, The (*A mística feminina*) [Friedan], 263, 492n
feminismo, 61, 113, 123, 198, 263, 293, 296, 302, 303, 314, 358, 386, 383, 384, 391, 407, 414, 415, 492n, 515n
Fermor, Patrick Leigh, 85-6
Fire in the streets (*Fogo nas ruas*) [Viorst], 214
Flynn, J.T., 161, 177, 180-81, 356
Força-tarefa para a Reforma da Saúde, 380-81
Ford, Henry, 37, 166, 390
Foucault, Michel, 198, 199
França, 21-2, 26, 49, 51, 52-3, 62, 65, 84, 374, 466n, 467n, 496n
Franco, Francisco, 26, 519n
Frank, Thomas, 401-2
Frank, Waldo, 181, 356
Frankfurter, Felix, 113, 356
Freakonomics (Leavitt and Dubner), 306
Frente Trabalhista Alemã, 137, 372
Freud, Sigmund, 37, 254, 322

Friedan, Betty, 263, 265, 492n
Friedman, Milton, 111, 452
fundamentalismo islâmico, 403, 451-52
Fundo de Defesa Ambiental [*Environmental Defense Fund*], 428
Fundo de Defesa das Crianças [*Children's Defense Fund*], 362, 385-86
Futurismo, 38-9, 57, 61-2, 209-7, 213, 214, 263, 417

Gabriel over the White House (*O anjo Gabriel sobre a Casa Branca*) [livro e filme], 338-39
Gallagher, Hugh, 143, 465n
Garvey, Marcus, 14, 220
Gates, Bill, 339
Gatto, John Taylor, 511n-12n
genocídio, 13, 18, 22, 24-7, 89, 205, 273, 274
Gentile, Emilio, 10-11
George, Henry, 109, 211
geração de empregos, 172-73
"geração dos anos 1960", 83, 102, 182, 185-225; Ver *também* Nova Esquerda
Gilman, Charlotte Perkins, 365, 389, 511n
Gingrich, Newt, 273, 384, 447
Gladden, Washington, 103, 243
Glassman, James, 9
Goebbels, Joseph, 119, 123, 208, 304, 336, 397, 430-31, 483n
Gold, Michael, 90, 484n
Goldwater, Barry, 221, 230-31, 260, 346, 440, 441
Goodwin, Richard, 261-62
Gore, Al, 11-12, 28, 345, 347, 349, 352, 426-28, 430
Göring, Hermann, 25, 431
governo
  autoridade do, 178, 194-95, 208, 240-50, 254-56
  como religião civil, 11, 228, 240, 242-50, 253, 255-56, 269, 331, 357-58, 361, 363, 369, 372-78, 382, 452-53

constitucional, 41, 58, 96, 99, 100-104, 106, 132, 169, 178, 179-80, 221, 245, 250, 269-70, 281-84, 292, 294, 345, 385, 387, 408-9, 516*n*

cooperação empresarial com o, 122, 148, 174-75, 319-21, 326-33, 329-54, 384, 508*n*

de especialistas, 97, 110-11, 122, 125-26, 150, 237, 330-31, 335, 372-73, 393-94, 477*n*

estatismo do, 18-9, 21, 24, 52, 101, 226, 228, 240, 242-50, 259-73, 266, 284, 361, 374-75, 440, 442, 446, 452, 503*n*

limitado, 24, 103-4, 108-9, 147, 179-80, 227, 230, 241, 245, 259-60, 266, 284, 385, 447, 448

regulamentação pelo, 327-28, 341-44, 351-54, 372-73, 447, 478*n*

totalitário, 21-4, 32, 95, 178, 194-95, 209, 221, 240-50, 252, 254-56, 273-74, 317-18, 390-91, 437-60, 503*n*, 513*n*; Ver também formas específicas de governo

Grã-Bretanha, 27, 33, 109, 131, 155, 181, 279-80, 288, 298, 451, 490*n*-91*n*, 511*n*

Gramsci, Antonio, 46, 404-5

Grande Depressão, 20, 40, 139-83, 191, 237, 241, 249, 269-70, 478*n*

Grande Sociedade, 225, 228, 237, 241, 242, 249-50, 256-71, 299-900, 360, 387-88, 440, 450, 492*n*, 493*n*

Grant, Madison, 278, 495*n*

"Great relearning, The" ("O grande reaprendizado") [Wolfe], 410, 424-25

Great Society, The (*A Grande Sociedade*) [Wallas], 261

Greening of America, The (*O renascer da América*) [Reich], 223, 510*n*

Gregor, A. James, 65, 223

Griswold v. Connecticut, 409

Guerra Civil, EUA, 97, 120, 122, 125, 284, 291

Guerra contra a Pobreza, 14, 267, 389, 492*n*

Guerra da Coreia, 237

Guerra do Iraque, 55

Guerra do Vietnã, 54, 185-225, 230, 357-58, 370, 408, 509*n*

Guerra Fria, 230, 237, 241, 445

Guerra Hispano-americana, 115, 470*n*-71*n*

guerras culturais, 78, 182, 228, 245, 350, 401-21, 422, 426, 443, 515*n*-16*n*

Guevara, Ernesto "Che", 43, 54, 84, 210, 217-18, 219, 360, 362, 370

habitação popular, 171, 250, 267

Hacker, Andrew, 192, 313

Haldane, J.B.S., 282

Hamilton, Alexander, 120, 147

Hans Westmar: um entre muitos (filme), 208

Harriman, Averell, 278, 502*n*

Harrington, Michael, 224, 267

Hayden, Tom, 194, 195-96, 204, 209-10, 212, 215, 381, 493*n*

Hayek, Friedrich, 111, 158, 439, 450-51, 452

Head Start, 193, 390

Hearst, William Randolph, 252, 340-41

Hegel, Georg Wilhelm Friedrich, 21, 72, 120, 135, 137, 245, 278, 285, 369, 372

Heidegger, Martin, 190, 197-98, 199, 476*n*

Herder, Johann Gottfried von, 50, 94

Hess, Rudolf, 28, 430-31

"hiato de mísseis", 230, 236-37

Himmler, Heinrich, 14, 28, 218, 304, 337, 414, 423, 430-31

hispânicos, 14, 312, 313, 314, 446

Hiss, Alger, 159, 472-73

Hitler of History, The (*O Hitler da História*) [Lukacs], 72

Hitler, Adolf, 65-91

antissemitismo de, 25-7, 66-7, 68-9, 74, 76, 78, 79-80, 89, 273-74, 366, 410-11, 417, 516*n*

atitudes sexuais de, 423

como *Führer*, 68, 90, 125, 150, 152, 163,

164-66, 224, 228, 334, 387, 391, 395, 396, 397, 405
  como líder nazista, 12, 13, 19, 25-7, 35, 65-91, 96, 164, 218-19, 365, 417, 423, 424, 440, 457
  como socialista, 81, 82, 90, 111, 137, 201-2
  como vegetariano, 432
  FDR comparado a, 140-41, 149, 164-66, 173, 177-82, 23-33, 339-41, 505n
  ideologia política de, 65-91, 148, 188-89, 197-201, 202, 217, 218-19, 371-72, 479n
  militarismo de, 68-9, 78-80, 124, 250
  Mussolini comparado a, 35, 44-5, 46-7, 66, 75, 79, 81, 166
  nacionalismo de, 68-9, 75-6, 78-80, 81, 83-4
  oposição de, ao comunismo, 68, 73, 79, 80, 81, 84-5, 90, 149
  política externa de, 68, 170-71, 467n
  políticas econômicas de, 82, 86, 90-91, 125, 137, 140, 141, 148, 164-66, 173, 177-83, 202, 341, 371-72, 402
  políticas religiosas de, 52, 190, 376-77, 406-8, 423
  populismo de, 81, 82, 85-6, 91, 163, 165-66, 217, 397
  racismo de, 273-74, 278, 281, 285-86, 288, 289, 297-99, 304, 306
  raízes e antecedentes de, 74-81
  Wilson comparado a, 96, 137-38, 285-86, 365
Ho Chi Min, 20, 217, 265
Hofstadter, Richard, 147, 165, 255, 289, 463n, 470n, 471n, 497n
Hollywood, 12, 35, 40, 94, 131, 224, 321, 340-41, 352, 404, 416-21
Holmes, Oliver Wendell, 13, 131, 282-84, 294
Holocausto, 11-12, 17, 19, 24, 25-7, 35-6, 177-78, 198, 216, 253, 273, 278, 281, 299, 309, 317, 351, 422, 427, 428, 433, 437, 492n, 496n
homossexualidade, 76, 263, 300, 312, 350, 351, 353, 402, 403, 408, 422, 423-26
Hoover, Herbert, 19, 128, 146, 147, 155, 156, 329, 330, 340, 422, 433, 504n
Hopkins, Harry, 179
Horkheimer, Max, 254, 322, 422, 493n
Humphrey, Hubert, 219, 268, 269
Huxley, Aldous, 30, 280, 391-92, 393, 395, 396
Huxley, Julian, 280, 281

Ickes, Harold, 140, 257
Igreja católica, 22, 42, 44, 51-2, 62, 78, 84, 94, 101, 156-57, 160, 161, 245, 260, 284, 288, 333, 247, 405-6, 409, 410, 411, 496n, 516n
Iluminismo, 196, 198, 248, 312-13, 315, 412
imperialismo, 15, 21, 24, 56, 99, 101, 105-6, 115, 117, 122, 321, 463n, 469n-70n, 484n
Império austro-húngaro, 52, 56, 75, 78
impostos, 149, 349, 350
individualismo, 17, 29, 49-51, 102, 108, 109, 115, 124, 134, 137, 195, 235, 242-43, 248, 250, 306, 316, 333-34, 365, 372, 373, 374, 389, 391, 400, 449, 451, 503n, 513n
indústria automotiva, 349, 380
indústria de processamento de carne, 107, 327, 346, 470n, 478n
indústria de refrigerantes, 344-45
indústria do aço, 237-38, 327-28, 343, 349
indústria do açúcar, 350, 490n, 508n
industrialização, 113, 115, 125, 333, 347-48, 359, 426-27, 447, 465n
Internet, 34, 347, 349
Irã, 198
Israel, 14, 211, 373, 446, 477n, 518n
It can happen here (*Pode acontecer aqui*) [Conason], 93

It can't happen here (Não pode acontecer aqui) [Lewis], 93-5, 162, 469n
It takes a village (É preciso uma aldeia) [Clinton], 347, 349, 368, 378-80, 390, 391-93, 395, 400, 439, 440, 519n
Itália, 54-7, 135, 169, 321-22; Ver também fascismo italiano

Jackson, Jesse, 13, 274, 307
jacobinos, 21-2, 49-54, 63, 249, 263, 333, 405, 407, 408
James, William, 13, 38, 48, 62, 110, 114, 123, 124, 135, 168, 191, 199, 202, 471n, 479n, 482n
Japão, 36, 274, 347-49
jardins de infância, 103, 365-66
Jefferson, Thomas, 17, 108-9, 130, 147, 465n
Jeffries, Leonard, 14, 311
Jesus Cristo, 42, 47, 115, 164, 243-44, 407, 412-13, 48, 489n, 516n
Jim Crow, leis, 274, 355
Johnson, Hugh, 173, 174, 176, 330, 339, 346
Johnson, Lyndon B., 256-72
  campanha presidencial de (1964), 260
  como fascista liberal, 228, 240, 241, 242, 256-72, 346
  direitos civis apoiados por, 312, 501n
  legado de FDR e, 240, 257-59
  legado de JFK e, 225, 228, 230, 237, 239, 258-59, 266, 270, 271, 486n, 487n
  programas da Grande Sociedade de, 225, 228, 237, 241, 242, 249-50, 256-72, 300-2, 360, 387-88, 440, 450, 492n, 4934n
Johst, Hanns, 72, 418
Jones, Donald, 357, 367, 509n
Jones, Mary Harris "Mother", 55, 135
jornada de trabalho, 24, 57, 107, 111, 478n
judaísmo, 371, 422-23; Ver *também* judeus

judeus, 13, 19, 27, 120, 130, 177-78, 216, 219, 222, 275, 290, 300, 313, 314, 354, 377, 445, 451, 498n; Ver *também* antissemitismo
Judiciário, 268, 269-70, 281-83, 450
Judis, John, 262-63
Jungle, The (A selva) [Sinclair], 106, 359, 478n
Junta de Examinadores de Débeis Mentais, Epiléticos e Outros Defeituosos (Nova Jersey) [*New Jersey Board of Examiners of Feebleminded, Epileptics, and Other Defectives*], 287
juramento de Hipócrates, 298-99
Juramento de Lealdade, 243, 409, 488n
Juventude Hitlerista, 28, 408, 435

Kaus, Mickey, 268, 296, 348, 507n
Kelly, Michael, 362-63, 367, 511n
Kennedy, Edward M., 269, 387
Kennedy, Jacqueline, 229, 487n
Kennedy, John F., 226-41
  agenda ativista de, 235-41, 346
  anticomunismo de, 228-29, 230, 234, 258-59, 487n
  apoio liberal a, 204, 205, 226-41, 270, 271
  assassinato de, 228-29, 258-59, 264, 270, 271, 437, 486n, 487n
  como fascista liberal, 14, 84, 228-41, 438
  como herói de guerra, 231, 232, 233
  como progressista, 225, 227-41, 253, 447
  FDR comparado a, 234, 235, 236, 238, 240
  intelectuais como suporte de, 232, 233, 234, 236, 240, 346
  LBJ e o legado de, 225, 228, 230, 237, 239, 258-59, 266, 270, 271, 486n, 487n
  legado político de, 143, 225, 226-41, 258-59, 266, 270, 271, 397, 447, 486n, 487n, 488n
  leis de direitos civis de, 228, 230, 487n

ÍNDICE

liderança de, 192, 204, 205, 225, 226-41, 346, 347, 487*n*
mitologia de, 228-41, 272, 487*n*
políticas internas de, 14, 237-39, 361, 366, 346, 347, 487*n*
programa espacial de, 237, 238-39
Kennedy, John F., Jr., 270-71
Kennedy, Joseph P., Sr., 177, 234
Kennedy, Robert F., 229, 234, 262, 270
Kerry, John, 28, 143, 194, 270, 446, 481*n*
Keynes, John Maynard, 237, 290, 291, 477*n*
Khrushchev, Nikita, 237, 480*n*
King, Martin Luther, Jr., 262, 267, 486*n*
Klages, Ludwig, 23, 429
"Klanbake", convenção (1924), 290-91
Kleine, Hugo, 28, 435
Kolko, Gabriel, 322, 328
König, Der (Johst), 72, 307
Krauthammer, Charles, 365-66
Kristol, William, 448
Krupp, Alfred, 334-35, 348
Ku Klux Klan, 40, 156, 220, 260, 290, 304
KulturKampf, 77, 245, 404-10, 426, 442, 516*n*; *Ver também* guerras culturais

La Follette, Robert, 40, 123, 133, 134, 252-53, 470*n*
laissez-faire econômico, 108-9, 112, 137, 156, 279, 280, 321, 322, 323, 348, 387, 497*n*
Lasch, Christopher, 255, 363-64, 390
Laski, Harold, 279, 281, 282
Leaders of men (*Líderes de homens*) [Wilson], 104, 203
Lear, Norman, 375-76
Legião Americana, 37, 132, 170, 474*n*
Lei Davis-Bacon (1931), 296, 301
Lei de Espionagem (1917), 131, 145
Lei de Inspeção de Carnes [*Meat Inspection Act* (1906)], 107, 469*n*
Lei de Relações Comerciais com o Inimigo [*Trading with the Enemy Act* (1917)], 169-70

Lei de Sedição [*Sedition Act* (1918)], 129, 131, 145
Lei de Segurança Nacional [*Internal Security Act* (1950)], 253
Lei dos Americanos com Deficiências [*Americans with Disabilities Act* (ADA)], 344-45, 353
Lei dos Direitos Civis [*Civil Rights Act* (1964)], 193, 260, 268, 486*n*
Lei dos Direitos Eleitorais [*Voting Rights Act* (1965)], 193
Lei Seca, 24, 31, 95, 136, 156, 246, 290, 291, 299
Lei Smith (1940), 251
"Leis de Maio", 405
Lenin, V. I., 20, 37, 41, 44, 46, 48-9, 58-9, 60, 64, 79, 86, 91, 120, 133, 156, 200, 208, 219, 269, 264, 370, 390, 476*n*, 477*n*
Lerner, Michael, 369-73, 394, 512*n*
"Letter to the New (Young) Left" ("Carta à Nova [Jovem] Esquerda"), [Hayden], 195-96
Leuchtenburg, William, 249, 470*n*
Levitt, Steven, 307
Lewis, John L., 119, 359
Lewis, Sinclair, 93-5, 134, 468*n*, 476*n*
Ley, Robert, 137, 372
Liberalism and social action (*Liberalismo e ação social*) [Dewey], 248-49
liberalismo
  clássico, 17, 22, 33, 62, 103, 107, 108, 161, 195, 196, 200, 221-22, 245, 248, 251, 253, 260, 268, 269, 288-89, 313, 316, 379, 402, 425-26, 443, 448, 449-50, 503*n*
  conservadorismo comparado ao, 9-35, 1407, 216, 224-31, 239, 248, 253, 254-56, 260, 401-2, 410, 429, 437-60, 494*n*
  culpa como base do, 266-68, 301, 311
  economia do, 108-9, 111, 137, 157, 280, 281, 387

influência comunista sobre o, 38, 116-20, 196, 249-55, 358
irracionalidade do, 52-3, 199, 201, 222, 223-24, 254-55, 378, 396, 452
moderno, 9-35, 109, 112-13, 182, 262-63
moralismo do, 13-14, 168, 199, 266-68, 301, 311, 355-56, 362-63, 368, 385, 389, 390, 408-9, 422-26, 437-39, 443-44, 504*n*, 509*n*
negro, 191-94, 216-21, 273-74, 310-15
no movimento antibelicista, 54, 185-225, 230, 357-58, 370, 408, 509*n*
no Partido Democrata, 70, 146, 159, 193, 200, 201, 210, 268
pragmático, 231, 2669-67, 360, 410
pré-milênio *vs.* pós-milênio, 262-63
radicalismo comparado ao, 70, 71, 185-225, 299, 245, 246, 266-67, 357-59, 481*n*, 494*n*
revisionismo histórico do, 9-35, 136, 138, 192, 217-18, 222-23, 274, 276, 284, 429-31, 355-56, 384, 387, 494*n*
tendências totalitárias do, 21-4, 33, 194-95, 209, 240-41, 513*n*; Ver também Nova Esquerda
liberdade religiosa, 376, 405-8, 450, 516*n*
liberdade, 41, 248, 269, 376, 405-8, 421, 437, 440, 442, 450, 451, 452-53, 516*n*; Ver também liberdades civis; individualismo
liberdades civis, 96, 102, 106, 123-38, 160, 282-83, 288, 378-79, 389-88
libertários, 227, 284, 384, 447, 451, 452, 508*n*
Liga Alemã de Combate à Escravidão por Juros, 169
Liga Americana para o Controle da Natalidade [*American Birth Control League*], 302-5
Liga Protetora Americana [*American Protective League* (APL)], 131-32, 170
linchamentos, 133, 134, 286, 462*n*

Lincoln, Abraham, 97, 99, 121, 244, 286
Lindbergh, Charles, 94, 174-75, 445
Lippmann, Walter, 20, 55, 115, 121, 126, 135, 141, 146, 181, 488*n*
Lively, Scott, 423-24
livre mercado, 250, 260, 320-21, 326, 327-28, 333, 339, 346, 349, 429, 438, 445, 446, 448, 450, 478*n*, 503*n*
lobistas, 340, 341-42, 350, 352, 463*n*, 507*n*
Locke, John, 199, 248
Locked in the Cabinet (Trancado no gabinete) [Reich], 382-83
lojas de departamento, 340, 460*n*, 506*n*
Long, Huey, 78, 93-4, 142, 152, 154, 155, 162-63, 397
Looking backward (Olhando retrospectivamente) [Bellamy], 242-43
Looking forward (Olhando adiante) [Roosevelt], 167, 442-43
Lumumba, Patrice, 219, 239, 484*n*
Lyons, Eugene, 118

Magaziner, Ira, 348, 358, 380-82
magnatas da indústria (*robber barons*), 289, 327-28, 497*n*
Maher, Bill, 9, 10, 319
Mailer, Norman, 217, 219, 233, 430, 487*n*
"maioria silenciosa", 444-45
Maistre, Joseph de, 312-13
Man and Earth (O homem e a Terra) [Klages], 429
Mann, Thomas, 222, 415
Mao Tse-tung, 209, 217, 218, 264, 360, 366, 386
Marcuse, Herbert, 102, 198, 212, 254, 370
Marinetti, F.T., 39, 214, 417
Marinha americana, 107, 145, 171
Marx, Karl, 42, 44, 45, 54, 89, 109, 135, 219, 303, 470*n*
marxismo, 25, 46, 48, 58, 70, 71, 72-3, 89, 114, 137, 157, 158, 202, 214, 218, 248, 254, 306, 430, 431-32, 322, 323-24, 332, 333, 349, 370, 375, 388, 401-2, 403

ÍNDICE

materialismo, 115, 190, 503n
Matthews, Herbert, 36, 462n
McCain, John, 350, 447
McCarthy, Joseph, 97, 111, 131, 136, 173, 229, 234, 251-53, 274, 421-22, 445
McDougall, Walter, 100, 469n-70n
McGovern, George, 268, 445, 494n
Medicare, 192, 267, 445, 450
Mein Kampf (Hitler), 65, 66, 73, 77, 85, 88, 148, 199, 218, 279, 324, 415, 416
meios de comunicação de massa, 12, 38, 40, 61, 62, 96, 125, 126-27, 129-30, 146, 152, 156, 165, 169, 174, 176, 180-81, 270-71, 327, 350-51, 375-76, 434
Mencken, H.L., 108, 110
metodismo, 265, 357-58
"método russo-italiano", 151, 158, 241, 248
"Meu despertar político" (Drexler), 81, 426
Microsoft, 341-42
Miller, Arthur, 421-22
Miller, Jim, 200, 214
Mobilising America (*Para mobilizar a América*) [Bullard], 127
Moley, Raymond, 148, 159
monopólios, 327-28, 330
Montesquieu, barão de, 199, 312
"Moral equivalent of war, The" ("O equivalente moral da guerra") [James], 13
Morgan, J.P., 115, 134
Mosley, Oswald, 33, 155, 511n
motive (revista), 265, 357-58
movimento pelos direitos civis, 24, 193, 208, 219, 228, 230, 259, 260, 267, 268, 273, 285, 301, 312, 313-14, 368, 408, 425, 486n, 501n; *Ver também* nacionalismo negro
Movimento Prata Livre [*Free Silver*], 159, 396
Moynihan, Daniel Patrick, 269, 436
multiculturalismo, 14-15, 312, 318, 351-54, 441, 444, 446, 451-52
Murray, Charles, 276
Mussolini, Alessandro, 42

Mussolini, Benito, 35-64
antecedentes de, 42-5, 79, 150, 464n
apoio empresarial a, 320, 321, 331, 332-33, 346, 347, 348
atitudes sexuais de, 43, 44
censura à imprensa por, 95-6, 176
cobertura da mídia de, 40, 61, 62, 95-6, 176
como ditador, 35-9, 61-3, 81, 120, 123, 125, 141, 149, 152, 214-15, 218, 226-32, 390, 464, 467n
como editor de jornal, 46-7, 54, 55, 56
como líder dos fascistas italianos, 13, 21, 26, 44, 56-63, 60, 79, 95, 96, 101, 110, 114, 116, 120, 135, 150, 154, 155, 164, 166-69, 195, 203, 214-15, 218, 220, 321-22, 328, 367, 430, 471n, 476n
como socialista, 41-9, 55, 56, 57-9, 135, 149, 195, 321-22, 465n
escritos de, 43, 45, 66
FDR comparado a, 65-6, 47, 140, 141, 142, 148, 166-68, 172, 174, 176, 180, 331-32
Hitler comparado a, 35, 45, 47, 66, 75, 79, 81, 166
ideologia política de, 16, 22-3, 43-6, 51-2, 59, 61-7, 95, 115, 150, 195-6, 202, 214-15, 217, 218-19, 220, 223, 356, 358, 384, 465n
Lenin comparado a, 46, 48-9, 60, 62
Marcha sobre Roma de (1922), 36, 59, 60, 61, 321-22
militarismo de, 36, 37, 43, 79, 169, 470n, 474n
oposição ao comunismo, 149, 321-22
políticas econômicas de, 13, 123, 125, 148, 173, 174, 176, 180, 321-22, 341, 348, 505n, 506n
programas agrícolas de, 13, 58-9, 123, 133
religião vista por, 51-2, 62, 101
Wilson comparado a, 96, 135, 247

Myth of the twentieth century, The (O mito do século XX) [Rosenberg], 148, 414

Nação do Islã, 14, 220, 311
nacionalismo negro, 14, 78, 186, 191-93, 197, 206, 208, 209, 216-21, 256, 310-18, 325, 362-63, 480*n*, 484*n*, 485*n*
nacionalização, 57, 58, 63, 82, 125-26, 161, 333, 347, 458
Nações Unidas, 219, 251, 486*n*, 519*n*
Nader, Ralph, 263, 359
Napoleão I, imperador da França, 21, 52, 106
nascimentos ilegítimos, 268, 301, 423, 424
Nation, 130, 162, 319, 389
National Review, 221, 259-60, 311
Nature of fascism, The (A natureza do fascismo) [Griffin], 10
Nazi war on cancer, The (A guerra nazista contra o câncer) [Proctor], 434
nazismo, 65-91
  agenda ativista do, 72-3, 187, 200, 333-41
  alimentos orgânicos promovidos pelo, 335, 430-35, 463*n*
  ambientalismo do, 335, 426, 427, 428-30, 463*n*
  antissemitismo do, 22, 25-7, 28, 35-6, 66-7, 68, 83, 89, 120, 177-78, 188-90, 208, 281, 301, 313, 333-37, 406, 407, 410-11, 414, 418-19, 424, 429, 432, 435, 457-58, 460, 462*n*, 467*n*
  apoio empresarial ao, 22, 69, 70-1, 84, 86, 320, 323-24, 3625, 341, 343, 344, 346, 402, 503*n*, 506*n*
  apoio financeiro para o, 323-24, 503*n*
  como movimento de esquerda, 56, 83-91, 149, 160-61, 166, 195, 215, 218-20, 243, 513*n*
  comunismo comparado ao, 22, 65, 68, 69, 70, 72-3, 79, 80, 81, 83-4, 149, 190, 208, 333
  fascismo italiano comparado ao, 22, 24, 33, 35, 49, 65-8, 75, 81, 167-68, 298, 331, 366, 390-91, 430
  influência cultural do, 73, 74, 75-6, 80-1, 207-9, 214, 224, 335, 359, 402, 405, 407, 408, 410-15, 421-26, 427, 428-36
  militarismo do, 28, 85, 167-69, 171, 207-20, 408, 414, 423, 424, 435, 437, 484*n*, 496*n*
  nacionalismo do, 25-6, 68-9, 75-6, 78-80, 81, 83-4, 85, 87, 437
  neo-, 17, 231, 251, 453
  Nova Esquerda comparada ao, 72, 186, 187-90, 197, 199-200, 206-9, 212, 213, 215, 216, 217, 222-24
  origens do, 47-91
  política de *Gleichschaltung*, 333-41, 350, 351, 376, 377, 407
  políticas econômicas do, 82, 86, 90, 109, 168, 172-83, 333-41, 348, 403, 407, 429
  políticas educacionais do, 188-90, 219-20, 365, 366, 395
  políticas eugênicas do, 278, 281, 288, 289, 299-300, 304, 306
  políticas trabalhistas do, 137, 172-73, 322, 504*n*-5*n*
New Deal, 14, 18, 19, 28, 47, 139-83, 191, 196, 236, 237, 239, 241, 242, 249-50, 256-58, 265, 299-300, 326, 329-33, 339-41, 349, 361, 422, 440, 480*n*, 492*n*, 504*n*, 518*n*
New Deal, A (Um New Deal) [Chase], 152
New Machiavelli, The (O novo Maquiavel) [Wells], 280
New Republic, 20, 36, 39, 112, 114, 115, 116, 118, 120, 123, 124, 130, 135, 141, 146, 150, 159, 162, 180, 258, 267, 276, 277, 282, 319, 362, 384, 385, 424, 471*n*, 472*n*, 497*n*
"New Social Gospel, A" ("Um novo Evangelho Social") [Gerson], 449

ÍNDICE 537

New Socialist Revolution, The (A nova revolução socialista) [Lerner], 370
New York Times, 12, 35, 37, 39, 62, 110, 166, 197, 204, 229, 235, 240, 243, 260, 261, 270, 292, 319, 331, 341-42, 345, 351, 371, 387, 436, 445, 462n, 464n, 511n
Newsweek, 170, 357, 358, 381, 449, 488n, 509n
Next American Frontier, The (A próxima fronteira americana) [Reich], 348
Nietzsche, Friedrich, 45, 110, 124, 135, 152, 188, 197, 199, 201, 202, 306, 319, 415, 470n, 487n
niilismo, 199, 213, 419
1984 (Orwell), 29, 390-91
Nixon, Richard M., 219, 230, 239, 269, 346, 438, 440, 444-45, 450
No name in the street (Seu nome será esquecido) [Baldwin], 214
Nova Direita, 70
Nova Era, 28, 371, 413, 414, 418-19, 427, 451
Nova Esquerda, 185-225
  agenda ativista da, 196, 200-2, 208-25, 261, 363
  como movimento da juventude, 185-95, 216, 223-25, 237
  contracultura da, 205-7, 262-64, 405, 410, 424-25, 493n, 510n-11n
  fascismo comparado à, 71, 195-202, 214-17, 218, 221-24, 335
  ideologia política da, 185-225, 261, 262-64
  liderança da, 209-14
  métodos violentos da, 200, 209-15, 219
  nazismo comparado à, 71, 186, 187-90, 197, 200, 206-9, 212, 213, 215, 216, 217, 222-24
  pragmatismo da, 195-96, 200, 201
  protestos de estudantes da, 185, 186, 290-93, 196, 197, 200, 202, 206-7, 215, 217, 223, 263, 265, 480n, 484n

  radicalismo da, 70, 71, 185-225, 229, 245, 256, 266-67, 357-59, 481n, 493n
  simbolismo usado pela, 206, 212, 216-17
Nova Fronteira, 237-38, 239
Nova Liberdade, 101-3
Nova Política Econômica (1921), 59
Novo Nacionalismo, 108, 109, 112, 122
Novos Homens (também Novo Homem), 53, 165, 418-20

"O Juramento de um Pequeno Americano" ("A Little American's Promise"), 129
O'Rourke, P.J., 378, 513n
Obama, Barack, 25, 360
Oglesby, Carl, 357-58, 509n
Olasky, Marvin, 449, 452
On our way (Estamos a caminho) [Roosevelt], 332
Orwell, George, 12, 15, 22, 29, 100, 391-93
Oswald, Lee Harvey, 230
Other America, The (A outra América) [Harrington], 267

pacifismo, 123, 169, 280, 467n
paganismo, 73, 75, 187-88, 407-8, 413-15, 451
pais fundadores, 103-4, 119, 229
pan-germanismo do, 74-81, 219, 378, 423
  apoio da classe operária ao, 80, 86-7, 88, 403, 479n
  apoio popular ao, 70-1, 80, 85-7, 182-83, 206-8
  atitudes sexuais do, 421-26
  como movimento da juventude, 28, 74, 187-90, 206-9, 214, 224, 359, 365, 395, 407, 408, 435; Ver também Hitler, Adolf
  como movimento de direita, 69-70, 74, 84, 260-61, 384-85, 452-53
  concepção religiosa do, 22, 377-78, 406-8
  ideologia política do, 9-35, 50-1, 67-76, 80-91, 196, 197-200, 219-24, 371-

72, 401, 423, 451, 457-60, 461n-62n, 467n
ideologia *völkisch* do, 51, 68, 75, 2, 86, 101, 109, 137, 142, 191, 249, 318, 350, 373, 380, 395, 396, 407-8, 430, 479n, 516n
métodos violentos do, 35, 166-70, 171, 207-9, 423, 427, 480n
plataforma partidária do, 82, 372, 423-24, 457-60
políticas raciais do, 17, 22, 35, 219-20, 273-74, 278, 281, 288, 289, 294, 297-99, 304, 306, 311, 313, 333-34, 422-23, 437, 441, 498n, 516n
progressismo comparado ao, 201, 297-99, 301, 376, 437-71
propaganda do, 67-8, 84-6, 165, 207-9, 219-20, 333, 335, 336-38, 395
simbolismo usado pelo, 73, 74, 84-5, 174, 206, 243, 378
socialismo comparado ao, 66, 81, 82, 83-91, 111, 136-37, 149, 160-61, 166, 201, 215, 218-20, 243, 479n
totalitarismo do, 23, 91, 103, 125, 149, 153, 163, 164-69, 207-9, 224, 228, 334, 387, 390-91, 395, 396, 397, 405, 422, 430
Panteras Negras, 14, 209, 210, 216, 217, 219-20, 256, 324, 362-63
Paranoid Style in American Politics, The (O estilo paranoico na política americana) [Hofstadter], 255
Partido Democrata
agenda progressista do, 121-23, 289
ala liberal do, 70, 146, 159-60, 193, 200, 201, 210, 268
apoio da classe média ao, 132
apoio empresarial ao, 326, 347-49
apoio negro ao, 267-69, 273
apoio sulista ao, 230, 290-91
Partido Republicano
apoio negro ao, 273-74
apoio empresarial ao, 329-31, 333, 347

agenda progressista do, 133, 252-53, 260, 502n
ala conservadora do, 24, 69-70, 107, 260, 273-74, 397, 401-2, 502n
Patriot Act (2001), 226
Patrulha Vigilante Americana [*American Vigilante Patrol*], 131-32
Patten, Simon, 296-97
Paxton, Robert O., 58, 201, 467n
Pearson, Karl, 279, 281
Pelosi, Nancy, 249
Pepsi, 345-46
Perkins, Frances, 176, 178
Perkins, James A., 186, 191
Pessoas a Favor do Jeito Americano [*People for the American Way* (PFAW)], 376, 377
Phillips, Kevin, 319, 348, 502n
Piereson, James, 437-38
pílula do dia seguinte (RU-486), 308-9
Pink swastika, The (A suástica cor-de-rosa) [Lively and Abrams], 423-24
Pipes, Richard, 8, 158
Pivot of civilization, The (O eixo da civilização) [Sanger], 305
Planejamento Familiar (*Planned Parenthood*), 302-3, 309, 310
Planned society, A (Uma sociedade planejada) [Soule], 385
Platão, 365, 428
Plot against America, The (A trama contra a América) [Roth], 94
ativista, 72-4, 168-83, 187, 196, 199-202, 208-25, 235-41, 259, 261, 262, 333-41, 346, 359-65
correção política, 317-18, 336, 351-52
de significado, 24, 203-25, 261, 367-78, 403, 449
de terror, 10-11, 21-2, 53-4, 60, 256, 263, 315, 439, 462n-63n, 472n; *Ver também* ideologias políticas específicas
dogma na, 452-53

identidade, 75, 86, 187, 192, 285, 293, 310-18, 332-33, 450
mitos usados na, 56, 61, 114, 127-28, 193-94, 202, 207-9, 223-24, 231-32, 270-71, 277, 393, 404, 410, 424, 428
moralidade e, 13-14, 17, 24, 42, 105, 123, 149, 168, 187, 198-99, 201, 20-4, 226, 385, 389, 390, 408-9, 422-26, 443-44, 493n, 504n
poder na, 10-11, 58, 98-112, 178-79, 201-2, 262, 360-62, 367
política religião e, 41, 42, 48, 96, 103, 160, 227-28, 240, 242-50, 253, 376, 405-8, 450, 516n
revolucionária, 21-2, 49-53, 63, 65, 84, 114, 116-20, 150, 151-52, 185-225, 235, 249, 264, 333, 405, 407, 408, 465n
pobreza, 14, 204-5, 210, 248-49, 259, 266-69, 276, 289, 301-2, 385-88, 449-50, 478n
poligamia, 281, 426, 446
"Politics and the English language" ("A política e a língua inglesa") [Orwell], 12
Politics of meaning, The (*A política de significado*) [Lerner], 372-75
Porter, Cole, 35, 36, 464n
positivismo, 114-15
pós-modernismo, 25, 198, 199
Pound, Ezra, 89, 377
Powell, Colin, 273-74
pragmatismo, 17, 18, 24, 38, 48, 62-3, 68, 101, 110, 114, 120, 124, 137, 138, 195-96, 199-200, 211, 232, 237-39, 253, 276, 317, 360-62, 370, 375, 446-47, 452, 470n, 482n
prece nas escolas, 408
Previdência Social, 163, 450
Prezzolini, Giuseppe, 38, 43
Primeira Guerra Mundial, 15, 20-1, 30, 54-7, 68-9, 77-9, 94-5, 122-38, 144, 145, 151, 169, 171, 172, 178, 182, 187, 190, 216, 232, 238, 240-41, 245, 248-49, 251, 259, 279, 291, 298, 326, 328-29, 348, 478n, 8839n, 491n, 493n, 504n
Proctor, Robert, 431, 433, 463n
Profiles in courage (*Perfis de coragem*) [Kennedy], 234, 236
Progress and poverty (*Progresso e pobreza*) [George], 109, 291
Progressismo, 103-12, 157-62
agenda ativista do, 53-4, 97-104, 106, 115-16, 201, 275, 374-76, 427, 447
economia do, 27, 80, 109, 111-12, 157-62, 164, 165, 249-50, 295, 327-28, 341-43
políticas educacionais do, 190, 294-95, 365-66
fascismo comparado ao, 17-9, 24-5, 31, 114-16, 120-21, 137-38, 226-27, 241, 266-67, 285-86, 303, 326-33, 341-54, 370-71, 375-76, 377, 396, 437-40
das políticas de FDR, 144, 146, 150, 151-54, 158, 163-64, 166, 169, 178, 191, 225, 447, 449
intelectuais como suporte do, 102, 112-13, 125, 245-46, 286-87
fascismo liberal comparado ao, 9-35, 201, 255-56, 275, 326-33, 341-54, 373-75, 437-40
militarismo do, 13-14, 21, 115, 123-25, 278, 470n
nazismo comparado ao, 201, 297-99, 303, 337-40
neo-, 445-46
atitudes religiosas do, 243-44, 263, 371, 438
experimentação social pelo, 115-16, 120-23, 151-54, 250-51, 256, 283, 287-88, 438, 492n
totalitarismo do, 31-2, 95-7, 103, 226-27, 240-41, 375-76, 452-53, 462n
das políticas de Wilson, 95-7, 98, 103-12, 117, 121-22, 136-38, 191, 225, 246-48, 446, 449

como movimento da juventude, 191-95
nacionalismo e, 21, 116-17, 276-77, 283, 285-86
programas eugênicos do, 21, 24, 274-77
apelo populista do, 21, 27, 58, 59-60, 80, 81, 82, 85-6, 99, 109, 156-62, 163, 164, 165-66, 217, 255-56, 397, 462n
comunismo comparado ao, 31, 53, 117-20, 234, 241
"Projeto Negro", 290, 306
Promise of American life, The (*A promessa da vida americana*) [Croly], 112-13, 114, 187, 328
prontidão, 122, 144, 145
propaganda, 20-1, 67-8, 84-6, 95-6, 124-36, 165, 207-9, 219-20, 234-35, 326, 329, 333, 335, 336-39, 352, 387, 388, 395, 474n
propriedade privada, 111, 152-53, 160, 326, 332, 333, 429, 451, 480n, 503n
Protocols of the Elders of Zion, The (*Os Protocolos dos Sábios de Sião*), 311, 485n
Prússia, 120, 123, 146, 151, 190, 245, 249, 251, 294, 334, 347, 365-66, 404-10, 503n, 512n, 516n
Public and Its Problems, The (*O público e seus problemas*) [Dewey], 261
Putsch da Cervejaria (1923), 38, 407
Putting people first (*Pondo as pessoas em primeiro lugar*) [Clinton], 256, 384

queda da Bolsa (1929), 237
quotas raciais, 190, 268, 292, 313-14, 353-54, 402, 451, 516n

racismo, 13, 14, 21, 24-5, 82-3, 98, 99, 145, 175-76, 189, 219-21, 268, 308, 352,-54, 355, 368, 386, 402, 451, 461n, 480n, 516n
"raçologistas", 279, 294, 304, 311
Rather, Dan, 228, 260
Rauch, Jonathan, 383
Rauschenbusch, Walter, 102, 244

Reagan, Ronald, 15, 177, 213, 222, 309, 387, 440, 445, 480n, 508n
Reich, Charles, 223-24, 362
Reich, Robert, 27, 329, 347, 348, 353,3 382-83, 507n, 510n
Reno, Janet, 389-90, 391
República, A (Platão), 373
Rerum novarum, encíclica papal (1891), 333
Revolução Americana, 22, 131
Revolução Francesa, 21-2, 49, 51, 52-3, 63-4, 65, 84, 466n
Revolução Russa, 65, 117-20, 151
Revolution from within (*A revolução interior*) [Steinem], 414
Rice, Condoleezza, 273-74
Riefenstahl, Leni, 68, 165, 271
Rise and fall of the Third Reich, The (*Ascensão e queda do Terceiro Reich*) [Shirer], 69
Rising tide of color against white world-supremacy, The (*A crescente onda de cor contra a supremacia mundial branca*) [Stoddard], 305
Road to serfdom, The (*O caminho da servidão*) [Hayek], 439
Robert Kennedy and his times (*Robert Kennedy e sua época*) [Schlesinger], 230
Robertson, Pat, 380
Robespierre, Maximilien, 21, 49-50, 53, 226, 250, 253, 423, 463n
Roe v. Wade, 296, 308, 309, 409
Rogers, Will, 37, 174
Röhm, Ernst, 69, 423
Romantismo, 49, 84, 152, 191, 200, 224, 277, 297, 377, 378, 401, 410, 427, 429, 430
Romer v. Evans, 409
Roosevelt, Eleanor, 141, 143, 367
Roosevelt, Franklin D., 139-83
  agenda progressista de, 141, 145, 146-55, 158-59, 163-64, 166, 170, 178, 191, 225, 447, 449
  antecedentes de, 144-47

apoio dos grandes negócios a, 326, 329-33
apoio liberal a, 40, 139-41, 147-48, 158-59, 163-64, 187
Brain Trust de, 20, 119, 140, 179, 234, 282, 480n
campanhas presidenciais de: 1932, 151, 156, 165, 340; 1936,163-64; 1940, 94
cobertura pela mídia, 139-40, 174, 329, 339-41
como candidato vice-presidencial (1920), 145-46
como fascista liberal, 14, 19-20, 21, 27, 84, 139-83, 234, 235, 236, 238, 240, 245, 238, 280, 505n, 454n-55n
como líder democrata, 145-46, 159-60
como pragmático, 141, 142, 147-50, 163-64, 178-79, 195-96, 330
como secretário-adjunto da marinha, 145
Hitler comparado a, 140-41, 149, 164-66, 173, 177-83, 331-33, 339-41, 505n
intelectuais como suporte de, 139, 140, 141, 154
JFK comparado a, 234, 235, 236, 238, 240
LBJ e o legado de, 240, 368-70
militarismo de, 168-83, 470n
Mussolini comparado a, 45, 47, 140, 141, 142, 149, 166-68, 173, 174, 176, 181, 331-32
oposição conservadora a, 140, 150, 151, 160-62, 176-77
personalidade de, 142-44, 147-48, 465n
poderes ditatoriais de, 20, 132, 140-41, 167-72, 176-83, 327, 331-33, 339-41
políticas do New Deal de, 14, 18, 19-20, 27, 47, 139-83, 191, 196, 236, 237, 239, 240, 241, 249-50, 256-58, 267, 299-300, 326, 329-33, 339-41, 349, 361, 422, 430, 480n, 492n, 504n, 518n

políticas econômicas de, 59, 139-40, 141, 148-50, 160, 168-83, 247, 250, 258-59, 329-33, 341, 387, 475n, 493n, 504n
políticas em tempo de guerra de, 172-73, 178, 250, 251, 504n
políticas trabalhistas de, 139, 140, 301
programa de confinamento de japoneses de, 36, 274
programas para desempregados de, 172-73, 174
Segundos Cem Dias de, 164
Wilson comparado a, 141, 142, 144, 145, 146, 241, 247, 251
Roosevelt, Sara Delano, 142, 143, 476
Roosevelt, Theodore, 13, 60, 101, 105-13, 115, 143, 144, 145, 232, 235, 243, 286-87, 291, 301, 327, 328, 3456, 446, 447-48, 471n, 472n, 495n
Rosenberg, Alfred, 148, 299, 301
Ross, E.A., 117, 291-92, 264-95, 304, 305, 446, 472n
Rossiter, Clinton, 197, 482n
Rousseau, Jean-Jacques, 22, 49, 50, 51, 226, 393, 426, 436, 444, 466n
RU-486 (pílula do dia seguinte), 308-9
Rudd, Mark, 189, 202, 205, 210-12, 215, 217
Rules for radicals (Regras para radicais) [Alinsky], 215, 348, 349
Russell, Charles E., 118, 136

SA, unidades da, 86, 207-9, 213, 423, 483n
salário mínimo, 57, 161, 295, 323, 478n
Sanger, Margaret, 24, 296, 303-5, 500n
Sartre, Jean-Paul, 201, 219
saúde pública, 278, 283-84, 292, 298-99, 335, 391, 430-35, 463n
Scalia, Antonin, 409
Scarr, Sandra, 394-95
Schlageter, Leo, 89
Schlesinger, Arthur, Jr., 175, 230, 236
Schmitt, Carl, 25, 198

Schoenbaum, David, 72, 105, 236
Schorr, Daniel, 260
Secular city, The (*A cidade secular*) [Cox], 264
Segregação racial, 268, 269, 274, 275, 286, 295-96, 302, 316-17, 355, 368, 386
Segunda Guerra Mundial, 9, 84, 171-72, 178, 173, 216, 234, 236, 239, 250, 251, 253, 275, 445, 491n, 504n
segurança nacional, 226, 241, 447
serviços de saúde, 17, 28, 82, 111, 144, 250, 335, 347, 348, 349, 358, 368, 380-81, 382, 430-35, 447
sexualidade, 30, 42-3, 44, 76, 187-88, 263, 293, 299, 305-6, 312, 350, 353, 402, 409, 421-26
Shape of things to come, The (*A forma das coisas que virão*) [Wells], 154
Shaw, George Bernard, 37, 152, 279-80
Shirer, William, 69, 83
Siegel, Fred, 269, 468n
Sin and society (*Pecado e sociedade*) [Ross], 291
Sinclair, Upton, 106, 162, 166, 326, 359, 472n
sindicalismo, 47-9, 57, 246, 330, 332, 333
sindicatos trabalhistas, 47, 60-1, 133, 134, 137-38, 139, 140, 161, 174-76, 194, 296, 300, 334, 359, 368, 380
sionismo, 14
Smith, Adam, 198, 248, 284, 333
Smith, Al, 20, 146, 159-60, 178
socialismo
  agenda ativista do, 278-79, 321, 334
  comunista. *Ver* comunismo
  de cima para baixo, 111, 151, 235, 245, 248, 332
  do Estado de bem-estar social, 293-302
  fabiano, 158, 261, 280
  fascismo comparado ao, 41-9, 55, 56, 57-60, 135, 149, 158-59, 195, 201, 430-31, 465n, 503n
  internacional, 59-60, 83-4, 88, 215

militarismo e, 124, 145, 150-51, 158, 243, 247-48, 291
nacional, 56, 81, 82, 3-91, 111, 138-39, 149, 160-61, 166, 201, 215, 219-21, 243, 479n; *Ver também* nazismo
programas eugênicos e, 277-82
religião e, 489n
Sociedade dos poetas mortos (filme), 417
Sociedade Eugênica Americana [*American Eugenics Society*], 278, 299, 498n
Sociedade Thule, 414, 436
Sontag, Susan, 401, 413
Sorel, Georges, 45, 47-9, 53, 56, 62, 81, 127-28, 193, 198, 202, 208, 213, 274, 372, 393, 465n, 471n
Sorensen, Theodore, 230, 234, 236
Soule, George, 20, 385
Sowell, Thomas, 302, 317, 485n
Spencer, Herbert, 288, 461n, 497n
Spirit Matters (*O espírito pesa*) [Lerner], 374, 375
SS, unidades da, 414, 423, 435, 497n
Stalin, Joseph, 19, 20, 25, 38, 68, 74, 84, 85, 89-90, 120, 130, 152, 254, 322-23, 362, 363, 366, 390, 504n, 511n
Starbucks, 350, 508n
Star-Spangled Banner, The (hino), 133
State, The (*O Estado*) [Wilson], 98, 101, 286, 890
Staying on top (*Para ficar por cima*) [Phillips], 348
Steffens, Lincoln, 37, 116-17, 120, 151, 327
Stevens, Wallace, 35-6
Stevenson, Adlai, 235, 486n
Straight, Dorothy, 115
Straight, Willard, 115, 470n
Strasser, Gregor, 84, 90
Strauss, Leo, 198
Suécia, 381, 499n
sufrágio feminino, 57, 61, 144, 288, 425
Suíça, 44, 45, 63
"suicídio da raça", 279, 282, 286-87, 291, 307, 446

Super-homem, histórias em quadrinhos do, 233, 487n
"Superman comes to the supermarket" ("O Super-homem vem ao supermercado") [Mailer], 333
Swope, Gerard, 330
swopismo, 331, 332, 352

tabaco, 17, 28, 29, 299, 324, 335, 346, 389, 403, 432-33, 463n
Taft, William Howard, 106, 107, 112
"Talentoso Décimo", 290
Tarbell, Ida, 37, 327
taxa de desemprego, 172, 173, 445
taxação, 57, 148, 237, 350, 399, 40, 407, 445, 446, 450, 516n
Tchecoslováquia, 75, 81
Telesis, 382
teoria da desconstrução, 25, 196, 197-98, 199, 482n
Terceira Via, 10, 23, 27, 61, 83, 111, 137, 147-49, 164, 195-97, 239, 321, 332, 333-34, 339, 348, 369, 374, 382, 397, 439, 445, 447, 448, 499n, 502n-3n, 508n
Terceiro Mundo, 217-20, 358, 446
Thomas, Clarence, 303
Thomas, Norman, 20, 40, 90, 162, 167, 177, 515n
Tillich, Paul, 256, 357, 509n
Time, 172, 217-18
Títulos da Liberdade, 127, 131, 145, 476n
Toscanini, Arturo, 37-8, 469n
Townsend, Francis, 163, 164, 476n
trabalho infantil, 24, 82, 107
Tratado de Versalhes, 60, 68-9, 82, 145, 231, 248, 457
Treuhaft, Robert, 362, 511n
Triunfo da vontade (*Triumph of the will*) [filme], 165, 308
Trotsky, Leon, 19, 41, 90, 91, 251, 274, 321, 464n
Truman, Harry S. 290, 440

trustes, 37, 107-8, 328, 330, 346
Tugwell, Rexford Guy, 20, 118, 140, 170, 176, 329
Turner, Henry Ashby, 322, 323

U.S. Steel, 328
Unconscious civilization, The (*A civilização inconsciente*) [Saul], 320
União Americana pelas Liberdades Civis [*American Civil Liberties Union* (ACLU)], 128, 377, 427
União Britânica de Fascistas [*British Union of Fascists*], 33, 155, 477n, 511n
União dos Estudantes pela Paz [*Student Peace Union* (SPU)], 204
União Nacional pela Justiça Social [*National Union for Social Justice* (NUSJ)], 160, 342
União Soviética
  antissemitismo na, 89
  apoio liberal à, 37, 116-20, 249, 251
  armas nucleares da, 230, 236-37
  governo comunista da, 25, 29, 53, 65, 90, 116-21, 150, 158, 190, 193, 366, 503n
  na Primeira Guerra Mundial, 79, 169
  nacionalismo na, 83-4
  planos econômicos da, 58-9, 120, 140, 327, 464n
  propaganda da, 165
  repressão religiosa na, 408
Universidade da Califórnia em Berkeley, 204, 205, 209, 217
Universidade de Colúmbia, 37, 38, 133-34, 143, 190, 203, 205, 209, 210, 215, 217, 222, 223, 255
Universidade de Cornell, 185, 190-92, 196, 197, 200, 202, 206, 207, 221, 265, 480n, 485n
Universidade de Harvard, 114, 141, 143, 234, 267
Universidade de Johns Hopkins, 98, 111, 196, 291

Universidade de Princeton, 98, 104, 201
Universidade de Wisconsin, 111, 134, 246, 287, 293, 295, 296
utopismo, 115-16, 121, 148, 186, 191-92, 199, 225, 243, 248, 250, 253, 391, 429, 500n

valores de família, 350, 387, 392-94, 442, 446, 500n
Van Hise, Charles, 289, 292
Vaticano, 52, 62, 101, 333
vegetarianismo, 29, 431, 433
Velha Direita, 19-20, 39, 64-90, 149, 162, 196, 224
Velha Esquerda, 70, 195-96
vigilantismo, 131-34, 421
VISTA, 204
Volta à Africa, movimento, 221, 311

Wallace, Henry, 159, 167
Wal-Mart, 341, 342, 433, 463n
War against boys, The (A guerra contra os meninos) [Sommers], 395
War in the air, The (A guerra no ar) [Wells], 153
Warren, Earl, 227, 228, 239
Warren, Robert Penn, 162, 396
Washington Post, 133, 134, 177, 192, 367, 377
Washington, George, 97
Washington-Beech Community Preschool, 395
Wattleton, Faye, 303
Weather Underground, 200, 211, 223, 370
Webb, Sidney, 280, 288, 295, 493n
Weber, Eugen, 65, 228
Weddington, Ron, 308
Weekly Standard, 447-48, 450
Wells, H.G., 30, 152-54, 251, 280, 282, 304, 305, 463n, 476n, 495n
Wessel, Horst, 74, 207-9, 214, 224, 360, 407, 408
West, Cornel, 311, 374

Weyl, Walter, 110, 115
What's the matter with Kansas? (Qual o problema com Kansas?) [Frank], 401-2
White Guilt (Culpa branca) [Steele], 301
White Negro, The (O negro branco) [Mailer], 219
White, William Allen, 105, 109-10
Whole Foods, 436, 438
Why England Slept (Por que a Inglaterra dormiu) [Kennedy], 234
Why Hitler come to power (Por que Hitler chegou ao poder) [Abel], 87
wicca, 414, 415, 450
Wilson, Woodrow, 93-138
 agenda ativista de, 97-102
 agenda progressista de, 95-7, 98, 102-12, 117, 121-23, 138-40, 192, 225, 243, 446, 449
 apoio dos grandes negócios a, 326, 328-29
 campanha presidencial de (1912), 104, 107-9, 121
 como fascista liberal, 14, 20-1, 93-138, 141, 145, 151, 235, 240-41, 245, 246-48, 326, 369, 436, 440-41, 473n, 474n
 como governador de Nova Jersey, 98-9, 286-87
 como intervencionista, 55, 98, 117
 educação de, 97-8, 111, 142
 escritos de, 98, 99, 100-3, 202, 286, 291
 eugenia vista por, 265-67, 301
 FDR comparado a, 141, 142, 144, 145, 146, 241, 246, 249
 Hitler comparado a, 96, 137-38/, 286, 365
 ideias religiosas de, 97, 98, 100, 247, 472n
 ideologia política de, 96-111, 117, 194-95, 202, 430, 501n
 liderança de, 103-5, 108-9, 125-26, 136-38
 Mussolini comparado a, 95-6, 135-36, 247

nacionalismo de, 84, 106-7, 122, 127
política externa de, 55, 98, 100-1, 104-5, 117, 122, 124
políticas econômicas de, 122, 124, 128, 247-48, 241
políticas em tempo de guerra de, 20-1, 31, 122-38, 144, 145, 151, 171-72, 173, 190, 240-41, 247-48, 251, 259, 291, 326, 328-29, 348, 492n, 504n
Programa da Nova Liberdade de, 107-9
propaganda usada por, 20-1, 95-6, 124-36, 326, 474n
Quatorze Pontos de, 124

racismo atribuído a, 98, 99, 285-86, 301
repressão interna por, 95-6, 123-38, 145, 474n
Theodore Roosevelt comparado a, 00-1, 104-12
Wisconsin v. Yoder, 369
Wisconsin, 111, 131, 134, 161, 244, 253, 287, 291, 295, 296
Wolfe, Tom, 325, 410, 424-25

Yale, Escola de Direito, 361-62, 382, 510n
yippies, 213
You're the Top (canção), 35-6

Este livro foi composto na tipografia
Classical Garamond BT, em corpo 10,5/15, e impresso
em papel off-white no Sistema Digital Instant Duplex
da Divisão Gráfica da Distribuidora Record.